上海新闻志

（1993—2002）

《上海新闻志（1993—2002）》编纂委员会 编

上海人民出版社

解放日报报业集团主管主办的报刊

文汇新民联合报业集团主管主办的报刊

1993年2月1日上海电视台早新闻栏目《上海早晨》开播

1995年10月1日上海有线电视台推出《小小看新闻》栏目

1998年4月19日上海东方广播电台携手香港电台普通话台、广东电台新闻台联合创办"三江(浦江、珠江、香江)联播"节目

2002年1月1日上海电视台《新闻坊》栏目开播

1997年11月7日《申江服务导报》
试刊号

2000年10月12日《上海壹周》创刊号

2001年1月1日《新上海人》
创刊号

2001年1月2日《房地产时报》创刊号

2001年1月8日《学生导报》
创刊号

1997年7月1日《解放日报》报道
香港回归版面

1997年7月1日《文汇报》报道
香港回归版面

2001年7月13日上视"申奥"特别报道"共同度过"在演播室直播

2002年12月3日《解放日报》出版"申博成功"号外

2002年12月3日《文汇报》《新民晚报》
《上海日报》出版"申博成功"号外

2000年10月6日上海东方广播电台记者江小青广播新闻作品研讨会举行

2000年老一辈新闻工作者、上海市新闻工作者协会原主席、解放日报社原总编辑王维从事新闻工作六十年

2002年8月8日《解放日报》记者李蓉新闻作品研讨会举行

1996年11月9日新民晚报社驻美记者站在洛杉矶成立，并推出《新民晚报》(美国版)。中共上海市委副书记、上海市市长徐匡迪(右)出席驻美记者站揭牌仪式

2000年10月23日至25日海峡两岸广播事业交流研讨会在上海举行

2001年1月8日上海日报总编辑张慈赟向到访的美国新闻集团董事长兼行政总裁默多克介绍版面内容

2001年12月4日上海电视台卫星频道落地日本签约仪式举行

2001年12月24日中共上海市委宣传部与复旦大学共建新闻学院举行签约仪式,市委常委、宣传部部长殷一璀(前右一)、复旦大学校长王生洪(前右二)和市委副秘书长、宣传部副部长王仲伟(左一)出席

2001年10月20日至21日，亚太经合组织（APEC）第九次领导人非正式会议在上海举行。解放日报党委书记、总编辑宋超就APEC峰会新闻报道接受中央电视台海外电视中心记者的采访

1998年文汇新民联合报业集团组建后的新民晚报新一届领导班子集体研讨版面

2002年10月18日新民晚报与香港星岛日报签订新闻业务合作协议

2002年12月5日至7日2002首届上海传媒高峰论坛举行。国务院新闻办公室主任赵启正(前左四),中共上海市委副书记殷一璀(前左三),市委常委、宣传部部长王仲伟(前左二)等出席

1994年10月1日上海东方明珠广播
电视塔落成

1994年2月27日上海教育电视台大厦启用

1995年至1999年上海广电大厦、上海广播大厦、东方电视台大厦、上海电视台大厦先后建成使用

1998年9月28日上海广播电视地球卫星站落成

1998年文新报业大厦夜景

1998年5月28日中共上海市委常委、宣传部部长金炳华（中）为解放日报印务中心揭牌

1998年7月25日文汇新民联合报业集团成立大会会场

2000年10月9日解放日报报业集团成立大会会场

2001年4月19日上海文化广播
影视集团揭牌

2002年10月18日人民日报华东分社办公新楼揭牌

1996年4月26日中央电视台、上海电视台现场直播中、俄、哈、吉、塔五国元首签署《关于在边境地区加强军事领域信任的协定》仪式

1997年8月21日上海东方广播电台与上海东方电视台联合举办《邓小平之歌》诗歌朗诵会

1999年9月30日上海电视台直播上海市庆祝国庆五十周年文艺晚会

1996年10月1日上海东方电视台为延安宝塔捐赠泛光照明设施,1997年7月至8月解放日报社发起修缮延安中共七大会址活动

1998年11月21日"我们与读者心连心——文汇报新民晚报大型读者日活动"举行

1999年9月文汇报社捐资建设的文汇希望学校在浙江省龙泉市查田镇落成

1996年6月上海电视台记者采
访电视纪录片《一个探险家的自
述》主人公余纯顺（中）

1998年3月上海东方电视台《飞
越太平洋》栏目记者采访巴布亚
新几内亚土著酋长

1998年6月30日美国总统克林顿（左
二）做客上海人民广播电台"市民与
社会"节目

2001年9月6日文汇报记者采访诺贝
尔奖获得者丹尼尔·盖都塞克教授

1999年5月24日上海教育电视台举办上海市千校校歌大汇唱

2002年1月26日东方电视台制作、播出"蓝天下的至爱——爱心全天大放送"节目

2000年7月15日上海电视台、新民晚报和东方网举办"2000年西部行"活动

序

  《上海新闻志(1993—2002)》付梓问世了。这是继 2000 年版《上海新闻志》、1999 年版《上海广播电视志》出版之后，又一次遵循志书编纂要求，记录上海新闻业的十年之变。如果说，2000 年版《上海新闻志》上溯 19 世纪中叶，下迄 20 世纪 90 年代初，主要记录的是以报业为主干的上海新闻事业 150 年漫长曲折的发展史；1999 年版《上海广播电视志》记述的是上海广播电视事业从 20 世纪 20 年代到 90 年代的发展史，那么，《上海新闻志(1993—2002)》则是全方位勾勒处于世纪之交的上海新闻事业的新状态、新发展和新进步，展示时代变化发展的新轨迹。

  《上海新闻志(1993—2002)》以马克思列宁主义、毛泽东思想、邓小平理论、"三个代表"重要思想为指导，遵循辩证唯物主义和历史唯物主义的原理，坚持实事求是的精神，突出新闻业的主体性，强调资料的价值性，注重编写的科学性，比较全面真实地反映了上海新闻事业在这个时期发展变化的状况、特点及其规律。

  《上海新闻志(1993—2002)》所反映的 10 年，正是中国共产党十一届三中全会以后，特别是邓小平南方谈话以后，历史跨进改革开放新阶段的重要时期。新闻工作坚持党的新闻工作方针、原则，发扬优良传统，紧跟时代发展，坚持正确的舆论导向，从新闻理念到管理体制和运行机制等方面，进行了多方面的改革、调整和创新。上海新闻单位解放思想，与时俱进，在传承中发展和创新。文汇新民联合报业集团、解放日报报业集团、上海文化广播电影电视集团以及上海文广新闻传媒集团的先后诞生，标志着上海的报业和广播电视业跨上了由单一到多元的集团化规模经营的新台阶；采、编、播流程运作和技术装备保障，由传统模式跃进到电子化、数字化，实现了质的飞跃。

  《上海新闻志(1993—2002)》采取报纸与广播电视合编的体例，有利于读者了解上海新闻事业的发展全貌。它既在总体上申大势、述大略，揭示发展的规律，又分门别类，理清脉络，运用系统具体的材料、数据来反映和说明事实。据实直书，记而不议。在材料的选用上，努力正确把握其本质真实，保持其科学性和资料性，具有很强的史料价值与实用价值。

  《上海新闻志(1993—2002)》为我们留下了这个时期上海新闻事业发展的足迹，显示了上海新闻事业发展的时代特征、上海特色和专业特点，同时也客观反映了不足之处，为后人进行新闻史、新闻学以及经营管理等方面的探讨和研究，提供了宝贵的史料。但愿大家重视和用好这部新闻志，使它在促进上海新闻事业的进一步发展、繁荣中发挥良好的作用。

  当本志全部文稿几经修订，即将交付出版之际，我们迎来了中共十九大的召开。习近平在十九大报告中再次强调，要坚持正确舆论导向，高度重视传播手段建设和创新，提高新闻舆论的传播力、引导力、影响力、公信力。在学习习近平新时代中国特色社会主义思想的过程中,新闻工作者应当结合自己的工作,不断深入理解,认真领悟,并进一步付诸实践。

限于各种条件,本志的疏漏在所难免,期待读者赐教雅正。

主　编

2018 年 1 月

凡　　例

一、本志遵循辩证唯物主义和历史唯物主义的原理,力求全面、准确、客观、翔实地记述1993 年至 2002 年的 10 年间上海新闻事业发展的历史过程及其成果。

二、鉴于 2000 年版《上海新闻志》和 1999 年版《上海广播电视志》的年代下限不一,为求时序的衔接,本志纪事时间断限为 1993 年至 2002 年。

三、本志篇目设置与 2000 年版《上海新闻志》、1999 年版《上海广播电视志》有循有易。全志卷首以总述、大事记统揽,按新闻门类、业务、机构与管理、经营、交流与合作、新闻团体与教育研究、专业队伍、业内人物等为顺序,卷末辑存有关文件和重要资料。全志分编、章、节、目 4 个层次。

四、本志对 2000 年版《上海新闻志》与 1999 年版《上海广播电视志》的缺失与差错,补正于各相关章节之内;倘章节内容中难以记述,则以相关图表呈现。

五、本志体裁包括述、记、志、传、图、表、录。彩色图片集中于志首,图表及相关资料随文编排。

六、本志"人物编"设"人物传略"和"人物简介"两章。

"人物传略"章辑录对象为 2002 年 12 月 31 日前已故人物,以卒年先后为序。在本志断限之前逝世,2000 年版《上海新闻志》与 1999 年版《上海广播电视志》已注明者,原则上不再收录;但是,其中有的人物(包括离退休者)在 2002 年底前社会职务有变化,或者出版、发表了有重大社会影响的著作或新闻作品,则作为特例予以收录。1991 年以前获评高级职称,而 2000 年版《上海新闻志》未收入者,亦予收入。各新闻单位正、副局级干部按同等条件收入。在本志断限之内健在者,断限后并至本志修订完毕前逝世,则列入"人物简介"章,在其简介的文末标注逝世日期。

"人物简介"章以生年先后为序,辑录对象为断限内的上海市新闻界正、副局级领导干部;高级记者、高级编辑、播音指导和教授;享受国务院特殊津贴的专家、学者;全国长江韬奋奖获得者、全国劳动模范。

七、本志记述机构或事物名称,第一次出现时用全称,以后用简称。"经国务院表彰为有突出贡献的专家学者,享受政府特殊津贴"均简称为"享受国务院特殊津贴"。

八、本志所涉及领导部门方面的内容,仅客观记载其对新闻业的领导和管理之职,并不全面记述其机构和职责等方面的沿革与变化。

九、本志凡以年代指称的,均注明 20 世纪或 21 世纪。凡提及"目前"、"现在"等时间节点,一般系指 2002 年底之前。

十、本志度量衡原则上采用国家的法定计量单位,反映特定史实时则有说明。文中所用数字,除习惯用语外,均采用阿拉伯数字。

十一、本志统计资料由中共上海市委宣传部、上海市人民政府新闻办公室(中共上海市委对外宣传办公室)、上海市新闻出版局、上海市文化广播影视管理局、上海市统计局和有关部门(单位)提供。

目　　录

第六编　业　务

第七编　机构与管理

第八编　经　　营

第十二编　人　物

总　　述

自1993年以来的10年,上海新闻传播业根据党的十四大提出的要求,抓住机遇,勇于创新,取得前所未有的发展。

一

1993年以来,上海报刊业在竞争中发展,结构日趋合理、市场日益拓展,报道内容与形式不断与时俱进、推陈出新,其社会影响力和自身经济实力不断扩大,成绩显著。

至2002年底,上海共有国内统一刊号报纸101种,其中公开发行72种,高校校报29种。(详见第二编新闻报刊)

注重提升竞争力　扩版改版热潮初现

在20世纪90年代,《解放日报》两次扩版。1993年元旦,《解放日报》进行了改革开放后的第2次扩版,把报纸的版面由原先的日出对开2大张8版增至对开3大张12版。1998年元旦,《解放日报》第3次扩版,由日出3大张12版扩为5大张20版。2000年10月,《解放日报》又进行了改版,并在版面配置上采用内容分叠、各叠报纸设置"分报头",开沪上报纸按内容分叠版面格局之先河。

《文汇报》自1995年元旦起扩版为3大张12版,扩大了新闻版,对专副刊作了相应的调整、充实与加强,新推出了《市场与消费》、《文化天地》、《海外瞭望》、《财经广场》、《现代家庭》和《科技文摘》6个周刊。

1996年元旦,《新民晚报》进行自1982年复刊以来的第3次扩版,由原来的4开16版增至4开24版。至年底,日发行量达175万份,居全国省市级报纸之首。1998年元旦,《新民晚报》第4次扩版,由4开24版扩为4开32版。

此外,《消费报》、《青年报》、《上海商报》等报纸也在1993年后改扩版为日报。1994年1月,《消费报》改出日报。1995年7月,《青年报》改出日报。2001年1月起,《上海商报》改版为周5刊,进入日报序列。新创办的《新闻晨报》、《新闻晚报》和《申江服务导报》等也多次改扩版。进入21世纪后,《少年报》也改扩版为《少年日报》。

为了适应新时期上海都市与市民生活发展节奏,《解放日报》等上海各报还多次改版,不断摸索新的发展模式。

随着改革开放的持续深入,广大读者对国际问题日益关切,上海各报加强了对国际时事新闻的报道,数量日益增加,版面不断扩大,不少报刊还增设了国际板块,如《解放日报》"双休特刊"的《世界广角》,《文汇报》的《海外瞭望》和《新民晚报》的《国门内外》等。

着眼资源整合　尝试报业重组

1994年1月,经中共上海市委宣传部决定,新闻报社成为解放日报社主管的具有独立法人资格的新闻单位。1995年1月1日,《新闻报》改版为日报。1999年,新闻报社、消费报社并入解放日报社。《新闻报》自1999年元旦起首次尝试一日出版三刊,每日滚动出版晨、午、晚三刊。《新闻报》"晨刊"重点培植证券版,对市场行情如股市、汇市、期货市场进行密集型报道,开辟早报市场;"午刊"侧重于报道社会娱乐新闻,主打文化、广播、影视、旅游、体育及其他生活服务类资讯;"晚刊"重视当日新闻,细分新闻时段,把"最好看、最实用"的新闻第一时间送到读者面前。1999年3月18日,新闻报社成立新闻中心、编辑中心、专副刊中心,替代原先的晨、午、晚三刊的编辑部,变横向管理为纵向管理。因"一日三刊滚动出版"的目标未尽如人意,2000年6月1日,《新闻报晨刊》更名为《新闻晨报》,日出4开24版,成为综合性都市早报;《新闻报晚刊》更名为《新闻晚报》,日出4开16版。7月1日,《新闻报午刊》划归市文广局管理,改由上海每周广播电视报社和新闻报社合办。2001年4月9日,《新闻晚报》改版,在国内首家采用狭长条报型,日出对开16版。

此外,新民晚报社于1994年接办由上海市体委主办的《体育导报》和《围棋》月刊,并将其分别更名为《新民体育报》(周报)和《新民围棋》(月刊);文汇报社于1997年接办《每周文艺节目报》,并将其更名为《文汇生活导报》。

探索报业发展之道　建立报业集团

建立报业集团,实行集团化运作,是国内外新闻业发展的方式之一,也是新闻业改革管理体制,不断壮大实力的新探索。

1998年7月25日,经国家新闻出版署同意,文汇报社、新民晚报社按照"强强联合"的原则,组建为文汇新民联合报业集团,注销了文汇报社、新民晚报社法人资格。集团重组了文汇报社、新民晚报社的管理体系和资产结构,引进新的经营管理机制和理念,实施板块化管理,实行资源重组、资产增值和优势互补效应,集团整体经济效益得到提升。到2002年底,集团拥有《文汇报》、《新民晚报》、《上海日报》(*Shanghai Daily*,1999年10月1日创刊,日出对开8版)等9家报纸,《新民周刊》(1998年12月7日试刊,1999年1月4日正式创刊)等5家杂志以及文汇出版社,形成了日报、晚报、周刊、半月刊、月刊和图书等结构较为合理、品种较为齐全的新闻出版群体;报刊期发总量超过280万份。此外,还受托管理上海越剧院。在经营上,改变了以报纸、广告、发行、印刷收入为主的单一经济,逐步发展为以广告业、发行业、印刷业、信息服务业为主体,并向其他产业渗透的规模经济。

解放日报报业集团于2000年10月9日宣告成立。这是一个以中共上海市委机关报《解放日报》为主报,拥有《解放日报》、《新闻晨报》、《新闻晚报》、《申江服务导报》、《报刊文摘》、《人才市场报》、《i时代报》、《房地产时报》、《上海学生英文报》9份报纸和《支部生活》、《上海小说》、《新上海人》3份刊物,以及解放日报电子网络版和上海沪剧院,共计9报3刊一网一院的报业集团。

2001年后,解放日报报业集团对其所属的系列报刊进行了改造,调整了报刊结构,明确了各自特色,进行错位竞争,构建起以《解放日报》为代表的主流报纸,以《新闻晨报》等为代表的都市类报纸,以《申江服务导报》等为代表的生活资讯类报纸的基本格局。此外,还有专业类、文摘类、外语类、党刊类、文艺类等报刊,覆盖不同市场领域、层面、人群,形成有机的发展梯次,拥有 5 份税前利润超千万元的报纸。2002 年,集团报刊年总发行量 50 197 万份,平均期发数近 314 万份,总资产 12.75 亿元,净资产 9.55 亿元,媒体传播影响力和综合经济实力居全国报业集团前列。

2001 年 1 月 12 日,由少年报社、上海中学生报社、家庭教育时报编辑部、上海教育期刊社、上海康复杂志社和中国教育报上海记者站 6 个单位组成的上海教育报刊总社成立,出版 3 报 7 刊。

适应社会多元需求　新型生活服务与信息类报刊应运而生

社会多元化需求催生了一批新型报刊。1993 年后,各类旨在传递信息的专业性报刊应运而生,并迅速占据了很大的市场份额。

为顺应上海证券交易市场发展的需要,1993 年 1 月 2 日《上海证券报》正式出版,同年 4 月 1 日起向国内外公开发行。1994 年 1 月,随着上海人才市场的出现,《人才市场报》公开发行。同期创办的还有《社会科学报》《有线电视》《东方双语》《上海农垦报》(后改名为《上海农工商报》)、《浦东开发》杂志、《今日上海》月刊、《上海计算机报》(后改名为《i 时代报》)、《房地产时报》等。

20 世纪 90 年代下半叶,新型生活服务类报纸陆续问世。1997 年 11 月 7 日,解放日报社投资创办的新型生活服务类报纸《申江服务导报》试版成功,1998 年 1 月 1 日正式出版发行。《申江服务导报》面向市场、贴近读者、引导消费、服务市民,在新闻实践上勇于突破,取得了明显的社会效益和经济效益。至 1999 年底,其发行量已突破 40 万份,成为上海发行量最大的综合性周报,以后成为解放日报报业集团的一份具有特色的报纸和主要经济增长点之一。

2000 年 5 月 17 日,文汇新民联合报业集团创办的都市生活服务类周报《上海星期三》创刊。同年 9 月,经国家新闻出版署批准,《上海文化报》更名为《上海壹周》,由上海文艺出版总社主管主办,10 月 12 日正式创刊。

2000 年 8 月,文汇新民联合报业集团接办《上海交通报》,翌年 1 月更名为《行报》。8 月 28 日,《行报》实行全新改版,成为全国第一张汽车服务信息报。2002 年 5 月 18 日,文汇新民联合报业集团与上海文化广播影视集团、上海东方网股份有限公司共同出资,将《新民体育报》改版、更名为《上海东方体育日报》,成为国内第一家每日出版的专业性体育报纸。2001 年间,共青团上海市委主管主办的《学生导报》创刊。《上海家庭报》由报道人口和计划生育工作为主转为提供生活服务咨询、传播家政知识信息、倡导文明时尚新风。2000 年划归文汇新民联合报业集团主管主办。

改革经营管理体制　重视产业拓展和资本运作

20 世纪 90 年代后,上海市委、市政府决定,市财政对新闻单位(主要是报刊业)总体上实行"零承包"政策,即各报刊单位按规定交税,财政收缴后再返还给宣传系统。市财政对新闻单位基本建设和技术改造等项目不再给予行政拨款,上海报刊业在经营管理上自筹资金、自主经营、自负盈亏、自我发展。返还的已交税款由市委宣传部统筹支配。

1994 年 4 月 29 日,上海市报纸行业协会成立,以顺应报业改革、发展的需要。

10 年来,上海报业在经营管理方面推出的新举措,主要有以下几点:

一是抢占发行市场空间,促销手段多样化。为促进报刊发行走向市场,上海新闻报刊以各种促销手段吸引受众,特别是小型报刊的促销手段更是多种多样,较为常见的有举办读者服务日、爱心助学、有奖竞赛活动、寄发优惠卡等。1999 年 10 月 22 日,解放日报社和市广播电影电视发展有限公司等联合创建全国第一家通过固定网络、一日三次投递报刊的公司——上海全日送物流配送有限公司。

二是进一步加强广告经营工作。1993 年 1 月 25 日,《文汇报》以一个整版篇幅刊登"西泠冷气全面启动"的商业广告,为新中国报业所罕见。20 世纪 90 年代后,全国广告业进入买方市场,上海报刊将加强广告经营工作的重点放在扩大覆盖面、经营广告品牌等方面。

三是改革经营管理体制。1996 年 4 月,新民晚报社改革用工制度,对新进报社的职工实行聘用合同制。文汇新民联合报业集团成立伊始,对报业经营管理体系作出了"十个统一"的决策:统一发展规划,统一资产监管,统一人事管理,统一财务制度,统一编辑出版,统一报刊印刷,统一广告业务,统一报刊发行,统一技术服务,统一经营管理。同时,依据集约化经营理念,根据产业相关性和资源互补性进行配置,相继成立了广告交易中心、书报刊批销中心、印务管理中心、财务资产投资管理中心、物业总公司、实业公司和经营管理办公室,形成经营管理的"六块一室",实现了相同或相近产业的集中管理,提高了效率,取得了良好的经济效益。2002 年实现利润 4 亿元,净资产 25.5 亿元,总资产为 33 亿元,集团国有资产保值增值率 3 年平均达到 18%。

解放日报报业集团在成立后对系列报刊实行"六统一、四独立"的管理原则,即在报刊的宣传导向、发展规划、报纸定位、资产管理、干部任免、财务监管 6 个方面,由集团统一管理;同时,各系列报刊实行独立建制、独立编制、独立采编、独立核算。在经营管理上,实行"经营与管理分开"和"统一管理、分类经营"的原则。经营管理部门被整合为"一办四中心",由总经理办公室负责经营系统的综合协调,广告、发行、印务和物业后勤 4 个中心各司其职,分别代表集团对相应业务实施统一管理。集团下属各经营单位凡能独立核算的,都从母体中剥离出来,实行"独立核算、自主经营、自负盈亏、目标考核"的经营模式。在干部人事制度上,作为市委机关报的《解放日报》,其采编部门除中层主要领导由上级党委任命之外,其他部门和单位相继实施中层干部竞聘上岗和全员聘任两项改革,探索人才选优机制和劳动用工制度,优化干部队伍和员工队伍的素质。2002 年,集团销售总收入达 10.56 亿元,比上年增长19.86%,其中全年广告收入 5.22 亿元,比上年增长 16.32%;2002 年,集团实现税前利润1.66 亿元,比上年增长 16.25%。

一些上市公司通过投资入股的形式进入传媒领域。上海强生以 300 万元受让及增持新财经杂志社有限责任公司的 20% 股份,共计 240 万股,并投资参股《上海投资理财》。上海巴士股份在巩固发展公用事业主业的同时,积极进军传媒文化产业,投资 5 000 万元,与《上海商报》共同组建上海商报文化发展有限公司。

2002 年,解放日报报业集团于 3 月 1 日组建解放传媒投资有限公司,主要致力于探索资本运作。解放传媒投资有限公司成立后不久,以每股 0.73 元的价格竞拍获得 ST 金帝 2 000万社会法人股,占公司总股本的 12.52%,由此成为 ST 金帝第三大股东。

不断更新出版技术与设备　提升报纸印刷质量

在新闻出版的技术与设备方面,一是引进彩印等印刷技术。1993 年 12 月 18 日,具有20 世纪 90 年代国际先进水平的彩版印刷系统,在文汇报社印务中心调试成功。1994 年元旦,文汇报社引进的先进彩色胶印版投产,首次推出彩色版。1996年元旦,上海印区的《文汇报》第1、4版开始彩印出版。1月6日,《文汇报》推出对开8版的彩印周末版"文汇特刊",每周六出版,以"面向家庭、贴近读者、海派风格、雅俗共赏"作为办刊宗旨。是年底,北京印区的《文汇报》第1、4版开始彩印出版。之后,《新民晚报》、《解放日报》等报纸也开始引进彩印等印刷新技术。1995年1月6日,《新民晚报》第一张彩色报纸《七彩周末》出版。1998年1月1日,《解放日报》开始日出20版彩印报纸。2000年1月1日,《解放日报》在北京实现了首次外埠彩色印刷。

二是采用卫星传版、编印业务电脑化等高新技术。20世纪90年代初,新民晚报社印刷照排开始告别"铅与火",进入"光与电"的现代化电脑照排新阶段。1993年10月19日,《文汇报》卫星传版全面开通,各地接收情况良好。全国主要城市以及附近地区的读者都能看到当天的《文汇报》。自1994年元旦起,文汇报社设在北京、成都、武汉、长春、广州等9个城市的印点全部实行卫星传送。进入21世纪后,文汇新民联合报业集团在国内及海外建有近20个卫星传版印刷点,大大加快了报纸的传递速度。自1993年,解放日报社的新闻资料管理告别了"剪刀和糨糊",实行电脑数据录入、标引、存储和检索,1997年4月在全国省报中率先实现新闻采编系统电脑化,使新闻采编人员的写稿、传稿、改稿、拼版基本做到了"无纸化"。

《新民晚报》、《解放日报》新建具有世界先进水平的印务中心。1996年4月1日,新民晚报社浦东印务中心竣工投产,《新民晚报》在上海地区发行的130万份报纸全部自印,大大提高了印刷速度和质量。文汇新民联合报业集团成立后,拥有ATM为主干的集团网络系统和现代化的印务中心,净资产达26亿元。1998年5月28日,解放日报社的现代化印务中心落成,使解放日报社的报纸印刷进入了新的发展阶段。

加强与国内外媒体合作交流 迈出海外创业开拓市场步子

10年来,随着改革开放不断向纵深发展,上海与国内外的新闻交流与合作日益加强。特别是与港澳台及海外新闻交流与合作的日趋紧密,走出国门、到境外、海外创办报刊,成为20世纪90年代以来上海报业的新现象和发展战略的一个重要组成部分。

在国内新闻交流与合作方面,解放日报报业集团、文汇新民联合报业集团都分别在北京、南京、杭州、武汉、西安、深圳、济南、苏州等地设有办事处或记者站,在全国20多个省市区聘有特约记者。2001年12月23日,《上海星期三》尝试输出"星期三"报系品牌,首先与扬州日报社联办《扬州星期三》。

中央以及其他地区的报刊陆续进入上海,成为上海的国内新闻交流与合作的一个重要形式。1995年,人民日报社在上海建立人民日报社华东分社,出版《人民日报·华东新闻》。1999年6月,人民日报社华东分社接办由安徽易地上海出版的《国际金融信息报》,更名为《国际金融报》。2001年初,广东南方日报报业集团下属的《21世纪经济报道》在上海建立新闻中心,以冀成为上海乃至华东财经新闻的内容提供者。至2001年底,中央单位在沪主管主办的报纸有《人民日报》华东版、《上海证券报》、《国际金融报》、《上海英文星报》4种。2001年10月16日,中国日报社创办的《21世纪·中学生版》在上海出版,以素质教育为办报宗旨。

在对港澳台的新闻交流与合作方面,解放日报社采取与星岛日报社合作的方式,于1995年4月3日在香港联合发行《解放日报·中国经济版》(周刊),由《解放日报》编辑出版、星岛日报社印刷并随香港《星岛日报》一起发行,成为第一张内地和香港新闻媒体合作的报纸。在宣传报道上,《解放日报·中国经济版》以上海及浦东开发开放的信息、动向和有关政策法规等内容为主、兼顾其他地区的经济信息与动向。

上海媒体和相关部门还在海外地区出版发行各类报刊。例如,市政府新闻办与澳大利亚经济文化交流中心合办的英文月刊《中国商贸》在澳大利亚出版发行;上海市国际文化传播协会与日本对华友好企业合办的日文季刊《上海观察》在日本出版发行。新民晚报社迈出了中国报业在海外创业与开拓市场的新步伐。1994 年 10 月,新民晚报社在美国洛杉矶正式成立了新民国际有限公司,通过电子传版,在美国同步印刷发行《新民晚报》,报纸发行遍及美国 50 个州。1996 年 11 月,《新民晚报·美国版》在美国洛杉矶问世,同时成立驻美记者站。这是中国内地第一份由地方报纸在海外采编与发行、为身居异国的海外华人华侨服务的中文报纸。2001 年 1 月 1 日,新民晚报社在每周日的《新民晚报·美国版》第 8 版(彩色版)上推出英文版《中国新闻》,由《新民晚报》海外新闻部负责采编。2001 年 4 月 12 日,《新民晚报》与澳大利亚华文《自立快报》创办《澳洲专版》合作签约仪式在悉尼举行,推出《新民晚报·澳洲专版》。

进入 21 世纪后,《文汇报》和《新民晚报》在 13 个国家、地区以及联合国派有常驻记者;还同台湾中国时报社等港澳台新闻媒体建立了交流协作关系。

二

在 1993 年至 2002 年的 10 年间,上海广播电视业引进竞争机制,构建新体制与新机制,实行广播电视与电影、文化合流,走集团化之路,逐步向立足上海、辐射周边、增强实力、走向世界的战略目标迈进。

主动引进竞争机制　建立五台并行运作的新格局

1992 年 10 月 28 日,东方电台(东广)开播;1992 年 12 月 26 日,上海有线电视台诞生;1993 年 1 月 18 日上海东方电视台(东视)成立。相继建立的 3 个具有独立法人资格的新台与原上海电台(上广)、上海电视台(上视)形成既有合作又有竞争、5 台并行运作的新格局,促进了以广播电视宣传为中心的各项工作。

新一轮的"五台三中心"体制与上海广电系统 20 世纪 80 年代中期的"五台三中心"体制(5 个分台当时为台中台,3 个中心即技术中心、生活服务中心和电视剧制作中心基本不变)相比更具活力,进一步调动了积极性,拓展了思路,广播电视宣传得到进一步加强,在节目样式、体裁形式、内容含义上不断创新和开拓。竞技类、休闲类的节目增多,群众有更多的机会走上荧屏、走进直播间,参与各种文化艺术及休闲消遣类活动。

上海广播电视综合实力明显增强,节目容量显著增加,内容更加贴近社会生活,社会影响更加广泛。广播电视业逐步走上"自筹资金、自主经营、自我约束、自我发展"的道路,创收不断增加,参与国际竞争的能力有所提高。

广播电视与电影、文化先后合流　立足上海,壮大实力

1995 年 8 月 15 日,中共上海市委、市政府批示同意上海市广播电视局和上海市电影局撤二建一,组建新的上海市广播电影电视局。在整合过程中,力争形成化合反应。原以实施发行为主的永乐公司,吸纳了上海电视台的原电视剧制作一公司、二公司和求索、创新、开拓制作社等,组建永乐电影电视(集团)公司,同拍摄、制作实力强大的上海电影电视(集团)公司展开竞争。上海美术电影制片厂和上海科学教育电影制片厂分别划归上视和东视。但两家做法有所不同:上视将美影厂整建制划入,并让其保持相对的独立性,同时加大了对美术电影尤其是动画片生产的投入。东视则将科影厂和电视台的制作人员融合,全部按部门、按岗位双向选择,择优录用,取长补短。另外,上海广播电视艺术团部分民乐演奏员并入上海电影乐团民乐队,划归东方电台,组建东方民乐团,在演出、创收、用人机制上加以突破,东广在资金上予以扶持。经过几年努力,东方民乐团逐步发展,涌现了一批年轻的新生力量。

影视合流的成果:一是推动了事业的发展。1999年底,上海广播影视局总资产134.9亿元,净资产72.5亿元;拥有东方明珠广播电视塔、广电大厦、东视大厦、广播大厦、上视大厦、国际会议中心、上海影城、银星假日酒店、车墩影视拍摄基地等大型建筑,综合实力有了一定的增长。二是繁荣了创作,促进了影视节目的生产。上海电影电视(集团)公司制作出一批票房纪录高的电影佳作以及一批优秀的电视剧。上海永乐电影电视(集团)公司也制作出多部优秀电视剧和电影佳作。

2000年4月,根据中共上海市委和市人民政府的决定,上海市文化局和上海市广播影视局合并,组建上海市文化广播影视管理局。除上海沪剧院、上海越剧院外,其余市级文艺院团均划归文广局旗下,并由各媒体等托管。

实行院团改革后院团的性质、建制、编制不变;原院团离退休人员的原有待遇不变,关系仍保留在上海市文广影视管理局;市政府对文化事业原有的各类拨款和国家支持文化事业发展的经济政策继续不变;对列入国家重点建设计划的重大文化项目给予资金、政策上的支持,并实行分步实施的办法。

转变政府职能　成立文广影视集团　探索管办分离的新路子

2001年3月,根据中共上海市委、市政府的决定,成立上海文化广播影视集团,标志着上海文化事业体制改革又迈出了新的一步。

市委、市政府在关于组建文广影视集团的批复中指出,"上海文化广播影视集团为中共上海市委宣传部直属事业单位,实行企业化管理","实行集团党委领导下的行政首长负责制"。集团组建后,"上海市文化广播影视管理局应进一步转变职能,精兵简政,逐步理顺与上海文化广播影视集团的政事关系"。明确市文广局作为政府的组成部门,主管全市文化广播电影电视事业,负责对全市的文化广播影视事业实行行业管理,并直接管理或委托其他组织管理社会公益性的文化事业单位。简而言之就是管文化。文广影视集团是以广播电影电视、传输网络等为主业,兼管其他相关产业的新闻文化集团。它要按照党对宣传思想工作的要求,做好新闻宣传工作,发挥正确舆论的导向作用,承担影视和舞台艺术制作,繁荣影视和演出市场的任务。同时,保证其国有资产的保值和增值。简而言之就是办文化。这样,初步改变了以往"政事不分"的状况,在一定程度上减少了既当运动员又当裁判员的弊端。分流后的文广局精兵简政,办事效率有了提高。而文广影视集团分成4个板块:传媒板块——两家电视台(上海有线台已于2001年6月30日前划归上视、东视)、两家电台,还有东方明珠有限公司、国际会议中心、上海每周广播电视报社、东上海影视公司、互动电视公司和上海广播电视制作公司等 10 大单位；电影板块——上海电影电视(集团)公司、永乐电影电视(集团)公司；投资板块——文广投资公司和文广物业公司等，主要参与广告以外的投资、经营活动；技术板块——掌控广播电视技术的高周、低周部分。集团资产达 147 亿元。

细分受众　重组专业化频道频率　提高核心竞争力

为应对 WTO 的挑战，把蛋糕做大，把实力做强，经中共上海市委宣传部研究决定，在文广影视集团内组建新闻传媒集团，用 3—5 年的时间，分步实现"立足华东，辐射全国，走向世界"的目标；用 5—8 年的时间建成亚太地区具有影响力的集内容制作与发布于一体的传媒集团。

传媒集团(SMG)成立后，相继推出电视、广播专业化频道、频率。从 2002 年元旦起，形成 11 个电视专业频道的新格局。经过重组，各频道定位更为清晰，目标观众更为集中，节目编排更趋合理，个性特色更加鲜明。据尼尔森媒介研究公司的数据表明，2002 年上半年 SMG 的整体收视率在上海电视市场仍占绝对优势，在全国各地方市场中，仍保持本地频道占地方总体市场最高份额的地位。从收视率前 200 名节目分布来看，91％的节目来自 SMG 各频道，9％的节目来自央视、各地卫视等其他频道。此外，SMG 黄金时段的市场份额高达 78％，与上年同期持平。另一份由侧重分析电视剧、电影市场的央视——索福瑞调查公司在同一时期的报告表明，SMG 频道的电视剧收视在上海收视市场上占有绝对优势，以 14.7％的播出量取得了 77％的电视剧节目市场份额；电影收视市场上，SMG 以 16％的播出量取得了 39％的电影节目市场份额。从节目类型来看，市场份额居前的依次是电视剧、新闻、各类专题和电影。专业化频道的重组获得成功。

从 2002 年 7 月 15 日起，上海各市级广播频率也推出全新格局。在上广旗下有 4 套节目、3 个部门；在东广旗下有 6 套节目、3 个部门。重组后的广播频率定位更加明确，专业化特色鲜明，个性化服务全面。

在全面推出专业化重组以前，传媒集团还先后组建广告经营中心和节目销售中心，理顺关系，统一价格，统一改革，统一进出口，实现集约化管理。

10 年间，上海广电系统以高新技术为支撑和依托，保证了安全播出，提高了广播电视节目的质量和表现手法。特别是数字技术和网络技术的运用，不仅从观念上对传统的节目制作有所冲击，而且为广播电视找到了新的经济增长点。一大批新技术产品如流媒体、移动电视、VOT 点播、手机电视等进入人们的视野。与此同时，上海广播电视业积极开展同境外、海外同行的交流与合作，开拓境外、海外市场。

进入 21 世纪后，上海的电视节目开始在海外落地。2001 年 12 月 4 日，上海电视台与日本 STV-JAPAN 株式会社签订协议，上海电视台卫星频道正式在日本落地，成为继中央电视台之后国内第二家在日本落地播出的中国电视媒体。

三

这个时期，上海的新闻网站和从事登载新闻业务的各类网站陆续问世，最先出现的是上海新闻媒体创建的电子网络版或网站。文汇报社在 1996 年 9 月 20 日上海热线的"新闻总汇"频道中发布新闻信息。1998年1月推出有独立域名的《文汇报》电子版。1998年7月，《解放日报》电子版开始试刊，上网阅览人数连续攀升，一个月内超过50万人。至2000年5月10日，《解放日报》电子版开始实行24小时滚动播出，每天12档新闻更新，为上海传统媒体电子网络版之首。1998年12月1日，《新民晚报》电子版网站正式开通。1999年4月8日，青年报社正式开通全国首家定位于青年电子社区的网站。

东方电台网站于1997年6月正式建立。1998年6月，上海电台网站开始试运行，同年10月1日正式开通。2002年，上海文广影视集团推出了广播频率专业化改革举措，工作重心向整合转移。上海电视台网站创建于1998年8月，在国内率先提供在线视频节目，着力探索网络视频流服务。2001年底，上海有线电视台网站并入上海电视台网站。至2002年底，上海电视台网站每日可提供4小时、总计为150条的在线视频新闻类节目，提供20分钟网络直播的新闻报道和财经报道，除面向互联网用户的窄带视频，还以宽带速率提供超过VHS水准的网络视频新闻节目，成为点击率最高的栏目。上海东方电视台网站于1998年7月正式开通，1998年8月直播了第八届全运会开幕式盛况，首开网上电视直播先河；先后经过4次大的改版，内容设置有东视首页、新闻娱乐、文艺频道、音乐频道、戏剧频道、收视指南、影视剧、主持人、广告资讯、BBS等十多个板块。

1999年5月29日，上海市人民政府新闻办公室负责注册、管理的"中国上海"网站开通。2001年1月5日，《文汇报》上海新闻中心开通共享信息网站。

2000年5月28日，东方网的开通是上海新闻网站发展的一个标志性成果。6月28日，东方网股份有限公司正式成立。东方网是由解放日报报业集团、文汇新民联合报业集团、上海电台、东方电台、上海电视台、东方电视台、上海有线电视台、《青年报》《劳动报》、上海教育电视台等上海市主要新闻媒体与上海东方明珠（集团）股份有限公司、上海市信息投资股份有限公司联合投资组建的大型综合性服务类网站，新闻信息的传播是其重要业务之一。东方网开通后，以权威快捷的新闻发布、专业全面的频道服务在广大网民中产生了广泛影响。东方网在一系列重要宣传活动中所作的专题报道，成为向海外展示上海改革开放成就、传播中国文化的新渠道。

四

1993年以来的十余年间，上海的新闻研究与教育事业有长足发展。

复旦大学新闻学院于1994年开设广告学专业；1996年，被列为国家"211工程"重点学科建设项目；1999年3月，成立新闻传播学（含新闻学、传播学专业）博士后流动站，11月正式挂牌，为国内第一个新闻传播学博士后流动站。1999年5月，在原有的电子排版实验室的基础上建成的电子采编实验室，由24台计算机组成一个局域网，实现网上信息采集、写稿、编稿、排版到输出报纸大样的电子化，为国内同业首创。广播电视实验室也发展成为一流的广播电视实验室。2000年，成为全国首批具有一级学科博士学位的授权点之一。同年，以复旦大学新闻学院为依托的信息与传播研究中心成立，其前身是1985年创建的复旦大学文化与传播研究中心。2001年，信息与传播研究中心被教育部批准为国家人文社会科学重点基地之一,是国内唯一的国家级传播学研究机构;传播学学科被评定为国家重点学科。2001年12月24日,中共上海市委宣传部与复旦大学就共建新闻学院正式签约。

上海外国语大学、上海大学等高校的新闻传播学教育在这一时期得到较大的发展,到2002年底,上海交通大学、同济大学等高校新建了新闻传播学各专业。1994年,上海大学设立新闻传播系,并新建广告学专业;上海体育学院设立新闻系。1995年,同济大学、上海师范大学新建广告学专业;1997年,上海交通大学新建广播电视新闻学专业;1998年,上海外国语大学新建广告学专业;1999年,上海大学新建广播电视新闻学专业等。此外,上海外国语大学、上海大学等高校自20世纪90年代后期,先后招收培养硕士研究生,建立新闻学或传播学的硕士点。

上海社会科学院新闻研究所在20世纪90年代开始招收培养硕士研究生,设有新闻学硕士点1个。2001年初,上海社会科学院的信息所、新闻所、图书馆实行一体化运作,成立现代传媒研究中心,进一步加强对现代传媒现状与实践的研究。

在上海设立常驻机构的外国新闻机构以及来上海采访或访问的外国新闻从业人员,也随着上海国际地位的提高而不断增多。1999年,到上海主要报社访问的各国新闻从业人员达72批次、386人次。至2002年末,已有比利时、芬兰、法国、英国、德国、日本、俄罗斯、新加坡、泰国、美国、荷兰、加拿大、韩国13个国家的53家媒体在上海设立分支机构,常驻记者56人。

一些国际传媒资本集团把目光投向中国传媒业,试图进入上海传媒市场。2002年10月31日,默多克旗下的新闻集团在上海设立了办事机构。新闻集团(中国)公司有70多名员工,从事节目制作、销售和市场推广等工作,每年制作700个小时的本土化节目,并且有8个频道的内容在中国市场播出。

五

20世纪90年代末新闻媒体走上集团化道路后,发展文化产业成为新闻媒体发展改革进一步深化的重要现象之一。

文汇新民联合报业集团成立后,由文汇报社创办的文汇出版社,成为集团下属的一个传媒机构和文化企业。

2002年底,文汇新民联合报业集团启动文化产业的运作和课题研究,确立以创新思维为主导的现代运营模式,利用成熟的社会资源,以项目合作为突破,切入文化市场,带动文化产业的发展。次年启动两大板块:一是组建票务交易网络平台,与上海牡丹影视公司合作,组建了上海东方票务有限公司,与农业银行、联华超市等单位联手确立了"网络完备、票源丰富、终端开发、演艺互动"的经营格局;二是组建东方演艺公司和城市舞蹈公司,注重原创节目生产,抢占演出市场份额。

解放日报报业集团成立后,在发展壮大报业经济的同时,充分利用品牌和资源优势,积极发展文化等多元产业,先后成立了解放文化发展有限公司和解放公关策划有限公司,为集团发展多元文化产业提供了操作平台。解放文化发展有限公司在投资拍摄制作电视剧和策划文化演出活动等方面,做出了积极的探索。

自 2001 年 3 月起,根据市委和市委宣传部的决定,上海沪剧院正式由解放日报报业集团托管,上海越剧院由文汇新民联合报业集团托管。两大集团在托管工作中逐步探索并明确上海沪剧院、上海越剧院是独立的法人单位,是创作和演出的主体。在文艺创作等业务工作方面,集团要求沪剧院、越剧院主动接受文广局的领导和指导,原有的渠道不变。集团对剧院"经济上扶一把,改革上推一把,演出上帮一把",使其在托管后出现了新的面貌。

上海文广影视集团自 2001 年 4 月组建以来,围绕发展壮大内容产业和文化产业,深化体制机制改革,努力实现从行政联合体向现代新闻文化集团的转变。

一是开发新媒体业务,推动内容产业发展。2001 年 8 月,上海文广新闻传媒集团筹建之初,按照"先电视、后广播"的顺序,相继启动电视频道和广播频率的专业化改造和品牌化运营。广播、电视的重新组合,既保持了内部竞争,更形成了联合一致应对外部竞争的态势,为做大做强集团内容产业迈出了新步伐。到 2002 年底,集团广告创收超过 20 亿元人民币,占当年集团产业创收的 80%以上。东方明珠(集团)股份公司进军新媒体产业,与公交部门以及海外资本合作,开办了面向城市公交移动人群的移动电视。集团与网络传输部门合作开办的面向家庭的上海数字互动电视于 2002 年 10 月 1 日运营性试播。

二是影视剧创作生产和院线建设。2001 年 8 月,上海文广影视集团整合了包括原上影、永乐、动画三个集团在内的上海影视制作和发行放映资源,成立了上海电影集团。新组建的上海电影集团(公司)以影视制作、影视发行和其他相关产业经营为三大经济支柱,拥有强大的故事片、电视剧、动画片的制作能力;拥有以联和院线为核心的,集发行放映、影院管理以及配套服务为一体的中国第一院线;拥有影、视、像综合发展的运作体制和经营格局,成为令人关注的影视传播媒体。上影集团在整合东方和永乐两条院线的基础上,2002 年 6 月成立了跨省市的、有 50 多家影院加盟的上海联和电影院线。至当年年底的半年时间内,总票房收入达到 1.59 亿元,占当年全国总票房的六分之一强。

三是艺术院团以演出为中心,拉动文艺创作。上海的文艺院团 21 世纪初开始实行由广播电视传媒托管的体制,形成了院团与传媒优势互补、工作互动、人才共有、资源共享的局面。文艺院团借助广电媒体的影响力,引入包括冠名赞助、融资运作在内的社会资金,支撑大型剧目的创作演出。2002 年,各文艺院团创作推出了各类剧(节)目 30 余台,总演出场次达 6 600 多场;演出总收入 6 100 多万元,同比增长 28%。

发展文化产业,使上海文广影视集团获得巨大的经济效益。2002 年,整体营销收入额达到 50 亿元人民币,同比增长 5%;创利完成 26 亿元人民币,同比上升 9%,超额完成了上级下达的各项经济考核指标。

综上所述,这 10 年是上海新闻事业全面、快速发展的 10 年,显示出以下一些特点:

一、以文汇新民联合报业集团、解放日报报业集团和上海文化广播影视集团建立为主要标志的管理体制和机制的改革,进一步推动新闻事业的发展,为做强、做大、做好新闻传媒提供了新的实践和思考;

二、一批市场适应能力较强的都市类报纸,以及频道和节目的相继诞生,特别是在内容和形式上的创新,为受众所喜闻乐见,为上海的媒体增添了新的活力和竞争力;

三、经营管理体制的改革，营销方式的多样，促使新闻媒体经营向产业拓展、资本运作积极迈进，经济实力不断增强；

四、互联网和数字技术的广泛应用，使报纸，特别是广播电视的传播渠道和手段更为广阔、丰富，为构建传播快捷、覆盖面广泛的传播体系，提高新闻媒体的影响力、引导力创造了良好的条件。

大事记

"大事记"记述的是 1992 年邓小平视察南方重要谈话后至 2002 年期间,上海新闻界发生的大事、要事、新事,包括主要新闻媒体版面变化、频率的重大改革,新闻报刊、广播电视和网站的重要调整,主要新闻单位领导班子成员的调整和任免,上海市领导机关发布的新闻管理规定、条例等,经营管理重大突破、创历史最高水平的广告收入、发行数额,新闻理论学术研究的重要成果,上海新闻界知名人物诞辰或逝世纪念活动等。各新闻媒体进行的有关共同性的重大报道,举办并产生较大影响的社会活动和问题讨论,凡在本志有较详细叙述的,"大事记"一般不再列入。

"大事记"按时间先后顺序,一事一例(条),逐年、逐月、逐日予以记载,不述写前后因果和发展过程。

1992 年

1月1日 《文汇报》扩版,由对开 4 版改出对开 8 版两大张,原来每周一次的"扩大版"内容归入其中。

同日 《劳动报》改出日报。

同日 文汇报社对内部分配机制进行改革,制定《文汇报社工资总额与经济效益、社会效益考核挂钩的实施方案》当日起执行。

1月4日 《文汇报》"笔会"副刊首任主编唐弢逝世。

1月16日 中共上海市委决定,贾树枚任中共上海市广播电视局委员会书记,徐济尧兼任中共上海电台委员会书记。

1月17日 中共中央总书记江泽民在市委书记吴邦国,市委副书记、市长黄菊和南京军区政委史玉孝的陪同下,视察上海广播电视塔工程建设工地。同年 11 月 17 日,江泽民再次到这个工地视察。

1月 《浦东开发》杂志创刊。

2月12日 上海市政协副主席、新民晚报社社长赵超构逝世。

3月10日 《新民晚报》与台北《讲义》杂志商定在沪、台两地各自举办《我们只有一个中国》征文、征画活动。这是海峡两岸新闻界首次合作。

3月28日 《深圳特区报》3 月 26 日发表长篇通讯《东方风来满眼春》,首先报道了邓小平南方谈话要点。《文汇报》当日在第一版转载,成为全国第一张转载这篇重要通讯的日报。

3月 首届(1991 年度)"上海新闻奖"评选揭晓。此后,每年举行一次评选。

4月24日 全国文化系统首家股份有限公司——上海东方明珠股份有限公司成立。这是由上海广播电视发展总公司、上海电视台、上海电台和每周广播电视报社发起组建的以公有股为主体的股份有限公司。

7月1日　《新民晚报》实行版面改革，由4开8版扩至4开16版，日发行量达到155.8万份。

同日　新民晚报社与台湾中时晚报社在上海签订"新闻合作协议"。海峡两岸关系协会会长汪道涵会见代表团一行，新民晚报总编辑丁法章参加会见。

同日　《上海金融报》创刊。

7月　《每周文艺节目》报创刊。

8月5日　《解放日报》、《文汇报》、《新民晚报》、《劳动报》、《青年报》、上海电台联合举办《90年代上海人》征文，当日刊出启事。

8月8日　上海电视台农村台开播，使用14频道。每天18:00至21:30播出，设置新闻、专题、综艺等节目。

10月1日　上海电台英语台在调频105.7兆赫正式对外播出，每天播出12小时，主要有国内外和上海市新闻、金融、服务等节目，还有教外国人学汉语、中外文艺欣赏等内容。

同日　为提早每天发报时间，解放日报、文汇报、新民晚报3家报社和上海市邮电局即日起开展报纸出版发行"一条龙"协作竞赛。

10月26日　新民晚报社《漫画世界》在主编张乐平逝世后，续聘华君武、丁聪分任正副主编。

同日　上海电台《市民与社会》开播，这是上海地区第一个由听众参与的广播新闻谈话类直播节目。

10月28日　东方电台正式开播，使用792千赫和101.7兆赫两个频率。中共中央总书记江泽民题写台名。

11月20日　《上海英文星报》创刊。

12月24日　《上海交通报》创刊。

12月26日　上海有线电视台正式建台开播。除自办一个综合频道外，还有9个转播频道。共有网络终端7万户。

12月28日　上海电台市场经济台正式开播。

1993年

1月2日　《文汇报》推出《长江新潮》专刊，中共上海市委副书记、市长黄菊为创刊号撰写"市长论坛"专栏文章《实现长江流域的经济腾飞》。

1月18日　上海东方电视台正式开播，使用20频道，每天播出16小时以上，其中自制节目在4小时左右。

1月25日　《文汇报》首次以第一版整版篇幅刊登"西泠冷气全面启动"的商业广告。东方电视台就此做了报道。

3月3日　《文汇报》在上海展览中心举行大型座谈会庆祝创刊55周年。中共中央政治局委员、上海市委书记吴邦国题词：办出文汇特色，为两个文明建设服务；市委副书记、市长黄菊撰写《更上一层楼》的祝贺文章。市委副书记陈至立，市委常委、宣传部部长金炳华出席座谈会并讲话。

4月24日至28日 《解放日报》、《文汇报》、《新民晚报》和上海电台特派记者前往新加坡,东方电视台租用国际通信卫星,报道在新加坡举行的"汪辜会谈"。

5月9日 首届东亚运动会在上海举行。上海广播、电视各台和中央国际广播电台对开幕式作现场直播。上海电视台主办《我为东亚运献爱心》文艺晚会;制作《萨马兰奇在上海》专题片,并由市长黄菊亲赠国际奥委会主席萨马兰奇。

7月1日 上海有线电视台"信息九频道"开播,传播社会、经济、金融、交通、文化、娱乐等多种信息。

7月18日 《新民晚报》"夏令热线"开通。这一上海首条媒体民生热线在市民读者和政府部门、相关企业间架设起"急事急办"的桥梁。上海市副市长夏克强接听第一个读者来电。

9月22日 中共中央总书记江泽民为上海电视台建台三十五周年题词:"稳定鼓劲,求实创新"。

9月24日至11月21日 《新民晚报》记者强荧参加中英联合探险队,前往素有"死亡之海"之称的塔克拉玛干沙漠探险,并每天发回报道。

9月30日 中共中央政治局委员、上海市委书记吴邦国为上海电视台建台三十五周年题词:"脚踏实地,稳步前进"。

10月19日 《文汇报》卫星传版全面开通,各地接收情况良好。全国一些主要城市以及附近地区的读者从此可以读到当天的《文汇报》。

10月28日 东方电台儿童台正式开播。

11月19日 中共上海市委决定,贾树枚任市委宣传部副部长、市委外宣办主任;冯士能任解放日报党委书记、副总编辑;俞远明、吴谷平任副总编辑;王仲伟任市新闻出版局党委副书记(主持党委工作)。

11月19日 中共上海市委决定,孙刚任中共上海市广播电视局委员会书记。

12月12日 上海有线电视台体育频道正式开播。这是中国大陆第一个体育电视专用频道。

12月15日 上海市人民政府决定,任命叶志康为上海市广播电视局局长。

12月28日 上海新闻工作者协会和韬奋基金会等联合设立上海韬奋新闻奖。首届(1993年)10人获韬奋奖,10人获提名。

同日 上海市委宣传部批复,《新闻报》自1994年1月1日起划归解放日报主管。

1994 年

1月1日 文汇报社引进的先进彩色胶印工艺设备投产,首次推出彩色报;设在北京、成都、武汉等9个城市的印点全部实行卫星传送。

1月8日 文汇报社原副社长兼总编辑陈虞孙逝世。

1月12日 市委宣传部批复,解放日报副总编辑俞远明兼任《新闻报》总编辑(法人代表)。

同月 《消费报》改出日报。

同月　《人才市场报》创刊。

同月　《有线电视》报创刊。

同月　《东方双语》创刊。

同月　《上海农垦报》经批准公开发行。次年12月改名为《上海农工商报》。

同月　《青年报》发起开展"好心人,抱一抱孤儿志愿活动"。

2月27日　上海教育电视台正式开播,使用26频道,全天播出15小时。

3月20日　《文汇报》在印度新德里设立记者站。

同月起　新民晚报社先后接办原由上海市体委主办的《体育导报》和《围棋》月刊,《体育导报》更名为《新民体育报》,《围棋》月刊更名为《新民围棋》。

4月14日　上海电视台14频道节目全面调整,推出《今日行情》《经济扫描》《案件聚焦》《七彩人生》等13档全新节目。同时,实行频道总监领导下的栏目制片人负责制。

4月27日　中共上海市委宣传部原部长、解放日报社原社长兼总编辑杨永直逝世。

4月29日　上海市报纸行业协会成立。

5月27日　上海电台建台四十五周年。中共中央总书记江泽民题词:"发展广播事业,为建设有中国特色的社会主义服务"。

5月28日　解放日报社为庆祝创刊四十五周年举行大会,党和国家领导人江泽民、朱镕基、刘华清,上海市领导吴邦国、黄菊、徐匡迪等题词祝贺。

同日　解放日报社在原址(汉口路300号)新建的办公大楼落成启用。

同月　上海体育学院设立新闻系。

6月10日　上海市广播电视局技术中心新体制开始运行,将上海电台、上海电视台、上海有线电视台的技术工作划入技术中心,新建广播技术部、电视制作部、传送播出部、技术保障部。

6月30日　《文汇报》在伊朗德黑兰设立记者站。

7月1日　上海电台的地面卫星(广播)站建成。

7月20日　劳动报社新建办公大楼落成并投入使用。

7月29日　中共上海市委宣传部同意成立上海市广播电视局编委会,总编辑为叶志康。

8月　《文汇报》在乌克兰基辅市设立记者站。

10月4日　著名新闻教育家、复旦大学新闻系原主任、教授王中逝世。

10月24日　《新民晚报》在美国设立的新民国际有限公司在洛杉矶成立。公司主要从事《新民晚报》在美的广告、发行及相关业务。这是国内省级报纸在海外开设的第一家公司。11月1日,《新民晚报》通过卫星传版在美国同步印刷,发行遍及美国50个州。

10月28日　由上海有线电视台和东方电台联合创办的有线音乐台(频道)正式开播。这是中国大陆第一个音乐电视专用频道。

11月4日　上海电台进行第二步改革,将原来的8个系列台结构调整为4个中心,即新闻中心、经济中心、文艺中心和"浦江之声"中心。

11月28日　《每周广播电视》报举行创刊四十周年纪念座谈会。截至当日,出版总期数为1 402期,发行量达230万份。

12月11日　《新民晚报》刊出国务院总理李鹏为庆贺其创刊六十五周年的题词:"飞到

寻常百姓家"。

12月26日 《文汇报》推出新专刊《房地产世界》。

同年 上海大学设立新闻传播系。

1995 年

1月1日 《人民日报华东版》在上海创刊。除发行人民日报社出版的对开8版外,增出对开4版报道华东地区新闻。

同日 《文汇报》再次扩版,从对开8版扩大为对开12版。

同日 《新闻报》改出日报。

1月6日 《新民晚报》第一张彩色报纸《七彩周末》出版。

1月7日 《文汇报》专版《科技文摘》创刊。聘请中共上海市委副书记陈至立为特邀顾问,聘请杨福家等14名专家、学者为顾问。

1月11日 《文汇报》与上海市公用事业局合作,推出"冬令公用专线"。

1月16日 上海电台新辟FM103.7兆赫音乐2台。

1月20日 上海市广播电视局节目中心成立,实行与上海音像资料馆"一套班子,两块牌子"的体制。

3月2日 新民晚报社在沪太路新建的现代印刷中心正式投产。浦东金桥印务中心亦于当年竣工投产。

3月15日 新民晚报社派出记者对解放战争时期的重要战地进行采访。历时40天,纵横8 000里,采写各种稿件30多篇,受到广大读者的好评和中共中央宣传部的表扬。

3月15日 《文汇报》推出"举报假冒伪劣,维护自身权益"专用语音信箱。

3月24日 东方电台和上海市慈善基金会共同出资100万元,成立"792(频率呼号)为您解忧"基金会。

3月29日 东方电台金融台开播。

3月30日 《文汇报》开辟专栏,就"上海市民应有怎样的素质"开展讨论。

4月18日 上海电台以汉、英、法、日4种语言成功播出"迈向新世纪的浦东新区"国际大联播节目。

4月28日 上海广播电视国际新闻交流中心竣工并交付使用。

5月1日 上海东方明珠广播电视塔发射开播,正式投入使用。

5月8日 上海有线电视台与上海电台联合创办的有线戏剧频道正式开播。这是国内第一个戏剧电视专用频道。

5月17日 中共中央总书记、国家主席江泽民在上海市领导黄菊、徐匡迪等陪同下,视察东方明珠广播电视塔。

6月2日 《文汇报》与上海市委组织部、市人事局联办的新专刊《专技人员之窗》创刊,市委副书记、市长徐匡迪撰写发刊词。

7月4日 纪念中国人民抗日战争胜利五十周年和世界反法西斯战争胜利五十周年,劳动报社4名记者组成"华东抗战风云录采访团",驾车跨越苏、皖、鲁、浙等省市,访问抗战时期的老战士和老革命根据地。广播电视各台都制播出了专题新闻节目和文艺节目。

7月12日、14日　中共中央政治局委员、中共上海市委书记黄菊获悉《新民晚报》第三届"夏令热线"特别报道开通,先后两次给予肯定。

7月21日　由上海市新闻出版局、解放日报社、文汇报社、新民晚报社、咬文嚼字杂志编辑部、上海文艺出版社等单位联合举办的"月亮神"报刊编校质量有奖竞查活动结束。《解放日报》第12版、《文汇报》第2版、《新民晚报》第7版,被评为"月亮神"版面。

7月　《青年报》改出日报。

8月15日　中共上海市委决定,秦绍德任解放日报社党委副书记兼总编辑。

同日　中共上海市委决定,王仲伟任文汇报社党委书记兼副总编辑,石俊升任文汇报社党委副书记兼总编辑。

同日　中共上海市委、上海市人民政府决定撤销上海市广播电视局、上海市电影局,组建上海市广播电影电视局。中共上海市委决定,孙刚任局党委书记。

8月18日　上海市人民政府任命叶志康为上海市广播电影电视局局长,吴贻弓为艺术总监。

8月29日　《新民报》创始人之一、著名女报人邓季惺逝世。

9月1日　上海电视台外语台正式开播。这是全国第一家电视外语台。

9月20日　《文汇报》安徽记者站在合肥成立。`

10月27日　《文汇报》电子版问世。

11月30日　上海东方电视台与上海科教电影制片厂合并。

12月31日　中共中央政治局委员、上海市委书记黄菊,市委副书记陈至立,市委常委、宣传部部长金炳华等先后到解放日报、文汇报慰问编辑记者和干部职工。次日,黄菊一行还到新民晚报慰问编辑记者和职工。

同月　《今日上海》月刊创刊。

1996 年

1月1日　《新民晚报》从日出4开16版扩至日出4开24版。

同日　上海印区的《文汇报》一、四版,当日起天天出彩色版。年底,北京印区的《文汇报》也天天出彩报。

1月5日　国内首家由东方电视台参与策划经营的职业体育俱乐部——上海东方篮球俱乐部在上海奥林匹克俱乐部举行挂牌仪式。

1月6日　《文汇报》每周六出版"文汇特刊"(周末版)彩报,对开8版。其定位是:面向家庭,贴近读者,海派风格,雅俗共赏。

2月7日　由上海有线电视台出资参与组建的上海有线排球俱乐部宣告成立。

2月16日　上海电视台、上海美术电影制片厂合并,实行"一套班子,一个实体,两块牌子"的运作体制。

同日　上海电影电视(集团)公司成立。

2月　新民晚报社经理部荣获国家新闻出版署、中国报业经营管理协会授予的全国报业经营管理先进集体称号。

3月30日　上海东方电视台33频道开播,设有社教、科技、青少年、综艺、体育、动画、影视剧等26个栏目。

4月28日　国家副主席荣毅仁在上海市领导陪同下视察东方明珠广播电视塔。

4月　新民晚报社改革用工制度,对新进报社的职工实行聘用合同制。

4月　上海各新闻媒体连续报道长宁区房产公司修理工徐虎全心全意为居民服务的感人事迹。

5月　为庆祝红军长征胜利六十周年,《解放日报》编辑、记者组成采访团进行《长征路上访红军》系列采访活动,历时百天。上海电视台也组织了《长征·世纪丰碑》的徒步采访报道。

6月26日　新民晚报社举行首届林放(赵超构)杂文奖颁奖仪式。

7月1日　上海永乐电影电视(集团)公司成立。

8月8日　新民晚报社和上海市作家协会签订协定,合办《萌芽》杂志。

9月9日　新民晚报社组团赴安徽省泾县云岭乡参加"新民汀潭希望小学"奠基仪式,并在原新四军军部旧址纪念馆建立的"新民晚报爱国主义教育基地"举行挂牌仪式。

9月25日　上海市新闻工作者协会召开大会,选出第四届理事会,丁锡满当选主席,张启承等8人当选副主席。上海市新闻工作者协会与上海市新闻学会实行"一套班子,两块牌子"的领导体制,张启承兼任市新闻学会会长。

10月　上海电台、东方电台迁入虹桥路上海广播大厦新址。

11月9日　《新民晚报》驻美记者站在洛杉矶正式成立,并推出《新民晚报·美国版》。

12月3日　《文汇报》开设"台港澳新闻"专版和大型综合性专刊"文汇财经"。

12月19日　《文汇报》无锡记者站成立。

1997 年

1月1日　《文汇报》即日起在北京印区推出彩色印刷,从此北京和天津、内蒙古、河北、甘肃、宁夏等北方区域的广大读者也可看到色彩鲜艳的《文汇报》。

1月9日　著名新闻工作者、解放日报离休干部陆诒逝世。

1月14日　文汇报社以《笔会》刊名命名的"笔会图书馆"在江西革命老区万安县万安中学内挂牌。馆内价值5万元的图书,是以《笔会》创刊50周年出版的《走过半个世纪——笔会文粹》一书在上海图书节上公开拍卖编号签名本所得购置。

1月15日　中共中央政治局常委、全国人大常委会委员长乔石在上海市委副书记陈至立陪同下视察上海广播大厦。

1月　《每周文艺节目报》由文汇报社接办,改名为《文汇生活导报》。

2月1日　为纪念《朝花》副刊创刊四十周年,解放日报社编辑出版的大型文集《朝花》作品精粹(1956年至1996年)举行首发式。

2月20日　中共上海市委决定,文汇报社党委书记王仲伟调任中共上海市委副秘书长、市委外宣办主任,钟修身任文汇报社党委书记兼副总编辑。

2月26日　《解放日报》刊登宋超领衔策划撰稿、8位记者集体参与采写的7 000多字长篇通讯《命运与共——上海人民沉痛怀念小平同志》,引起广大读者热烈反响。事后,中共中央文献研究室相关负责人专门找到领衔作者,传达小平同志亲属意见,认为此文是他们最为肯定的两篇悼念小平同志的报道之一。

3月7日　中共上海市委决定,赵凯任上海市广播电影电视局党委书记。

4月6日至11日　全面反映上海再就业工程的6集电视政论片《为了明天——上海建设再就业工程纪实》,在上海电视台和东方电视台晚间黄金时段播出。根据市委、市府领导的意见,市委宣传部从《解放日报》、新华社上海分社、《文汇报》、《新民晚报》抽调骨干人员深入基层,在短时间内撰写了此片的文字稿;上海电视台组织专门力量,克服各种困难在不到一个月的时间里圆满完成了电视片的拍摄制作。新华社《瞭望》周刊连续两期刊登此电视政论片文字稿。

4月9日　《文汇报》苏州记者站成立。

4月15日　解放日报社和上海人民出版社联合举办《奇才奇闻奇案——恽逸群传》出版座谈会。

4月20日　上海电台各播出频率改称专业频率。各频率对外呼号为:上海电台(AM990)、上海浦江之声广播电台(7115SW等)、上海电台市场经济频率(AM1422)、上海电台交通信息频率(AM648)、上海电台文艺频率(AM1197)、上海电台外语教学频率(AM1296)、上海电台少儿频率(AM1296)、上海电台103.7音乐频率(FM103.7)、上海电台105.7音乐频率(FM105.7)、上海电台英文频率(FM105.7)。

5月15日　文汇报社和湖州市人民政府联合主办、湖州日报社承办的"环太湖苏、锡、常、湖4城市经济发展论坛"举行。著名社会学家、全国人大常委会副委员长费孝通出席开幕式并讲话。

6月1日　上海电台少儿频率开播。

7月　为庆祝香港回归祖国,《文汇报》印制中国首张全彩色大型丝绸报。

8月8日　文汇报社援建的首所"文汇希望小学"在浙江省龙泉市查田镇奠基。查田镇查田村小学始建于1924年。新校舍为4层楼房,1998年1月《文汇报》创刊六十周年报庆前落成。

8月21日　《文汇报》山东记者站成立,省委书记吴官正表示祝贺。

10月12日　解放日报社新建的印务中心落成并试车成功。

11月2日　国家主席江泽民对美国的国事访问结束之际,在洛杉矶接见《新民晚报》总编辑丁法章及新民晚报驻美机构全体人员。

11月7日　解放日报社主管、主办的《申江服务导报》试版。

12月12日　《世界有线电视》杂志在美国洛杉矶召开年度大会,授予上海有线电视台"全球最佳有线电视系统奖"。上海有线电视台已拥有220万户网络终端,是世界上同一域区最大的有线电视系统之一。

12月　《文汇报》创刊六十周年前夕,江泽民、李鹏等中央领导和上海市领导分别为之题词。江泽民题词:"把握舆论导向,发扬文汇特色";李鹏题词:"面向二十一世纪,开创文汇报新局面";乔石题词:"发扬光荣传统,密切联系群众,坚持实事求是,办好人民报纸";李瑞环题词:"保持文汇特色,报新闻,讲实话,正文风"。

同年　全国第八届运动会在上海举行,青年报社被组委会指定承担全国八运会会报《八运会快报》的编辑、出版、发行任务。上海电视台、东方电视台分别承担了八运会的开、闭幕式的实况转播任务。

1998 年

1月1日　《解放日报》即日起日出 20 版彩印报纸。

同日　《申江服务导报》正式出版发行。

1月25日　《文汇报》创刊 60 周年纪念日。当日第一版以显著位置刊登中共中央政治局委员、中共上海市委书记黄菊的贺信。

1月26日　具有独立域名的《文汇报·电子版》在上海热线推出。

1月　青年报社新闻大楼竣工。

2月4日　崇明有线电视网络开通,上海有线电视台实现了全市各区县大联网。

4月17日　上海新闻界隆重集会,庆祝上海新闻工作者协会成立四十周年。

4月19日　东方电台、广东电台和香港电台三地联播节目《三江联播》开播。

5月11日　中国新闻史学会在沪举行"'98 中国新闻史学会研讨会",并进行换届。《解放日报》总编辑秦绍德当选为中国新闻史学会副会长。

6月30日　美国总统克林顿访问上海,与上海市市长徐匡迪在上海电台 990 直播室作为《市民与社会》节目嘉宾与上海听众交谈,开外国元首以嘉宾身份在中国媒体参与广播节目之先河。

7月25日　经国家新闻出版署同意,文汇新民联合报业集团成立。中共上海市委决定:王仲伟任报业集团党委书记、社长,丁法章任党委副书记、副社长,钟修身任党委副书记,石俊升任文汇报社党委书记、总编辑,金福安任新民晚报社党委书记、总编辑,张韧任报业集团纪律检查委员会书记,顾行伟任报业集团总经理。

7月　《解放日报》电子网络版开通。

同月　解放日报、文汇报、新民晚报被国家新闻出版署评为全国地方报社管理先进单位。

8月1日　46 层高(含地下 2 层)、建筑面积近 9 万平方米的文新报业大厦建成启用,位于威海路 755 号。

8月27日　上海大剧院正式启用。中央芭蕾舞团的芭蕾舞剧《天鹅湖》为首场启幕演出,当日票房收入 50 万元全部捐赠灾区。

9月16日　中共上海市委副书记龚学平,市委常委、宣传部长金炳华,以及王仲伟、贾树枚等到解放日报社,和报社负责人一起研究报社机构调整问题,基本确定《新闻报》《消费报》并入解放日报社,新《新闻报》于 1999 年元旦起,每日 3 刊(晨、午、晚)滚动出版。

9月28日　上海广播电视卫星地面站在闵行区陈行镇落成。

10月1日　上海卫星电视于 18:00 正式开播。

10月　市记协、市新闻学会编辑的《上海新闻作品选》(1992—1996),收入了 120 篇消息、通讯作品,多为上海新闻奖、中国新闻奖获奖作品。主编丁锡满、张启承,文汇出版社出版。

11月19日 《新闻报》每日(晨、午、晚)3刊滚动出版,首次试刊。

12月1日 《新民晚报》电子版网站开通。

12月31日 中共上海市委决定,贾树枚任解放日报社党委书记、副总编辑,赵凯任解放日报社党委副书记、总编辑。

12月31日 上海市有线网络有限公司挂牌成立。

1999 年

1月1日 解放日报社对原《新闻报》、《消费报》实行合并重组,第一张每日3刊的晨、午、晚滚动出版的新《新闻报》正式创刊。

同日 上海电台对新闻宣传实施改革,原来的10套广播频率精简为6套,节目总数由120多个减为100个,周平均日播出时间由117小时减为86.5小时,新推出的6套广播节目实行"双频联播",解决了上海一些地区收听质量差的问题。

1月4日 经国家新闻出版署批准,文汇新民联合报业集团主办的《新民周刊》创刊号出版。

1月5日 1998年7月试刊的《解放日报·电子网络版》主页浏览达到3 013 716人次,成为上海最有影响力的网上新闻媒体之一。

1月9日 东方电台"792为您解忧"推出"让生命的晚霞更灿烂"为主题的特别节目,为期1个月,每天为一个或一群有困难的市民送去关爱。上海市慈善基金会参与节目。

1月18日 上海有线电视台新闻频道《小小看新闻》栏目为从社会公开征集而来的栏目标志"娃娃眼中的世界"申请商标注册并获批准,成为上海第一个以卡通形象为栏目标志注册商标成功的电视新闻节目。

1月23日 上海电视台第二套节目首次对四川乐山吉象人造林制品公司诉广东深圳王木业公司的不正当竞争纠纷案的庭审进行直播,为时近3小时。

2月8日 上海电视台新闻中心启用新计算机系统组织新闻直播。

2月10日 经上海市著名商标认定委员会第三次会议审议通过,并经市工商局审定,上海东方电视台台标被认定为上海市著名商标。

3月 文汇新民联合报业集团党委副书记钟修身调任上海市新闻出版局党委书记。

同月 中共上海市委宣传部、市总工会、市妇联、团市委等单位与文汇新民联合报业集团为纪念上海解放五十周年共同举办大型摄影展览。

3月29日 《解放日报》为纪念上海解放五十周年,即日起开辟《上海,永远不会忘记》图片专栏,刊登历史和当前景象对比的图片;同时为纪念上海《解放日报》创刊五十周年,开展《我和解放日报》的征文活动。

3月31日 经有关专家和各方人士考证,上海《解放日报》筹办旧址获确认。旧址位于江苏省丹阳市东郊4公里的王家祠堂。

4月8日 全国百家定位于青年电子社区的网站 http://www.why.com.cn 正式在青

年报社开通。

4月9日　上海市新闻工作者协会成立举报中心,向社会公布举报中心监督电话:63528212。

4月15日　中共上海市委宣传部批准成立上海市新闻工作者协会企业报工作委员会。成立揭牌仪式于8月26日举行。

4月30日　为纪念"五四"运动80周年,上海50多名青年新闻工作者发出倡议书:发扬五四爱国主义精神,献身党的新闻事业。

4月　上海市人民政府采购管理办公室决定《解放日报》为上海市政府采购信息发布的指定媒体,今后凡需对社会公开的上海市人民政府采购的有关信息统一通过《解放日报》发布。

5月1日　上海市新闻工作者协会、市老新闻工作者协会和少年报社、上海市红领巾理事会、世界儿童基金会等单位,联合举办"小伙伴记者团万人世纪采访大行动",重点采访在上海解放和建设中作出突出贡献的功臣。历时8个月,2000年1月结束。

5月2日至8日　东方电视台与中央电视台联合主办"首届中国越剧艺术汇演展播",来自北京、上海、陕西等地的10余家越剧院团参加演出。

5月12日　上海市新闻工作者协会、市新闻学会和上海老新闻工作者协会联合举行座谈会,声讨以美国为首的北约轰炸我驻南斯拉夫大使馆、残暴杀害我驻南记者的罪行。

5月27日　上海各家电视台、电台全天统一联播"纪念上海解放五十周年"大型节目。

5月28日　由中共上海市委宣传部和《解放日报》共同主办的上海市各界纪念《解放日报》创刊五十周年座谈会举行,市领导黄菊、徐匡迪、陈铁迪、王力平等分别题词或撰文祝贺,罗世谦、金炳华等出席座谈会。6月11日在首都人民大会堂举行纪念《解放日报》创刊五十周年座谈会,吴阶平、陈锦华及中央有关部门负责人近百人出席,中央政治局委员、中宣部部长丁关根致电祝贺。

5月29日　上海人民政府新闻办公室负责注册、管理的"中国上海"网站开通,这个上海市人民政府专用域名为www.shanghai.gov.cn。

6月1日　东方电台少儿部与中国少年服务信息网制作中心通力合作,建成中国首家少儿节目网上广播,"东广少儿节目网上广播"包括东方电台每天15小时少儿频率播出的24档节目,网页采用三维动画设计制作。

6月5日　东方电视台和中央电视台首次三地多点直播《为了绿色家园——'99世界环境日特别报道》,报道了由江泽民主席题写的"长江源"环保纪念碑揭碑仪式和北京、上海的环保活动。

6月6日至9日　东方电视台和《文汇报》联手组织"明星'村官'看上海"报道活动。邀请21位在不同历史时期为中国农村发展作出贡献的村寨负责人到上海看市场、谈业务、交流研讨。

6月10日　《青年报》举行创刊五十周年座谈会,通过网络直播。

6月　经国家新闻出版署批准,原《国际金融信息报》更名为《国际金融报》正式从安徽省易地上海出版,由人民日报社主管、人民日报社华东分社主办。日报,对开8版。

7月1日至9月9日　《解放日报》、《新闻报》特派记者李文祺参加中国科学考察队乘

"雪龙"号破冰船,对北极进行为期71天的科学考察采访。李文祺曾于1984年参加中国首次赴南极科学考察的采访,成为中国新闻界采访地球南北两极的第一人。

7月15日　上海诗人桂兴华成立以自己姓名命名的工作室并加盟东方电台,探索"制播分离"的新路子。

7月　《解放日报》"手拉手"专刊与上海电视台"今日都市"栏目,联合发起"关爱老劳模行动",部分新闻工作者与市级以上老劳动模范结对帮困。

8月28日　东方电台、市慈善基金会、国际互联网上海之窗共同主办网上助学活动,500多位捐款人捐助60多万元,受惠学生300多人。通过互联网还收到美国、加拿大、日本几十位捐助者的捐款。

8月　《赵超构传》(张林岚著)由文汇出版社出版。

9月15日　中宣部在北京召开第七届精神文明建设"五个一工程"表彰大会,上海广电局的电影《黄河绝恋》、美术片《宝莲灯》、电视剧《哎哟,妈妈》、歌曲《凝聚》、广播剧《凝聚》和《第二次人生》、理论电视片《人间正道》等作品获奖。

9月19日　东方电台推出《财富论坛前奏曲》栏目,首次通过电子邮件采访通用汽车公司和戴尔电脑公司的总裁,根据他们的回邮和传交的讲话录音制作报道。

9月23日　在台湾地区余震不断的情况下,东方电视台和台湾电视公司通过卫星在上海和台北成功合作举办题为"明月有情同胞心"中秋特别节目。晚会为台湾同胞募集了90万人民币和8万美元。

9月25日　东方电视台在加拿大多伦多和温哥华分别举办"上海东方电视周"。

9月27日19:38　中央电视台的第一、第四、第九套节目和上海电视台的第一套节目,中央电台第一套节目和上海电台990新闻频率转播'99《财富》全球论坛上海年会开幕晚宴的实况。东方电视台组织的开幕文艺演出受到国家主席江泽民的称赞。从9月27日至9月29日,上视还与中央台联手,每天推出长达90分钟《财富》全球论坛的特别报道。

9月28日　文汇新民联合报业集团投资创办的上海新世纪广告交易中心成立,这是全国第一家运用现代化交易手段和市场化交易形式进行大型广告交易的场所,是自主经营、自负盈亏、独立核算的企业法人单位。

10月1日　经中共上海市委和国家新闻出版署批准,由文汇新民联合报业集团创办的英文《上海日报》(Shanghai Daily)正式出版发行,对开8版。

10月12日　有线电视台制作的《居委会的故事》、《城里来的种田人》等纪录片被上海档案馆收藏。

10月16日至19日　东方电视台组织上海各大医院24位高级专家到云南思茅地区义诊,为当地52位白内障病人施行复明手术。

10月17日　上海电视台与英国无线卫星台、中国驻英使馆当日起在伦敦举办"上海电视周"。

10月22日　国家广电总局局长田聪明到上海电台视察、调研,并在990新闻直播室接受上海电台记者采访,对21世纪广播发展及其地位作分析。

10月28日　由上海广电发展总公司、上海电视台、东方电视台共同投资组建的上海广电影视制作有限公司成立,成为上海广电局多元化产业经营的重要组成部分。

11月2日 东方电视台直播首届中国上海国际艺术节开幕式。李岚清、黄菊、张思卿以及孙家正、徐匡迪等出席开幕式。

11月15日至19日 举办第七届上海国际广播音乐节。世界29个国家和地区的129家电台、公司选送106套节目,在上海电台、东方电台展播和评比。上海电台《龙吟》获音乐节大奖"金编钟奖"。

11月18日 在出租汽车内放置报纸,让乘客阅读的"一车一报"工程在上海启动。这项措施是由文汇新民联合报业集团发行中心主办,上海宝久广告有限公司承办,双方举行"启动上海出租行业'一车一报'工程"合作签约仪式。

11月 复旦大学新闻学博士后流动站挂牌,成为全国第一个新闻学博士后流动站。

11月 《解放日报》获全国首届彩报印刷质量评比第一名。

11月 《上海广播电视志》由上海社会科学出版社出版。

12月31日 午夜起,由市广电局、文化局主办的上海迎接新世纪新千年联欢活动在东方明珠塔下举行,市领导黄菊、徐匡迪、陈铁迪、王力平等出席,东视和上视进行转播,各广播电台、电视台分别以各种形式举办活动,上海电台各频率均进行了10多个小时的直播。东方电台当日起开展24小时直播,记者从香港、澳门、澳大利亚及温岭、西安、黄帝陵发回报道。东方电台和中央电台等联合全球30多家各大洲华语电台,在23:30至凌晨0:30直播《跨越千年》节目。东视推出《2000看东方》的直播节目长达33小时。

同日 上海市新闻工作者协会统计,1999年全年世界各国到沪访问的新闻从业人员达72批次,386人次。

同年 《青年报》率先完成电脑智能作业工程,进入"全员在线"办公。

2000年

1月1日 《解放日报》在北京实现首次外埠彩色印刷。

1月4日 中共上海市委决定,王仲伟调任市委宣传部副部长;贾树枚任《解放日报》总编辑;赵凯调任文新报业集团党委书记、社长;宋超任《解放日报》常务副总编辑。

1月14日 上海市新闻工作者协会和解放日报社联合举办史量才先生诞辰120周年纪念会,上海的新闻单位、新闻院校和新闻研究团体的编辑、记者、专家、学者等60余人参加座谈。

1月18日 上海电台开始与全市14家公交企业签约,在94条线路的1400辆公交车上转播"990早新闻"。4月6日起,复旦大学、交通大学、同济大学、华东师范大学等37所高校的校园广播开始转播"990早新闻"。

1月25日 有线电视台召开1999年度全市网络工作总结表彰会。会上宣布,上海有线网络规模超过290万户,市区入网率88.5%,郊区入网率30.2%。

2月9日 上海电视台与苏州电视台联手利用光缆技术,进行《苏州一日》异地新闻直播。

2月21日至23日 全国广播电视先进县暨全国广播影视系统"双先"表彰大会在北京隆重举行。奉贤县荣获全国广播电视先进县称号;上海电台广播剧组、闵行区广电局荣获全国广播影视系统先进集体称号;上海电视台林罗华荣获先进工作者称号。

3月9日 上海新闻从业人员在宣传"献爱心"的同时,身体力行,捐献个人收入给特困家庭,并建立"上海市新闻工作者慈善帮困基金",首批捐款8万元,当天在上海市政协檀山厅举行捐献仪式。

3月16日 上海广电局召开区县广电局台长会议,宣布上海市郊实现广播电视村村通,上海区县201个乡镇、2 806个行政村都能收听收看到中央台与市台的广播电视节目,实现了国家广电总局提出的"村村通广播电视"目标。

3月26日 上海电视台首次推出每周日一档为聋哑同胞制作的新闻专栏"时事传真",这是上海地区第一个采用播音员以语言播报和手语相结合的方式面向听力残疾人的电视新闻节目。

3月28日 解放日报社为支持西北大开发,公开拍卖"神舟金箔",将拍卖所得的20万元,捐献给为帮助西部贫困学生设立的"帮困助学基金"。这个金箔系中国航天基金会为感谢解放日报社对航天事业的支持而无偿赠送的。

4月7日 上海电台"市民与社会"栏目推出"市长热线"特别节目,市长徐匡迪作为节目的第一位嘉宾,就市政府当年经济、就业、社会保障等工作与市民对话。

4月11日 中共上海市委决定,建立中共上海市文化广播影视管理局委员会,郭开荣任党委书记。市第十一届人代会常务委员会第十七次会议审议决定,任命叶志康为上海市文化广播影视管理局局长。

4月15日 上海新闻界等各界人士在上海福寿园举行"许杏虎、朱颖烈士纪念碑起迁仪式"。5月8日是这两位在以美国为首的北约对我驻南斯拉夫大使馆的导弹袭击中不幸遇难的中国记者以身殉职周年祭日,纪念碑迁至北京八宝山公墓。

5月10日 《解放日报》电子网络版当日起实行24小时滚动发布新闻,每天更新12档新闻。

5月11日 东方电台"倾听西部的声音"系列专题开播,至6月14日结束,其间共与西部9个省市、自治区电台进行两地对播,四川省、陕西省、贵州省、宁夏回族自治区、新疆维吾尔自治区等多位省市主要领导在节目中接受采访。

5月17日 文汇新民联合报业集团创办的周报《上海星期三》面世。

5月24日 上海市新闻工作者协会、市新闻学会举行"入世与我国传媒业"研讨会,就中国加入世贸组织将会对新闻传播出版业产生什么影响的问题进行探讨。

5月28日 由上海市主要新闻媒体联合组建的大型综合性服务类网站——东方网开通。6月28日,东方网股份有限公司成立。

6月1日 《新闻报·晨刊》更名为《新闻晨报》。改版后的《新闻晨报》,4开24版,定位为综合性都市早报。同日,《新闻报·晚刊》更名为《新闻晚报》,4开16版。《新闻报·午刊》更名为《新闻午报》。

6月19日 《文汇报》原主笔、副社长柯灵(高季琳)逝世。

6月22日、29日 上海市文广局分别向30名上海市人大代表、政协委员颁发"广播影视特邀评议员"聘书。市人大常委会副主任胡正昌、市政协副主席陈正兴出席仪式并参加座谈会。

7月1日　《新闻午报》划归上海市文广局管理,由上海每周广播电视报社和新闻报社合办。

7月15日至8月31日　上海电视台、《新民晚报》和东方网站联合举办2000年西部行新闻采访活动,由东到西横跨5000余公里。其间,"2000西部行"报道组在酒泉卫星发射中心举行《"八一"放歌》大型慰问演出;应"2000年西部行"报道组邀请,上海市市长徐匡迪在上视新闻直播室通过卫星连线与陕西省省长程安东对话,历时40分钟;在甘肃省通渭县举行红军长征纪念碑奠基仪式。

8月13日　《解放日报》以"谁来帮帮好心人?"为题,刊出退休教师任水良资助失学儿童的消息,引起社会各界广泛关注,受到中宣部的肯定。中共中央政治局委员、中宣部部长丁关根批示给予表扬,并要求中央电视台摄制播放这一典型。

8月15日　由市妇联与《新闻晚报》合办的《东方女性周刊》创刊,每周六出版,8版。

9月16日　解放日报社印务中心通过了ISO9002质量体系国际、国内认证,成为国内首家新闻单位同时通过ISO9002质量体系国际、国内认证的印刷企业。

10月1日　在央视调查咨询中心进行的全国卫星频道观众满意度调查中,开办两周年的上海卫视居全国省级卫星频道第二位。截至9月底,上海卫视在全国落地总数已达1223家,在全国拥有近2亿观众。

10月9日　经国家新闻出版署和中共上海市委批准,解放日报报业集团揭牌成立。中共中央政治局委员、市委书记黄菊发信祝贺,市委副书记龚学平出席成立大会并讲话。根据市委的决定,贾树枚任集团党委书记、社长;陆炳炎任集团党委副书记、副社长、《解放日报》党委书记;宋超任集团党委副书记、副社长、《解放日报》党委副书记、《解放日报》总编辑;张止静任集团党委副书记、集团纪委书记、《解放日报》党委副书记、《解放日报》纪委书记;黄京尧任集团总经理。

10月11日　根据丁关根、黄菊等领导对《解放日报》副刊《朝花》出满5000期的批示,中共上海市委宣传部和解放日报社联合举行经验交流会。上海新闻界、文艺界60多人参加座谈。

10月18日至24日　中共中央政治局委员、书记处书记、中宣部部长丁关根在上海文广影视系统调研时强调,广播电视要积极、全面、准确、深入地宣传贯彻党的十五届五中全会精神。改革要充分考虑意识形态工作特点,并适应社会主义市场经济体制的要求。

10月25日至29日　第八届上海电视节在上海举行,来自47个国家和地区的1487家影视机构、4118名中外嘉宾分别出席电视节的29项活动。

10月　《新中国晚报50年鉴(1949～1999)》,由丁法章主编、文汇出版社出版发行。

11月3日至4日　由东方电视台和上海演艺总公司、美国梅耶斯国际娱乐有限公司联合承办的世界超大型景观歌剧《阿依达》作为第二届上海国际艺术节开幕演出剧目演出,舞台面积5298.95平方米,演职人员3500余人,观众近10万人,创下了世界演出史上3项世界吉尼斯新纪录。

11月8日　经中华全国新闻工作者协会申请和国务院批复同意,从2000年起每年的11月8日确定为中国记者节,成为中国护士节、教师节之后的第三个属于全国行业性的节日。当日下午,上海新闻界为庆祝首届中国记者节在上视大厦举行大型庆祝联欢活动。

11月20日　应台湾《中国时报》邀请,以解放日报报业集团社长贾树枚为团长的上海新闻、农业、水利代表团一行12人,对台湾进行交流考察访问。

11月22日　中共上海市委宣传部发出《关于开展马克思主义新闻观教育的通知》,要求今冬明春在全市新闻从业人员和辅助人员中进行马克思主义新闻观教育活动。

11月27日至28日　上海文广局召开郊区基层广播电视工作经验交流会。会上宣布,10个郊区有线电视光缆全长8 614.66公里,实现了乡镇通。2 700多个行政村,通有线电视916个,占34％,终端用户80多万。全年安装光缆喇叭31 750只。

12月1日　由东方电视台全额投资,历时3年打造的上海第一部大型原创舞剧《野斑马》在第二届上海国际艺术节闭幕式上首演。

12月5日　上海文广局在有线电视网双向改造工程完成暨“有线通”推广应用新闻发布会上宣布,上海已拥有100万户有线电视双向网的基础。

12月11日至18日　由境外电视编导拍摄的23集电视纪录片《世纪之交看上海》分别在上海电视台14频道、东方电视台33频道播出。这些纪录片分别由英国BBC、日本NHK、德国ARD、法国电视2台、美国ABC以及新加坡和中国的香港、台湾地区等10家电视台的编导、记者在上海拍摄。

12月13日　解放日报社获全国地方报社管理先进单位称号,全国报界由政府举办的此项评选活动,每两年进行一次,解放日报社连续两届获表彰。

12月16日　杰出的新闻事业家史量才故居修缮落成仪式在松江泗泾镇举行。

12月26日　上海有线电视台与上海图书馆举行“互动电视把‘我的图书馆’送入千家万户”签约仪式。这个项目通过有线互动电视的平台为用户建立个人图书馆。

12月30日　由上海电视台、新民晚报社、上海电台、新华社上海分社、上海日报社和《今日上海》杂志社等7家媒体与上海大众汽车公司组成的“帕萨特——新世纪高速行”东部采访活动联合报道组举行出发仪式,此次活动沿江浙沪高速公路沿线25个城市采访,行程3 000公里。

12月31日　东方电台推出《穿越时光——跨世纪24小时特别节目》,和中国国际电台合作进行直播报道,其中专题节目《世纪心愿》介绍美国、日本、俄罗斯、澳大利亚、法国等全球90多个国家不同职业、不同年龄的普通人的想法。

12月　贾树枚主编的大型专业志书《上海新闻志》(1850—1996),由上海社会科学院出版社出版发行,《上海新闻志》编纂委员会被评为“上海市地方志系统先进集体”、“上海市宣传系统史志工作先进集体”。

同月　市委宣传部决定,对年度十大新闻评选实行规范化管理。凡上海以及经济、文化、科技、精神文明建设等方面的十大新闻评选,由上海市记协牵头。国际十大新闻由市记协和有关新闻单位会同市委外宣办、市国际关系学会联合评选。年度内十大新闻评选结果经市委宣传部审核后发布。

2001 年

1月1日　《解放日报》推出100个版面的“世纪之版”,当日广告收入突破500万元。

同日　解放日报报业集团创办《新上海人》杂志,这是在《行政与人事》杂志基础上改版而成。

同日　《上海交通报》于2000年8月划归文汇新民联合报业集团主管、主办,即日起更名为《行报》出版。8月28日,实行全新改版,成为全国第一家汽车服务信息报,4开16版,全部采用铜版纸彩印,由原周二刊改为周一刊。

同日　《汉语拼音小报》更名为《语言文字周报》出版。

同日　数字高清晰度电视节目当日起每晚9时至10时在增补的27频道播放,从制作、播出、传输到接收机全部采用数字技术,上海百户居民收看首播节目。

同日　上海电视台与中央电视台、东方明珠广播电视塔公司、加拿大多伦多电视塔联合举办"跨越太平洋——东方明珠塔·多伦多塔新世纪对话"节目。这次电视对话采用同步翻译,由央视第4套、第9套播出节目录像。

1月2日　解放日报报业集团与上海市房屋土地资源管理局合作创办《房地产时报》出版。

1月6日　上海市文广局参与主办的"蓝天下的至爱"慈善系列活动举行,东方电视台为此推出"爱心全天大放送"节目,全市上百万居民、数千家单位参加这一活动。

1月12日　上海教育报刊总社成立,由少年报社、上海中学生报社、家庭教育时报编辑部、上海教育期刊社、上海康复杂志和中国教育报上海记者站6家单位组成,拥有3报7刊。

1月30日至6月底　东方电视台优秀节目海外展播活动首先在澳大利亚卫星电视拉开序幕,随后日本、韩国、加拿大、新加坡、凤凰卫视欧洲台、纽约中文台分别播出了东视的节目。

2月3日至5日　由国家新闻出版总署主办、中国报业协会和解放日报报业集团协办的"报业集团建设发展座谈会"在沪举行。全国16家报业集团领导聚会上海,市领导龚学平、殷一璀、周慕尧、王仲伟等出席。

2月23日　《解放日报》、《文汇报》、《新民晚报》刊登报道:科教片《宇宙与人》在上海热映,揭露和批判了"法轮功"的邪教本质。3月1日,《解放日报》刊登《宇宙与人》解说词全文。

3月7日　《解放日报》青年记者张春海在采访中见义勇为,为保护群众生命安全,被歹徒殴打致伤。上海市新闻工作者协会向他颁发"记者风险基金"表示嘉奖。他的事迹被评为上海市2001年度精神文明建设十佳好事。

3月12日　上海电台会同上海市绿化委员会办公室、黄浦区人民政府于植树节之际,联合向市民倡议"绿化新上海,共造市民林",并决定募捐建造市民林。6月17日,上海第一块以"市民林"命名的绿地在市中心延安中路绿地揭碑。

3月16日　上海文广局举行文艺院团委托管理签约仪式,即将成立的上海文广影视集团托管京剧院、昆剧院、交响乐团;上海电视台托管上海歌剧院、轻音乐团、话剧中心;东方电视台托管上海歌舞团;上海电台托管上海评弹团、淮剧团;东方电台托管上海民族乐团;上海有线电视台托管上海滑稽剧团等。

3月19日、20日　东方电视台拍摄并播出专题片《拒绝邪教》。

3月20日　市委决定,建立东方新闻网站党委,王仲伟兼党委书记;穆端正任东方新闻网站主任,李智平、徐世平任副主任。吴谷平任文汇报党委书记、副总编辑,吴振标任党委副书记、总编辑。

3月25日　中共中央政治局常委、全国人大常委会委员长乔石,上午参观了东方网和文新报业大厦。

3月28日　《解放日报》每周三以一个整版的篇幅推出《百姓健身》专版。

3月30日　即日起上海东方电视台和市内6家市级医院、"一大"纪念馆举办"没有共产党就没有新中国——中国革命万里行"活动,先后到达瑞金、遵义、韶山、广安、延安、西柏坡等地举行党史展览、送医送药、文艺演出、赠送设备等,至4月30日结束。

4月2日　上海卫视15分钟的《英语午新闻》开始在央视9套以《今日上海》之名完整播出。

4月10日　中共上海市委决定,陆炳炎任中共解放日报报业集团党委书记、社长。

同日　解放日报报业集团物业公司通过ISO9001:2000版质量管理体系认证,成为全国首家通过这一标准的质量管理体系认证的新闻单位物业管理公司。

4月16日　中共上海市委决定,叶志康任中共上海文化广播影视集团委员会书记。4月27日,市人民政府通知,同意叶志康任上海文化广播影视集团总裁。

4月19日　上海文化广播影视集团揭牌。上海文广影视集团以广播、电影、电视、传输网络、网站和报刊为主业,兼营其他相关产业。

5月31日　上海卫视选送的新闻专题片《小学生减负:超超的故事》在美国有线电视新闻网《世界报道》栏目年度颁奖典礼上,被授予2000年度"最佳人文新闻片"大奖,是亚洲唯一的获奖片。

5月　由文汇新民联合报业集团新闻研究所编写的《文汇报60年大事记(1938—1998)》,以征求意见稿的形式内部刊印。

6月21日　东方明珠广播电视塔工程通过优质工程验收。东方明珠塔主体结构高350米,塔总高度为468米,为亚洲第一,世界第三。

6月24日　东方电视台与新加坡传媒机构合作举办的"第七届才华横溢出新秀2001亚洲之星总决赛"在新加坡举行。东视选送的选手施斌获男子组冠军。

6月　上海市卫生局和《文汇报》即日起联合举办上海卫生系统"21世纪医务人员形象大讨论"活动,历时半年,于11月14日结束。一批优秀论文的作者和优秀演讲者受到表彰。

7月1日　为纪念中国共产党成立八十周年,各主要新闻媒体以多种新闻宣传形式,诸如"来自党的诞生地的报告"、"光辉的旗帜"、"坚持改革跟党走"的系列报道,"回眸风雨当年"、"胜利之路"的重要历史回顾文章,以及辟设"我身边的共产党员"、"党的光辉照我家"、"新世纪社区巡视"等专题节目、专栏,对全国和上海纪念活动作了充分反映。《解放日报》出版纪念特刊丝绸报,这是《解放日报》第一次出版非纸质载体报纸特刊。

7月2日　中共上海市委决定,宋超任《解放日报》党委书记。

7月13日　上海电台推出5小时直播节目《祝福你,北京》,通过前方记者将国际奥委会在莫斯科投票现场的最新消息同步传达给听众。当天,共播出本台记者申奥现场录音报道8个,特派记者申奥现场录音报道12个。

7月23日　东方电视台与《新闻晚报》联手推出"夏令热线",副市长韩正参加"夏令热线"开通仪式,录制《"夏令热线"大家谈》节目。

7月28日　上海电视台与台湾年代网制事业股份有限公司在上视举行《关于代理上海

电视台卫星频道节目的协议》签约仪式。

7月31日　《文汇报》、《新民晚报》两报驻京记者站组建为文汇新民联合报业集团驻京办事处正式挂牌。

7月　中共上海市委宣传部发文,决定从2000年起,对全市报刊、电台、电视台刊播的新闻内参进行年度评奖活动。"上海新闻内参奖"一年一评,从1月1日到12月31日期间,由上海或中央主要新闻单位编发的新闻内参作品均可参评。

7月　文汇新民联合报业集团所属的文汇出版社,受到国家新闻出版总署的通令嘉奖。

8月3日　中共上海市委宣传部对上海文广新闻传媒集团党委组成作出批复,朱咏雷兼任党委书记,宗明、任大文、卓根源为党委副书记。

8月15日　《申江服务导报》改版,版面增至80版。

8月25日　《文汇报》第二届驻外记者工作会议即日起至9月6日在法国巴黎中国城大酒店举行,这是文汇报社首次在国外召开驻外记者工作会议。

同日　东方电视台与上海亚洲音乐节组委会共同主办,全国18个省市电视台参办的第四届亚洲音乐节中国新人新手大赛决赛在东视举行。

8月26日　上海电台与上海市新四军历史研究会、黄浦区委区政府在外滩广场举办陈毅诞辰一百周年大型文化纪念活动。

8月30日　解放日报报业集团与华东师范大学正式签约,合办《上海学生英文报》。

8月31日　《上海星期三》推出32版、全铜版纸印刷的月末版。每月的最后一个星期五与读者见面。

9月11日　《新闻晨报》第二次改版,由24版扩至40版。

9月24日　东方电台与市文明办、东视、国际电台联合主办"我和APEC"上海市民双语大赛决赛,全市各行业14位选手用生动的语言表达了上海市民当好东道主的热情。

9月27日　《解放日报》以《一个母亲的"信任危机"》为题,报道了上海下岗女工、共产党员查文红连续3年在安徽贫困农村义务执教的事迹,在读者中引起强烈反响。

9月28日　《新民晚报》举办"台湾采访行"活动,特派记者郑裕利、吴强当日起对台湾地区的经济、科技、文化、社区进行实地采访。这是首家大陆地方报纸入台采访活动。

9月　束纫秋、丁法章主持编纂的一部全面系统阐述中国晚报学的专著《中国晚报学》,由上海辞书出版社出版。

10月1日　中共中央政治局委员、上海市委书记黄菊到设在东方明珠电视塔内的APEC(亚太经合组织)主新闻中心慰问,并要求确保APEC会议期间的通讯保障万无一失。东方电视台1套节目黄金时间播出20集大型专题电视片《你好APEC》,这是专门为配合亚太经合组织第九次领导人非正式会议在上海召开,东方电视台独家摄制的国内第一部全面纪录和反映APEC 21个经济体最新经济、文化、历史、人文发展状况的大型电视专题片,每集长达60分钟。

同日　由东方电视台与市文明办、市外办、市远程教育集团等单位联合主办、摄制的《文明礼貌ABC》在上海各电视台播出,全片共10集,每集8至9分钟,是一部表现方法新颖,寓教于乐的公益宣传教育片。

10月8日　由原上视、东视、有线台体育节目部门的人员、资源重组后成立的上海电视台体育频道开播,每天对外播出 17 小时。

同日 《文汇报》全面改版,设有 12 个全彩版面。每天 9 个新闻版,每周 20 个专副刊。

10 月 15 日 上海市文广影视行业特有工种职业技能管理领导小组成立,负责领导本行业 67 个特有工种职业技能的鉴定和培训工作。

10 月 16 日 中国日报社创办的学生英文报《21 世纪·中学生版》在沪出版。

10 月 17 日至 21 日 文广各台投入 APEC 年会的宣传报道。上视新闻每天推出 8 档"APEC 快报"正点新闻。21 日,上视将 8 频道专辟为 APEC 特别报道频道。东视于 10 月 18 日至 21 日推出"APEC 特别报道"。上海电台新闻频率作 12 次现场直播。东方电台进行追踪报道并与中央电台、国际电台合作播出 4 档双语节目。

10 月 25 日 上海市文广局确定《上海市卫星电视地面接收设施专项整治工作方案》,成立由文广局、公安局、国家安全局等组成的全市专项整治领导小组,分阶段对全市卫星电视地面接收设施进行专项整治,至 12 月,第一阶段工作得到国家广电总局检查组肯定。

10 月 30 日 东方电视台承办的"2001 上海科技节院士科普报告会"在东视演播剧场举行,徐匡迪、陈竺、杨雄里、杨胜利、杨溢涛、陈凯先六位院士就生物科技的发展作精彩演讲。

10 月 徐培汀撰写的 20 世纪中国新闻学与传播学的论著《新闻史学卷》,由复旦大学出版社出版,这是全国首部中国新闻史学史。

同月 《申江服务导报》自 1998 年创刊起实行的风险承包广告总代理制,获中国报业协会主办的首届中国报业"创新奖"。

11 月 2 日 由东视进行市场化运作的大型新编京剧《中国贵妃》在第三届中国上海国际艺术节的开幕式上演出。

11 月 5 日 上海文广新闻传媒集团广告经营中心挂牌成立。

11 月 8 日 上海新闻界举行以"走进社会,服务人民——互动时代:媒体与大众"为主题的系列活动,庆祝第二届中国记者节,市委副书记龚学平,市委常委、宣传部长殷一璀参加活动。

11 月 13 日 中央调研组邵华泽、龚育之等一行视察文新报业大厦。

11 月 14 日 应台北市报业公会邀请,由解放日报报业集团社长陆炳炎率领的上海新闻采访团一行 14 人,到台湾进行为期 10 天的交流采访活动。

11 月 文汇新民联合报业集团主办的《新闻记者》杂志被评为"中文社会科学引文索引"(CSSCI)(2000)来源期刊,并由教育部社政司决定成立的"南京大学中国社会科学研究评价咨询委员会"授予证书。

12 月 1 日 上海文广影视网正式开通。网站根据"中国上海"门户网站建设总体要求设置,主要栏目有政策法规、办事指南、便民服务、文广信息等,从各个层面介绍上海文广影视事业发展的动向,为政府与市民的沟通构筑平台,为市民网上办事提供方便。

12 月 3 日 中宣部副部长李从军在市委副秘书长、市委宣传部副部长王仲伟陪同下,视察文汇新民联合报业集团新世纪广告交易中心。

12 月 10 日 市委宣传部批复同意上海市文广局对市区有线电视中心进行行业管理。

12 月 12 日 上海市新闻工作者协会举行第五届理事会,贾树枚当选为上海市新闻工作者协会主席,丁法章当选为上海市新闻工作者协会副主席、上海市新闻学会会长。中共中央政治局委员、上海市委书记黄菊致信祝贺。市委副书记龚学平到会讲话;市委常委、宣传部部长殷一璀,副市长周慕尧出席会议。

12月17日 经国家新闻出版总署批准,《上海计算机报》更名为《i时代报》。

12月24日 中共上海市委宣传部与复旦大学共建复旦大学新闻学院,举行签约仪式。

12月26日至27日 新民晚报社先后召开社会各界人士座谈会和报社老、中、青三代报人座谈会,纪念《新民晚报》复刊二十周年。

12月31日 《解放日报》网络版成功尝试网上录音报道。

同日 据统计,上海郊区1 031个村开通有线电视网,全面完成市"千村通"的市政府实事项目。

是年,青年报社主办的《生活周刊》由16版扩为32版;经国家新闻出版总署批准,由青年报社主办的、以广大中学生为主要对象的《学生导报》创刊。

2002 年

1月1日 上海电视全面实行频道专业化。上海文广新闻传媒集团(筹)下属11个专业频道全新亮相,其中包括以上海电视台为呼号的新闻综合频道、上海卫星频道、生活时尚频道、体育频道、电视剧频道、财经频道、纪实频道;以东方电视台为呼号的新闻娱乐频道、文艺频道、戏剧频道和音乐频道。经半个月的试播,根据上海电视台与日本STV—JAPAN株式会社签订的相关协议,卫星频道节目正式落地日本。

1月7日 上海卫视"前进上海"节目在香港落地,每周一至周五18:15在香港凤凰卫视中文台黄金时间播出,成为香港市民了解上海的又一窗口。

1月11日 上海市第三届新闻学术年会暨2001年上海新闻论文奖颁奖大会举行。

1月17日 《文汇报》推出新建电子版,新闻、版式浏览、文章检索、读者讨论区、读者联系5个频道全部建成投用。

1月19日至24日 上海电视台纪实频道《邓小平与上海》摄制组赶赴深圳、珠海进行实地采访拍摄,记录下了这10年间深圳、珠海的变化,缅怀邓小平同志的丰功伟绩。在深圳,摄制组采访了邓小平的弟弟邓垦和其妹妹邓先群女士。两位老人讲述了邓小平鲜为人知的故事。

1月20日 《文汇报》新辟专刊《每周讲演》,每周一期。首期刊登了法国哲学家雅克·德里达在复旦大学所作的题为"Profession的未来或无条件大学"的演讲。

1月21日 解放日报报业集团与教育部全国中小学计算机教育研究中心签订协议,合作出版《中小学计算机教育》杂志。

1月23日 解放日报报业集团开展"献爱心关爱老劳模"活动,为20世纪五六十年代的市级以上老劳模捐款10万元。

1月26日 由中国新闻社、新民晚报和台湾《中国时报》主办、中新社上海分社承办的"上海周末"摄影活动举行颁奖仪式。活动历时一个多月,共收到近300幅社会来稿和178幅"两岸记者申城印象写真"作品。

2月1日　《新民晚报》与上海市法制宣传办公室即日起联合开设"今日法律"专栏。

2月6日　上海市政府新闻办公室副主任焦扬向中外媒体宣布,市政府从本月开始,建立新闻发布会制度,发布次数为每两周一次;重点委、办、局都将设立新闻发言人。

2月7日至25日　上视体育频道、文广影视集团技术中心一行9人奔赴新疆,对上海摩托车手王龙祥单骑穿越"魔鬼之域"罗布泊的壮举做跟踪报道。连续9天每日发回4分钟的新闻报道。真实记录此次探险活动的《生命罗布泊》一书,同年8月由世纪出版集团上海教育出版社出版发行。

2月17日　《解放日报》"春节热线"专栏刊登值班记者采写的通讯《肖叔,你不该走!》,报道杨浦区民警肖玉泉生前助人、助困、做好事的感人故事,次日又刊登跟踪报道。市委副书记、政法委书记刘云耕作出批示。3月5日,《解放日报》一版刊登通讯《人民乃父母》和评论员文章《深怀爱民之心》,进一步报道肖玉泉的先进事迹,展示其鞠躬尽瘁、为民服务的崇高精神。上海6万公安干警开展学习活动。公安部授予肖玉泉"一级公安英模"称号。

2月20日　《解放日报》、《文汇报》、《新民晚报》等华东九报即日起至9月30日联合举办"应对入世挑战"好新闻竞赛活动。

2月21日　《人民日报》刊登"市场报重要启事":"根据国家新闻出版总署新出报刊(2001)878号文件要求,进一步规范和整顿报社各地派驻机构工作秩序,经研究决定,撤销人民日报社市场报驻上海联络处"。

2月27日　《新闻晨报》第三次改版,版式统一,日发行量45万份。

3月1日　《文汇报》举办《三峡史诗》山水画创作系列活动,历时10个月。

同日　解放传媒投资有限公司成立并开始运作。这是解放日报报业集团探索资本运作、开展对外投资业务的载体,注册资金为5 000万元。

3月5日　《解放日报》、《文汇报》、《新民晚报》和市文联、市作家协会等单位即日起至6月15日联合举办"放歌新上海"500字散文征集活动。当年10月出版《放歌新上海》一书,收集征文108篇。

3月11日　中共中央政治局委员、上海市委书记黄菊,出席全国人民代表大会的上海代表团团长、上海市人大常委会主任陈铁迪,上海市原市长徐匡迪、朱开轩等64位全国人大上海代表,在《文汇报》倡议下签名,支持中国申办2010年世界博览会。3月12日,《文汇报》在第一版显著位置报道这一活动。

3月15日　文汇新民联合报业集团社长赵凯、《上海日报》总编辑张慈赟接待由CNN、美联社、《华盛顿邮报》等8家新闻机构的资深记者、编辑、专栏作家等组成的美国记者团一行11人。

3月16日　上海文广影视集团、东方明珠股份有限公司、上海巴士实业(集团)股份有限公司签署了在上海公交车上试验播出数字移动电视节目的合作协议。上海成为全国率先进行数字电视地面广播试验的三大城市之一。这一试验首先在一辆920路公交车上进行。至当年年底,全市共有68条公交线路、1 000多辆公交车上安装移动多媒体装置。

3月17日　上海文广新闻传媒集团在广州举办"传媒与企业深度交流高峰会"暨集团广

告经营中心广州办事处成立仪式。

3月28日　经中共上海市委宣传部批准，由市新闻工作者协会、市新闻学会和文汇新民联合报业集团联合成立的"上海新闻人才培训基地"揭牌。这是由市委宣传部直接领导的上海新闻人才培训体系中的一个组成部分。

3月　上海星期三报社出资30万元设立"《上海星期三》越剧新人采风基金"。

同月　《上海英文星报》(Shanghai Star)关于"9·11"事件报道的头版，被收入美国新闻博物馆"世界报纸9·11事件头版"专题展收藏。

4月6日　《文汇报》陕西记者站在西安成立。

4月25日　上海文广影视集团援助崇明广播电视台项目交接仪式在新落成的崇明广电中心举行。文广影视集团拨出168套(件)价值300多万元的各类技术设备，无偿提供给崇明广播电视台。

4月　解放广告有限公司与解放日报报业集团广告中心脱钩。解放日报报业集团全面推行"统一管理、分类经营"，"经营与管理相分离"的管理模式。

5月1日　《新闻晚报》第二次改版，发行量达18万份。

5月13日　第九届"上海十大杰出青年"评选揭晓。《解放日报》经济部副主任李蓉获此称号。

5月17日　第四届"上海文化新人"评选揭晓。在获得荣誉称号的10名青年中，新闻媒体系统有4名：何小兰、张弘、李蓉、路军。

5月18日　前身为《新民体育报》的《上海东方体育日报》创刊，由文汇新民联合报业集团、上海文广影视集团、上海东方网股份有限公司3家媒体共同出资创办。日出12个大版(6个大版为彩色印刷)，是中国第一家每日出版的专业体育日报。

5月22日　上海市第十一届人民代表大会常委会第三十九次会议决定任命穆端正为上海市文化广播影视管理局局长。

5月25日　上海市新闻工作者协会新闻人才培训基地和《上海日报》联合举办的首届"青年记者英语培训班"开学。

5月28日　在中共上海市第八次代表大会上，王仲伟当选为市委常委，6月起兼任市委宣传部部长。

5月31日　上海各主要报纸均在一版刊登第十六届世界杯足球赛开幕消息，并对第一次进入决赛圈的中国足球队给予特别报道。解放日报、文汇报和新民晚报派出特派记者组赴汉城(东京)现场采访，并分别开设4至8个版的世界杯特刊或专辑、专刊。

同日　《文汇报》湖北记者站在武汉成立。

6月5日　《文汇报》、《新民晚报》与大学生心连心读者活动在松江大学园区举行，两报领导听取市部分高校学生代表对版面的意见和建议。

6月9日至13日　经国家广电总局批准，第九届上海国际电视节于6月9日开幕。参加本届国际电视节的共有42个国家和地区，869个中外电视公司，约3 200多位来宾。来自世界五大洲32个国家和地区的147家影视公司选送的313部电视片参加"白玉兰"奖评选。上海电视台《干妈》获人文类纪录片评委会特别奖。

6月11日　新华网上海频道(www. xh. xinhua. org)全新改版，进一步强化上海新闻板块。

6月14日　文汇新民联合报业集团在香港特别行政区世纪香港酒店举行恳谈招待酒会,在报业经营和文化经营方面进一步推进沪港两地合作。

6月15日　应上海市新闻工作者协会邀请,墨西哥前总统路易斯·埃切维利亚做客文新报业大厦,就其8次访华经历和促进墨中友谊等问题做演讲,并接受媒体记者的采访,为《文汇报》《新民晚报》《上海日报》的读者题词。

6月17日　《大公报》创刊一百周年,中共中央政治局委员、上海市委书记黄菊致信表示祝贺。

同日　中共上海市委副书记殷一璀率上海代表团赴港参加《大公报》百年报庆活动,在庆祝典礼上代表市委、市政府致辞,并赠送专门制作的《大公报》在上海办报旧址贴金图片和上海图书馆珍藏的《大公报》在沪办报办刊的资料影印件。

同日　解放日报报业集团标志征集揭晓,上海沈浩鹏设计的"奋发向上"图形被定为解放日报报业集团标志。

同月　《新闻记者》杂志出版增刊《发扬好作风　多出好作品》,作为上海新闻界深入学习马克思主义新闻观,开展"发扬好作风,多出好作品"主题教育实践活动阅读资料。

7月1日　上海市电视气象预报和区有线电视中心开始实行播音员、主持人持证上岗制度。

7月4日　《旅游时报》确立新的报纸定位,调整版面,由原来的8版扩为32版。

7月11日　上海建成全国首家智能化网吧中央管理平台,通过国家信息安全测评认证中心上海中心的A级资格审定,投入使用。

7月12日　《文汇报》江苏报道座谈会暨《文汇报》江苏记者站(办事处)揭牌仪式在南京举行。

7月15日　上海文广新闻传媒集团所属上海电台、东方电台实行大整合,10套广播节目全部启用新呼号播音。这10套专业频率为:上广新闻频率、上广交通频率、上广文艺频率、上广戏剧频率;东广新闻综合频率、东广金色频率、东广流行音乐频率、东广综合音乐频率、东广财经频率和浦江之声广播电台。其中8套节目为双频播出,以保证清晰的收听效果和更大的覆盖面。

7月22日　曾多次参与指导"夏令热线"活动的市委副书记、副市长韩正,一大早再次到新民晚报社接听热线电话,与广大市民进行直接交流。他希望"夏令热线"继续发挥联系政府和群众之间的桥梁作用,使党和政府更贴近群众,使党和政府的每一项工作都能直接为普通百姓办实事办好事。

7月26日　市委原副书记、市人大常委会原副主任、上海老新闻工作者协会名誉会长陈沂逝世。

8月3日至5日　京沪两地政府新闻办公室在北京联合举办新闻发言人培训班。上海已在首批20多个政府部门初步建立规范的新闻发言人制度。

8月30日　《解放日报》推出改版的专副刊,实现天天有周刊,形成周刊系列。

9月27日　中共上海市委决定:胡劲军任中共文汇新民联合报业集团委员会副书记、文汇新民联合报业集团副社长。

9月30日至10月6日　为纪念中日邦交正常化三十周年,应日本长崎电视台(KTN)邀请,由上海文广新闻传媒集团主办、上海卫视参与策划制作的2002年"上海电视周"在上海友好城市——日本长崎隆重举行。

10月1日　上海数字互动电视开始作运营性试播。上海成为全国第一个经国家广电总局批准的数字电视运营性试点播出城市。试播期间,3个月内免费向用户提供26套节目。为发展数字电视,上海文广影视集团专门成立互动电视公司。

10月7日　上视新闻综合频道对"世界第一钢拱桥"——卢浦大桥对接合龙仪式进行直播,用三维动画演示合龙段的施工过程。

10月8日　中共上海市委宣传部研究同意:宗明任中共上海文广新闻传媒集团委员会书记,黎瑞刚任中共上海文广新闻传媒集团委员会副书记、上海文广新闻传媒集团总裁。

10月23日　上海老新闻工作者协会原会长、《解放日报》原党委副书记、副总编辑夏其言逝世。

10月28日　东方网"上海新闻"栏目实行改版,利用本地11家主要媒体的新闻资源,新增游玩、出行、保障、教育、维权、市场6大类生活实用信息,展示和记录上海向国际大都市迈进的步伐。

11月1日　解放日报报业集团网站(http://www.jfdaily.com)改版。改版后的解放网不仅是新闻网站,也成为解放日报报业集团对外交流、宣传形象的窗口。

11月4日　上海新闻界庆祝第三届中国记者节暨表彰先进大会举行,中共上海市委副书记殷一璀,市委常委、宣传部长王仲伟出席会议并讲话,为获奖记者编辑颁奖。

11月5日　《文汇报》和市信息化办公室联合创办的《文汇·信息时代》专刊与读者见面。

11月10日至17日　上视体育频道在上海文广影视集团技术中心等单位的通力协作下,对世界网球的巅峰之战"2002网球大师杯赛"作报道,转播信号通过国际卫星向国内外150多家电视机构即时传送,使全球三亿多观众得以收看比赛实况。

11月　上海市新闻工作者协会主席贾树枚担任主编,记述党的十一届三中全会以来上海主要新闻单位优秀新闻工作者、优秀新闻作品的选集《聚焦上海　谱写辉煌》(上、下卷),由上海人民出版社出版。

12月3日　上海申办2010年世界博览会获得成功,《解放日报》、《文汇报》、《新民晚报》、《上海日报》分别同时印制宣告申博成功的套红彩报"号外"。广播和电视也作了庆祝现场直播。

12月4日　华东师范大学传播学系建立。

12月5日至7日　由上海市新闻工作者协会、市新闻学会、复旦大学新闻学院联合主办,以"中国入世与传媒经营创新"为主题的"2002首届上海传媒高峰论坛"举行,上百位海内外知名传媒负责人与媒体政策制定和研究者出席论坛。

12月19日　《新民晚报》报道:《新民周刊》成为国内报刊零售市场销售量最大,总发行量名列前茅的一份新闻性周刊。经上海市卢湾区公证处公证:《新民周刊》2002年第50期(12月16日至22日,总第207期)发行数量为12.91万份,其中在上海市区域内发行数量为

6.43 万份,在全国范围内发刊数量为 6.48 万份。

12 月　英文《上海日报》借助互联网技术,成为国内第一份在两个环球报刊发行网络上销售的报纸,发行区域 300 多个点,覆盖 50 多个国家和地区。

第一编
新闻传媒集团

报业和广播、电视集团是新闻传媒业发展到一定阶段的产物。

一般而言,组建新闻传媒集团需要具备四方面的条件:一,以有影响有实力的媒体为核心;二,具有较强的经济实力;三,具有较充足的人才力量;四,具有较强的发行、传播实力。其中,最重要的是社会影响力和经济实力。

改革开放以来,上海主流报纸和电台、电视台都有了很大发展,具备了组建集团的基本条件。1998年7月诞生的文汇新民联合报业集团被称为"强强联合"的模式,是全国第六家、上海首家报业集团。此后,解放日报报业集团、上海文化广播影视集团以及上海文广新闻传媒集团相继建立,这是在新形势下为促进媒体发展的新探索,标志着上海新闻传媒业的产业化、集团化已经进入一个新的阶段。

在坚持正确舆论导向和促进产业发展的原则下,对于如何构建符合实际,各具特色的集团管理体制、宣传管理和经营运行机制,上海三大媒体集团都以创新精神进行积极的探索。本编记述三大媒体集团在组织机构、宣传管理、经营管理、印刷和发行、文化产业,以及技术保障诸方面的基本原则和做法。

第一章　解放日报报业集团

　　解放日报报业集团成立于 2000 年 10 月 9 日,是以中共上海市委机关报——《解放日报》为主体组建的一个具有较强核心竞争力和综合实力的媒体集团。同时拥有《新闻晨报》、《新闻晚报》、《申江服务导报》、《报刊文摘》、《人才市场报》、《i 时代报》、《房地产时报》、《上海学生英文报》等报纸,《支部生活》、《上海小说》、《新上海人·职场指南》等刊物,以及解放日报电子网络版。此外,上海沪剧院于 2001 年 3 月以二级委托管理形式加盟解放日报报业集团。据 2002 年底统计,集团共拥有九报、三刊、一网、一院。

　　2002 年末,解放日报报业集团在编人员 1 500 余人,其中新闻采编人员 661 人,经营管理人员 700 余人,党政管理人员 100 余人,演职人员 130 余人,其他人员 80 余人。在新闻采编人员中,有两位中国范长江新闻奖和韬奋新闻奖获得者。集团拥有正高级职称的专业人员 28 人(占 2.4%)、副高级职称专业人员 157 人(占 20.4%),拥有硕士和博士学位的 54 人。在职采编人员中,有大学本科学历的占 50.6%,有硕士和博士学历的占 10.7%。

　　2002 年,集团所属报刊的年总发行量达 5.019 7 亿份,平均期发数将近 314 万份,发行网络以上海为中心,辐射长江三角洲地区,兼及全国各地和海外。2002 年,集团销售总收入达 10.56 亿元,比上年增长 19.86%,其中全年广告收入 5.22 亿元,比上年增长 16.32%;2002 年,集团实现税前利润 1.66 亿元,比上年增长 16.25%。

第一节　组　织　机　构

　　解放日报报业集团实行党委领导下的社长负责制。组建后的集团党委由 5 人组成,实行集体领导和个人分工负责相结合的制度,集团重大事项由集团党委讨论决定。以《解放日报》为主体组建的解放日报报业集团,其下属报刊仍保留法人地位。集团党委下设系列报刊党委和经营管理党委,以充分发挥其政治核心和监督保证作用。集团机关设立直属机关党总支,上海沪剧院设立直属党总支。全集团设立 6 个党总支和 48 个党支部。

　　集团行政领导由社长、副社长、总经理组成。集团行政事务由社长负总责,副社长负责分管集团新闻宣传工作,总经理负责分管集团经营管理工作。新闻采编实行总编辑、主编负责制,经营管理实行总经理负责制。

　　2000 年 10 月 9 日成立报业集团时,贾树枚任解放日报报业集团党委书记、社长;陆炳炎任报业集团党委副书记、副社长、《解放日报》党委书记;宋超任报业集团党委副书记、副社长、《解放日报》党委副书记、《解放日报》总编辑;张止静任报业集团党委副书记、报业集团纪律检查委员会书记、《解放日报》党委副书记兼纪委书记;黄京尧任报业集团总经理。11月底,张止静调任上海音乐学院党委书记,其解放日报报业集团的职务由李丽担任;2001年5月14日,贾树枚离任后,由陆炳炎担任解放日报报业集团党委书记、社长职务。2001年7月,宋超同时任《解放日报》党委书记。

根据精简、高效的原则,集团的管理机构合并为"四办、一部、二处",即报业集团党委办公室(社长办公室)、新闻办公室(《解放日报》总编办公室)、总经理办公室和纪委、监察、审计办公室;事业发展部;组织人事处、计划财务处。集团设立工会、共青团、妇委会等群众组织,在集团党委的领导下开展工作。集团直属部门有:北京办事处、资料中心、电脑中心。集团经营管理部门设有:广告中心、发行中心、印务中心、物业后勤中心(2001年9月,由物业公司后勤管理部门和基建办公室合并而成)。

集团努力探索积极有效的宏观管理体制和富有活力的微观运行机制。在实施集团化管理中,着力构建新闻业务和经营业务相对独立又密切联系的组织机构,注重强化集团的主体地位,突出《解放日报》的主导作用,同时激发各系列报刊和经营部门(单位)的办报和经营活力,力求形成高效、有序、科学、合理的管理模式。

集团的主体地位体现在5个方面:集团是决策领导主体、人事分配主体、财务监管主体、资产管理主体和投资发展主体。《解放日报》作为市委机关报,同时又作为集团的主报和主体,在舆论宣传导向和扩大舆论传播影响力方面,应着力发挥主导作用。

集团对系列报刊实行"六统一,四独立"的管理原则,即在报刊的宣传导向、发展规划、报纸定位、资产管理、干部任免、财务监管6个方面实行集团统一管理;同时对各系列报刊实行独立建制、独立编制、独立采编、独立核算。由此体现集团的宏观管理和业务指导,又充分发挥各系列报刊的主动性和积极性。

集团对经营管理实行"经营与管理分开"和"统一管理、分类经营"的原则。全集团的经营管理部门被整合为广告、发行、印务和物业后勤4个中心,分别代表集团对相应的业务实施统一管理。集团下属的各经营部门或单位,凡能独立核算的,都从母体中剥离出来,实行独立核算和公司化经营。

集团一方面注重干部人事制度的改革探索,相继实施中层干部竞聘上岗和全员聘任两项重大改革,以此激活人才优选机制和劳动用工制度,优化和提高干部队伍和员工队伍的素质;另一方面重视人才的培养和引进,设立了培训基金,用于新闻采编和经营管理等方面人才的培养和全员培训。

面对机遇和挑战,解放日报报业集团在坚持正确舆论导向的前提下,致力于探索报业集团化发展新的体制和机制,制订"立足上海、融入长江三角洲和全国、面向世界"的发展战略,努力做大做强集团事业,开拓集团可持续发展的新路子。

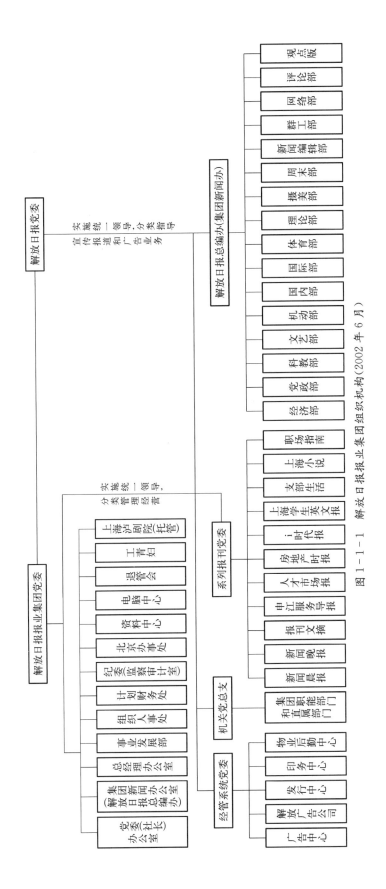

图1—1—1 解放日报报业集团组织机构（2002年6月）

第二节　宣　传　管　理

　　解放日报报业集团在新闻宣传方面致力于探索新闻宣传的改革和创新,依据增强新闻宣传的吸引力、影响力、引导力的办报理念,提出了新闻产品创新、新闻手段创新、组织策划机制创新、评估方法创新的办报思路。为了将办报思路付诸实践,集团党委坚持从操作程序和制度建设两个侧面切实加强新闻宣传管理。党委成员出席每周的采前会和每天的编前会,了解宣传动态,保证新闻宣传重大事项的具体贯彻。另外又从制度建设入手,酝酿制订一系列采编管理方面的规章制度,以保证新闻宣传的规范化运作。

　　新闻产品创新。主要体现在办报理念创新、内容创新和形式创新三个方面。办报理念创新,是从党的要求和群众的需求出发,力求做到导向正确、效益明显、领导满意、群众欢迎。内容创新,主要是体现新闻产品的思想深度、反应速度、社会公信度、读者关注度、文化内涵度和内容新鲜度等,体现舆论引导的能力和水平。形式创新是从增强新闻宣传的表现力出发,对报刊实施改版、扩版,对版面、栏目、专题、报道形式进行改革。2000 年,《解放日报》率先在各个新闻版实施重大改版措施,打破原有的报纸格局,新闻版面得到全面加强和扩充,并采取分板块设置分报头,增强《解放日报》这一品牌的视觉影响力,提升版面内容在传播中的权威性,也为有效吸纳广告形成新的带动力。在此同时,新辟"热点追踪"版等举措,以适应广大读者的阅读需求,凸显了党报对系列报刊宣传报道改革的引领垂范作用。改版后的《解放日报》各专副刊体现 4 个鲜明特点:一是新闻联动,内容多,时效新;二是周末周刊内容和版面创新,强化服务性、知识性和趣味性;三是天天有周刊,形成周刊系列;四是编排疏朗,阅读适意。此后,集团又对《申江服务导报》《新闻晨报》《新闻晚报》《人才市场报》等系列报刊实施改版和扩版,进一步发挥各自新闻产品的优势,扩大市场影响力,提升发行量。其中,《新闻晨报》改版的力度最大。2000 年下半年集团成立《新闻晨报》改版领导小组,全面统筹改版工作。6 月 1 日,《新闻报·晨刊》更名为《新闻晨报》后,即以"上海地区早上发行的一张新型综合性都市类日报"的定位实行改版。2002 年 2 月 27 日,《新闻晨报》第三次改版,进一步调整和扩充版面,推出一系列鲜活、实用的新闻。

　　报道策划组织机制创新。在报道策划组织机制上,集团创立了《解放日报》每周一次的"采前会"制度和《新闻报》每天两次编前会制度;明确了领导靠前指挥,紧扣宣传主调,立足全局、整体布局、思想领先、高出一筹的报道组织策划基本原则。特别是在重大战役性报道方面,重点探索突发性报道、专题性报道、调查分析性报道的组织策划机制,以及如何提高报纸对信息的灵敏搜索能力、快速反应能力、对舆情和重要题材的调查分析能力等。经过多次重大报道的实践,逐步形成"三个一"的策划组织机制,即首先有一个正确的指导思想,有一个高标准的、一流的预定目标,有一个分工明晰、优势互补、柔性组合的组织形式。在历次重大战役中,还形成了行之有效的"三层联动"的机制——由报社领导组成"前线指挥部",负责整体策划和决策,由报社分管领导和相关采编部门负责人组成"参谋部",负责宣传报道的具体策划和落实,由第一线各项目负责人和编辑记者组成"战斗队",实施报道任务。

　　新闻手段创新。一是通过加强信源建设和开发,形成信息资源采集、加工和发布的优势。加紧名人库建设,利用体制外资源,丰富并拓展集团报刊的信息源;注重信息的深度开发、加工和多次利用,发挥信息的最大效用。二是整合集团的新闻资源,发挥集团优势,建立集团内九报三刊的新闻资源共享机制和新闻宣传联动机制,优化新闻资源配置,推进报刊之间、采编之间的联动,还经常推出"《解放日报》、《新闻晨报》、《新闻晚报》三报联合报道"专栏,形成整体效应,发挥集团的资源整合能力和新闻宣传的整体合力。三是提高装备水平,优化新闻竞争的技术手段,逐步分批为采编人员配备手提电脑和数码相机等先进装备,提高新闻信息采集、传递的时效和质量。

评估方法创新。为优化、完善所属报刊的办报质量和新闻报道质量的评估体系,先后组织起资深老报人阅评小组和社外阅评组,还规定采编人员轮流评报,对每天的报纸提出当日阅评意见。评估体系兼顾了新闻报道的导向作用、技术含量、创新力、影响力等诸多方面,使新闻宣传质量的评估逐步走向规范化和科学化,保证了主报和系列报刊质量的稳步提高。各种阅评意见汇总到编前会上裁定,并于次日张榜公布。通过奖优罚劣,使激励机制得到进一步完善。

第三节　经营管理

集团成立后,加速了经营效益的快步增长,2000 年至 2002 年期间,集团每年的广告收入、主营收入以及税前利润等均以百分比两位数的增幅提升。

集团年度的预决算计划、重大的经济活动和投资项目、集团经济政策和管理办法由党委讨论决策后执行。2001 年 1 月 1 日,集团开始对集团内的国有资产实施监督管理,首次签订国有资产保值增值责任书。2001 年,集团成立"经济调研小组",为集团经营管理决策和改革提供方案和依据。2002 年 10 月,集团正式成立常设机构——"经济工作小组",在集团党委领导下开展工作,负责对集团重大经济政策和集团年度经济工作目标、任务进行调研,为集团党委决策提供依据和建议。

经营管理工作的体制创新。为了有效实现集团资源的整合和优化、利用,做到优势互补、资源共享,集团打破原有的条块分割和多头管理模式,探索形成"统一管理、分类经营"、"经营与管理分开"的新体制。集团的所有经营管理部门被整合为"一办、四中心",各司其职,各尽其责。4 个中心分别负责集团的广告、发行、印务、物业的统一经营和统一管理。集团下属的经营职能部门,凡是可以独立核算的,都从母体剥离出来,实行独立核算,推进公司化经营的新机制。从 2002 年 1 月 1 日开始,报业集团对广告业务实行"统一管理、分类经营","管理与经营相分离的原则",由广告中心全面行使集团广告统一管理职能。集团构建了由集团广告中心统一管理、由集团广告公司实行总代理经营的新平台。集团下属的《新闻晨报》、《新闻晚报》、《申江服务导报》、《人才市场报》、《报刊文摘》、《房地产时报》等报刊的广告经营,都实行公司总代理制。随后,集团还建立"解放传媒营销有限公司",通过实行发行管理与发行经营分开,优化管理,强化经营,激活机制,提升发行管理和经营的能力和水平,并以发行经营性公司为主体,探索建立以居民小区为中心的块状自主发行网络,为扩大集团报刊发行开辟新的渠道。

执行预决算制度。通过执行预决算制度,做到收支有目标、经费使用有方向,以此确保集团规划和重点项目的实施。全面建立推行经济目标责任制,从集团领导到各报刊及经营管理各部门,都有明确的利润目标,并签订经济目标责任书。集团也把经济目标列入干部任期目标的重要考核内容。为规范集团经济活动,集团还制定实施了重大项目的报告和论证制度。凡涉及集团事业发展的重大投资项目,都实行报告制度。重大项目、重大经济活动的决策权在集团党委。同时,集团还对重大项目、重要经济活动建立了论证制度,凡集团重大项目、重要经济活动,都由相关单位和职能部门组织论证,由集团领导做出决策。集团相继建立了《解放日报报业集团固定资产管理办法(试行)》、《解放日报报业集团经济合同(协议)管理实施细则》等 17 个经济工作管理制度和办法,使集团经济工作逐步走向规范化、制度化。

资本运作改革。这项改革的重点包括两方面内容:一是集团内部明晰产权,落实授权经营,建立和完善国有资产经营责任制度,确保国有资产保值增值;二是集团对外合作和项目投资,实行以资产为纽带的投融资体制创新,积极稳妥地吸收业内外资本、社会资本、国际资本,形成新的运作方式,拓展新的发展空间。2002 年 10 月 13 日,上海解放传媒投资有限公司、上海第一医药股份有限公司、上海城开(集团)有限公司 3 家公司作为战略投资单位,与中国轻工国际工程设计院共同签署了《中国海诚工程科技股份有限公司发起人协议书》,发起建立中国海诚工程科技有限公司。解放日报报业集团投入 1 000 万元人民币,成为海诚公司的第二大股东。这标志着解放日报报业集团涉足轻工设计行业,进行战略投资,迈出了实质性的一步。集团连续多年实现了经济持续增长,集团所属各个报纸基本上实现无亏损,利润分布也相对比较均匀,其中有 5 份报纸的年利润超千万元。

表 1-1-1　　　　　　　解放日报报业集团资产和利润一览

时　间	1999 年	2000 年	2001 年	2002 年
总资产	102 582 万元	103 171 万元	112 521 万元	127 552 万元
增长率	1.73%	0.57%	9.06%	13.36%
净资产	61 725 万元	72 519 万元	83 271 万元	95 503 万元
增长率	13.46%	17.49%	14.83%	14.69%
利润总数	10 151 万元	13 842 万元	14 293 万元	16 634 万元
增长率	188.79%	36.36%	3.26%	16.38%
净利润	6 987 万元	10 276 万元	9 344 万元	11 136 万元
增长率	225.58%	47.07%	−9.07%	19.18%

第四节　印　刷　发　行

解放日报报业集团所属的印务中心占地 10 万平方米,拥有德国 ECOMMAN 彩色胶印机、UNISET 彩色胶印机、半商业印刷机等 5 组印刷生产机组,是一个现代化的印刷基地。理论印刷能力为 90 万对开张/小时(彩色),印刷技术水平达到 20 世纪 90 年代国际先进水平。

集团印务中心注重制度化管理和质量管理,报刊印刷质量连续两年在全国彩色报纸印刷质量评比中获得第一名和第三名的佳绩,并获得中国报业创新奖。

2001 年 9 月,解放日报报业集团印务中心通过 ISO9002 国际质量体系认证,成为全国报业中首家通过这项认证的印务企业。

2002 年,集团印务中心又率先在全国报业建立新闻纸质量测试室。当年,集团根据印务中心新闻纸质量测试室的建议,在试用 45 克优质新闻纸获得成功的基础上,集团所属报纸全部采用 45 克新闻纸取代沿用多年的 48 克新闻纸,这在全国报业中是第一家。这一重大改革不但提高了报纸的印刷质量,集团全年还可节约纸张成本 800 余万元。

印务中心除承印解放日报和本集团系列报刊以外,还面向社会承接报刊印刷业务,承印的中央及地方报刊达 20 余种。2002 年,共完成 18 亿对开张的印刷产量,实现销售收入 9 058 万元,实现利润 1 546 万元。

发行业是报业经济的重要依托。解放日报报业集团构建了内外结合、多层次、多渠道的发行网络,为集团报刊的国内外发行提供有效的保障。集团所属的九报三刊 2002 年的年发行量达 5.019 7 亿份,年发行收入达 22 424 万元。

集团的九报三刊采取不同的发行方式,大体可分为 4 类:一是邮发方式,即充分依托邮局的发行渠道和网络,报邮联手,共同拓展订阅和零售业务,采取这一方式的有《解放日报》、《支部生活》、《报刊文摘》等;二是自办发行方式,即通过组建媒体自有的发行队伍,自行开展收订和零售业务,如《申江服务导报》等;三是自主发行方式,即充分利用社会发行资源,"以我为主,为我所用",开展多渠道的订阅和零售业务,采用这一方式发行的有《新闻晨报》、《新闻晚报》等;四是邮发和自发相结合的发行方式,充分调动媒体和邮局两方面的积极性,实现优势互补。采用这一方式的有《人才市场报》、《上海学生英文报》、《上海小说》、《新上海人》等。

第五节　文　化　产　业

解放日报报业集团在发展壮大报业经济的同时,充分利用品牌和资源优势,积极发展多元产业,集团先后成立解放文化发展有限公司和解放公关策划有限公司,为集团发展多元文化产业提供可供操作的平台。多年来,解放文化发展有限公司在投资拍摄制作电视剧和策划文化活动等方面,做出积极探索,取得较好成果。从 2000 年起,集团陆续投资拍摄了《爱是一个美丽的错》、《风尘舞蝶》、《千丝万缕》、《秋水长天》、《斩首行动》(又名《暗战》)等电视剧。

报业集团在对上海沪剧院的托管工作中,逐步探索出明确"一个前提"、实行"三个一把"的新体制和新机制,使上海沪剧院在托管后出现了新的面貌。"一个前提"是明确上海沪剧院和解放日报报业集团的关系,即上海沪剧院是独立的法人单位,是创作和演出的主体。在文艺创作和演出等业务工作方面,集团要求沪剧院主动接受文广局的领导和指导,原有的渠道不变。集团对沪剧院的领导主要体现在"管大放小",主要抓班子、抓规划、抓改革、抓发展,同时为沪剧院的自主经营、自主管理、自主发展留下了很大的空间。

"三个一把"主要内容是:"经济上扶一把,改革上推一把,演出上帮一把"。

"经济上扶一把"的具体措施有:一是集团出资 900 万元,加上沪剧院动迁补偿款 1 100 万元,设立 2 000 万元的沪剧发展基金,集团负责对基金进行资本运作,额定年回报率为 7.5%,多不截留,少则补足,确保沪剧院每年至少有 150 万元的固定资助。二是集团在市委宣传部返回的退税资金中切出一块,专款用于沪剧院的发展。三是对沪剧院创作重点剧目,集团给予一定的创作经费,主要是无息贷款,用作剧目的启动资金。

"改革上推一把"的主要措施有:一是率先在上海艺术院团中实行院级干部竞聘上岗。2002 年 2 月,经过竞聘,沪剧院选出了以茅善玉为院长的新班子。二是集团积极支持沪剧院对不同剧目试行不同方式的经营运作。如新版《石榴裙下》实行剧目股份制,职工可以自愿入股,获取回报。三是集团支持推进院内中层干部和全员竞聘上岗,打破了过去中层干部由院长任命或聘用的方式,得到群众的支持。

"演出上帮一把"的具体措施有:一是集团协助沪剧院与大光明集团下属的中国大戏院签订演出合同,使沪剧院有一个基本固定的演出场所,同时积极筹划,投资建设一个沪剧剧场。二是对下基层、下农村的演出活动,集团给予一定的奖励。三是对沪剧院演出的新剧目,集团所属报刊在新闻报道、广告发布上予以支持和推介。通过几年的努力,上海沪剧院的托管工作逐步改进,每年的演出场次和演出收入,以及新剧目的创作演出,都能超额完成指标。

第二章　文汇新民联合报业集团

经中共上海市委员会和国家新闻出版署批准,1998 年 7 月 25 日文汇新民联合报业集团宣告成立。文汇新民联合报业集团是由创刊六十年的《文汇报》和创刊六十九年的《新民晚报》组建而成,这样"强强联合"组建的报业集团,在全国是第一家。

集团成立时,除《文汇报》、《新民晚报》外,还有四报四刊一社:《文汇读书周报》、《文汇电影时报》、《新民体育报》、《新民晚报·美国版》、《漫画世界》、《新民围棋》、《新闻记者》、《萌芽》和文汇出版社。集团成立后,大力进行媒体整合与创新,并吸纳了部分报刊。截至 2002 年,集团共拥有 14 种报刊,其中日报有 4 份:《文汇报》、《新民晚报》、《上海日报》(*Shanghai Daily*)、《上海东方体育日报》,以及筹备中的《东方早报》(2003 年 7 月 7 日创刊);周报有 5 份:《文学报》、《文汇读书周报》、《上海家庭报》、《行报》(原《上海交通报》)、《上海星期三》;杂志有 5 份:《新民周刊》、《新闻记者》、《萌芽》、《上海滩》、《今日上海》。还有文汇出版社和委托管理的上海越剧院。形成了日报、早报、晚报、周报、周二报、周刊、半月刊、月刊和出版社等结构比较完整,品种较为齐全和有规模化、影响广泛的报业新闻群体。《文汇报》、《新民晚报》和英文《上海日报》都设有电子网络版,以适应信息社会对媒体创新的新要求。集团所属报刊的平均期发数超过 280 万份。

集团成立时有职工 1 800 余人,其中中级以上专业和技术人员 352 人。据 2002 年 12 月底统计,集团有员工 2 700 余人,其中新闻采编人员占员工总数的 40％,直接为采编提供技术、信息和印务服务的人员占 17.5％。新闻采编人员中,拥有硕士和博士学位的占 11.8％,大学本科学历的占 64.1％。有多名记者、编辑获中国范长江新闻奖和韬奋新闻奖以及全国百佳记者荣誉。

1998 年底,集团成立的当年,两报净产值 13.8 亿元。截至 2002 年底,集团全部净资产为 25.53 亿元。利润总额为 4.05 亿元,集团资产保值增值率为 11.09％。集团成立 5 年来的平均资产保值增值率为 15.54％,超额完成市国资委下达的 10％的目标。

集团经营在综合信誉方面获得 4 项荣誉:经由中国人民银行上海分行授权评估,集团的资信等级被评为 AAA 级,这是上海报业中唯一的一家;集团被上海市国家税务局和上海市地方税务局评为纳税 A 类企业,为最高级别;集团本部财务会计信用等级被市财政局评为 A 类企业,为最高级别;集团被上海市统计局授予"统计工作优胜单位"。

2002 年,集团党委提出把集团建成多元化经营的大型新闻文化集团的远景目标。

第一节 组 织 机 构

文汇新民联合报业集团是中共上海市委宣传部直属事业单位,实行党委领导下的社长负责制。集团党委会为最高决策机构。集团成立后,撤销文汇报社、新民晚报社的独立事业单位建制,不再作为独立的法人单位。两报分别建立党委,实行党委领导下的总编辑负责制,设置编辑部。两报原有市委管理的干部仍由市委管理,原两家报社所属的党群组织、行政管理部门和经营管理部门由文汇新民联合报业集团统一重组。所属公司、出版社等单位分别实行总经理或社长负责制。

文汇新民联合报业集团坚持以报为主、全面发展的基本方针,把握正确的舆论导向,保证国有资产的增值,同时在用人机制、机构设置、分配制度,发行方式等方面进行探索和改革,不断总结经验,促进报业集团内部产业结构的调整和存量资源的充分利用,扩大规模,参与竞争,进一步体现"强强联合"集团化建设的优势。

集团成立时,由王仲伟任集团党委书记、社长,丁法章任集团党委副书记、副社长,钟修身任集团党委副书记,委员有石俊升(《文汇报》党委书记、总编辑),金福安(《新民晚报》党委书记、总编辑),张韧(集团纪律检查委员会书记),顾行伟(集团总经理)。1999 年 3 月,钟修身调任上海市新闻出版局党委书记。同年 12 月,王仲伟兼任中共上海市委宣传部副部长,赵凯接任集团党委书记、社长。

随后几年,集团党委领导班子陆续有所充实调整。1999 年 10 月,英文《上海日报》创办,张慈赟任总编辑。2001 年 3 月,吴谷平任《文汇报》党委书记、副总编辑,吴振标任《文汇报》党委副书记、总编辑。2002 年 9 月,胡劲军任集团党委副书记、副社长。

除已组建《文汇报》党委、《新民晚报》党委外,1998 年 10 月,集团党委决定成立综合党委、经营管理党委,2001 年 9 月成立系列报刊党委,以加强对直属职能部门、经营管理部门和系列报刊的领导和管理。

集团成立后,大力改革用人机制,开始实行全员聘用合同制,推行中层干部竞聘上岗的办法。到2002年,集团初步构建了包括政治理论、时事政策、职业道德、专业技能等方面的培训体系,采取的方式有:高层次海外培训、多形式岗位培训、新进人员组织认同培训和针对性强的专题培训,构筑报业人才高地。

同时,对党务社务、组织人事、经济工作、纪律检查等部门实行一职多能、合署办公、交叉兼职,共设置6个集团直属职能管理部门,分别是党政办公室、新闻宣传办公室、组织人事处、经营管理办公室、纪律检查办公室、技术管理服务处。为加强北京地区和长江三角洲的工作,2001年7月组建文汇新民联合报业集团驻京办事处,2002年起又先后组建了文汇新民联合报业集团驻江苏办事处、浙江办事处。

经过5年的运作、调整和改革,集团党委于2002年底对集团组织构架进行新的设置,构建新的运作和管理体系,对职能部门的岗位设置,坚持"集约、清晰、精简、高效"的原则,调整为"三办四部":集团党政办公室、集团新闻办公室、集团信息管理部、集团人力资源部(组织人事处)、集团财务资产投资管理中心、集团经济管理办公室,筹建集团文化发展部。

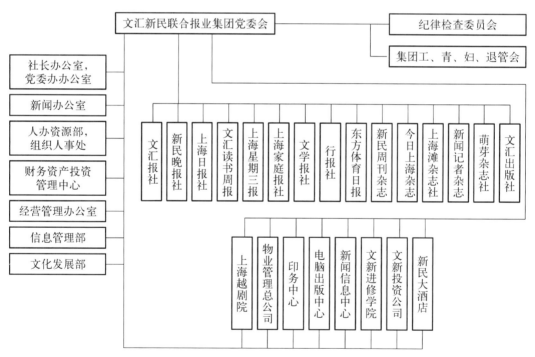

图1-2-1 文汇新民联合报业集团组织机构(2002年12月)

第二节 宣传管理

文汇新民联合报业集团成立后,对所属主报和子报、图书出版、新闻管理、新闻研究等工作坚持正确的定位,把握舆论导向,抓改革、促发展、出形象、增效益,推动社会效益和经济效益的提高。

集团在组织和制度建设上加强对所属报刊新闻宣传的领导和管理。集团党委定期和不定期讨论决策报刊改革的重大举措,研究贯彻中央和市委有关新闻宣传的部署,研究和指导主要报刊开展重大宣传报道活动,不断改进和加大对新闻报道的监管力度,使新闻管理落到实处。集团党委建立了由集团主要领导和《文汇报》《新民晚报》《上海日报》三报总编辑组成的新闻宣传协调小组,听取所属报刊有关新闻宣传工作和重大宣传报道的汇报制度,讨论和帮助各报刊正确推进宣传报道工作,并在集团内部建立了新闻阅评制度,定期检查和监管各报刊宣传质量。集团党委定期讨论新闻队伍建设,帮助和指导所属各报刊提高采编人员的政治素养、业务素养和道德素养。党委主要领导同志不定期地参加各报刊的编前会、业务研讨会和宣传报道经验交流会等,了解情况,帮助基层解决有关的问题。《文汇报》党委、《新民晚报》党委和系列报刊党委在集团党委的具体组织和领导下,坚决贯彻中央、市委有关宣传报道的方针和要求,以邓小平理论和"三个代表"重要思想为指针,正确把握舆论导向,坚持正确定位,发扬各报特色,促进社会主义物质文明、精神文明、政治文明建设,为改革、发展和稳定大局服务。

集团坚持不断创新,努力打造新创媒体和名牌栏目。2002年5月,文新报业集团与上海文广影视集团和东方网合作,将原每周3刊的《新民体育报》改版扩展为《上海东方体育日报》,成为中国首家真正意义上的体育日报。2002年下半年,集团党委决策新创办《东方早报》(2003年7月正式创刊),这是全国第一张面向长三角地区的以财经类新闻为主的大型日报。同时,筹办《新读写》杂志(2003年3月正式创刊)。集团指导和支持《文汇报》推出"文汇时评"栏目,《新民晚报》推出《新民环球》等专刊。

集团党委通过加强行政管理等方面的制度建设,指导和帮助各报刊做好宣传报道工作。在集团党委的领导下,设立了新闻宣传办公室,具体任务是发挥组织协调、统筹管理、上下沟通、检查交流、参谋咨询的作用。

集团设置嘉奖制度,对集团所属报刊及各个职能部门,在宣传报道和事业发展上做出突出成绩的员工,由社长签发嘉奖令,激励员工再接再厉,继续奋发进取,为集团的宣传、文化事业作出新贡献。集团还设立"文新新闻奖",通过每半年(后改为一年)一次的好新闻评比,在记者和编辑队伍中树立先进典型,发扬优良作风,增强精品意识,提供借鉴交流。获奖作品均在《报刊业务探索》上作评介。

集团成立后,在原《文汇报》报史研究室、《新民晚报》新闻研究室基础上,组建集团新闻研究所,旨在通过加强新闻学术研究、调查研究、新闻阅评和了解掌握国内外新闻传媒的动态和经验,为提高集团报刊宣传质量和队伍素养发挥业务指导、理论辅导、经验交流、探讨争鸣的作用。1999年1月研究所创办了《报刊业务探索》(双周刊),作为集团研究新闻实践,探讨和交流办报业务的一个园地,直接为采编一线服务,发挥参与媒体竞争、推进开拓创新的参谋作用。从创刊到2002年的4年中,共出版134期,有1541人(次)个人署名、44个部门署名撰稿,发表各类文章1518篇(不包括摄影作品)。

文汇新民联合报业集团为培养名记者、名编辑,多出好作品,发扬好作风,从2002年起,出资出版"文新名编辑名记者丛书"。集团还举行优秀记者作品研讨会,从1999年8月到

2002年,先后举办了唐宁(《新民晚报》记者)新闻作品研讨会、"《新民晚报》6位女记者作品研讨会"等。

第三节　经 营 管 理

集团成立初始,为体现集团的统一集中管理,对报业经营管理体系作出了"十个统一"的决策,包括统一发展规划,统一资产监管,统一人事管理,统一财务制度,统一编辑出版,统一报刊印刷,统一广告业务,统一报刊发行,统一技术服务,统一经营管理。同时,实行采编、经营两分开,以求采编人员能集中精力办报,确保报刊质量;使经营人员全力办实业,提高经济效益。由于《文汇报》、《新民晚报》不再作为独立的法人单位,而成为集团的两个主要采编部门,总编辑只负责报纸的新闻宣传,报纸不再承担经营管理责任。两报原来作为法人单位承担的经营广告和发行等方面的业务联系,也由此告一段落。

集团设总经理一职,在集团党委领导下,全面负责集团的经营管理。整个集团的报业经营管理系统由8大板块组成,即经营管理办公室、广告中心、发行中心、印务中心、财务中心、物资供应中心、物业管理中心、实业公司。从2000年下半年起,经营管理体制实行转轨,以经营业务的相关性、互补性、合作性为原则,将原有的6个中心重新组合成经营型和管理型的6大"板块",即广告经营板块、印刷产业板块、物业板块、发行销售板块、旅游经济板块、财务及资产管理板块。

2002年下半年,集团根据四年多来实践的经验教训和现实矛盾,重新构建新的运作和管理体系,进一步明晰集团层面的管理权限,对集团成立之初提出的"十个统一"做了修正。集团本部机构改革遵循"三分开"的理念:一是采编与经营分开;二是经营与管理分开;三是决策与执行分开。集团的职责是:对发展战略作统一规划;对国有资产实行统一的监管,对重大投资项目做出决策;对新闻宣传导向和方针的落实情况进行监管;对人事实行统一管理,并按规定授予所属各责任主体相应的用人权;控制分配总量,负责奖惩原则的制定和分配实施方案的审批,并按规定授予所属各责任主体相应的分配权;对财务实行统一管理,推行预算制,并按规定授予所属各责任主体相应的经费使用权;统一构建技术平台、印务机构和信息共享系统,并实施日常管理;对员工的重大福利事项进行统一决策和分类指导;对重大对外合作与签约实行统一管理和最终审核;对物业、重大技术装备配置和大宗物品采购实行统一管理;对各媒体和其他经营部门开展的经营活动进行统一监管。目标是进一步明晰集团与各责任主体的关系,"责、权、利"相对称,"统、授、分"相结合;着力体现集团本部的组织创新,做到管理形态集约,组织架构清晰,集团本部精简,职能部门高效,管理方式扁平、前移。既要充分发挥集团在统一规划、统一管理等方面的优势,又要使集团所属的各生产、制作、经营责任主体,在"责、权、利"相对称,"统、授、分"相结合的基础上,更好地发挥积极性、主动性和创造性,从而形成激发各责任主体内在动力的良好机制。

按新的运作和管理体制,坚持集团作为投资主体和决策中心的基本原则,一切改革的方向都要围绕投资主体这一原则。《文汇报》、《新民晚报》、《上海日报》、《新民周刊》、《新闻记者》、文汇出版社、《文汇读书周报》、《文学报》、《上海东方体育日报》、《上海星期三》、《行报》、

《上海家庭报》、物业管理公司、印务中心、新闻信息中心、文新进修学院、文新投资有限公司等所有的责任主体,直接对投资方——集团负责。在相关业务上接受集团各职能部门的管理。对上海越剧院,集团托管方式不变。

集团所属各媒体的内容制作和广告发行的经营,由一个责任主体统筹协调,以形成联动协同机制。集团所属的《上海日报》(英文)、《新民周刊》、《上海星期三》、《上海东方体育日报》、《文汇读书周报》、《文学报》、《上海家庭报》、《行报》等,均采用上述责任主体管理模式。《文汇报》、《新民晚报》两大主报也按上述理念重建其作为责任主体的管理模式,实行在集团架构内的二级法人单位。各责任主体享有集团授予的内容制作权、相应的用人权、相应的分配权、相应的经费使用权、广告经营和管理权、产品营销和管理权、相应的机构设置调整权等权利。

文汇新民联合报业集团除原有的延安中路新民晚报大楼、虎丘路文汇大厦、沪太路新民大酒店、沪太路新民晚报印刷厂、洛川东路文汇报印刷厂、金桥印刷厂外,新建了威海路文新报业大厦,于1999年7月底投入使用。这座新建筑和原有的文汇大厦、新民晚报大楼以及新民大酒店等房产设施,由集团设置的物业公司统筹管理和经营。同年9月,集团投资创办"上海新世纪广告交易中心",是独立核算的独立法人单位。据2002年底的统计,集团所属报刊广告营业额,全年为7.79亿元,集团利润总额为4.05亿元。

在财务资本运作方面,集团成立文新投资公司,通过市场运作,集团先后投资参股华亭宾馆有限公司、东亚体育文化中心、海通证券股份有限公司、东方证券股份有限公司、东方网、中华印刷有限公司、精文置业(集团)股份有限公司、上海全日送物流配送有限公司、东方书报刊服务有限公司。

表1-2-1　　　　　　　　文汇新民联合报业集团资产和利润一览

时　　间	1999 年	2000 年	2001 年	2002 年
总资产(万元)	195 063	262 823	298 953	334 770
增长率(%)		34.7%	13.7%	12.0%
净资产(万元)	164 990	198 642	228 039	255 292
增长率(%)		20.4%	14.8%	12.0%
利润总额(万元)	45 078	48 152	40 004	40 456
增长率(%)		6.8%	−16.99%	1.1%
净利润(万元)	30 684	33 807	26 299	28 282
增长率(%)		10.2%	−22.2%	7.5%

第四节　印　刷　发　行

文汇新民联合报业集团成立后,注重对印刷产业的投入,探索印务改制。在原《文汇报》

和《新民晚报》两报印刷厂的基础上,按照强强联合、优势互补的原则,经资产重组建立了集团印务中心,2002年底有员工480人,总资产近5亿元。下属沪太、洛川、金桥和金泽4个印刷厂,总占地面积约45亩,拥有20组大、中、小型彩色胶印轮转机,包括GOSS HEADLINE 2组、MAN-ROLAND UNISET 14组(其中3组为H型,可印刷对开4+4色的报纸),总生产能力达到196万对开印/时。文汇新民联合报业集团印务中心在国内及海外建有20个卫星传版印刷点,加快报纸出版的传递速度,承印包括《人民日报》、《文汇报》、《新民晚报》、《工人日报》、《经济日报》等在内的80余种报刊。

2001年初,印务中心引进了一组先进的POLYMAN商业轮转机,可以印刷4+4色克重为30—120 g/平方米的铜版纸产品,每小时生产能力为40 000对开印;2002年末,印务中心又引进了1组高宝科美特商业印报两用机。其他配套设备包括:AGFA激光照排机、CTP直接制版机和自动联晒机、龙骨输送线、自动堆积机以及法国MEG供纸架等具有当今世界先进水平的成套设备。2002年底,文汇新民联合报业集团在青浦购置了307亩土地,计划投资3亿元人民币,建成一个集商业印刷、书报刊印刷等功能于一体的拥有高新技术含量的现代化印务中心。

第五节　文　化　产　业

文汇新民联合报业集团成立后,原由文汇报社1985年创建的文汇出版社归属集团领导,成为集团下属的一个传媒机构和文化企业。文汇出版社注重出版国内外先进科技、文教、社会、卫生、新闻等方面的读物,以及《文汇报》、《新民晚报》等专栏中品位较高、可读性较强、有收藏价值的作品的集结。出版了一批在社会上有广泛影响的图书,自成立以来共出版图书9 000余种。《山居笔记》、《现代厂长经理经营大全》等多种图书在历届全国性图书评奖活动中获奖;《国宝大典》、《二十世纪上海大博览》、《二十世纪中国纪实文学文库》等图书分别列入国家和上海市重点。2001年7月,文汇出版社受到国家新闻出版总署的通令嘉奖。

文汇出版社创办之初,由马达兼任社长,1989年起先后由吴振标、郭志坤、黄胜铭、肖关鸿任社长或总编辑。机构下设编辑部、经理部,职工40人左右,其中编辑二十多人。

2001年3月,根据市委宣传部关于文艺院团体制改革的精神,文汇新民联合报业集团受命托管上海越剧院,关心、指导越剧院的队伍建设,并帮助越剧院演出经营。上海越剧院创作排演了《早春二月》、《木棉红》、《救风尘》、《被隔离的春天》、《珍珠塔》、《家》等多台大戏,两次举办了"我喜爱的上海越剧新秀"评比演出活动。

2002年末,集团筹建文化发展部,以此为开端,全面启动文化产业的运作和文化产业课题的研究。确立以创新思维为主导的现代运营模式,利用成熟的社会资源,以项目合作为突破,切入文化市场,带动文化产业的发展,启动两大板块:一是组建票务交易网络平台,抢占终端用户市场高地,确立"网络完备、票源丰富、终端开发、演艺互动"的经营格局;二是组建东方演艺公司和城市舞蹈公司,注重原创节目生产,扩大演出市场份额。

第三章　上海文化广播影视集团

2001 年 4 月 19 日,上海文化广播影视集团(简称文广影视集团)宣告成立。这是一个以文化广播影视、传输网络、新闻网站和报刊宣传为主业,兼营演出、会展、旅游、宾馆等其他相关产业的文化传媒集团。

文广影视集团按照业务范围,下设 4 大直属子集团(公司、中心),即上海文广新闻传媒集团、上海电影(集团)公司、上海文广投资有限公司、上海文广技术管理中心。集团员工 12 800 人,其中,新闻采编人员 862 人。

文广影视集团总资产 147 亿元人民币,拥有一批重要的广播电视传统媒体和新媒体,同时拥有先进的影视制作设备,拍摄制作了大量优秀的影视剧。集团旗下的东方明珠股份有限公司是中国内地第一家文化类上市公司,名列中国最具发展潜力上市公司 50 强。此外,集团拥有一批高水平的文艺表演团体和丰富的文化娱乐资源。

文广影视集团承办或主办了上海电视节、上海国际电影节、上海之春国际音乐节等,在海内外享有盛誉。

第一节　组　织　机　构

上海文化广播影视集团实行党委集体领导下的总裁负责制。成立之初,叶志康任党委书记、总裁,李保顺任党委副书记、蒋琪芳任党委副书记兼纪委书记,朱永德、朱咏雷、王玮、周澍钢任副总裁,黎瑞刚任总裁助理。

上海文化广播影视集团包括 4 大板块:新闻传媒(传媒集团),影视制作(上影集团),投资经营(投资公司),技术发展(技术中心)。总部下设综合办公室、人力资源部、计划财务部、事业发展部、技术开发部 5 个职能部门,集团拥有上海京剧院、上海昆剧团、上海交响乐团、上海杂技团、上海电影资料馆、国际大型活动办公室、新闻午报等直属单位。

第二节　宣　传　管　理

上海文化广播影视集团注重加强新闻宣传管理,努力坚持正确的舆论导向,注意发挥广播电视的整体优势,推进专业化改革和品牌化经营,拓展产业发展空间。

集团党委和行政领导班子定期召开党委会,研究重大的宣传问题和领导班子建设,做到年初有规划,季季抓落实,年终有检查。同时,建章立制,规定广播电视节目的重大调整、重大改版和重大活动的现场直播都必须报集团审批。对于新开设的频率、频道、报纸,以及涉

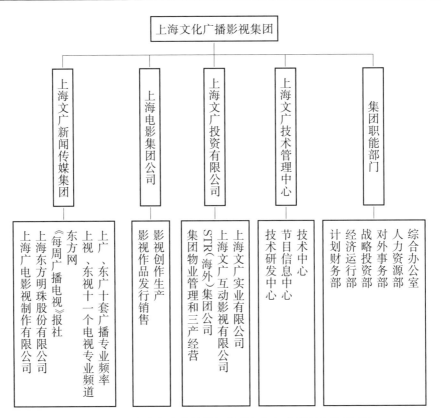

图 1-3-1　上海文化广播影视集团组织机构(2002 年 12 月)

及定位变化的大动作等,必须上报市委宣传部和国家广电总局,从总的方面把住了广播电视节目的宗旨和方针。集团还明确党政(综合)办公室,并由其指定专人,作为集团党委和行政班子抓好新闻宣传的职能部门和人员,进行日常管理,及时做到上情下达,下情上传,保证宣传政令畅通。

文广影视集团领导加强调查研究,提出"内容为王",将广播电视内容生产列为集团的支柱产业,努力实现"两个转变":一是从原先为满足本系统播出而制作,逐步转向为市场而制作;二是从原先的面向本地市场,逐步转为面向全国和海外华语市场,从而进一步提升内容产业的原创能力、制作能力、营销能力。

2001 年 8 月,集团开始筹建上海文广新闻传媒集团,逐步取消原市级系统的 4 个台(上海有线电视台于 2001 年 7 月 1 日归并上海电视台)的构架和职能,由传媒集团直接管理各市级广播频率、电视频道(上海教育电视台除外)。

2002 年 1 月 1 日,集团推出 11 个电视专业频道:新闻综合频道、生活时尚频道、电视剧频道、财经频道、体育频道、纪实频道、上海卫视(以上呼号均为上海电视台);新闻娱乐频道、文艺频道、音乐频道、戏剧频道(以上呼号均为上海东方电视台)。同年 7 月 15 日,新闻频率、交通频率、戏剧频率、文艺频率(以上呼号均为上海人民广播电台);新闻综合频率、流行音乐频率、经典音乐频率、财经频率、金色频率(这 5 家呼号为上海东方广播电台)和浦江之声广播电台等 10 套广播节目全新亮相。在传媒集团内部组建传媒管理运营公司,实行包括宣传质量、收视(听)率、创收和利润等指标在内的全面目标考核。

文广影视集团还注重传媒集团与技术板块的协调,发挥整体合力,推动重大新闻宣传任务的完成。2001年,庆祝建党八十周年、APEC会议、北京申奥等重大宣传报道搞得有声有色。2002年党的十六大宣传全力以赴,实现了"确保十六大期间中央广播、电视第一套节目播出传输的绝对安全,确保十六大重大活动、重要节目、重要时段'零停播'"的目标,受到国家广电总局、市委宣传部的嘉奖。

文广影视集团在巩固发展广电传统媒体的同时,还以战略眼光,争抢数字付费电视、移动电视、宽频电视、手机电视等新媒体、流媒体业务的制高点,不仅为新技术的发展作了人才、技术、资金的准备,也拓展了新的新闻宣传业务的空间。

文广影视集团还组织专人搜集广播电视宣传的信息反馈,认真处理群众来信来访。同时,办好《广播电视研究》等学术性刊物,力求提高宣传队伍的理论素养和广播电视节目质量。

第三节　上海文广新闻传媒集团

一、组织机构

2001年8月开始筹建的上海文广新闻传媒集团,其组织机构领导层为集团党委会和行政领导班子,下属11个职能部门(党政办公室、总编室、人力资源部、计划财务部、安全保卫部、发展研究部、监察室、审计室、计算机中心、广告经营中心、节目营销中心)。

成立之初的传媒集团下属主要单位有:上海人民广播电台(简称上广)、东方广播电台(简称东广)、上海电视台(简称上视)、东方电视台(简称东视)、东方明珠股份有限公司、上海国际会议中心、东方网、《每周广播电视》报社、东上海国际影视文化有限公司、上海广电影视制作有限公司,以及受委托管理的15家演出院团(上海京剧院、上海昆剧团、上海歌剧院、上海歌舞团、上海话剧艺术中心、上海交响乐团、上海广播交响乐团、上海淮剧团、上海滑稽剧团、上海评弹团、上海民族乐团、上海杂技团、上海轻音乐团、上海芭蕾舞团、上海东方青春舞蹈团)。传媒集团还管理或控股上海东方篮球俱乐部、上海东方排球俱乐部、上海女子足球俱乐部和上海申花SVA文广足球俱乐部。集团共有在编职工5 200多名(含文艺院团1 963人,各类公司610人)。2002年总资产达117亿元,销售收入22.77亿元。

本着受众细分、优化配置、品牌经营、共享互动的原则,上海文广新闻传媒集团推行广播频率和电视频道专业化。在"上海电台"和"东方电台"的呼号下,设10套广播节目;在"上海电视台"和"东方电视台"的呼号下,设11个专业频道。2002年,传媒集团播出广播节目62 639小时,其中首播节目54 366小时;自制广播节目50 820小时,占93%。播出电视节目76 024小时,其中首播节目29 536小时;自制电视节目17 680小时,占60%,居全国地方广播电视播出机构首位。2002年10月以后,上海文广新闻传媒集团又推出数字电视88套,其中自办31套;播出数字广播19套,其中自办10套。同时还提供7套数据信息,包括游戏、气象、电视节目指南等服务。

新闻传媒集团实行党委领导下的总裁负责制。党委由 9 人组成。下设 2 个党委、20 个党总支和 116 个党支部。

2001 年 8 月 3 日,经上海市委宣传部研究决定,同意朱咏雷兼任中共上海文广新闻传媒集团委员会书记、上海文广新闻传媒集团总裁,胡劲军任副书记、执行副总裁,宗明、任大文、卑根源任党委副书记,李瑞祥任纪委书记,李尚智、陈乾年、钮卫平任党委委员、副总裁。2002 年 1 月,刘文国任党委委员、副总裁。2002 年 10 月,市委宣传部同意,朱咏雷不再兼任传媒集团党委书记、总裁职务。宗明任传媒集团党委书记;黎瑞刚兼任副书记、集团总裁;胡劲军调至文新报业集团任职。

二、宣传管理

上海文广新闻传媒集团由原上海电台、东方电台、上海电视台、上海东方电视台等广播电视播出机构整合而成。集团拥有广播节目 10 套,电视频道 11 套,报纸 1 家,杂志 1 家。2002 年 10 月以后,文广新闻传媒集团又推出数字电视、数字广播、数据信息等一系列新媒体业务。

新闻传媒集团宣传管理的指导思想,是适应专业频道和专业频率改革,适应从台管理机制向集团扁平化管理机制转变,过渡阶段宣传上确保不断、不散、不乱;管理上平稳衔接,在确保舆论导向正确的前提下,减少管理层次,提高频率、频道自主管理能力;强化总编室的参谋、服务职能。

传媒集团宣传管理的基本定位,是确保 10 套广播节目和 11 个电视频道舆论导向正确和定位准确,并对节目设置和播出版面进行宏观把握,对频率、频道节目质量加以考核;充分发挥各频率、频道在各自范围内进行节目策划、选题审核以及具体制作和编排播出上的积极性和能动性;依靠集团内部统一的计算机管理系统(局域网),帮助和支持各频率、频道实施节目管理制度的规范和统一,并实行信息资源的共享。

传媒集团按照有关宣传规定和权限,直接指挥各频率、频道的播出版面调整、新栏目设置、重大项目的宣传计划、重要的新闻报道,以及重大活动的现场直播等;而各频率、频道则具体负责日常的节目宣传管理。同时,集团总编室还会同有关部门,进一步研究、开发、完善对各广播和电视节目质量综合考评体系,梳理和修订新的宣传管理规章,理顺管理程序,保证集团总体宣传有序进行。

新闻传媒集团每周召开一次办公会议,及时传达上级有关节目宣传的文件、指示,通报、分析集团宣传工作和收视(听)率情况。发展研究部和节目研究发展中心注重收集、研究海内外广播电视节目动态,探索节目发展和宣传管理的新思路,为集团领导提供借鉴和决策依据,并多次组织讲座和研讨会,拓宽编辑、记者的视野。

传媒集团还组织一批老同志,建立节目监听监视小组,每月出一期《监听监视》简报。集团每年组织 2 至 3 次"学片学人"活动,由优秀节目的主创人员谈创作思路和体会,以身边"同行"、"同仁"的作品以及从作品中反映出来的"人品",来激发宣传从业人员的进取意识。另外,集团自办《每周动态》、《每日剪报》等内刊。

三、广播频率

（一）上海电台新闻频率

上广新闻频率（AM990、FM93.4）是上海文广新闻传媒集团下属一个主要广播频率，于2002年7月15日正式启用新的呼号。

新闻频率的节目以"整点播报"新闻为基本构架，以新闻访谈、新闻追踪、新闻评论、体育新闻、国际新闻等新闻专题为特色，注重新闻的时效性和权威性。频率每逢整点播报上海及国内外新闻；新闻性专题资讯全面、及时，涵盖政治、经济、法律、社会及新闻人物等多个方面。频率还兼有广播剧、文化、娱乐等多种元素。

上广新闻频率在继续办好《990早新闻》、《市民与社会》、《听众热线》等原有优秀节目的同时，致力于开发一批富有时代感的新节目，如《百姓故事》、《海上闲话》、《时事大挑战》、《名人讲堂》等。

（二）上海电台交通频率

上广交通频率（AM648、FM105.7）以专业服务和轻松动感为主要特色，以城市流动听众为主要服务对象。

交通信息和路况动态是节目主干。它利用现代化交通监控和信息传播手段，整点播报最新路况和气象信息，重要信息即时插播，具有全面、权威、及时等优势。同时还提供适合流动人群收听的新闻、音乐、体育和财经等内容。其新闻节目立足上海，专题节目为听众提供丰富多彩的音乐、文艺和娱乐节目，并介绍生活常识和理财知识。设有《交通直播网》、《新闻快车道》、《阿丁谈交通》、《交通指南》、《欢乐正前方》、《假日阳阳》、《感觉在今夜》等栏目。上广交通频率曾与上视体育频道联动，在沪上广播媒体中独家进行重大体育赛事的实况转播。

（三）上海电台戏剧频率

上广戏剧频率（AM1197、FM94.7）是当时全国唯一以戏剧、曲艺节目为主要播出内容的广播频率。全天播出17.5小时的戏剧、曲艺节目。

"南北东西，随时听戏"。上广戏剧频率以中老年戏剧爱好者为目标听众，同时努力培养青年听众，面向普通戏剧爱好者，注重节目的欣赏性、普及性、知识性与参与性，为不同需求的戏迷听众提供指向性明确的戏剧、曲艺、话剧、歌剧等节目。设有《京昆雅韵》、《越剧大观园》、《广播书场》、《好戏随你点》、《名家名曲赏析》等栏目；京、昆、沪、越等剧种的节目每天都有一小时的固定播出，并加强与听众的互动联络，努力普及传统艺术。

上广戏剧频率还与东视戏剧频道联动，将电视引入广播，开设了《喜剧一箩筐》、《品戏斋夜话》等一些电视精彩栏目的广播版。

（四）上海电台文艺频率

上广文艺频率（AM1422、FM96.8）是以故事播讲为主的专业频率。在全天18小时的播音时间中，小说、故事约为11个小时，并有电影录音剪辑、文学作品欣赏和读书节目等。

"与故事约会，和流行牵手"。上广文艺频率立足上海，辐射江浙，致力于提高收听率，构筑节目产业链。频率目标收听对象为大中学生、青年白领人士，兼顾中老年听众。节目设置主要有长篇连播、广播影视剧、综合文艺三大类别。其中长篇连播针对不同收听群体和收听习惯，播出门类丰富的文学故事。为打造收听热点而开设的《电视收听剧》栏目，使电视剧在给观众形象感受之外，又给听众另一层想象空间。

（五）东方电台新闻综合频率

东广新闻综合频率（AM792、FM104.5）是走出上海、面向长江三角洲的一个广播频率。利用鑫诺1号卫星，除播报国内外和上海本地新闻外，更注重加强与周边地区、长江经济带的联动与合作。

新闻综合频率节目以社会新闻和服务资讯为特色，注重强化节目的信息量和服务性。为实施和分步拓展长三角广播新闻网战，推出整合长三角地区新闻资源的《东广卫星新闻联播》节目。新闻综合频率的《东广早新闻》《东方财富》等名牌节目在嘉兴、湖州、张家港、启东等周边城市落地。重点推出的《东方大律师》《东方财富》《东方体育》等"东方系列"品牌节目以信息量和服务性见长；《求医问药上海滩》等节目则能充分展示上海各领域的辐射作用。

2002年7月，新闻综合频率重组开播伊始，便在《今日新话题》中推出"长江三角洲市长访谈"节目，部分采用异地联播手法，引起较大社会反响。

（六）东方电台金色频率

东广金色频率（AM1296、FM92.4）以老人和少儿为主要服务对象和目标听众，注重节目的针对性和生动性，在每天17小时的播出时间内，根据听众群的不同特点，6:00—19:00分时段开设《常青树》《养生宝典》《正午茶座》等老年人喜爱的健康、养生节目，以及《成长心情》《月亮小船》《快乐无极限》等寓教于乐、适合少年儿童的知识性、益智类节目。20:00—23:00在汇集原来两家电台老少经典节目的基础上，开拓非学历教学节目，包括自然、地理、科普、外语、演讲、求职信息等内容，以吸引更多年轻人充电，发挥广播的社会教育及继续教育功能。《百灵鸟》《特级教师到你家》等老牌节目经改版出新，更注重品位和知识含量。

（七）东方电台流行音乐频率

东广流行音乐频率（FM101.7）每天6:00至翌日2:00全天20小时播放最具时尚魅力的流行音乐，每逢整点滚动播报娱乐新闻。

节目主要面向15—35岁的都市年轻人，以流行歌曲、艺坛资讯为主，适当穿插与这个群体收听习惯和频率定位相适应的外语类内容。注重都市风情和娱乐性，设有《音乐早餐》《潇洒60分》《流行现场》《欢乐调频》等年轻人喜闻乐见的栏目。《娱乐特快》及时播报本地及世界各地最新的音乐娱乐信息，预告、报道和评论重大音乐会的演出；以推荐新歌新人为宗旨的《东方风云榜》则是中国内地历史最久的原创音乐排行榜之一。

东广流行音乐频率与全球主要华语音乐台都有着良好的合作关系，并能通过卫星音乐广播网与国内16家电台互动联动；与全球其他7家华语音乐台联合举办的"全球华语歌曲排行榜"在华语乐坛上独树一帜。

（八）东方电台综合音乐频率

东广综合音乐频率（FM103.7）以经典音乐和民族音乐为编排主线，以经典资讯、现场音乐会、新人新作推介、乐坛经典回眸打造全新版面。根据目标听众年龄和文化层次相对较高的特点，追求经典，把握时尚，注重节目的文化品位和格调情趣，以欣赏性、知识性和时尚性的整体形象开创经典艺术的前沿。设有《古典音乐时间》《音乐无界》《经典入门》《世界音乐星空》等主打栏目,同时加强音乐广播的新闻性和评论性。

在向听众奉献优美精彩的音乐节目的同时,还积极组织各种音乐文化活动。《音乐之旅》与沪上有关旅行社联手,组织乐迷在旅途中聆听小型音乐会,或到音乐之乡探寻旋律之美,将音乐与旅游、休闲有机地结合起来。

（九）东方电台财经频率

东广财经频率(AM900、FM97.7)充分融合原上广经济台和东广金融台的优势节目和名牌节目,依托上海金融大都市的实力,按照经济全球化、金融投资多元化、信息传播专业化的要求,在第一时间全方位、大容量、高密度地传播国内外财经信息,透视经济现象,分析证券市场行情和外汇市场动态,聚焦环球财经热点事件。东广财经频率是目前全国唯一上星的财经类广播节目,其节目借此优势辐射全国。节目以大财经的理念凸显 3 大亮点:一是证券资讯精办联动:《个股天天点播》、《股市大家谈》、《全国证券网联播》等及时跟踪解盘,提供实战指点;二是及时传递权威财经新闻:在 8:00、18:00 的财经新闻中连线全国,聚焦热点;三是投资理财服务性强,《理财百事通》、《投资词典》等成为人们投资生活的好参谋。

（十）浦江之声广播电台

开播于 1988 年的浦江之声广播电台在广播频率专业化整合中有新的动作,它利用财经频率夜间的中波频率资源,以 4 个小时大板块的节目,以新的视角和新的形式,除继续利用短波对台湾民众传播广播节目外,还加强对上海及上海周边地区 30 万台商台胞广播。节目内容以经贸为主线,全方位、多角度、多侧面地反映两岸经济、金融、贸易、文化等交流动态,展示祖国大陆改革开放、经济建设、社会发展的巨大成就,并通过浦江之声电台让台胞台商获取更多的资讯服务。

浦江之声每天 20:00—24:00 播出。主要栏目有《新闻网路》、《台商家园》、《浦江两岸行》、《江风海韵》等。

四、电视频道

（一）上海电视台新闻综合频道

上海电视台新闻综合频道于 2002 年 1 月 1 日推出。它坚持"立足上海,面向华东,走向全国,兼顾海外"的发展方向,努力创办沪上收视率名列前茅的电视媒体和观众获取新闻信息的首选频道。

上视新闻综合频道以综合性滚动新闻为基本构架,以新闻深度报道和新闻性栏目为延伸,制作和播出各类新闻报道和新闻评论,成为上海地区权威、及时、全面的中心传媒和信息发布窗口。《STV 新闻报道》和《上海早晨》、《午间新闻》、《夜间新闻》4 档滚动直播新闻组成主打的新闻板块,及时传送上海和国内外各类鲜活的新闻资讯;《新闻透视》、《观众中来》、《新闻观察》、《新闻追击》和《新闻坊》等栏目以不同的定位、角度和形态,对新闻事件作现场调查,对社会热点作深入剖析,成为新闻节目的必要延伸和补充。法制专栏和谈话类节目也在上视新闻综合频道占有相当比例,《案件聚焦》、《社会方圆》、《第四焦点》、《有话大家说》等栏目在上海观众中享有较高声誉。作为沪上唯一的理论电视专栏《时代》栏目,荣获 2002 年上海市委宣传部"宣传七一讲话优秀理论版面"一等奖。同时,上视新闻综合频道每天播出一定量的电视剧与综艺节目。

（二）上视生活时尚频道（Channel Young）

上视生活时尚频道英文名称为 Channel Young，以传播现代生活方式、引领时尚潮流为宗旨，目标受众为 15—35 岁的城市人群。每天播出时间约 19 小时，首播节目量为 7.5 小时。

上视生活时尚频道秉持优雅、精致、前卫的观念，是当时国内最具时尚风格的电视频道之一。主打栏目有《今日印象》《魅力前线》《时髦外婆》《风流人物》《生活在线》《梦想成真》等。其中大部分是本地和国内节目；少量来自欧洲、北美和亚洲地区。此外，频道每晚还播出两集海内外青春偶像剧和生活言情剧。

2002 年 9 月，作为上海国际艺术节的专设项目，生活时尚频道承接了"魅力上海·浪漫西湖——上海形象大使评选总决赛"大型双向互动电视直播节目。同年 12 月，对 2002 世界男模大赛总决赛作全程报道。还是上海国际服装文化节、上海旅游节全程合作的指定电视媒体。

（三）上海电视台体育频道

上海电视台体育频道整合了原上视体育部、东视体育部和有线体育频道的人员，以"新团队、新起点、新目标"的全新姿态，于 2001 年 10 月 8 日正式开播。

上视体育频道节目以体育新闻为框架，赛事为龙头，专题为辅助，及时播报国内外体坛最新动态，热切关注中国高水准运动队及国内足球、篮球、排球等职业联赛；欧洲各国足球联赛、一级方程式赛车、拳击等精彩赛事。在版面设置上，首先确立体育新闻全天滚动播报的主体节目框架，以在第一时间快速、准确、全面地提供体育资讯；其次，以赛事转播为频道的主体内容，全面出击各项重大体育赛事；同时，从比较专业的角度制作播出各类体育专栏专题节目，满足不同层次受众的需求。

上视体育频道成立后，即经历了第九届全国运动会报道的洗礼；进而又在 2002 体育"大年"中经受磨练和考验。上视体育频道发挥自身优势，坚持"竞技体育与全民健身并重"的原则，先后主办、协办了多项由广大市民参与的健身活动，被上海市体育局授予 2002 年"上海市群众体育先进集体"称号。

2002 年 7 月 15 日，整合改版后的广播体育节目开始由上视体育频道制作。此举体现了体育资源共享和媒体优势互补的宗旨。

（四）上海电视台卫视频道（上海东方卫视）

上视卫星频道（Shanghai Broadcasting Network），简称上海卫视（SBN），其前身为上海电视台卫视中心。

24 小时全天播出的上视卫星频道依托上海文广影视集团的强大实力，精选上海文广新闻传媒集团麾下其他专业电视频道的名牌栏目，加上自办的栏目，形成了精品荟萃的播出风格。节目设置主要为新闻、综艺板块和"上海系列"（《人在上海》《聚焦上海》《投资上海》《前进上海》、Shanghai Noon）等。其中，新闻节目又分中文新闻和双语（英语旁白、中文字幕）新闻。同时，上海卫视选播由上海生产的、表现上海题材的影视剧；每晚还播出两集英语版的电视连续剧。

上海卫视租用"鑫诺—1"卫星播出节目，信号覆盖亚太地区。2002 年 1 月 1 日，上海卫视在日本落地播出，成为全国首家在日本落地播出的省级卫星频道。

（五）上海电视台财经频道

上视财经频道是在整合原上海电视台 14 频道《财经报道》、上海有线电视台财经频道的基础上于 2002 年 1 月 1 日推出的专业频道。

上视财经频道以广大投资者和财经专业人士为目标观众，以快捷的国内外财经新闻和投资信息、权威的深度分析和背景报道，以及对普通投资者的强烈关注，树立了专业、权威、亲民的品牌形象。频道与众多国内外一流金融投资企业和研究机构保持密切、良好的合作关系，拥有广泛的信息渠道和强大的专业后盾。

全天播出 19 小时，其中直播节目超过 8 小时。节目内容涵盖经济、金融、贸易等多个领域。其主打栏目有《第一财经》、《财经观察》、《今日股市》、《财经开讲》等。2002 年 7 月，上视财经频道以扬长避短、与时俱进的精神，再次进行版面调整，进一步加强财经新闻节目的时效性、证券类节目的专业性和服务性。同时，在财经新闻类节目中引入评论员制度。

（六）上海电视台电视剧频道

上视电视剧频道于 2002 年 1 月 1 日推出，其前身为原上海有线影视频道。

上视电视剧频道以大容量、密集型、覆盖式的播出方式，集中奉献精彩纷呈的中外电视剧，并辅以娱乐性、趣味性的自办栏目；双休日则集中重播优秀的电视剧，收视率平稳居高。

电视剧频道自办的《评头论足》栏目，融益智性、娱乐性、参与性于一体，形式活泼，视野开阔。此外，每天一集的栏目剧《新上海屋檐下》，捕捉市民身边的故事，即编即拍即播，贴近社会生活。

（七）上海电视台纪实频道

上海电视台纪实频道是国内第一个以纪实命名的专业频道，2002 年 1 月 1 日开播。

上视纪实频道的目标对象为文化层次较高的中青年观众，强调文化思辨和人文内涵，以纪实的影像关注社会，观照自我，刻画人性，传播知性。整合原上视《纪录片编辑室》、东视《星期五档案》等品牌栏目，汇集了一批电视纪录片的创作人才。纪实频道制作播出的《干妈》、《厂长张利民》、《老洋房》、《上海的色彩》等纪录片获得多个奖项。与上海卫视联合举办的"走通黄浦江"徒步考察活动历时 18 天，真实记录了上海"母亲河"的历史和现实状况。2002 年 10 月，纪实频道的专题系列片《上海的色彩》被中央电视台选为国庆特别节目，并译成英、法、俄等多国语言，在多家外国电视台播出。

（八）东方电视台新闻娱乐频道

东方电视台新闻娱乐频道是以原东视一套节目为班底组建的专业频道，于 2002 年 1 月 1 日开播。其整体节目集快捷的时事新闻报道、社会热点追踪、环球娱乐搜寻和海派综艺于一体，关注民生，贴近百姓，注重新闻性、娱乐性和时尚性的融合。

2002 年 6 月，东视新闻娱乐频道调整版面，进一步强化节目的收视定位，又推出部分新节目，整体形成了 4 大板块：新闻类主打栏目有《东视新闻》、《东视广角》、《娱乐在线》、《媒体大搜索》、《热线传呼》等；新闻专栏节目有《东方 110》、《法律与道德》、《东方视点》、《终极对话》等；综艺娱乐节目有《财富大考场》、《激情方向盘》、《相约星期六》、《红茶坊》、《老娘舅》等；社会服务类节目有《名医大会诊》、《东方大讲坛》等。新闻娱乐频道还设有《欢乐蹦蹦跳》、《十万个为什么》、《开心娃娃》等少儿节目。

2002 年 8 月 26 日起，新闻娱乐频道《娱乐在线》节目正式通过卫星向全国 20 多家省级电视媒体传送,206个电视频道同时播放。这是国内首次形成的辐射全国的电视娱乐资讯网络。

（九）东方电视台文艺频道

东方电视台文艺频道聚集了上海电视文艺节目制作的精兵强将,是上海电视文艺制作的中心。它以上海文化艺术的电视表述为主体,以对外艺术交流合作为手段,用现代理念凸显电视文艺的魅力和流行性,并加大经典的、国际性电视文艺节目的制作和播出力度,为观众奉上大气雄浑的大型文艺晚会和精彩纷呈的文艺节目。

东视文艺频道全天播出约18小时,设有综艺、文艺、文化等20多个栏目。主打栏目有:文化艺术现象透视性栏目《文化追追追》、名人热点访谈节目《猜猜谁会来》、由"老外"演绎中国文化的《OK上海》、传递国内外最新影视动态的《今日影视》、生动反映儿童独立生活能力的《小鬼当家》等。《智力大冲浪》、《红蓝大对抗》等不少节目通过上海卫视向全国播出。

东视文艺频道共设8个晚会组,承担着全市不少重大活动和大型文艺节目的策划、制作任务。2002年,共创作、录制、播出各类文艺晚会达170多台。文艺频道小荧星艺术团2002年共参加各类宣传表演96次。

（十）东方电视台戏剧频道

以原上海有线戏剧频道为基础的东方电视台戏剧频道以"弘扬民族优秀文化,振兴戏曲艺术"为宗旨,扬现代传媒优势,汇天下戏剧精华。既注重戏剧电视的人文性、知识性和娱乐性,又积极拓展戏剧的内涵和外延,强调传统和现代、经典与时尚、名家与新人的结合,兼容并蓄,雅俗共赏。

东视戏剧频道每天播出时间为17.5小时,其中首播节目约为6.5小时。设有《东方大戏院》、《东方戏剧大舞台》、《百姓戏台》、《喜剧一箩筐》、《东方之韵精品剧场》等主打栏目。周一——周五下午的《海上大剧院》每天播出一台完整大戏,内容涵盖京、昆、越、沪、淮、滑稽等各个剧种。《经典回眸》运用传统艺术的"抢救"成果和大量库存的经典档案,展示老一辈戏剧艺术家的精湛技艺和舞台风采。

（十一）东方电视台音乐频道

东方电视台音乐频道于2002年1月1日全新推出,其前身是上海有线音乐频道。以15—35岁的年轻观众为主要收视群体,以播放流行音乐节目为主,以排行榜、演唱会、真人秀和流行音乐娱乐节目为精彩看点,追求经典,把握流行,全新包装,力推新人。

东视音乐频道全天播出19小时,其中自制节目量约为50%。每天17:00—23:00以播出流行时尚音乐节目为主;23:00以后则主要播出高雅、经典类音乐节目。频道设有《中国乐坛》、《音乐前线》、《娱乐新闻网》、《缤纷音乐剧》、《古典驿站》、《乐人影录》等栏目,节目形态包括新闻、资讯、谈话、综艺及音乐会实录等。同时,音乐频道重点开发一系列综艺互动性节目。如与北京、广东电视台联合制作的《第一现场》;与上海团市委联合主办的《天地英雄·校园行》等。

第四节　技　术　保　障

上海文广影视集团技术中心始终坚持把安全播出放在首位,抓住日常运作和保证各项大型宣传活动两大任务,跟踪国际广播电视最新技术,大胆开发应用新技术,有计划地开展技术改造,不断拓展新的传播手段和领域,建立健全各项规章制度,全力做好安全播出、技术保障和技术管理工作。

一、广播电视技术装备

1993 年以前,上海广播电视系统普遍使用模拟设备。前期摄录、编辑、总控的播出、调度矩阵等视音频系统基本上是模拟技术。当时,已开始在设备使用计费统计上使用专用磁卡。

1994 年,上海广电大厦建成,电视节目的播控由原先的分散升级为集中播控。

1996 年,虹桥路广播大厦建成并投入使用,广播节目开始启用数字网络化的制作系统。

1997 年,广播电视技术设备的更新改造开始了数字化历程。同年 9 月,启用广播电视卫星转播车。此后,广电技术设备改造力度逐渐加大,数字设备的比例逐渐上升。

1998 年,上海广电技术中心开始运用广播电视新闻直播车进行异地直播、移动直播和多点直播。同年 10 月 1 日,上海广播电视卫星地球站建成,并开始大量广播电视节目的卫星传送。

2000 年,开始引入与 PAL 制式相对应的高清设备和数字转播车。上海作为全国高清的 3 个试验基地之一,于 2001 年开始进行高清电视频道的试播,并引进高清转播车。

2002 年 7 月,开始试播数字有线电视。建成基于 SAN 结构的数据流磁带的媒体资产管理系统。同年,电视播控由模拟升级为无带化的计算机硬盘播出。12 月,引进数字微波新闻直播车。

2001 年 5 月,技术中心承接的国家计委在上海建立数字电视地面广播试验平台项目建成,并于 2002 年 10 月完成单频网建设,使上海成为中国第一个开通数字电视地面广播并进行商业化运作的城市。

二、新闻宣传技术保障

上海广电技术中心坚持为广播电视宣传服务,确保节目的安全播出,在日常新闻宣传尤其是重大宣传报道中发挥了独特的作用。

上海广电技术中心在节目安全播出方面坚持高标准、严要求,将集中反映节目安全播出的主要指标"停播率"控制在 0.5 秒/每百小时内。1994 年至 2002 年,上海广播节目停播率除 1997 年启用广播大厦自动播出系统外,其他年份均在 0.5 秒/每百小时以内。上海广电播出系统的设备测试指标一直保持在国家甲级标准。在 1992 年以来国家广电部(总局)组织的广电技术维护市际竞赛中,上海广电有 7 个年度获得第一名。

在一系列重大宣传报道中,技术中心不仅保障了转播传送的万无一失,还在转播技术和传输手段上不断有所突破。

1993 年 5 月的首届东亚运动会承担了 12 个场馆和组委会新闻中心的技术保障,为亚洲和澳洲 9 个国家和地区的媒体提供卫星传送信号超过 200 次。1995 年的 OTV—NHK"亚洲歌坛"卫星实况双向传送,首次解决了越洋双向传送的音视频信号延迟及海底光缆传送立体声伴音两大技术难题。1997 年香港回归庆典转播,实现了电视 72 小时、广播 40 小时连续不间断播出的历史之最。同年10月第八届全运会上,技术中心在有关兄弟省台的协助下,辗转42个场馆,共作广播、电视实况转播达1 208小时(含中央第5套),卫星传送计205小时,提供电视公共信号785小时。另外,在1996年"上海五国元首签约"仪式、1999年"上海解放五十周年"一系列庆典活动、《财富》论坛上海年会等重大宣传报道中,技术中心都作出了可靠的技术保障。

上海文广影视集团成立后,加强各方协调,使技术中心的作用得到更好发挥。2001年6月,技术中心承担了"上海合作组织"第五次会议元首峰会的广播电视现场实况转播的技术保障,为境外13家媒体传送信号48次,新闻485分钟。在APEC会议期间,技术中心协助中央电视台完成公共信号传输44场次近300小时;为CNN等9家国际知名媒体提供卫星上行传输338次13 651分钟。2002年12月,上海申办世界博览会期间,技术人员认真对待首次在国外进行的新闻直播,确保在第一时间将"申博"最新消息传回上海。

第五节　经 营 管 理

上海文广影视集团成立后,实行"统分结合,多元经营,盘活存量,培育增量"的经营思路,积极探索建立规范有序的集团化管理体制和运作机制,提出并实行"两个转变",即发挥集团总体优势,从资源分散、强调内部竞争,向资源整合,一致对外,形成强大的核心竞争力转变;从单一的广告经营向媒体经营、资产经营和多业开发转变,着力培育新的经济增长点,并实行财务人员集中管理和委派、集中管理调度资金等制度。同时,改变原来媒体低层次竞争格局,在传媒集团成立广告中心和节目营销中心,实行统一经营和管理。

电视传媒广告业务确立了"立足频道,实行开发与带动并举"的经营理念,通过与有信誉、有实力的广告公司组成友好合作伙伴关系,进一步开拓市场,实现"多赢"。节目营销中心根据不同频道定位、不同题材、不同段位有针对性地提供节目。通过与各频道的协调和沟通,做到频道间互相补给,资源共享,控制成本,保证质量,节约支出。广播频率则进一步对广告经营实施"统一管理,分散经营"的策略,加强了频率搞好节目、搞活创收的责任感和积极性。另外,传媒资源和上市公司(东方明珠股份有限公司)的互动进一步加强。2001年,东方明珠股份有限公司制定并启动了投资收购《每周广播电视》、《有线电视》和《上海电视》两报一刊的经营性资产的投资方案。

文广影视集团组建后,及时组织力量进行清产核资,摸清家底。为盘活存量,培育增量,组建了上海文广投资有限公司,对划入经营板块的资产实施战略重组,对集团的资本运作和对外游资实行统一管理。对内切实开展清理、盘活存量资产的工作,使资产得以保值增值。

内容产业是上海文广影视集团的主业和重要支柱产业。集团成立后,坚持走"一业为主,多业发展"的道路,致力于运用高新技术开发新媒体。2002年9月,上海数字互动电视开播,并开始向苏、锡、常等周边城市以及大连等地的数字电视平台输出节目。文广影视集团节目中心、信息中心已积累3 000多小时的节目可供"东方宽频电视"播出。

2002年,文广影视集团的营销总收入达50亿元。

第六节　文　化　产　业

上海文广影视集团的成立，为实现资源共享、优势互补、提高文化产业集约化经营水平奠定了基础，并逐步向现代化企业化经营管理的方向迈进。文广影视集团拥有广播电视（包括移动电视、互动电视、宽频电视）、新闻网站、报纸杂志等多种媒体；拥有以故事片、电视剧、动画片为主的影视制作、发行和放映体系；拥有一批高水平的文艺院团和体育俱乐部；拥有包括东方明珠广播电视塔、上海大剧院、上海国际会议中心等在内的 12 座在国内外有影响的文化建筑。

文广影视集团始终坚持党在新闻文化领域的领导，围绕发展壮大内容产业，深化体制机制改革，坚持"以宣传为中心、以发展内容产业为重点"的工作思路，调整结构布局，转换运营机制，推进资源整合，拓展经营规模，培育新的经济增长点，致力于国有资产的保值增值，有效增强了集团在内容产业上的核心竞争力。

2001 年 8 月，新闻传媒集团筹建之初，按照"先电视、后广播"的顺序，相继启动电视频道和广播频率的专业化改造和品牌化运营，既保持了过去的内部竞争活力，更形成了联合一致应对外部竞争的态势，为做强做大集团内容产业迈出了第一步。到 2002 年底，传媒集团广告创收一举突破 20 亿元人民币。

文广影视集团充分发挥对东方明珠（集团）公司的控股优势，使其与广播电视传媒的内容资源优势、广播电视科研机构的研发优势整合在一个平台上，进军新媒体产业。与市公交部门以及海外资本合作，共同拓展移动电视市场。随着移动电视的装车量的不断增加，其广告业务也日见起色。

文广影视集团在重组整合内部资源的同时，启动多层面的社会合作。2002 年 9 月集团与网络传输部门合作开办的面向家庭的数字互动电视开播。推出的项目包括模转数频道、主题电视、互动游戏和增值数据服务等，为广播电视产业的发展找到了一个新的增长点。

2002 年，文广影视集团与电信部门合作，开办了面向互联网用户的"东方宽频电视"，开始实现对网民"点到点"的服务。同时，作为内容提供商，大力开发本集团拥有自主版权的电视节目的增值业务，在运作方式上委托新媒体发展有限公司进行总体策划和市场营销。

上海文广投资有限公司的组建，对划入经营板块的资产实施战略重组，对集团的资本运作和对外投资实行统一管理。对外多渠道参与投资项目的开发，为寻找长期战略合作伙伴作出了可喜的努力。

2002 年，由东方明珠投资建设的松江大学城学生公寓投入使用；国际会议中心的全年经营收入达 1.4 亿元人民币，同比上升 51%；上海音乐厅平移修缮工程开工。集团物业管理和三产经营均取得良好业绩。

2001 年 8 月，上海文广影视集团整合原上影、永乐、动画 3 个集团，成立了上海电影集团。2002 年，完成了故事片 10 部、电视电影 4 部、电视剧 410 部（集）、美术片 3 900 分钟、科教片 5 部、译制电影 17 部，并在各类影视评奖中获 35 个奖项。传媒集团 2002 年也投拍电视剧 250 多部（集）。

　　上影集团所属永乐股份公司和东方发行公司 2002 年共同投资组建了跨省市经营的、有 50 多家影院加盟的上海联和电影院线。同年，院线票房收入 1.62 亿元，占当年全国总票房的六分之一强。

　　上影集团积极兴建现代化多厅影院，改造旧影院，抢占市场制高点。相继投资建设了新世纪影城、沈阳新玛特影城，改建了宝山电影院，与国际著名的柯达、华纳等大公司合作建设和经营上海超极电影世界、永华电影城，与国内企业合作改造和经营四平电影院、国泰电影院等。

　　2002 年，集团托管的 14 家市级文艺院团加上东方青春舞蹈团、上海广播交响乐团共创作剧目 63 台，其中新创剧目 44 台，修改复排 19 台。全年共完成演出场次 6 637 场，总演出收入为 6 176 万元。

　　集团的资源整合，为推进国际合作，推动海内外的文化交流打下了扎实基础。2001 年 12 月底，上海卫视在日本落地开播，并于 2002 年起实行收费播出。上影集团与海外制片机构、海外华语电影优秀人才大胆联手，共同拍摄影视剧。上海民族乐团、上海芭蕾舞团、东方青春舞蹈团、上海交响乐团、上海歌剧院、上海杂技团等院团赴海外成功地举办了一系列巡回演出。

第二编　新闻报刊

自 1993 年以来,上海的新闻报刊稳步发展,据 2002 年 12 月底统计,上海有公开出版发行的报纸 101 种。

公开发行的报纸中,有日刊(含周六刊)15 种,周五刊 1 种,周四刊 5 种,高等院校校报 29 种;《解放日报》为市委机关报,《文汇报》、《新民晚报》为市委直接领导的大型综合性报纸,《劳动报》和《青年报》分别为上海市总工会与共青团上海市委的机关报;行业专业类报纸 41 种(其中企业报 10 种),对象类报纸 11 种,生活服务类报纸 8 种,文摘类报纸 2 种,对外宣传类报纸 2 种,晨、晚报及都市类报纸 2 种,其他类报纸 4 种;中文报纸 70 种,英文报纸 3 种;属中央新闻单位在沪主管主办的报纸有 4 种,即《人民日报 华东新闻》、《上海证券报》、《国际金融报》、《上海英文星报》。

上海报纸中属解放日报报业集团的报纸 9 家,占公开发行报纸的 12.2%;文汇新民联合报业集团的报纸 10 家,占 13.5%;出版局系统报纸 11 家,占 14.9%;协会、学会、研究会主办的行业报纸 9 家,占 12.2%;企业报 10 家,占 13.5%;行业系统报纸 4 家,占 5.4%;文广、教育系统 5 家,占 6.8%;总工会、团市委 4 家,占 5.4%;其他 8 家,占 10.8%;属中央单位在沪主管主办的报纸有 4 家,占 5.4%。

解放日报报业集团、文汇新民联合报业集团和出版系统主办的报纸总共 30 家,占上海报纸总数 40.5%;解放日报报业集团和文汇新民联合报业集团两大集团的广告额占上海整个报业广告总额的 88%。

第一章　大型综合性日报

第一节　《解放日报》

"解放日报"原为中共中央机关报的报名。1949年4月24日,中共中央决定,将这个报名交给上海,出版中共中央华东局兼中共上海市委的机关报《解放日报》,并沿用毛泽东题写的延安《解放日报》的报头。1949年5月28日,上海《解放日报》在上海汉口路309号申报馆原址正式创刊。

1994年5月28日,上海《解放日报》创刊四十五周年。中共中央总书记江泽民为之题词:"用正确的舆论引导人。"

1999年5月28日,中共上海市委宣传部和解放日报社共同主办的纪念《解放日报》创刊五十周年系列庆祝活动,包括举办"《解放日报》五十周年回顾展",摄制电视专题片《解放日报五十年》并出版同名VCD,出版《改革开放中的解放日报》、《解放日报五十年大事记》、《解放日报老同志回忆录》和《解放日报业务论文选》系列丛书。此前,在报庆四十五周年之际,报社的新闻业务大厦在汉口路300号落成。这座建筑物高27层,使用面积达3万余平方米。同时,一批当年南下的老同志重访丹阳,确认江苏省丹阳市东郊4公里的王家祠堂,为上海《解放日报》筹办地。(详见文末附录)

20世纪90年代以来的10年中,《解放日报》在继续坚持党的优良办报传统的同时,始终扣准时代脉搏,勇于担当新闻改革和创新的探索者、实践者,努力探索在社会主义市场经济条件下如何进一步发挥党委机关报的优势;努力探索如何使新闻报道紧紧扣住党的中心工作和读者群众广泛关注这一交叉点,力求使党委机关报成为广大读者了解上海政治、经济、文化和社会最新状态的第一选择。

为了实现这一目标,经过十年的不断追求和辛勤探索,《解放日报》在新闻宣传的版面、内容和形式,在报社内部管理和事业发展的诸多方面,都发生了可喜变化,逐步形成如下特色:坚持正确舆论导向,贯彻"三贴近"原则,注重新闻的思想性和报道深度,突出言论先导,把握经济态势,关注社会热点,发挥比较优势,扩大新闻传播和舆论的吸引力、亲和力、引导力,形成党委机关报的权威性、贴近性、可读性和导向性,以此构建党报的核心竞争力。这些鲜明特色,在《解放日报》历年的工作中得到具体展现。

一、新闻业务

(一)坚持新闻改革,增强党报吸引力

10年中,《解放日报》为增强党报在改革开放新形势下的吸引力,坚持新闻改革,先后进行多次改版,以适应广大读者的阅读需求。

1. 加强"信息性、社会性、服务性"

1993 年,《解放日报》从 8 版扩为 12 版,提供充分的信息,努力使报纸贴近时代、贴近生活、贴近群众。每天有 7 个新闻版,刊登重要新闻、典型报道和评论;同时,大量报道群众关心的经济信息、热点新闻、问题新闻和社会新闻。专副刊更具社会性和服务性,26 个专刊、副刊轮流刊出,包括政治、经济、社会、文教、科技、法制等各个方面。1996 年元旦推出的《双休特刊》,逐步形成休闲阅读的风格和特色。此外,在 1997 年创设《电脑广场》和《消费广场》专刊。

2. 逐步完善新闻分类、版式风格等主流媒体的改革创新要素

2000 年 10 月 23 日起,《解放日报》实施新闻版改版,目的在于面对新世纪的挑战和机遇,通过改版以增强党报作为主流媒体的创新能力、竞争能力和带动能力,努力把党报办成一张舆论导向正确、内容丰富、重点突出、观点鲜明、版面美观、文风清新,适应国际大都市发展节奏、更贴近市民生活,具有时代特征和上海特色的现代化报纸,更好地发挥党报作为新闻宣传主阵地和"排头兵"的作用。这次改版,打破原有的报纸格局,体现出 4 个方面的变化:一是增加新闻版面的比例,在 16 个版面中,原先新闻版面为 10 个,其余为专刊副刊,改版后为 12 个新闻版,4 个专刊副刊,通过适当调整新闻版和专副刊的配置,扩大了国内新闻、教科文卫新闻、社会新闻和体育新闻的篇幅,新辟了热点追踪版和经济新闻版,使新闻版面得到全面加强;二是整合新闻版面,形成新闻聚焦。为方便读者阅读,把 12 个新闻版分成 3 个板块,第一板块(1—4 版)为要闻、国内新闻、国际新闻,第二板块(5—8 版)为热点追踪、教科文卫、社会新闻和体育新闻,第三板块(9—12 版)为经济新闻、投资金融和股市行情,每个板块的新闻内容相对集中,以强势版面当头,形成新闻聚焦和视觉中心;三是设置分报头。当时,期望上头版的新闻多,要求登头版的广告多,而犹如南京路黄金地段般的头版却只有一个,无法适应各方需求。这次改版,按新闻类别设置三个板块,在每个板块的头版(即 1、5、9 版)各设置 1 个报头,变原来的 1 个报头为 3 个报头,变 1 个头版为 3 个"头版",使原先的一条"南京路"变成三条"南京路",以"级差优势"形成新的黄金版面,改版当天广告营收 252万,比改版前增加 134%,平时除双休日外的广告收入日均达 100 万元,同比增加 40%左右;四是开辟"热点追踪"版,深入采访,精心选题,力戒炒作,刊登的稿件把握住党和政府工作的重点、各级领导的关注点、群众利益的所在点这三者的汇聚点,经过选择加以报道,适应广大读者的阅读需求。

2001 年 1 月 1 日,《解放日报》由每日出版 3 大张 12 版扩为 5 大张 20 版,在版面配置上采用内容分叠、彩色印刷,各叠报纸设置小报头,开创沪上报纸按内容分叠版的格局。这次扩版在版面分类、报头样式、版式风格、版序设计、色彩基调上做到"五统一",如设定深红色和海蓝色两种色彩为报纸的基本色调,深红色象征红旗,代表党报;海蓝色象征临海的上海,代表海派特色。

3. 新闻版和专副刊前后呼应,实现整体创新

2002 年 8 月 30 日起,《解放日报》的专副刊配置重新调整,内容力戒重复,风格融为一体。在继续办好《朝花》和《新论》等名牌专副刊的前提下,这次改版的专副刊"亮点"集中在四个方面:(1)新闻联动,内容多,时效新。调整后的国际新闻、科教卫、综合新闻和体育新闻等都增加了版面,每周一至周五新辟了文化娱乐新闻版。(2)周末周刊创新,强化服务

性、知识性、趣味性。改进了《特别报道》、《大众话题》、《读书》、《家居装饰》版,新推出《人物聚焦》、《都市女性》、《健康人生》、《法律咨询》和《假日休闲》版。(3)天天有周刊,形成周刊系列。周一《网络周刊》,周二《财富周刊》,周三《汽车周刊》,周四《住宅消费周刊》,周五《周末周刊》,周六《证券周刊》,周日《新企业周刊》。(4)编排疏朗,阅读适意。对版面的配置、稿件布局、标题大小、编排风格等作了统一协调。

4. 创新改版使一批新栏目应运而生

针对全国从 1999 年起对春节等假日实行长假制度的新情况,《解放日报》把搞好"假日新闻"作为转变新闻观念、增强新闻活力的重要课题,2000 年率先在全市平面媒体中推出"假日新闻"新概念。当年春节期间,在第一版刊发主打报道,在新闻版开辟"申城佳景"和"龙年特写"专栏。国庆节期间,又推出"硕果累累贺国庆"、"难忘国庆"、"为国争光"等专栏。这些"假日新闻"反映节日市民生活、文艺舞台演出、流行时尚和人物风采的报道丰富多彩,一改往常节日报纸版面压缩、内容呆板的状况,体现了导向性、鲜活性和多样性的结合。其后,为吸引市民百姓关注党报、参与办报,又设置"百姓"系列专栏。2000 年 8 月 13 日,《解放日报》刊出退休教师任水良资助失学儿童的消息,引起社会各界的广泛关注和支持。抓住群众关注的这一热点,在头版头条位置开辟"百姓关注"专栏,于 8 月 15 日、16 日、17 日、19 日突出刊登《每天省下一元钱》、《老百姓谱写的文明之歌》、《我们如何看待做好事》等连续报道,并就应该怎样形成"我为人人,人人为我"的新型人际关系等问题展开讨论,通过群众参与讨论,发扬中华传统美德,彰显社会道德新风。这组系列报道在社会上引起强烈反响,中共中央政治局委员、中宣部部长丁关根为这组报道作出批示,中央电视台等媒体相继作了专题报道。2001 年又陆续推出"百姓英雄"、"百姓关注"、"百姓评论"、"百姓画廊"、"百姓健身"、"百姓传呼"等百姓系列专栏,抓住百姓关注的话题,采集贴近百姓生活的素材,真实生动、迅速地反映现实社会生活,力求使《解放日报》成为沟通市委市府和人民群众的桥梁。

(二)重大题材报道,体现党报引导力

这十年中,上海的改革开放不断拓展,大事多、要事多、喜事多,既使党报经历考验,也为党报提供了增强引导力的机遇和平台。

1. 重大纪念活动形式多样,采访报道新招迭出

1996 年,中国共产党建立七十五周年和红军长征胜利六十周年之际,《解放日报》组织"长征路上访红军"活动,追记红军将士的战斗历程和高尚情操,反映当年长征路上的新景象。这次采访活动历时 100 余天,采发 81 篇系列通讯报道,在社会上产生积极影响。同时,组织记者采访在上海的部分红军老战士,把他们的人生经历、革命精神和传奇经历生动地再现出来。这两次采访报道汇编到《长征路上访红军》和《长征精神永放光芒》两书中。1997 年 7 月 1 日,香港回归祖国。《解放日报》自 6 月 23 日至 7 月 4 日,开辟"喜庆香港回归"专刊,用 59 个整版、309 篇稿件 35 万字、256 张照片突出报道香港回归祖国的盛况。7 月 1 日,解放日报社举行"香港回归、香飘神州——赠阅 7 月 1 日《解放日报》(香报)"活动,报社 200 多名员工分赴上海 53 个发送点,向读者赠送了 5 万份特制的带有玫瑰香味的《解放日报》。1998 年是中共十一届三中全会召开二十周年,也是中国改革开放二十周年。《解放日报》"长江三角洲新闻版"在 2 月初推出 9 篇"改革风云人物寻踪"系列报道,这是全国最早的纪念党的十一届三中全会二十周年的宣传报道。

1999 年,喜逢中华人民共和国成立五十周年、上海解放五十周年、上海《解放日报》创刊五十周年。《解放日报》为做好纪念这三个五十周年的宣传报道,既花大力气搞好"规定动作",又及早策划和组织体现地方党报特色的"自选动作",避免往常采用的条线综述、罗列数字等较枯燥乏味的形式。纪念上海解放五十周年的报道,紧密联系上海实际,连续推出《上海,永远不会忘记》、《五十年前今天》两个系列报道专栏,特辟刊发长篇通讯的《专稿特稿》专版,开展《我和〈解放日报〉》征文活动,既全景式地介绍当年人民解放军和上海地下党为解放上海而建立的不朽功勋,又全面展现上海解放五十年来城市建设和人民生活发生翻天覆地的变化。5 月 28 日,上海解放五十周年纪念日,《解放日报》出版 50 版,分"欢庆篇"、"回眸篇"、"巨变篇"、"展望篇"四个部分,以生动事实反映上海解放五十年来,尤其是改革开放以来"两个文明"建设的辉煌业绩。始自 2001 年 4 月,《解放日报》组织纪念建党八十周年的 10个报道系列,唱响"共产党好、社会主义好、改革开放好"的主旋律。当年 7 月 1 日出版《解放日报丝绸报纪念特刊》,这是《解放日报》第一次出版的非纸质载体的报纸特刊。中共中央政治局委员、中共上海市委书记黄菊为《解放日报丝绸报特刊》撰写专稿《与时俱进　继往开来》。作为纪念建党八十周年的珍品,《解放日报丝绸报纪念特刊》被中共一大会址纪念馆和上海市档案馆收藏。

1997 年 2 月 19 日,邓小平逝世。《解放日报》从 2 月 21 日至 3 月上旬,编辑出版新闻专版和图片画刊 38 个版,刊发综合消息、通讯、专电、专访、评论等 137 篇,共计 23.5 万字,刊登图片 109 幅,报道篇幅和发稿量在上海报纸中领先,涌现出多篇感人至深的佳作。如:1997 年 2 月 26 日刊登的《命运与共——上海人民沉痛怀念小平同志》长篇通讯,紧紧把握"命运"这一拨动人们心弦的主题,从"小平同志改变了我们的命运"这一独到角度,从个人、家庭、城市、未来的命运四个层面,深刻阐述邓小平同志的丰功伟绩和历史地位,扎实而又生动、恢宏而又细腻地反映申城各界深切缅怀伟人的感人情景。报道从选题布置、策划、采写到稿件汇总改定,在短短 24 小时内抢出,发表后在社会上引起强烈反响,中央文献研究室对此予以高度评价。

2. 紧扣重大节点营造良好舆论氛围,进一步推进改革开放

1997 年,为迎接党的十五大召开,自 7 月上旬起至十五大召开前夕,开辟"展示新成就迎接十五大"专栏、"活跃在第一线的共产党员"人物专栏、"镜头里的变化"画刊,营造迎接十五大召开的喜庆气氛。在十五大召开期间,又连续刊发各类报道 139 篇计 21 万字、照片 88幅。同时,在十五大召开前后刊发评论、社论、理论文章等共计 29 篇 9 万字。通过各种形式的宣传,《解放日报》关于党的十五大的报道形成了强势,发挥了党报的舆论导向作用。2000年,是党中央重大决策——浦东开发开放十周年。为做好这一重要节点报道,《解放日报》开辟了"浦东开发开放十年新闻调查"、"浦东开发开放十年"、"海内外投资者看浦东"、"兄弟省市领导谈浦东开发开放"、"周边城市领导谈浦东"5 个栏目,刊登 32 篇通讯和系列报道。其中,在一版连续刊出的《总设计师与浦东开发》、《开放的浦东　全国的舞台》等系列报道和评论《思源思进　再创辉煌》,将浦东十年巨变同"双思双进"的主题紧密相扣,在上海以及全国引起热烈反响。中国申办 2010 年上海世博会的新闻宣传是《解放日报》新闻宣传的一大亮点。2002 年 12 月 3 日深夜,中国申办 2010 年上海世博会成功的喜讯传来,《解放日报》即按申博成功的预案,推出全方位组合式的强势宣传:(1)出版 30 年来的第一次《号外》。

（2）12月4日的报纸新闻版做成强势新闻，1版—5版全部刊登庆祝申博成功的新闻和图片，再增出8个版的庆祝申博成功特刊，图文并茂，具有很强的可读性和保存价值。

3. 密切结合干部群众喜迎重大活动的展开，报道选题新颖，版面浓彩重墨

2001年1月1日，跨入新世纪的第一天，《解放日报》推出创刊以来从未有过的100个版的《世纪之版》。打破编年史式的传统编排模式，以主题统领6大专题，继往开来，兼具新闻性、史料性和前瞻性，大量加印零售报纸，读者凌晨排队争相购买，所有零售报纸上午9时之前销售一空。读者因没有购到零售报纸，向《解放日报》写了400多封投诉信。当天报纸的广告净收入为500多万元人民币，创下单日广告营业额的新纪录。

2002年"五一"劳动节，是进入21世纪的第二个劳动人民的节日，《解放日报》精心策划了以企业为主题的"五一"特别报道，推出"我们创造美好生活"、"温暖五月风"、"劳动者特别调查"、"五一专线·答劳动者问"4个专栏和创业系列评论，以及劳动者为主体的4期彩色画刊，形成了6大系列、各有侧重的强势报道。其中，"五一专线·答劳动者问"专栏是报社与读者互动的创新栏目，选题都是广大劳动者关心的热门话题，既宣传普及政策法规，又维护劳动者的合法权益。

同年召开的中国共产党上海市第八次代表大会，是进入21世纪的一次重要会议。为了营造良好舆论氛围，自4月8日起，《解放日报》先后在要闻版开辟《坚持"三个代表"再创新的辉煌》、《身体力行"三个代表"我们创造跨世纪的辉煌》、《跨世纪的辉煌》、《辉煌的启示》4个报道专栏，整个报道着眼于"总结经验、鼓舞当前、启示未来"，以坚持党报的影响力的标准，加强党报新闻性、思想性和可读性，形成了主题把握准、舆论声势强的党报新优势。

12月初，中国申办2010年上海世博会结果即将揭晓，上海乃至全国和世界都给予热情关注。面对成功或失败两种可能，《解放日报》作为中共上海市委机关报，策划撰写两篇不同申办结果的言论，鲜明地表达了上海作为申请承办世博会城市的立场和态度，分别以激情洋溢的文字和坚定向前的坦然心态，阐述了正确对待申办世博会的心路历程，并即把言论稿件报告市委和市委宣传部领导审定。市委常委、宣传部长王仲伟作出批示，将两篇言论稿件分别作为上海申办面临成与败两种不同结果的基本态度、观点。市委宣传部将两篇稿件提前发至上海各主要媒体，作为做好相关宣传报道的基本参照。申博成功后，《解放日报》于12月4日刊出社论《还世界一个精彩》。而为申办可能失利所准备的署名评论《永恒的追求》，语态虽然悲壮，但写得入情入理，同样鼓舞人心，获得市委领导充分肯定，并作为历史稿件留存。

新时代孕育了一批又一批英雄模范人物，《解放日报》记者眼睛向下，在改革开放的伟大实践中，发现典型、总结典型、弘扬典型，起到鼓舞、激励和推动作用。

1. 针对社会转型期的群众心态，发现和弘扬自强不息的典型

2001年9月27日，《解放日报》"热点追踪"栏目以《一位母亲的"信任危机"》为题，报道了上海下岗女工、共产党员查文红连续3年在安徽省砀山县贫困农村的义务执教的事迹，在读者中引起强烈反响。查文红是新时期弱势群体中的一员，她以自强不息的精神和执著的追求，舍"小家"而为"大家"，义务到贫困地区执教，为社会作出无私奉献，体现社会主义市场经济条件下高尚的公民道德。11月2日，中宣部新闻局刊发《"全国师德标兵"查文红的事迹感人肺腑》的阅评意见。11月22日始，《解放日报》又从公民道德建设的高度，连续发表采写

查文红的系列长篇通讯《感悟幸福》、《道德攀登》、《厚德载物》，以及系列"本报评论员"文章《闪光的人生追求》、《高扬的时代精神》、《公民道德楷模》，并先后刊发查文红日记摘抄等各类报道27篇5万余字，把查文红先进典型的报道推向高潮。后查文红被评为全国"师德标兵"。

2. 推进社会稳定，保障改革顺利进行，挖掘爱民为民典型

2002年2月16日，《解放日报》"春节热线"专栏接到残疾人陈爱琳的电话，反映杨浦公安分局交巡警肖玉泉悉心关爱残疾母女的事迹。记者前往采访后得知，肖玉泉已于前一天病故，根据总编辑的决策，当晚即采写报道《肖叔，你不该走！》刊发在17日头版，引起社会广泛关注；市委副书记刘云耕作了批示，并前往肖玉泉家中慰问。《解放日报》经过再次深入采访、提炼主题，于3月5日学习雷锋纪念日，在一版刊发肖玉泉事迹的长篇通讯《人民乃父母》和评论员文章《深怀爱民之心》，把肖玉泉先进事迹报道推向高潮。公安部追授肖玉泉为全国公安系统一级英模的荣誉称号，并作出向肖玉泉学习的决定。中宣部和上海市委联合在北京人民大会堂举行肖玉泉事迹报告会，从而使肖玉泉成为由《解放日报》从群众提供的线索中发现和挖掘的全国先进典型。

（三）整合新闻资源，提升市场竞争力

十年来，随着改革开放的进一步深入，新闻宣传事业也得到了前所未有的蓬勃发展。《解放日报》在发展中整合，在整合中推进发展，保持持续发展的良好态势。

1. 推进海外媒介的合作，扩大媒体市场影响

1995年4月3日，经中共中央对外宣传办公室同意，由解放日报社主管主办，主要承担对外经济新闻宣传任务的《解放日报·中国经济版》创刊，在香港随《星岛日报》在海外发行，其中一些版面由《星岛日报》摘编后，电传悉尼、纽约、伦敦的中文报纸以专版刊出。3年多后，因解放日报社出版《解放日报电子网络版》承担对外新闻宣传任务，《解放日报·中国经济版》于1998年10月26日停刊。1998年7月，经国务院新闻办批准正式对外发布《解放日报电子网络版》，据对访问者IP地址分析得出的结果表明，访问网络版的读者以国外居多，其中美国来访者占50%左右，加拿大占10%，澳大利亚占10%，国内占20%。经国务院新闻办批复同意，2000年1月，《解放日报》首次向美国纽约和比利时布鲁塞尔各派出1名常驻记者，从此《解放日报》上有了自己特派记者采写的国际新闻。国际新闻报道面的拓宽，以及现代化的版式设计，黑白差的合理运用和国际时事评论专栏的设置，使国际新闻版鲜明突出，引人注目。

2. 细分报纸定位和特色，创办周报和都市报，拓展报刊市场新领域

由解放日报社主管主办的周报《申江服务导报》，1998年元旦正式出版，创刊头一年发行量就突破30万份，创下全市综合性周报发行量之最。《申江服务导报》创刊成功，使解放日报社主管、主办的报刊达到10种之多。次年1月1日，解放日报社主管的《新闻报》与《消费报》合并，当天一日三刊滚动出版的《新闻报·晨刊》、《新闻报·午刊》、《新闻报·晚刊》正式创刊。开始时的计划是实行一日三次滚动出版，但后来实施中遇到困难。2000年6月1日，《新闻报·晨刊》和《新闻报·晚刊》分别更名为《新闻晨报》和《新闻晚报》。《新闻报·午刊》于2000年7月1日划归市文广局管理，由上海《每周广播电视》报社和新闻报社合办。1997年1月起，与复旦大学共同主办新闻专业学术期刊《新闻大学》，直至2003年底结束。

1992 年,《文学报》由解放日报社主管,同时在经费上提供支持。

二、经营效益

随着新闻宣传工作的扩展,解放日报的经济效益持续稳定增长。尤其是 1999 年,报社的广告收入、主营收入以及税前利润等分别比 1998 年增长 11％、26％以及 166％,创历史最高水平。

广告。1993 年,解放日报社为做大做强报业经济的主业——广告,成立了解放广告公司,以公司化的运作,探索广告经营新路。之后,又在加强服务和表现形式上不断创新,先后推出头版广告、中缝广告、跨版广告等。1996 年,解放日报社首次召开广告工作会议,并从采编部门抽调力量到广告部门主抓开拓创新。2000 年,解放日报社领导提出"广告经营也要在思想上占领制高点,要在机制创新、创意营销上实现新突破,并形成'解放'特有的核心竞争力。"经过精心策划,先后正式创刊《住宅消费》周刊和《汽车周刊》。当年 10 月,《解放日报》在报业集团成立后首次进行新闻版改版,提升了影响力和吸引力。世界著名企业英特尔公司于当月 23 日在《解放日报》21 版至 28 版刊登了连续 8 个版的整版彩色广告,投入广告费 121.6 万元,创《解放日报》广告单一品牌日投放量的最高纪录。当年,解放日报社广告部向报社缴款 2.5 亿元,为历史最高水平。

发行。上海主要报刊纷纷打破"邮发"单一经营方式,探索"自办发行"的经营模式。1999 年,为配合《新闻报》"一日三刊,滚动出版",解放日报参与组建全日送物流配送有限公司,成为上海第一个以投递日报为主的自办发行网络。此后,公司引入邮局的资本和管理,发展成为传媒和邮政的发行联合体。与此同时,上海各报不断加大发行力度,寻求新的增长。解放日报社积极探索自主营销,推出"集订分送单",依靠各种渠道,使报纸不仅订到工厂科室,还订到车间班组。同时,针对自身的目标读者,设定营销策略,明确提出"以领先一步抢占宣传报道制高点来带动发行",使《解放日报》成为人们了解经济和社会发展的第一选择。2001 年,上海烟草集团作出决定:为每位员工订阅一份《解放日报》,使全集团的订阅量由原来的 350 份增至 6 700 份。江浙地区的发行也有较大增长,江苏泰州市委要求全市各区县街镇及机关团体都订阅《解放日报》,2001 年《解放日报》在当地的发行量由原来的 245 份增至 4 700 份,创历史新高。

三、信息化建设

1993 年,解放日报社新闻资料管理告别了"剪刀和糨糊",运用电脑录入数据、标引、存储和检索。1997 年元旦起,解放日报社图书管理实现电脑化。1999 年,出版《解放日报》创刊以来的第一套光盘——《解放日报 1998 年全文和版面数据库》。

《解放日报》在编人员 200 余人,其中,具有新闻高级专业技术职称(含副高级)近四分之一。每日平均出版 16 版,每期发行量为 38 万份左右,年广告、发行收益近 3 亿元。10 年中,解放日报社被国家新闻出版总署评为第一届、第二届全国报纸地方报纸管理先进单位。分别被国家语言委和上海市语言委评为全国语言文字工作先进单位和上海市语言文字工作先进单位。《解放日报》夜班编辑部连续三次被上海市人民政府评为上海市模范集体。

1993 年至 2002 年,任《解放日报》领导职务的有:党委书记或总编辑周瑞金、丁锡满、冯士能、秦绍德、贾树枚、赵凯、陆炳炎、宋超;党委副书记或副总编辑居欣如、余建华、张仲修、金福安、俞远明、吴谷平、黄京尧、张止静、王富荣、陈振平、陈大维、裘新。

社址:上海市汉口路 274 号;1994 年后迁至汉口路 300 号解放日报大厦。网址:www.jfdaily.com。

附录:确认上海《解放日报》筹办旧址

1999 年 3 月 31 日,上海解放日报老报人访问团及"解放日报五十年"电视片摄制组一行到江苏丹阳市访问,确认了《解放日报》的创刊地址。

1948 年 8 月山东济南解放之后,中共中央华东局领导机关进入济南,新华社华东野战军前线分社、华东总分社和地区的一部分新闻工作者也随之入城,创办《新民主报》;随后又开始进军江南,为在上海创办《解放日报》做准备工作。主持这项工作的恽逸群,是 1949 年 5 月创办上海《解放日报》的领导人之一。

当时,华东局宣传管理方面的决策层考虑到,上海在解放前是中国最大的新闻中心,又是国际上有影响的大城市,解放后应当有一张有影响力的报纸。后来,党中央决定原华北局的《人民日报》为党中央机关报,解放后的上海沿用延安时期的《解放日报》报名,作为中共中央华东局兼中共上海市委的机关报。华东局把筹建工作交给了恽逸群。恽逸群 1926 年加入中国共产党后,长期在上海等城市做党的地下工作,对上海新闻界比较熟悉。他 1945 年 11 月从上海经扬州到达淮阴新华社华中分社。1946 年 4 月,范长江调往上海任中共代表团发言人后,恽逸群继任华中分社社长。解放战争开始后,北撤山东,他除了管新华分社外,还在华东局当政治秘书。进入济南以后,恽逸群担任了《新民主报》社长兼总编辑。在那里,他团结和聚合了一批新闻工作者,并任华东新闻学校校长,为南下培养新闻干部。这一年的冬春之交,正当淮海战役激战之际,《解放日报》的筹建工作也加紧进行。

淮海战役结束后,由恽逸群、王中、宋军、张映吾、李辛夫、戈扬、乐静、丁柯、叶诚、吴云溥、肖木、哈华、朱明、费恺、秦秋谷等组成了新闻大队,有一百多人,下设几个中队,编辑中队长是王中,指导员是肖木;印刷中队(即印刷厂)长是吴以常,还有管理中队,随解放军南下,不几天,从华北地区来的范长江、魏克明、刘时平、姚天珍、史东等同志与新闻大队汇合。在丹阳的 20 多天中,一边休息、学习、整训,一边进行《解放日报》创刊的准备工作,对报纸的内容、版式、编辑部人员的分工等一一加以明确,创刊号的发刊词也提前写好,第一天报纸版面的设计为 5 至 8 版均为文献版,稿件全部准备停当,随时待命向上海进发。

5 月下旬,解放上海的战役即将结束,这支新闻队伍从丹阳出发,5 月 26 日由南翔进入上海市区,当晚住在交通大学,第二天上午到汉口路申报馆。在那里与陈虞孙、夏其言等地下党同志会师后,分成两支队伍投入紧张工作:一支接管《申报》,一支负责编辑 5 月 28 日的《解放日报》创刊号,按照预定的 8 个版面的计划,分头编辑出版。这天晚上,从编辑部到排字房,从排字房到编辑部,上下川流不息,许多同志不知疲倦地彻夜工作。次日凌晨 3 时发完稿子,8 时 15 分报纸印完,十多万份报纸一早就零售一空。第一张《解放日报》如此迅速地出现在上海人民面前,使那些还留在上海的外国记者、外国贸易界人士大为惊讶。

《申报》是中国新闻报业史上发行最久的报纸,历时 78 年。当它在 5 月 27 日印行完了最后一天的报纸后,《解放日报》就于28日创刊。一张报纸停刊,一张报纸创刊,反映了两个完全不同的时代。前几天的《申报》新闻报道"人民解放军进入市区"、"市民夹道欢迎解放军入城";28日的《解放日报》报道:"我军攻克吴淞要塞"、"上海全部解放",这是一个伟大的转折,又是一个耐人寻味的历史性衔接。《解放日报》的顺利创刊,反映了早在渡江前党的决策的正确、成功,体现了南下新闻工作者与上海地下党同志(他们已先于南下新闻队伍在申报馆出版《上海人民报》)的亲密合作。

第二节 《文 汇 报》

《文汇报》创刊于1938年1月25日,经历了几十年的风风雨雨,在曲折中行进。

从1992年到2002年期间,《文汇报》几经改版、扩版。1992年1月,由对开4版一大张,扩大为对开8版两大张。1995年元旦起,扩版为3大张12版,与此同时,专副刊也相应调整、充实、加强,新推出6个周刊:《市场与消费》、《文化天地》、《海外瞭望》、《财经广场》、《现代家庭》、《科技文摘》。这些周刊被读者称为"报中报"。

1996年1月,为适应国家规定的双休日制度,推出内容多样的"文汇特刊"周末版,为4开16版彩报。2002年10月起《文汇报》又一次改版,编辑全彩色版,每天9个新闻版,每周20个专副刊;与此同时,调整了新闻板块,取消国内新闻专版,将其中各类新闻配置到各相应的版面上;还推出"时评点击"版、"天天热线"专栏和恢复"读者的话"专刊。

10年间,《文汇报》两次举行创刊纪念座谈会。1993年1月25日,《文汇报》创刊五十五周年,中共上海市委书记吴邦国、市长黄菊分别题词、撰文表示祝贺。吴邦国的题词是:"办出文汇报特色,为两个文明建设服务",黄菊的祝贺文章题为《更上一层楼》。1998年1月25日,《文汇报》创刊六十周年,中央领导江泽民、李鹏、乔石、李瑞环、吴邦国以及上海市领导黄菊、徐匡迪等分别题词、致信祝贺,江泽民的题词"把握舆论导向　发扬文汇特色"成为办好《文汇报》的指导方针。

10年来,《文汇报》以重大活动为载体,精心策划了多项具有较大社会影响的大型报道系列。1992年邓小平视察南方重要讲话后,《文汇报》旗帜鲜明地宣传邓小平关于进一步改革开放,建立社会主义市场经济的思想主张,关于建设中国特色社会主义理论,关于以经济建设为中心,加强精神文明建设的论述。2月8日至22日,连续刊出一组论述坚定不移贯彻党的基本路线的系列评论,分别是《坚持一个"中心"》、《财大才能气粗》、《力戒形式主义》、《加快改革开放》,这组评论是全国报刊中较早反映邓小平视察南方谈话精神的。3月28日在一版转载《东方风来满眼春——邓小平同志在深圳纪实》,披露邓小平南方重要谈话精神,是全国第一张转载这篇重要通讯的日报。以后又连续发表冷溶的《邓小平与我国现代化建设三步发展战略目标的形成》、李君如的《邓小平的"治国论"初探》、龚育之的《线索和阶段——邓小平建设有中国特色的社会主义理论形成和发展的几个问题》等10多篇文章,从各个方面宣传了邓小平建设中国特色社会主义理论。报社约请了众多国内著名专家学者撰写了一批有影响的理论文章,如逄先知、冷溶的《有中国特色的社会主义是全面发展的社会主义》,郑必坚的《马克思主义思想路线的力量》,吴敬琏的《拓展新的经济生长空间》,厉以宁的《中国股份制企业的发展前景》、刘国光的《国有企业改革到了攻坚阶段》、刘吉的《论经济全球化的本质》、梁衡的《怎样才能实事求是》等。

为庆祝中华人民共和国成立五十周年,《文汇报》与中共中央党史研究室联合举办活动,纪念"进京赶考去"(西柏坡—香山)这一重大历史事件,邀请了50年前跟随毛泽东等老一辈无产阶级革命家进京的5位老同志,对西柏坡进行了重访,并在北京香山举行座谈会,对这次活动,《文汇报》从1999年9月10日开始刊发报道,到9月20日共有7天的版面报道了活动的情况。同时,为庆祝上海解放五十周年,《文汇报》和东方电视台于1999年4月3日至10日共同举办"再走烽火英雄路——解放上海老战士重访旧战场"活动,《文汇报》在4月6日、9日以《再走烽火英雄路——解放上海老战士重访旧战场活动纪实》(上、下篇)为题,用两个整版,详细报道了这次活动的情况。这两项活动,都在全国产生一定影响。

2001年7月1日为纪念中国共产党建立八十周年,《文汇报》从6月25日至29日推出了一组(5篇)大型报道——"重读经典报道":《向穆青求证:"焦裕禄精神"永不过时》、《国魂——"铁人精神"在大庆》、《他激励教育了几代人——最早报道雷锋先进事迹的佟希文》、《历史将永远记住他们——记"两弹元勋"邓稼先和他的同事》、《先进道德观超越时代——"张华精神"激励后来人》,中宣部阅评小组认为这组纪念建党八十周年的报道,形式新颖,视角独特,是一种创新。1997年7月1日,香港回归祖国。《文汇报》当天头版套红,刊登中英香港政权交接仪式在香港举行的电讯和彩色照片多幅,香港特别行政区首任行政长官董建华为当天《文汇报》题词:"沪港竞秀 富国裕民",全彩色真丝报纸《文汇报·七一特刊》在7月1日与《文汇报》同步印刷,这是中国第一张大型综合性日报的全彩色丝绸版报纸。1999年12月20日,《文汇报》为庆祝澳门回归祖国特制了全彩色真丝绸版《文汇报·澳门回归特刊》。澳门特别行政区首任行政长官何厚铧为《文汇报》题词:"沪澳多合作 前途更光明"。进入21世纪,《文汇报》围绕中国共产党第十六次全国代表大会召开,集中持续宣传"三个代表"重要思想。在2002年6月,《文汇报》就开始筹划迎接十六大的宣传报道,从8月初到11月8日党的十六大开幕,共开设7个专栏,刊发消息、通讯、特写、述评等各类报道350多篇,画刊13个,图片48幅,理论文章18篇,理论专版6个。从8月4日起在一版开设"实践'三个代表'再创新的辉煌"专栏,在理论版推出"学习'三个代表'重要思想"专栏,在"文汇画刊"推出《做实践"三个代表"先锋——上海基层十六大代表风采录》,还连续推出"迎接党的十六大——辉煌和启迪"、"新世纪上海之夜"、"盛世话巨变"、"上海人的新生活"等专栏、专版,报道13年来特别是近5年来取得的巨大成就。十六大开幕后,除了及时报道会议新闻外,还组织了五篇系列评论员文章,并与中共中央党校《学习时报》在京联合举办学习贯彻十六大精神座谈会。

申办2010年中国上海世博会的宣传,也是《文汇报》新闻宣传的一大亮点。从2002年3月起,围绕国际展览局来沪考察,《文汇报》积极组织以普及知识、提高民众知晓率、参与度与支持率为重点的新闻宣传;年中,围绕中国政府和上海市政府代表团赴法国参加国际展览局第131次成员代表大会等活动,为申博营造良好的舆论氛围;年底,国际展览局召开第132次成员代表大会时,再次掀起宣传高潮。12月3日夜,中国申办2010年上海世博会成功的喜讯传来,《文汇报》4日的报纸即以强势报道,用10个半版面推出庆祝申博成功的专版,图文并茂,具有很强冲击力。《文汇报》还会同文汇新民联合报业集团所属的其他报刊,特别编辑出版了中国上海申博成功的《号外》。

1. 围绕读者关心和社会热点问题组织讨论，是《文汇报》开拓宣传报道面的特色之一

与持续宣传建立和发展社会主义市场经济体制同步，《文汇报》采取群众性讨论的方式，大力引导推进社会主义精神文明建设。1995 年 3 月底，《文汇报》一版头条以《读者来信吁请一议　市民素质可如人意》为题发表一封读者来信，建议就如何提高市民素质问题展开讨论，半个月中刊出《上海市民应有怎样的素质》讨论专栏 9 期，并两次刊登各界人士座谈会的发言摘要，连发《造成良好氛围》等 5 篇评论文章。4 月起，还和东方电台开设市民素质讲座热线，围绕现代大都市的市民应有的公德意识、自律意识、法制意识等问题展开讨论。7 月21 日，发表中共上海市委副书记陈至立的《从"七不"抓起，切实提高市民素质和城市文明程度》一文，作为讨论小结。11 月，又以《大学生，你不应该这样》为题，发表两封读者来信和 1篇校园执勤教工日记，就发生在大学校园里的不文明现象，提出"当代大学生应该具备什么样的素质"问题并发起讨论，历时 20 天，刊发 7 期讨论专辑。5 月起，又辟"精神文明建设文论"专栏，发表理论工作者和实际工作者关于加强精神文明建设的文章多篇，都是围绕探索和推动上海精神文明建设向深度和广度发展的新思路、新途径，其中 6 月 17 日发表的周锦尉的《谁是最可爱的人——论示范群体》获 1996 年度全国优秀理论文章一等奖；8 月 5 日发表的俞吾金的《形体语言和城市精神文明建设》被《人民日报》转载。1998 年 10 月 6 日起，《文汇报》推出了"上海文化建设如何面向新世纪"的讨论，持续一个半月，共刊出 15 组稿件，50 多位文化界人士和读者围绕如何深化文艺体制改革、进一步繁荣上海的文艺创作、造就更多一流的文艺人才、发展上海的文化产业以及发展上海的群众性文化活动等专题发表了意见。《好戏缘何不多上演？》一文，抓住京剧《曹操与杨修》10 年才演百余场的个例，对当前演出管理观念和体制上存在的问题进行了分析。讨论始终坚持既谈矛盾谈问题，又讲办法谈思路；既有失败教训的分析，又有成功经验的总结。继"九十年代上海人"讨论和二十世纪九十年代中期开展的"市民素质可如人意"的讨论，2000 年底《文汇报》又组织了"新世纪上海人应有怎样的精神风貌"大讨论，历时两个多月。11 月 4 日，《文汇报》一版发表闸北区教育学院教师郭卫的来信，建议就提高市民素质、塑造城市精神这一问题开展讨论，上海市精神文明建设办公室也发出通知倡导开展讨论，11、12 月份《文汇报》编发 4 期读者来信来稿摘编，邀请专家学者、外地驻沪单位领导及外籍人士举行三次座谈会听取意见并编发座谈纪要；组织了市民问卷调查；到年底讨论进入高潮，在上海展览中心召开了各界人士大型座谈会，与会人士还向全市人民发出倡议。龚学平、殷一璀、王仲伟等市委、宣传部领导带头在倡议书上签名，2000 年 12 月 30 日《文汇报》在一版显著位置刊发了大型座谈会的消息和倡议书全文，并配发《提升市民素质　铸造城市之魂》的评论员文章，将新世纪上海人应具备的精神概括为：爱国敬业的责任意识，敢为人先的创新勇气，与时俱进的学习态度，海纳百川的宽宏气量，诚实守信的合作精神。黄菊称赞这场讨论"为上海的两个文明建设做了一件好事"。这场大讨论被列入"2000 年度上海市精神文明建设十佳好事"。

2. 21 世纪来临前后，多次进行版面改革和调整，先后推出了一批新的专栏和专版

新设的专栏和专版有"新闻聚焦"、"京华视点"、"部长专访"、"大学校长访谈"、"名校行"、"新书摘"、"对话录"、"新闻点击"、"每周一辩"、"高校讲座一览"、"每周讲演"、"观察与思考"、"共鸣·共识"等，特别是 2001 年 10 月推出的"文汇时评"专栏，紧扣时事发出自己的

声音,每周刊发 5 篇,营造一个既符合《文汇报》品位格调,又比较贴近实际贴近读者、相对宽松的议论空间,无论是重大宣传报道,还是热点事件评述,"文汇时评"都予以关注。2001 年到 2002 年,"文汇时评"专栏刊发的文章有 18 次受到中宣部的阅评表扬,2003 年 11 月被评为中国新闻名专栏。在教卫版"高校讲座一览"专栏基础上于 2002 年 1 月 20 日推出的"每周讲演"专版也是《文汇报》的特色专版之一,每周一期,选登各个学科和领域海内外专家学者的精彩讲演,内容涉及教育、科技、人文、经济、艺术、历史、哲学、法律、出版、现代传媒等方面,讲演深入浅出,简练朴素,既有引人深思的浓厚哲理,又有催人奋进的人生智慧。一批特色专刊副刊逐渐成为《文汇报》的当家品牌。经过不断地调整充实提高,《文汇报》已拥有专刊副刊 20 多个,分别为《笔会》、《环球视窗》、《论苑》、《学林》、《新书摘》、《教育家》、《大学生》、《读者的话》、《科技文摘》、《每周讲演》、《文艺百家》以及《文汇周末特刊》、《数字生活》、《人才教育》、《健康生活》等周刊,每周轮流刊出。此外,还有一批具有文汇特色的专栏。

3. 在版面编排和编辑手法上不断尝试创新

一是报头处理的变化,虽更多的时候仍横置在头版左上位置,但在一些重大事件发生时,也采取竖报头(如 1999 年 12 月 20 日庆祝澳门回归祖国版面)、通栏报头(如 2000 年 1 月 2 日头版)、双报头(如 1999 年国庆版面)等编排形式;2001 年 10 月改版后,曾较长时间采用通栏横报头的形式。二是采取"露头"、"露脸"法。"露头"就是一些较长的文章在一版开头,其余转版;"露脸"就是采取在一版刊发标题、摘要或导读以吸引读者,文章则在其他版面上刊发。三是尝试版面"视觉中心"的做法,在一版以至其他新闻版面都有一块突出处理,造成视觉强势,并力求图文并茂。四是以主题性的特色新闻编排专版,达到专版融新闻性、主题性、透视性于一炉,为在新世纪发扬文汇特色增添了新内容。

4. 对新闻策划和报道手法进行新的探索和创新

一是加强现场感,提倡记者深入实际,捕捉第一手材料,如"现场测试"专题报道,是《文汇报》1997 年下半年推出的重点连续报道项目之一,这种报道形式在当时属于首创,它运用新闻采访学中关于记者隐性采访和体验式报道的基本理论,以群众最关心的问题为重点,作现场测试报道。二是抓住新闻事件以"点击"形式做深做透。"新闻点击"以一个新闻事件为依托,采访相关部门和人士,配以照片、图表或资料。三是从会议、文件中挖掘新闻线索加以提炼,写出有深刻内涵的报道。如 2000 年 11 月 28 日在头版头条发表的《"豆腐账"见证贫困到小康》以及 3 版的《杨妈妈的消费"升级"了》的相关报道,就是记者从上海市统计局的调查数据中发现的新闻。通过"杨妈妈记账"这个个案,以真实的人物、感人的细节、典型的事件,展示了上海普通劳动人民家庭生活的巨变。

利用报纸影响开展各项社会活动,创新报道形式。1996 年 4 月,《文汇报》与上海东方电视台先后在重庆、武汉、合肥、南京、宁波联合举办大型系列活动,其中有长江文化经济发展研讨会,探讨长江文化经济发展的内在联系和现实意义,以促进长江流域经济技术合作和两个文明建设。1997 年 5 月 15 日,《文汇报》和湖州市人民政府联合主办的首届环太湖苏锡常湖四城市经济社会发展论坛,从太湖水资源保护治理、旅游开发、水利建设和区域经济合作方面以及对环太湖地区可持续发展的问题,从理论与实践的结合上进行探讨。苏州、无锡、常州、湖州四市市长和《文汇报》总编辑联合签署了《关于共同保护治理利用太湖资源的会谈纪要》。1998 年 1 月 7 日至 8 日,《文汇报》和台湾《中国时报》在台北市联合举办了"两岸经贸交流及沪港台经济关系研讨会",来自沪港台三地的 20 名专家学者在会上发表了看法,并就香港回归后沪港台经贸、金融、航运、农业、投资贸易等进行了专题研讨,台湾的多家新闻媒体作了滚动式连续报道。2000 年 6 月,《文汇报》记者接到一封署名为陆蓓英的被拐女发自山西大同的求救信,恳请报社救救她。《文汇报》立即派记者飞往大同,利用求救信中的线索,同当地公安机关配合将陆蓓英成功解救出来,并将其护送回四川绵阳老家。《文汇报》对解救过程作了全程追踪报道,刊发消息、通讯等稿件 10 多篇,系列报道刊出后,中央电视台、上海电视台等也派记者参与采访。这组系列报道获得当年公安部打拐斗争金盾特别奖。

5. 开展"名人工程"活动,注重名家效应,增加报纸新的亮点

这些年间,许多到沪访问的诺贝尔奖获得者、两院院士、知名大学校长、国内外著名学者专家和文化名人等,纷纷被请到文汇报社参观访问、做客交流,他们或接受采访或报告讲演。仅 2002 年莅临的诺贝尔奖获得者就有 2001 年诺贝尔化学奖得主野依良治、1993 年诺贝尔经济学奖得主道格拉斯·诺斯、2000 年诺贝尔化学奖得主黑格和迈克迪亚米特、1974 年诺贝尔物理学奖得主丁肇中、1999 年诺贝尔物理学奖得主霍夫特等。《文汇报》通过消息、通讯、专访、文章等形式介绍他们的成就,传播他们的学识。"名人工程"显示出《文汇报》的影响和品位,提高了文汇特色的含金量。传奇式科学大师霍金的中国之行,在中国掀起了一股"霍金热",对这位科学巨匠的中国之行和国际数学家大会,《文汇报》在第一时间多角度全方位地进行了连续报道,从 2002 年 8 月 9 日到 18 日的 10 天中,《文汇报》刊出的有关霍金和著名数学家丘成桐的系列报道近 30 篇,配发照片和插图 15 张。

6. 发挥驻外记者优势,国际报道形成特色,力求多发驻外记者采写的独家的第一手新闻

2002 年 10 月 27 日,《文汇报》一版刊登的驻莫斯科记者发回的《俄罗斯解决人质危机》的报道,在第一时间告知读者解救行动已获成功,并在 3 版刊发《惊心动魄的四十分钟》纪实通讯,详细介绍了解决人质危机的全过程,披露了俄特别行动部队首次使用了先进的武器,引起了读者极大关注,国内许多媒体都向《文汇报》驻莫斯科记者了解采访解决人质危机的情况。日韩足球世界杯比赛期间,《文汇报》策划了让驻日本东京记者"做东",邀请其他驻外记者"相聚"足球村的形式组织报道,每天发表一组,这些发自美、德、法、日、俄、墨等国的报道,从不同侧面反映各国对这届世界杯的关注,上至总统下至百姓,众生相真实、生动。

7. 专副刊常办常新,面对新的知识分子群体,提高版面的新闻性、新鲜性,扩展新的作者队伍

多年来,"笔会"副刊贯彻贴近实际、接近生活的方针,在内容与版式上不断出新。1997 年,"笔会"将 50 年来的精品力作汇编成书《走过半个世纪》并几次再版。以后连续每年选录当年刊出的佳作,出版一本"笔会"精品文萃。《文汇报》的"周末特刊"于 1996 年 1 月创刊,含"法制时空"、"文化娱乐"、"生活随笔"、"投资理财"、"社会写真"、"健身养生"、"报刊博览"等 16 个板块共 8 版,每周六刊出。自 1999 年 1 月起,特刊版面有较大调整,改为"文汇特刊",每周出 6 个版分 3 次刊出,分别是:旅游 A、B 版(周四),书缘 A、B 版(周六),影视 A、B 版(周日)。2001 年 10 月中旬起,报纸改为全彩色,特刊改为四个版:影视 A、B 版和旅游、书缘版,每周五出对开四个版。自 2000 年 11 月 20 日起,由特刊部编辑的"新书摘"专栏,每周刊出五至六期,基本上每期摘介一本新书,成为《文汇报》的特色栏目之一。2000 年 6 月

22日,报社编辑部特别组织的邓小平之女毛毛的新著《我的父亲邓小平——"文革"岁月》选载在《文汇报》上刊发,同时在一版刊登消息。这在上海媒体中是独家刊登,连续3天刊发3个整版,之后转为连载,前后共持续22天,7月12日以一篇对毛毛的访谈结束。这次连载在全国引起很大反响。

从20世纪80年代到21世纪初,《文汇报》除原有的驻北京办事处外,1984年建立浙江办事处(记者站),1995年建立安徽记者站,1996年在武汉、苏州建立记者站,1997年建立山东记者站,2002年建立江苏办事处(记者站)、陕西西安记者站、湖北武汉记者站以及广东深圳记者站。在全国各地的主流媒体中聘请了特约记者近30人。到2002年底,《文汇报》已在美国、法国、日本、德国、墨西哥、菲律宾、尼泊尔、印度、伊朗、俄罗斯、乌克兰、吉尔吉斯斯坦等12个国家以及联合国设有记者站,另外在澳门特别行政区也设有记者站。

1993年至2002年,《文汇报》历任党委书记或总编辑为张启承、王仲伟、钟修身、石俊升、吴谷平、吴振标。党委副书记或副总编辑有:钟祥瑞(1995年后任巡视员)、史中兴、敬元勋、茅廉涛、顾家靖、吕子明、王富荣、顾行伟、吴芝麟。

文汇报社原址:圆明园路149号、虎丘路50号。文汇新民联合报业集团成立后迁至威海路755号文新报业大厦。

第三节 《新民晚报》

《新民晚报》(前身为《新民报》),1929年创刊。在70多年的历史进程中,在以赵超构、束纫秋为杰出代表的几代报人努力奋斗下,形成了"飞入寻常百姓家"的办报理念和"为民分忧 与民同乐"的办报宗旨。1991年,中共中央总书记江泽民在《新民晚报》复刊十周年前夕,为《新民晚报》题写了由赵超构社长总结提出的16字编辑方针:"宣传政策,传播知识,移风易俗,丰富生活"。

多次扩版改版,有效整合媒体,进入大改革、大发展时期。20世纪90年代,邓小平南方谈话精神和改革开放的时代氛围,催生《新民晚报》连续多次扩版改版,成为《新民晚报》的大改革、大发展时期。1992年7月1日《新民晚报》由4开8版扩大为4开16版,报纸发行量迅速上升到163万份,广告收入达到6 502万元,税前利润为4 205万元。1996年元旦起再由4开16版,扩大为4开24版。1997年前后,日发行量达到185.6万份,最高一度达到187万份,居全国省市级报纸之首。1998年1月起,《新民晚报》由4开24版扩为4开32版,分为A叠与B叠,A叠以要闻、文化新闻、社会新闻、体育新闻、国际新闻等为主体,B叠以经济新闻和专刊、副刊为主体。在内容和形式上,保持新闻短、快、新、多的特色,着眼于强化时效性,扩大信息量,增强社会性,保持可读性,体现服务性。1998年5月1日起,又对A、B叠格局作了调整。1999年《新民晚报》又一次调整一周版面格局,周一至周三出版4开32版,周四、周五出版4开40版,周六出版4开32版,周日出版4开24版。经过多次改版,信息量更大,报道面更广,晚报味更浓,"短、广、软"的报道形式更加鲜明,软中有硬、软硬结合、以民为本、雅俗共赏的传统文脉有了新的发展。

从1994年3月起,上海《体育导报》和《围棋》月刊杂志改由《新民晚报》与上海市体委合办,分别改名为《新民体育报》和《新民围棋》月刊,由《新民晚报》全权负责其编辑方针、版面设置、人员安排、经营管理和事业发展。《新民体育报》由当年6月6日(星期一)出第一期,4开8版;期发刊量达35万份。1998年7月文汇新民联合报业集团成立后,《新民体育报》归由集团主管主办。2002年12月《新民围棋》停刊。上海社科院新闻研究所主办的《新闻记者》杂志,自1995年10月起与《新民晚报》合办,并以《新民晚报》为主管和主要主办单位。合办后的《新闻记者》体现了新闻单位与新闻研究单位合作互补的优势。至此,《新民晚报》形成"三报两刊"的规模,即《新民晚报》、《新民体育报》、《漫画世界》和《新民围棋》、《新闻记者》。

1998年12月1日《新民晚报·电子版》正式开通,它以《新民晚报》为母体,兼具信息传播和各种服务功能。《新民晚报·电子版》结合时事热点推出"特别报道",采用"滚动播出"的方法,及时对新闻事件进行跟踪,便于读者随时掌握最新动态,弥补纸质媒体在出版发行上的局限,从参与性、引导性、服务性和知识性4个方面拓展报网结合的新领域。

《新民晚报》的港、澳、台新闻版创办于1986年,是地方报纸中最早创办的全面报道中国香港、澳门、台湾新闻的版面(竖排文字)。1996年12月,《新民晚报》在深圳设立分印点,做到沪深同步印刷,并将报纸当天专递香港,香港市民可在当天看到《新民晚报》。

以重点报道为抓手,以重点战役为突破,以重大工程为载体,主题鲜明、形式多样、版面突出,充分反映改革开放时代的新鲜事物和先进人物,是《新民晚报》这10年始终坚持的基本特色之一。

1992年至1993年,《新民晚报》为集中宣传报道上海市重大工程建设的丰硕成果,抽调一批骨干记者,成立重点工程报道组,深入建设工地蹲点采写了一系列报道,设专栏、配言论,突出反映上海现代化建设的崭新面貌。其中通讯《中国质量的一座丰碑》获第四届(1993年)中国新闻一等奖、第三届上海新闻一等奖。

1994年2月,《新民晚报》首次派记者赴西昌卫星发射基地,现场采访举世瞩目的"长征三号甲"火箭同时成功发射两颗卫星的航天事业盛举,发回通讯《迎春礼炮——"长三甲"火箭发射目击记》等多篇报道。

为庆祝中华人民共和国成立四十五周年,《新民晚报》从1994年8月下旬至10月1日,推出系列专题报道《战地重访——献给建国四十五周年》。这次专题报道,以解放战争期间的辽沈、平津、淮海三大决战以及著名的渡江战役和跨海战役为历史背景,派出记者深入昔日战地采访,共刊发消息、通讯和特稿30篇。这组报道受到中宣部阅评表扬,获评上海新闻奖一等奖、中国晚报新闻奖特等奖、中国新闻奖三等奖。

1997年5月起,《新民晚报》组建了"香港回归"专题报道组,形成了"三线"(香港、上海、其他省市)联合报道的格局。其中,上海报道组紧扣沪港两地源远流长的血脉联系,采写了18篇专题报道。7月1日《新民晚报》刊登"欢庆香港回归祖国"报道,包括美术作品邓小平肖像剪影"伟人今日应笑慰"、6名记者合写的长篇通讯《盛大的节日——香港之夜来自黄浦江畔的报告》,全方位地记录了香港回归祖国的伟大历史瞬间。《新民晚报》还推出1999年澳门回归祖国系列报道。

1998年,为报道抗洪救灾,《新民晚报》数名特派记者先后赴武汉、九江、哈尔滨、大庆、佳木斯等地采访报道,历时 20 天,撰写 160 多篇消息、通讯、特写和情况简报。《今日缚住苍龙》《在那个悲壮的夜晚——部队子弟兵洪水中抢救村民记》、"铁人"不倒——记昏迷 40 小时后醒来的抗洪战士翟冲》等报道,记录了抗洪救灾中的英雄事迹和英雄人物。特派记者还率先准确报道了沙市警戒水位超出 45 米分洪线、高达 45.22 米的消息。

1999 年 5 月,为纪念上海解放五十周年,首次推出《新民晚报》50 版纪念特刊。特刊按三大板块结合设计:在 1—16 版新闻板块,报道 5 月 27 日上海人民纪念上海解放五十周年活动的盛况;经济新闻、教科卫新闻、社会新闻、体育新闻、文化新闻、国际新闻等版面,全力报道、追踪各自的热点新闻;17—32 版的精粹板块,是在《新民晚报》众多的专刊副刊中精选出来的,其中有《夜光杯》副刊、《五色长廊》专版等。

1999 年 9 月,《新民晚报》为庆祝中华人民共和国成立五十周年,推出 100 个纪念版。9 月 1 日起至 10 月 7 日,推出纪念专版 119 个,其中新闻版 59 个、专副刊 60 个。如"集邮版"推出《第一枚国庆邮票》等报道,并配上 56 个民族大团结的邮票组合等。《股市纵横》纪念专版刊登了 1986 年 11 月 14 日邓小平赠送给纽约证券所总裁范尔霖的新中国第一张股票——"飞乐音响"公司股票。从 8 月 19 日至 10 月 9 日的 50 天国庆报道中,共刊各类消息、通讯、特写、评论、纪念文章、资料、新闻照片、图表等 2 000 余篇(幅)。

2000 年,在纪念浦东开发开放十周年的报道中,《新民晚报》在近 2 个月里共发表各类新闻、通讯、消息、言论、画刊、图片等 300 余篇(幅)。自党中央国务院宣布浦东开发开放 10 年来,《新民晚报》除新闻板块外,还先后特辟《浦东经纬》、《今日浦东》(包括《今日浦东》美国版)专版,反映浦东开发开放的巨大变化,分别推出 '97 看浦东大型社会征文等图文报道,展示浦东开发开放的成果和前景。

2001 年,在纪念中国共产党成立八十周年宣传报道中,《新民晚报》突出"共产党好、社会主义好、改革开放好"的报道主题,创新报道形式,开设"我身边的共产党员"、"我为党旗争辉"、"党旗下的回忆"等栏目,并由政教部、特稿部、新闻编辑部等部门分别牵头推出"重访革命圣地"系列报道。

2001 年 7 月 14 日,《新民晚报》以消息、通讯、特写、评论、图片等各种形式,跨地域、多视角、全方位集中报道北京"申奥"成功,共编辑与北京"申奥"成功相关的版面 10 个,头版与第 4 版整体贯通。

2001 年 10 月,为报道好第九次亚太经合组织领导人非正式会议(APEC),《新民晚报》在 11 天里共刊发各类新闻和评论百余篇,图片近百幅。

海外宣传形成特色取得开创性拓展。1994 年 10 月,《新民晚报》美国新民国际有限公司在洛杉矶成立,同年 11 月,《新民晚报》通过卫星传版在美国同步印刷发行。1996 年 11 月,在美国洛杉矶设立记者站,创办美国版,这在全国尚属首例。新创刊的美国版,以"乐在异国播友谊,飞入寻常百姓家"为宗旨。美国版开辟的"祖国各地"专版,由各地 23 家兄弟报社合作轮流采编。美国版还陆续编辑"华埠新闻"、"上海区县"、"侨声侨影"等新闻专刊。自 2000 年起,每年中秋节还举办海内外读者"飞燕传情·中秋遥祝"活动。1997 年国家主席江泽民访美,《新民晚报》作为中国唯一一家在美设立记者站的地方性报纸,派出驻美记者胡劲军全程跟踪采访,采写了《亲和力之旅——江泽民主席访美侧记》(获 1997 年度上海新闻奖一等奖)等几十篇消息、通讯、特写。11 月 2 日下午 5 时 30 分(北京时间 3 日上午 9 时 30 分),即将圆满结束对美国事访问的江泽民,在洛杉矶亲切接见了《新民晚报》总编辑丁法章以及新民晚报驻美全体人员,勉励大家"一定要把报纸办得更好,努力促进中美两国人民之间的交流和合作。"2001 年元旦,《新民晚报》美国版的"中国新闻"(英文)专版创刊。

1996 年 7 月,《新民晚报》成立海外新闻部,主要承担国际新闻、港澳台新闻和美国版的版面编辑工作。国际新闻版从无到有、从小到大,形成个性。自 1992 年 7 月起每天刊出一个版面(之前每周出版一期国际时事专版《天下事》),到 1996 年 1 月扩为每天 2 个版面,主要刊登国际时政、社会、科技等方面的报道。2002 年底,与新华社国际部合作创办以深度报道为主的国际新闻周刊《新民环球》,并在 2003 年正式创刊,每期 8—16 版不等。海外新闻部与上海国际问题专家建立了良好的合作关系,近 20 位国际问题研究专家、学者,经常为《新民晚报》撰写新闻分析和专稿。

立足于关注民生,为民分忧解愁,把《新民晚报》办成"市民家园",是这 10 年来又一个重要特色。《新民晚报》始终把关注点投向广大群众,关注民生、关注社会的新闻得到进一步加强。1999 年末到 2000 年初,《新民晚报》在《回眸"九五"看"十五"》的专栏中,推出一组写老百姓身边的生活新事、记上海建设的巨大变迁的专稿,例如《菜篮子变迁记》、《刮目相看"三级跳"》、《不夜城的新故事》等,受到读者和中宣部的肯定。同时,还举办了《"九五"回顾"十五"展望——百姓看巨变》图片征集活动。1995 年,针对大批纺织女工下岗转岗的新情况,《新民晚报》配合市妇联、上海航空公司,鼓励适合条件的纺织女工积极应聘空乘服务员,首先提出"空嫂"这个名词。这组报道推动各行各业关心纺织女工,激发了她们再就业的热情。2000 年 12 月 16 日至 31 日举办"百姓百年百题"征文活动。征文启事写道:"请您许下一个美好的心愿,或尊老爱幼、助残帮困,或爱岗敬业、深造求学,或热爱生活、友爱邻里——每个心愿 100 个字左右"。活动收到 1 000 多篇来稿,从中挑选出 100 个心愿刊登在《新民晚报》2001 年 1 月 1 日《迎接新世纪特刊》上。

重视春节报道,为广大读者提供长假期间精神文化大餐。从 1993 年起,《新民晚报》为了确保在春节期间不缩版,每年春节都推出新栏目,采写新人物,报道新鲜事。如 1999 年春节刊出的特写《新春里的 1 字号》,通过 110 报警台、119 火警台、120 急救台、114 查号台和 128 寻呼台的执勤来感受申城神经末梢的搏动和来自城市"窗口"的新风;通过《五色长廊》专刊先后刊发的《神州十城迎新兔》和《海上十城抱玉兔》的姊妹篇,让读者领略新时代的"清明上河图";并新辟"新年茶室"言论专版和"春节欢乐热线"专版。

起始于 1993 年盛夏的《新民晚报》"夏令热线"特别报道活动,到 2002 年已满十届。其宗旨是:充分发挥报纸舆论监督作用,架起政府与市民之间沟通的桥梁,促进解决夏令期间居民日常生活中的难题,促进职能部门改进作风,切切实实为民办实事,并创立了为民办实事、尽责解忧愁的热线工作原则:"先解决问题,再分清责任"。1995 年 7 月,在获悉《新民晚报》第三届"夏令热线"开通后,中共中央政治局委员、中共上海市委书记黄菊给予了肯定和支持,并希望参加"夏令热线"的有关职能部门的干部职工,想群众所想、急群众所急、兢兢业业、扎实工作,为民造福。2002 年度"夏令热线"开通的第一天,中共上海市委副书记、常务副市长韩正到《新民晚报》接听市民的电话,并多次与普通市民代表座谈。副市长夏克强、蒋以任等市政府领导和有关委办局负责人每年前来报社接听热线电话,当场解决市民投诉的问题。2002 年度的"夏令热线"与东方电视台、上海电台新闻频率、上海市政府网站合办,并在网站上特辟"夏令热线"窗口,由广大市民在网上打钩选定最关注的 6 个热点专题。短短几天,市民点击数便达到了 10 000 多人次,被上海市民称为"民心热线"。

文体报道注重服务性、参与性,体现报纸风格。1999 年首届中国上海国际艺术节的各项重要活动,《新民晚报》在头版、文化新闻版以及《夜光杯》、《金阳台》、《人物》等 6 个版面,鲜明、完整地予以报道,并围绕市场化运作与"中外文化交流中心"做足文章,争取更多读者关注参与艺术节。2000 年第五届全国残运会报道中,《新民晚报》派出由 6 名记者、3 名实习生组成的报道组,对残运会 11 个竞赛大项目作了采访报道。2002 年的第十七届世界足球赛,《新民晚报》辟设"世界杯特刊",从 5 月 31 日至 7 月 1 日每天推出 8 个版面,设立 27 个专栏。据统计,在这期间,前后共向编辑部提供 400 多篇消息、600 多篇通讯特写、90 余篇言论、500 余幅照片、20 多幅漫画和百余幅图表,记录了世界杯赛场群雄逐鹿的历程。同时,《新民晚报·世界杯特刊》吸引广告总额突破 1 300 万元,在全国平面媒体中名列前茅。由市教委、市体育局、新民晚报社联合举办的《新民晚报》暑期中学生足球赛("我们的世界杯")自1986 年至 2002 年已连续举办十六届。

为群众排忧解难,开展一系列慈善爱心活动。《慈善热线》和《爱心助学》是这 10 年中两个经常性的专栏。《慈善热线》专栏由上海市慈善基金会与《新民晚报》共同设立,旨在扶贫帮困、济老助学,大力弘扬"我为人人,人人为我"的新风尚。自 1994 年至 2002 年间,《慈善热线》先后报道了近百例因天灾人祸、罹患重病而陷于特殊困境的帮困对象,引起了社会各界的广泛关注,许多热心人与企业纷纷慷慨解囊,捐助特困对象。《慈善热线》专栏所刊发的一组重点报道获得上海市新闻一等奖、全国晚报好新闻特等奖。中共中央政治局委员、上海市委书记黄菊致信新民晚报社,肯定《慈善热线》专栏在推进社会主义精神文明建设中所发挥的作用。其中于 1997 年 1 月 12 日起刊登的《当年抚孤人笑痴　今日帮侬知是谁》一组连续报道,描写主人公——壮族母亲蓝金亮生活坎坷,但毅然拿出自己贫困家境中的最后50 元,送给另一位丢弃自己刚出生孩子的素不相识母亲的感人事迹,引来海内外媒体跟踪关注,新民晚报社和报社职工及上海、广西等各地市民和社会各方帮助蓝金亮和弃婴母亲解决生活之忧。根据蓝金亮真实故事改编的沪剧《金亮的心》和电影《上海新娘》先后上演上映。

1999 年 2 月,《新民晚报》与市"希望工程"办公室联手开展爱心助学活动。自 1999 年至2002 年底,共资助全市困难学生近 20 000 名,累计发放助学金近 1 000 万元。此项活动于2000 年 4 月获上海市精神文明建设委员会颁发的"1999 年度上海市精神文明十佳好事"称号。1996 年 9 月《新民晚报》创刊六十七周年之际,报社出资 20 万元,在安徽省贫困地区——泾县汀潭村兴建"新民汀潭希望小学"。

新设栏目,强化特色,春风化雨,扶正祛邪,增强报道的文化含量。这 10 年,《新民晚报》的专刊副刊和栏目,如《夜光杯》、《五色长廊》、《读书乐》等继续保持其原有的风貌和品质,同时还新设立一些专刊专栏。从 1995 年起,增出《七彩周末》,这是创刊六十五周年来的第一份彩色专刊,包括《画刊》、《服饰潮》、《古玩宝斋》、《音乐与音响》等。从 2000 年底到 2001 年初,《新民晚报》新辟《新民视点》、《新民证券》、《新民求职》、《新民时尚》、《新民论坛》等专版。1996 年辟设的"不妨一议"栏目,在 1999 年获首届中国新闻名专栏奖。这一栏目以批评性报道见长,发挥了舆论监督作用。"岂有此理,竟有此事"专栏 2000 年获得第二届中国新闻名专栏奖。《蔷薇花下》专栏也受到读者喜爱。《夜光杯》于 1993 年举办"林放杂文奖"征文活动,并于 1996 年和 1999 年先后评出两届"林放杂文奖"。

报业经营、基本建设和重大设备呈现跨越式发展变化。1991 年 3 月,报社从九江路 41 号迁至延安中路 839 号 21 层大楼,印刷排字告别"铅与火",进入了"光与电"电脑照排新阶段。继 1995 年《新民晚报》现代印刷中心(沪太路)竣工投产后,位于浦东金桥出口加工区、包括含有建筑面积 7 200 平方米、能存储上百吨新闻纸大纸库的浦东印务中心相继建成。至此,《新民晚报》在上海地区发行的 130 万份报纸全部由自己承印。26 层的春燕大厦(后改名新民大酒店)于 1995 年开业。1997 年,《新民晚报》广告创收 7.6 亿元,利润总额 3.4 亿元。此后新民晚报社又出资在威海路购建一幢 48 层高(地下 2 层,地上 46 层)智能化高级办公楼,1999 年 8 月竣工后成为文汇新民联合报业集团的办公场所。在美国、中国香港地区和北京,新民晚报先后购置了房产。自 1982 年复刊以后的 15 年间,新民晚报社的资产总值从当年财政拨款的 5 万元,发展到逾 9 亿元;上缴税收、回报社会的各类资金达 4.2 亿元。

1993 年至 2002 年,《新民晚报》历任党委书记、总编辑为丁法章、金福安,党委副书记或副总编辑有任荣魁、苏瑞常、张韧、李森华、周宪法、朱大建、孙洪康。

新民晚报社址:曾先后在圆明园路 50 号、九江路 41 号、延安中路 839 号办公,1999 年 8 月迁至威海路 755 号文新报业大厦。

表 2-1-1　　　　　2000 年至 2002 年上海市部分报纸发行量一览表

报　　名	2000 年期发数	2001 年期发数	2002 年期发数
解放日报	39.8 万份	41 万份	37.6 万份
文汇报	34.8 万份	29.4 万份	29.9 万份
新民晚报	131 万份	121.3 万份	110.8 万份
劳动报	21.1 万份	20.8 万份	20 万份
青年报	10.3 万	10.2 万	9.5 万
新闻晨报	20 万份	29 万份	37.1 万份
新闻晚报	5 万份	12 万份	16 万份
申江服务导报	38 万份	36 万份	39.6 万份
上海星期三	25 万份	20 万份	13.3 万份
家庭教育时报	34 万份	25 万份	25.6 万份
上海法治报	3.9 万份	10 万份	9 万份
上海商报	2.5 万份	7.9 万份	5 万份
上海壹周	7 万份	7.5 万份	13.5 万份

第二章　综合类报纸

人民日报华东版

人民日报社华东分社成立于 1994 年 12 月 19 日。人民日报地方版——《人民日报华东新闻》于 1995 年 1 月 1 日出版。办报宗旨：加强和改进党中央机关报——《人民日报》对地方的宣传报道。

《人民日报华东新闻》出版 4 版，周一至周四分别为要闻版、综合新闻版、新闻专刊和专版，每周五为《东方新闻周刊》。《人民日报华东新闻》发行范围为上海、江苏、浙江、安徽、江西、福建、山东六省一市，全部内容同时上人民网（www. people. com. cn）发行。主要读者对象为各级党政机关、事业单位的干部和工商企业经营管理者，以及各界知识分子。此外，人民日报社华东分社办有《国际金融报》，并参与出版《今日风采》杂志。

人民日报社华东分社的编辑部门设总编室、采访部、专刊部、专题报道部，内设办公室、发行广告处、财务处。

人民日报社华东分社成立后，在人民日报编委会的领导下，遵照江泽民"宣传党的政策，把握舆论导向，体现地方特色"的题词精神，宣传报道取得显著成绩。2000 年 1 月，中共中央政治局委员、上海市委书记黄菊在视察人民日报社华东分社时指出："《人民日报华东新闻》在保持《人民日报》整体风格的同时，充分体现了鲜明的地方特色。华东分社的同志深入实际，认真调研，精心采编，推出了一系列报道上海的新闻作品，对促进上海的改革开放和两个文明建设，促进上海和长江三角洲及全国的合作和共同发展，起到了十分积极的作用。"

《劳动报》

劳动报社是上海市总工会在 1949 年 7 月 1 日建立的事业单位。

《劳动报》1985 年元旦复刊后，报头为陈云所题。2002 年元旦起，劳动报社以江泽民的题字作为《劳动报》新的报头。

1997 年，《劳动报》每周出版 72 版，1998 年每周扩为 96 版，2002 年每周扩为 104 版。日发行量 20 万份。

20 世纪 90 年代中期以来，劳动报社开始走上产业发展的道路。进入 21 世纪以后，劳动报社以"三个代表"重要思想统领报社的工作，坚持贴近实际、贴近职工、贴近生活，体现党的喉舌与人民喉舌的统一，体现工会宗旨，努力维护职工合法权益，努力满足职工群众的新闻文化需求，并初步建立起以发行、广告、印务为主体的报社经济框架，以责任制为核心的报社管理框架和以信息技术为先导的报社技术框架。

作为一份以服务于工会、服务于企事业劳动者为宗旨的报纸，《劳动报》积极加强和改进工会报道，明确把工会工作的新课题、新拓展，广泛而复杂的劳动关系，企业、职工、工会干部和创业者的风采以及维护职工权益作为四大报道重点，为广大职工群众服务。1998 年 11 月《劳动报》发表《建立预警机制，维护职工权益》一文，报道上海机电工会建立维护职工权益和社会稳定的预警机制的新举措,得到中共中央政治局常委、全总主席尉健行的关注和肯定。1999年9月发表《"红子鸡"组建工会何其艰难》一组报道,反映民营企业建立工会的曲折历程,提出新经济组织组建工会的重要课题。同年10月发表《劳模做广告不轻松》系列报道,反映改革过程中,人们对劳模价值观的再认识,以及由此引发的对一系列现存观念的冲击和反思。2000年9月发表《带着岗位回娘家》一文,揭示了下岗再就业带头人对岗位创造和再就业工作的创新和推进作用。2001年4月发表《博士当炉长》一文,介绍宝钢集团采取高起点人才战略的举措。7月发表《"娜丽丝"日方经理太妄为》一文,维护职工权益,迫使日方免去随意扣减工会主席工资的总经理的职务。8月发表《不能淡化工人阶级》、《从"单位人"到"社会人"》等5篇言论,阐述新形势下工人阶级的新特点。2002年3月发表的《员工要签合同 竟被毒打一顿》一文,积极维护劳动者权益,引起社会关注。9月发表《协助政府帮助百万人突围》一文,从政府、工会、下岗职工的各个侧面,真实记录了一个社会大工程——再就业工程的建设过程。

《劳动报》在激烈的市场竞争面前,努力寻找和确定自己的特色与定位,力求活泼多样,靠近读者,把报纸做得软一些,轻松一些。1997年,每周8版的以新闻大特写为特色的《新闻广角》和以"站在新世纪的门槛上,瞭望全球经济的航向"为刊首语的《经济周刊》,赢得读者关注。1998年,《劳动报》又同时推出每周8版的《求职周刊》、《行情周刊》和《休闲周刊》,形成周刊系列。1999年,《劳动报》继续推出《体育周刊》和《证券周刊》。2000年起,为避免报纸的杂志化倾向,增强报纸的新闻性,《劳动报》逐步压缩周刊的规模,并先后辟设了国际新闻、国内新闻、焦点新闻、都市新闻、娱乐新闻等版面。2002年,劳动报社委托上海新生代市场研究有限公司对《劳动报》的市场定位进行调研,并通过职代会进一步明确了《劳动报》的竞争定位、时间定位和内容定位,明确了《劳动报》的核心读者群是三四十岁的、中等收入的人群,应把《劳动报》办成一份服务于职工群众的综合性日报。

追求技术的不断进步,推进以信息技术为中心的科技战略,是劳动报社追求的目标。1997年8月,报社与新华社技术局签订协议,通过卫星24小时接收彩色新闻图片;10月,报社新建的印务中心投产,配置2套德国彩色胶印轮转机组。1999年3月,报社新闻中心落成,启用清华紫光综合采编软件系统,实现无纸化采编。2000年笔记本电脑和数码相机用于采访编辑;研制成功电脑远程网络传版技术;开通宽带上网;建立《劳动报》资料库。2001年启用计算机广告管理系统。2002年,《劳动报》电子版开通;采用大样文字校对软件;升级依托"全球通"卫星接收新华社、国际广播电台的稿件和图片;是年《劳动报》(1949—1999)光盘制作完成,可以搜寻50年里《劳动报》的所有文章、图片或版面。

截至2002年12月31日,劳动报社拥有总资产12 682万元,净资产10 775万元。劳动报社连续两次荣获国家新闻出版署授予的1996—1997年度和1998—1999年度全国地方报纸管理先进单位称号。2001年和2002年,劳动报社连续两次名列全国工会企事业100强前10名。

1997年至2002年,劳动报社共资助上海市作家协会主办的《上海文学》杂志327万元。1999年,劳动报社投资1 800万元参股东方网股份有限公司。经股份转让,至2002年底,劳动报社持有东方网股份900万元。

1993年至2002年间《劳动报》总编辑为顾行伟、吴由之。

《青年报》

《青年报》创刊于 1949 年 6 月 10 日,由邓小平批准出版。毛泽东 1950 年为《青年报》题词,1964 年为《青年报》题写报名。其间周恩来等也为《青年报》题词。1984 年和 1989 年,邓小平、江泽民分别为《青年报》题写报名和题词。

在 20 世纪 80 年代初,《青年报》发行量一度高达 99 万份以上。后逐渐扩为周二、周四刊。1995 年起进入日报系列。2000 年起改出周七刊。2002 年为 4 开 24 版。《青年报》作为团市委的机关报,在引导青年读者树立正确世界观、人生观、价值观方面起了很大的作用,被团中央和全国青年报刊协会评为全国最好的几张青年报之一。1993 年首届东亚运动会在上海召开,《青年报》承办会刊《东亚运快报》成为全市第一家彩印日报;以后又担任农运会快报、八运会快报、国际艺术节和国际花卉节快报的编辑发行工作。

1996 年,青年报社已发展为拥有两报三刊[《青年报》(日报)、《生活周刊》(周报)以及《青年社交》、《海外留学生》和《团的生活》三个杂志]的综合性报社。

1999 年 4 月,《青年报》的网络电子报刊应运而生,全国首家定位为"青年电子社区"的网站(http://www.why.com.cn)正式开通,标志着以提供访问者和网络之间、被访者和访问者之间全方位互动为特色网站,正在逐渐替代过去以单向发布信息为主的网站。

《青年报》创刊以来,受到党和国家领导人的关怀。读者对象主要是初中以上文化程度的社会各界青年。编辑方针是:"根据青年为主的广大读者需要,以传播上海市、全国乃至国际重大新闻、信息,坚持当好党团喉舌和维护青年的根本利益为基本方针,坚持以积极、健康的思想文化为报纸基调,最大限度地满足青年为主的读者对报纸应有功能的需要。在报道风格上始终坚持时代特征,追踪社会热点,贴近读者需求,弘扬青年文化"。

1979 年,《青年报》复刊后更以崭新面貌出现。1985 年增出《生活周刊》,4 开 16 版彩色周刊。1994 年扩版为每周 4 期,1995 年元旦起每周出版 7 期。其中《青年报·学生导刊》、《青年报·大众新闻周刊》、《青年报·假日周刊》分别于周三、五、六出版。《生活周刊》单独出版发行,以 30 年代邹韬奋主办的《生活》作为榜样,用周报形式,引导青年在新的历史条件下工作、学习、生活。《生活周刊》的宗旨是"寓教于生活,真诚地为生活着的人们服务"。1995 年统计,《青年报》发行量为 18 万份,《青年报·学生导刊》35 万份,《生活周刊》16 万份;《海外留学生》主要向美、日、欧、澳等地发行,读者对象为海外留学人员。

在很长一段时间内,《青年报》连续不断地报道了社会上一批锐意开拓进取的青年改革家,发表了《观念首先要变》、《为青出于蓝而胜于蓝开道》等一系列倡导新观念文章。1994 年 9 月 27 日发表的《上海第一车》,介绍被命名为"青年文明号"的 49 路公交车青年班建设社会主义精神文明的动人事迹。

复刊后的《青年报》不断探索创新,在版面设计和内容安排上,采用新的形式进行宣传报道。如推出《李宗仁归来》、连载《将军决战岂止在战场》,成为新时期报纸较早推出的新闻连载栏目;在《生活周刊》中,首次推出大特写,其中《101 大车祸》、《天上有个太阳,水中有个月亮》、《一首被肢解的颂歌》、《印度洋幸存者》等文,在社会上引起很大反响。此外,"热门话题"专版发表的《人类的目标——走近艾滋病》,全文为《新华文摘》转载。20 世纪 90 年代,举办《上海:城市与人》讨论,邀请近百位专家学者参加,发表系列文章数十篇。在 1995 年"焦点新闻"专版发表的《日本大地震,余震上海滩》系列报道,以及《七女生败走太平洋》等文,都获得社会好评。

《青年报》重视在青年中组织富有时代气息、紧扣时代脉搏的社会活动。复刊后每年坚持开展华东六省一市中学生作文比赛,每届比赛参加者逾万人,最高达 8 万之众,一批优秀生脱颖而出。"为您服务"专栏为青年排忧解难。1994 年春节前后发起的"好心人,抱一抱孤儿"志愿活动,在国内外引起强烈反响,中央、上海及海外数十家新闻媒体纷纷用多种形式予以报道,认为是上海精神文明建设的又一新创举。好心人志愿行动被选入《上海精神文明画册》,并被评为"1994 年上海最有意义的事"之一。1995 年 1 月 7 日,日本神户发生大地震,《青年报》获知消息后第二天即与上海青年旅行社联合发起"帮助神户学子回家过年"特别援助行动,开设大阪至上海 4 条为中国学子提供帮助的热线,提供爱心特别回国机票,总编辑还赴神户重灾区,慰问并帮助留学生回沪过年。这一紧急援助活动受到海外学子的赞誉和社会的肯定。

1995 年至 1996 年,在全国学徐虎活动中,《青年报》积极开展"呼唤徐虎"活动,由宣扬、学习徐虎全心全意为人民服务的精神,发展到成立"徐虎班",并与上海市房地局团委创建"徐虎学校",为优抚对象发放 2 000 张"小徐虎义务服务卡";组织"小徐虎"担任一些重点学校的校外辅导员,指导中学生掌握一些房修小技术、小窍门,富有成效地把学徐虎活动推向社会。

青年报社下属的《学生导报》于 2001 年 1 月创刊,是一份献给新世纪中学生的报纸,2002 年起发展为周二刊;《青年社交》杂志强化现代时尚和社交经典,是一本以社交为中心的文化综合类刊物;所承办的上海共青团机关刊物《团的生活》杂志,为全国优秀团内刊物。

1994 年 9 月,《青年报》荣获全国百家优秀报刊;1999 年 6 月,在全国青年报纸赏评展中,入选为全国十佳青年报纸之一;1998—1999 年度,被评为全国地方报社管理先进单位。

《青年报》自 2002 年起,出 24 个版,16 个版为新闻,主打上海地方新闻和焦点新闻,8 个版为财经,致力于提供青年和各界读者所关注的财经资讯。24 版的版面大致为:重要新闻、焦点新闻、上海城市、上海民生、上海法政、国际新闻、中国新闻等组成前 16 个新闻版,时尚、汽车等组成专刊,每天 8 个版面。

随着市场经济的发展进程,2001 年《青年报》改革报纸的经营模式,使报纸的影响力有了提升。

改扩版后的《青年报》坚持自身定位,根据受众对新闻、资讯的价值取向,通过版面结构的设置和新闻的选择与包装,体现个性化特征,采取新锐的风格和视角,倡导先进文化和现代文明生活方式。

《青年报》实行党委领导下的总编辑负责制。通过编委会和职能部门负责日常的采编管理和人员考核。

1993 年至 2002 年间《青年报》总编辑为丁法章、李智平、黎洪伟。

《上海老年报》

《上海老年报》是以老年读者为主要对象的综合性报纸,创办于 1986 年 1 月 7 日。创办初期为上海市老龄问题委员会和中共上海市委老干部局主办,一度改由上海市老新闻工作者协会主办,上海市老龄委员会主管。

《上海老年报》的任务为:宣传党和政府有关老年人的方针、政策、法规;交流老年工作经验,发扬先进,推动老年人事业和老龄工作发展;反映老年人的呼声、建议,倡导尊老爱老的社会新风尚;提供老年人感兴趣的信息和知识,为实现"老有所养、老有所医、老有所为、老有所学、老有所乐"服务。坚持"让老年人说话、替老年人办事,为老年人服务,维护老年人的合法权益"的方针。

《上海老年报》自创刊至 1990 年 12 月 31 日为 4 开 4 版的周报,月末一期增至 4 开 8 版;1991 年 1 月 1 日起改为 4 开 8 版的周报;1994 年起改出对开 4 版;1995 年 1 月起,每逢月末一期增出对开 4 版的月末版。版面设置为:第一版要闻版,主要登载涉及老年人和老年人关心的重要新闻;第二版专刊版,轮流刊登"红枫"、"文萃"、"生活之友"专版;第三版为保健与益寿专版;第四版为综合新闻版。月末版增加 4 个版面,分别为社会版、长青版、文史苑、百乐门。

《上海老年报》围绕老龄问题和老年人关心的问题,发表很多有深度的独家报道。1992 年 12 月 11 日刊登《昔日社会功臣,如今处境堪忧——本市部分劳动模范晚年生活孤独清贫》,引起了政府和有关部门的重视,对昔日社会功臣作了妥善安置。《明珠蒙厚尘,何日映晚晴——访身处困境的老画家汪德祖》、《昔日舒心处,今日难寻觅——沪上茶馆业兴衰追踪》,从各个角度反映了上海部分老年人晚年的困境,呼吁社会给予帮助。1996 年 1 月 19 日刊登《赌徒逞凶法理不允》的调查报告,披露一位老人因举报聚赌,被赌徒报复伤害,在社会上引起较大反响,最终维护了这位老人的合法权益。针对老年人婚姻难题,特设"月下咨询部",7 年中接待征婚登记的单身中老年人 3 000 多人次,经常组织联欢会、舞会、旅游等"觅知音"联谊活动,帮助 400 多位中老年人喜结良缘。

《少年日报》

《少年日报》的前身是《少年报》,1967 年 7 月创办于上海,创刊时为 4 开 4 版周报。

1993 年至 2002 年是《少年日报》迅速发展的时期。在改革开放的形势下,《少年报》经历了从小到大,由单一办报刊到全方位为少年儿童提供服务的发展过程。

1993 年 6 月,《少年报》创办《少年报·儿童版》。1994 年 4 月,《少年报》创办《少年报·初中版》。1999 年 1 月,《少年报》创办《少年报·小伙伴版》。2001 年 1 月,少年报社与其他教育报刊社合并成为上海教育报刊总社。

2002 年 1 月,《少年报》经国家新闻出版总署批准正式改名为《少年日报》,成为中国内地唯一的少年日报。同期,《少年报》先后创办了非非艺术学校、儿童服务部、新时代广告公司、电脑排版中心、彩印中心、文化中心、小记者培训学校,以及面向少年儿童的咨询电话"少年报热线电话"和《少年报》网站,在上海市及部分外省市建立了 19 个《少年报》小记者分团,430 余个《少年报》小记者站,拥有万余名小记者,成为全国规模大、品种多、影响广的少儿报刊出版单位之一。

《少年日报》自创刊以来,始终得到领导的关怀和支持。党和国家领导人江泽民、胡锦涛、李鹏、朱镕基、吴邦国、黄菊等曾先后为《少年报》写信和题词,并接受小记者采访。

《少年日报》以江泽民"热爱儿童、办报育人"的指示为宗旨,根据当代少年儿童的特点,办报既有时代特色,又新鲜活泼,富有儿童情趣,改扩版后的《少年日报》每周推出知识、学习、小伙伴、文艺、童心、作文、WE 时代校园 7 期周刊,每周按序轮流出版。成为"孩子的好朋友、老师的好助手、家长的好参谋"。

少年报社经常开展重大的有影响的社会活动,对青少年进行爱祖国、爱人民、爱学习的道德品质教育和素质教育。少年报社的传统活动和对外文化交流有:与团市委少年部每年联合举办小红星节和上海市百名和十佳"苗苗小能手"评选活动,至 2002 年,已举办了十五届小红星节。每年 12 月,全市一年级小朋友在上海解放纪念碑、刘胡兰塑像、宋庆龄陵园等爱国主义教育基地戴上绿领巾,加入小红星儿童团。同时,又开展了十届上海市百名和十佳"苗苗小能手"的评选活动,表彰在"自理、自学、自律、自护、自强"和"手拉手"活动中有突出表现和感人事迹的优秀小朋友。

《少年日报》与中国上海头脑奥林匹克协会、上海市青少年科技教育中心联合主办头脑奥林匹克创新大赛。这是一项国际性的培养青少年创造力的活动,旨在提高参赛者的综合素质,鼓励青少年大胆创新、动手动脑、团结合作和重在参与。从 1999 年开始,少年报社又与中央电视台联合举办头脑奥林匹克电视擂台赛。1993 年 6 月,上海参赛队首获世界冠军,市委书记吴邦国表示祝贺。2001 年 10 月,市长徐匡迪接见了双获冠军的上海两支中小学参赛队。

《少年日报》自 2000 年起每年举办沪、港、澳与新加坡 4 地中学生读书征文活动。每届征文活动四地共有 10 万余名中学生参加,培养了中学生广泛的阅读兴趣,提高了学生的语文读写水平和网页制作水平,促进了 4 地文化交流。上海学生在连续 3 届读书征文活动中 7 次荣获总冠军,并获多项大奖,获奖数量在 4 地赛区中独占鳌头。每届 4 地中学生读书活动的优秀作品结集出版,如《新世纪阅读风》等。

除此之外,《少年日报》还结合自然、人文、时政、科普和少儿特点举办各种中小学生德育知识竞赛,少儿环境保护知识竞赛,野生动物保护知识有奖竞赛,爱国主义教育知识竞赛,儿童漫画、写生、书法、摄影大赛等竞赛活动;开展少儿报告文学,少儿书信接力,少儿诗歌,中华少儿海峡两地书等征文活动;组织形式多样的国际儿童画展,海内外艺术团体交流,少儿体育节,中华民俗风情游艺等文体活动,推动了学生德、智、体、美、劳的全面发展,促进了与世界儿童的友好往来。

《少年日报》被评为上海市优质报纸,获首届中国优秀少儿报刊金奖。报社连续两届被评为全国百家地方报纸管理先进单位。

《小主人报》

《小主人报》由中共长宁区委主管、长宁区教育局主办。创刊于 1983 年 7 月,是一张由少年儿童自己创办的、国内外公开发行的报纸。报纸的采访、编辑全由 15 周岁以下的少年儿童自己担任。创刊初期为不定期刊,后发展成为月刊、半月刊、周刊、周双刊。发行量从最初的 12 000 份增至 100 万份,发行遍布全国各省、市、自治区。

《小主人报》的办报宗旨是:"办报育人。让少年儿童通过办报实践接触社会、了解社会、关心社会、培养能力,运用学校课堂上学习的各种基础知识,做一件对社会有益的事情",由《小主人画报》《小主人报·儿童版》和《小主人报·少年版》组成。画报的读者对象主要是幼儿园小朋友;儿童版读者是小学一、二年级学生;《少年版》读者是小学中、高年级和初中低年级的学生。根据不同年龄层次的少年儿童特点,对他们进行启迪教育。

参与办报的小记者、小编辑都是中小学在校学生,利用课余时间,每周轮流到报社工作一到两次。在老师辅导下,学习采访、写稿、改稿、设计版面、题画、插画、配照片等办报方面的知识技能,同时走上社会、了解社会。报纸经常组织小记者到工厂、农村、部队了解改革开放带来的新变化。有采访中央领导、市长,国际友人和国内外新闻界大朋友;有采访宇航员、作家、画家、音乐家、摄影师、工程师、教师以及生活在周围的小伙伴、盲童、弱智儿童、工读生的报道。报纸还面向全国少年儿童,开展以共产主义理想教育、爱国主义教育、精神文明教育为主题的比赛、征文和社会大活动。

1995年12月,《小主人报》的小记者作为中国首批小记者代表团出访日本,在东京、京都、横滨、大阪等地对经济、文化、教育等方面进行了采访。1996年5—12月,《小主人报》与《人民日报》华东分社联合主办了"我与院士交笔友"征文活动,在少年儿童中提倡热爱科学、尊重科学家的好风尚。《小主人报》还举办中外记者招待会,由中央新闻纪录电视制片厂摄成纪录片,在全世界152个国家和地区放映。日本NHK广播公司曾拍摄了《小主人报》的电视片,并在日本国内获奖。

《小主人报》于2000年停刊。

第三章　行业专业类报纸

第一节　财经类报纸

《上海经济报》

《上海经济报》是上海出版的唯一一份反映长三角城市经济动态、为长三角市场服务的大型经济日报。

1985年1月,《上海经济报》创刊。初期报纸为黑白加套红,4开4版,每周4期。内容以上海工业经济报道为主,由上海市经委主管。

2000年起,《上海经济报》改由上海市工业经济联合会主办,报纸内容重新定位于"城市生产力报道",走"来自市场,服务于市场,满足预期客户需求"的路子。

2002年5月,《上海经济报》经过内部整顿、机制改革、队伍调整,开始实施全面改、扩版,旨在满足上海与"长三角"预期客户的需求。为方便地铁读者阅读,版面又改为国际流行的660窄幅对开版,并在不提价的前提下扩为16版。

《上海经济报》是一份及时满足上海与长江三角洲地区读者对城市生产力信息需求,对发展事业、创造财富知识要求,对现代生活资讯要求的融权威性、知识性、实用性于一体的经济日报。

《上海经济报》是一张服务于上海40万家企事业、年GDP近3万亿元人民币的华东市场,服务于长江三角洲200万白领及工商界人士的经济报纸。在经济报道中,一直把国有企业改革的报道作为首要任务,力求以新的角度宣传国家经济形势,反映改革动态。1995年3月组织"长三角洲纵横谈"与"浦东和长江采访手记"系列报道,抓住上海如何成为长江区域经济龙头的专题,汇集苏、浙、沪、鄂等省市多学科专家、学者对区域经济的发展进行研讨。

《上海经济报》于2002年5月全面改版、扩版,提供精彩的新闻,特别关注新世纪市场经济背景下的事业发展和个人前途、命运;以产业链、行业链、产品链为传播路径,是介入市场经济商务活动全过程的媒体。

2002年起,报社对原有员工进行了大幅度调整,吸收了来自全国的新生采编力量。采编人员中获高级职称者4名,硕士9名,占17.3%。大专学历以上占90%,采编部门平均年龄37岁。

《上海证券报》

《上海证券报》是随着中国证券市场的兴起发展而创办的金融类报纸,前身是上海证券交易所主办的内部刊物《上海证券》,1991年7月1日创刊,对开4版一张,周刊。1992年12月21日改今名,由上海证券交易所与新华通讯社上海分社合办。1993年1月2日正式出版,对开4版一张,每周二期。4月1日起向国内外公开发行。至1995年的3年内4次扩版,由原先的对开4版改为对开8版。1996年起扩为对开12版(星期日仍为8版)的日报,成为中国第一张公开发行的证券日报,其宗旨为:"服务证券市场,服务广大投资者,服务国家的经济建设。"

从1993年10月扩版后,每期有2个新闻版、2个市场版(1995年扩大为4个版)、两个专题版、两个行情版。新闻版特点是及时报道党和国家有关经济、金融和证券的政策法规,传递中央和地方证券管理部门、交易所、上市公司、证券商及投资者等有关市场的动态和信息;市场版立足上海证券市场,面向广大投资者,分析行情走势,倡导理性投资,探讨市场规范行为,为政府决策者提供参考意见;专题版侧重抓市场热点问题,组织有关专家学者进行深入探讨,引导市场朝健康正确的方向发展;行情版则及时正确反映上海、深圳证券交易行情,国内外有关金融行情及期货交易行情。此外,还辟有"证券论坛"、"证券文摘"、"投资天地"、"海外证券"、"窗外"(副刊)及"星期金页"等定期专栏,帮助投资者了解、把握市场行情,增强投资意识。

《上海证券报》在北京、深圳、成都等地设有记者站,并在济南、合肥、沈阳等地聘请一批特约记者和通讯员。从1993年4月起,分别在28个城市建立分印点。上海市区自办发行,由上海每周广播电视报社代办。

《上海证券报》配合有关经济改革、规范证券市场作了很多有影响的报道。其中,如1993年5月4日最先发表上海关于银行与证券将"分门立户",实施分业管理的报道;1995年2月23日对上海证券交易所国债期货发生"3·27"犯规事件,对平仓和善后的工作做了大量报道,为这一事件妥善解决提供舆论上的支持;1995年5月18日中国证监会在全国范围内暂停国债期货交易试点,《上海证券报》对此作了全面报道,为涉及国债期货交易的善后工作以及所有合约平仓出局作出贡献。同时,还组织多次规模较大的经济讨论活动。

通过卫星传版,《上海证券报》在全国31个大中城市同时发行。

1993年至2002年间总编辑为尉文渊、陆国元、张持坚。

《国际金融报》

《国际金融报》创刊于1994年,原为《国际金融信息报》,1999年6月更名。办报宗旨:

以全球化视野,向处于事业发展和财富积累上升阶段的读者提供准确、及时、有价值的综合财经新闻和金融市场资讯。

《国际金融报》读者层次较高,大部分受过比较良好的教育,绝大多数有大学本科以上学历,多数是男性,他们工作、生活在经济发展的中心城市或经济发达集中区,特别是以上海为中心的长江三角洲、京津地区、珠三角地区。

《国际金融报》的办报理念为准确、及时、有价值。准确,是财经报道的第一生命。财经媒体的权威性首先体现在其所传递内容的准确性上;及时,作为日报,有充足的便利条件在第一时间向读者传递准确、有价值的资讯;有价值,则是选择报道内容和方向的终极目的。

《国际金融报》每周一至周四为 8 个版,周五为 20 个版。1—4 版:国内国际重要宏观经济、财经新闻、事件、人物报道、分析与评论;5—8 版:金融证券市场资讯、上市公司及跨国公司新闻;9—16 版:有关证券、基金、投资、理财、保险、人物的深度报道和实用性资讯;17—20 版:目标职业人群的知识更新、休闲时尚和职业发展趋势与体验。

《国际金融报》由人民日报华东分社主办。

1993 年至 2002 年间,总编辑为徐韬滔、何刚。

《上海金融报》

《上海金融报》是由中国人民银行上海分行主办,中国工商银行上海市分行、中国农业银行上海市分行、中国银行上海市分行、中国建设银行上海市分行、中国人民保险公司上海市分公司、交通银行上海分行等 19 家金融机构协办的经济类专业报,于 1992 年 7 月 1 日创刊,先为对开 4 版一张,周报,1995 年 7 月 1 日起改为每周 2 期。2002 年为每周 3 期,对开 8 版,周二、四、六出版。

《上海金融报》立足沪浙闽地区经济金融,面向全国,放眼世界,注重政策的权威性、信息的及时性、理论的前瞻性,独家发布中国人民银行上海分行重要金融法规、信息和统计数据,报道面涵盖银行、保险、证券、外汇、信托、租赁等金融各个方面及相关经济领域。1995 年 7 月间刊登的一组有关金融监管的报道、探讨化解企业债务包袱问题的系列文章、上海工业系统深化体制改革的连续报道等,均引起社会各界的关注和重视。

《上海金融报》的读者对象是全国金融、经济界政府官员、专家学者、管理人员、从业人员以及社会上关心金融、投资、经济生活的各界人士。报纸实行社务委员会领导下的总编辑负责制。

《上海商报》

《上海商报》创刊于 1985 年 10 月 3 日,原为中共上海市委财贸工作委员会和上海市人民政府财贸办公室联合主办的经济专业报,2000 年 6 月划归上海世纪出版集团主管主办。初期为对开 4 版,周报。1987 年 7 月改为每周 2 期。1992 年 1 月起增为每周 3 期。2001 年 1 月起由对开 4 版改为四开 24 版,周五报。2001 年 9 月,由周五报扩至周六报。2002 年 8 月,再扩至周七报。

《上海商报》的创办宗旨是:实施上海经济发展的战略目标,办成与上海建设世界贸易中心目标相称的传播媒介。以消费眼光看市场需求,从生产经营的角度谈商品供应,用经济分析方法预测市场变化,成为报道特色。读者对象主要是经济、贸易、工商企业的决策者、管理者、经营者以及广大消费者。

《上海商报》定位于以商为主,关注读者经济生活,以广大经营者、投资者和消费者为读者对象的都市类报纸。1991年5月,关于"市百三店融购物、娱乐、美食于一体,走现代化商场的路子"的报道,为商业企业增强改革意识、提高经济效益开拓了思路,获得商业部有关领导的好评。

《文汇电影时报》

《文汇电影时报》于1985年10月1日创刊,原名《中国电影时报》,由文汇报社、中国电影评论学会联合创办,文汇报社编辑出版。1987年10月3日改今名。

《文汇电影时报》是一份专业性较强、兼顾广大读者的影视周报,除及时报道中外影视界的创作动向、影人行踪和生活,还对中国创作拍摄的影视展开评论。尤其是依靠文汇报社驻海外记者群的优势,形成对国际影视活动报道迅速、及时的特色,曾被美国电影艺术和科学学院认定为"中国大陆唯一的有影响的电影专业媒体",日本《电影旬报》也曾赞誉其为"中国最有权威性的电影报刊"。

从1993年1月2日开始,每逢月初增出对开4版扩大版,并在1994年2月5日起改为彩印。版面设置是:第1版,以影视新闻为主;第2版,影视评论,专业与业余兼顾;第3版,影人传记,专访以及拍摄散记等;第4版,国际影视,介绍国外影视动态和人物。扩大版设有"明星风采"、"艺坛春秋"、"文艺沙龙"、"幕后广角"等栏目。

《文汇电影时报》多次与有关部门联合主办各类社会活动,其中影响较大的有:新时期10年电影奖评选(1976—1986),与文汇报社联合主办,采用电影厂推选和群众与专家评选方式,选出22位获奖电影艺术家,首创由新闻单位主办的电影评奖活动;1989年2月发起举办电影艺术家孙道临电影生涯四十年系列活动;举办金翼奖评选活动。1990年6月,和中国电影发行放映公司联合主办的全国十佳城市影院经理和十佳农村放映员"金翼奖"评选,是为中国电影发行、放映战线50万大军首次举办的评奖活动,产生热烈反响。1990年9月1日,在全国首次为20位电影放映战线的无名英雄授奖。

《文汇电影时报》于2000年起整建制撤销,其报道内容并入《文汇报》。

《东方城乡报》

《东方城乡报》原为中共上海市农村工作委员会和上海市农业委员会的机关报。2001年改由上海市农村经济学会主办、主管。其前身是《上海郊区报》,1988年7月1日创刊,1993年8月更名为《东方城乡报》,中共中央总书记江泽民题写报名。

《东方城乡报》经过历年改革,从原4开4版,每周1期,到对开4版,每周2期、3期,每期4开16版,彩印。办报宗旨及任务是,"立足上海郊区和浦东新区,辐射市区,兼顾华东,主要是反映上海郊区两个文明建设成果和上海城乡一体化进程。"主要读者对象是上海郊区广大人民群众、机关干部、企事业职工和在校学生。版面设置是:第1版要闻;第2版综合新闻;第3版企业界、种养园地、城乡市场、东方青年、华东纵横;第4版副刊,从1995年5月起,每月试刊1期《东方假日》,1996年起每周增加1期,以"引导假日消费,服务假日生活,丰富假日内涵,提高假日质量"。在此基础上,自2000年1月起,增出每周1期4开16版、彩印的新市民生活报《市民周刊》。同年扩为每周3期,4开8版,周二为《服务周刊》,周四为《区县周刊》,周五为《市民周刊》,16版彩印。邮发全国。

第二节　文化、教育、体育类报纸

《上海东方体育日报》

《上海东方体育日报》的前身是《新民体育报》,《新民体育报》的前身是《体育导报》。

1990年1月5日,综合性体育日报《体育导报》创刊,由上海市体育运动委员会主办。

1994年3月,新民晚报社与上海市体育运动委员会联合主办,由新民晚报社主管并主编,更名为《新民体育报》。每周一出版,四开8版两张。1997年1月,《新民体育报》改为对开8版两张。1998年7月,文汇新民联合报业集团组建后,《新民体育报》成为集团的子报,先后改为周二刊和周三刊。

2002年5月18日,《新民体育报》更名扩版为《上海东方体育日报》。由文汇新民联合报业集团、上海文化广播影视集团和东方网共同出资成立董事会,采取媒体互动和媒体产业化经营的尝试,实行在董事会管理下的发行人负责制。每日对开12版。在版面设置上,有"东方视窗"、"东方动漫"、"东方娱乐"、"足球财富"、"球迷沙龙"等版面。在北京、成都、重庆、大连、广州、武汉等地设有记者站,并派出记者采访世界各国重大体育赛事。

《新民围棋》

原名《围棋》,创刊于1960年1月,刊载国内外名手对局、专题讲座、译著、中外围棋交流、棋人棋事、棋史等。1966年11月停刊,1978年7月复刊,1994年7月由新民晚报社主办,更名为《新民围棋》,办刊宗旨和风格是:深入浅出、普及提高;图文并茂、雅俗共赏;推陈出新、锦上添花,成为广大围棋爱好者的良师益友。

1998年9月,《新民围棋》由文汇新民联合报业集团主办。2002年1月,归属文汇新民联合报业集团系列报刊党委管理。

2002年12月,《新民围棋》停刊。

《上海大众卫生报》

《上海大众卫生报》创刊于1982年3月,原由上海市卫生局主管,上海市健康教育所(前身为上海市卫生教育馆)主办,2000年改由上海市健康教育所主管、主办。周报,4开8版,上海出版,全国发行。

作为上海唯一一份健康知识的科普类报纸,《上海大众卫生报》以热切关注和重视生命为视野,突出疾病防治、求医问药等重点,覆盖医疗信息、临床动态,以及养生保健、生殖生育、健身美容、情感心理、家庭生活、时尚流行、生态环保、康复指导等内容。面向社会、面向家庭、面向市民,集知识性和服务性于一体。

《上海大众卫生报》曾被评为全国卫生科普报纸最佳报纸之一。

《上海中医药报》

《上海中医药报》于1985年1月创刊。1988年创刊3周年之际,上海市市长江泽民为报纸题词:"普及中医药知识,为人民健康服务"。

《上海中医药报》4开12版,彩印,周刊,由上海市中医药学会主管主办,是全国中医药普及、中医药知识的专业报纸。其办报宗旨为,宣传贯彻党的中医政策,传播防病治病、养生益寿、家庭保健等医药知识,介绍中医药的新成果、新技术和新方法,为继承、弘扬、发展祖国中医药事业作贡献。主要读者是广大中医药临床、科研、教学、管理工作者,以及中西医结合的医务人员和中医药爱好者。港、澳、台地区和东南亚国家以及日、美等国均有读者。

《学生导报》

《学生导报》是由上海青年报社主办、面向全市中等学校学生的综合性周报。《学生导报》的前身是创刊于 1994 年的《青年报学生导刊》,2001 年经国家新闻出版总署批准获得独立刊号,定名为《学生导报》。同年,被中国教育学会中学德育专业委员会确定为会报。

《学生导报》坚持报道青年学生、启迪青年学生和服务青年学生的宗旨,在上海及周边省市拥有数十万的读者,成为联系学生、家长、学校和教育行政部门的桥梁。

《学生导报》创办的栏目包括"青苹果热线"、"卡通俱乐部"、"升学辅导"、"青春车站"、"红花"等。其主办的"华东六省一市中学生作文比赛"、上海中学生记者团等特色活动,受到读者欢迎。

《上海中学生报》

《上海中学生报》前身是《中学生知识报》,创刊于 1986 年 4 月,为对开 4 版周报。1988年 9 月改为 4 开 8 版。2002 年起为 4 开 16 版,周二刊。1998 年 1 月,经国家新闻出版署批准,改名为《上海中学生报》,成为一张面向中学生(含中专、职技校生)的综合性新闻类报纸。其办报宗旨是:帮助学生"学会生活,学会学习,学会做人",培育一代新人。办报理念为:关注中学生的成长需求,注重读者的参与性、内容的可读性。2001 年并入上海教育报刊总社。

《上海中学生报》先后举办"上海市中学生纪念世界人民反法西斯战争胜利和抗日战争胜利五十周年演讲、故事比赛"、"香港基本法知识竞赛"、"迎澳门回归知识竞赛"、"教育法知识竞赛"和"走向未来——21 世纪互联网与中学生心理发展"、"绿色家园·青春世界"等学生讲坛。

2000 年 6 月,《上海中学生报》中学生网站正式开通,网站设立 6 个频道,分别从热点报道、休闲娱乐、知识梳理、文学创作和生活资讯等方面为青少年学生提供服务。

《上海中学生报》2002 年改版扩版为 4 开 16 版。先后荣获首届中国优秀少儿报刊奖、全国少儿报刊优秀作品一等奖等。

第三节　企 业 类 报 纸

《上海铁道》

《上海铁道》报创刊于 1949 年 5 月 9 日,受中共铁路地下党组织领导。1950 年,上海铁路局党委决定将《上海铁道》作为局党委领导的企业报,请舒同题写报名。1966 年 9 月停刊。1978 年 7 月 1 日复刊,后扩版至周 4 刊,其中包括出版面向旅客为主的社会版《华东旅行》。

《上海铁道》坚持"外表精、内涵深、风格秀"的办报特色。在国家新闻出版署、全国记协等单位举办的全国企业报三届评比中,《上海铁道》荣获"全国十佳企业报"、"全国二十佳企业报"、"全国先进报纸"称号。在历年上海市记协和铁道部记协组织的好新闻评比中,《上海铁道》所获奖项在企业报中名列前茅。2002 年被上海市新闻工作者协会授予"上海市优秀企业报"称号。

《上海铁道》由上海铁路局党委主管主办。每周二、四、六出刊,4开4版;同时每月出刊社会版《华东旅行》2期,每期4开16版。

《宝钢日报》

《宝钢日报》是上海宝山钢铁(集团)公司主办的企业报,于1978年8月1日创刊,原名《宝钢战报》,对开4版彩报,国内公开发行。

随着宝山钢铁厂的生产发展,报纸多次易名和扩版。1983年9月更名为《宝钢报》,1984年11月改为每周2期。1987年1月,《宝钢报》与宝钢总厂宣传部办的不定期刊《宝钢报(生产版)》合并,成立宝钢报社,改为每周3期。1992年1月更名为《宝钢日报》,同年3月2日,启用江泽民题写的报名。1995年为每周出版6期。

办报方针是:"突出一个宗旨,抓好两支队伍,坚持三个面向,发挥五项功能。""三个面向"是:面向基层、面向群众、面向生活;"五项功能"是:全面、正确、及时地宣传党的路线、方针、政策和宝钢集团领导层决策意图,成为领导层联系群众的纽带;职工参与民主管理,实行民主监督的公开渠道;企业精神文明建设的坚强阵地;"世界认识宝钢、宝钢认识世界"的窗口;传播知识,成为读者喜闻乐见的文化娱乐园地。报纸对集团的内在产品质量、经营作风、基础管理等方面存在的问题,发挥舆论监督作用。设立《宝钢日报热线》专栏,一年多时间便受理600多人(次)来电来信,反映问题涉及房屋分配、维修,工作调动、劳保福利、医疗、劳资、子女入托、家电维修等方面,90%得到解决和答复。

《新金山报》

《新金山报》创刊于1972年12月10日,原为上海石化总厂《战地快报》,1981年1月更名为《金山周报》,1985年1月改为现名。1992年起采用电脑胶印照排技术。

《新金山报》致力于内部改革,努力提高新闻宣传艺术,提高报纸质量。坚持立足企业,围绕企业做文章;突出重点,体现报道的新闻价值;规范版面,在稳定中求变;办好副刊,丰富职工文化生活。

1997年1月,经上海市新闻出版局报纸质量抽样评估,《新金山报》被评为合格报纸,同时被上海市新闻工作者协会、上海市企业报协会评为上海市"十佳企业报"。2月,在中国石油化工总公司系统荣获"十佳报纸"称号。2001年12月,被全国企业报协会评为"优秀报纸"。

《新金山报》由上海石油化工股份有限公司新闻中心主办,4开4版,周4刊,在上海石化地区公开发行。

《上海邮电报》

原名《上海邮电工人报》,由上海邮政管理局出版的《上海邮工报》和上海电信局出版的《新电信》报合并而成,于1950年10月1日创刊。1951年7月停刊,1958年8月复刊更名《上海邮电报》,4开4版,每周2期。1960年7月再次停刊。1986年8月25日再次复刊。1989年1月起更名为《IT时报》向全国公开发行。1994年1月又改为内部发行和公开发行的两张报纸,每周三出版。公开发行的社会版从1995年起增出"月末版"。办报方针是:"立足邮电。面向社会,坚持'三服务'宗旨(即为上海邮电系统两个文明建设服务;为振兴上海邮电,提高邮电社会效益和企业自身效益服务;为广大用户熟悉邮电和使用邮电服务)"。

"面向社会、面向市场、面向用户"。

《上海邮电报》立足于信息通信行业，及时报道海内外的行业最新动态，分析市场现状、前景和技术趋势，深入浅出地普及信息通信知识，是上海地区唯一一份通信行业专业报。

《海运报》

《海运报》是由中国海运集团主办，面向海运系统职工和读者的对开专业报。其前身为1956年3月9日创刊的《上海海运报》，是在上海海运局工会编印的油印《生产简报》基础上创办的。同年9月，由于华东区海运机构改革，海运局与港务局合并，成立华东区海运管理局，报纸遂与港务局的《港湾生产》合并，改名为《华东海运报》，成为华东海运局机关报。1957年12月31日，因国家精简机构停刊。由于海运系统单位分散，流动性大，迫切需要一张沟通上下、传递左右的大众信息传媒，因此报纸在1959年1月24日复刊，并扩大为每周3期。"文化大革命"期间被迫停刊，1978年11月1日复刊。以贯彻"局党委中心工作，贴近群众生活"作为办报方针，树立"做海员益友"的办报思想，弘扬企业精神，宣传先进典型，开展舆论监督，服务广大海员。在1981年开始与香港庞元国际广告公司合作出版《海上旅游》画报，季刊，主要在上海至香港的客运航线上发行，也在香港及一些世界重要城市发行。

1998年5月更名扩版为《海运报》，立足介绍中国海运改革发展情况和信息，报道中国和世界航运最新动态和新闻，开辟浓郁"海"味特色的专版、副刊，展现中国海员多姿多彩的生活风貌。报纸实行社长领导下的总编辑负责制。

《上海海港报》

《上海海港报》由上海国际港务（集团）有限公司主管主办，1978年9月创刊。坚持"立足码头、服务海港、面向一线、贴近职工"的办报方针，传达上级领导工作要求，反映海港职工呼声，传递和反馈港口改革、经济建设、再就业信息，为上海港两个文明建设服务。

经济宣传报道始终是报道的重点。同时关注下岗再就业职工，开辟"转岗者风采"栏目。坚持深入生产一线，通过舆论的监督作用为企业生产服务。同时，还协助港务企业和基层专业各单位，开辟主题宣传的专版。

《上海海港报》曾荣获首届全国企业报十佳百优奖，第二届和第四届全国优秀企业报等荣誉称号。

《东方航空报》

前身为20世纪70年代末创办的《上海民航》，出版不久即停刊；1985年7月1日复刊。1988年东方航空公司成立，7月1日《东方航空报》创刊发行。由东方航空集团公司主办，面向公司职工和旅客。

创刊初期为4开4版半月刊，1991年3月30日改为旬报，1992年7月4日公开发行，改为周报。每月前3期为"内部职工版"，月末一期为"旅客版"。1996年1月，月末版改为彩色版，每月出2期彩色旅客版。

办报方针是："立足东航，面向全国民航，及时、准确、深刻地报道民航与世界、东航与社会、航空运输与旅客"的重大新闻。以航空运输、安全正点、服务旅客及其相关的商务、旅游、经贸等内容为主体。

《东方航空报》采用铜版纸全彩胶印,供东航所有国际、国内航班的乘客免费阅读。1996年开始,实行部分报纸收费订阅。

《上海时装报》

《上海时装报》由上海纺织控股(集团)主管,上海服装(集团)有限公司主办。1988年10月创刊。原为4开4版的内部报刊,1993年1月向社会公开发行。1994年1月扩为4开8版,同时向海外发行。2001年扩为4开16版全彩色报。

以"服务消费者、服务服装专业"为办报方针,全方位、多视角反映时装界的时尚潮流。坚持贴近生活、贴近市场、贴近消费者,融流行性、实用性、观赏性于一体,为服饰消费者服务。

《华东电力报》

《华东电力报》是由华东电网有限公司主管主办的面向社会公开发行的企业类报纸。前身为1980年创办的《华东电业通讯》杂志,为适应电力生产发展形势和企业工作需要,于1985年8月改为4开4版报纸,每周1期;1995年改为对开4版;2002年报纸由黑白版改为单面彩色,并在每月最后一周增出1期对开4版单面彩色的《月末刊》。

《华东电力报》面向上海、江苏、浙江、安徽、福建四省一市电力企业和社会用户,重点宣传国家能源政策、法规,报道华东地区电力企业生产、经营、基建和电力市场等方面的信息、成就和经验,以推动华东地区电力企业两个文明建设。

《三航报》

《三航报》由中国港湾建设总公司(集团)第三工程局主办,于1985年10月创刊。1991年起建制独立,并从4开4版旬刊改为周刊。以"宣传报道国家关于港口建设的方针、政策和建港业两个文明建设,传播港湾建设的科技信息,反馈行业职工多层面的生活与群众呼声"为宗旨。

《上海汽车报》

原名《上海汽拖报》,1985年1月1日创刊,同年5月1日改今名。由上海汽车工业(集团)总公司主办,是一张面向全国公开发行的行业专业报。

《上海汽车报》创刊时为4开4版黑白周报,后扩为4开24版全彩周报,每周日出版,是全国第一张彩色印刷且发行量最大的汽车专业报。

《上海汽车报》坚持"立足华东、面向全国、服务行业、走向市场"的办报方针,集中报道国内外汽车、摩托车、拖拉机以及相关行业的产业经济信息、新品开发、科技成果、生产销售、车市商情等,融新闻性、真实性、知识性、可读性、实用性于一体,订户遍及全国,每期发行量7万余份。

《上海汽车报》承揽国内外报纸广告发布业务,连续3届被评为"上海市广告业'重信誉、创优质服务'先进单位"。

《上海农工商报》

原名《上海农垦报》,于1982年10月创刊,由原上海市农场管理局主办,4开4版,周刊。

20世纪80年代初,上海市农场管理局拥有18万职工,大部分是知识青年,下属18个国营农场、6个专业公司,分布在江苏、安徽两省和上海市7个郊县。为加强对农场干部、职工的思想政治工作,发扬先进,交流经验,传递信息,指导和推动各项工作,丰富农场职工的文化生活,开辟一块精神文明建设的阵地,遂决定创办《上海农垦报》。1988 年 6 月 30 日,转为内部报纸,自办发行,1994 年初恢复公开发行。

1995 年 12 月,在上海市农场管理局转制,组建上海市农工商(集团)总公司后,《上海农垦报》更名为《上海农工商报》。先后荣获上海市最佳企业报和全国优秀企业报称号。

第四节　新闻出版、文化艺术类报纸

《文学报》

《文学报》创刊于 1981 年 4 月 2 日,是全国第一份综合性文学专业报纸。从 1998 年起加盟文汇新民联合报业集团,对开 4 版,每周四出版,发行全国及海外数十个国家和地区。

创刊之初,茅盾为《文学报》题写了报名,巴金题词:"愿文学报越办越好";冰心寄语:"希望广大文学爱好者都读文学报"。

《文学报》以繁荣和发展中国文学为职责,迅速报道中外文坛新闻,追踪文坛焦点热点话题;刊登名作经典,讲究品位;联系文学社团,推介文学新人。

《文学报》多次获得全国新闻奖和副刊奖、全国鲁迅评论奖以及上海好新闻奖等奖项。

1993 年至 2002 年间《文学报》总编辑为郦国义。

《语言文字周报》

《语言文字周报》创刊于 1959 年 7 月,其前身为《汉语拼音小报》。由国家教育部语言文字管理司与语言文字信息管理司直接指导,上海市语言文字工作委员会、上海教育出版社主办。

办报宗旨为:规范语言文字。每周 1 期,4 开 4 版。

《上海新书报》

原名为《上海新书目》,1983 年 1 月创刊,1998 年 1 月 1 日改今名。新华书店上海发行所主办。

办报宗旨:求真、公允、并蓄。主要介绍上海版图书,每期 400 种左右。周报,4 开 8 版。

《古籍新书报》

《古籍新书报》创刊于 1988 年 2 月,原名《全国古籍新书目》,为不定期内部刊物;从 1993 年 8 月第 40A 期起改名为《古籍新书目》,公开发行,4 开 4 版,月出一期。2002 年 7 月被批准扩为 8 版。2002 年 9 月起改为今名,由全国 21 家古籍专业出版社联合主办,是目前国内唯一公开发行的、集中反映古籍整理与研究动态和古籍出版成果的报纸。

改版后,报纸着重对版面内容进行了调整,开设了重点书评、精品浏览、开卷有益、专家论书、总编谈书、序跋精粹、获奖书专栏、人物评论等栏目。

《古籍新书报》设编委会和编辑部,编委会由全国 21 家古籍出版社的社长或总编辑组成,编辑部设在上海古籍出版社。

《上海壹周》

2000 年 9 月,《上海文化报》正式更名为《上海壹周》,由上海文艺出版总社主管主办。2000 年 10 月 12 日,《上海壹周》正式创刊。初创时为 8 开 32 版,其中 16 个版为轻涂纸彩色印刷。一年后,随着内容的日渐丰富和读者需求的细分,扩为 48 版,其中 16 个版为轻涂纸彩色印刷,32 个版为"4 色+2 色"的新闻纸印刷。

《上海壹周》追求资讯的高质量,为读者提供生活、交通、娱乐、旅游、会展等多方面的资讯,注重报纸的服务功能。

1993 年至 2002 年间《上海壹周》主编为陈保平。

《文汇读书周报》

《文汇读书周报》创刊于 1985 年 3 月,是国内第一家由媒体(文汇报社)创办的读书类报纸。周刊,4 开 16 版,2001 年、2002 年月初和月末 4 开 16 版,其余 4 开 8 版。

《文汇读书周报》设有要闻、书人茶话、读书人论坛、海外书情、阅读西方、三味书屋、新书坊、争鸣、新观察、人物专访等。及时传递读书界、出版界、海内外图书最新信息;迅速报道国内外出版动向,大量介绍各种新书,捕捉和反映当前的文化阅读热点、学术研究和文艺创作的趋向,努力展示学术文化前沿动态。以文化、学术、教育、出版界人士为主要读者对象,兼及各层次的读书爱好者。

自 1997 年始,《文汇读书周报》每年举办"文汇书展",2001 年举办"读书格言"征集活动、"花木杯"征文活动;2002 年举办"复合型出版人才"研究会等活动。

《读者导报》

《读者导报》创刊于 1980 年 1 月,原名《书讯报》,1993 年改为今名。上海市新闻出版局主管、主办,百家出版社承办。

其办报宗旨为"文化新闻社会化、通俗化;书评书摘权威化、人格化;书讯书市实用化、服务化"。密切关注书市的价值取向,为读者提供全方位的信息服务。读者对象为面向受过高等教育、有文化品位的人士及在校大学生。设有书评、人物聚焦、话题讨论、作家访谈、名家荟萃、海外独家报道等专栏。

《新闻午报》

前身为创刊于 1999 年的《新闻报·午刊》,是《新闻报》"晨、午、晚"一日三刊之一,由解放日报社主管主办。2000 年 6 月起,由每周广播电视报社和新闻报社联办,并正式更名为《新闻午报》,由每周广播电视报社编辑出版,4 开 8 版。

作为上海第一张文化娱乐类新闻日报,《新闻午报》的目标读者是具有求新、求知、求乐、求富愿望和生活方式的文化市民和城市青年。依托上海都市文化的丰厚资源,以大文化的视野来反映都市时尚生活,报道社会娱乐形态,主打文化、广播、影视、旅游、体育及其他生活服务类资讯,并刊登各地卫视节目表。

2002 年 8 月,《新闻午报》进行全面改版,重点是突出新闻,整合专刊,拓展内容,打造特色。新增了时政、科技、城市新闻、文化经济等内容,扩充新闻容量,强化日报特色,追求文化新闻的社会化。将原先 3 个版的新闻版面扩为 5 个:1 版为要闻,以主题式组合报道为主打;2 版是城市新闻,关注与上海市民社会生活息息相关的分类新闻,兼顾国内其他城市的新闻;3 版是文娱新闻,重点反映上海文化娱乐生活资讯,兼顾国内外其他文娱资讯;4 版为体育新闻,探索走体育明星化、故事化之路,追求体育报道贴近百姓生活,强身益智的特色;5 版将原先不同的专版整合为《文化经济》专刊。

第五节　科学、技术类报纸

《上海科技报》

《上海科技报》是由中国共产党上海市科技工作委员会主管、上海市科技工作者协会主办的上海科技界唯一面向全国发行的科学技术类专业报,1972 年 5 月 2 日创刊,原名《上海科技》,上海科技交流站主办。

1984 年 1 月起,由 4 开 4 版改为对开 4 版,1987 年创办《上海科技报(农村版)》,1989 年停办。1990 年 1 月起改为每周 2 期。1995 年 7 月起,每周增出 1 期《上海科技报电子电脑专刊》,成为周 3 刊,每逢周一、三、五出版。

《上海科技报》以传播新技术、新知识为目的,办报宗旨是:"及时报道科技要闻、科技政策;每期刊登上海最新科技成果;向各企事业单位提供大量技术市场信息;及时介绍高新技术在上海市郊经济中的应用实例;随时传递国内外最新科技成就;及时报道科技体制改革和科技相关的重大事件"。主要栏目有:要闻、特别报道、环球科技、身边科学、新视野、产业与投资、科普与健康、现代农业等。

《青少年科技报》

《青少年科技报》创刊于 1983 年 9 月 15 日,上海少儿出版社主管主办。创办初期为月报,逐步发展成为半月报、旬报、周报、周二报。立足上海,服务全国。积极向青少年宣传科学思想、科学知识和科学方法。为配合课程教材改革,为中小学活动课目积极提供资料。

《青少年科技报》注意发挥报纸的多功能作用,以特色求发展。通过不断探索与实践,于 1990 年创办了"金钥匙"科技系列活动,逐渐成为广大青少年喜闻乐见的一项科普活动,被赞誉为"金钥匙"工程,并连续 8 年获得"国际科学与和平周"中国组委会的褒奖。

《青少年科技报》建立了 56 个小记者站,拥有近 2 000 名小记者,对进一步办好报纸起到了促进的作用。

《i 时代报》

前身为创刊于 1998 年 8 月的《上海计算机报》,2001 年 12 月更名为《i 时代报》,是解放日报报业集团的系列报刊之一。

《i 时代报》读者形象描述:年龄在 19—35 岁的占 90%;男女比例基本相等;思维开阔,见解独立。

《i 时代报》的创新核心是其传递方式的改变,试图营造出一种城市新时尚——流动的阅读,在受众最有空闲的时候,在早晨上班的路上,在一天购买决策还没做出之前,用最直接的方式传递到他们的手中,并且使报纸的尺码适合在旅途中阅读,成为"上班族上班路上获取资讯的报纸"。

《i 时代报》的编辑方针与信条,是以地铁乘客为本,从他们的角度,设计报纸的每一个细节;基于事实,不偏不倚;专注于传递范围广泛的新闻摘要,以适应地铁交通的特点。为此还建立《i 时代报》读者俱乐部。

第六节　其他行业·专业类报纸

《组织人事报》

《组织人事报》于1984年10月5日创刊。以党建和党管人才为主要内容,传递最新信息,交流各地工作经验,关注新形势下的热点、难点,是全国组织系统唯一一份致力于推进组织人事工作,为各级基层党组织及各级组织人事工作者和各类人才服务的专业报。

1999年,《组织人事报》与上海经营者资质评价中心等单位联合创办了《组织人事报·经营者市场导刊》,成为一周二刊,共4开16版。2000年8月创建"组织人事报·东方经理人"网站。同年10月,主管、主办单位更改为上海市党建研究会。2002年元月,《组织人事报·经营者市场导刊》更名为周一刊《组织人事报·东方经理人导刊》,4开8版。

组织人事报社实行总编辑负责制,并先后创建上海党建书店、上海实久电脑印务中心、上海高安传播公司、上海实百实业中心。

《房地产时报》

《房地产时报》是经国家新闻出版总署批准,由解放日报报业集团与上海市房屋土地资源管理局合作,于2001年1月2日创刊的一份面向社会大众的兼具信息性、实用性、服务性的报纸。

《房地产时报》立足上海,面向全国,以权威、准确、有用、好看为宗旨,以广大住宅消费者为主要读者对象,通过传播房地产买卖、装潢、租赁、置换、经营、开发和投资等各种信息,宣传房地产政策法规,努力为市民改善居住条件排忧解难,为房地产开发商、经纪人、管理者和相关从业人员提供优良服务。

《房地产时报》以刊登上海新闻为主,兼及国内外,并设有最新政策导读;专刊类由市场动态和信息行情等板块组成。市场动态包括一级市场土地供应情况、二级市场住宅楼及商办楼购销动态和三级市场置换、租赁等信息。行情版则有新建楼盘区域分布图和成交行情表,有房地产指数和销售排行榜,有拍卖动态和最新批准预售楼盘一览等。此外,与房地产相关的内容,如金融保险、律师咨询、家居装潢、物业管理、中介经纪等也都设有专版或专栏,并经常出版增刊或豪华版。

《房地产时报》是国家建设部和上海市房屋土地资源管理局指定的信息发布单位,及时、准确刊登政府有关房地产业的政策法规和公告等,以提高房地产市场的透明度,成为购房者、开发商与政府部门沟通的桥梁。

《房地产时报》与房产之窗网、上海市房产经济学会和东方房地产学院等联合,在全国范围内率先推出上海二手房区域价格抽样报告(每周一次)和上海二手房指数报告(每月一次)。作为上海媒体中第一个开设的二手房版面,具有开创性、贴近性和实用性。

《建筑时报》

《建筑时报》创刊于1954年5月1日。1994年7月起,由国家建设部建筑业司、中国建筑业协会、上海建工集团联合主办,是在上海出版的中国建筑业产业报。

《建筑时报》坚持"立足建筑业、宣传建筑业、服务建筑业、振兴建筑业"的办报宗旨,注重信息服务,全面报道中国建筑业产业政策、改革举措、行业动态、市场走势、企业经验等。周三刊,每周一、四、五出版 16 个版。

1994 年,报社适时抓住国家建设部组建建筑业司,中国建筑业协会成立,上海市建筑工程管理局改制为上海建工集团之机,经上海市新闻出版局批准,《建筑时报》由原上海市建工集团一家主办调整为由建设部建筑业司、中国建筑业协会、上海市建工集团三家联合主办,成立了由全国最大的 16 家建筑企业加盟的社务委员会。

1996 年,《建筑时报》与华东六省市有关部门尝试联合办了《建筑时报》华东专版,嗣后又逐步发展到出版地方版和每月一期的《上海建筑建材》。

1993 年起,报社成为法人实体,经济逐步走上自主经营、自负盈亏的道路。报社所属的上海筑波广告装潢公司和《建筑时报》读者服务部两个企业,年综合营业额总计达 1 000 万元以上。

《上海法治报》

《上海法治报》是中共上海政法委员会和上海市司法局主办的专业报,原名为《上海法制报》。1984 年 1 月创刊,4 开 4 版两张,周刊。1985 年起每月末增出 4 开 8 版。1986 年改为 4 开 8 版 2 张,周刊。1991 年改为对开 4 版一张,每周 2 期。1993 年起改为每周出周一版和周末版 2 次。1994 年改为对开 4 版,每周 3 期。发行量最多时达 60 万份。2001 年更名为《上海法治报》。

报纸围绕经济建设这一中心,加强社会治安综合治理,普及法律知识,为民主与法制的健全作全方位宣传报道。"为您指点"、"维权热线"、"专题咨询"、"人才广场"、"百姓话题"、"法规解读"等栏目,具有很强的服务性和实用性。同时,还组织社会活动,开展法制宣传。上海市人大常委会和上海市人民政府规定其为全文公布新法规、新规章的报纸。

1993 年至 2002 年间的主编为沈沉、吉安国、徐庆镇。

《社会科学报》

《社会科学报》1985 年 10 月 15 日创刊,由上海社会科学院主办,是目前国内唯一的综合性人文社会科学专业报纸。4 开 8 版一张,半月刊。先由上海社会科学院图书资料情报中心主办,1986 年 7 月直接由上海社会科学院主办。1993 年 9 月至 1994 年 9 月,与上海医药工业销售公司合办。1994 年 1 月起改为 4 开 8 版,1994 年 5 月 5 日起改为对开 4 版一张。1994 年 10 月恢复由上海社会科学院主办,于 1996 年 1 月 1 日改回 4 开 4 版一张,周刊。2002 年起由 4 开 4 版改为对开 8 版。

改版后的《社会科学报》作为全国社科规划办发布重要信息,宣传国家社会科学规划,社科基金项目成果及项目管理工作的主渠道;成为全国社会科学界相互联结的纽带和全国社会科学规划管理工作的网络。《社会科学报》直面中国及世界发展的新现象、新情况、新问题,及时充分地报道全国社会科学界理论上的新成果、新观点、新架构,成为一个学术对话、思想交流、理论争鸣的园地。

主要栏目有:重大问题(含理论创新)、改革实践(农村、城市、企业、金融等)、课题指南(全国规划办、教育部、党校、社科院)、学科前沿(学者挂牌主持)等。

《行报》

前身为创刊于 1992 年 12 月 24 日的《上海交通报》。初期由中共上海市交通工作委员会和上海市人民政府交通办公室主办,是内部发行的机关报,主要传递上海及华东地区交通运输和邮电通信方面的信息。1993年8月改为公开发行,周报,对开4版,读者对象为交通、邮电系统职工以及旅游、集邮爱好者。

2000年8月,《上海交通报》成为文汇新民联合报业集团的子报。2001年1月2日,更名为《行报》,由对开4版改为4开16版,主要刊登老百姓关心的与"行"有关的交通、旅游、网络、电信、邮政等内容。

2001年8月28日,在中国汽车工业发展加速增长的背景下,《行报》改版为全国第一份汽车服务信息报。版面设置和定位进行重大调整,放弃原先有关电信、邮政、海空运输等内容,保留并全面扩展了原来的汽车方面的栏目,定位在为广大爱车族提供全方位的汽车服务信息,把广义的"交通"精确到与汽车有关的信息。锁定爱车族,办成小众传媒,在大众中瞄准小众,在小众中争取大众。从依靠行业广告、依靠行政搞发行迅速转向市场。每期三叠24个版,分为3大板块——一周车探、一手车讯、一代车族。

在广告经营上,面对原行业广告收入大幅减少和汽车类媒体竞争激烈的态势,采用"部分广告代理,部分自我发展"的形式。

《人才市场报》

1993年9月,国家新闻出版署批复,同意创办《人才市场报》,周报,4开4版,由上海市人事局主管,上海市人事局与上海市人才服务中心主办。2000年6月,整建制划归解放日报主管、主办,后成为解放日报报业集团旗下的系列报刊之一。

1994年1月3日,《人才市场报》正式公开出版并对全国发行,汪道涵题写报名。4开8版,周报。1—4版主要报道上海及全国各人才市场的最新动态,宣传有关人事人才政策,反映人才流动中的新情况、新问题,探讨市场经济条件下的人力资源配置方略,介绍古今中外尊知重才的美谈佳话;5—8版集中刊登人才供求信息,为用人单位求才招贤、个人求职择业提供全面、准确、适用、优质的信息服务。

1995年11月,《人才市场报》被国家人事部确定为全国人才市场重点报刊。

1995年底,报社与上海康培职业信息中心联合开发信息处理软件,推出"市场行情"专版,从而成为全国第一家对人才市场进行数据分析、行情发布的报纸。1996年,推出"教育培训"专版。1997年1月,经市新闻出版局批准,扩至周2刊,周二、周六出版。1998年1月,经市新闻出版局批准,由4开8版扩为4开12版,刊期不变。扩版部分主要为招聘信息版。

"人才SOS"和"阿华信箱"是1998年推出的两个服务性专栏,已成为有一定社会影响的专栏。

《旅游时报》

《旅游时报》于1988年1月创刊,原名《上海旅游报》,1991年更名为《旅游时报》。由上海市旅游事业管理委员会主管、上海市旅游协会主办,是面向国内外公开发行的上海唯一的旅游业中文周报。其宗旨是及时报道旅游产业新闻,报道上海和国内外旅游休闲的最新信息,以专业的眼光为广大读者出游休闲提供服务。为上海乃至全国旅游事业的发展服务。

从2001年开始,《旅游时报》围绕"改革扩版提高质量"这一中心任务,率先转变用人分配机制,实行向社会招聘、竞争上岗的用人制度,贯彻多劳多得的分配原则;同时,在报社的行政管理、出版管理、经营管理、财务管理诸方面,也全面实行企业化管理。

2001年7月,《旅游时报》结束了延续13年的4开8版黑白印刷的样式,扩为4开16版彩色印刷。2002 年 7 月,又扩版为 4 开 32 版,彩色印刷,其中 8 个版为铜版纸。

《上海交通安全》报

原名《城市交通安全》,创刊于 1980 年 5 月,由上海市公安局交通警察总队主办,是一张宣传道路交通法规和交通安全知识的专业性报纸。1982 年更名为《上海交通安全》报。1987 年公开发行,四开 4 版,半月刊。1991 年改为周报。1993 年扩为四开 8 版,周报。国内统一刊号 CN－0040。

其宗旨为充分运用新交通管理信息资源的优势,积极传播交通安全知识,增强全民交通法制意识,倡导都市交通文明。

设有新闻版、消息专版(浦东新区、华东地区和专业运输单位)等,并设有司机之友、百事通、纵与横、街灯、百家言、图文写真、每周论坛、交警风采、观察与思考、轮下憾事、事故分析、信访室、行车旅途等栏目。

2001 年 1 月 4 日,《上海交通安全》报更名为《上海法治报·交通安全周刊》。

第七节 都市类报纸

《新闻晨报》

前身为《新闻报·晨刊》。2000 年 6 月 1 日改为《新闻晨报》。

1998 年 9 月,上级部门决定对上海原《新闻报》、《消费报》实行合并和资产重组,原新闻报社、消费报社并入解放日报社。1999 年 1 月 1 日,解放日报社旗下诞生了全新《新闻报》晨、午、晚三刊,尝试突破传统报纸在时效性和报道手段方面的局限,以晨、午、晚三刊共 40 个版的组合优势,在最短时间内向读者传播全方位信息。

2000 年 3 月,《新闻报》成立改版小组,召开中层干部系列座谈会,就三刊定位问题进行大讨论。同时邀请 AC 尼尔森公司,开展大规模市场调查。在有限的财力和人力情况下,是集中力量占领、创造新的早报市场,还是切分传统的晚报市场? 报纸团队经过调查研究,最终选择集中人力和财力,将《新闻报·晨刊》改为《新闻晨报》,主攻早报市场;《新闻报·晚刊》改为《新闻晚报》,以稳定策略拓展晚报市场。

2000 年 6 月 1 日,经国家新闻出版署批准,《新闻报·晨刊》更名为《新闻晨报》。改版后的《新闻晨报》定位于上海地区早上发行的一张新型综合性都市类日报,主要面向上班族。报纸以独家新闻、事件新闻和热点新闻为主要特色,以有用、好看为宗旨,以“追求最鲜活、最实用的新闻”为办报理念。为满足市民日益增长的对新闻信息的新需求,报纸由原 4 开 16 版扩至 4 开 24 版,零售定价 0.5 元。

从 6 月 1 日改版到 10 日,《新闻晨报》强势推出十大新闻,每天一篇头版转二版的整版焦点报道。9 月 22 日刊发《老板,你丢失的岂止是钱物 老太,你显示的分明是良知》,获第十届上海新闻一等奖、中国新闻奖三等奖。

《新闻晨报》选择总代理制为广告经营模式,上海中润广告公司、智高广告公司和上海新闻广告公司分别总代理《新闻晨报》形象广告、分类广告和工商专版广告。

2000 年 12 月 18 日,裘新任中共新闻报委员会书记、新闻报总编辑。

2000年12月底财务数据显示,《新闻晨报》7个月广告营收2 400万元,发行量从改版前5月31日的7.8万份,增加到25万。《新闻晨报》法人单位新闻报社当年实现首次赢利,当年利润300万元。

2001年5月,《新闻晨报》业务骨干考察香港报业,回沪后建立了"一日双编前会制度",并成立新闻监控部门。两次编前会统筹新闻资源,加强策划和跨部门合作。

9月11日,《新闻晨报》进行第二次大规模改扩版,推出热线新闻、晨报闲情等新版面,形成体育、环球、房产、汽车等系列周刊。报纸由4开24版增为4开40版,保持0.5元零售价格不变。

改版日正逢美国"9·11"事件,晨报第一时间强势报道"9·11"事件最新进展。9月19日,推出《红火香辣蟹 "黑壳"藏内幕》调查,获第十一届上海新闻二等奖。同年12月,《新闻晨报》发行超40万份,新闻报社实现广告营收1.2亿元,利润3 000万元。

2002年2月27日,《新闻晨报》第三次改版,设晨报要闻、国际新闻、国内新闻、上海新闻、文化、体育、副刊及体育周刊、赢家周刊、环球周刊、实用新闻、一周间等新闻板块,4开40版。改版后推出了一系列鲜活、实用新闻。如3月2日《三千的哥寻一截断指》获第十三届中国新闻奖二等奖。6月,推出"In 2002世界杯特刊",每天增刊24版,持续一月。8月,晨报开展"百名记者访读者"调研活动,从主编到普通记者纷纷走访读者。11月,在港汇广场举行大型读者日活动,并发送概念版。

《新闻晨报》2002年日均发行超45万份,新闻报社实现广告收入2亿元、利润6 300万元,初步形成上海早报市场的主导地位。

1999年初,新闻报晨、午、晚一日三刊滚动出版时,余建华任总编辑,吴谷平任第二总编辑。2000年6月至2002年12月期间,裘新任解放日报副总编辑兼新闻报常务副总编辑,主持新闻报工作。新闻报副总编辑毛用雄兼晨报编辑部主任。

《新闻晚报》

《新闻晚报》的前身是《新闻报》。《新闻报》于1999年1月1日起改为一日3刊(晨刊、午刊、晚刊)。

2000年6月1日,经国家新闻出版署批准,《新闻报·晚刊》更名为《新闻晚报》。

《新闻晚报》率先采用世界大报标准的长条报型和国际流行的"板块式"组版方式,并形成"百姓要闻、百姓解读、百姓中国、百姓社会、百姓经济、百姓服务、百姓教育、百姓健康"等系列版面,每一部分都市读者都能找到自己喜闻乐见的内容。

《新闻晚报》细分新闻时段,提出"当日新闻当日看",A叠头版的"上午新闻"和"昨夜今晨"已成为品牌栏目。《新闻晚报》B叠是专业周刊系列。

把"最好看、最实用"的新闻第一时间送到读者面前,是《新闻晚报》追求的目标。

《新闻晚报》是解放日报报业集团出版的系列报之一。1999年初,新闻报晨、午、晚一日三刊滚动出版时,余建华任总编辑,吴谷平任第二总编辑。2000年6月至2002年12月期间,裘新任解放日报副总编辑兼新闻报常务副总编辑,主持新闻报工作。新闻报副总编辑寿光武兼新闻晚报编辑部主任。

《城市导报》

《城市导报》由上海市建设协会主管主办。1985年7月4日创刊,原名《中国城市导报》,

1993 年 12 月更名为《城市导报》。对开 4 版一张,周刊。1994 年 1 月 1 日改为每周一、周四出版,后为每周二、四、五、六出版,4 开 8 版。

报纸由全国 120 位市长联名倡议创办,办报方针和宗旨为:"反映城市改革开放,城市规划、建设、管理和城市经济发展战略。立足上海,面向全国,交流城市建设与管理信息和经验,推动中国城市化和城市现代化建设的进程,努力成为城市建设指南,城市信息窗口,城市经济顾问,城市生活向导。"

除新闻版面外,辟有《城市研究》、《国外城市》、《现代城镇》、《环保周刊》、《城市消防》、《建筑天地》、《社区视窗》、《周末证券》等 30 余个专刊、专栏,并于每周五推出《周末》刊。

第八节 政 协 报 纸

《联合时报》

《联合时报》由上海市政协主办,创刊于 1984 年 7 月 1 日,原名为《上海政协报》,赵超构兼任社长。1987 年 1 月改为今名。1988 年 7 月由四开 4 版改为对开 4 版,1993 年 1 月向国外发行。

其办报宗旨和编辑方针为:宣传中国共产党领导的多党合作和政治协商制度,立足统战,面向社会,发扬民主,广开言路,交流信息,联络友谊。

《联合时报》是上海市政协下属的自收自支事业单位,实行市政协党组领导下的总编辑负责制。报社设立 5 个部门,即总编办公室、新闻部、副刊部、广告发行部、公共关系部。在编人员 22 名。

《联合时报》对开 4 版。版面设置:第 1 版为要闻、言论、人物特写等;第 2 版为综合新闻,重点报道区、县政协和党派团体新闻;第 3 版为《丽都苑》、《海风》、《往事》副刊;第 4 版为《群言》、经济信息、广告。

《联合时报》在新闻报道上围绕政协和统战工作重点,经济和社会发展的重要问题,政协委员、党派团体、各界人士、社会群众关心的热点问题,作较为及时、深入的报道。

第四章 生活信息类报纸

第一节 生 活 类 报 纸

《每周广播电视》报

《每周广播电视》报原名《每周广播》,创刊于 1955 年元旦,是全国第一家公开发行的广播节目周报。作为介绍广播影视界重要信息和推介精彩节目为主的视听导报,其发行范围除了上海以外,扩至江、浙等周边地区。

《每周广播》最初为8开2版,以介绍电台各频率的节目为主。初创时发行量仅2万份,以后逐年递增,至1958年,最高期发行量达到70万份。1966年12月停刊;1978年1月复刊,更名为《每周广播电视》报。1994年7月,《每周广播电视》报扩版为4开16版,定价0.6元。为适应日益激烈的报业竞争,1999年7月改为彩色印刷,并根据需要不定期扩版,定价1元。

2000年6月,随着上海广播电视集团化改革的进程,《每周广播电视》报与《有线电视》报、《上海电视》周刊和《新闻午报》共同组成新的每周广播电视报社。

2002年下半年,报社酝酿创办近50年之久的《每周广播电视》报和有着10年历史的《有线电视》报合二为一,进行内容资源的整合。随后正式推出32版的新版《每周广播电视》报,集广播、电视,有线、无线节目内容为一体,成为沪上唯一的视听节目预告大全。

《每周广播电视》报注重上海广播电视的资源优势,以推介上海及周边地区的广播电视节目编排及栏目、影视剧的内容为主。同时,设有整合广播电视重要信息的新闻版;刊载读者对广播电视节目点评的"读者屋";报道影视娱乐圈热点的"声屏世界"等副刊,进行文化、广播、影视的热点报道和深度报道。此外,还开设了教育、体育、理财、旅游等特色版面,为市民提供文化娱乐指南。

多年来,在国家广电总局以及全国广播电视报刊协会等年度评比中,《每周广播电视》报多次获得重要奖项。同时也取得了可观的经济效益,2002年期平均发行量为82万份;年平均广告创收4 500万元;发行创利约1 500万元。

《有线电视》报

1994年1月1日,经国家新闻出版署批准,《有线电视》报正式公开发行,是全国有线电视领域中唯一公开出版发行的专业性报纸。

《有线电视》报以"立足有线荧屏,服务广大观众"为宗旨,主要围绕有线电视台各自办频道节目进行宣传介绍,提供荧屏背景材料,积极发挥导视作用。同时,宣传有线电视事业的发展及其相关知识,与有线观众进行交流沟通,力求融实用性、知识性和时效性于一体。为配合重大节日或重要节目的宣传报道,还不定期出版特刊增刊,并参与组织了多项社会活动。

《有线电视》报初创时为4开4版,当年的发行量为7万份。为适应有线台自办频道和节目的增加,1995年1月1日开始扩为8版;2000年1月改为彩版发行;2002年再度扩为16版。期发行量在几年中不断跃升,1995年已近80万份;1998年2月,发行量突破100万份;至2002年,期平均发行量为70万份,最高时达135万份。

2000年6月,根据上海市文化广播影视管理局决定,《有线电视》报与《每周广播电视》报、《上海电视》周刊和《新闻午报》共同组成新的每周广播电视报社,形成文广新闻传媒集团旗下平面媒体的整合格局。《有线电视》报在出版了总第556期后,与《每周广播电视》报合并。

《上海家庭报》

《上海家庭报》于1985年2月创刊,初名《上海计划生育》,为上海市计划生育委员会主办的专业报,每月1期,发行量10万份。1989年1月改今名。

1991 年 1 月起改为周报,4 开 4 版;1995 年起扩版为 4 开 8 版,办报宗旨为"宣传党和政府有关计划生育的方针政策、报道上海的人口信息,普及生育科学知识,传播健康文明的现代生活方式,弘扬家庭美德和社会公德,推动家庭领域的社会主义精神文明建设"。在人口与计划生育宣传上,以"迅速、权威、翔实"为目标。

2000 年划归文汇新民联合报业集团主管主办。每周一期,4 开 20 版,以家庭生活、恋爱、婚姻、生育、保健、美容、时尚、旅游、娱乐、学习等为主要内容,贴近生活、贴近市民、贴近家庭,具有较强的生活及消费指导性,集生活性、知识性、服务性于一体。

《上海星期三》

《上海星期三》是由文汇新民联合报业集团主办的都市生活服务类周报,创刊于 2000 年 5 月 17 日。

创刊之初,为 4 开 40 版,零售价 0.30 元。价格策略的有效运用使其发行数攀升至 30 多万份,加上通过电视、电台、报纸、户外广告的投放,影响迅速扩大。

2001 年 1 月 1 日,《上海星期三》出版百版"世纪特刊"。2001 年 12 月 22 日至 23 日,《上海星期三》与《扬州日报》联袂举办的《扬州星期三》创刊暨大型读者日活动在扬州举行,"星期三"品牌输出首次运作成功。

在创刊百期之际,《上海星期三》成立"《上海星期三》越剧新人采风基金"。2002 年 5 月 17 日,正值《上海星期三》创刊两周年,"星期三丛书"《上海休闲细节》、《上海时尚地图》由汉语大词典出版社出版,在上海书城荣登畅销书排行榜。

《上海星期三》积极参与社会公益事业。创办之初,由记者深入西北贫困地区采访的《"状元村"的妈妈在讨饭》、《优秀学生泪诉心声》在读者中引起反响,纷纷提供捐助。《上海星期三》牵头发起"上海会宁爱心助学"的活动,专项基金达 130 余万元。

《申江服务导报》

《申江服务导报》1998 年元旦创刊,由解放日报社及解放日报报业集团主办,是面向现代都市年轻人,融新闻性和服务性于一体的综合性周报。4 开,每期平均 80 版,周三出版,零售价 1 元(外埠 1.20 元)。

《申江服务导报》坚持开拓创新,面向市场,贴近读者,取得明显的社会效益,也成为解放日报报业集团主要经济增长点之一,并创造了上海媒体经营的几个率先:

1998 年 1 月,在上海报纸中率先推出铜版纸印刷的豪华版,创立多封面格局;5 月,在上海媒体中首家进行发行量公证;率先出版一周年 100 版纪念刊,创上海报纸版数之最;1999 年 12 月,再次推出新世纪珍藏版,当期出版 112 版,再创版数之最,发行量经公证达到 40 万份。2001 年 4 月,作为解放日报报业集团的一员,荣获"上海市劳动模范集体"称号。2001 年 8 月 22 日,《申江服务导报》改版,由环保材料制作的《申江服务导报》专用报袋正式面市,实现"报纸报袋化"。2002 年 8 月 28 日,升级版问世,分 5 叠归类出版。

《生活周刊》

《生活周刊》由青年报社主办,1985 年 1 月创刊。作为全国第一份综合生活类新闻周刊,积极创新,例如独创新闻大特写体裁,在报纸头版刊发大照片和在版页上刊印编辑署名。创办一年后发行量就达 40 万份。在创刊五周年时,邹韬奋的夫人沈粹缜为报纸题写"真诚地为生活着的人们服务"。《生活周刊》不断提升服务功能,开展有情人婚介和义务律师服务,用栏目打出品牌。

《家庭教育时报》

《家庭教育时报》由上海教育报刊总社主办,2000年10月创刊,原为上海教育报刊社的《家庭教育报》,系内部发行的报纸。彩印4开8版。上海市市长徐匡迪题词祝贺:"充分发挥家庭教育在推进素质教育中的作用。"

为了拓展内容,革新版面,2002年《家庭教育时报》推出加长版。2002年12月,与文汇新民联合报业集团合作,创办了以中学生为主要阅读对象的语文类月刊《新读写》杂志,由文汇新民联合报业集团主管、主办,上海教育出版总社《家庭教育时报》协办。《家庭教育时报》还与上海市教育考试院合办《家庭教育时报·高招周刊》和《家庭教育时报·自学考试专刊》。

《家庭教育时报》作为教育类周报,其办报宗旨是优化家庭教育服务,宣传推介先进科学的家庭教育理念和方法,向家长和社会公众及时传递各种教学、招生、考试信息,宣传家庭教育的新观念,介绍国内外家庭教育的先进经验,传播科学的育儿方法。

第二节　信息类报纸

《上海译报》

《上海译报》于1983年7月4日创刊,是以传递海外信息为主的文摘类报纸,4开16版,周三刊。1983年,在上海市市长汪道涵支持下,由上海翻译出版公司创办。创刊初期每周1期,4开4版。1988年起改为4开8版;1994年起改出每周2期,4开8版;2000年1月起改为4开16版,周刊;2001年起改为周2刊,新增一期4开24版;2002年9月起改为周3刊,新增1期4开16版。

《上海译报》以"传递信息、增长见识、开阔视野、雅俗共赏"为办报方针,力求做到"一样的世界,不一样的看法"。报纸内容通俗、实用,贴近时代、贴近生活,具有可读性,取得多层面的社会效益。

《报刊文摘》

《报刊文摘》创刊于1980年1月,是国内第一张综合性文摘报。

《报刊文摘》主要是从全国公开出版的报刊上选择和摘要最新消息、最新情况、观点、成就,帮助读者扩大视野,开阔思路。1996年2月,《报刊文摘》创刊满1000期,报纸风格更趋于鲜明。从1997年到2002年,《报刊文摘》在全国30余家文摘报刊中始终保持发行量第一的地位,2002年的期发行量约130万。

《报刊文摘》原由解放日报社主办,2000年10月改由解放日报报业集团主办,非独立法人单位,由报刊文摘编辑部编辑,发行、广告、财务均由集团相关部门管理运作。

《报刊文摘》的发行范围遍及全国,其中上海及苏浙地区的发行量占一半以上,大部分为自费订阅。

《报刊文摘》创刊以来,形成一些名牌栏目。1996年开始在3版开辟"健康与养生",刊登简便有效的健康小偏方,受到读者欢迎。

1993 年至 2002 年间《报刊文摘》主编为王日翔、薛佩毅。

《党史信息报》

《党史信息报》创刊于 1986 年 1 月，由市委党史研究室主管，上海党史报刊社主办，全国中共党史学会、上海市中共党史学会联办。

其宗旨是：作为思想政治工作教材，革命史研究最新成果展示，党政干部学习工作的助手，史学工作者重要信息渠道，离退休老同志的良师益友，青少年革命传统教育园地。报道全国各地党史党建重要信息和改革开放中的理论热点；介绍引人注目的中共党史史料；刊登时事政治学习辅导材料和史学界学术新观点；反映港澳台、海外学者对中国现代史重要事件、重要人物的研究资料，披露国际共运动态。

《党史信息报》系周报，4 开 16 版。除台湾省外，发行各省市自治区，是全国唯一一份党史专业报纸。

第五章　高校校报、外文报

第一节　高 校 校 报

上海的高校校报具有悠久的历史。1890 年创刊的《约翰声》为上海高校报先声。1949 年前，上海 110 多所本专科高等学校大多办有校报。

1949 年后，上海高校校报稳步发展，成为上海报界的生力军。20 世纪 50 年代，上海高校校报数量 17 家。1962 年经济困难时期，上海行业报纸一律停办，校报也在其中。

1978 年后，7 家校报复刊外，另有 19 所高校校报创刊。1985 年 4 月 19 日，上海市高校校报研究会成立，并成为上海市新闻工作者协会和新闻学会团体会员。1998 年 3 月 18 日，国家新闻出版署为全国高校校报专列了国内统一刊号系列。2000 年前后，上海一些高校的报纸采用对开出版周报，先后扩版出周报的有复旦、交大、华师大、华理工、上大等校的校报。校报多以 4 开 4 版出版，采用新闻报纸编辑体例。版面分别为新闻、教学、科研、文艺副刊等，还刊登新闻图片、摄影作品。20 世纪末，高校校报的电子版也逐渐发展起来。

第二节　外 文 报 纸

《上海日报》*Shanghai Daily*

英文《上海日报》创刊于 1999 年 10 月 1 日，是新中国成立后上海创办的第一份全彩英文报纸，由上海文汇新民联合报业集团主办，上海市人民政府新闻办公室主管。

作为国际大都市的一份面向外国人的综合性英文日报，创刊后发展迅速，2000 年每周一至周五出版,每期彩印8版;2001年扩为周6刊。报纸充分利用网上资源与英语人才优势积极为外国人服务。2000年7月,与东方网联合创办的东方网英语版开通运行;2002年,创立网上电子版,原汁原味的设计和便捷的阅读方式深受境外读者的欢迎。

《上海日报》的办报理念是:贴近读者,从适应外国人的阅读思维习惯出发报道上海及国内的经济、社会和文化活动,介绍中国的改革开放、对外交流、上海的投资环境和百姓生活,为在沪工作和旅游的外国人提供信息服务。因定位正确,收到良好对外宣传效果。在突发事件报道中,《上海日报》坚持在第一时间,以充分、翔实、准确的资料,全程跟踪报道,避免国际社会上那些关心上海的人们被误导,导致在负面事件中向国际社会传达延迟的信息,起到了一家英文报纸的应有的桥梁作用。《上海日报》上刊登的消息成为众多境外媒体的重要信息源,据不完全的统计,每年境外通讯社和主要媒体转载和引用《上海日报》的稿件达1 500—1 800多条,其中尤以美联社、路透社、法新社和亚太金融社等摘播的频率为最高。

《上海日报》创刊后,充分发挥上海与外界交流的纽带及外宣窗口作用,认真参与和组织、策划了众多重大活动,如'99《财富》全球论坛上海年会会议特刊,上海6国首脑会晤专题报道,APEC会议增版增刊,北京奥运、上海申博成功特刊,神舟五号中国首次载人航天追踪报道等。同时打造了一批有特色、有个性的栏目,并形成一批固定栏目读者。如经济新闻版面上"来访总裁问答"和"商情周报";城市新闻版面上"街头访谈"和"读者来信";特稿版面上"中国酷之都"(老外谈上海的生活经历)和"学烧中国菜"等。

注重独家新闻报道,倡导原汁原味优美的英文文字写作是《上海日报》一个特色,报社所有的记者直接以英文写作,所有的稿件均由报社从海外新闻界聘请的外籍专家进行文字和结构上润色,以使报道的质量和文字的水平与海外主流媒体接近。在报道题材上,关注读者所关注的国家政策,外资发展以及文化生活领域的新风貌等。

富有视觉冲击的图片新闻和具有现代美感的版面设计是《上海日报》又一个特色,经过几年的努力,报社培养出一支高素质的摄影和视觉编辑,充分掌握国际主流英文媒体通行的版面设计要素,并结合自己的特色,创立自身的风格。

报社每年引进8—10名有一定质量的海外办报专家分别担任各个版面英文改稿员,以保证报纸出版质量。这些专家分别来自美国、加拿大、印度等国,大多有硕士学位,经验丰富。他们努力工作,和报社员工一起,参与了一系列重大活动的报道。

《上海日报》在各航空公司、星级宾馆、外企、涉外小区、酒吧、地铁、大学及东方书报亭等铺开网点,并成功在境外登陆,通过境外公司发行,读者可在全世界30多个国家和地区的200多家高级宾馆、机场等公共场所第一时间看到《上海日报》。

1993年至2002年间《上海日报》总编辑为张慈赟。

《上海学生英文报》*Shanghai Students' Post*

《上海学生英文报》创刊于1985年9月,由解放日报社和上海外语教育出版社共同主办,是一张面向中学师生的英文辅导报刊。

自2001年起,《上海学生英文报》编辑人员由华东师范大学英语系专业教师担任,并聘请外籍人士负责所刊文字的句子语法和文章结构逻辑的审校。设置的栏目,有切入学生关注热点的"青春时评",结合中学教学大纲和教学实践的教辅特别版"一课一练"等。2001年8月30日,解放日报报业集团和华东师范大学正式签约,确认双方合作关系。依托解放日报报业集团的管理平台和华东师范大学的教学资源,报纸强化内部管理,促进业务发展。

2002年初,与华东师范大学出版社合作,推出了上海学生英文报系列丛书《中考英语全真模拟试题》和《高考英语全真模拟试题》。

《上海英文星报》*Shanghai Star*

《上海英文星报》原为中共上海市委对外宣传小组和中国日报社联合主办,1999年7月改为中国日报社主管主办。1992年11月20日创刊,4开32版,周刊。

《上海英文星报》向华东、特别是上海地区的外国人介绍迅速发展中的上海,提供文化、旅游、餐饮和生活工作等方面的信息服务。

报纸发行范围包括美国、加拿大、英国、荷兰、法国、比利时、德国、意大利、以色列、澳大利亚、日本、韩国、新加坡、中国香港等数十个国家和地区。国内读者为常驻中国的外商机构、三资企业、外国使领馆工作人员、外国专家、外国留学生,以及临时来华的海外旅游者和商务人员等。

第六章　新　闻　期　刊

第一节　时　政　期　刊

《上海支部生活》

《上海支部生活》创刊于1954年7月1日,刊名由上海市市长陈毅题写;“文革”期间曾被迫停刊,1980年10月重新出版。

《上海支部生活》是中共上海市委党刊,由解放日报报业集团负责出版。它以“党刊姓党”为办刊原则,坚持宣传马克思主义、毛泽东思想、邓小平理论和“三个代表”重要思想,宣传党的路线方针政策,报道党的建设和改革开放的新形势、新成就、新经验,对党员和党外积极分子进行思想教育,反映党员群众的愿望和呼声。读者对象主要是共产党员和党外积极分子。

《上海支部生活》着力于推动基层党员学习理解贯彻“三个代表”重要思想,从党建角度开展全方位的宣传,诸如表彰干部转变作风,保持党员先进性,介绍私企和外企党建有关做法及经验,报道推进党内民主包括扩大干部工作中的民主,探索党代会代表常任制,关注困难群体等,并注意从思想理论的角度为读者释疑解惑。

《上海支部生活》编辑部还主办内部发行、以刊登党课讲稿为主的教材型读物《党课教材》(双月刊)。

《上海支部生活》发行量连续多年保持稳中有升,达到36.5万份。《党课教材》的发行量也逐年上升,2002年底收订的翌年度发行量突破了7万份。

《上海支部生活》先后获得“华东地区优秀期刊”、“华东地区最佳期刊”等荣誉称号;2001

年被国家新闻出版总署评为"双效期刊",进入"中国期刊方阵"行列。

1993 年至 2002 年间《上海支部生活》主编为吴经灿、李尚智、司徒伟智。

《浦东开发》

《浦东开发》创刊于 1992 年 1 月,上海市人民政府浦东开发办公室、上海市浦东开发开放研究会主办,是上海浦东新区区委和区政府的机关刊物,是浦东新区唯一向国内外公开发行的期刊,被定位为浦东新区发布重要政策法规、经济新闻及社会发展动态的综合性月刊,也是全国唯一以浦东为主题的正式期刊。

《浦东开发》为月刊,宣传关于开发浦东、开放浦东的战略决策、方针和政策,宣传开发、开放浦东的规划及有关学术研讨,介绍中国及世界经济的走向及经验教训,传播有关开发、开放的信息。其宗旨是贴近企业,贴近市场,贴近读者,以浦东最新的经济动态,最新的预测,最新的发展机会为报道热点。主要栏目有:特稿、政策法规指南、专家论坛、开发区经验、浦东史话、浦东内外等。

《浦东开发》于 2002 年后改为连续性内部资料性出版物继续出版。

《今日上海》

《今日上海》由上海市人民政府新闻办公室、上海市国际文化传播协会主办,1995 年 12 月创刊,是海内外第一本以介绍上海为主要内容的新闻性、综合性月刊,办刊宗旨是:立足上海,反映上海,让世界了解上海,让上海走向世界。

《今日上海》作为一扇海内外人士观察上海、了解上海的窗口,及时刊登上海和长江三角洲、沿江经济带对外开放、经济发展、城市建设、投资贸易、市场行情、科技教育、文化建设、人民生活、旅游观光和浦东开发开放的最新报道,向国内外决策层和经贸界、文化界以及来沪经商、投资、旅游观光、探亲访友、留学讲学、考察参观的各界人士提供关于上海最新信息和政策咨询。

《今日上海》聘请海内外专家、学者担任特约撰稿人,并经常刊登上海市党政领导和有关部门负责人撰写的文章,内容丰富,报道翔实,图文并茂,雅俗共赏。

《今日上海》设置的栏目有"本刊特稿"、"上海新景观"、"每月要闻"、"新闻人物"、"经济瞭望"、"今日浦东"、"区县热线"、"长江经济带"、"科技之光"、"文化风景线"等。

《今日上海》在出版中文版的同时,由上海市政府新闻办公室和澳大利亚澳中经济文化交流中心合作,以《中国商贸》的刊名,在澳大利亚出版发行英文版,并由香港庞元远东企业有限公司代理,发行香港和东南亚各国。

《上海观察》(日文版)

《上海观察(上海スコープ)》是在上海市政府新闻办公室指导下,由上海市国际文化传播协会与日本大阪对华友好企业——巴娜友慈(パナコーズ)株式会社共同主办的以介绍上海为主要内容的新闻性、综合性日文季刊。

《上海观察》由中日双方联合组成编辑部,中方负责采编工作,稿件审定后发往日本,由日方译成日文,设计版面,印刷发行。

《上海观察》的办刊的宗旨是依托上海,向日本介绍上海以至长江三角洲和沿江经济带改革开放、建设发展的新情况,为日本经贸界、文化界人士了解上海、了解中国和来沪经商投资、观光旅游、探亲访友、留学讲学提供最新信息和政策咨询。

《上海观察》1995 年 10 月 1 日在日本出版发行试刊号,中共上海市委副书记陈至立以上海国际文化传播协会会长的名义发表创刊词,1996 年 1 月出版第一期。主要栏目有"大特写"、"经济聚焦(经济フオ-カソ)"、"文化探寻(文化イソサト)"、"名所特集"、"话题(トピックス)"、"你所不知道的中国事情(ツソ-ス中国裏事情)"等。

《上海观察》主要发行东京、大阪、神户等日本关东和关西地区,从 1995 年秋到 2000 年夏共出版 18 期。2000 年后,经双方协商休刊。

《新民周刊》

由文汇新民联合报业集团主管主办的《新民周刊》,于 1999 年 1 月创刊,是上海及长三角地区第一本新闻性周刊。追求"新闻、新知、新锐",反映"民生、民情、民意";报道范围以时政、经济、社会、文化、科技为主,注重重大新闻事件、经济现象和社会问题的解析;常设栏目有时事评论、事件调查、一周回放、两人影话;读者对象主要定位于城市生活的中青年人。

从创刊初到 2002 年,《新民周刊》的办刊理念和发展目标更趋明晰:在内容安排上,用有深度、有见地的报道,用有权威、有说服力的观点、意见,满足读者的阅读期待。从创刊时以市场零售为主到 2002 年后以读者订阅为主,订阅量已占到总发行量 60％以上,投放零售的城市也扩展到 40 个以上。

注重发挥区位优势。把握上海建设国际金融、经济、贸易、航运中心之一与在长江流域地区发挥龙头作用的城市定位,报道上海深化改革、扩大开放、建设发展方面的有益探索和经验成果;同时关注长三角地区的新变化,组织系列报道,介绍杭州、宁波、温州、南昌、苏州等地在某些领域的开拓创新,《杭州突围》、《宁波活力》、《苏州嬗变》等组稿在长三角地区引起反响。

着力增强"海派"特点。利用立足上海、熟悉上海的长处,在取材选题上保持独家、独到。对兼容并蓄、海纳百川的海派文化,对发生在上海、又影响国内外的人和事,进行开掘、剖析,使之成为及时报道的重点。

重视凸显社情民意。聚焦新闻事件、时政热点,更多集中在民生、民情、民意上,尤其是在政策出台、体制转轨或重大突发事件后,真实反映民众的疾苦与呼声。

《新民周刊》在实践中探索创新,以创新集聚活力,以创新带来发展,并善于归纳总结行之有效的经验。例如积极借用集团平台,获取最新资讯。文汇新民联合报业集团驻国外记者多,信息资源丰富。《新民周刊》几经筛选整合,为我所用,建立起国际报道网络。通过经常与驻美、英、法、俄等国记者联系,由他们提供的信息和专稿,弥补了第一手国际资讯不足的缺口。同时组织专家队伍,增添理性色彩。对时政新闻的理性分析和观点阐释是《新民周刊》的定位需要,于是组织了一支编外队伍,由北京、上海等地的大专院校教授、研究机构专家与政府部门行家撰写时事评论,并为一些重点稿件配发分析文章。

1993 年至 2002 年间《新民周刊》主编为彭正勇、丁曦林。

《开放月刊》

《开放月刊》创刊于 1993 年 7 月,主办单位为新华社上海分社。

《开放月刊》是一本以财经新闻报道为主的月刊,办刊宗旨为:"开拓经济思维,放眼天下财经"。目前在海内外发行十多个国家和地区。

2003 年 1 月改刊,设有"财经文化"板块,数字财经、商界语林、政策解读、财经事件、财经视点、专家主张、与CEO面对面、财智手稿、财经世相、另类财经、时尚财经等栏目。

1993年至2002年间《开放月刊》主编为邬鸣飞、严卫民。

《上海人大月刊》

《上海人大月刊》由上海市人大常委会主办,以宣传人民代表大会制度、弘扬民主法治精神、展示代表履职风采为宗旨,是宣传人大制度的重要阵地和了解人大工作的重要窗口。其特点是,贴近人大工作,贴近人大代表,贴近人民群众,贴近社会生活,集综合性、指导性、可读性于一身,是各级人大代表和人大工作者的良师益友,也为其他关心民主法制建设的广大读者所喜爱。

作为市人大常委会的机关刊物,《上海人大月刊》一直受到市人大常委会领导的高度重视。由一位常委会副主任担任月刊编委会主任,由常委会秘书长任月刊编委会副主任,各专门委员会主任委员、工作委员会主任、常委会办公厅和研究室领导等都是编委会的成员,为推进办刊工作和保证办刊质量提供了强有力的支持与保证。在多年的办刊工作中,一直突出讲政治、讲服务的方针,既服务代表,又依靠代表,更突出代表。"代表之声"、"代表风采"、"代表手记"、"代表成果"、"代表园地"等栏目始终将宣传代表放在突出位置。

《上海人大月刊》创刊于1991年1月,起初由上海市人大常委会研究室主办,每月5日出版。1993年12月改由市人大常委会办公厅主办,1998年9月改由市人大常委会主办。创刊时,内芯仅32页。1999年第1期即创刊第100期进行首次改版扩版,内芯增为44页。

第二节 新闻专业期刊

《新闻大学》

《新闻大学》是国家教育部主管、复旦大学主办、复旦大学新闻学院编辑出版的新闻传播类学术期刊。创刊于1981年,季刊。

《新闻大学》坚持马克思新闻传播学理论与实践相结合的办刊方针,突出科学研究的学术新思想、新观点,提出并解决新闻传播实践中的问题和方法。同时,《新闻大学》参照国际学术刊物的经验,对论文实行专家匿名评审制度,以确保论文的质量。

《新闻大学》两次被评为新闻传播类核心期刊,为"中国人文社会科学论文与引文数据库首批来源期刊"和"中国社科期刊学术论文统计数据库核心刊物",并被全国许多名牌新闻传播类高等院校在学术评审时定为权威期刊和核心期刊。

《新闻记者》

《新闻记者》于1983年3月创刊,始由文汇报社和上海市新闻学会主办,1988年转由上海社会科学院新闻研究所主办,1995年10月起与新民晚报社合办,1998年8月后,由文汇新民联合报业集团与上海社科院新闻所主办。

《新闻记者》恪守为广大新闻工作者和新闻爱好者服务的宗旨,1997年初根据新的情况,对栏目作了调整与扩充,新辟了"晚报之苑"、"传媒文摘"、"笔家论坛"、"晚报大家庭档案"等栏目。为了反映社会对某一新闻事件的不同看法,还设置"有争议的新闻"专栏,以吸引读者。刊物的内页也从原来的48页增至64页,并增彩版插页。

1999年初改版之际,《新闻记者》重新明确定位和办刊方针,将上海、全国乃至全世界的新闻传播圈收入视野,侧重于报刊,兼及广播、电视、网络等大众传媒。力求理论与实践相结合,兼顾学术性与可读性。为新闻记者导向,助新闻记者进步,替新闻记者服务;写记者,记者写,让圈内人增进交流,使圈外人了解记者;雅俗共赏,品位高尚,坚持真理,百花齐放。为与时俱进,不断创新,在保留原有品牌栏目的同时,又陆续推出"网络新闻圈"、"媒介经济板块"、"媒介批评"、"新视野"、"正方反方"、"传媒观察家"、"点到即止"、"总编辑手记"等栏目。封面刊名恢复邹韬奋的题字手迹。

从2001年1期起,每年刊发由中国记协提供的上一年的"中国新闻业回望",以时间为纲,罗列全国新闻界的重要事件,资料详备可靠,富有史料价值。2001年6月,在全国新闻专业期刊优秀论文与栏目的评选中,所发表的新闻论文(《新闻舆论监督的形状及与司法关系》)和栏目("新闻调查档案")各获一等奖;新闻论文(《"无冕之王"安然无恙乎——上海新闻从业人员健康状况抽样调查报告》),获三等奖。同年先后被评为"华东地区优秀期刊",被《中文社会科学引文索引》(CSSCI-2000)选为来源期刊。是年开始,受上海市新闻高级专业技术职务任职资格审定委员会的委托,陆续编辑《新闻论文选》多册,作为增刊出版。

1993年至2002年间《新闻记者》主编为魏永征、吕怡然。

第三节　时事画刊

《上海画报》

《上海画报》是由上海文艺出版社主管主办、1982年创刊的一份以摄影图片为主,图文并茂的新闻性、综合性刊物。

《上海画报》报道改革开放以来上海各行各业的建设成就和上海市民社会生活中的万千新事,真实地记录了上海人精神风貌的变迁,成为上海对外宣传的窗口。

1992年1月30日江泽民为《上海画报》题词:"弘扬民族文化,展现现代风采"。吴邦国、陈至立、汪道涵等领导同志亲切关心、直接指导过《上海画报》的工作,并为之题词。

自1999年第3期起《上海画报》改、扩版,改双月刊为单月刊,并调整了栏目,"春华秋实"、"都市纵横"、"走近西部"、"上海史话"、"走遍申城"、"生活时尚"、"浦江之子"等栏目全方位地介绍上海的人、事、物。在继续唱响主旋律的同时,将刊物办得更贴近人民的生活,更符合国际人士阅读习惯,从而进一步满足读者的需求。

2001年起,在巩固扩大订阅、零售的基础上,大幅度增加了向全国各省、市、自治区党政部门,香港、澳门特别行政区,各国驻沪领事馆、商务代表处,上海航空公司航班,铁路重点客运列车等对象的赠送量,使读者的层次和阅读面得到了进一步提高。

2002年《上海画报》获中共上海市委对外宣传办公室颁发的"银鸽奖"二等奖(2002年外宣品)。

《漫画世界》

《漫画世界》是新民晚报社创办的第一份子报,创刊于1985年8月1日,月刊,16开16版,刊载国内外漫画家的各类漫画作品,漫画界信息,漫画史料等。1986年1月1日起改为半月刊,仍为 16 开 16 版。1997 年 1 月 1 日起第二次改版,8 开 8 版。

《漫画世界》于 1999 年底停刊,自 1985 年 8 月至 1999 年 12 月,共出版 341 期。

从 2000 年 1 月 1 日起,《漫画世界》以专版形式在《新民晚报》上刊出,每周一版,至 2004 年 4 月下旬停刊。其间《漫画世界》专版共刊出 231 期。

著名漫画家张乐平和华君武曾先后担任《漫画世界》半月刊的主编。

第七章　其他类报刊

《上海侨报》

《上海侨报》是上海市归国华侨联合会主管、主办,周报,1991 年 11 月创刊。

报纸立足本地侨界,辐射长三角,为所有关注海外、关注本地国际化进程的人士,特别是居沪的台港澳人士、海外归来人士和华侨侨眷,提供权威、时效、实用、可读性强的新闻资讯和服务信息。主要内容由新闻资讯、生活服务两大板块组成。新闻资讯板块提供本周上海、中国以及全球最具新闻性与目标读者休戚相关的人物、事件、言论等深度报道;生活服务板块提供目标读者需要的生活、娱乐、旅游、购车、美食、置业等实用信息。

《上海侨报》坚持以服务侨务工作、服务侨界人士为宗旨,积极反映广大归国华侨侨眷的爱国热忱、报国之情,参与侨界重大活动的报道,获得了广泛好评。

为适应统战、侨务工作的新形势与报刊市场发展的需求,《上海侨报》2001 年起作了重大改版,将宣传重心扩大到来沪创业的境外人士(包括台港澳人士、海外归来人士、华侨侨眷等)以及非公经济投资者,为他们的新闻资讯、生活需求提供服务。

为适应报刊市场的发展,《上海侨报》实行经营工作的专业化、代理制。在将经营与采编工作分离的前提下,经营部分实行市场化运作。

《外滩画报》

《外滩画报》创刊于 2002 年 11 月,原由上海文艺出版总社主管主办,后划归文汇新民联合报业集团主管主办。

《外滩画报》是一份立足于上海地区的大型新闻周报,内容涵盖社会、经济、生活等各个方面。以深度新闻报道为主要特点,倡导"公信就是生命力"。立足上海,辐射长江三角洲及国内主要城市,为读者提供全面、深刻的新闻产品。

《外滩画报》为 4 开 48 版,全彩印刷,分新闻、经济、生活和评论 4 大板块。

1993 年至 2002 年间《外滩画报》主编为陈岚尼。

《上海电视》

创刊于 1982 年 1 月。初为双月刊,一年后改为月刊,1993 年 1 月改为周刊。

《上海电视》坚持"通俗而不庸俗,更不媚俗"的办刊原则;坚持正确导向和"服务观众"的方针,紧紧围绕上海的电视宣传,引导观众正确理解和欣赏电视节目,密切电视荧屏和观众之间的联系。

1997 年《上海电视》全面改版,确立了"通俗而不庸俗更不媚俗"的办刊原则和"新闻、娱乐、服务三大功能并重"的办刊定位。版面内容主要分为四大类：新闻性栏目，以较大篇幅的版面体现媒体的思想性和社会性；评论性栏目，就影视界的各种现象、事件和人物，如演员的公德、主持人风格、创作得失、收视效果等问题展开评论；参与性栏目，缩短编者、作者和读者之间距离，围绕影视文化吸引读者参与互动；服务性栏目，向读者提供消费信息生活百科和教育指导等方面的服务。同时，周刊的节目预选功能得到加强，在原有上视、东视、央视、教视节目表基础上，通过积极努力与台际协调，又增加了有线台的每周节目编排预告，由此扩展为沪上所有电视频道的节目表大全。

经过数次改版扩容，页码增至 92 页（其中铜版纸彩页 20 页）。在内容设置、报道质量、版式包装等方面不断创新，在上海期刊界和全国广电期刊界屡屡获奖。2001 年 9 月，作为全国广电期刊发行量第一、沪上各类期刊发行量第二的品牌杂志，《上海电视》参加了在北京举办的"中国期刊展"，经市新闻出版局评选和推荐，中宣部、新闻出版总署批准，入选为"中国期刊方阵"的"双效期刊"。

多年来《上海电视》的发行与广告经营能力随着逐步扭亏为盈而持续提升，进入了良性发展的轨道。2002 年创刊二十周年之际，发行量攀升至期均 35 万册，全年广告创收达到历史之最的 970 万元。

1992 年 8 月，《上海电视》由编辑部改为杂志社，成为上海电视台的独立核算的二级法人单位。2000 年，随着广电媒体集团化改革和整合重组，《上海电视》归并至每周广播电视报社。周刊的发行、广告也由报社统一经营。

附录：1993 年至 2002 年上海报刊一览表

刊号	名　称	刊期	地　址	邮编	电话	主管单位	主办单位
0001	解放日报	日	汉口路 300 号	200001	63521111	中共上海市委	中共上海市委
0002	文汇报	日	威海路 755 号	200041	52921234	中共上海市委	文汇新民联合报业集团
0003	新民晚报	日	威海路 755 号	200041	52921234	中共上海市委	文汇新民联合报业集团
0004	上海日报	日	威海路 755 号	200041	52921234	中共上海市委对外宣传办公室	上海文汇新民联合报业集团
0005	劳动报	日	常德路 888 号	200040	62186600	上海市总工会	上海市总工会
0006	青年报	日	东湖路 17 号	200031	54045678	共青团上海市委	共青团上海市委
0007	少年报	日	长宁路 491 弄 36 号	200050	62525555	上海教育报刊总社	上海教育报刊总社
0008	上海科技报	周三	泰康路 5 号	200025	64318333 64724069	中共上海市科学技术工作委员会	上海市科学技术协会
0009	东方早报	日	延安中路 839 号	200040	62471234	上海文汇新民联合报业集团	文汇新民联合报业集团

（续表一）

刊号	名　称	刊期	地　址	邮编	电　话	主管单位	主办单位
0010	每周广播电视	周	洛川东路487号	200072	56383684	上海电视台上海电台	上海电台上海电视台
0011	上海法治报	周四	小木桥路268弄1号4楼	200032	64748811	中共上海市委政法委	中共上海市委政法委
0012	文学报	周二	威海路755号	200041	52921234	文汇新民联合报业集团	文汇新民报业集团上海市文联
0013	生活周刊	周	东湖路17号	200031	64735289	共青团上海市委	共青团上海市委
0014	语言文字周报	周二	永福路123号	200031	64377165	上海世纪出版集团	上海教育出版社上海市语言文字工作委员会
0016	国际金融报	周五	浦东民生路1399号12楼	200135	68547299	人民日报社	人民日报华东分社
0017	小青蛙报	周	延安西路1538号	200052	62822790	少年儿童出版社	少年儿童出版社
0018	上海壹周	周	绍兴路50号	200020	62499093	上海文艺出版总社	上海文艺出版总社
0019	联合时报	周	北京西路860号	200041	62587755	上海市政协	上海市政协
0020	上海译报	周三	延平路223弄2号2504室	200042	52890757	上海远东出版社	上海远东出版社
0022	学生计算机世界	周二	五原路314号	200031	64718238	中国福利会	中国福利会
0023	青少年科技报	周二	延安西路376弄22号12楼C部	200040	56612870	少年儿童出版社	少年儿童出版社
0024	上海经济报	周六	延安东路58号4楼	200002	62580580	上海工业经济联合会	上海工业经济联合会
0026	上海老年报	周三	汉中路8号8楼	200070	63179784	上海市老龄工作委员会	上海市老龄工作委员会
0027	上海商报	日	绍兴路54号	200020	64671431	上海世纪出版集团	上海世纪出版集团
0028	上海星期三	周	威海路755号	200041	52921234	文汇新民联合报业集团	文汇新民联合报业集团

（续表二）

刊号	名　称	刊期	地　址	邮编	电　话	主管单位	主办单位
0029	城市导报	周四	九江路 137 号 9 楼	200002	63212590	上海市建设协会	上海市建设协会
0030	文汇读书周报	周（另加月末版）	威海路 755 号	200041	52921234	文汇新民联合报业集团	文汇新民联合报业集团
0034	社会科学报	周	淮海中路 622 弄 7 号	200020	63062234	上海社会科学院	上海社会科学院
0035	上海汽车报	周	威海路 489 号 2011—2012 室	200041	22011563	上海汽车工业总公司	上海汽车工业总公司
0036	上海新书报	周	四川中路 133 号	200002	63298260	新华发行集团	新华书店上海发行所
0037	读者导报	周三	天钥桥路 180 弄 2 号 2 楼	200030	64810655	百家出版社	百家出版社
0038	学生导报	周二	东湖路 17 号	200031	54045678	共青团上海市委	共青团上海市委
0039	组织人事报	周二	高安路 19 号	200031	64376106	上海市党建研究会	上海市党建研究会
0041	东方城乡报	周三	张杨路 2228 弄张杨花苑 15 号	200135	58334008	上海市农村经济学会	上海市农村经济学会
0043	全国地方版科技新书目	半月	四川中路 133 号	200002	63212599	上海新华发行集团有限公司	上海新华发行集团有限公司
0044	上海学生英文报	周二	谈家渡路 78 号	200063	62040048	解放日报报业集团	解放日报报业集团
0045	上海大众卫生报	周	陕西南路 122 号 6 楼	200040	54032246	上海健康教育所	上海健康教育所
0049	上海海港报	周	杨树浦路 18 号 1217、1219 室	200082	63906600－41217	上海国际港务（集团）有限公司	上海国际港务（集团）有限公司
0050	海运报	周	东长治路 503 号 3 楼	200080	65966269	中国海运集团公司	中国海运集团公司
0051	建筑时报	周三	延安东路 110 号 3 楼	200002	65209107	上海建工集团	中国建筑业协会上海建工集团
0052	上海铁道	周四	天目东路 80 号	200071	51222059	上海铁路局	上海铁路局
0053	三航报	周	平江路 139 号	200032	64031158	中国港湾总公司三航局	中国港湾总公司三航局

（续表三）

刊号	名　称	刊期	地　址	邮编	电　话	主管单位	主办单位
0055	华东电力报	周	南京东路 201 号	200002	23015121	国家电力公司华东分公司	国家电力公司华东分公司
0058	宝钢日报	周五	同济路 3509 号	201900	56600775	上海宝钢集团公司	上海宝钢集团公司
0060	新金山报	周四	隆安路 385 号	200540	57940729	上海石油化工股份有限公司	上海石油化工股份有限公司
0062	上海家庭报	周	淮海中路 755 号新华联东楼 18 楼	200060	64152871	文汇新民联合报业集团	文汇新民联合报业集团
0065	上海邮电报	周	北京西路 819 号	200040	52128848	中国电信集团上海市电信公司	中国电信集团上海市电信公司
0068	外滩画报	周	常熟路 100 弄 10 号宝立大厦 5 楼	200040	62480868	上海文艺出版总社	上海文艺出版总社
0070	新闻晨报	日	汉口路 300 号	200001	63521111	解放日报报业集团	解放日报报业集团
0071	上海侨报	周	长乐路 672 弄 33 号 A 楼 3 楼（编辑部）天平路 248 号 5H 室（总部）延安西路 129 号 10 楼 1011 室（注册地）	200040 200030 200040	54036677 64473630 62493292	上海市侨联	上海市侨联
0072	家庭教育时报	周二	长宁路 491 弄 36 号	200050	62106437	上海市教育报刊总社	上海市教育报刊总社
0075	上海中医药报	周	康定路 359 号	200040	62153849	上海市中医药学会	上海市中医药学会
0077	动手做	周	中兴路 300 号（闸北第三中心小学内，近东宝兴路）	200071	56983074	上海市科学技术协会	上海科普事业中心
0079	上海中学生报	周二	长宁路 491 弄 36 号	200050	62525555	上海教育报总社	上海教育报总社
0083	旅游时报	周	蒲汇塘路 101 号 303 室	200030	64280168	上海市旅游协会	上海市旅游协会
0084	报刊文摘	周三	汉口路 300 号	200001	63523627	解放日报报业集团	解放日报报业集团

（续表四）

刊号	名 称	刊期	地 址	邮编	电 话	主管单位	主办单位
0089	党史信息报	周	康平路141号	200030	64746754	中共上海市委党史研究室	党史学会
0091	东方航空报	周	虹桥国际机场内	200335	62686268	东方航空集团公司	东方航空集团公司
0092	上海英文星报	周	淮海中路200号20楼	200021	53833077 63876060	中国日报社	中国日报社
0093	上海时装报	周	茅台路567号9楼	200336	62748598-3059 52060350	上海市纺织控股集团公司	上海市纺织控股集团公司
0094	上海证券报	日	杨高南路1100号	200127	58391510	新华社上海分社	新华社上海分社
0096	上海农工商报	周	华山路263弄7号	200040	62472752	上海市农工商集团总公司	上海市农工商集团总公司
0097	古籍新书报	月	瑞金二路272号	200020	64339287	上海古籍出版社	上海古籍出版社
0098	行报	周	虎丘路50号	200002	63292655	文汇新民联合报业集团	文汇新民联合报业集团
0099	人才市场报	周二	谈家渡路78号7楼	200063	64316899	解放日报报业集团	解放日报报业集团
0101	上海金融报	周三	浦东南路256号24楼	200120	68866770 58791183	中国人民银行上海分行	中国人民银行上海分行
0102	上海东方体育日报	日	威海路755号	200041	52921234	文汇新民联合报业集团	文汇新民联合报业集团
0103	人民日报华东新闻	日	世纪大道777号	200120	58797777	人民日报华东分社	人民日报华东分社
0104	房地产时报	周	汉口路300号	200001	63521111	解放日报报业集团	解放日报报业集团
0108	申江服务导报	周	汉口路300号10楼	200001	63521111	解放日报报业集团	解放日报报业集团
0109	i时代报	周	汉口路274号	200001	63601100 63501819	解放日报报业集团	解放日报报业集团
0111	新闻晚报	日	汉口路300号	200001	63521111	解放日报报业集团	解放日报报业集团
0112	新闻午报	日	康定路211号艺海大厦21楼	200041	62720697	中共上海国际艺术节中心委员会	上海国际艺术节中心

（续表五）

刊号	名称	刊期	地址	邮编	电话	主管单位	主办单位
0801	复旦	周	邯郸路 220 号综合楼 327 室	200433	65642617	复旦大学党委	复旦大学宣传部
0802	上海交大报	周	华山路 1954 号大礼堂南二楼	200030	62932232	上海交通大学党委	上海交通大学党委宣传部
0803	同济报	双周	四平路 1239 号管理楼 302 室	200092	65982983	同济大学	同济大学
0804	华东师范大学	双周	中山北路 3663 号办公楼东楼 102 室	200062	62232216	华东师范大学党委	华东师范大学党委宣传部
0805	华东理工大学周报	周	梅陇路 130 号办公楼 307 室	200237	64252772	华东理工大学党委	华东理工大学党委宣传部
0806	上海外国语大学	半月	大连西路 550 号 5 号楼 318 室	200083	65311900	上海外国语大学党委	上海外国语大学党委宣传部
0807	东华大学报	旬	延安西路 1882 号中心大楼 2 楼	200051	62373216	东华大学党委	东华大学党委
0809	上海理工大学报	半月	军工路 516 号第二办公楼 303 室	200093	65683629	上海理工大学党委	上海理工大学党委宣传部
0810	上海海运学院报	半月	浦东大道 1550 号办公楼 506 室	200135	58855200 转 4077	上海海运学院党委	上海海运学院党委宣传部
0812	上海财经大学报	旬	国定路 777 号	200433	65904912	上海财经大学党委	上海财经大学党委宣传部
0813	华政报	半月	万航渡路 1575 号	200042	62071603	华东政法学院党委	华东政法学院党委宣传部
0814	上海水产大学	半月	军工路 334 号行政楼 415 室	200090	65710305	上海水产大学党委	上海水产大学党委宣传部
0815	上海电力学院报	月	平凉路 2103 号	200090	65430410 - 514	上海电力学院党委	上海电力学院
0816	上海二医报	旬	重庆南路 227 号一舍五楼	200025	63846590	上海二医党委	上海二医党委
0817	上海中医大报	半月	蔡伦路 1200 号行政楼 408 室	201203	51322038	上海中医药大学党委	上海中医药大学

（续表六）

刊号	名　称	刊期	地　址	邮编	电　话	主管单位	主办单位
0818	上海大学	周	上大路 99 号行政楼 504 室	200436	66132951	上海大学党委	上海大学党委宣传部
0819	上大法学院报	半月	外青松公路 7989 号 5 楼 515 室	201701	69209376	上海大学法学院	上海大学法学院
0820	上海师大报	半月	桂林路 100 号	200234	64322631	上海师大党委	上海师大党委
0821	上海贸院报	半月	古北路 620 号行政楼 420 室	200336	62748250 - 409	上海对外贸易学院党委	上海对外贸易学院党委宣传部
0822	上海工程技术大学	半月	仙霞路 350 号行政楼 723 室	200336	62759779 - 3107	上海工程技术大学党委	上海工程技术大学党委宣传部
0824	二工大报	半月	浦东新区金海路 2360 号	201209	50684471	上海第二工业大学	上海第二工业大学
0825	上海电大信息	双周	阜新路 25 号 609 室	200092	65834287	上海电视大学党委	上海电视大学党委宣传部
0826	上海应用技术学院报	半月	漕宝路 121 号办公楼 114 室	200233	64941146	上海应用技术学院党委	上海应用技术学院党委宣传部
0827	立信	月	中山西路 2230 号	200233	64390390	立信会计高等专科学校党委	立信会计高等专科学校党委宣传处
0828	上海公专报	月	哈密路 1330 号	200336	62615499	上海公安高等专科学校党委	上海公安高等专科学校政治处
0830	上海金专报	半月	上川路 995 号 1 号楼 405 室	201209	58633955	上海金融高等专科学校党委	上海金融高等专科学校党委宣传部
0832	上海党校通讯	半月	虹漕南路 200 号	200233	64363041 -	上海市委党校	上海市委党校
0834	上海戏剧学院报	月	华山路 630 号	200040	62482920	上海戏剧学院党委	上海戏剧学院党委宣传部
0835	上海电专报	半月	闵行江川路 690 号办公楼 322 室	200240	64300980	上海电机技术高等专科学校党委	上海电机高等专科学校党委宣传部

第三编
广播与电视媒体

1992 年至 2002 年，广播电视经历了从"台中台"向"台外台"到"集团"的两度演变。

1992 年后，上海广播电视局加快改革步伐，两个老台各组建一个新台。1992 年 10 月 28 日，上海东方广播电台开播；1993 年 1 月 18 日，上海东方电视台开播，并与 1992 年 12 月 26 日开播的上海有线电视台一起，形成"五台并存，相互竞争"的新格局。

新的"三台"实行全新的体制与机制，装备全新的技术设备，推出全新的节目内容。两家老台也积极应对，推出一系列新的措施。与此同时，广播电视的文化产业、技术能级、基础设施也得到长足发展。一时间，广播电视尤其是电视，社会影响空前扩大。

随着时间的推移和改革的深入，又出现阻碍上海广播电视对外竞争的新情况。因此，重新整合资源，组建上海广电"联合舰队"，以增加实力。于是 2001 年 8 月，组建上海文广新闻传媒集团（筹），取消"五台"建制。

集团建立后，根据形势的发展和受众的需求以及"受众细分，优化配置，品牌经营，互享互动"的原则，进行资源整合、机构设置、岗位双向选择、干部职工竞聘上岗等方面的频道频率专业化重组，进一步提高上海广电的整体核心竞争力，为应对国内外媒体的竞争打下坚实基础。

在这 10 年中，区县广播电视机构也积极改革创新，实现局台合一、广播电视合一、有线无线合一的"三合一"格局，加大宣传力度，在全国率先实现"村村通"。

传媒集团还托管上海 14 家文艺院团，并增加互动电视、移动电视等传播渠道。先后组建广告经营中心和节目营销中心，统一价格，实行集约化管理，增加创收。2002 年度，实现创收 18 亿元。

第一章 广播电台

第一节 上海人民广播电台

上海人民广播电台于 1949 年 5 月 27 日诞生。

20 世纪 80 年代末至 90 年代初，国内广播电台纷纷成立系列台，走外延扩张之路。节目越办越多，内容设置撞车、节目质量下降的弊病日见突出。上海电台于 1994 年 11 月按"横向归并、纵向压缩"的原则，将原有 8 个系列台归并调整为新闻、经济、文艺、浦江四大中心台；原有 145 个节（栏）目压缩为 120 个；日播出时间减为 113 个小时。中波 990 千赫新闻中心台为"四大金刚"格局的龙头，17 档新闻节目有三分之二为直播，有效加大上海电台新闻辐射的密度和力度。

1999 年 1 月，上海电台进一步实施"精简频率，精办节目"的方针，将 10 套广播频率精简为 6 套，节目总数由 120 多个减为 100 个，日播出时间减为 86.5 小时。6 套广播节目均实行双频联播。上海电台拥有新闻、交通、戏剧、文艺 4 套节目，节目覆盖上海和长江三角洲地区，收听人口达 5 000 万。

1995 年 5 月 8 日，上海电台与上海有线电视台联合创办有线戏剧电视频道，每天播出16 小时，成为国内第一个戏剧电视专用频道。

上海电台注重节目形式的不断出新和节目质量的不断提高，有《990 早新闻》《市民与社会》《滑稽王小毛》《空中体坛》等节目。其中，1992 年 10 月 26 日开播的《市民与社会》，是上海地区第一个有听众参与的广播新闻谈话类直播节目，成为沟通政情民意的桥梁。2000 年 4 月又推出《市长热线》专栏，每月邀请一位市长或副市长，与市民就共同关心的问题进行交流对话。

1994 年以来，上海电台节目和作品在中国新闻奖、中宣部"五个一工程"奖、中国广播电视新闻奖、上海新闻奖等评比中获一等奖的有 29 个；12 名员工分获上海市劳动模范、"全国百佳新闻工作者"、"上海韬奋新闻奖"、"上海范长江新闻奖"、"上海十佳新闻工作者"等荣誉。上海电台早新闻报道组、广播剧组先后获得"全国广播电影电视系统先进集体"称号。

上海电台升格为副局级新闻单位，2001 年至 2002 年度，被评为"上海市精神文明单位"。

1993 年以来，历任党委书记为徐济尧（兼）、雷德昌、任大文；台长为陈文炳、李尚智。

日益扩大的社会影响和节目的创新创优，带动上海电台广告经营创收的节节攀升。1994 年，全台广告创收为 3 300 万元；2001 年达到 8 100 万元，增长 2 倍多。

上海电台于 1996 年 10 月迁入虹桥路广播大厦。

1997 年 5 月，上海电台开设网址为 www. radioshanghai. com 的网站，《滑稽王小毛》通过上广网站成为上海第一个登上国际互联网的广播节目。

2001年8月，上海电台划入上海文广新闻传媒集团（筹）。

一、990 新闻频率

新闻频率是上海电台的龙头频率，播出频率为中波 990 千赫、调频 93.4 兆赫。

"欲知天下事，请听 990"为宣传语的新闻频率，以整点新闻和新闻性专题为基本框架，每逢整点滚动播出上海及国内外新闻，对重大新闻事件和广大市民关注的热点新闻作迅捷、详尽的追踪报道；新闻性专题节目全面涵盖法律、社会、体育、国际、健康和新闻人物等多方面内容，兼有广播剧和娱乐等多类节目，形成《990 清晨新闻》、《990 早新闻》、《990 晚间新闻》、《市民与社会》、《空中体坛》、《名医坐堂》、《法庭内外》等一批听众所熟悉、喜爱的名牌节目。

《990 早新闻》是其主打新闻节目。1993 年 2 月 10 日起，节目由原来的 30 分钟扩展为 1 小时，内分若干板块，有国内外要闻、本市新闻、报刊文选、深度报道、体育快讯、新闻快评、听众热线等。节目时效性强、信息量大、内容丰富多彩，其收听率长期位居上海地区之首。

1992 年 10 月 26 日开播的《市民与社会》，经常就市民关注的热门话题，邀请党政领导、专家学者和社会名流等担任嘉宾，通过热线电话与市民对话交流，相互沟通。1998 年 6 月 30 日，正在上海访问的美国总统克林顿与上海市市长徐匡迪应邀担任《市民与社会》节目嘉宾，与上海听众作近 1 小时的对话交流，开外国元首在中国媒体参与直播之先河。1999 年，《市民与社会》获中国新闻名栏目奖。

1992 年 10 月 26 日，由上海电台科技组开办的性教育热线直播节目《悄悄话》在新闻频率深夜时段开播，每天播出 20 分钟。节目受到全国人大常委会原副委员长吴阶平、国际计划生育联合会秘书长马勒博士称赞。1996 年 8 月节目停办。

2002 年 7 月 15 日，上海文广新闻传媒集团对上海的广播频率资源作了重新整合，新闻频率对外呼号由原来的"上海电台"，改为"上海电台新闻频率"。全天播出时间由 19 小时零 5 分，改为全天 24 小时播出，并对节目设置、编排均作了新的调整，其中恢复"文革"前的"广播名人阿富根"，开设《谈天说地阿富根》节目，并用沪语播出，成为新版节目的一个亮点。

二、648 交通频率

1991 年初，上海市政府为改善市内交通状况，把建立交通信息台列入当年为民办的"十件实事"项目之一。同年 9 月 30 日，上海电台交通信息台正式开播，为中国内地首家专业交通电台，播出频率为中波 648 千赫。

"收听 648，伴你走天下"。交通信息台的宣传宗旨是"缓解交通拥堵，方便市民出行"。与上海市公安局交警总队联手，将其直播室同交警总队道路交通指挥控制中心相联结，节目布局以交通信息为主干。每逢正点、半点播出全市各主要道路的车辆通行情况，重要交通信息随时插播。同时提供适合流动人群收听的新闻、音乐、体育、财经和咨询服务类等节目，主要专栏节目有：《648 传真》、《交通法规方圆》、《世界汽车音乐城》、《小茗时间》、《都市立交桥》、《小说连播》等。

1992 年 10 月 8 日上午，交通信息台租用直升机，举办"空中 1 小时"特别节目，首开中国内地空中直播和空中观察、指挥地面交通的两项纪录。特别节目还从空中视角报道上海城市建设的崭新成就。

1998 年 9 月 28 日,开设在交警总队道路交通指挥控制中心的《交警直播室》正式开播,每天在职工上下班高峰时段,即时直播上海主要道路的车辆通行情况。

1999 年 1 月 1 日,采用中波 648 千赫、调频 98.7 兆赫(小调频)双频同时播出,缓解了上海部分地区收听节目质量差的问题。

2002 年 7 月 15 日,上海文广新闻传媒集团对上海的广播频率资源重新整合,交通信息台对外呼号改为"上海电台交通频率",播出频率为中波 648 千赫,并调整配置了发射功率较大的调频 105.7 兆赫(10 kW),基本解决了上海地区收听交通频率的问题。新推出的交通频率对节目设置、编排均作了较大幅度的调整,其中新辟每天 6 至 7 点播出的新闻节目《早安,上海》;并与上视体育频道合作,在上海广播媒体中独家进行重大体育赛事的实况转播。

三、1422 市场经济频率

继广东珠江经济台之后,上海电台经济台于 1987 年 5 月 11 日正式开播,为中国内地第二家以经济宣传为主的广播频率。当时的播出频率为中波 792 千赫,每天播出 18 小时。

1992 年 10 月,中波 792 千赫划归新成立的东方电台。经重组,上海电台市场经济台于 1993 年 1 月 1 日正式对外播出,由中波 1 422 千赫、711 千赫联播。经济频率的宣传宗旨为 3 句话:"大市场的窗口,企业家的挚友,消费者的知音"。同时,对原节目设置作了较大调整,其中与上海证交所合作,在股市开盘时间同步播出的《金融证券即时行情》成为上海最受听众欢迎的广播节目之一。

1993 年 6 月 5 日,为贴近听众、深入市场,宣传上海商业新风采,市场经济台与上海第一百货商店股份有限公司合作,在第一百货商店开设《第一百货直播室》,每周一至周六 17:00—18:00、周日 12:30—14:00 播出。

1997 年 4 月 20 日,根据上级文件精神,"上海电台市场经济台"的呼号更改为"上海电台市场经济频率"。1999 年 1 月 1 日,增加调频 105.7 兆赫播出节目,以提高节目的收听质量。

2002 年 7 月 15 日,上海文广新闻传媒集团将上广市场经济频率与东广金融频率合并重组后,对外呼号为"东方电台财经频率"。

新组建的财经频率以中国加入 WTO、金融经贸大发展为契机,对节目设置等作了进一步调整,并利用卫星、网络等先进技术,与国内、国际市场互动,更好地为听众服务,并与北京经济台联手推出《中国财经 60 分》这一全新的财经新闻节目。

四、103.7 音乐频率

音乐是上海电台播出量最大的节目内容。

1993 年初,上海电台实施系列台的改革方案,成立音乐台,播出频率为调频 103.7 兆赫,对外呼号为"上海电台音乐台"。音乐台推出《浦江晨曲》、《音乐万花筒》、《世界音乐星空》、《祝您好运》、《DJ 直播室》等一批新节目。1998 年 1 月 28 日,音乐台还首次通过国际互联网直播新春特别音乐节目《网上广播,虎年贺岁》,使海外华人得以通过互联网听到乡音。

为弘扬高雅艺术,1995 年 1 月 16 日,上海电台新辟调频 105.7 兆赫为音乐 2 台,以播送高雅音乐为主,与以通俗音乐为主的调频 103.7 兆赫的音乐一台组成上海电台两个调频音乐台,为全国首创。

1997 年 4 月 20 日,根据上级文件精神,"上海电台音乐一台"的呼号更改为"上海电台103.7 音乐调频";"上海电台音乐 2 台"的呼号更改为"上海电台 105.7 音乐调频"。

1999 年 1 月 1 日,上海电台实施"精简频率,精办节目"的改革方案,将音乐广播频率合二为一,对外呼号是"上海电台音乐频率",采用调频 103.7 兆赫、中波 1 296 千赫双频播出。原 105.7 音乐调频的高雅音乐节目被安排在经济频率 21:00 至次日凌晨 1:00 的时段中播出。

2002 年 7 月 15 日起,上海电台的音乐频率与东方电台音乐频率合并重组,对外呼号为"东方电台综合音乐频率"。

五、1197 文艺频率

1993 年初,上海电台对广播体制作进一步的改革,实施系列台的改革方案,文艺台的播出频率为中波 1 197 千赫。

1997 年 4 月 20 日,根据上级文件精神,"上海电台文艺台"的呼号更改为"上海电台文艺频率"。

2002 年 7 月 15 日,上海电台的文艺频率的节目内容细分为二,组建文艺频率和戏剧频率,对外呼号分别为"上海电台文艺频率"、"上海电台戏剧频率"。原文艺频率中的戏剧类节目被安排至戏剧频率。两频率针对不同的听众群,分别对播出节目作了重大改革。

六、105.7 英语频率

1986 年 10 月 1 日,上海电台首次在中波 990 千赫开设 10 分钟的《英语新闻》节目,成为解放以来中国内地第一个自办英语新闻的地方电台。

1992 年 10 月 1 日,英语调频广播播出时间增加至 12 小时,对外呼号改为"上海电台英语台"(英文呼号：SHANGHAI CALLING)。

英语广播以常驻上海的外国领事馆官员、外商、外企工程技术人员、外籍教师、留学生以及上海科技人员、大学生、中学生等为目标群,主要宣传上海的社会生活、经济建设、投资环境及有关方针政策等,成为上海对外宣传的一个重要窗口。开设的主要节目有:《新闻》、《欢乐调频》、《英语小说连播》、《教外国人说上海话》、《娱乐指南》、《金融报道》等,每天还转播中国国际广播电台 1 小时的英语节目。

1994 年 11 月 4 日,上海电台进行第二次重大改革,成立 4 个中心台,将浦江中心台下属的外语教学台与英语台合并成为"上海电台外语台"(英文呼号为 SHANGHAI CALLING),广播频率是中波 1 296 千赫。

1997 年初,上海电台因体制改革,撤销浦江中心台,英语节目又被单列播出,呼号为"上海电台英语台"。同年 4 月 20 日,英语台的对外呼号更改为"上海电台英语频率"。

1999 年 1 月,上海电台实施"精简频率,精办节目"的改革方案,将原来的 10 套广播频率精简为 6 套,"上海电台英语频率"被撤销,其《英语新闻》被保留,并安排在新闻频率中播出。

七、105.7 少儿频率

1949 年 7 月开办的少年儿童节目,是上海电台历史较久并受到听众喜爱的节目之一。

1997 年 6 月 1 日,上海电台少儿频率正式开播,播出频率为中波 1 296 千赫,全天播音 4 小时。少儿频率推出《听音乐·讲故事》《娃娃学英语》《阿爸教现代科技》《畅游快乐城》、《金钥匙·作文俱乐部》《讲不完的故事》和《父母加油站》等一批受到中小学生和家长欢迎的新节目。

1999 年 1 月 1 日,上海电台实施"精简频率,精办节目"的改革方案,"上海电台少儿频率"被撤销,少儿节目被安排在经济频率双休日的《空中学校》栏目中播出。

八、1296 外语教学频率

上海电台于 1949 年 12 月 11 日开播《俄语广播讲座》。

1993 年 7 月 5 日,上海电台对内部体制和各频率节目进行改革,设立广播教学部。中波 1 296 千赫的外语教学节目的对外呼号为"上海电台外语教学台"。

1994 年 11 月 4 日,上海电台进行第二次重大改革,成立 4 个中心台,将浦江中心台下属的外语教学台与英语台合并成为"上海电台外语台"（英文呼号为 SHANGHAI CALLING）,播出频率为中波 1 296 千赫。

1999 年 1 月 1 日,上海电台实施"精简频率,精办节目"的改革方案,将原来的 10 套广播频率精简为 6 套。为此,"上海电台教育频率"被撤销,此后的外语教学节目被安排在经济频率双休日的《空中学校》栏目中播出。

第二节　东方广播电台

东方广播电台于 1992 年 9 月 24 日挂牌成立,同年 10 月 28 日开播。江泽民为东方广播电台题写台名。

建台初期,东方电台拥有中波 792 千赫和调频 101.7 兆赫两套广播节目。792 千赫为新闻综合类节目;101.7 兆赫为音乐频率。两个频率在编排上采取大板块结构,共设新闻、经济、文化、娱乐、服务、谈话类等近 50 个栏目,日播出时间 42 小时。1993 年 10 月,东广利用调频副信道（SCA）推出少儿频率;1995 年,又在调频 97.7 兆赫推出以高科技手段传播的卫星金融台。

1994 年以来,先后对栏目设置和节目内容作了多次改版,逐步形成新闻、综合和音乐等主体板块。《东广早新闻》《东广体育》《今日新话题》等栏目各具特色;"792 为您解忧"开创了社会各界"送温暖、献爱心"的全新形式;"东方传呼"成为受理百姓投诉、为民排忧解难的空中热线。

1994 年 10 月 28 日,由东方电台和上海有线电视台联合创办的有线音乐频道正式开播。注重古典与现代音乐的交汇融合,为传播和普及音乐知识、传承中外优秀文化发挥了良好作用。日播出时间为 17 小时,设有《中国歌潮》《越洋音乐杂志》等栏目。

东方电台节目的覆盖范围以上海为中心,辐射苏、浙、皖等地区,地域人口超过 1 亿。东广还先后与美、德、法、英、日、澳等国及中国香港、中国台湾等地区开展业务交流与合作。

2001 年底,全台职工人数为 165 人。张培、方舟、蔚兰等被评为全国广播"金话筒"奖得主。东方电台的节目也多次荣获中国新闻奖一等奖等重大奖项。东广成立以来,已4次蝉联"上海市文明单位"称号。

1996年5月,东方电台牵头组建"东方广播民族乐团";2001年,上海民族乐团又由东方电台托管。2001年底两团合并,归属上海文广新闻传媒集团(筹)管辖。

东方电台曾以100万元贷款作为开台经费,经济上实行独立核算,自负盈亏。建台以来,广告创收年均以10%递增。

1996年9月,东方电台升格为副局级新闻单位。赵凯、尤纪泰、李瑞祥等先后出任台党总支书记和党委书记;首任台长为陈圣来,陈乾年接任常务副台长(主持工作)、总编辑。

东方电台于1996年10月迁入虹桥路广播大厦。

1999年起,东广开设官方网站(www.eastradio.com)。网站以东广精品节目为基本资源和内容框架,突出广播主业与互联网的互动性和互补性。

2001年8月,东广划入上海文广新闻传媒集团(筹)。2002年7月15日,上海广播专业化频率全面整合。东方电台正式拥有新闻综合、流行音乐、综合音乐、财经、金色频率5套广播节目;另有1套面向台湾同胞的"浦江之声"节目,日播出总量达92小时。

一、792新闻综合频率

东方电台自1992年底建台起至2002年夏,随着事业的发展和广播节目的调整,先后存在过4套广播频率(中波792+调频104.5、调频101.7、调频97.7和调频92.4),逐步形成新闻综合、音乐、金融、少儿4套广播节目并存的格局。其中,中波792千赫始终是主频率(1999年3月起实行与调频104.5兆赫双频率播出),承担新闻综合节目的播出,并实行24小时全天播出。

新闻节目每天近4.5小时。主要版面为上午6点至9点的大板块,由"东广快讯"、"新闻追踪"、"东方传呼"、"东方论坛"、"报刊导读"等固定栏目组成。从9点开始,相继有11档正点新闻;18点有30分钟的"东广时事特快"新闻节目。

东广新闻节目立足上海,兼顾华东,辐射全国,放眼全球。"消息"强调简短明快,"追踪"务求现场带"响",播音语速稍快,语调亲切,总体追求鲜活、敏捷、生动、多样的风格,体现东广新闻的基本特色。

综合节目占据播出的大部分时间,内容涵盖经济、文化、政法、教育、卫生、体育、娱乐、交通等诸多领域,以大板块直播为主,有谈话、咨询、娱乐、投诉等多种样式。

东广新闻综合频率因连年有重大宣传报道而受到关注。如1994年起,每年1月的"792为您解忧"特别活动吸引市民争相奉献爱心;1995年3月"792解忧基金会"成立;由东广发起的"迎东亚运街头大讨论";《长江万里行》、《沿海万里行》、《来自英雄部队的报告》等。

2002年7月15日起,上海广播频率资源进行重组,792呼号改为"东广新闻综合频率"。其定位除继续加强上海地区和国内、国际新闻外,逐步向长江三角洲拓展,与上广990形成错位竞争。同时逐步建立东广卫星广播网,一些栏目如《昨夜今晨》、《长江三角洲省市长访谈》等节目相继推出。

二、101.7 音乐频率

东方电台调频 101.7 音乐频率于 1992 年 10 月 28 日开播。以播放中外通俗流行音乐为主，兼顾古今中外经典音乐作品，全天播出 18 小时。开播初期主要栏目有：《缤纷歌坛》、《环球音响》、《限时专送》、《中外乐坛》等。此后几年中陆续创设《东方风云榜》、《潇洒 60 分》、《飞越太平洋》等栏目。

1993 年，旨在推动国内流行歌曲发展、填补国内原创歌曲排行空白的《东方风云榜》正式推出。1994 年 2 月，首届《东方风云榜》十大金曲评选活动全面展开，同时设立"最受欢迎男女歌手"、"最佳词曲作者"、"东方新人"等奖项。这项评选活动此后每年春天举行。

《飞越太平洋》是新中国音乐广播史上第一档国际性的外宣节目。东方电台先后与美国洛杉矶华语电台和洛城电台合作，每周日中午两地同步直播，以加强两地文化、经济等诸方面的交流。

东广音乐频率重视对世界乐坛信息的迅捷传递：《三～五流行世界》介绍世界各地最新流行音乐；《世界排行榜》、《来自英国的问候》均以欧美流行歌曲为主。此外，还有《走进塞纳河》、《澳大利亚音乐航班》和《上海·横滨新电波》等。

音乐频率的服务类节目各有特色：《天天点播》采取当场电话热线点播的方式，即点即播，还穿插乐坛讯息、音乐知识、趣闻轶事等；《限时专送》将听众请进录音室，选择歌曲作为礼物播出，而后将节目录成盒带，由快递公司送达听众家中作为纪念。

东广音乐频率历年来组织、操办许多大型活动，如美国费城乐团访沪演出、沪港著名歌星为宋庆龄基金会集资义演、"中华之韵"特约演奏家系列音乐会、'95 上海民族音乐周、上海歌手广场音乐会、德国巴伐利亚广播交响乐团访沪演出、曼陀凡尼乐团"中国浪漫之夜"演奏会、"西部放歌"大型歌舞晚会、"千筝和鸣、花好月圆"等。

2002 年 7 月 15 日，东广音乐部与上广音乐部合并重组，对外呼号分别为"东广流行音乐频率"和"东广综合音乐频率"（后改为"东广经典音乐频率"）。

三、SCA101.7 儿童台→FM92.4 少儿频率→老少频率

1993 年 10 月 28 日，东方电台"SCA 儿童台"正式开播，全天播出节目 15 小时。这是国内首个专业儿童广播频率。

为了克服频率资源缺乏的困难，技术部门特辟了 FM101.7 副信道（SCA）。东广则依靠社会企业力量，引进国外技术，生产出专用接收机供应东广儿童台的小听众。

儿童台节目分为两大板块。一块为学龄前幼儿节目，包括《芝麻开门》等；另一块为少儿节目，包括《午间俱乐部》、《故事魔方》等。儿童台通过公开招聘，建立了一支近 50 人的小记者、小主持人队伍，参加到节目的编辑、制作中来。1994 年底，又推出一档《特级教师到你家——打电话问功课》节目，上海普教系统 19 位特级教师组成强大的师资阵容，并由 12 位著名教育家为智囊后援。

1997 年 3 月起，"东广儿童台"呼号改为"东广少儿频率"。

1999 年 10 月 30 日起，东广少儿频率的播出频率由原 FM101.7 副信道改为 FM92.4 兆赫，节目的收听条件有了明显的改善，普通收音机均能收听。同时，节目设置也有较大变化。

这一时期的主要栏目有《鲜草莓书屋》、《哈啦哈啦村》等。

2001年3月26日，基于上海已进入老龄化社会这一现状，原"东广少儿频率"的定位调整为"东广老少频率"。节目框架也形成"少儿节目"、"老年节目"和"老少共听节目"三大块。增设节目主要有《常青树》、《养生宝典》等老年节目；《故事宝盒》、《七彩泡泡城》等少儿节目。

2002年7月15日，FM92.4兆赫由东广青少部和上广少儿部合并重组，节目内容有所增加，如《大厨当家》、《音乐与音响》等。隶属关系划归东广新闻综合频率，呼号为"东方电台金色频率"。

四、FM97.7金融台→金融频率

1995年3月29日，经国家广电部批准，东方电台金融台正式开播，成为中国内地第一家专业金融广播电台。金融台以"客观公正、及时准确，传播金融信息，促进经济繁荣"为宗旨，积极宣传党和国家的金融政策，传递国内外金融信息，以促进上海金融业的发展。金融台通过调频97.7兆赫每天向上海地区播出11小时金融节目，并由上海证券交易所通过卫星向全国400多个城市同步传送金融台播出的即时数据。

金融台每天7:00—18:00播出上海金融市场证券、外汇、保险等各类动态行情，收集并播出深圳和香港、纽约、伦敦等世界主要金融市场的行情，以及房地产、人才、技术等相关行情信息；邀请专家、学者和权威人士对金融市场加以评述。先后创设的《财经金融早讯》、《财经纵横》、《理财之窗》等栏目。

1997年3月26日起，"东广金融台"呼号改为"东广金融频率"。1998年4月，旨在促进上海、香港、广州三地经济共同繁荣的《三江联播》节目正式推出。这档节目采取三地直接通话、同步直播的形式，每周日播出。

东广金融台开办以后，举办了一系列重要活动，如2000年1月的"世纪第一锣"；为纪念中国共产党诞生80周年，东广与北京、河北、江西等地联合制作了国内第一套反映中国共产党金融历史的广播专题节目《红色金融历程》。

1996年3月1日，FM97.7金融频率开辟晚间时段，推出以古典音乐和民族音乐为主的音乐节目，加上新设轻音乐节目，组成《977晚间音乐》。栏目主要有《经典977》、《歌剧精编》等。

2002年7月15日，广播频率重组。东广金融频率与上广经济频率合并改组，对外呼号为"东广财经频率"。每天6:00—20:00播出14小时。20:00—24:00为浦江之声对台湾广播播出时段。播出频率为FM977和AM900等（浦江之声仍保留原短波播出频率）。

第三节　浦江之声广播电台

浦江之声广播电台正式开播于1988年1月1日。上海市市长江泽民题写"浦江之声广播电台"台名，并题词"传播乡音乡情，弘扬爱国主义"，还在开播节目中对台湾听众发表广播讲话。

浦江之声广播电台作为上海电台的对台广播专用频率，其宣传宗旨为："弘扬爱国主义，

促进祖国统一,传播乡音乡情,为台胞服务"。设有《浦江新闻》、《外滩漫话》、《故乡的云》、《服务天地》等节(栏)目,使用短波频率,每天向台湾及海内外播出 6 小时节目。节目着重宣传党和政府对台湾"和平统一,一国两制"的方针,介绍祖国大陆和上海的政治、经济、文化生活和投资环境,增进海峡两岸相互了解;热情为在沪台胞、台资企业排忧解难,沟通海内外信息,提供各种咨询服务,为统一祖国、振兴中华的总目标服务。

1993 年 1 月 1 日,为方便在沪台胞、台资企业收听,增加了中波播出,并将每天播出时间由原来的 6 小时增加至 8 小时。1999 年 1 月 1 日,上海电台推出"精简频率,精办节目"的改革方案,减少了节目的重播量,浦江之声广播电台全天播出时间又减至 6 小时,以后又有所减少。

2002 年 7 月 15 日,广播频率资源重新整合,浦江之声广播电台归属东方电台旗下。节目设置作了进一步改革,除继续对台湾广播外,还面向上海及周边地区的 30 万台胞和他们的亲属,目标听众有所扩大。全天播出时间为 4 小时。

第四节　区 县 广 播 台

一、宝山人民广播电台

宝山人民广播电台播出频率为 96.2 MHz,发射功率 100 W;有线频率为 98 MHz,每天播出节目 14 小时 40 分钟。1998 年开始启用杭州联汇音频工作站系统(基于 NT 平台),全线采用数字化制作和播出。2002 年全面升级至 LNK2000(基于 WINDWOWS2000 平台),自制节目每天 7 小时 40 分(含重播)。其中新闻节目每天 1 档,长度为 25 分钟;专题节目每天 1 档,20 分钟;文艺节目每天 6 小时。

10 年间,宝山广播电台先后创办的社教、服务、知识、文艺类节目有《宝山史话》、《法制信箱》、《为您服务》等。1993 年,新闻栏目《新闻与气象》改版,由原来的每天 1 档 15 分钟扩充到 30 分钟。除本地要闻外,增加了评论、人物和成就通讯 3 个板块,内容和形式更加充实。2002 年,将每周 3 档、每档 5 分钟的电视新闻专题《宝山经纬》从电视中移植过来,围绕宝山重大事件和群众关心的热点、难点问题展开深度播报,评述结合。

1993 年,宝山广播电台与宝山电视台合并,隶属宝山区广播电视管理局,实行"二台合一"、"局台合一"的管理体制。原 11 个科室改为"二台合一"的新闻部、专题部、经济信息部和局办公室、计财科、事业管理科、工贸科及技术部,并制定各部门的岗位职责,确定人员编制及岗位设置。2001 年 10 月,宝山区文化局和宝山区广播电视管理局合并后,实行局台分设、有线和无线分开的体制,宝山区广播电视台和宝山区有线电视中心独立运作,隶属于宝山区文化广播电视管理局。截至 2002 年底,宝山广播电台(含电视台)在编职工 70 人,其中采编播人员 43 人,其中高级职称 2 人,中级职称 26 人。

二、崇明县广播电台

1993 年,崇明县自筹资金 2 000 多万元,建成连接全县 14 个乡镇、全长 216 公里的有线广播光缆网。次年10月,崇明调频广播电台建成,每天自办广播节目5.5小时,转播上级台节目3.5小时,全天播音9小时以上。为提高农村广播的入户率和通响率,2001年,崇明县委、县政府把整治农村广播网作为一件实事来抓好,全县共投入404万元,对434个行政村的广播网进行整治,使农村广播入户率达80%,通响率在95%以上。2002年4月28日,崇明人民广播电台节目(除播出外)实现数字化,广播的宣传规模和传播手段都上了一个新台阶。有线广播信号全部实现光缆传输,改变了几十年来广播信号用铁丝传输的历史。

1993年5月,在崇明县级机构改革中,县广播电视局被撤销,其职能由县委宣传部承担。同年11月,崇明县广播电台更名为崇明县广播电视台。1996年12月,崇明县广播电视局重新建立,与县广播电视台合署办公。实行"两块牌子,一套班子"、"局台合一"的体制。2001年11月,崇明县广播电视局与县文体委合并,成立崇明县文化广播电视管理局,县广播电台成为其直属单位,宣传业务接受县委宣传部领导和管理;行政管理、事业建设接受县文广局领导和管理。

崇明县广播电台内部的机构设置也不断变化。至2002年,设有办公室、总编室、总工程师室、财务部、广播新闻部、广告部、播出部7个部门。职工人数从1993年的25人增加到38人,其中中级以上职称5人。

2002年4月,崇明县广播电台由人民路40号迁移至一江山路511号。新的广电中心占地3 815平方米,建筑面积3 900平方米。

崇明县广播电台设有广播栏目《崇明新闻》、《理论与学习》、《经济大世界》、《法律与生活》等,另有戏曲、综艺节目。

1996年,县台成立编辑委员会,以后又相继制定了《关于外出采访、节目制作和节目审查的若干规定》、《关于加强播音员、主持人队伍建设的意见》及《关于搞好通联工作的意见》等规章制度,加强宣传管理。

1993年,崇明县广播电台在技术上建立总工程师负责制。

三、奉贤人民广播电台

奉贤人民广播电台始建于1956年5月1日。现位于上海市奉贤区南桥镇解放东路116号。调频频率95.9 MHz,发射功率300 W。每天播出时间近15小时,自制节目9.5小时。主要新闻节目有《奉贤简讯》、《奉广新闻》、《长三角和上海经济区新闻联播》等,共计70分钟。另有新闻、社教、娱乐等专题16档。

20世纪90年代以来,奉贤广播电台的内部体制历经多次改革。1994年1月,其前身"奉贤县广播电台"并入新建制的"奉贤县广播电视台";1996年9月,县广播电视台又并入"奉贤县广播电视局";2001年11月,奉贤撤县设区,随同广播电视局与县文化局合并为"奉贤区文化广播电视管理局";2002年4月局台分离,成立"奉贤区广播电视台"。对外呼号始终为"奉贤人民广播电台"。

1999年1月,奉贤人民广播台首开《959访谈》和《健康热线》两个直播专题。

至2002年12月,奉贤全区13万户居民中,入户有线广播喇叭逾10万只,共缆调频喇叭近2万只,入户率为85%;通响率达到95%。1997—1998年度和1999—2000年度,奉贤人民广播台连获中共上海市农委、市农村工作委员会授予的"上海市农口级文明单位"称号;

并获 2001—2002 年度"上海市文明单位"荣誉称号。2000 年 4 月,被国家广电总局评为"全国广播电视先进县(市)"。

奉贤广播电台共有在编职工 84 人,其中新闻编辑记者 35 人,中、高级专业技术人员 18 名。

四、嘉定人民广播电台

嘉定区广播电台的前身是嘉定县有线广播站。自 1958 年成立后,曾几易其名。1985 年 7 月更名"嘉定人民广播电台";1994 年 5 月与嘉定电视台一起并入"局台合一"的"嘉定区广播电视局",对外呼号仍分别为"嘉定人民广播电台"和"嘉定电视台"。2001 年 12 月,嘉定文化广播电视局实行"局台分离",建立"嘉定区广播电视台",对外两个呼号不变。

1994 年 1 月,嘉定广播电台开始试播调频广播;1997 年 10 月建立音频工作站,台内节目编辑、录音、播音实现了数字化、硬盘化;2000 年,音频工作站设备又进行了技术升级。至 2002 年,嘉定广播电台使用有线广播和调频 100.3 MHz 双频播送 1 套节目,同时转播上级台部分节目,全天播音时间约 10.5 小时。

嘉定广播电台自办的新闻类节目有《新闻节目》和《简明新闻》,每天 20 分钟;社教类节目《法与情》、《嘉定风貌》等 7 档,每档 25 分钟,每天轮流播出 1 档;另有文艺类节目《戏曲茶馆》等。

至 2002 年底,嘉定广播电台从事新闻采编播人员共 10 名,其中中级职称人员 4 名。

随着农村城市化步伐的加快和有线电视"村村通"工程的实施,有线广播喇叭逐渐被有线电视和调频广播所取代。喇叭入户率由 1992 年的 85% 一路下滑,趋于基本消失。全区仅一个镇还保留一小部分喇叭,仍然每天开机广播。

五、金山人民广播电台

1987 年 1 月 1 日,由原金山县人民广播站为前身的金山县人民广播电台成立,对外呼号为"金山人民广播电台"。1992 年 11 月起,金山人民广播电台与金山电视台二台共用"金山县广播电视台"的播出呼号。1998 年 4 月金山撤县建区,金山区广播电视局仍保留"金山人民广播电台"和"金山电视台"的对外播出呼号。2002 年 2 月,上海市金山区广播电视局更名为上海市金山区广播电视台。至 2002 年底,全台 86 位员工中研究生 2 人,本科生 13 人,大专生 26 人;具有中、高级专业技术职称的 29 人;从事节目采编播的共 31 人。

金山区广播电台坐落于金山区朱泾镇亭枫公路 4325 号,占地 20 亩。调频广播发射塔高 130 米,节目覆盖金山区和邻近的松江、奉贤、闵行及周边省的部分地区。1990 年 11 月起,金山人民广播电台在用有线向各乡镇传输节目的同时,新增了无线调频 105.1 兆赫,输出功率为 100 瓦。最多时全区(县)入户喇叭达到 10.12 万只,覆盖率达 92%。随着有线电视光缆的敷设,喇叭逐步减少。

金山人民广播电台每天播出节目 14 小时 35 分。主打节目《金广新闻》以本台自采新闻为主,通讯员来稿为辅,节目容量 15 分钟。此外,还有《上经区新闻》、《农村时空》等节目。2002 年 3 月,金山广播电台对新闻、专题等节目进行了全新改版。栏目内容得到充实,播出时间有所增加。2001 年,台内采编设备全部实现了数字化和播出系统的自动化。同年,广播电视广告、经营创收达 446.6 万元。

2002 年 6 月,金山区广播电视台印发《广播电视节目审查制度》、《听取职工意见制度》、《思想政治工作制度》等 13 项制度。同年 8 月,金山区广播电视台向首批 15 位广播电视社会监听监视员发聘书,这些监听监视员于每月上、中、下旬 3 次向台总编室反馈对金山电台、电视台节目质量的主观评价,并提出相关的意见和建议。

六、闵行区广播电台

前身为上海县人民广播电台的闵行人民广播电台于 1993 年 8 月 19 日正式开播。播出频率为调频 104.7 兆赫(后改为 102.7 兆赫),发射功率 300 瓦,全天播音约 15 小时。广播节目包括新闻、专题、文艺、广告 4 大类共 39 档。闵行广播电视发射塔高 130 米,电波覆盖全区 370 平方公里,受众近 500 万。

1994 年,闵行广播电台与区广播电视局实行"局台合一"体制,设"2 办、3 科、4 部、1 中心",即办公室和总编室,事业科、计财科和音像管理科,新闻部、节目部、经济信息部和技术部,以及有线电视中心。2001 年 11 月,闵行区广播电视局和闵行区文化局撤二合一,成立闵行区文化广播电视管理局。区广播电台和区电视台隶属于区文广局。闵行文化广播电视局成立后,下设机构基本保持不变,开始逐步推行局、台分离体制。

闵行区文广局、区广播电台和电视台均位于闵行区莘庄镇莘凌路 198 号。

闵行人民广播电台建台后,打破了原来县广播台 8 小时分段式播音的框架,改为全天连续播音。闵行广播自办新闻节目有《闵广新闻》、《闵广快讯》两档。1993 年 4 月,在市郊各台中首开主持人直播节目《春申热线》,以主持人、嘉宾和听众对话交流形式播出,每天一档,每档 60 分钟。后又逐步推出《六点半专递》等直播节目。以后经多次改版,推出《广播故事会》等栏目。广播新闻《农民卖起商标菜》获上海市广播电视学会一等奖、全国优秀广播新闻奖三等奖;《架起公交与社会的桥梁》获上海市广播电视学会一等奖;《丝丝深韵系情根 缕缕心曲化乐章》获上海市广播电视学会播音一等奖和上海经济区广播新闻协会一等奖。作为上海经济区广播新闻协作会成员台,闵行电台每月还定期发送新闻至 65 家成员台交流播出。

1999 年 6 月进行大规模技术设备改造,建立数字音频工作站,广播节目采编、传输由模拟信号过渡到数字信号,从人工播出走向自动化播出,节目音质、播出效果大大提高。

至 2002 年,闵行广播、电视两台共有在编职工 89 人。其中,具有高级职称 2 人、中级职称 36 人。

七、南汇人民广播电台

1986 年 11 月 11 日,南汇县人民广播站改名为南汇人民广播电台。1989 年 10 月 1 日以调频 97 兆赫正式播出,发射功率 300 W。1992 年底,全县共有乡、镇广播站 31 个;有线广播喇叭 138 665 只,入户率 69%,通响率为 85%。

1994 年 4 月,南汇广播台从调频 97 兆赫改为 100.1 兆赫。6 月 1 日正式开出调频直播节目。

1997 年,全市推行"三合一"区县级广播电视机构改革,南汇于当年实行这一改革。

2000 年 8 月,南汇广播电视局与文化局合并;广播电台、电视台合并为广播电视台,下设新闻部、专题部、技术播出部、广告部和办公室。广播、电视两台合并后,直接从事广播电台工作的人员减少。2002 年底,直接负责广播电台新闻编辑的 2 人、文艺编辑 2 人、播音 3 人(兼),值机播出人员 3 人。其中大专以上文化程度的 5 人;中专(高中)5 人。

1993 年 4 月,南汇广电局提出"贴近县情、增强服务、办出特色"的 12 字方针,并对南汇电台的节目设置和内容作大幅调整。开设《绿野来风》、《古钟大观园》等节目,形成信息类新闻、透视性新闻、服务和娱乐性节目 3 大板块。

1994 年 5 月 24 日,南汇广播电台首次通过微波设备现场转播"五月歌会暨第九届上海南汇文化艺术节闭幕式"实况并获得成功。同年 7 月,又向全县现场转播"94 国际少儿文化艺术节"的演出实况。此后,南汇县举办的"农民电影节"、"桃花节"、"国庆五十周年"、"县两会"等重大活动,电台都进行现场实况转播。

1995 年起,南汇电台与县政府各有关单位联办节目越来越多,逐渐形成南汇电台主动争取社会参与、共同办好节目的特色。

八、浦东人民广播电台

浦东人民广播电台的前身是川沙县人民广播电台,当时为有线广播。1990 年浦东新区建立,川沙县撤销,电台一度由新区农村发展局领导。1995 年更名为浦东人民广播电台,其隶属关系也由浦东新区农村发展局改为由新区宣传部领导。

浦东电台播出频率为调频 106.5 兆赫。1997 年开始,浦东电台开始发展有线电视共缆喇叭,数量列上海市郊之首。截至 2002 年底,全区有广播喇叭近 9 万只,其中有线电视共缆喇叭 78 202 只;郊区喇叭入户率为 75%。

浦东电台每天播出时间 15 小时,其中自制节目 12.5 小时。设有《浦广新闻》、《社区新闻》等新闻节目和《温馨专送点歌台》、《流光飞舞》等文艺类节目。《浦广新闻》设有 3 个板块,即"本台新闻"、"新区纵横"和"媒体链接",节目容量为 30 分钟。每周六的《浦广新闻》中还安排"热点扫描"子栏目,对听众关注的热点问题进行深入采访报道。每周日的《浦广新闻》则安排"一周新闻盘点",用"说新闻"的方式介绍浦东一周内发生的主要新闻,并较详细介绍部分听众关注的重点新闻。

长期以来,浦东电台集中优势兵力,不定期组织重大宣传活动,形成一系列宣传亮点。其中影响较大的是 2000 年 4 月 18 日全天 10 小时的"浦东开发开放十周年特别节目"和2001 年元旦的"新世纪庆典特别节目"。

浦东电台下设 6 个部室,即办公室、新闻部、节目制作播出部、陆家嘴办事处、广告部和技术部。编制 49 人,目前在编 40 人。其中采编播人员 18 人;中级职称 6 人,初级职称 7人。另外,电台负责管理的 13 个镇的广播电视站共有区属集体在编人员 131 人。电台致力于建设好三支队伍,一是驻镇广播电视站的编播队伍,是为电台提供基层稿件的主要力量;二是特约通讯员队伍,就是新区各委办局、街道、开发公司的兼职撰稿人。他们提供的稿件是电台的重要信源;三是社会监听员队伍,他们每月向电台进行一次信息反馈,及时反映听众的意见和要求,以使电台不断改进工作。

九、青浦人民广播电台

青浦人民广播电台于 1986 年 5 月正式建台,其前身为有 30 年历史的青浦人民广播站。现位于上海市青浦区公园东路 1828 号。调频频率 106.7 MHz;发射功率 300 W。

青浦电台每天播出时间 14.5 小时,自制节目 8 小时。其中,自办、编辑类新闻节目有《青广新闻》、《简明新闻》、《国际新闻》等,共计 60 分钟。设有新闻社教、文化娱乐类专题共 14 档,包括《经济广角》、《都市农业》等,每天轮流播出,总共约 5.5 小时。

1993 年以来,青浦电台历经多次体制改革。1994 年 6 月,其前身"青浦县人民广播电台"并入新建制的"青浦县广播电视局",实行"局台合一"办公。2000 年 1 月青浦撤县设区后,于 2001 年底随同广播电视局与文化局合并为"青浦区文化广播电视管理局";2002 年 4 月,局台分离,成立"青浦区广播电视台"。对外呼号仍为"青浦人民广播电台"。

1993 年 4 月 15 日,东亚运动会圣火接力传送到达青浦,该台采用微波传递音频,转播仪式的盛况。1997 年为纪念建军七十周年,与县人武部共同策划、制作"军旗颂"系列报道。

青浦人民广播电台与上海周边一些电台于 20 世纪 80 年代后期建立的、相互传递信息、交流节目的上海经济区广播新闻协会持续不衰。《水乡歌曲原创榜》以浓郁的水乡民间特色跻身 1998 年《中国原创歌曲总评榜》。同时,每年有 10 多部作品在省、市级以上节目评选中获奖。

截至 2002 年,青浦人民广播电台在编人数 53 人,其中新闻编辑记者 35 人,高、中级专业技术人员分别为 1 名和 15 名。先后有 4 人分获全国广电系统先进个人(1996 年度)、上海市优秀新闻工作者(1992 年度)、上海市重大实事工程先进工作者(1997 年度)、上海市文化广播电影电视对外交流先进个人(2002 年度)称号。

至 2002 年 12 月,全区入户有线广播喇叭达 10 万只,入户率保持 98%;通响率在 95% 以上。农村广播与有线电视光缆传输已占 40%。

十、松江人民广播电台

松江人民广播电台始建于 1956 年 5 月,现位于松江区乐都路 275 号。每天播出节目 14 小时 40 分,其中自制节目 9.5 小时。广播新闻节目有《松广新闻》、《一周新闻集锦》等。专题类节目有《报刊信息》、《开心假日》、《广播书场》等。

1993 年 1 月 1 日,松江人民广播电台调频广播频率由原来 96.2 兆赫改为 100.9 兆赫,发射功率为 300 W。1993 年 1 月 17 日开始正式播出。同时,松江的广播事业进入有线与无线共同发展、混合覆盖的新阶段。

1996 年,松江广播电台在上海市郊首家建立广播数字音频工作站,告别了录音带、录音机人工操作录制播出的历史。2001 年又对音频工作站系统的软、硬件作了全面升级改造,使音频工作站的性能有了整体提升,服务器的硬盘容量从 9G 扩展为 36G;增加 1 台光盘刻录机,使音频工作站系统适应节目播出的要求。

松江广播电台以提高节目质量为抓手,丰富节目制作手法,提高节目的可听性,广播新闻、广播专题多次在上海郊县年度创优评比中获奖。

松江人民广播电台注重抓好事业建设和精神文明创建工作。1996 年在上海市郊首家被国家广电总局评为"全国广播电视先进县（市）级台"；1997年以来，连续三届被命名为"上海市文明单位"。

第二章　电 视 台

第一节　上 海 电 视 台

上海电视台于1958年10月1日开始试播，是继北京电视台（中央电视台前身）之后，全国建立最早的地方电视台。

初建时，上海电视台只有1个频道（5频道）播出黑白电视节目，每周三、六晚播出，每次2—3小时。开播当晚就播出第一条新闻"上海人民庆祝国庆大会和游行"。1960年9月推出第一档新闻类节目《图片报道》。1974年2月，上海电视台彩电节目演播楼、发射机房和微波机房等建成，成为继中央电视台后国内第二个全天播出彩色电视节目的电视台。1972年9月安装成功的高210米的电视发射塔，成为当时中国最高的电视发射塔和上海最高的建筑物。

随着自办节目的不断增加和宣传规模的逐步扩展，上海电视台的节目全面走向定时化和栏目化。20世纪80年代起，中国内地第一档新闻深度报道节目《新闻透视》、第一个外语新闻节目《英语新闻》和第一部电视译制片《姿三四郎》相继在上海电视台诞生。1989年10月，上海电视台14频道开播，并于1993年正式成为上海电视台第二个自办节目频道。2000年4月上海卫视并入、2001年7月上海有线电视台并入后，上海电视台拥有7个各具特色的频道。7个频道每天播出节目共137小时，其中自制节目27小时。播出的节目覆盖上海地区1600万收视人口、华东地区1.2亿收视人口、亚太地区近2亿收视人口。上海卫星电视除在全国1200多个县以上地区落地播出外，还在日本和澳大利亚落地播出，并正在进一步拓展海外落地业务。

上海电视台拥有较强的节目制作能力和较高的节目制作水平，其新闻、纪录片、社教专题和文艺等各类节目在国内外均获得过重大奖项。《新闻报道》、《新闻透视》、《观众中来》、《国际瞭望》、《智力大冲浪》、《案件聚焦》、《纪录片编辑室》等名牌（栏）节目深受广大观众青睐。

在40多年的发展中，上海电视台培养和造就了一大批电视专业人才，被誉为"上海电视的摇篮"。上海电视台创建时为上海电台的一个部门，编制仅为30人，20世纪70年代增加到176人。20世纪80年代前期两次向社会公开招聘，一批有志于广播电视传媒事业的优秀人才加盟，使专业队伍得到有力扩充。截至2001年，台内工作人员发展到792人。其中有高级职称者97人，中级职称363人；博士5人，硕士48人。

上海电视台的经费来源在前20年几乎完全靠政府拨款。改革开放，解放思想，1979年

1月25日,上海电视台提交了一份试办广告业务的报告,请示中共上海市广播事业局委员会和中共上海市委宣传部,当即得到领导的批准和支持。

1979年1月28日,"参桂养荣酒"的电视广告赫然出现在上海电视台屏幕上,成为中国内地第一条电视商业广告;3月15日,上海电视台又播出了中国内地第一条外商广告"雷达表"。上海电视台当年广告收入为49万元。此举展现上海电视台敢于探索的勇气,也表明上海电视台开始走上自筹资金、自我发展的道路。从20世纪80年代起,上海电视台的广告经营收入逐年大幅提升,1986年广告创收超过亿元;2001年创下6.6亿元的业绩。

1979年,邓小平为上海电视台题写了台名。1993年,江泽民为上海电视台题词:"稳定鼓劲,求实创新"。

改革开放以来,上海电视台与世界各国的影视机构建立良好的合作关系,所制作的节目已在近50个国家和地区播出,美、德、法、日等国的电视网均有上海电视台节目的播出窗口。1986年开创的上海电视节至2002年已举办九届,越来越多的国家和地区的电视制作机构和电视设备商纷至沓来。上海电视台还先后在欧洲、美洲、非洲和东南亚许多国家举办"上海电视周",扩大中国和上海在世界的影响。

1999年4月,上海电视台迁入坐落于上海南京西路和威海路之间的智能化办公和制作大楼上视大厦。

上海电视台为副局级单位,1993年以来,历任党委书记为金闽珠、雷德昌、宗明;台长为盛重庆、朱咏雷、黎瑞刚。

2002年1月1日,上海电视台归属于上海文广新闻传媒集团(筹)。

一、上视8频道

8频道是上海电视台的综合性频道,于1970年底试播运行。1973年8月1日正式以彩色电视对外播出。

上视8频道长期以播出新闻、纪录片和文艺节目为主。其新闻报道具有较高的权威性。尤其是改革开放以来,8频道不断创新,首创以口语化播报的新闻《上海早晨》;为聋哑观众服务的手语新闻《时事传真》和以在沪外国人为主要收视对象的《外语新闻》等;并于1998年率先运用高科技信息手段进行全国"两会"的报道。近年来,上视8频道播出的纪录片《毛毛告状》、《重逢的日子》、《我的潭子湾小学》、《长征·世纪丰碑》等节目在沪上几乎老少皆知,一度成为市民的热门话题。《戏剧大舞台》、《综艺大世界》、《体育大看台》、《智力大冲浪》等栏目为广大观众增添了欢乐。制作、播出《秦王李世民》、《璇子》、《济公》、《孽债》等电视剧。

上视8频道节目覆盖面遍及整个华东地区,收视人口近2亿。

1992年底至1993年初,上海有线电视台和东方电视台相继成立,电视业内竞争日趋激烈。上海电视台为优化频道运作和节目设置,于1994年3月进行了内部机制的改革,实行频道总监负责制。8频道总监由上海电视台台长盛重庆兼任;14频道总监由副台长张少峰兼任。8频道以新闻、文艺、纪录片为主,对外称上视第一套节目。同年6月,8频道实行改版调整,推出《8频道传递》、《智力大冲浪》等新栏目,进一步体现"权威性、可看性、信息量大,兼有娱乐性"的特点。

1996年2月,根据上级部署,上海电视台与上海美术电影制片厂合并。影视合流后上海电视台内部实行新的体制,撤销了频道总监制,改为节目中心制。

长期以来,上视 8 频道的节目收视率始终名列上海各电视频道之首。许多节目如《新闻报道》、《新闻透视》、《国际瞭望》、《纪录片编辑室》、《智力大冲浪》等成为名牌栏目;一些重大的节庆活动和综艺晚会,如"上海电视节"、连续 5 年的"五凤"(民族风、中国风、亚洲风、五洲风、世纪风)系列晚会、《上海·悉尼 2000 年的跨越》、《上海·巴黎 2001 年的跨越》卫星双向传送音乐盛典等,都产生良好的社会反响。

二、上视 14 频道

上海电视台 14 频道于 1989 年 10 月 1 日正式启用。这是上海电视台继 5 频道(38 频道)、8 频道后的第三个分米波频道。

14 频道在开播后一段较长时期内,每天从 18:00 开始转播中央电视台第 2 套节目,自办节目播出时间十分有限。1992 年 8 月,14 频道成立农村部,开始制作部分新闻、专题和文艺节目。1993 年 2 月 1 日上海电视台节目全面改版后,部分自办节目也在 14 频道播出,但收视率较低。1994 年 3 月,上海电视台进行新体制运作,引入内部竞争机制,实行频道总监负责制和总监领导下的栏目制片人负责制。14 频道总监由上海电视台副台长张少峰兼任。与此同时,14 频道的节目构架也作了重大调整,于 4 月 14 日推出全新栏目,改变了以转播中央台节目为主的局面,形成以自制的经济、社教、信息、服务节目为主体的播出板块,每天播出节目总量超过 15 小时,从而在真正意义上成为上海电视台的第 2 套节目。1995 年 4 月,上视节目进行调整,14 频道将《今日行情》、《经济扫描》合并为《今日报道》;《千家万户》、《七彩人生》合并为《生活广角》;《开心 365》改为《名人访谈》。同时,每晚在原播出两档电视剧的基础上,又在 22:30 以后增播一档电视剧。

新体制的实行和节目的调整改版,调动节目制作人员的积极性,有效促进节目质量的提高,14 频道的社会效应日益显现,广大观众有了更大的收视选择余地。随着《案件聚焦》、《财经报道》、《今日印象》等一批名牌栏目的先后涌现,收视率稳步上升。《人间正道——发展才是硬道理》、《爱我中华》等节目的播出,体现了 14 频道在节目策划和制作方面的整体实力。

1996 年 2 月,改革深化,影视合流,上海电视台与上海美术电影制片厂合并后台内实行新的体制,节目中心制替代了频道总监制。

三、上视外语台

为适应改革开放的大环境,加快上海向国际性大都市迈进的步伐,上海电视台于 1995 年 9 月 1 日在 14 频道率先开播全国第一个用英语播出的外语节目台。

外语台节目以英语为主,每天 22:00 起连续播出新闻、专题、中外优秀影视剧,共计 2 小时,次日午间重播。

外语台节目以快捷、全面介绍中国改革开放,展示世界经济、文化、科技动态为宗旨。节目设置兼顾中外观众,《十点英语新闻》(后改为《IBS 新闻》)设有"今日上海"、"本周焦点"、"人物专访"等子栏目。《专栏二十分》分设"环球财经"、"你好!上海"、"都市漫步"、"锦绣中华"、"自然大观"等小栏目。《中外优秀影视剧》每天 22:30 为观众提供一部(集)影视剧;周末午夜 0:00 另设一档《深夜影院》。

为有利于部分观众学外语,外语台在外文节目中打上中文字幕。外语台还聘请一批外籍专家和中国顾问,在有关院校和研究机构建立一支编外专家顾问队伍,并与海外同行建立交换节目、互供片源的良好合作关系。

1998 年 10 月,随着上海卫视的成立开播,上海电视台改革原有节目设置结构,不再办《英语新闻》。着力开发第 2 套节目 22:00 以后的非黄金时段,在原《IBS 新闻》时段推出每天 1 档、每档 10 分钟的《十点时事杂志》。并将原 30 分钟的不同名称的专栏节目改为一档以《缤纷世界》命名的系列专栏节目:周一为"视野";周二为"海外目击";周三为"探索者号";周四为"时尚";周五为"世纪档案";周六为"娱乐天地";周日为"中日之桥"。

2000 年 4 月,上海卫视并入上海电视台,机构与节目进行了重新调整。外语台并入卫视中心,成立外语节目部,设有《十点英语新闻》、《天下财经》、《中日之桥》等外语节目。2002 年 1 月 1 日,上海电视台实现频道专业化体制,卫视中心改为上海电视台卫星频道。卫星频道于 3 月 5 日开设一档 15 分钟的《英语午新闻》,并与中央电视台合作,在其第 9 套节目中整档播出。

第二节　东方电视台

由江泽民题写台名的上海东方电视台于 1993 年 1 月 18 日正式开播。当时,东视节目以 20 频道为窗口,每天播出 17 小时,其中自制节目为 4 小时。节目分为新闻、社教、文艺、影视、体育、教学、服务、广告 8 大类,共设栏目 20 多个。

东方电视台确立"注册浦东,立足上海,面向长江三角洲,辐射海外"的发展目标。节目覆盖上海和长江下游三角洲乃至华东其他部分地区,收视人口超过 1.3 亿。

"人无我有,人有我新,人新我改"是东视节目创作和宣传的基本理念。东视的版面设置和节目样式一再突破原有格局,一些重大报道战役连获成功。

策划、组织文艺晚会和大型活动是东方电视台的强项。建台以来举办数百台晚会,几乎占据上海大型活动的七成以上,并首开双向传送、三地卫星直播的先河。

"把握时代脉搏、关注社会民生、追踪人生轨迹、揽阅异域风情"。《东视新闻》等新闻栏目以"快、新、深"的特点占据较高的收视率;《东方直播室》、《相约星期六》、《老娘舅》等节目受到欢迎。10 年来,东方电视台在全国和上海各类节目评选中,获得中国新闻奖、中国电视奖和"星光奖"、"金鹰奖"等各类奖项 250 多个。

与此同时,东方电视台开播第一年,经济创收 1.23 亿元;2000 年达到 6.3 亿元。

1995 年 11 月,作为"影视合流"的试点,上海东方电视台与有着 42 年历史的上海科学教育电影制片厂以"优势互补,优化组合"的原则整合归并,增强东方电视台在制作科教节目上的优势。1996 年 3 月增开 33 频道,同时推出一批科技节目和少儿节目。33 频道每周自制的少儿、科技节目达到 21.3 小时。摄制的电影科教片《毒品的危害》、《东北虎野化训练》等荣获广电部中国电影"华表奖"。

东方电视台积极探索媒体参与办体育、文化、旅游等事业发展的路子,先后投资组建了上海东方篮球俱乐部、上海东方青春舞蹈团;出资合作组建了上海东方小伙伴艺术团;投资参建了大型游乐场"苏州乐园——欢乐世界"等。还承办了《阿依达》、《野斑马》、《大唐贵妃》等大型演出活动。

进入 21 世纪,上海广播电视系统的体制进行了重大改革。东方电视台拥有了新闻娱乐、文艺、音乐、戏剧 4 个专业频道,每天播出 70 多小时,节目自制量也大幅增长。

东方电视台积极参与社会各项慈善和公益活动,诸如"走到一起来"、"把光明带回家"活动,援建八达岭长城、延安宝塔、遵义会议会址泛光照明工程等。

东方电视台于 1998 年 7 月升格为副局级新闻单位。历任党总支、党委书记为苏春阳、王根发、卑根源;台长为穆端正、卑根源、胡劲军。

东方电视台连续获得第八、九、十届"上海市文明单位"称号;2001 年又荣膺上海市职工职业道德"十佳"单位称号。

一、东视 20 频道

上海东方电视台于 1993 年 1 月 18 日成立,在 20 频道正式开播。

东方电视台以"立足浦东,面向长江三角洲,突出改革开放的对外宣传"作为建台初期的发展目标。

20 频道是电视综合频道,节目内容包括新闻、社教、文艺、体育、电视剧、教学等。"天下大事,先看东视"。20 频道新闻类节目的播出比例约为 14%。20 频道积极组织重点战役和重点报道,抓住领导重视、群众关心的热点,使新闻更加贴近生活,贴近群众。东视 20 频道在新闻报道的样式、版面编排和播出等方面追求新的突破,开办了早新闻,并实现新闻全天滚动播出。曾独立租用国际通信卫星,在国内电视台中率先报道在新加坡举行的具有历史意义的"汪辜会谈",并围绕这一事件制作了集新闻背景、人物介绍、焦点讨论等在内的系列报道。在"长征轮火灾"、"千岛湖事件"、"日本阪田大地震"等重大突发事件的报道中,更体现了综合能力。在接手原上视 14 频道的《信息总汇》节目后,东视 20 频道首次尝试每晚滚动播出《东视新闻》和《东视夜新闻》,同时推出深度报道栏目《东视广角》,信息类栏目《东视经济传真》。

1999 年开始,20 频道新闻节目从原来 140 分钟扩至 170 分钟。每天早晨 7:00 的《东视早新闻》改版为杂志型新闻节目《早安,上海》,突出服务、休闲、娱乐、资讯的特点,以 30 分钟的容量为观众提供全方位讯息早餐;《东视午间新闻》与《东视晚间新闻》由 15 分钟增至 30 分钟。午间新闻侧重娱乐、社会、体育、财经新闻以及有针对性的报纸评论;晚间新闻则以当天的要闻和财经报道为主。

20 频道从建台以来创办了一系列有影响有特色的综合、文艺栏目。如全国首创的电视谈话类栏目《东方直播室》;体现开放意识,介绍世界各国情况,促进中外交流的《飞越太平洋》;呼唤社会真情,关爱贫困家庭的《蓝天下的至爱》等。

在技术创新的前提下,20 频道首开文艺节目双向传送直播之先河。1995 年 4 月开始,先后 3 次与日本 NHK 合作,双向直播《亚洲歌坛》演出实况。1996 年、1997 年与新加坡新视、中国台湾台视等成功进行了卫星双向电视直播。还最先进行美国奥斯卡颁奖盛典的实况转播。

东视 20 频道每天播出 17 小时,其中自制节目 4 小时。节目覆盖长江三角洲和华东部分地区,收视人口达 1.3 亿。

二、东视 33 频道

1996 年 3 月 30 日,东方电视台 33 频道在整合东视、科影厂双方策划和制作力量的基础上正式开播。

为贯彻江泽民关于"向少年儿童提供更多更好的精神食粮"的指示精神和"科教兴国"的战略方针,33 频道定位于高起点、全方位、大容量制作和播出少儿和科技节目。频道开播伊始即推出了 8 档全新的科技节目,每周达 220 分钟。其中,6 档共 155 分钟为自制节目,包括《走向二十一世纪》《科学欢乐城》等。

33 频道播出的每周约 15 小时的自制少儿节目,根据学龄前儿童到中学生的不同年龄层次,设有以 3—5 岁幼儿为参与对象的《欢乐蹦蹦跳》;由少年儿童自己拍摄,在教师的辅导下配音的《东视少儿新闻》;寓教于乐的主题性竞技游戏栏目《三七二十一》;反映小学校园文化生活的《小伙伴》;指导青少年健康成长的《青春波》,以及进行历史教育和爱国主义教育的《上下五千年》,还有为家长提供少儿教育经验和心理咨询的《知心妈妈》,等等。

此外,33 频道的《东视体育 30 分》,及时全面报道国内外最新体育消息;《一周赛事回顾与评述》以纵览扫描和理性分析见长。1997 年推出的《中国体育报道》大型体育杂志型栏目,率先占领了地方台联手制作全国体坛节目的新高地。

第三节　上海有线电视台

上海有线电视台于 1992 年 11 月 26 日试播;同年 12 月 26 日正式成立并开播。

节目宣传和网络建设,是上海有线电视台面向社会、服务大局、传播精神文明的两大载体和窗口。

上海有线电视台成立时使用 10 个频道,除自办 1 套综合频道外,其余转播中央电视台、上海电视台和云、贵、川等电视台的节目。

上海有线电视台,确立了"以转播为主,自办为辅;自办节目以串编为主,制作为辅"的节目方针,坚持节目宣传"面向社区,贴近生活"的个性追求;充分发挥频道资源丰富的优势,开辟定向专业频道,使自身特色日益凸显。1997 年底,上海有线电视台已形成一个拥有新闻、体育、音乐、戏剧、影视、财经(加密)6 个专业频道的全新格局,日播出量达 96 小时;同时转播中央和上海电视的 13 个频道。2000 年初,上海有线电视台把新闻和财经(加密)频道整合为新闻财经频道;同年 11 月,有线生活频道又与观众见面。至 2001 年,上海有线电视网传送的电视节目达到 33 套。

建台初,上海有线电视台的终端用户仅为 7 万户;1993 年,网络规模一跃而为 70 万户。此后的几年间,作为市政府的实事项目,有线"大联网"的热潮在申城持续升温。1998 年,上海有线电视网络成为拥有 256 万用户、4 000 公里光缆双向骨干网、2 200 个光结点、传送 20 套节目的系统网络。1998 年 12 月 31 日,由上海有线电视台、上海东方明珠股份有限公司和上海市信息投资股份有限公司共同出资组建的上海市有线网络有限公司正式挂牌成立,并实行"网台分营",但公司仍由上海有线电视台控股。2000年,上海有线网络的联网规模发展到320万户。

1997年底,国际上颇具影响的美国《世界有线电视》杂志将首个"全球最佳有线电视系统奖"授予上海有线电视台。

上海有线电视台开展多种经营,1994年广告创收仅为4 300万元;1995年,达到1.14亿元;2000年,全年广告创收达2.6亿元。

历年来,上海有线电视台的节目获市级以上各类奖项达60多个。

1995年以来,先后出资组建上海有线电视台02足球俱乐部、上海有线男女排球俱乐部,设立了多项社会慈善基金,投资国际会议中心、上海体育场等城市标志性文化建筑的建设等。

1998年7月,上海有线电视台升格为副局级新闻单位。胡运筹、王根发、蒋琪芳先后任台党总支、台党委书记;胡运筹、周澍钢先后任台长。

2001年6月底,上海有线电视台归并上海电视台。

一、有线综合台(频道)、有线影视频道

有线综合台是上海有线电视台第一个自办频道。初创时,以板块结构编排播出社教、文艺、少儿、音乐等专题节目和影视剧,设有《儿童乐园》、《有线MTV》、《影视精华》等6个栏目,每天播出时间为12小时。

1995年1月,以"贴近生活,步入家庭,关怀人的情感世界,注重人的文化需求"为宗旨的上海有线综合台一期改版,《寻常人家》、《异域风情》等一批社教文艺和科技类栏目的推出引人注目;《心灵之约》栏目填补了中国内地心理保健类电视节目的空白。1996年10月,有线综合频道再度调整自办栏目。《我们的家园》、《太阳船》等相继推出。1997年12月,有线台撤销综合影视,正式开播影视频道,成为沪上唯一以播出影视剧为主的专业频道。

每天播出时间为16小时;除部分重播节目外,每天播出近9小时的电视剧、电影、动画片和专栏节目。此外,有线影视频道还创办了综合杂志型栏目《有线影视网》、大众参与型影视评论节目《评头论足》,以及《思考与评说》、《影人特写》、《中国影视动态》等栏目。

2002年1月1日,上海文广新闻传媒集团(筹)推出11个专业频道,上海有线影视频道脱胎为上海电视台电视剧频道。

二、信息九频道、有线信息台、有线新闻频道

1993年7月1日,上海有线电视台《信息九频道》正式与观众见面,以服务为宗旨,以贴近市民生活为特色,集中播放以经济、文化为主的,包括交通、气象、商业、金融、娱乐等在内的信息类节目。《信息九频道》开播初期每天自制节目60分钟,实行整点滚动播出,设有《经济要闻》、《生活百事》等栏目。

1994年7月1日,《信息九频道》更名为上海有线信息台,首次推出《有视新闻》。1995年10月创办了国内第一个以少年儿童为收视对象的电视新闻《小小看新闻》;开设财经新闻《财经总汇》等,并形成以新闻、金融、商业、生活4大板块为主的节目构架。1997年1月,《有视新闻》易名为《有线新闻》后,每天12:00首播《有线新闻·国内报道》;18:00首播《有线新

闻·上海报道》;20:30 首播《有线新闻·综合报道》。1997 年 12 月 26 日,有线信息频道改名为上海有线新闻频道,每天 18:00—23:00 正点播出的分类新闻构成整个频道的基本框架和主要特征,形成以新闻类节目为主体,兼具社教类、生活服务类和财经信息类节目的格局。1998 年 12 月 26 日,有线新闻频道缩短战线,突出重点,集中力量将《寻常人家》《百姓话题》等办成精品栏目。21:00 档的《有线新闻》扩容为 45 分钟的新闻大板块。2000 年 4 月,有线新闻频道与有线财经(加密)频道整合为有线新闻财经频道。

三、有线体育台(频道)

1993 年 12 月 12 日,上海有线电视台体育台正式开播。

在初始的两年中,有线体育台的节目资源主要来自美国有线体育电视网 ESPN,以各类精彩赛事直播为主。之后,有线体育频道逐渐形成了"以赛事为龙头,以新闻为重点,以栏目为辅助"的办节目方针,全力报道奥运会、亚运会、世界杯、全运会等重大的国际国内体育盛会。1995 年 5 月,有线体育频道在天津全程直播第四十三届世界乒乓球锦标赛,并作为国内唯一的地方电视台在场内专设评论席。1998 年 11 月 22 日,有线体育频道转播中韩足球对抗赛获得成功,并通过国际卫星向境外电视媒体传送信号。2000 年 7 月 28 日,有线体育频道再次对中韩足球对抗赛现场直播,创下了 23.43％的收视率之最。2000 年 8 月 7 日开始,《有线体育新闻》每天 21:50 被上海卫视整版使用;每周三 24:00,《足球纪事》栏目以录播方式在上海卫视播出;每周一由有线体育频道提供 50 分钟的"赛事集锦"构成《卫视体育》节目。这 3 档节目的"上星",进一步扩大了上海有线电视台节目的辐射力和影响力,也体现出专业体育频道的独特优势。2001 年 10 月 8 日,有线体育频道与上视、东视体育部合并重组为上海文广新闻传媒集团(筹)属下第一个专业频道——上视体育频道。

四、有线音乐频道

1994 年 10 月 28 日,由上海有线电视台与东方电台联合创办的有线音乐台正式开播,成为中国内地首家音乐电视专业频道。

有线音乐频道博采古今中外音乐精华,传播和普及音乐知识,注重古典与现代音乐作品的交汇融合,注重培养观众的审美情趣和艺术鉴赏力。每天播出 18 小时,其中新制作的节目为 6 小时。设有《中国歌潮》《越洋音乐杂志》《东方卡内基》等栏目。之后,创办娱乐新闻节目《娱乐快讯》(后改为《娱乐新闻网》)。1998 年底,音乐频道经全面改版,将报道视点更多地投注于上海乐坛,而且不仅大力组织演出,还举办一系列讲座。

有线音乐频道摄制多部音乐电视片,如 8 集音乐电视专题片《历史的回声》、音乐电视《真情唱八运》等。其与东广音乐频率联合打造一年一度的《东方风云榜》"群星耀东方"十大金曲颁奖晚会引起沪上乃至全国流行乐坛的关注。

2001 年 7 月 1 日,有线音乐频道更名为"上海东方电视台有线音乐频道";2002 年 1 月 1 日,经整合后的东方电视台音乐频道成为上海文广新闻传媒集团(筹)属下的专业频道。

五、有线戏剧频道

1995 年 5 月 8 日,由上海有线电视台与上海电台联合开办的有线戏剧台正式开播,成为国内首个专业戏剧频道,旨在传播和弘扬民族戏剧文化,节目容量为每天 14 小时,开设《艺坛信息》《海上大剧院》《电视书苑》等栏目。

1997 年、1998 年先后两次对节目进行调整,推出《戏剧大观》等栏目。有线戏剧频道先后策划、制作的"牛年沪剧迎春演唱会"、"'99 评弹新春大会串"、"江浙沪滑稽新秀选拔赛"、"大洋彼岸觅知音,吴侬软语送乡情"等大型戏曲、曲艺演播活动,在上海及苏浙等周边地区引起良好反响。

有线戏剧频道积极投入抢救和整理中国优秀表演艺术系统工程,整理和保存一批京剧、昆曲、中长篇评弹、淮剧等濒临失传的经典剧目、书目和名段。投资组织一批青年演员复排一些优秀的传统剧目,并录制成电视节目。

2001 年 7 月 1 日,上海有线电视台戏剧频道更改呼号为"上海东方电视台有线戏剧频道";2002 年 1 月,东方电视台戏剧频道作为上海文广新闻传媒集团(筹)属下的一个专业频道正式亮相。

六、有线财经(加密)频道——有线新闻财经频道

上海有线电视台财经(加密)频道于 1997 年 12 月 26 日正式开播。以宣传国家宏观经济政策和金融法规、报道财经动态、传递金融信息、同步直播股市行情、剖析经济现象为宗旨。栏目设置包括股市行情、股市综述、财经信息、经济专题四大类。节目设置与目标收视群有着较强的针对性。每天自制节目量在 120 分钟以上,包括《财经快讯》和《财经总汇》两档共 40 分钟的直播新闻。

有线财经(加密)频道在 1999 年 7 月对国家《证券法》的宣传、1999 年 10 月对《财富》论坛上海年会的报道,都显示出独特的作用。

2000 年 4 月,有线财经(加密)频道与有线新闻频道合二为一,整合成有线新闻财经频道。

新组建的新闻财经频道以新闻节目的大容量和密集型播出,以节目的时效性和贴近性与上海各家电视台形成内容上的交错。

有线新闻财经频道全天播出时间为 16 小时。整体编排上,每天 9:00 到 19:00 共有 5档新闻节目:9:00 直播《早间新闻》;12:00 播出《午间新闻》;17:50 播出《小小看新闻》;18:00 直播《财经总汇》;19:00 直播《有线新闻》。

新闻财经频道每天还有 4 小时的股市行情直播(双休日除外),并在相关时段安排了《社会方圆》、《说股论金》、《投资有道》等专题、专栏。

2001 年 7 月 1 日,有线新闻财经频道呼号改为"上海电视台有线财经频道";2002 年 1月 1 日,有线财经频道加入上海文广新闻传媒集团(筹)的专业频道,成为上海电视台财经频道。

七、有线生活频道

2000 年 12 月 25 日,上海有线电视台生活频道与观众见面,以"创造生活空间,追求美好未来"为宗旨,以作为社会细胞的家庭为立足点,以"关照老年、妇女和儿童,服务申城百姓,折射现代都市生活"为节目基本定位,倡导健康生活,体现社会关怀,提供生活信息,引导大

众消费。每天播出时间为 15 小时,设有《金秋》、《大自然》、《生活在线》等栏目。2001 年 7 月推出的《时尚先锋》栏目,与世界著名时尚杂志《ELLE》合作,独家引进美国及欧洲的一流时尚节目。

由于有线生活频道所在的增补 36 频道与某些通讯频率所在位置相近而易受干扰。自 2001 年 4 月 16 日起,有线生活频道实行双频道联播,观众可同时在增补 12 频道收看到生活频道的节目。

2001 年 7 月 1 日,有线生活频道呼号改为"上海电视台有线生活频道";2002 年 1 月 1 日,重组为上海文广新闻传媒集团(筹)属下的上海电视台生活时尚频道。

第四节　上海卫视中心

上海卫视中心(Shanghai Broadcasting Network),简称上海卫视(SBN),于 1998 年 10 月 1 日开播。开播初期,上海和北京地区的电视观众通过当地的有线电视网络可直接收看到 24 小时全天播出的上海卫视的节目。

上海卫视实行萃取上视和东视的精华,以串编为主的节目方针,成为不同于全国各地卫视整套节目上星的另一种模式。

充分展示上海的城市性格、文化品质、文化追求和文化选择,宣传上海在两个文明建设中取得的新进展、新成就,是上海卫视中心的基本定位。节目内容涵盖新闻、社教、财经、生活纪实、综艺少儿、体育和影视剧等。开播初期节目设置主要为两大板块:新闻板块由《上海卫视新闻》、《每日财经》等组成;文艺板块每周有 7 档主打栏目,汇集综艺、游戏、音乐、专题、纪录片等门类。而后,又相继增设《上海大剧院》、《从星开始》等栏目。

2000 年 4 月,上海卫视归并上海电视台,成为上海电视台的一个中心,其体制和节目也进行调整。原上海电视台海外中心的外语节目并入卫视中心,组建外语节目部;《中日之桥》、《天下财经》、《英语午新闻》等外语节目在上海卫视播出。同年 8 月,上海卫视全面改版,8 个栏目关停并转;14 个栏目登台亮相。

上海卫视租用"鑫诺—1"卫星,采用当今世界先进的数字技术设备,信号覆盖亚太地区。2000 年曾获央视调查全国观众满意度第二的荣誉。2001 年 3 月开始,上海卫视《今日上海》被央视九套英语频道完整地固定转播。2002 年 1 月 1 日,上海卫视在日本落地播出,成为中国首家在国外播出的省级卫星频道;同年 1 月 7 日,上海卫视《前进上海》节目在香港落地,成为香港市民了解上海的又一窗口。

第五节　上海教育电视台

由上海市教育委员会主管主办的上海教育电视台于 1994 年 2 月 27 日成立。开播以来,把坚持文化品格、树立教育传媒品牌作为一贯的追求。上海教育电视台自办一套电视节目,用无线 26 频道通过东方明珠塔发射,同时,在上海有线电视网络中用 7 频道传输,节目覆盖上海及苏浙皖部分地区。

上海教育电视台致力于传播社会文化、经济、法律、英语、计算机等专业知识,陆续开辟了《教育新闻》、《招生快讯》等栏目,并制作百集系列专题《院士礼赞》、《一代名师》等。其间,上海教育台还成功举办"中国名校大学生辩论邀请赛"、"为了民族的伟大复兴"教师节文艺晚会,以及"爱国荣校——上海千校校歌大汇唱"等活动。

上海教育电视台首推的"老片新放、重放"举措成为其节目的特色之一。一些探讨青少年教育问题、弘扬美好风尚的优秀电视剧,虽经反复播放,仍有不菲的收视率。

上海教育电视台有员工 100 余人。于 1999 年底建成的上海教育电视台大楼建筑面积 2万平方米,是目前全国教育电视台系统中规模最大、智能化程度最高的综合型电视大楼。

上海教育电视台与上海电信公司合作,建有 24 芯 INTERNET 的宽带接口,与上海电视大学主楼之间也已实施局域联网。通过卫星接收器可同时接收亚太卫星等 5 颗卫星的同步电视信号,为国家大力推行和发展远程教学打下基础。

2000 年 1 月,上海教育电视台与上海电视大学、上海电化教育馆、上海电视中专等单位联合成立上海远程教育集团。

第六节　区县电视台

一、宝山电视台

1993 年至 2002 年,宝山电视台共有两个频道,一个是标准 35 频道,发射功率 1 kW;另一个是标准 12 频道,发射功率 50 W。宝山电视台一套自办节目在两个频道同时播出。1993—1998 年,每天播出节目 5 小时 30 分;1999—2001 年延长为 10 小时 30 分;2002 年 1月 1 日开始,每天播出时间为 14 小时 30 分。

宝山电视台的自制节目有新闻专题类节目《宝山新闻》、《新闻扫描》,社教服务类栏目《长江潮》、《点击生活》等。至 1999 年,《宝山新闻》从 1993 年的每周一档增加为每周 6 档,每档 15 分钟。日后又增加了宝钢等部、市属大中型企业和介绍上海郊区两个文明成果的市郊新闻。

1994 年成立宝山广播电视局编委会,主要职能是:确定电台和电视台节目设置,制定阶段性宣传报道要点,对两台节目进行评比,组织业务交流活动等。1998 年开始对新闻和专题节目定期抽查,实行 A、B、C 三级打分制,以奖优罚劣。同时聘请社会人士建立广播电视监听监视队伍,对两台播出节目及播出质量提出意见和建议。

1993 年,宝山电视台与宝山广播电台合并,隶属宝山区广播电视管理局,实行"两台合一"、"局台合一"的管理体制。原 11 个科室改为"两台合一"的新闻部、专题部、经济信息部和局办公室、计财科、事业管理科、工贸科及技术部。2001 年 10 月,宝山区文化局和宝山区广播电视管理局合并后,实行局台分设、有线和无线分开的体制,宝山区广播电视台和宝山区有线电视中心独立运作,隶属于宝山区文化广播电视管理局。截至 2002 年底,宝山电视台(含广播)在编职工 70 人,其中采编播人员 43 人;高级职称 2 人,中级职称 26 人。

宝山有线电视起步于 1995 年,截至 2002 年 9 月,全区有线电视用户为 25.37 万户,其中农村用户为 2.48 万户。全区有线电视光缆主干线 535 杆公里、7 994 芯公里;电缆主干线 39 公里,光缆占 77％。

二、崇明县电视台

1993 年 7 月,以崇明电视转播台为前身的崇明县电视台建立,使用 17 和 47 两个频道,每天播出节目 9 小时。自办新闻从每周 1 档增加为每天 1 档。同时,拓展了电视专题、经济信息服务和文艺节目等。2001 年,崇明县广播电视台策划了大型《生态绿岛世纪行》宣传活动。整个报道分为水、土、大气、绿化、生态经济、湿地候鸟保护等 8 个篇章,共播发广播和电视专题报道 48 篇,多侧面地对崇明的生态环境状况作连续深度报道,在全县上下引起强烈反响。2002 年 7 月,又推出"绿色在行动"系列报道,进一步深化崇明建设生态岛的宣传。历时半年的系列宣传共播发相关报道 120 多篇。

1993 年底,崇明县电视台自筹资金 2 000 多万元,开始建设有线电视网络,建成了连接全县 14 个乡镇、全长 216 公里的有线电视光缆网。城桥、堡镇、新河、建设等 10 个乡镇的用户终端共 2.8 万户。1998 年 2 月初,崇明有线电视实现了与市台的大联网。

1993 年 5 月,崇明县广播电视局撤销,其职能由县委宣传部承担,县电视台归口县委宣传部。同年 11 月,崇明电视台更名为崇明县广播电视台,机构级别为正科级。1996 年 12 月,崇明县广播电视局重新建立,与县广播电视台合署办公,实行"两块牌子,一套班子"、"局台合一"的体制。2001 年 11 月,崇明县广播电视局与县文体委合并,成立崇明县文化广播电视管理局,崇明县电视台成为县文广电视局的直属单位,相当于副处级事业单位。其宣传业务接受县委宣传部领导和管理;行政管理、事业建设接受县文广局领导和管理。

至 2002 年,职工人数 56 人,其中编内职工 39 人;中级以上职称 8 人。

1996 年,县台成立编辑委员会,定期研究部署宣传工作规划和其他相关问题。同年,崇明县建立了"四办通气会"制度,由县委宣传部牵头,每季度 1 次邀请县委办、县人大常委会办公室、县府办、政协办四个办公室的主任,向县电视台通报工作情况。在台内部,先后制定了《关于外出采访、节目制作和节目审查的若干规定》、《电视节目审核制度》和《电视播出节目带实行审看封条制的规定》等规章制度。

1993 年,崇明县电视台建立技术上的总工程师负责制。

2002 年 4 月 28 日,崇明县电视台由人民路 40 号迁移至一江山路 511 号。新的广电中心占地 3 815 平方米,建筑面积 3 900 平方米。

三、奉贤电视台

奉贤电视台始建于 1995 年 8 月。1996 年 9 月在解放东路 116 号新建广播电视中心。钢架结构的电视发射塔高度为 162 米,开设米波 12 频道,发射功率为 0.1 kW;分米波 48 频道,发射功率为 1 kW。

奉贤电视台每晚播出时间近 6 小时,逢双休日下午增加 5.5 小时。其中,新闻节目有《奉视新闻》、《社会扫描》等,每晚播出 60 分钟(包括重播);社教、文化专题有《一方水土》、《在党旗下》、《法苑之窗》等,轮流播出,每晚共计 30 分钟。

1996 年 9 月 28 日,其前身"奉贤县广播电视台"更名为"奉贤县广播电视局"。2001 年 11 月,奉贤撤县设区,广播电视局与文化局合并为"奉贤区文化广播电视管理局"。2002 年 4 月局台分离,成立"奉贤区广播电视台",实行广播电台、电视台"两块牌子,一套班子"的运行机制,对外依然保持"奉贤电视台"的呼号。

至 2002 年 12 月,奉贤电视台拥有固定资产 3 860 多万元,年经济创收能力在 1 500 万元左右。拥有非线性数字编辑系统 1 套、松下 DVCPRO50 电视摄录编系统两套。全区 13 万户居民中,有线电视用户为 7.7 万户,约为 60%。实现了市、区、镇 3 级电视联网,且有三分之二以上的镇做到了"光缆入村",形成了交叉覆盖的电视传输网络。2000 年 4 月,奉贤电视台被国家广电总局评为"全国广播电视先进县(市)级台"。

至 2002 年,在编职工共 84 人。其中,新闻编辑记者 35 人,中高级专业技术人员 18 名。

奉贤电视台先后两次获得中国广播电视学会"彩虹奖"和上海市新闻奖(电视短片《好大一个家》获第六届中国广播电视学会"彩虹奖"一等奖);5 次获得上海市广播学会电视新闻奖。1997—1998 年、1999—2000 年,连续两度被中共上海市农委、市农村工作委员会授予"上海市农口级文明单位"称号;2001—2002 年度获上海市文明单位称号。

四、嘉定电视台

嘉定电视台于 1993 年 6 月建台,初期使用 43 频道和 11 频道同时播出 1 套节目。

2002 年 11 月,嘉定电视台作了较大改版,自办节目大幅增加。新闻类节目有《嘉定新闻》,每周一至六各 1 档,每档 12 分钟;社教类节目包括《飘扬的党旗》、《经济快车》、《说嘉定》、《法律与生活》等,每档 10—15 分钟,播出密度各异。《说嘉定》节目自 2001 年 5 月推出后,已成为嘉定电视台的一个品牌节目。2002 年 11 月改版后,以人物纪实片为主,记录不同时期的嘉定人,尤其是改革开放年代的嘉定人的生存状态和精神面貌。另有串编节目《汽车杂志》、《每周一歌》等。嘉定电视台每天还播出电视剧 3 集,约 2.5 小时。

到 2002 年底,嘉定电视台共有新闻采编人员 28 名,其中副高职称人员 1 名;中级职称人员 9 名。

嘉定区有线电视中心原来是区广电局的一个部门。2001 年 11 月,区文化、广电两局合并成立文广局。广播电视与局分离,有线电视中心成为区文广局直属的科级事业单位。

嘉定区有线电视起步于 20 世纪 90 年代。1992 年 9 月,中国内地第一个光纤 CATV 科研示范工程在嘉定开通,首批 2 756 户居民看到了清晰、稳定的 15 套电视节目。这个工程项目先后荣获了嘉定区科技进步一等奖、上海科技进步一等奖、第三届上海科技博览金奖和 1995 年中国高新技术新产品博览会金奖。

嘉定区有线电视的大发展是在 2001—2002 年,即农村有线电视"村村通"工程被列为上海市人民政府头号实事工程以后。2002 年,有线电视终端数由 1993 年的 4 000 户增加到 13 万户;光缆长度由 1993 年的 10 公里增加到 500 公里;电缆长度由 1993 年的 40 公里增加到 4 000 公里。有线电视入户率达到 76.5%。

五、金山电视台

金山区电视台坐落于金山区朱泾镇亭枫公路 4325 号,占地 20 亩。电视发射塔高 130

米,每天 24 小时传输 45 套星网有线电视和调频广播节目。节目覆盖金山区和邻近的松江、奉贤、闵行及周边省的部分地区。

20 世纪 90 年代初,上海市委书记朱镕基到金山城乡考察调研时,提出要切实解决上海边远地区人民群众"看电视难"的问题。在他的关心支持下,金山电视转播台于 1990 年 11 月诞生并试播。1992 年 11 月,金山电视台建立。使用无线 40 频道,播出功率 1 千瓦。

金山电视台开播初期,每天节目播出时间只有 2 小时,以后不断增长,至 2002 年底,每周一至周五全天播出 13 小时;周六、周日每天播出 16 小时。

金山电视台的重点节目《金视新闻》设有"本区新闻"、"区县新闻"(上海市郊区县台交流节目)、"观众中来"3 个小板块,及时报道区内发生的新闻事件。介绍金山大地风土人情的《金海湾》,传播农业高新技术与实用技术的《星火科技 30 分》,以及《电视剧场》等栏目也受到广大观众的喜爱。2002 年 4 月,金山电视台对新闻、专题等节目进行改版。各栏目在内容上得到了充实,播出时间也有所增加。

近年来,金山区广播电视局下发了《关于试行电视新闻等级考评办法的通知》;金山区广播电视台推出了《广播电视节目审查制度》等 13 项制度,以加强内部管理。金山区广播电视台还聘任了 15 位广播电视社会监听监视员,请他们对金山电台、电视台节目质量提出意见和建议。

2001 年,台内采编设备全部实现了数字化和播出系统的自动化。全区有线电视网络总长 5 010 公里;终端数 68 000 户。

至 2002 年底,全台 86 名员工中本科以上学历 2 人,本科学历 13 人,大专学历 26 人;具有中、高级专业技术职称的 29 人;从事节目采编播的共 31 人。

六、闵行电视台

闵行电视台于 1993 年 8 月 19 日开播,由原上海县电视台、闵行有线电视台合并成立,拥有无线(1 千瓦发射功率)、有线两个电视频道,每天播放本区新闻、专题、文艺等节目。闵行广播电视发射塔高 130 米,电波覆盖全区 370 平方公里,受众近 500 万。

1994 年,闵行电视台、广播电台与区广播电视局实行"局台合一"体制,设"2 办、3 科、4 部、1 中心",即办公室、总编室,事业科、计财科、音像管理科,新闻部、节目部、经济信息部、技术部,有线电视中心。2001 年 11 月,闵行区广播电视局和闵行区文化局撤二合一,成立闵行区文化广播电视管理局,下设机构基本保持不变,开始逐步推行局、台分离体制。

闵行电视台建台初期每天播出节目 5—6 小时,自办新闻每周 3 期,每期 15 分钟。1995 年改为每周播出 5 期;1998 年 3 月实现天天有本地新闻。此外,1994 年与区公、检、法联手开办《警坛纵横》等节目。1996 年与区广播电台合并后,对节目作了全方位改版,陆续增设了《春申大地》、《莘闵文明花》等栏目,收视率也日渐提高。至 1999 年初,其有线频道实现全天 16 小时滚动播出。

闵行有线电视 1995 年底与市有线电视台联网,随即成立闵行区有线电视中心。2001 年,全区所有街道、镇和 176 个村都连通了有线电视,在上海区县中率先实现了"村村通"。2002 年底,180 杆公里覆盖全区城乡的有线电视网络全面建成,用户总数超过 25 万户。

至 2002 年,闵行区广播、电视两台共有在编职工 89 人。其中,具有高级职称的 2 人;中级职称 36 人。

2001 年,闵行电视台加入中国县市电视台外宣协作网。此后,每年选送 20 部左右电视专题参与成员台《神州瞭望》节目交流播出,并由中国黄河电视台推荐送美国斯科拉卫星电视网播出。2002 年 8 月 16—19 日,协作网第六届年会暨《神州瞭望》栏目对美播出 6 周年研讨会在闵行召开,上海、江苏、浙江、山东等地 42 家县、市电视台的代表与会。

2000 年 2 月,闵行广播电视局被国家人事部、广电总局授予全国广播电视系统先进集体荣誉称号。

七、南汇电视台

南汇电视台 1985 年 2 月开始筹建,1986 年 5 月用"6"和"36"两个频道试机播出。1990 年和 1995 年,先后对两个频道增添发射机备机。1994 年起,南汇电视台摄录编设备逐步采用高带系列;2001 年底全部采用 Betcam 系列。至 2002 年底,拥有 5 条编辑线,非线性编辑系统 2 套,Betcam 摄像机 10 台,数字编辑线 1 套,实现自动播控。

1996 年建立有线电视总站。2000 年 8 月南汇文化广播电视管理局建立后,南汇电视台与南汇广播电台合并为南汇广播电视台。至 2002 年底,南汇电视台工作人员共 63 名。

1993 年 5 月,作为县府实事工程,立项建设惠南地区有线电视,当年建成终端 4 500 个。全天转播 12 个频道,每天播出 3 小时自办节目。1997 年 1 月,南汇有线电视与上海有线电视台正式联网开通。2001 年底全区(县)337 个村的光缆杆路架设基本完成,实现南汇"村村通",并先后通过验收。2002 年 12 月底,村级网络建设实现有线电视和有线广播共缆传输。全区 25 个镇的区、镇、村 3 级有线电视光缆传输杆路全面建成。全县共有杆路电缆 319 杆公里;杆路光缆 459.13 公里;有线电视用户 65 883 户。

南汇电视台的自办节目主要有《南汇新闻》、《经济大看台》等。1993 年 5 月起,在《南汇新闻》中开设了《照片传真》小栏目,反映百姓生活的新闻居多,视角独特,深受观众欢迎。

1993 年起,连续 6 年每年编播一台自编自导自摄的春节文艺晚会,集中展演具有南汇民风民情的歌舞、戏曲、小品等文艺节目。其中,曾与上海电视台联合摄制由 25 名歌手参加的中外乡村歌曲大赛(决赛)节目。

1999 年 9 月,南汇县广电局组织电视航摄,租用上海国飞公司直升机 1 架,由南汇电视台摄录人员上机对南汇标志性的景观地貌进行拍摄。拍摄共 1 小时,后编辑成《放眼南汇》国庆献礼专题片。

八、青浦电视台

以青浦电视转播台为前身的青浦电视台于 1992 年 8 月建立,同年 10 月 1 日开播。此前,在青浦电视塔建成后,首档青浦电视新闻节目于 1991 年 1 月 10 日播出。1994 年 7 月 11 日起,青浦电视节目由 1 套增加到 2 套。与此同时,社教类专题《青视纪录片》、《青视经济热点》等相继推出。

1997 年 1 月 6 日,青浦广电中心奠基,工程投资 3 000 万元,并做到当年设计,当年施工,当年竣工。位于新城区公园路 1828 号的新址占地面积 42 亩,建筑面积 6 400 平方米;发射塔高 168 米,在 100 米处有旋转观光厅,塔下裙楼有大小演播厅各一。同年开始,青浦电视台每天有自办新闻和专题节目。

2001年底,青浦广电局与文化局合并。2002年4月,局台分设,成立青浦区广播电视台,实行广播电台、电视台"两块牌子、一套班子"的运行机制,对外依然保持两台呼号。

至2002年底,青浦电视台两套节目日播出量分别为12小时和7小时。其中,自办的《新闻报道》设有"新闻访谈"、"青视论坛"等子栏目,每档20分钟。社教类专题栏目有《今日青浦》《青浦党建》《青浦教苑》等,每档15分钟,每周1轮;文艺类专题栏目也是每周1轮。

注重扩大对外宣传工作。每年通过中国黄河电视台向美国斯科拉卫视网发送电视专题片15部左右。1996年,青浦电视台代表上海郊区与苏州吴县等台发起成立中国县市电视外宣协作网,成员逐渐发展到50家电视台,其协作栏目《神州瞭望》已成为美国斯科拉卫视网的知名栏目。

截至2002年,青浦电视台在编人员53人,其中新闻编辑记者35人,高、中级专业技术人员分别为1名和15名。先后有4人分别获得全国广电系统先进个人(1996年度)、上海市优秀新闻工作者(1992年度)、上海市重大实事工程先进工作者(1997年度)、上海市文化广播电影电视对外交流先进个人(2002年度)称号。两度获国务院新闻办下属中国黄河电视台颁发的"电视外宣繁荣奖"。

目前,青浦全区已实现"村村通",青浦城区通向各镇站光缆为142公里,光节点数385个,放大器8 624只,有线电视用户9万余户。

九、松江电视台

松江电视台始建于1984年秋,1985年12月27日试机成功,1986年1月1日对外试播,是上海郊县中第一家成立的电视台。

电视发射塔高度为158米,铁塔98.8米,高处有350平方米的双层平台。整个铁塔由探照灯、霓虹灯、泛光灯等组成的灯光照饰,入夜光彩四射,成为松江城区一景。松江电视台节目信号通过两个频道发射,一是米波段10频道,功率为1 000 W;二是米波段17频道,发射功率为2 000 W。节目覆盖全区605平方公里地域、上海市区及苏浙毗邻地区。

松江有线电视网络开发较早。1992年6月,小昆山镇有线电视站率先开通。当年下半年,松江城人乐小区2 641户家庭安装有线电视。1992年12月28日,松江有线电视试播,居民可收看9个频道,包括松江电视台的节目。另一频道每晚黄金时间播放自办节目(第二天下午重播)。1993年开始,逐步实现了市、区、镇、村4级光缆联网。至2002年,全区拥有有线电视光缆800多公里,电缆12 000多公里,有线电视用户12万户。

松江电视台每周播出1档《松江新闻》,1994年10月起,每周播出3档《松江新闻》。1995年2月28日起,在上海市郊各台中率先开办每日新闻,并将《松江新闻》改版成《松视新闻》。

1996年,松江电视台在上海市郊各台中率先被国家广电总局评为"全国广播电视先进县(市)级台";1997年以来,连续三届被上海市政府命名为"上海市文明单位"。

第四编
新闻与信息类网络媒体

1994 年 8 月,中国正式接入国际互联网,互联网基础设施逐步完善,互联网站纷纷兴起,网络用户数量急速上升。至 2002 年 10 月,中国网民数量已达到 5 800 万人,占世界总量的 6.2%,名列世界第二。

在网络信息技术的挑战和推动下,报刊、广播、电视传媒纷纷整合网络传播的优势,扩大影响。

网络媒体在中国新闻传播中的地位和作用日见突出,成为中国新闻传播事业的重要组成部分。1996 年,中国广播电视开始与网络接轨。1996 年 12 月,广东珠江经济广播电台开通网上实时音频广播,成为国内第一个上网的广播电台。1997 年,中国国际广播电台建立网站。1999 年,中央电视台春节联欢晚会、《新闻联播》开始在网上直播。上海各新闻媒体的网站也先后面世。上海电台 1997 年底尝试进行网上直播。

20 世纪 90 年代中期,各种互联网站像雨后春笋般出现。由于没有相应的政策、法规的制约,一时间良莠混杂,国内互联网处于一种无序状态。2000 年 9 月,《互联网信息服务管理办法》以国务院令的形式公布施行;同年 11 月,国务院新闻办、信息产业部又联合发布了《互联网从事登载新闻业务管理暂行办法》,从而对规范网上新闻发布行为,维护网上新闻的真实性、准确性、合法性,确保网上正确舆论导向提供了法律依据。

上海市政府新闻办公室于 2000 年 11 月正式组建网络处,负责管理全市互联网新闻登载,指导互联网的新闻宣传,协调互联网的新闻业务,推进上海互联网新闻业务的健康发展。市府新闻办网络处成立后,首先要求全市的互联网站向网络处提出申请,并登记注册。再由网络处加以审核,报国务院新闻办公室批准。首批申请注册的网站有 78 家,以后又有一些网站陆续登记。

经国务院新闻办公室批准注册的新闻网站在上海仅为一家,即 2000 年 5 月 28 日开通的东方网。具有登载新闻资质的商业性综合网站为"上海热线"、"中国美亚"、"亿唐"和"中国家家"4 家。经上海市政府新闻办公室批准的上海传统媒体网络版共 12 家,即《解放日报》、《文汇报》、《新民晚报》、《上海日报》、《劳动报》、《青年报》、上海电台、东方电台、上海电视台、东方电视台、上海教育电视台和上海卫视中心。《文汇报》和《新民晚报》整合为文新报业集团后则为文新集团网站。其余均为商业性网站,不得擅自发布和转载新闻。

从 2002 年开始,市政府新闻办公室网络处依法对各网站实施管理,并按相关标准开展年检。至此,上海互联网的新闻宣传进入了一个较为正规的发展阶段。

第一章　东　方　网

　　东方网是由上海市主要新闻媒体——解放日报报业集团、文汇新民联合报业集团、上海电台、东方电台、上海电视台、东方电视台、上海有线电视台、《青年报》、《劳动报》、上海教育电视台、上海东方明珠(集团)股份有限公司和上海市信息投资股份有限公司联合投资组建的大型综合性服务类网站。注册资金6亿元,是国内同类网站中投资最大的网站。(网址: http://www.eastday.com)

　　自2000年5月28日开通以来,东方网以权威、快捷的新闻发布,专业、全面的频道服务在广大网民中产生了广泛影响。东方网推出的免费邮件、新闻检索、在线调查、投稿专线、投诉咨询、网上订票等多种功能性服务受到网民好评,东方网提供的新闻信息、政策信息、短信产品等资讯服务也都有了稳定的用户群。截至2002年11月,东方网注册用户达75万,日均更新信息4 000多条。

　　东方网的总体发展思路是:新闻强势导入、信息服务衔接、电子商务展开。在一系列重要宣传活动中,东方网成为网络媒体新闻传播中的重要组成部分。一些重要的政治、经济文化活动,东方网都做了系列专题报道,成为展示上海改革开放成就的新窗口、向海外传播中国文化的新渠道,形成了一个以东方网为代表的"中国主流网站声音"。尤其是在2001年上海APEC会议和2002年中国申办2010年上海世博会的报道中,东方网发布的信息成为国际互联网上快速、权威的声音之一。

　　东方网每天平均读数(PV)达到800万,在全国同类网站中处于领先地位。东方网已拥有各类频道20个,栏目2 400个;拥有电子邮箱、电子商务、移动短信、搜索引擎等功能平台;具有BBS、论坛等众多交互功能。东方网的信息处理能力也已发展到日处理4 000条,其中新闻2 000条,其他信息2 000条,在国内大型网站中名列前茅。

　　2002年,东方网建成了具有电信级服务能力的独立机房,拥有总规模为60个机架600台服务器,主干1G,上行通道一用一备各100 M带宽的发布通道。依托大型技术平台,东方网已经成为综合性新闻发布权威平台、电子政府权威平台、信息咨询权威平台、公共文化服务权威平台。

　　东方网被中央定为全国重点网站之一,被授予上海青少年网络社会实践基地,被确定为国家网络信息安全S219工程唯一的应用示范单位;被推选为上海互联网信息服务业协会会长单位。

　　东方网注意整合多方社会资源,着力打造品牌服务频道。财经、体育频道不但提供大量专业化的分类信息,还细化股市行情、体彩公告等多方面的服务;娱乐、健康、旅游等频道针对特定的服务对象开设了大量富有特色的栏目,并和相关的影视剧、医疗单位等建立联系,提供网上服务;玫瑰俱乐部通过一系列富有创意的活动吸引了时尚男女,短短两年多已经拥有近10万的注册会员。

在经营管理中,配合城市信息化建设,加大力度推进重大项目。在经营项目拓展方面,适时推出了"东方网点计划"。随着东方网属下产品的日益扩充和衍生服务的多元化,东方网正以"建网、布点、移动、连锁"为策略,努力探索一条从单一的网站到系列网站集群平台,再到多功能、智能化的社区服务网点之路。东方网将打造互联网站、社会网点、社区网园和移动短信之间互联、互动的现代化信息产品链。200多家加盟店,成为文化建设新阵地、社区服务新窗口和文化产业新的增长点,受到社会广泛关注。东方网还继续在广告、培训、手机短信息等业务领域尝试突破;推进为重大项目合作建设网站的力度,配合城市信息化建设,积极参与南汇、青浦、嘉定区的项目;积极探索企事业单位上网业务模式,目前已为500余家企事业单位提供多种服务。

2002年11月,在上海首届优秀网站评选中,东方网获综合性网站第一名。在东方网的建设过程中,中央和上海市委、市府高度重视,胡锦涛、黄菊、曾庆红、李长春、李岚清等党和国家领导人先后前来东方网视察,调研指导工作。胡锦涛在2000年11月13日视察时说,东方网成立时间不长,但发展很快,且有自己的特色,祝愿东方网越办越好,实现"国内一流,国际知名"的目标。

一、新闻中心

东方网新闻中心是东方网新闻采编的主体部门,下设编辑部、评论部、上海新闻部、综合部、舆情部和多媒体部。

(一)东方新闻

新闻中心负责的"东方新闻"是上海最大的网络新闻内容的综合展示平台。"东方新闻"下设17个新闻类栏目(包括"今日关注"、"独家报道"等13个动态新闻栏目、1个新闻专题栏目、1个新闻点评栏目、1个新闻调查栏目、1个新闻热点访谈栏目)。"东方新闻"在内容上突出了即时报道和深度报道,一方面,设置简洁明了的"滚动新闻"页面,长三角、台港澳以及其他国内外新闻24小时滚动更新。另一方面,加强新闻专题的制作,设置独立的专题页面,即时方便地增设重要新闻专题。

"东方新闻"每天更新1 000条左右,以"上海"、"专题"、"图片"等分类。新闻采编中心每天编辑的新闻有2 000条左右。

(二)东方评论

2000年东方网创建之初便设置评论栏目"今日眉批",以及评论频道——"东方评论"正式设立。评论频道由"东方时评"、"今日眉批"、"网友热评"、"媒体观点"等7个栏目组成。在编的特约评论员有18位。

东方网还新建了一支"东方专家论坛"的队伍,由上海市15位专家学者组成。"东方专家论坛"每日刊出一篇,和《文汇报》评论栏目《文汇时评》联动刊出,发表评论40余篇。"东方专家论坛"以专家的视角分析一些社会热点问题,颇受网民关注。

(三)上海新闻

"上海新闻"是东方网的一个特色频道,因其及时、全面、权威地报道上海新闻,受到广大网友的好评。"上海新闻"原是"东方新闻"的一个分栏目,2002年10月份,成为独立的页面,使用单独的域名。

"上海新闻"分为 7 大板块:分类新闻、实用新闻、一周服务信息、热门话题、生活指南、上海专题和海上风。这些板块快速即时地报道发生在上海的新闻,如网上直播每周上海市政府新闻发布会,最新发布政府重要公告,及时报道上海重大的突发性新闻,还特别注重实用性新闻信息的发布,为网民的工作生活提供指南。

"上海新闻"日更新 100 余条本地新闻,成为国内外了解上海的重要窗口。

(四)东方直通车

"东方直通车"是东方网的名牌栏目,借助《解放日报》、《文汇报》、《新民晚报》和东方电台"东方传呼"编辑室 4 家媒体群工部的力量,各方轮流当班,为市民排忧解难,传递相关信息。

"东方直通车"为广大网民提供了一个网上投诉、咨询的平台,以便政府及有关职能部门能及时了解广大市民的想法、建议、意见,在互联网上架起市民与政府互动沟通的桥梁,自开通之日起便受到广大网民的欢迎。

(五)东方图片

东方网 2000 年开通之初,就设有"东方图片"频道,集中展示新闻照片、漫画、图表等。设有时事图片、体育图片、文娱图片、神州掠影、世界之窗、专题集锦等栏目。日均页读数从最初的 4 000 多,很快发展到 10 万左右。

(六)考试热线

为进一步发挥高考热线名牌栏目的作用,通过整合内外资源,"东方考试热线"开通。现有特别推荐、考讯速递、学历考试、非学历考试、题海冲浪、备考之余等栏目。高考期间日均页读数达 10 万左右,其他时候在 2 万左右。改版后名为"东方教育考试热线",日均页读数波峰与波谷间的差距逐渐缩小。

(七)东方社区

"东方社区"包括"东方论坛"和"嘉宾聊天"两大板块。设有 39 个讨论区隶属 14 大板块,分别关注时政热点、上海、情感空间、影音娱乐等内容。BBS 注册用户超过 6 万、帖子总数超过 100 万。主要板块有:时政热点、E 上海、文峰笔会、诗情画意、情感空间、电脑网络、数码论坛、灌水专区等。

"嘉宾聊天室",是上海本地网上唯一的人物访谈栏目,也是全国新闻媒体网站中最具规模、内容丰富的人物访谈栏目。栏目内容涵盖"明星访谈"、"新闻解读"、"服务咨询"、"讲座沙龙"、"品牌对话"5 个板块;自 2000 年创办以来,已有 1 400 余位国内外社会各界人士光临"嘉宾聊天室",单场聊天提问超过 18 000 个。同时与上海多家报纸、电视、电台建立起包括资源共享、置换宣传、配套访谈等方面的合作伙伴关系,以取得更好的社会影响力。

(八)多媒体

"多媒体实验室"始建于 2000 年 7 月,目标是充分发挥网络传播优势,更好地整合广播电视信息资源,以文字、图片、声音、视频相结合的形式为网民提供多方位的信息服务。

多媒体新闻与娱乐音视频内容的日常更新,是服务网民、体现东方网独具的资源优势的一扇窗口;同时部门兼有开发应用多媒体新技术、寻求网络传播新突破口的功能。

二、频道中心

东方网频道中心是为网民专门提供行业资讯与信息服务的职能部门,下辖主要频道 10

个。各频道针对特定的服务对象开设了大量富有特色的栏目，组织了一系列富有创意的活动。

（一）财经频道

"东方财经"以证券为中心，涵盖外汇、期货、保险等多方面。政府的一些最新经济统计数据也在第一时间于此披露。

（二）体育频道

"东方体育"是东方网主要的频道之一，日均更新稿件400篇，内容涵盖足球、篮球、网球、围棋、象棋、田径、乒乓球、羽毛球等众多项目。日平均流量在80万左右，逢重大赛事达300万。

（三）旅游频道

"东方旅游"提供快捷、详尽的旅游资讯，以丰富的资讯服务，打造实用、多元化的上海旅游信息平台。

（四）男女频道

"男女频道"致力于发掘时尚潜力，提供各种流行的时尚咨询，探讨两性情感互动问题，并及时发布最POP(pop原是爆裂时发出的"啪"一声，现指时髦，最奇特)的休闲潮流信息。"男女频道"还为广大青年网友提供一个休闲交友的乐园——玫瑰俱乐部。

（五）少年频道

"东方网少年频道"于2000年7月10日正式开通，以网络特有的交互性、开放性、趣味性和兼容性来吸引少年，通过"快乐教育"让广大少年乐于接受，从而达到潜移默化的教育目的。

（六）军事频道

洞察世界军事动态更深入，报道世界风云更全面，是军事频道的特色所在。

（七）企事业频道

企事业频道打通企业与全国、世界的商务往来。以国际、国内各行业的发展动态、当前热点、政策法规、专家评论等为企业提供经济信息服务。

（八）汽车频道

汽车频道以富有特色的新闻报道和信息为网民服务。充分发挥网络的资源整合优势，将各类汽车网友聚集在一起，为广大汽车用户、中外汽车厂商以及汽车专业人士提供一个网络信息平台。

（九）游戏频道

"东方游戏"是以专业游戏内容、游戏市场联盟为基础的大型游戏资讯网站，自创建以来一直致力于为国内游戏玩家和游戏厂家提供全面、权威、专业的游戏资讯服务，在游戏厂家与游戏玩家之间构建起一座大型信息交互平台。

（十）娱乐频道

"东方娱乐"内容包括：电影电视、文艺演出、艺术展览、明星专访、新碟推荐等。上海国际电影节、上海国际电视节、音乐节、艺术节等重大活动举办时，东方娱乐都制作专题，采访报道。

东方网历任负责人：王仲伟、吴谷平、穆端正、李智平、徐世平。

第二章　新闻传统媒体网站与电子版

第一节　解放日报电子网络版

网址：http//www.jfdaily.com 或 http//www.jfdaily.com.cn。

解放日报电子网络版于 1998 年 7 月 28 日正式创办，是上海市最早建立的新闻网络版之一。

解放日报电子网络版现已成为上海市对外新闻宣传的主要窗口，其主要宣传内容有：

新闻报道以中共上海市委机关报——《解放日报》的新闻报道为主，还包括解放日报报业集团所属《新闻晨报》、《新闻晚报》、《申江服务导报》、《报刊文摘》、《人才市场报》、《房地产时报》、《i 时代报》、《上海学生英文报》、《支部生活》、《上海小说》、《职场指南》等系列报刊电子版的新闻报道。新闻实行 24 小时不间断更新。

开设扩大上海影响，增强服务性的专栏。如"上海之声"，发布上海市委、市府领导的重要讲话；"国际论坛"是全面了解当今国际热点问题的窗口；"上海文化名人"采用多媒体形式介绍上海文化界名人。还有"近期上海展会"和"上海导航"等。

第二节　文汇新民联合报业集团网页

网址：http：//www.whxmjt.com.cn。

2002 年底，文汇新民联合报业集团网页正式开通。

网页设置"集团简介"、"集团媒体"、"集团经营"、"人力资源"以及"集团荣誉"等栏目，形式新颖，内容翔实。

文新报业集团网页上专设了用户服务区，收录了丰富的相关信息，为读者提供了准确、全面、翔实、快捷的服务，满足读者多样化的服务需求。

为适应新闻宣传新的发展趋势，文汇新民联合报业集团网页进行改版，体现集团的整体形象，将《文汇报》、《新民晚报》及集团其他媒体整合成为文新集团新闻媒体网络版：文新传媒网（www.news365.com.cn）。

文新传媒网依托文新集团强大的信息资源，每天编发最新的新闻信息和各专题性、服务性信息为网民服务。由文新集团所属部门新闻信息中心负责编辑的文新集团及所属电子版继续保留。

第三节　文汇报电子版

网址：http：//www. whb. com. cn。

文汇报电子版是国内最早将纸质媒体数字化上网的电子媒体之一。早在 1995 年，筹建上海公共信息网——"上海热线"时，文汇报社资料研究部就与上海市邮政局合作，于 1996 年 9 月 20 日在上海热线的"新闻总汇"频道中，发布了文汇报电子版。1998 年 1 月 26 日，文汇报社正式推出有独立域名的文汇报电子版(www. whb. online. sh. cn)。

打开文汇报电子版，"版式浏览"列出了纸质版面转化成电子文件格式，读者可通过专门软件浏览文汇报版面。

"今日头条"是当天《文汇报》的头条新闻的摘要，点击摘要可阅读头条新闻的全部内容。头条新闻的右边，配置以与之相关的新闻图片，或是当天《文汇报》上比较精彩的新闻图片。

具有《文汇报》特色的版面占据着电子版中央的主要位置，右边是报纸的新闻版面。左边是专副刊、读者评报、集团媒体和友情链接。

排列在电子版居中的栏目是"要闻与综合新闻"、"国际新闻·环球视窗"、"时评"、"财经报道"、"国内视窗"、"笔会"、"新书摘"和"每周讲演"等。这些具有特色的栏目为读者提供《文汇报》的主要新闻。

文汇报电子版是同类网站中最早采用全文检索的电子报刊。电子版提供的全文检索功能，让读者通过时间、作者、标题、正文等字段，检索 2 年内的《文汇报》。

在"读者讨论区"文汇报电子版开通联系读者通道，读者可以方便地通过互联网发送帖子，点评报纸的内容，提供新闻线索。文汇报社群众工作部在电子版上开通了联系读者的窗口。

第四节　新民晚报电子版

网址：http：//www. xmwb. com. cn。

新民晚报电子版自 1998 年 12 月 1 日开通。次年，为配合《新民晚报》改版，新民晚报电子版作了全新改版。

改版后的新民晚报电子版各频道(或栏目)，对应着纸质媒体的各个版面，读者浏览频道，就如翻阅纸质媒体相应的版面。

为了使读者方便地阅读到当天的新闻，改版后的新民晚报电子版将新闻版面排列在主页面的最前方。

"要闻"是当天晚报的头版新闻，及时发布当天上午发生的国内外的重要新闻。

"上海新闻"包括了"综合"、"财经"、"民生"、"昨夜今晨"、"法治"、"都会"、"目击"、"声音"等反映上海政治、经济等各方面的新闻。读者可以从这些栏目中了解上海最新的动态。

"早间点击"是具有晚报特色的新闻栏目，侧重报道当天上海上午发生的社会新闻。

"中国新闻"是各省市的新闻汇总,读者从这里可以了解当天国内发生的新闻。

新民晚报电子版的检索栏目中,读者能通过时间、作者、标题、正文、版次等检索途径进行全文检索。

第五节　劳动报电子版

网址:http://www.shzgh.org/htmlnew/ldb/。

劳动报电子版依托上海总工会网站和东方网,于2002年7月18日起开通,《劳动报》版面全部上网。

第六节　上海文化广播影视集团网站

网址:http://www.smeg.com.cn/。

上海文电广播影视集团网站于2002年10月正式启用。

网站具备集团信息发布、业务合作连线、人力资源管理和公共服务链接等多重功能,是文广影视集团对外宣传合作的重要窗口和集团所属上海本地文化资源的高效导航中心。

文广影视集团主页的主导航栏由广播电视和报纸杂志、电影制作发行和院线经营、电影节和电视节、旅游餐饮和酒店经营、文化演出和剧场管理、网络和新媒体、科技开发、实业投资业务8个部分组成。

二级导航也同样遵循上述原则,开设广播电视频道、影视制作、节目交易等栏目。

第七节　上海文广新闻传媒集团网站

网址:http://www.smg.sh.cn。

上海文广新闻传媒集团网站建立于2002年12月25日,包含集团企业站点和下属上海电视台网站、上海东方电视台网站、上海电台网站、东方电台网站等媒体站点;集团下属11个专业电视频道和10个专业广播频率都有专设网页。

文广传媒集团网站的主要栏目包括:集团介绍、职能部门介绍、集团成员单位、近期动态、人力资源和联系方法等。所有内容具有中、英文双语版本,同时提供各频道、频率节目播出时间和内容介绍,主持人介绍,以及在线收听、收视服务,一批优秀广播电视节目可供网络下载收看。另有包括除新闻类频率、频道外的频率、频道的观众交流论坛等。

传媒集团网站对一些重大报道,专门制作了网络专题和网上直播等,扩大了宣传范围,提升了宣传效果。与此同时,网民通过网络参与到"相约星期六"、"今日体育快评"、"激情F1"、"看球评球"、"老左信箱"等名牌节目中,成为节目制作与观众互动交流的平台。

广播电视媒体站点的人气较旺,每日访问人数总计超过10万人次;网络直播收听收视服务每日访问人数超过 4 万人次。论坛的注册人数已突破 23 万人;每天的平均发帖数超过 1.5 万。总体在地方性媒体站点服务中占据领先位置。

第八节　上海人民广播电台网站

网址:www.radioshanghai.com。

1997 年,上海电台就开始尝试在国际互联网上传播广播节目。同年 5 月,上海电台广播节目《滑稽王小毛》正式登上国际互联网,成功地将原来只有声音的广播节目配上了生动活泼的连环画,声画同步在网上播出。

1998 年 6 月,上海人民广播电台网站开始试运行。同年 10 月 1 日正式开通。上海电台的新闻、文艺、音乐、社教等节目通过网络技术传播到了全世界。

上海电台网站以新闻信息为主干,间频播放为特色,设有新闻、经济、文艺、音乐、专题 5 大类栏目共 23 个,上网广播节目 36 个,有线电视戏剧频道节目 4 个。网站使用硬盘空间超过 500 M,各类页面 750 多页,平均每天页面点击数超过 8 万,最高曾达 180 万。每天新闻信息更新量超过 200 条,每天录音更新 30 M 字节。1997 年以来,上海电台每次举行大型宣传活动,如"3·15 消费者投诉"、"'99《财富》论坛上海年会大家谈"等,上广网站都进行网上直播;上海电台重点制作的节目,网民都可以在上海电台网站上在线收听。

1998 年 1 月 28 日,上海电台音乐台首次通过国际互联网直播新春特别音乐节目《网上广播,虎年贺岁》,使海外华人通过互联网听到乡音,也首开上海地区广播节目网上直播之先河。1998 年 5 月 1 日起,《990 早新闻》同时上网播出,一些新闻专题节目也常登网直播。

第九节　东方广播电台网站

网址:www.eastradio.com。

东方广播电台网站正式建立于 1997 年 6 月。2001 年 2 月起,东广网站以"体现广播特色,实现共同发展"为原则,结合网络受众需要,进行了多次改版,力求在提升网站品质的同时,不断扩大广播的感召力。

2001 年 2 月,东广网站改版,力求在网站建设理念上有所突破,强调广播网站的服务性和互动性,设定了"新闻直通车"、"财经方向盘"、"音乐试金石"、"生活百事通"4 大板块。

1. 新闻直通车:按照东广早新闻模式,分为"今日要闻"、"本地新闻"、"国内新闻"、"国际新闻"、"体育新闻"、"新闻追踪"、"报刊导读"及"专题新闻"8 个栏目。每天 9:30 前更新当日新闻,日新闻更新量在 80 条左右。

2. 财经方向盘:主要有"财经快讯"、"当日黑马竞选"和"个股天天点播"3 个栏目。其中"个股天天点播"具有指定点播功能,满足了听众指定市场分析师的要求。

3. 音乐试金石:主要包括"东方风云榜"、"天天点播"、"流行歌曲排行榜"3 个栏目。2001 年 3 月东方电台主办的"东方风云榜"原创新生代演唱会吸引了 2 000 多名网友向网站索票。"流行歌曲排行榜"的网页制作充分体现了互动特点,使听众能够直接通过东广网站了解歌曲榜单,并参与网络投票选举。

4. 生活百事通:主要包括"东方传呼"、"人才你我他"、"交际英语"、"假日导购台"、"上海潮投诉热线"、"空中大调剂"、"老年学堂"7 个栏目。

2001 年 10 月,东广网站进行第二次改版,对网站的均衡发展及页面的美观等问题作了改进。

改版后,东广网站的 4 大主干板块不变,又增设了"网络收音机"、"BBS"两大板块。每天更新的内容以图片和音频资料等网民感兴趣的内容为主。通过声音、图片的上传,达到图文并茂的效果,并满足网民收听非线性广播新闻的要求。此外,新闻全文检索服务也在本次改版后推出。

2002 年,上海文广影视集团推出了广播频率专业化的改革举措,上广和东广网站的工作重心也向相互整合转移。

上广和东广网站整合后,由上海文广新闻传媒集团总编室负责管理、制作,并开始以频率为主线,张扬频率品牌,包装特色栏目,强调网络互动。同时继续保留两台主频率的在线播出功能。2002 年 12 月 3 日,广播网站和新浪网合作,在线直播了上海成功"申博"的动人场景,网站在线峰值达到 25 万人次。广播网站合并后,每天从电台文稿系统中提取当日上广和东广的新闻作为网站的新闻内容,重要新闻还配以新华社图片和电台新闻的录音剪辑,达到图文并茂的效果,同时满足网络受众对于广播新闻非线性收听的需求。

2002 年末,广播网站开始提供全部 10 套广播节目的在线播出服务。此外,还致力于完善广播网站的各项功能,增强广播节目和网站结合的紧密度,与受众形成良好互动,使广播事业和网站实现共同发展。

第十节 上海电视台网站

网址:http://www.stv.sh.cn。

上海电视台网站于 1998 年 8 月正式面世。作为电视媒体的互联网窗口,其宗旨为:立足电视节目宣传,扩大整体宣传效果,努力成为电视节目播出的延伸和补充,为广大观众和网络用户服务。

上海电视台网站提供每日节目预告、节目介绍和保存检索,观众可通过互联网便捷地了解电视信息。同时,上视网站在国内率先提供在线视频节目,并着力探索网络视频流服务。至 2002 年底,网站每日可提供 4 小时、总计为 150 条的在线视频新闻类节目;提供 20 分钟网络直播的新闻报道和财经报道。除了面向互联网用户的窄带视频,网站还以宽带速率提供超过 VHS 水准的网络视频新闻节目,是点击率最高的栏目。

上视网站成立后,举办和参与了许多重要活动。《'99 五洲风——元旦双语晚会》是网站成功转播的首次尝试。1999 年 10 月《财富》论坛上海年会期间,网站与广电技术中心、"上海热线"和"金桥网"一起,通过互联网对会议全过程作了网上直播。这一年,上视网站还参与举办了"'99 STV 网络夏令营"活动,并在"搜狐"网站娱乐频道中开设了"上海电视"网页。

上视网站对内部信息网进行了多次改版,2002 年,网站先后围绕党的十六大、上海电视节、上海电影节作了大力宣传;在韩日世界杯中组织的"竞猜"活动吸引了众多球迷的参与。

上海电视台网站由上海东方数据广播有限公司托管。拥有 WEB 服务器、音频直播服务器、视频服务器和 E－MAIL LIST 服务器各一台。其接入带宽为 43 MBPS 共享,平均负面浏览量为 22 万页/天;用户访问数为 1.6 万次/天,呈逐步递增趋势。

上海电视网站已经实现网站电视、新闻点播、设立网站主持人制度、成立网友俱乐部、推出网上直销等做法和服务内容,使网站不断扩大信息量,与电视节目形成优势互补,提高访问率,扩大上海电视台的多媒体宣传效应。

第十一节 东方电视台网站

网址：http：//www.shotv.com。

上海东方电视台互联网站于 1998 年 7 月正式开通,是全国最早经国务院新闻办批准上网的电视台之一。

东方电视台网站有一台 web 服务器,接入带宽为 web 服务器 2 M 独享,一台视频服务器(与上视网站合用)10 M 共享。网站流量统计为：平均页面浏览量 25 万页/日,用户访问数 2 000 人/日,站点成功点击数 200 万次/日。

经上海市府新闻办公室审核、批准,东方电视台网站从事登载新闻业务,在上海市通信管理局进行互联网信息服务备案登记。根据国家广电总局《信息网络传播广播电影电视类节目监督管理暂行办法》,上海市文广影视管理局特向东视网站颁发了《网上传播广播电影电视类节目许可证》。

东视网站定位于"互联网时代东视形象宣传的新窗口,东视对外宣传的新阵地";"协同电视宣传,树立东视网上新形象;丰富节目信息,重在互动收视指南服务;开发网络视频,探索网络文明新形式"。

东视网站内容设置有东视首页、新闻娱乐、文艺频道、音乐频道、戏剧频道、收视指南、影视剧、主持人、广告资讯、BBS 等十多个板块。提供新闻、娱乐、文艺、青少年、音乐、戏剧、影视剧、专题片等 70 多个栏目的本周看点和两周节目预告;重点包装自制节目和热播电视剧。网站每天对东视新闻和节目预告等进行更新,提供本台新闻类专题节目的全部文字内容;提供本台新闻及《娱乐在线》等在线视频和中文条目,并 24 小时提供新闻娱乐频道网上视频直播。

为加强电视节目和观众的互动,东视网站开设了节目交流服务论坛(包含上海电视台的频道内容),注册会员近 10 万人。

依托电视资源,举办各种网络活动,是东视网站的主要特色。如配合电视节目,组织网络摄影比赛、党史知识竞赛、"决战四国"全国网络电视互动军棋拉力赛、电视专业频道知识竞赛等。

2001 年 12 月,东视网站划归上海文广新闻传媒集团(筹)总编室管理。

第十二节　上海有线电视台网站

网址：http：//www. scatv. sh. cn。

上海有线电视台网站于 2000 年 7 月 11 日在互联网全新亮相,成为上海有线电视台又一宣传窗口,以及与海内外信息交流的新的、更宽广的渠道。

网站设有有视概况、收视指南、热点栏目、有线新闻、有线体育、有线财经、有线影视、音乐戏曲、广告投放、有线网络和电视直销等栏目。

为配合各时期的宣传重点,有线电视台网站先后在第二十七届奥运会、2000 年国庆节、亚洲杯足球赛、上海电视节、上海国际艺术节等期间开设专栏并作专题报道。

2000 年 11 月 25 日有线生活频道开播,网站第一次开通了与频道节目互动的栏目《我想有个家》。

2001 年 4 月 18 日,有线台网站改版,取消音乐、戏曲、电视直销等栏目,新增了《电视剧评》、《老左信箱》、《收视指南》、《有线论坛》等与网民互动性较强的栏目。改版后的网站点击率平均每天约 5 000 人次,比原先翻了一番。一些网民发表了非常精彩的评论文章,有的文章在千字以上。《老左信箱》每天收到的电子邮件有近百封;《收视指南》作为当时唯一一个发布所有 30 个频道一周电视节目预告的媒体,也大受市民的欢迎。

2001 年底,上海有线电视台网站并入上海电视台网站。

第十三节　上海教育电视台网站

网址：http：//www. setv. sh. cn。

上海教育电视台网站成立于 2000 年。

网站以新闻发布、栏目介绍、信息查询 3 大块内容为主,并公布教育资讯、宣传教育电视台形象,以及提供收视指南。设有"教视概况"、"专栏大观"、"教育新闻"、"求学资讯"、"教视精品屋"、"教学万花筒"等栏目。新闻发布更新量为 10 条/日,所发布的新闻以上海教育电视台制作的新闻为主,辅以部分东方网制作的新闻;栏目介绍根据节目制作进度每周更新调整。同时,创造网络文化与电视教育的互动空间,为广大网友、观众提供丰富的信息和自由的交流空间,包括招考信息和留学信息查询等。

第十四节　上海青年电子社区

网址：http：//www. why. com. cn。

"上海青年电子社区"创办于 1999 年 4 月,是共青团上海市委员会所属、青年报主办的大型综合性网站,是上海市最大的青少年虚拟网络社区。连接着上海青少年生活、学习和工作中丰富的内容,拥有强大的站内搜索引擎、个性化页面、及时的各种新闻和信息、嘉宾聊天、热门话题讨论及调查等丰富内容。

网站宗旨:本着服务第一的原则,构建遍布全上海的网上电子服务系统,成为广大青少年及其组织的网上家园。

内容特色分3大块:"青少年工作"平台;"我们的媒体",包括《青年报》《生活周刊》《学生导报》等报社下属各报纸、杂志电子版;"社区服务",包括考试培训、出国移民、活动交友、时尚旅游、青年票务、读书文化、游戏天地、ENJOY上海、邮箱、BBS上网互动等栏目。

第十五节　上海教育报刊总社网站

网址:http://www.sepg.net.cn。

上海教育报刊总社网站,于2003年9月1日正式开通。网站宗旨是:坚持正确的舆论导向,宣传贯彻党的教育方针,宣传报道上海教育改革与发展的新思路、新举措、新经验,为实施上海科教兴市战略服务。

总社网站目前主要发布总社所属"3报8刊"的内容以及相关信息内容。主要栏目有:主题索引、信息汇总、主编信箱和教育论坛等,立足上海教育,突出教育特色,以满足社会各界从各方面、多角度了解上海教育的现状和发展趋势,是上海教育报刊总社面向读者、面向社会、面向市场重要的信息窗口和信息载体。

第三章　其他主要信息类网络媒体

第一节　政府门户网站"中国上海"

网址:http://www.shanghai.gov.cn。

"中国上海"政府门户网于2001年9月28日试开通,2002年1月1日正式开通。

"中国上海"是在上海市委、市政府领导关心、指导下建立和发展起来的政府门户网站,始终坚持以努力建设"服务政府、责任政府、法治政府"为目标,以"为民、便民、利民"为宗旨,以发布政府信息、提供便民服务和拓展网上办事为主要内容。

"中国上海"政府门户网着力体现"透明"和"亲民"特色。信息公开:第一时间发布市委重大决策和市政府规章、规范性文件及权威信息;网上办事:为市民、企业和投资者提供办事指南、网上事务受理与办理、办事状态查询等一体化服务;便民服务:提供与生活和工作密切相关的各类公共服务和实用信息查询;互动平台:市长信箱、民意调查、百姓评议、在线咨询与投诉,为市民提供与政府互动渠道;导航链接:提供市政府部门网站、区县政府网站和常用热门网站导航链接。

"中国上海"政府门户网站的主要栏目：上海要闻、政府信息公开、市长之窗、网上办事、网上咨询投诉、投资上海、查询服务、民意调查、百姓评议、政策法规、便民问答、重点热点专题、上海概览、上海年鉴、城市生活、政府部门网站链接、服务性网站导航等。

"中国上海"政府门户网站工作部门："中国上海"政府门户网站编辑部（下简称"编辑部"）。编辑部主要职能是：承担"中国上海"政府门户网站的信息发布、日常维护和运行管理工作，负责市政府各部门和区县政府子网站的业务联系、指导和协调。

"中国上海"政府门户网是推进政务信息公开、增强政府工作透明度的重要载体。及时发布市政府常务会议和工作会议相关内容，各类政策、规范性文件和重大活动信息；市政府重点工作专题报道；《市政府新闻发布会》《政府公报》中英文滚动更新；市政府重大决策前后的咨询和评估；公共管理领域市民意见、建议的征集及反馈。

"中国上海"政府门户网为个人和企事业单位提供各类网上办事。着力建设"市民办事"、"企业办事"、"投资上海"、"透视政府"和"公众监督"五大栏目，从自然人（市民）生老病死到法人（企、事业单位）开业歇业，集聚政府行政审批事项，提供网上在线受理、办事状态查询、结果反馈、表格下载以及在线咨询投诉等服务，不少项目已能做到在网上"一办到底"。截至 2002 年底，"中国上海"政府门户网集聚了网上办事和服务项目数百项，其中可直接受理的办事审批 200 余项、办事状态查询近百项、实用信息查询 56 项以及在线咨询 47 项和在线投诉 52 项。办事和服务表格均可在网上提供下载，目前有 653 项，计 2 298 张表格。

"中国上海"政府门户网具有很强的导航和查询功能。本着"以人为本"的设计理念，集聚与市民日常生活密切相关的热门网站 292 个，分门别类提供交通、旅游、就业、教育、医疗等 24 类服务导航和相关信息；以办理事项为主线，对所有网上办事项目进行分类，形成"办事直通车"栏目，公众可以快捷办事；在每个页面都设置与主页相同的导航区，使绝大部分操作不用返回主页就可以继续进行其他操作；提供站内检索和栏目检索，查询极其方便。

"中国上海"政府门户网提供各种政府网站链接通道。2002 年底，与 40 多个委办局、19 个区县子网站实现互联，对 23 个重要部门（市人大常委会、市政协、中央在沪单位等）、72 个中央部门网站、31 省市政府网站、56 个城市政府网站进行链接，为公众提供浏览其他政府网站的快捷方式。

"中国上海"政府门户网推出个性化服务和具有在线服务功能的英文版。2002 年 5 月 1 日，网站经历第一次系统改版，主要是对内容和资源作了整合和调整，以使政府为民（企业）服务项目突出、为适应上海国际大都市建设发展要求，网站又推出经过全新整合的英文版以满足国内外人士的投资办事需要。针对"市民、企业、投资者、旅游者和救助服务"五类群体，网站在国内率先推出"个性化"日历。经过进一步优化的"中国上海"政府门户网，并已拥有"中文简体标准版"、"中文繁体版"、"中文个性化版"和"英文版"4 种版本。

一、频道

1. 市长之窗

公布上海市政府领导的简历和工作分工，提供个人联系信箱，市民可通过"市长信箱"直接传达民意，参政议政，建言献策。至 2002 年底，"市长信箱"收到市民有效来信 1 300 余封。

对每一封来信,"市长信箱"工作室都做了认真回复,并具体落实。市长、副市长非常关注市民来信,必要时亲自处理信件。

2. 市民办事

以自然人从生到死形成一个周期,将各办事指南、相关法规、常见问答、办事机构以及网上直接受理事项进行集聚,使市民能够就所办理事项轻松获取全面信息和进行在线办理。

3. 企业办事

以法人开业歇业形成一个周期,将各办事指南、相关法规、常见问答、办事机构以及网上直接受理事项进行集聚,使各企业、事业单位等能够围绕所办理事项进行一站式的全面获取信息和进行在线办理。

4. 投资上海

为投资者提供上海的投资政策、投资项目和相关信息,使投资者能详细了解上海良好的投资环境,并且详细介绍上海市 19 个区县和各级、各类开发区、园区的投资程序、优惠政策和相关网站链接,并可通过其链接网站进行在线办理有关事项。

5. 透视政府

公布市政府各委、办、局的主要职能、办事规程和联系方式,发布市政府公报、各类规章和规范性文件等,提供网上信访渠道。

6. 公众监督

体现政府主动接受社会监督的决心,向公众公示上海市各政府部门的联系监督信箱及相关投诉地址、电话,将政府工作置于公众监督之下,以利于增强沟通、改进工作和解决困难。

7. 政务新闻

发布市领导的政务活动、政府出台的政策文件和政府产生的相关信息,及时报道上海在城市建设和社会发展中的重大事件和环境优势,日均维持在 50—60 条。

8. 上海概览

从历史沿革、自然地理、经济结构、现代工业、城市建设、都市生活、名胜旅游等方面全面介绍上海的过去、现在和将来,呈现上海社会的不断进步和发展的风貌。

9. 政府公报

每月 5 日、20 日,第一时间发布"上海市人民政府公报"。聚集了"政府公报"创刊以来所有期刊,提供中英文版,方便公众随时随地通过网络查阅。

10. 政策法规

公布上海市政府发布的各项政策法规,并将上海地方性法规、规章分门别类,方便公众快捷地找到所需文件。

二、特色栏目

1. 网上评议"将评议权交给老百姓"　不定期地推出在线评议和征集内容,接受公众对政府工作的评议和建言献策。每年开展的市政府网站评议工作,通过以评促建,扎实推进了上海的政府网站建设和发展。2002 年市政府实事项目征集抵达率皆为 90％以上。

2. 办事直通车　提供了网上直接受理、办事表格下载、办事状态查询、网上在线咨询投诉四大类网上办事内容,公众以办理事项为主线即可获得办理事项的相关信息或直接进行办理。

3. 便民问答　不断收集与市民日常生活密切相关的服务信息,将"政府语言"和一些技术术语以通俗易懂的语言"翻译"表述出来,采用一问一答的形式,让公众一目了然。

4. 专题报道　围绕市政府当前工作重点、重大活动及公众关注热点,对信息进行集聚,形成专题,以连续跟踪的方式进行维护和更新报道。已有专题 22 个,部分专题同时还提供英文版。

5. 热键链接　为与老百姓和企事业单位生活和工作密切相关的信息内容提供快捷热键服务,使公众能迅速地查找和办理。其中《市政府新闻发布》充当了政府"网上新闻发言人"的角色。

6. 服务导航　将与市民生活息息相关的 292 个热门网站分门别类提供交通、旅游、就业、教育、医疗等 24 类服务导航和相关信息,为公众提供快捷便利的导航服务。

7. 网站链接　与全市各区县、各委、办、局网站以及重要部门网站进行链接,同时供中央各部门网站和各省、市、自治区以及香港、澳门等政府网站的链接,体现门户概念。

三、"中国上海"英文版

"中国上海"政府门户网于 2002 年底推出全新英文版。

英文版除每天发布政府信息外,还针对"市民、企业、投资者、旅游者和外国人"5 类对象的不同需求,提供分门别类、内容丰富的网上服务,提供 1 197 项便民问答,561 项表格下载,70 项在线受理。专门增加为外国人服务的项目,介绍上海风土人情,提供在上海生活、工作、学习和娱乐的有关信息和知识。

英文版还推出网站快速浏览功能,方便用户在一个更加直观、简洁的界面中进行操作。此外,与国内重要英文媒体网站进行链接,不断推出有关社会热点的英文专题报道。

本着为民、便民、利民的服务宗旨,"中国上海"政府门户网率先在国内政府网站中推出个性化版本——"我的中国上海"。

针对"市民、企业、投资者、旅游者和救助服务"5 类群体,采用基于以办事为核心的导航模式,收集梳理了更多的网上办事和网上服务内容,根据不同群体的用户需求将在线办理、表格下载、办事指南和政策法规等内容整合发布。

"我的中国上海"的市民通道为市民提供了婚姻、生育、教育、户籍等与生活密切相关的一系列服务;企业通道为企事业单位、社会团体提供了网上申请营业执照、企业登记并连审批、网上报税等在线受理、查询或咨询服务;在投资版中,海内外投资者可以查询投资信息,享受网上税务登记、网上办理入境签证、招商项目查询、关税查询等优质、高效的在线受理服务。"我的中国上海"还为旅游者和弱势群体提供贴身服务,旅游者可以直接在网上进行酒店预订、长途客车订票、交通卡定购、航班查询等;老人、妇女、残疾人、弱势特殊群体也可在其中寻找到养老院床位预定,申请慈善援助、聘请律师等在线救助服务。

"我的中国上海"提供个性化定制服务通道。访问者通过注册可成为"中国上海"的用户,并可根据各自的需求定制主页面。个性化版本除了内容定制,还包括页面布局定制以及个性化日历。

第二节 上 海 热 线

网址：http://www.online.sh.cn。

"上海热线"于1996年正式开网运行。由中国(上海)电信、上海信息产业(集团)有限公司主管主办，是国内ISP(互联网服务商)及ICP(互联网信息内容服务商)之一，拥有信息资源站点176个，各类应用服务逾300个；主页面累计访问人次达1亿多；每天主页面访问人次在50万左右，拥有固定用户80余万户；骨干带宽155 Mb/s；以VIP进入上海热线免收信息费。经过几年的发展，总投入近5亿元的"上海热线"已成为上海地区乃至国内最大的城域信息网。

"上海热线"连续5次位列中国互联网信息中心(CNNIC)组织的中国互联网络发展状况调查十佳网站之列。网上信息浏览发展到10大类20多个分类栏目信息。"上海热线"致力于免费中文信息资讯的提供和推广，目前拥有9大板块的分类信息，同时还拥有"吸铁石"免费邮件、热线电子贺卡站、搜索引擎、BBS、CHAT等多种功能服务。

"上海热线Ⅱ"多媒体宽带信息服务运营后，使"上海热线"成为上海电信覆盖全市、与各类信息网络交通的大型宽带多媒体通信网络，能够提供普遍的宽带接入和互联的网络业务以及各种多媒体信息业务。

高速上网：上网速率可达25 M，比传统的拨号上网速度快了近400倍。

远程医疗：实现远程会诊、咨询。

远程教育：实时在线、远距离、双向的远程教育由多媒体交互实时电子教室和宽带平台两种方式，实现师生交流、疑难解答、远程作业批交等内容。

交互视频点播(VOD)：VOD视频点播是用户在家里通过一台STB(机顶盒)和电视机进行实时的视频点播。STB提供友好的操作界面，以遥控方式进行操作，用户可以在家里点播自己喜爱的电影和音乐，感觉如同在家看电影，内容有美亚影视、旅游之窗、音乐广场、体坛纵横、科学时代等节目。

虚拟空间：包括虚拟商场、虚拟楼盘，如万维流行服饰市场、爱建新家园等。通过屏幕，用户如身临其境，享受网络逛街、购物和选房的乐趣。

交互游戏：可支持多人联机，实现在线游戏业务。

"上海热线Ⅱ"初期在邮电二村、天华公寓、六里小区实现线路接入，并在金茂大厦、上海广场、远东国际广场、裕安大厦、梅龙镇广场、智慧广场、船舶大厦、中创大厦，以及复旦大学、上海交大等社区和单位开通。

第五编
通讯社、记者站

除新华社、人民日报社外,中央各新闻媒体、国内各专业新闻媒体和全国各省市新闻单位,纷纷在上海设立办事处或记者站,外国通讯社也在上海增设分支机构。1993年,人民日报社在上海建立分社。改革开放以来,驻沪办事处、记者站显著增多。1992年新闻出版署出台《报社记者站管理执行办法》。上海据此提出各地报社设立上海记者站审批办法。建站条件是中央国务院各部委、直属机构,各人民团体、民主党派主办的全国性报纸。同时,必须是出版编入"国内统一刊号",以新闻报道为主要内容的报纸。

　　本编刊载了1993—2002年期间海内外有关机构驻上海通讯社、记者站名录。

第一章　中央在沪通讯社·报纸分社

第一节　新华通讯社上海分社

　　新华社上海分社是新华通讯社派驻上海的新闻机构,主要负责采写并向全国和全世界报道上海地区发生的各类新闻。主要的发稿门类有:国内通稿,对外稿(包括中外文通稿、港台新闻、专稿、特稿),内参稿,图片稿,体育稿,国内专稿和特稿,晚报和产业报专线稿,信息稿(包括国内信息和对外信息),网络稿,音像稿等;为社办报刊《瞭望》、《半月谈》、《经济参考报》所发的专稿。分社每年由总社播发的上述各类文字和图片稿件约1万余条(张)。新华社上海分社主办《上海证券报》、《开放月刊》,与上海电信合办了新华电信网络电视公司。

　　到2002年底,分社共有在编正式职工70人,其中新闻采编人员38人(高级记者14人,主任记者10人,记者5人,助理记者9人)。《上海证券报》属新华社编制7人,其中5人为高级记者。分社设社长室、总编室、总经理室、办公室、后勤服务中心等。业务部门设经济新闻采访部、政治文教新闻采访部、对外新闻采访部、图片新闻采访部、浦东支社、新华网上海频道、信息中心、新华音像制作中心等。

　　2001年7月,原任党组书记、社长沈世纬退出领导岗位,新党组由邬鸣飞(党组书记、社长)、张行端(党组成员、副社长)、严文斌(党组成员、副社长)、陈雅妮(党组成员、总编辑)组成。分社总经理为浦晓江,副总编辑为朱忠良、姜微。

　　分社作为总社的派出机构,首要的任务是搞好新闻报道工作。分社党组长期坚持"聚精会神抓报道、扎扎实实搞调研、精益求精写稿子、全心全意抓落地"的指导思想,每年的发稿数量和好稿数量都超额完成总社下达的各项指标,在全国各分社中始终保持领先的地位。分社发出的各类稿件在报纸、电台、电视台、网站等各种媒体的采用率在80%以上。1997年至2002年,上海分社有近20篇稿件被评为"上海新闻奖"。

　　调查研究是新华社记者的基本功。在社会主义市场经济确立的全过程,探索改革开放中的深层次问题,反映基层的社情、舆论及社会动向,给中央和各级领导提供决策参考,都需要强化调查研究工作。分社定期提出一些专题调研题目,组织记者攻关。1997年以来的5年里,每年完成调研专题报告或项目50至60个,每年约有20篇(组)内参得到中央领导同志批示。

　　分社一手抓反映上海经济、社会、文化的大跨度深度报道,一手抓视角巧、立意新、"三贴近"的创新报道,满足媒体用户的多层次需要。同时在报道形式上创新,推出新华组稿、系列稿、背景报道、跟踪报道、新华视点、特稿等多种报道样式。

　　内外并重,图文互动。新华社有一支对外报道的专职队伍,从1997年起对外发稿每年都在2 000条以上,发稿数量保持在全国各分社领先的地位。从2001年起,分社根据新闻市场的变化,加大了图文互动的力度,凡有重大报道,都是摄影和文字一起出动,两年来共发

100 多组图文并茂的稿件,被媒体广泛采用。

根据总社的统一部署,分社通过整合重组,成立了新闻信息中心,负责对新华社所有新闻信息产品的整合和在上海地区的营销与推广,以及对新华社新闻信息用户提供优质的市场服务。

加快人事制度改革的步伐。1999 年分社制定了《上海分社人事管理工作实施要点》,按照干部能上能下、专业职务能升能降、工作人员能进能出的人事改革目标,在全分社范围实行聘用合同制或聘约管理;2000 年,分社正式启动了以全员聘用合同制和聘约管理为主要内容的人事制度改革,对局、处级干部实行任期目标责任制,实施聘约管理。2001 年至 2002 年,分社在中层干部中实行竞聘上岗,先后有浦东支社副社长、对外采访部副主任、新闻信息中心主任、副主任、电视新闻采访室负责人、《开放月刊》兼职副总编辑等职务,均通过竞聘与职工民主推荐产生。

社　　长：邬鸣飞
总编辑：陈雅妮
地　　址：衡山路 62 号

第二节　人民日报华东分社

人民日报社华东分社于 1994 年 12 月 19 日在上海正式成立,从 1995 年 1 月 1 日起编辑出版《人民日报》第一个地方版——《人民日报·华东新闻》。《华东新闻》逢周一至周五出版 4 版,分别为要闻版、综合新闻版、新闻专刊和专版,发行范围为上海、江苏、浙江、安徽、江西、福建、山东六省一市。

人民日报社华东分社在宣传报道上取得一定成绩。中共中央政治局委员、上海市委书记黄菊在视察人民日报社华东分社时指出:"《华东新闻》在保持《人民日报》整体风格的同时,充分体现了鲜明的地方特色。华东分社的同志深入实际,认真调研,精心采编,推出了一系列报道上海的新作品,对促进上海的改革开放和两个文明建设,促进上海和长江三角洲及全国的合作和共同发展,起到了十分积极的作用。"

总编辑：曹焕荣
地　　址：浦东新区世纪大道 777 号

第三节　中国新闻社上海分社

中国新闻社上海分社成立于 1959 年 7 月 1 日,首任社长由张持平(当时是上海市政府华侨事务处处长)兼任。1961 年分社改制为上海记者站。"文化大革命"时,上海记者站撤销。1978 年秋,上海分社重建。分社设采编办公室与行政办公室,采编办公室下设新闻部、浦东报道部、摄影部、资料电讯部。

中新社上海分社的报道领域,自成立之初反映归侨、侨眷、归侨学生的情况,报道侨乡侨务,对台宣传祖国山河美景、中华文史掌故等,拓展至现在直接、正面报道上海的经济、文化、社会生活等各个方面,并从上海对外宣传需要与新闻资源特点出发,适时调整对外报道业务力度,重点抓了经济新闻与社会新闻两大块,其中有关经济题材的报道占发稿总量的60%—70%。1995年底,分社开始承担总社电影电视部的部分上海题材电视短片的拍摄制作任务,完成16部专题短片,其中12部先期在美国纽约中文电视台播出。

大量采用中新社上海分社稿件的,有美国、法国、澳大利亚、泰国、新加坡、菲律宾等国报刊,以及中国台湾、澳门、香港等地区的数十家传媒。根据境外传媒用稿特点,近几年来抓住各种时机,组织战役性、系列性报道,取得了较好的宣传效果。

中新社上海分社近几年来适时调整对外报道业务力度,发稿品种亦由最初单一的电讯消息、航寄黑白图片逐渐发展为电讯通稿、专稿、传真图片、彩色图文专稿、专版等多个品种。

社长:张平

地址:上海市愚园路457弄7号楼

第二章　境内外新闻单位驻上海记者站

第一节　中央和各地新闻媒体驻沪记者站

表 5-2-1　　　　　　　　中央和各地新闻媒体驻沪记者站一览表

序号	单　位	地　址	邮编	电话	站长(负责人)	人数
1	人民日报社华东分社	浦东世纪大道 777 号	200120	58797777	崔文王	30
2	工人日报社上海记者站	中山东一路 14 号 F206 室	200002	63391007	钱培坚	2
3	法制日报社上海记者站	吴兴路 225 号	200030	24029902	刘　建	1
4	经济日报社上海记者站	新闸路 1340 弄 21 号	200040	62580814	吴　凯	4
5	农民日报上海记者站	仙霞西路 779 号	200335	52162909	徐盘钢	1
6	中国日报上海记者站	淮海中路 200 号 20 楼	200021	53833086	陈启德	5
7	科技日报上海记者站	中山西路 1525 号技贸大厦	200235	56114778	王　春	2
8	光明日报社上海记者站	湖南路 282 号	200031	64335801	曹继军	2
9	中国体育报业总社上海记者站	南京西路 150 号	200003	63276541	平　萍	2
10	中国青年报上海记者站	华山路 1765 弄海斯大厦 1 号楼 10 楼 F 座	200030	62822910	袁梦德	4
11	中国妇女报社上海记者站	顾戴路 1266 弄 42 号 301 室	201102	54145936	丁秀伟	2

（续表一）

序号	单　　位	地　　址	邮编	电话	站长（负责人）	人数
12	人民铁道报社上海记者站	天目东路 80 号	200071	51223229	薛贵宝	1
13	中国审计报社上海记者站	法华镇路 100 号	200052	52301607	刘劲柏	3
14	体坛周报社上海记者站	天钥桥路 666 号上海体育场 4303 包厢	200030	6426666 - 6433	葛爱平	5
15	广州日报社上海记者站	高邮路 53 号	200031	64665333	辛朝兴	3
16	中国国土资源报社上海记者站	北京西路 99 号	200003	63193137	周萍英	3
17	国际商报社上海记者站	高邮路 5 弄 19 号 405 室	200031	64734157	李志石	1
18	中国信息报社上海记者站	四川中路 220 号 808 室	200002	63218693	吴文杰	2
19	中华工商时报社上海记者站	武定路 1128 弄 1 号 501 室	200042	62119032	杨联民	4
20	中国电子报社上海记者站	海潮路 33 号 1303 室	200011	63088036	朱仁康	2
21	消费日报社上海记者站	延长路 99 弄 7 号 601 室	200072	56387656	梁庆华	1
22	中国环境报社上海记者站	长安路 1001 号长安大厦 2206 室	200070	63173624	赵关良	2
23	中国城乡金融报社上海记者站	徐家汇路 599 号	200023	539618880 - 1718	罗玮琪	3
24	中国交通报社上海记者站	吴淞路 80 号 416 室	200080	63259123	李旭东	5
25	中国纺织报社上海记者站	江西中路 105 号 302 室	200002	63233411	杨维骅	2
26	吉林日报社上海记者站	龙阳路 1880 弄 14 号	201204	68945280	李　新	1
27	计算机世界报社上海记者站	漕宝路 86 号 F 座 2505 室	200235	64325403	季田牛	5
28	西部开发报社上海记者站	浦东大道 2000 号阳光世界 29 楼 D 座	200135	58606742	唐福亮	4
29	中国食品报社上海记者站	中潭路 100 弄 98 号 1202 室	200061	52951608	杜　超	2
30	团结报社上海记者站	陕西北路 128 号 1308 室	200041	62671618	李栋梁	2
31	健康报社上海记者站	北京西路 1477 号 1005 室	200040	62897000 - 10054	张建中	5
32	中国教育报社上海记者站	长宁路 491 弄 36 号	200050	62115392	陈亦冰	4
33	中国消费者报社上海记者站	肇嘉浜路 301 号 18 楼	200032	54236992	赵皎黎	3
34	中国工业报社上海记者站	四川中路 110 号 209 室	200002	63234111	汪叶舟	1
35	中国商报社上海记者站	新闸路 1718 号 801 室	200040	62588588	张仲超	5
36	中国企业报社上海记者站	淮海中路 1632 号 201 室	200031	64318039	蔡　敏	1
37	中国经营报社上海记者站	漕溪北路 737 弄 2 号楼 2106 室	200030	64274738	刘　影	5

（续表二）

序号	单　位	地　址	邮编	电　话	站长（负责人）	人数
38	中国海洋报社上海记者站	浦东梅园三村 35 号 402 室	200120	50811521	董立万	1
39	中国有色金属报社上海记者站	花园路 88 号 307 室	200083	55600666	刘秋丽	3
40	科学时报社上海记者站	岳阳路 319 号	200031	64330401	黄　辛	1
41	人民邮电报社上海记者站	世纪大道 211 号 2401 室	200120	700821 - 0007742	王万隆	1
42	中国工商报社上海记者站	肇嘉浜路 301 号	200032	54236198	杜贵根	2
43	中国石化报社上海记者站	金山区金一路 48 号	200540	57941941 - 21242	余光贤	5
44	现代教育报社上海记者站	新闸路 1718 号 402 室	200040	52130021	金正扬	3
45	中国化工报社上海记者站	斜土路 2421 号 2 号楼	200030	64383367	王振敏	2
46	中国税务报社上海记者站	肇嘉浜路 800 号 1009 室	200030	64736519	刘　进	1
47	中国气象报社上海记者站	蒲西路 188 号	200030	54896391	冯　磊	5
48	中国质量报社上海记者站	长乐路 1227 号 1307 室	200031	54045231	李霭君	1
49	中国包装报社上海记者站	南昌路 47 号 3316 室	200020	53828605	庄英杰	5
50	中国冶金报社华东地区记者站	长安路 1001 号楼 9 层	200070	63172364	陈小浔	3
51	证券时报社上海记者站	浦东南路 500 号 14A	200120	68880151	朱　丽	5
52	中国远洋报社上海记者站	长阳路 1555 号 1117 室	200009	65701888 - 6129		2
53	中国计算机报社上海记者站	联航路 1588 号技术中心楼 3 楼	201112	54325755	宗宇伟	5
54	长江航运报社上海记者站	张杨路 800 号 2111 室	200122	58351357	向　明	1
55	中国电力报社上海记者站	北京东路 239 号	200002	23016266	花银华	2
56	中国中医药报社上海记者站	瑞金二路 156 号	200020	64373503	刘文选	3
57	无锡商报社上海记者站	莘松路 958 弄 40 号 401 室	201100	64936491	刘　钟	1
58	金融时报社上海记者站	世纪大道 1090 号 18 楼	200120	58359596	郑玉君	2
59	信息日报社上海记者站	顺义路 100 弄 46 号 1503 室	200062	52356428	曾学楠	3
60	中国水利报社上海记者站	虹口纪念路 480 号	200434	65425171	戴　甦	5
61	中国水运报社上海记者站	中山东一路 13 号 2 楼	200002	63236156	梁兵农	2
62	中国汽车报社上海记者站	嘉定区福宁弄 88 号	201800	69530370	孟　莉	1
63	检察日报社驻上海记者站	建国西路 648 号	200030	64741372	林中明	1

（续表三）

序号	单　位	地　址	邮编	电话	站长（负责人）	人数
64	中国新闻出版报社上海记者站	绍兴路 5 号	200020	64339117	金　鑫	1
65	名牌时报社上海记者站	宜川路 733119 号 4 层	200072	56378917	王　芳	1
66	中国证券报社上海记者站	建国西路 91 弄 5 号 17 楼	200020	64727802	陆明丽	5
67	中国社会报社上海记者站	江西中路 215 号 341 室	200002	33130662	王正玲	4
68	中国测绘报社上海记者站	武宁路 419 号	200063	62547943	陆伟军	5
69	羊城晚报社上海记者站	西康路 520 号 1705 室	200040	62184319	阮　巍	1
70	民营经济报社上海记者站	西康路 520 号 1705 室	200040	62184319	李　仪	1
71	大众报业集团（大众日报社）上海记者站	中山北一路 1250 号	200437	0531－85193479	吴宝书	1
72	人民法院报社上海记者站	肇嘉浜路 308 号	200031	64749181	李　劼	2
73	中国房地产报社上海记者站	石龙路 980 弄 11 号	200237	54352416	詹正凯	5
74	北京日报　北京晚报上海记者站	共路新路 736 弄 22 号 102 室	200070	56628850	卞　军	2
75	南方日报社上海记者站	福州路 666 号 25 楼 C 座	200001	63917879	朱　强	2
76	南方周末报社上海记者站	福州路 666 号 25 楼 C 座	200001	63917879	朱　强	5
77	深圳特区报社上海记者站	顺昌路 10 号 10 楼 D 座	200021	63288981	刘　青	4
78	深圳商报社上海记者站	顺昌路 10 号 10 楼 D 座	200021	63288981	楼乘震	1
79	扬子晚报社上海记者站	胶州路 358 弄 6 号 202 室	200040	62173962	龚学明	1
80	中国民航报社上海记者站	上海虹桥机场内	200335	62688569	孟　进	4
81	证券日报社上海记者站	东方路 738 号裕安大厦裙 4 楼	200120	58207161	王　浩	4
82	中国高新技术产业导报上海记者站	蔡伦路 333 号 A 楼 701 室	201203	50797360	李　闯	2
83	中国船舶报社上海记者站	周家嘴路 3255 号 911 室	200093	65702061	关国红	5
84	中国国门时报社上海记者站	浦东新区民生路 1208 号	200135	68545593	王理平	3
85	中国煤炭报社上海记者站	天钥桥路 1 号	200030	64685019	陶立明	2
86	中国经济时报社上海记者站	控江路 2063 号 706 室	200092	65157696	浦　炎	3
87	中国产经新闻报社驻上海记者站	康健路 8 号 1806 室	200235	54640786	余新江	3
88	中国旅游报社上海记者站	石门二路 333 弄 3 号 29 楼 C 座	200041	62533758	丁　宁	3

（续表四）

序号	单　　位	地　　址	邮编	电话	站长 （负责人）	人数
89	中华建筑报社上海记者站	延长路 149 号上海大学科技楼 714B	200072	56387310－18	王建刚	2
90	中国艺术报社上海记者站	延安西路 238 号	200040	62482602	姚卫和	1
91	今日信息报社上海记者站	东余杭路 627 号 1 号楼 307 室	200080	53083626	陈建新	3
92	人民政协报社上海记者站	浦东南路 855 号世界广场 5M 层	200120	58772577	王　燕	2
93	中国邮政报社上海记者站	北苏州路 276 号	200085	63240971	刘友明	2
94	民主与法制时报社上海记者站	长寿路 97 号 18 楼	200060	62278801	冯　慧	5
95	中国劳动保障报社上海记者站	逸仙路 58 号 305 室	200437	55383901	戴律国	1
96	中国纪检监察报社上海记者站	宛平路 7 号	200030	64336979－2109	杨尧鑫	1
97	中国改革报社上海记者站	零陵路 791 弄 3 号楼 1701 室	200030	51506989	雷茂盛	4
98	中国文化报社上海记者站	天目中路 460 号一号楼 103 室	200070	63532575	张良仁	4
99	黑龙江日报报业集团上海记者站	银都路 3151 弄 142 号 302 室	201108	34512125	刘　楠	1
100	沿海时报社上海记者站	共和新路 1968 号大宁国际商业广场 8 号 7 楼	200070	13877968939	彭冬梅	3
101	中国贸易报社上海记者站	西苏州路 85 弄 19 号 201 室	200041	62996220	许景红	1
102	西部时报社上海记者站	曹杨路 1040 弄中谊大厦 1117 室	200063	62544506	张红亮	2
103	中国经济导报社上海记者站	陆家浜路 1378 号万惠利大厦 809 室	200011	61355055	张朝登	2
104	中国黄金报社上海记者站	丽水路 88 号 409 室	200010	63733592	张　晨	2
105	北京周报社上海记者站	浦东东昌路东园一村 138 号 2008 室	200120	58760123	曾培耿	1
106	中国经济体制改革杂志社上海记者站	威海路 128 号长发大厦 706 室	200003	63596209	赵建伟	2
107	中国残疾人杂志社上海记者站	临沂北路 265 号	200127	58753937	石　岳	4
108	中国经贸杂志社上海记者站	宝山路 584 号	200071	68027839	姚大伟	3

（续表五）

序号	单　位	地　址	邮编	电话	站长（负责人）	人数
109	环球市场杂志社上海记者站	永福路 251 号	200031	64283761	周　鹰	1
110	中国航务周刊杂志社上海记者站	临平北路 50 号 302 室	200086	55151701	陈　丝	5
111	中国质量万里行杂志社上海记者站	共和新路 425 号 22E 座	200070	33040315	李　晶	3
112	啄木鸟杂志社上海记者站	吴中路 686 号金虹桥广场 D 座 7 楼南	201130	51187578	胡　雄	5
113	小康杂志社上海记者站	吴淞路 258 号耀江国际广场 31 楼	200080	33010142	程　琪	5
114	中央人民广播电台上海记者站	延安西路 1088 号 3008 室	200052	62076699	陈　平	5
115	江苏人民广播电台上海记者站	梅陇一村 7 号 104 室	200237	64772359	高　鸣	2
116	广东电视台上海记者站	北京西路 605 弄 57 号 B - 5E	200041	62173568	王晓秋	3
117	海南广播电视台上海记者站	江宁路 1220 弄 2 号楼 804 室	200060	62774139	张东升	4

第二节　港澳台驻沪新闻机构

序号	机　构　名　称	地　址	邮编	电　话
1	香港南华早报 *South China Morning Post*	乌鲁木齐北路 457 号朝代商务中心 406	200040	62496799
2	香港文汇报	延安西路 1033 号大众金融大厦 A 栋 3103 - 3203	200050	52395311
3	香港大公报	虹古路 11 弄虹景花苑 20 号 1 楼	200336	62789301
4	香港商报 *Hong Kong Commercial Daily*	祥德路 468 号 6 楼	200092	65087758
5	香港经济导报	愚园路 168 号环球世界大厦 2407 室	200040	62496500
6	香港凤凰卫视	长宁路 1027 号兆丰广场 2806 室	200050	52416663
7	香港东方报业集团有限公司 *Orienta Press Group Ltd*	鲁班路 88 弄大同花园 3 期 1 号 1701 室	200023	53012319

（续表一）

序号	机 构 名 称	地 址	邮编	电 话
8	香港无线电视台	华山路 2018 号 15 楼	200030	
9	台湾 TVBS 无线卫星电视	新闸路 168 号 B-2401	200003	63726768
10	台湾东森电视台	东诸安浜路 103 号 3 号楼 3A	200050	62100721
11	台湾中天电视 CTI Television Incorporation	蒲汇塘路 50 号玉兰花苑 3 号楼 2505 室	200030	64394582
12	台湾年代新闻台 ERA Communications Co. Ltd	吴中路 429 弄 12 号 902 室	201103	54777728
13	台湾三立电视台 Sanlih E-Television Co.，Ltd.			
14	联合报	定西路 1310 弄 4 号 1302 室	200050	62133353
15	中央通讯社（台商网）	长宁路 889 号 802 室	200050	62100889 * 802

第三节　外国驻沪新闻机构

表 5-2-2　　　　　　　　外国驻沪新闻机构一览表

序号	单 位	国 家	电 话	地 址
1	金融评论 *Financial Review*	澳大利亚	54038747	长乐路 764 弄 18 号
2	贝林时报	丹 麦	64679627	吴兴路 278 号 10D 室
3	商报 BORSEN	丹 麦	64739037	复兴中路 1199 号明园世纪城 C 座 602 室
4	经济周刊 *Economic Weekly*	丹 麦	64451901	永嘉路 96 号 304 室
5	基督教日报	丹 麦	58877771	浦东新区商城路 108 弄 6 号 2003 室
6	建筑技术	丹 麦	13636521220	浦东新区商城路 108 弄 6 号 2003 室
7	政治报	丹 麦	54653030	复兴中路 1199 弄 A 幢 7B 室
8	机械	丹 麦	13636521220	浦东新区商城路 108 弄 6 号 2003 室
9	德国新闻社 DPA	德 国	62177715	延平路 10 弄 2 号 5H 室
10	德国广播协会 German Public Radio ARD	德 国	32220750	铜仁路 258 号九安广场金座 10A

（续表一）

序号	单　位	国　家	电　话	地　址
11	《明镜》周刊 Die Spiegel	德　国	54652020	锦江饭店东楼 8 楼
12	当代亚洲 *Aktuell Asia*	德　国	62715540	昌平路 990 号 4 号楼 5 楼
13	美因邮报 *Main Post*	德　国	64480495	天平路 288 弄 26 号
14	南德意志报	德　国	64459482	吴兴路 278 号 10D 室
15	俄通－塔斯社 ITAR－TASS	俄罗斯	62781699	荣华东道 79 弄 2 号 1203 室
16	国际文传电讯社 Interfax	俄罗斯	52393719	江苏路 495 弄 49 号
17	法国国际广播电台	法　国	62460131	延平路 123 弄 1 号 11C 室
18	翰林影视 Artline Films	法　国	64664912	湖南路 308 弄 1 号 406 室
19	法国新闻社 AFP	法　国	62487677	华山路 2 号中华企业大厦 1404 室
20	《拓展》杂志 L'Expansion	法　国	64733113	复兴中路 1199 号明园世纪城 C 座 11B
21	法国商业调频电台	法　国	64740479	延庆路 136 号 2 楼
22	世界报 Le Monde	法　国	62837658	法华镇路 483 号 1 号楼 302
23	赫尔辛基新闻报 *Helsingin Sanomat*	芬　兰	62822523	康平路 203 弄 14 号 2 楼
24	中部芬兰报 *Keskisuomalainen*	芬　兰	64710859	延庆路 136 号 2 楼
25	首都日报	芬　兰	64742765	延庆路 138 号 2 楼
26	技术与经济 TEKNIKKAT&TALOUS	芬　兰	54651002	永嘉路 632 号
27	联合通讯社 YONHAPNWS	韩　国	64050000	古北小区名都城 17 号 502 室
28	MONEY TODAY 上海分社	韩　国	61510000	浦东新区黄金城道 500 弄瑞仕花园 1 号 702 室
29	中国经济新闻社上海分社 China Economy Newspaper Korea	韩　国	38770020	浦东新区锦和路 99 弄 66 号 1402 室
30	韩国广播公司上海分社 KBS	韩　国	58768079	陆家嘴东路 161 号招商局大厦 1912 室

（续表二）

序号	单　　位	国　家	电　话	地　　址
31	《今日》电视 Twee Vandaag	荷　兰	54651002	永嘉路 632 号
32	人民报 Volkskrant	荷　兰	62686062	宝成花园金浜路 101 号 J12 室
33	加拿大广播公司电台 CBC	加拿大	58880973	潍坊西路 1 弄 8 号 22‑c 室
34	星报	马来西亚	62485355	乌鲁木齐北路 199 号 2112 室
35	汽车新闻 Automotive News	美　国	62269485	镇宁路 55 号 A 栋 1002
36	道琼斯金融通讯社 Dow Jones Newswires	美　国	61201200	淮海中路 1010 号嘉华中心 2502 室
37	美联社 AP	美　国	61201208	淮海中路 1010 号嘉华中心 2502 室
38	彭博新闻社 Bloomberg News	美　国	50372376	浦东银城中路 200 号中银大厦 3404—3405 Units 3404‑3405 Bank of China Tower, 200 Yincheng Road M, Pudong Shanghai 200122
39	纽约时报 New York Times	美　国	62798585	南京西路 1376 号上海商城东峰 437 室
40	时代周刊 Time	美　国	67825132	松江文翔路 3688 弄 6 幢 89 号翠堤苑
41	开达新闻图片社 Contact Press Images	美　国	54650774	嘉善路 251 号 1301 室
42	华盛顿邮报 Washington Post	美　国	53066986	淮海中路 93 号大上海时代广场 26 楼
43	福布斯杂志 Forbes	美　国	62472676	延安中路 847 号锦延大厦 905 室
44	亚洲华尔街日报 Asian Wall Street Journal	美　国	61201201	淮海中路 1010 号嘉华中心 2502 室
45	洛杉矶时报 Los Angeles Times	美　国	64665205	茂名南路 58 号锦泰大厦 301 室
46	证券新闻 Securities Industry News	美　国	63459216	西藏南路 555 号 5 号楼 2206 室
47	新闻周刊 Newsweek	美　国	62515985	愚园路 1088 弄 126 号
48	全国公共广播电台 NPR	美　国	13621797694 /62533401	南京西路 555 号三五大厦 607 室

（续表三）

序号	单 位	国 家	电 话	地 址
49	塑料新闻 *Plastic News*	美 国	64740483	延庆路 136 号 2 楼
50	明尼苏达公共电台 Minnesota Public Radio	美 国	62173360	新闸路 831 号 11E 室
51	贸易风 Tradewinds bureau	挪 威	63296301	中山东一路 12 号 225 室
52	东京电视台 Tokyo TV	日 本	62880110	南京西路 1266 号恒隆广场 3310 室
53	朝日放送上海支局 Asahi Broadcasting Corporation	日 本	63916336	淮海中路 381 号中环广场 721 室
54	关西电视台 Kansai Telecasting Corp	日 本	52985288	南京西路 1515 号上海嘉里中心 2608 室
55	读卖电视台 Yomiuri Telecasting Corporation	日 本	62798840	南京西路 1376 号上海商城西峰 720 室
56	时事通讯社 Jiji Press	日 本	64157410	淮海中路 918 号久事复兴大厦 22 楼 G 座
57	纤研新闻社 Senken Shimbun	日 本	62498300	延安西路 65 号国际贵都大饭店办公楼 409 室
58	每日电视台 Mainichi Broadcasting Corporation	日 本	52928601	南京西路 1168 号中信太富 1409 室
59	化学工业日报 *Chemical Daily*	日 本	63804561	恒通路 360 号 A2708
60	每日新闻社 The Mainichi Newspapers	日 本	52287100	新闸路 831 号 26 层 F 室
61	产业时报社上海支局	日 本	62191304	娄山关路 85 号东方国际大厦 D 座 D410 室
62	产经新闻上海支局	日 本	63190310	淮海中路 2—8 号兰生大厦 1201 室
63	朝日新闻 Asahi Shimbun	日 本	62790000	南京西路 1376 号上海商城东峰 340 室
64	读卖新闻 Yomiuri Shimbun	日 本	63840018	淮海中路 93 号大上海时代 1701 室
65	共同通讯社 Kyodo News	日 本	64720939	茂名南路 205 号瑞金大厦 501 室

（续表四）

序号	单　位	国　家	电　话	地　址
66	日本广播协会 NHK	日　本	54560161	茂名南路 205 号瑞金大厦 1310 号
67	日本经济新闻 Nihon Keizai Shimbun	日　本	62798688	南京西路 1376 号上海商城东峰 349 室
68	中日新闻 Chunichi Shimbun	日　本	63866021	淮海中路 527 号上海锦江国际购物中心 A 楼 1104 室
69	纤维新闻上海支局 Sen'I News	日　本	62787675	娄山关路 85 号东方国际大厦 C 座 1106 室
70	南瑞典日报	瑞典	62472726	静安区巨鹿路 568 号四方新城第 9 座 8D
71	瑞典日报	瑞典	64740479	延庆路 136 号 2 楼
72	商报 *Handels Zeitung*	瑞士	64459482	吴兴路 278 号 10D 室
73	每日导报 *Tages-Anzeiger*	瑞士	52286131	北京西路 758 号 18 幢 1801 室
74	世界报 *El Mundo*	西班牙	52282170	青海路 138 号
75	埃菲社 EFE	西班牙	62726951	石门二路 503 号恒丰大楼 2303 室
76	联合早报 *Lianhe Zaobao*	新加坡	63191992	淮海中路 8 号兰生大厦 1007 室
77	亚太金融新闻社 AFX－ASIA Financial News	新加坡	64484966	虹桥路 3 号港汇中心 2 座 2702 室
78	MCN 国际私人有限公司驻上海新闻处	新加坡	52289080	成都北路 333 号招商局广场东楼 606A 室
79	意大利 FBC 公司	意大利	64727772	建国西路 273 号
80	24 小时太阳报	意大利	50303130	浦东新区碧云路 777 弄 2 号 702 室
81	路透社 Reuters	英国	61041768	陆家嘴环路 1233 号汇亚大厦 30 楼 3004
82	英国广播公司 BBC	英国	62533959	南京西路 555 号三五大厦 607 室
83	金融时报 *Financial Times*	英国	62797234	南京西路 1376 号上海商城西峰 418 室
84	网络图片社 Network Photographers	英国	64711747	北苏州路 668 号 2 座 1002 室
85	潘诺斯图片社 Panos Pictures	英国	62585161	南京西路 591 弄 166 号

第三章　上海新闻单位驻兄弟省市办事处/记者站

表5-3-1　　　　　　　　　上海新闻单位驻兄弟省市办事处/记者站一览表

名　　称	建 立 时 间	负责人
解放日报驻北京办事处	1981 年 12 月	邓的荣
文汇报驻北京办事处	1949 年 9 月 21 日	陈可雄
文汇报驻江苏办事处	2002 年 7 月 12 日	朱金龙
文汇报驻浙江记者站	1984 年	万润龙
文汇报驻安徽记者站	1995 年 9 月 20 日	徐韬滔
文汇报驻山东记者站	1997 年 8 月 21 日	雍启昌
文汇报驻陕西记者站	2002 年 4 月 6 日	韩　宏
文汇报驻湖北记者站	2002 年 5 月 31 日	钱忠军
新民晚报驻北京记者站	1991 年 3 月 12 日	杨丽琼
新民晚报驻深圳记者站	1996 年 12 月 20 日	于明山
上海电台驻天津记者站	1999 年 5 月 8 日	陆先明
上海电视台驻海南记者站	1994 年 3 月	敖德芳
上海文广影视集团、上海文广新闻传媒集团驻北京办事处	2002 年 9 月	李守静

第六编 业 务

20 世纪 90 年代,上海新闻传媒业发展迅速,改革和竞争进入了一个新的时期。主流媒体的新闻业务建设处在不断改革、探索过程中,在继承优良传统的基础上与时俱进,有扬弃、有创新、有发展。

报业的增张、扩版、出彩报成为一大趋势。报纸的版面结构,也随之出现新闻块、专版块、副刊块、专刊块的板块结构,有的报纸还以"瘦版"型的形态出现。电脑和网络技术的运用和推进,使编辑部门告别"纸与笔",开始采用无纸化的采、编、写的新方式。由于信息渠道多元化,记者编辑视野进一步扩大,活动范围更加开阔,记者异地采访活动明显增多。以民为本的办报理念愈益凸显。"三贴近"(贴近社会、贴近群众、贴近生活)的报道内容,老百姓喜闻乐见的报道形式及版面编排的新样式、新创意,有了较大的进展。重大事件和突发事件的报道分量加重。平面媒体、广电媒体和网络媒体之间开始联手互动,形成合力。强化视觉冲击力成为各报的共识,新闻图片明显增加成为报纸吸引读者、提高竞争力的一个重要手段。群众工作在联系通讯员、做好读者信访工作的同时,开辟"服务热线"凸显为民排忧解难的服务精神。

其间,上海的广播电视媒体业务也获得很大的发展。广播电视的新闻节目节奏加快,信息量增加,更好地搭准时代脉搏,使受众的选择更趋多样化;内容上也更加贴近社会,贴近生活,贴近群众,各台均开设热线电话,既增加了报道线索,又能更多地反映群众呼声,同时,受众参与节目的深度、广度亦得到加强。技术保障逐步从模拟向数字技术发展,手段更加先进,保障更为有力,安全播出成效显著。服务社会从以往单纯的社会主义精神文明的宣传者,逐步向弘扬精神文明的倡导者、组织者之一转化,策划、组织一系列社会公益活动,更好地发挥了党、政府同人民群众之间的桥梁作用。

第一章 编 辑

第一节 编 务

《解放日报》、《文汇报》、《新民晚报》、《劳动报》、《青年报》等新闻媒体贯彻中共上海市委确定的原则,实行党委领导下的总编辑负责制,副总编辑协助总编辑,分管编辑部各业务部门的编务体制。随着版面工作的实践和发展,编务工作量大为增加,协调统筹和沟通功能进一步加强;编务机制由单一走向多元、由局部走向整体,综合功能日益发挥;新闻策划受到普遍重视;采编关系更加紧密。文汇新民联合报业集团和解放日报报业集团成立后,除继续实行上述编务体制外,文汇新民联合报业集团建立了集团新闻办公室,发挥组织协调、统筹管理、上下沟通、检查交流、参谋咨询等作用。两大集团都通过建立系列报刊党委对集团下属子报刊的采编业务,进行指导和管理。解放日报报业集团注重突出《解放日报》的主导作用,对系列报刊在宣传导向、发展规划、定位等方面实行统一管理和业务指导。

(一)适应改版、扩版要求,协调采编环节,改革采编部门发稿流程。《解放日报》对重大事件、重要活动的宣传报道,成立由正副总编辑组成的报道领导小组,总编辑负总责,下设工作小组,由总编室和主要采编部门主任组成,研究确定有关宣传报道选题和指挥采编。《文汇报》1999 年 9 月 1 日起,为保证第 1 版(含其他综合类新闻版)的质量,从制度上保证一些重要、优秀稿件能迅速流向 1、2 版,要求各采访部门必须按规定,根据相关版面的组版需要提供数量足够、质量合格、品种齐全的稿件,并要求品种搭配合理,还要提出明确的组版建议及编辑注意事项,调动和利用整个报社采访系统的信息资源,在更大的范围内对新闻版特别是第 1 版的组版进行新闻的优化组合;新闻版可以协调组版,避免了部门惜稿,好稿件上不了 1、2 版的弊端。《新民晚报》从 1996 年开始,抓了"新闻策划、新闻研讨、新闻评选"3 个环节,建立了"三级策划制度",即报社每月对全局性的新闻进行策划,并组织实施;采访部门每月策划和组织一项重点专题报道;每个新闻版面的编辑记者每周策划一篇重点报道。

(二)尝试报纸材质新品种的印制。《文汇报》在 1997 年 7 月 1 日香港回归庆典日和 1999 年 12 月 20 日澳门回归庆典日印刷发行了全彩色真丝绸报纸。《解放日报》在 2001 年 7 月 1 日出版庆祝建党八十周年《解放日报丝绸报特刊》,中共中央政治局委员、中共上海市委书记黄菊为特刊撰写了专稿《与时俱进 继往开来》。

(三)中断了数十年之久的报纸"号外",在 2001 年再度面世。7 月 13 日,中国"申奥"成功,《解放日报》和《文汇报》、《新民晚报》、《上海日报》7 月 14 日同时分别推出《号外》。上海申办世博会成功,2002 年 12 月 4 日解放日报报业集团和文汇新民联合报业集团都特别编辑出版了中国上海"申博"成功的"号外"。

《劳动报》从 20 世纪 90 年代中期开始,实现了报纸从专业报向综合性日报的转变。

1997年7月1日，出版发行"香港回归祖国"彩色丝绸报；同年10月17日，推出《新闻广角·八运特刊》彩色丝绸报。2002年，进一步明确了《劳动报》的竞争定位、时间定位和内容定位，以办成一份服务于职工群众的报纸。

《青年报》坚持"当好党、团喉舌和维护青年的根本利益"的办报方针，以积极、健康的思想文化为基调，在报道风格上坚持时代特征，追踪社会热点，贴近读者需要，弘扬青年文化。还编辑出版了号外性的专版，如1997年编印了"八运会快报"共42期；1999年编印了"中国上海国际艺术节节报"共17期。2002年改扩版后，针对青年群体对新闻、资讯的价值取向，通过版面结构的设置和新闻的选择与包装，体现了个性化特征，采取新锐的风格和视角，倡导先进文化和现代文明生活方式。

《申江服务导报》作为一份面向现代都市年轻人，融新闻性和服务性于一体的综合性周报，初期每期出4开80版，以独特的视角、新颖的版式、精致的印刷、丰富多彩的内容，面向市场，贴近读者，引导消费，服务市民。1998年1月，在上海报纸中率先推出铜版纸印刷的豪华版，创立多封面格局；1999年，再次推出新世纪珍藏版，当期出版112版。2001年由环保材料制作的《申江服务导报》专用报袋面市。

《新闻晨报》在编务工作中强调整体策划能力，包括内容策划、形式策划、版面策划。在内部新闻管理体制上，建立了对新闻线索的寻找和整理的新闻监控和两次编前会制度，还通过一系列制度，规范编务管理。

第二节 版 面 编 排

一、报纸版面编排

20世纪90年代中后期，上海各报在版面编排上，尝试革新传统编辑手法，逐渐采取模块式版面。

1. 版式版头。报头由国内报纸普遍采用的左置样式，根据宣传形势和重大事件的报道要求，作比较灵活的变动。如《文汇报》1999年10月1日国庆五十周年版面，采取了1、4版打通的双报头；1999年12月20日庆祝澳门回归祖国的版面，采用的是竖报头；2000年元旦期间1月2日的版面，采取的则是通栏报头。各版刊头也由原来的横排式，改为竖排，疏朗清晰，端庄大方，体现出较为统一、鲜明的风格。《新民晚报》1998年起，在社会新闻长稿版上，打破多年来形成的"曲径通幽"的版式，率先以"拆栏"和"组块"的方法，进行版面设计，以后其他版面也减少稿件在版面上的过多转折，方便读者阅读。2000年元旦，《劳动报》以4个版面组合成头版的形式，出版了新年第一张报纸，成为当天上海报纸最大的头版。

2. 新闻版面组合形式。探索突破传统编排模式。《解放日报》2001年元旦出100版的《世纪之版》，打破编年史式的传统编排模式，实现了含文章百万字以上、图片469幅、各类图表37个、专页画刊5个整版的大容量的成功组合，前12版为新闻版，后88版分6大专版板块：欢庆篇、奋斗篇、希望篇、开放篇、创新篇、发展篇。《文汇报》也从2001年起，对国内新闻专版作了调整，将其中各类新闻配置到各个相应的版面上去，教育、科技、卫生、文化、财经和社会生活等新闻都有明确的界定。各个版面统一采取"2、4、1"或"1、4、2"栏型,突出处理4栏中的一两篇稿件,在各版形成视觉中心。在主题色调、线框、头花等方面也保持了统一,体现了一种简约、明快的版面组合方式,被称为"后模块版式",即静态版式。《新民晚报》通过几次改版,推出"新民系列"专版,每天都有一个"新民"字号的专刊,以逐步形成自己新的编排特色,例如新民视点、新民求职、新民时尚、新民证券、新民环球等。《新闻晨报》在2002年前,版面布局和版式设计已实现较新颖的编排方式——整块的集装箱式的排版。从2002年2月起又对版式作了改进,使版面在整体上有了改观,逐步适合了报纸本身的特点,使《新闻晨报》在形态上更加统一,在版面"个性"上更加显著。作为新生代都市晚报的《新闻晚报》,2001年4月,率先采用世界大报标准的长条报型(瘦报)和国际流行的"板块式"组版方式。在版面组合上,细分新闻时段,提出"当日新闻当日看",其"上午新闻"和"昨夜今晨"栏目颇受读者关注。

3. 建立新闻采编网络与网络阅读终端。解放日报社于1997年4月,在全国省报中率先实现新闻采编系统电脑网络化,在机构上设立了电脑中心,从而使新闻采编人员写稿、传稿、改稿、拼版基本做到了"无纸化"。电脑采编软件、广告管理软件与网络连接成功,资料检索系统与采编系统对接并投入运用。《文汇报》从1994年4月起,科技部、经济部开始电脑联网运行;1995年10月起,记者编辑开始用电脑写稿、改稿、传稿和组版。《新民晚报》从1992年起,采用电子出版网络管理系统,取代用单机软片盘作为图文信息传递的传统方式,电脑中心联通采、编、审各部门,并由社内联网发展与众多记者编辑的家庭联网。1998年1月25日,文汇报社推出了文汇报电子版。1998年7月28日,《解放日报电子网络版》正式开通。1998年12月,《新民晚报·网络版》正式开通。文汇新民联合报业集团成立后,集团新闻信息中心随即成立,网络信息功能覆盖集团各报刊。《劳动报》于1999年3月建成新闻中心,实现无纸化采编;2000年开通宽带上网;2002年开通了电子版。

4. 突出摄影与美术的版面组合作用,强化"两翼齐飞,图文并茂"观念。《解放日报》从1997年起,在一版视角中心位置先后推出"新闻照片"、"背景故事"、"对比照片"、"摄影特写"等专栏。《文汇报》图片新闻突破原有的编排传统,上了一版头条位置,如2002年6月10日《悉心侍奉老保姆二十六年如一日》的图片。进入21世纪以来,加重了摄影、美术作品在整张报纸组合比例上的分量,刊发数量显著增加。《新民晚报》的《新民写真》专刊,经常刊登新闻专题摄影图片,这是以数张照片围绕一个主题表达完整内容的一种特殊的新闻摄影报道手段。在全国有一定影响的《漫画世界》,到2000年元旦起改为在《新民晚报》上以周刊形式出版画刊,原单独刊出的《漫画世界》半月刊停刊。

二、广电节目编排

1. 编排原则

(1) 节目编排层次。广播、电视各台节目编排管理原则上分为三个层次:一是台编委会站在全台的高度,确定各频道、频率的方针和定位,以及各自播出的版面,作总体上的决策和平衡;审定各频道、频率重大改版计划和重大报道方案,对全台的节目编排和播出实施宏观调控。二是台总编室作为全台管理宣传业务的职能部门,负责管理和协调全台节目的综合编排和播出。总编室设有专门岗位和人员具体负责节目编排,并制作一周的节目单和每天的节目串联单。三是各节(栏)目对播出内容的选择和播出编排。如当天的主要新闻节目、安排的内容、头条的确定、顺序的排列等,均由当值的新闻责任编辑按照节目方针排出,交当天负责监制的台领导审定后施行。其他栏目按规定的职责划分,实施三级审稿后播出。

(2)节目编排制度。节目编排的规范性体现在:首先,各频道、频率播出的节目须在限定时间内向台总编室提供;逾期者,总编室将不予编排。其次,"一周节目编排表"和"节目播出串联单"(电视)必须在规定的时间内完成并送交《每周广播电视》报(以便预告)和技术中心的播出机房,以确保节目的安全播出。第三,节目编排表和串联单一经制定,编辑部门不得随意更改;若遇特殊情况,须填写"节目更改单",经有关领导签字批准后方可实施。

节目编排表实质上是广播电视节目日常运行的法规,具有相对的稳定性。而节目编排的灵活性则表现在以下几种情况但须经严格的程序批准:对突发事件的处理,严格执行管理部门的要求,对节目编排作出临时更动。比如,2001年9月11日,美国遭遇恐怖分子袭击。消息传来,各台立即调整节目,及时播报有关消息,突出重大题材的宣传报道。对某一主题的节目作较为集中的编排,以形成集束效应;根据特殊需要,突破常规,按计划和预案调整编排播出。如1993年的首届东亚运动会、1997年10月全国八运会期间,各台节目编排均作调整。上海有线电视台尤其突出,除体育频道每天16小时的转播报道外,有线综合频道和有线信息频道在白天也全面介入。3个频道不间断滚动播出。

2. 编排特点

(1)把握几对关系

节目编排关系。1992年以后,上海形成五台并行运作、既竞争又合作的格局,加大了节目编排的难度。除了节目本身的质量和编排水平外,编排人员如何做到"知己知彼",适时调整节目播出时间及安排好内容,成为重要的课题。上海广电媒体在实践中注意处理好以下几对关系。

局部和整体的关系。收视(听)率是目前衡量广电节目制作质量和编排质量的基本量化指标,但又不是唯一的标准。节目编排应充分考虑主与次、重点与一般、新闻节目与其他节目、黄金时段与非黄金时段等各种因素的关系,作出有机和谐的安排,使之从总体上实现整体大于个体之和的效果。

节目长度与准点播出的关系。除一些特别的直播节目外,一般节目都实现了栏目化,各栏目之间都能做到节目长度零秒误差。广告节目亦如此,广告短时,一般适当增加宣传片及合适的专题片;遇到广告超时,一般有个上限,将误差控制在最小的范围内。

纵向和横向方面编排调度。单频道、频率意识下的编排往往较多地考虑本频道、频率纵向时间上的调度,将对象化节目安排在与其对象作息习惯、收视(听)习惯相吻合的时段中;而在黄金时段中编排那些能为各种层次的受众所接受的大众化节目,如新闻、影视剧、综艺节目等。而在多频道、频率共存的情况下,主、副频道(频率)则有明确的分工和定位,以取得互相呼应、相得益彰的效应,避免"撞车"。

黄金时段与非黄金时段的关系。每天18:30—22:00是中国电视观众的黄金时段,新闻、电视剧、品牌栏目是各台优先考虑的节目。对非黄金时段也注意培育、利用与开发。

从2002年起,上海的广播电视资源整合,重组专业化,对节目编排提出了更高的要求,其对象化、指向性、专业化有了更大的提高。除综合性的龙头频道、频率以外,受众的细分趋势明显,逐步向"窄播"转化。尤其是各地卫星频道、频率的落地,节目编排的科学性、艺术性逐步增强。

（2）节目编排的技巧

对抗性编排。两个不在同一频道、频率的定位雷同的节目,放在同一时段就往往形成对抗。这在20世纪90年代初中期较为明显,如上广的《市民与社会》与东广的《今日新话题》,上视的《案件聚焦》和东视的《东方110》等。这种"针尖对麦芒"式的节目设置既带来竞争的一面,又有两败俱伤的可能,节目受众明显分流。若不坚持原有定位,势必流失一部分受众。这一情况在20世纪90年代后期起有了新变化,逐步进入良性循环。

避让型编排。有时面对其他频道、频率一些强有力的节目编排,采取避让的办法,以取得较好的效果。比如,针对央视春节晚会的编排,上海几家电视台均不把自己录制的重头节目放在除夕夜,而是辅之以重播的文艺节目或电影等。本台的重头文艺节目则安排在正月初一至初五期间播出。

模块型编排。进入20世纪90年代后期,各台都看到了双休日节目另行安排的潜质。根据各台的定位,竞相编排与工作日不同的节目,或以连续播放电影、电视剧见长;或以轻松愉快的文艺、游戏类节目压阵;或以涉外教学节目领衔,均取得较好效果。

"田忌赛马"型编排。这与避让型有相通之处,只不过是处在多组合节目编排之中。以己之长,克对方中等节目;以己之一般节目,与对方较差节目对垒;以己之短,向对方优势节目叫板,以在整体上胜出一筹,取得事半功倍的效果。

注重对某些节目的内容、编排加强预告和宣传。广播、电视是线性传播,稍纵即逝,反复宣传,施加信息的强刺激,以增强效果。如东广的《今日新话题》原属综合部,2001年一度划归新闻部。东广每天早晨在《早新闻》中以片花宣传,再加上与记者的联动,收听率从划归前的2%左右上升至最高时的4%左右,几乎翻了一番。

第二章　内　容

第一节　纸质媒体

随着上海媒体新闻改革不断推进,报纸种类逐年增多,信息容量明显加大,采访领域日见扩展,版面形式和编排手法不断创新,新闻文体也丰富多样,除传统的采访报道形式外,诸如问题讨论、对话录、现场调查测试、新闻热线、热点追踪、新闻视点、特别报道、调查报告、新闻观察、随笔等,被广泛运用。新的言论品牌和言论专版也相继推出。同时,国内外特派记者、驻地记者、特约记者、特约通讯员、特约撰稿人和主持人、专栏作者等在版面上亮相的频率大为增加,有效地提升了报道的思想性、时效性、可读性、贴近性和广泛性,使报纸版面呈现与时俱进的活力与动感。

一、新闻采访报道

进入 20 世纪 90 年代,上海新闻媒体采访报道工作,面临了一个思想进一步解放的新环境。各新闻单位在新闻改革的实践中,不断探索新的报道组合和形式、新的专题和栏目,大大拓展了新闻报道的内涵和外延、形式和体裁,各具特点,推陈出新。

重大事件采访报道。2000 年纪念浦东开发开放十周年,《解放日报》、《新闻调查》栏目先后刊出的《总设计师与浦东开发》、《开放的浦东 全国的舞台》、《另一份答卷——来自浦东新区精神文明建设的报告》等 5 篇通讯,既是成就的展示,又是经验的总结。对纪念建党八十周年的宣传报道,《解放日报》采取了以系列报道的形式,强化宣传优势。其刊发有主打报道系列——"来自党的诞生地的报告"、评论系列、理论文章系列、共产党员典型系列——"迎风飘扬的旗帜"、重要历史回顾系列——"中国共产党在上海——回眸风雨"、党的统一战线系列——"肝胆相照 80 年"、诗歌散文报告文学系列、图片新闻和画刊系列、读者纪念活动系列、重大活动报道系列等 10 个系列。邓小平同志逝世,各媒体纷纷加大策划力度,深入上海各条线,组织重大报道。其中,《解放日报》的《命运与共——上海人民沉痛怀念小平同志》,生动感人,引发共鸣,并获中央文献研究室的高度评价。1999 年 4 月,为迎接上海解放五十周年,《文汇报》组织开展了《重走烽火英雄路》的连续集中报道。同年,为庆祝中华人民共和国成立五十周年,又组织一批革命老同志重访西柏坡,采编的一组"进京赶考去"(西柏坡—香山)系列报道和纪念活动专版,赢得社会广泛关注。2001 年为纪念中国共产党建立八十周年,从 6 月 25 日到 29 日,《文汇报》在国内新闻版推出了一组 5 篇报道——"重读经典报道",报道遵循新闻规律,用确凿的历史事实说话,采访了穆青、大庆人、佟希文和追忆邓稼先、张华等先进典型和英雄人物,形式新颖,视角独特,是对传统成就报道的创新。

《新民晚报》为庆祝新中国成立四十五周年,缅怀革命前辈为创建新中国而浴血奋战的光辉业绩,讴歌改革开放给国家带来的巨大变化,1994 年 8 月,派出 4 名记者开展《战地重访》专题报道,记者们沿着解放战争著名的辽沈、淮海、平津三大战役以及渡江、跨海战役的发生地,历时 40 天,纵横 8 000 里,足迹遍及城市、乡村、山沟,作了一次全景式采访。其间发表 56 篇共 128 000 字的新闻稿件,让人们看到了昔日战地恰是今天改革开放前沿的风云变幻和建设成就,看到了扎根于民众的中国共产党人不但能打碎一个旧世界、更能建设一个新世界的伟力,获得中宣部通报表扬。《新民晚报》国庆五十周年的宣传报道历时 50 天,共推出 119 个专版,其中专副刊 60 个,涉及科学、证券、投资、楼市、市场、文化、旅游、影视、读书、教育等各个领域,体现了浓郁的晚报特色。

2000 年 7 月 15 日到 8 月 31 日,《新民晚报》、上海电视台、《上海日报》和东方网站联合举办西部行新闻采访活动,由 27 位采编人员组成的联合报道组,从上海人民广场出发,经江苏、安徽、河南、陕西、甘肃、青海、新疆等省区的 40 多个县市,46 天的行程超过 13 000 公里,最后到达祖国西大门新疆的霍尔果斯口岸,沿途发回 130 多篇新闻作品,展现了西部人民的精神风貌。

采编平民新闻、民生新闻。2001 年,《解放日报》开辟百姓系列专栏,既强调新闻性,又强调百姓的参与性,真实反映现实社会生活。"百姓"系列专栏,包括"百姓英雄"、"百姓关注"、"百姓评论"、"百姓画廊"、"百姓健身"、"百姓传呼"等,并就应该怎样形成"我为人人,人人为我"的新型人际关系等问题展开讨论,通过群众参与讨论来发扬中华传统美德,彰显社会道德新风。中共中央宣传部部长丁关根为这组报道作出批示,中央电视台等媒体相继作了专题报道。《文汇报》1997年的《WJ现场测试》,组织记者"集团作战",在同一时刻,以同一方式和标准,对特定的事件和区域(如上海的搬场公司、无线寻呼业、出租车、公交车等)作现场体验性采访,并迅即刊出记者体验采访的结果。2000年11月报道的《豆腐账见证贫困到小康》和《杨妈妈的消费升级了》,将经济统计中的恩格尔系数变化,以家庭微观经济与上海宏观经济相联结的方式来报道,是经济报道生活化的一种探索。《新民晚报》2000年8月在1版以新闻追踪的形式,刊出《八旬老人心在流血》的组合报道,并配3篇短评。同年11月,连续3天在头版显要位置报道上海的同仁堂药店一位营业员因卖错药,紧急寻找买药人的新闻故事,报道发表后,很快找到了买药人。中央电视台"东方时空"栏目介绍了《新民晚报》这个报道的全过程。《新民晚报》不少新闻的线索,是编辑部从群众来信中发掘出来的。刊登在《五色长廊》的百姓故事征文稿33篇,来自当代社会生活的原汁原味的平民故事,记录了百姓难忘感人的真情岁月。

先进典型宣传推广。1996年6月5日起到10月30日,《新民晚报》发表《在笑声中向命运挑战》连续报道,报道失业女工庄红卫靠自己的双手,在各方面的帮助下,创办"庄妈妈净菜服务社"及其艰难曲折的发展历程,在发掘典型中体现时代精神,引起了中外新闻媒体的关注,中央电视台及英国路透社、日本NHK均作了报道。2001年9月27日,《解放日报》"热点追踪"栏目以《一位母亲的"信任危机"》为题,报道了上海下岗女工、共产党员查文红连续3年在安徽省砀山县贫困农村义务执教的事迹,在读者中引起强烈反响。2002年2月17日,《解放日报》头版发表的《肖叔,你不该走!》,成为"春节热线"报道亮点和读者热门话题。随后,公安部追授肖玉泉全国公安系统"一级英模"荣誉称号,中宣部、公安部、中共上海市委在人民大会堂举行肖玉泉事迹报告会,并作出向肖玉泉学习的决定。

《解放日报》、《文汇报》、《新民晚报》等报刊,还联手宣传报道了上海第二军医大学东方肝胆外科研究所所长吴孟超教授、华山医院外科主任顾玉东教授、上海液压泵厂青工李斌、上海第九人民医院整形外科医生曹谊林和中国科学院院士、上海瑞金医院血液学研究所所长陈竺等先进典型。

突出视点新闻,加强报道的思辨色彩。这是20世纪90年代中期以来,上海报纸比较注重的一种报道手段。

2000年10月,《解放日报》开辟"热点追踪"版。以抓住党和政府工作的重点、各级领导的关注点、群众利益的所在点这3个方面的汇聚点,运用典型报道、热点采访和舆论监督等方式,积极、准确、生动地进行采访报道,发挥市委机关报的舆论引导作用。在此基础上,《解放日报》推出了"新闻视点"版,坚持正确舆论导向,在第一时间,聚焦国际国内重大事件,见证政经文体各类新闻,感受时代社会喜怒哀乐,以具有冲击力的版式和鲜活的事实,为读者提供信息服务。"新闻视点"注重照片、图表等新闻手段互补,并力求报道的深与广、客观与全面。《为了让后人不再遗憾》、《暗访小学奥数班》、《楼市广告,小心有假》、《电杆风波》等深度新闻追踪报道,引起社会较为广泛的反响,促进有关部门的监督整改。

1999年起,《文汇报》辟设《新闻聚焦》,以主体事件为核心,组合各条信息,并辅之以图片、资料和配发言论,使新闻事件朝着理性方向纵深发展,以引起人们的思考。2001年的

《新闻点击》，是《文汇报》求新、求重，适应新闻竞争态势的重要举措之一，经常抓住社会上最关注的热点、焦点新闻，做大做深，特别是对一些有争议的事件，报道主题新闻，提供背景资料，并利用各方人士的见解加以论述，使读者全面了解事件缘由，让读者得到启示。同年设立的《对话录》，刊发的宗旨是广邀思想文化及其他领域的才俊贤达、有识之士放言纵论，活跃思想，拓展视野。刊发的对话，力求有思辨和理论色彩，追求高品位、高层次。《文汇报》还编发了诸如"文化视点"、"京华视点"、"文化现象透视录"、"教育新观察"等一系列专题报道，引导读者深入思考。2001年曾刊发过《新戏高开低走说明了什么?》、《芭坛可否高挂大红灯笼?》、《保送生制度如何改革?》等报道，不仅引起业界的关注，也为有关决策部门所重视。2000年4月，《文汇报》为纪念浦东开发开放十周年发表《追求卓越　海纳百川　创新开拓——记浦东精神》，把浦东建设者的10年奋斗历程，概括、凝练为12个字的浦东精神，准确而生动，高屋建瓴、辩证思考，有理论色彩。《新民晚报》2000年起创办"新民视点"，其编辑宗旨是："透视新闻热点，追踪突发事件，扫描社会现象，关注百姓生活"。《聚焦婚姻法4大热点》一文，在婚姻法《修正草案》公布的第二天，就从4个方面把婚姻法的几个热点问题进行剖析;《上海人均GDP 4180美元意味着什么》一文，告诉读者这个数据是怎么测算出来的，让读者长了知识。

1998年起，《新民晚报》在第1版开辟《不妨一议》专栏，针对经济、文化和社会生活中有争议的普遍现象与热点问题，发表读者的不同意见，并从中予以正确引导。这个栏目在1999年获首届中国新闻名专栏奖。

除采访、报道外，上海新闻媒体还多年多次联手开展有关城市文明、城市精神建设的征文和群众性的讨论。1992年8月，《解放日报》、《文汇报》、《新民晚报》、《劳动报》、上海电台一起开展《90年代上海人》的征文及讨论。1993年9月，《解放日报》、《文汇报》等多家媒体举办关于《跨世纪的丰碑》征文。《文学报》、《上海家庭报》等媒体也都联合有关媒体开展征文和讨论。

《劳动报》、《青年报》等其他综合类和专业类报纸，按照各自定位，在新闻报道工作方面，都有新特点。《劳动报》把工会工作的新课题、新拓展，广泛而复杂的劳动关系，企业、职工、工会干部和创业者的风采，以及维护职工权益作为4大报道重点，如1999年发表的《建立预警机制，维护职工权益》，报道了上海机电工会建立维护职工权益和社会稳定的预警机制的新举措，得到中共中央政治局常委、中华全国总工会主席尉健行的肯定。同年发表的《"红子鸡"组建工会何其艰难》一组报道，反映民营企业建立工会的曲折过程，提出了新经济组织建立工会的重要课题。2000年发表了《带着岗位回娘家》的报道，揭示了下岗再就业带头人对岗位创造和再就业工作的创新和推进作用。

《青年报》以团结、教育青年献身社会主义现代化建设和改革开放事业，引导青年树立健康文明的新风尚为自己的宣传重点。20世纪80年代后期，用大特写的形式，尝试采写一些为社会所共同关注的热门题材。1995年，在"焦点新闻"专版上先后发表《日本大地震，余震上海滩》和《帮助神户学子回家过年》两组系列报道，以及《七女生败走太平洋》等。1995年到1996年，在全国学徐虎活动中，通过新闻报道，在青年中开展了"呼唤徐虎"活动。2000年，为纪念浦东开发开放10周年，又推出"浦东10年创业史"专题报道，宣传了12位浦东建设者的风采。2001年，在上海贯彻《公民道德建设实施纲要》过程中，组织《寻找我们生活中的榜样》特别报道,被推荐为上海市市级系统"双文明"百件好事评选活动之一。

《联合时报》围绕政协和统战工作,以经济和社会发展的重要问题,政协委员、党派团体、各界人士、社会群众关心的热点问题为报道重点。如1999年国庆期间采编的《风雨同舟五十年》专题报道,在刊登了近十位历届市政协委员50年来与中国共产党同心同德、肝胆相照,荣辱与共的专访后,又持续一年多,刊出了50位政协委员和各界知名人士奉献才智、报效祖国的专访。2000年1月在政协委员调研基础上采访报道的《过江费,免了罢》,在当年市"两会"召开期间,一时成为议论热点。5月,市政府决定取消黄浦江车辆设卡收费。

《上海科技报》以及时报道科技要闻、科技政策,提供技术市场信息;介绍高新技术在上海经济发展中的应用实例和国内外最新科技成就;侧重报道科技体制改革和科技相关的重大事件。

《新闻晨报》2001年9月改版后,以"追求最鲜活、最实用的新闻"为办报理念,随后又重头推出"晨报要闻"、"晨报名人"、"晨报财经"等新闻专题,在一些重大新闻事件的报道中,显示了自己的特色。2001年9月开通"晨报热线",报道读者所听所见的感人事、紧要事、突发事、有趣事,解决了不少百姓身边的烦心事、困难事,如《三千的哥寻一截断指》《八百吨垃圾里寻宝鞋》,都在中国新闻奖评选中获奖。同年,关于香辣蟹黑幕的连续报道受到社会关注。在财经新闻方面,以港、澳开放"自由行"为契机,推出"双城记"(沪、港)报道,着力关注沪港的经济互动,成为沪上关于沪港经济报道最多的报纸之一。

《新闻晚报》秉承"与时代同行,与读者同在"的办报理念,推出"百姓要闻"、"百姓中国"、"百姓经济"、"百姓热线"等新闻专题,以满足上海百姓生活的资讯需要。国际专题报道《一声惊叹,全球科学家质疑克隆人》,社会新闻《眼睁睁丢掉欧元皮夹子》、《16位的哥编出厕所地图》,以及推出的针对有损百姓利益和城市形象、有违政策法规的不良现象,进行舆论监督的《周末特别行动》专题报道,在社会上引起普遍反响。

在近十年中,上海媒体的新闻报道工作,在形成合力、强化宣传声势和力度上也出现了一些新的现象:

跨媒体报道逐渐扩展。不仅有纸质媒体之间的联合报道,还有纸质媒体和电子媒体的联合报道,如1995年7月,《文汇报》和上海电台联合举办"抗战故地行"学习采访活动。同年11月,《解放日报》、上海电台、上海电视台联合发起《我们走向21世纪》系列宣传活动。1996年6月,《文汇报》和上海电视台"今日报道"联合推出《新闻分析》栏目。人民日报华东分社和上海电台于1999年8月27日至9月9日,围绕国企改革与发展话题,采访华东六省一市的省、市委和政府领导,进行了现场直播和系列报道。2000年7月15日至8月31日,上海电视台、《新民晚报》、《上海日报》、东方网共同举办有27人组成的"西部行"联合报道组,对西部地区的经济、社会发展作了采访报道。

异地采访活动大量增加。不仅有上海报纸与外地报纸商定的互换采访,也有相关领导部门统一组织的上海媒体协同的外地采访,还有由外省市党政机关和中央有关宣传部门组织、上海新闻媒体派记者参加的跨省市的采访活动,其规模之大,频率之高,均超以往。如《解放日报》1992年起,先后组织赴河南、大连、新疆、青海等地采访。又如1996年,上海有关新闻单位组织赴河南采访;1997年,上海11名记者赴云南进行新闻扶贫采访。1998年7月至9月上旬,《解放日报》、《文汇报》、《新民晚报》、《新闻报》、《劳动报》和《青年报》6家新闻单位,先后派出记者99人次,赴长江流域等洪灾区进行第一线采访,共刊发消息、通讯、评论、照片、图片等1 500多篇(幅)。

2000年12月至2001年1月间,由上海市人民政府新闻办公室牵头,《新民晚报》策划,并与上海电视台、上海电台、东方网、新华社上海分社、《上海日报》、《今日上海》杂志、上海大众汽车有限公司联合举办以"新世纪东部巡礼"为主题的多种媒体互联采访活动,在跨世纪的17天采访中,行程超过3 000公里,沿途采访了25个长江三角洲的城市。采访期间,同步发回的新闻稿件达150多篇,《新民晚报》每天辟出专栏发表。

特派记者赴境外国外采访活动也有显著增加。从1992年第二十五届夏季奥运会以来,上海主要媒体都先后有特派记者赴赛地采访。1993年4月,《解放日报》和《文汇报》分别派出记者赴新加坡,采访"汪辜会谈"。南极科学考察以来,《解放日报》、《文汇报》派出记者,随科考船队分赴南极和北极采访。海湾战争期间,上海多家报纸都有特派记者前去采访。

二、新闻评论

评论是报纸的一面旗帜,重视发挥言论的正确导向和积极引导作用,是上海主要新闻媒体的优良传统。从1993年到2002年这10年间,邓小平南方谈话,中共十四大、十五大、十六大的先后召开,香港、澳门回归,抗洪救灾,上海解放五十周年,新中国建立五十周年,中共十一届三中全会召开二十周年,喜迎新世纪,建党八十周年,"申博"、"申奥"成功,以及围绕上海市现代化建设的发展,"三个文明"建设,科教兴市等重大决策、大事、喜事、要事、突发事,一波又一波,先进典型不断涌现。其间,上海各新闻媒体的言论,特别是作为中共上海市委机关报的《解放日报》,以及《文汇报》的社论、评论员文章,坚持贯彻中央的战略方针,紧紧围绕市委、市政府的工作部署,在大局下思考,在大局下行动,充分发挥其思想引导和舆论引导的作用。同时,《解放日报》的《新世说》、《解放论坛》,《文汇报》的《虚实谈》、《文汇时评》,《新民晚报》的《今日论语》、《新民论坛》、《新民随笔》,《劳动报》的《新语丝》等署名短论,也以各自特色,表达了各种见解。解放日报社1999年还专门制定了《关于加强解放日报评论工作的决定》。20世纪90年代后期到世纪之交,《解放日报》、《文汇报》、《新民晚报》和其他一些报纸,或打造言论新品牌,或推出言论专版,或发表系列评论,使评论工作有了新的拓展。

围绕中心和大局,推出系列评论,是上海主要媒体的一个共同优势和显著亮点。《解放日报》继1991年推出获得重大影响的"皇甫平"系列评论之后,1992年4月至7月又先后发表4篇署名"吉方文"的评论文章:《论走向市场》(4月15日)、《论加速发展》(6月6日)、《论改革开放姓"社"不姓"资"》(6月22日)、《论"换脑筋"》(7月7日),阐述了邓小平建设有中国特色社会主义理论,产生了广泛影响。《文汇报》在2月连续发表了《坚持一个"中心"》、《财大才能气粗》、《力戒形式主义》、《加快改革开放》;6月至7月继续发表《形势喜人又催人》、《换脑子、壮胆子、探路子》、《须有大手笔》、《要善于重新学习》等评论员文章,集中宣传和阐述了邓小平南方谈话精神。

1996年为配合徐虎精神的宣传,《解放日报》发表了《九十年代的雷锋精神》(4月30日)、《时代的需要　人民的呼唤》(5月2日)、《徐虎精神人人可学》(5月7日)、《让千万个徐虎成长起来》(5月10日)4篇系列评论文章。同时,《文汇报》也发表了有关弘扬徐虎精神的系列评论,对徐虎精神的本质进行了深刻阐述。1998 年 12 月,为纪念中共十一届三中全会召开二十周年,《解放日报》发表了《一百年不动摇》《高举旗帜永向前》《解放思想无止境》3篇重要系列评论。2002 年上海展开了"世博上海新一轮发展大讨论",《解放日报》发表了《一次重要的思想发动》、《立足全局战略　认清重大意义》等 4 篇系列评论。《文汇报》系列评论,主要围绕"科教兴市"主战略和抓住世博机遇这两大主题,从多侧面、多角度、多层次展开,连续发表了《思路创新才能科技领先》、《关键在人才》、《善用科教资源》、《构建知识与市场的"便捷通道"》、《让科技"唱主角"》一组九论科教兴市的系列评论文章;《抓良机谋发展》、《城市发展的"推进器"》、《实现城市软件升级》等一组六论"世博会与上海新一轮发展"的评论员文章。

《劳动报》2001 年 8 月在《劳动漫笔》专栏发表的《不能淡化工人阶级》、《工人阶级的先进性也在发展》、《素质工程:工会的第一要务》、《既是劳动者又是所有者》、《从"单位人"到"社会人"》等一组言论,体现了《劳动报》作为上海市总工会机关报的作用。

加大力度培育言论品牌,是 21 世纪以来上海各新闻媒体重要实践和举措。《文汇报》2001 年 10 月推出《文汇时评》专栏,旨在把握正确导向、努力坚持"三贴近"的实践中,结合《文汇报》以广大知识分子为主要读者的报纸特色,紧扣时事,引导舆论,团结和吸引知识分子作者与广大读者,对各种理论难点、现实问题、社会现象和社会思潮及时进行思考分析、针砭时弊,承担起为读者传递新知、解疑释惑的责任,为抓住机遇、加快发展提供思想保证、精神动力和舆论支持。《文汇时评》坚持每天一篇(双休日除外),逐步形成了栏目的思辨风格。在加强思想引导的同时,还针对社会热点,提倡百家争鸣,坚持舆论监督,引人辨析思索,发表了诸如《问题究竟出在何处》、《"学历史",还是"学考历史"?》、《诚信,首先从传媒做起》等一批时评文章。《新民晚报》的《新民随笔》创办初期,由 7 位记者编辑轮流主笔,个人署名发表。从 2001 年 8 月起,每天一篇,并配以作者漫画像和作者签名。"随笔"继承和发扬《未晚谈》为百姓分忧、与百姓同乐的传统,以思考更深一些、眼光更宽一些为主旨,透视热点新闻与焦点问题,涉及时政、经济、文化及社会生活诸多方面,把视角始终对准寻常百姓的吃用住行和喜怒哀乐,内容有虚有实,文笔犀利,文风亲切,是评论新闻化的一种探索。

抓好选题,提炼思想,加强针对性,积极发挥报纸言论的引导作用。如《解放日报》的评论《发展要有好速度》,得到市委主要领导的充分肯定,亲自在不同的会议上朗读,引发广泛热烈反响。在充分发挥单篇言论作用的同时,上海有些新闻媒体设立言论专版,加强言论的综合效应。《新民晚报》的《新民论坛》由读者撰稿,每周一期,就当前时政热点,每期刊发六七篇时评类短文,加上"话题点击"、"一事一议"两个小专栏。短文各具特色,选题上侧重作者自己耳闻目睹、切身感受的事,有的放矢,实话实说。"点击话题"写的都是百姓身边常遇到的事情,"一事一议"更是简单明了、多种多样。《劳动报》推出的言论专版有《论吧》,侧重社会性的话题,每周刊出一次,多为个人署名专栏;《说吧》,每周一期,侧重保障职工权益等话题。

三、国际新闻采编

20 世纪 90 年代中后期到 21 世纪初,《解放日报》的国际新闻报道在版面和内容方面有所创新,国际新闻版的版面布局发生了较大变化,主要表现在版式设计更加现代、图片地位大大上升和黑白色差的合理运用等方面。第一,国际新闻版版面从过去传统的若干个小模块"七巧板"似地组合在一起的形式,渐变成突出头条和焦点,以大模块为主、辅以小模块的形式,适应了当代读者及时了解重要新闻事件的要求。与此同时,也刊发短篇报道和简讯。第二,图片在国际新闻版面中的地位上升。1997年以来,新闻照片、图表、漫画等品种从配合文字报道的辅助元素,逐渐发展到经常在版面上唱主角。第三,国际新闻版注重留白。留白是与上述大模块重点报道和提高图片版面地位等手段相辅相成的。恰到好处的留白强化了黑白色差,将标题、图片和主打报道衬托得更加突出和引人注目,整个版面也因此张弛有度,有立体感。第四,2000年1月,经国务院新闻办批复同意,《解放日报》首次向美国纽约和比利时布鲁塞尔各派出1名常驻记者。同时,为加强重大国际突发事件的新闻现场报道,解放日报报业集团还整合采编力量,组织记者分赴海外进行采访报道,开创市委机关报在重大国际突发事件中有特派记者到第一线采访的先例。第五,国际时事评论在保持传统的基础上进一步得到加强,形式也比较多样,一是短平快式的时评,对新闻事件作出快速反应;二是组织一批比较稳定的专家学者队伍,经常就一段时间内国际热点背后的深刻内涵发表精辟见解,如"专家论坛"和"本报专访"等栏目;三是阶段性的回顾与分析,如每年年底的"年终报道"刊登一系列权威专家学者对一年来重大国际时事的总结性评论文章。记者编辑和专家学者的分析评论相互补充,加重了报道分量,为读者更加清晰地看世界指明了方向。

进入20世纪90年代,《文汇报》国际新闻报道,由于依托了派驻10多个国家和地区驻外记者的力量,更显示出自己的独特优势。特别是国际上发生重大事件,《文汇报》的国际新闻报道更显活跃,触角广、时效强、有见解,独树一帜。1995年,《文汇报》在扩版中有所创新,创办了国际新闻周刊《海外瞭望》,4个版面分别以热点报道、时事政治、世界经济和社会生活为主题,内容丰富,题材新颖,在当时国际新闻发布渠道不多、海外信息数量相对较少的情况下,满足了读者对国际信息的需求。进入21世纪,由于互联网的发展,周刊的形式显然不适合越来越强调时效的时代生活。于是,每周5次半个版面的《环球视窗》取代《海外瞭望》,成为《文汇报》国际新闻报道中一个特色栏目。《文汇报》国际新闻报道无论是在新闻版的动态新闻处理上,还是在焦点新闻上,都逐渐成熟,形成了一定的特色。首先,动态新闻处理上强调栏目化。《今日聚焦》《驻外记者连线》《经济之窗》《新闻分析》《专家解读》等为驻外记者提供了国际报道的平台。言论专栏《地球村夜话》结合新闻热点,一事一议,融入相关背景和关联事物,讲清前因后果,介绍国际知识,出现了一些好的作品。遇到重大突发事件,《文汇报》的驻外记者即时发来新闻,报道现场的细节,以及世界各地对事件的反应,往往在事发后10个小时之内就见报。由于报道的现场特性,使《文汇报》的国际报道更具权威性,如2001年的"9·11"事件报道。其次,焦点报道在《环球视窗》上采用一长几短的处理方式。一篇叙述新闻事件的主打文章,配上新闻提示、国际资料、背景分析、专家解读等短小文章,长短结合,便于读者阅读和理解。

《新民晚报》的国际新闻版是从要闻版上早期的"内内外外"专栏演变而来,经历每周出一期的"天下事"专版,1992年7月扩展为每天出一个新闻版,1998年以后为每天出两个新闻版面。为使两个版面报道内容有分工和侧重,一个版面为"硬中有软",刊登稿件以时事政治经济新闻为主,内容相对"硬"些,编辑在组版时适当选用可读性强的稿件,编排尽可能生动活泼;另一个则以刊登社会新闻、科教新闻为主,在具有较强可读性的同时,强调新闻的时效性和服务功能,也称之为"软中有硬"。

为保证版面传统特色,负责编辑国际新闻版面的海外新闻部曾制订了 8 条编辑细则:版面每天信息不得少于 10 条;新闻作头条,注意"倒头条",保持版面"昨夜今晨"时效性;编排形式"曲径通幽",不赶"板块"时髦风,刻意追求"胸部丰满";新闻照片改变惯以"二栏"大小处理的手法,增强多选用漫画、插图的意识;只许专稿标题选用美术字体,新闻标题切忌重复字号、字体出现;除固定栏目使用指定花边外,其他均以各种黑线分割;每天版面上必须(也只允许)有一则标题采用"8001"底纹,以突出重点稿、显示个性;定期专栏不得无故"脱班"。

海外新闻部同时提倡国际新闻编辑不是"划版匠",要发挥"能动性",有自己的组版思想。在内部实行"遇到突发事件,发挥整体优势"的措施,遇上重点版面调集全体编辑上版面,以求得更好的效果。

四、理论宣传

作为党的报纸新闻舆论的重要组成部分,理论宣传承担着宣传党的路线、方针、政策以及基本理论,引导、教育和提升人的素质的任务和功能。20 世纪 90 年代以来,《解放日报》以《新论》版为重点,《文汇报》以《论苑》版为重点,围绕学习宣传马列主义、毛泽东思想、邓小平理论和"三个代表"重要思想,以及党的路线、方针、政策,分析和探讨社会主义改革发展进程中出现的重大理论前沿问题,一方面继续保持了"理论研究贴近实际生活"的优良传统,并经常性地发掘一些有意义的社会问题,另一方面在增强理论宣传的吸引力、说服力和感染力上,从内容到形式都进行了有意义的探索和创新。

(一)把握正确的舆论导向,宣传好党的路线、方针、政策。20 世纪 90 年代以来,《解放日报》、《文汇报》理论版在宣传邓小平理论、"三个代表"重要思想、以人为本的科学发展观方面发表了一系列有影响的文章,如《解放日报》的《在掌握邓小平建设有中国特色社会主义理论的科学体系上下功夫》(李君如)、《"三个代表":应对时代转型的战略思想》(华民)、《一脉相承》(周瑞金);《文汇报》的《邓小平与中国现代化建设》(冷溶)、《邓小平同志的国际战略的思考》(王沪宁)、《马克思主义思想路线的力量》(郑必坚)等。党的十六大召开以后,《解放日报》陆续发表了《论"三个代表"重要思想的科学内涵》(刘吉)等理论文章,《文汇报》发表了《十六大的理论贡献》等理论文章。

(二)针对当前的重大问题、热点问题、学科前沿问题和广大读者关注的话题,展开深入探讨和阐述,加强与广大读者的互动联系。在 2000 年的中央思想政治工作会议上,江泽民提出要研究和回答如何认识社会主义发展的历史进程、如何认识资本主义发展的历史进程、如何认识中国社会主义改革实践过程对人们思想的影响、如何认识当今的国际环境等当前直接影响干部群众思想活动的重大问题。《文汇报》理论版立即约请十几位专家,深入浅出地阐述这些问题,11 天内连续 4 期刊登,在全国思想政治工作研讨会上引起关注。《解放日报》的《新论》在组织协调、加强与民众的沟通方面作了一些尝试。2002 年 9 月,在举国上下迎接十六大、兴起学习"三个代表"重要思想新高潮的时候,《新论》公开向读者征集党建、社会、思想等方面的热点、难点问题,同时约请专家学者给予解答。2002 年 11 月 5 日《读者出题 专家解答》版面刊出,受到各方好评。

（三）结合上海实际做文章，为上海物质文明、精神文明和政治文明建设和发展提供智力支持。多年来，《解放日报》和《文汇报》围绕国企改革、上海城市化进程中的生态化建设问题、实施科教兴市主战略等重大问题，先后组织专论、笔谈文章等，进行剖析解读。其中，《解放日报》发表的《上海经济走过 50 年发展历程》（杨建天）、《论"中国特色、时代特征、上海特点"的发展新路》（张道根），《文汇报》发表的《优化配置最稀缺资源》（陈宪）、《提高上海大都市的绿色竞争力》（诸大建）、《关于上海实现国际化、信息化、市场化和法治化的思考》（王新奎）等文章，都有一定的理论深度和参考价值，扩大了报纸理论宣传在读者中的影响。

（四）注重影响力和品牌建设，约请有造诣的专家和领导干部写文章。多年来，《解放日报》、《文汇报》形成了一大批有影响力的作者队伍，如董辅礽、郑必坚、龚育之、王沪宁、曹建明、虞云耀、李君如、冷溶、俞可平、尹继佐、赵修义、郝铁川等，经常在《新论》、《论苑》版上发表文章。如"中国和平崛起"课题组组长郑必坚，课题组成员黄仁伟、张幼文在《文汇报》理论版上发表的有关文章，以其权威性和学术性获得了广大读者的关注。

（五）加强时效性和原创性。近年来，在经济全球化及信息多样化的大背景下，理论宣传如何做到以新取胜、以理服人、以情感人，成为大家关注的焦点。《新论》和《论苑》常态下的出版周期为一周一期，配合重大会议、重要事件则相应地出版数量不等的增刊。对于重要理论文章，或刊于头版醒目位置，或以"内页导读"的形式加以处理，以提高读者的关注度。为适应新形势的发展需要，《解放日报》和《文汇报》在注重文章的时效性和原创性等方面作了不少努力。例如，《解放日报》不定期地开设"问题研究"、"焦点评述"、"思想随笔"等栏目，《文汇报》开设的《专家学者论坛》、《热点对话》、《学科前沿》以及"随笔"等栏目，都针对社会热点和前沿问题，刊发短而精、快而活、新而深的理论文章，团结和培养了一批作者队伍。

第二节 广播、电视媒体

1992 至 2002 年的 10 年，是上海广电事业发展史上改革力度最大、发展变化最快的 10 年。反映在内容定位、节目形态、编播方式，以及节目制作和传送手段等广播电视业务上，10 年间也经历了不断创新、变革和发展的过程。每一个大的进步和变革，都有其基本前提和根本依托，首先是人们思想理念的更新和变化。广播电视节目中的陈旧观念和人为禁锢不断被打破，取而代之的是一系列新的理念，诸如节目前期策划的理念、节目分众化的理念、收视（听）率是衡量传播效果重要依据的理念，等等。在这些先进理念的引领下，上海广播电视各台对节目宣传不断进行调整与改版，宣传报道领域不断拓宽，节目内容不断有新的变化和突破，节目的信息量、权威性和时尚感不断提升。广播电视应有的信息传播、舆论导向、文化娱乐、社会服务等多元功能得到了进一步体现。二是现代通信技术和先进的广电设备的发明和应用，为广播电视在节目制作和传播手段上的不断出新提供了可能。不断吸收新的文化要素和传播样式，新闻报道更加及时，新闻信息更加丰富、全面，报道的角度更加新颖，新闻节目包装形式也更具活力与现代感。

一、节目内容

1. 重视经济报道。1993 年至 2002 年，广播电视宣传中经济报道数量日益增多，其地位更加突出。这是全党以经济建设为中心的基本路线在新闻宣传上的反映，也顺应了社会主义市场经济发展和上海大力推进全国经济、金融、贸易、航运四大中心建设的需要。

上广、东广、上视、东视和有线等各台的主要新闻节目中，经济报道都占有较大的比重。继上广 1987 年开设经济频率后，1994 年 4 月，上视 14 频道对节目构架作了重大调整，经济报道作为主体板块的布局得到进一步凸显。1995 年 3 月，东广金融台正式开播，每天播出 11 小时经济、金融节目。1997 年 12 月，有线电视台推出财经频道。这些应运而生的专业频率、频道，开设的节目主要涉及生产、消费、流通等各市场要素，设有《今日行情》、《经济扫描》、《财经总汇》、《投资与保险》、《房地产热线》、《说股论金》、《居家购物》、《理财百事通》、《鉴赏与投资》等栏目，宣传国家宏观经济政策和金融法规，报道财经动态，剖析经济现象。一些信息中介和服务类节目，则成为市民投资的"理财顾问"和"贴心参谋"。金融频率、有线财经频道播出的"沪深股市实时行情"，使更多的股民足不出户就能了解股市的即时行情，方便了市民交易。

2. 拓宽报道领域。进入 20 世纪 90 年代后，上海广播电视各台的节目报道不断冲破传统禁锢，报道领域不断拓宽。各台新闻中都增加了社会新闻、港台新闻和国际新闻的比重。同时，在节目受众细分化方面也作了有益尝试。上广 1994 年 11 月增设了面向市郊的《现代城乡》；1995 年 1 月，有线电视台创办的第一个面向少儿的电视新闻节目《小小看新闻》问世；2000 年 3 月，一档专为上海 17 万聋哑同胞制作的手语新闻《时事传真》由上海电视台推出。另外，东广的《东方直播车》、上海卫视的《Shanghai Noon》、东视娱乐频道的《娱乐新闻网》等都以独特的视角观察社会，以适合不同人群特点的选材和制作方法播出新闻，成为广播电视新闻的新类型，也使广播电视的传播功能和教育功能得到了更充分的发挥。

东视在 1998 年 1 月开播的《相约星期六》节目，把"找对象"搬到了荧屏上，被称为"电视红娘"，几年来，已成为东视的品牌节目。

高尔夫、橄榄球、赛车、棒球、斯诺克（台球）等体育项目被称为"奢侈"运动、"贵族"运动，原本在国内的普及率不高，有些甚至是空白。有线体育频道成立后，发挥专业频道特色，将这些体育项目推向大众。1994 年初，有线体育频道开始直播美国职业橄榄球赛、高尔夫球公开赛和职业棒球比赛等赛事，并注重对这些项目的发展历史和现状、比赛规则与方法等进行介绍，从而使这些项目的爱好者越来越多。

1993 年 3 月 30 日，东视首次成功转播美国第六十三届电影奥斯卡金像奖颁奖典礼，申城观众领略到这一晚会盛况和世界影星的风采，这也是上海在中国电视史上率先引进这项世界盛典的电视版权。东广音乐频率首次报道并转播世界音乐顶级大赛"格莱美"奖的颁奖仪式，也受到上海乐迷欢迎。

针对现代大都市竞争激烈，人们精神压力逐渐增大的社会现象，1992 年，东广推出《相伴到黎明》，1994 年，上广开设《小茗时间》，这些情感抚慰类谈话节目在倾听求助者诉求的基础上，用科学的人生观、价值观对其进行疏导，缓解他们的心理抑郁和压力，取得了健康、积极的引导作用。东广和上广的情感抚慰类谈话节目，拓宽了广播社教类节目的传统领域，成为听众新的"知音朋友"。有线综合频道 1995 年 1 月推出的《心灵之约》则是内地第一个心理咨询类的电视节目,特邀一位心理学博士担纲主持,提高了节目的权威性和可信度。其播出的"走出心灵的阴暗角落"、"赶走自卑和恐惧"、"初恋情怀"、"失恋心态"等节目,受到观众的欢迎。

1992 年 10 月 26 日,由上广科技组开办的性教育节目《悄悄话》在新闻频率深夜时段开播。这一节目突破了长期禁锢的性教育宣传禁区,受到国际计划生育联合会秘书长马勒博士称赞。以后,东广《蔚兰夜话》节目也对观众有关性问题的来信进行解答。

3. 凸显媒体舆论监督功能。近几年,随着改革的不断深化,政府决策民主化,信息透明度提高,老百姓参政议政热情高涨,广播电视传媒的舆论监督功能更加凸显。

继各台开设《听(观)众信箱》类节目后,20 世纪 90 年代又增设了热线投诉类节目。东广在开台之初就在早新闻节目中开设了《东方大哥大》(后改为《东方传呼》)栏目。稍后,上广《990 早新闻》开设了"听众热线"专栏。上视、东视、有线新闻频道也分别设有"热线传呼"、"百姓视点"等市民热线投诉类和夏令热线节目。这些节目采取"倾听市民投诉,记者实地调查,节目及时反馈"等广播特有的媒介形式,有力地督促有关单位对问题的及时解决。此外,各台不少专题节目也有此类内容。如东广的《上海潮》设立了"热线急诊室",接受消费者的投诉,并利用热线电话当场接通被投诉单位,进行"面对面"的沟通。这样的方法一般说来对问题的解决比较有效,受到消费者的欢迎。

进入 20 世纪 90 年代后,广播电视特别是广播的直播节目开始向时政谈话领域扩展。1992 年 10 月 26 日,上广在上海地区推出第一个由市民参与的时政谈话类直播节目《市民与社会》;新成立的东广也推出了同类节目《今日新话题》。一些老百姓关心的社会热门话题是这类节目的主要内容,市民可以直接通过热线电话发表意见,参政议政,同主持人、节目所邀请的专家或政府官员进行交流。进入 21 世纪,东广《今日新话题》在每周二增设《人大之窗》、《政协之声》栏目,轮番播出。

1993 年,东视推出了谈话类节目《东方直播室》。观众打进的电话,由东东小姐转递给节目嘉宾,再由嘉宾解答或讲述。1998 年 10 月,上视推出《有话大家说》节目,邀请部分观众就节目拟定的议题发表见解,由现场嘉宾进行评点。

4. 搭建政情民意的沟通平台,政府领导纷纷走进直播室。一些时政谈话类节目为广大市民提供了参政议政的平台,也为各级政府、部门构建了沟通政情民意、倾听百姓呼声的桥梁。如 1995 年 2 月和 1999 年 8 月,上海电台与《人民日报》华东版联手在《市民与社会》先后推出"华东省市长直播热线"节目、"华东省市领导国企改革系列谈"直播报道。中共政治局委员、上海市委书记黄菊和江西省省长吴官正等领导走进电台直播室,与两地听众进行交流。2001 年 APEC 会议期间,上广推出《高官谈 APEC 与中国》系列访谈节目,石广生、李荣融、俞晓松等中央部级领导走进 990 直播室,与听众直接交谈。

1998 年 6 月 30 日,美国总统克林顿在上海市市长徐匡迪的陪同下应邀担任《市民与社会》节目嘉宾,与上海听众作了近一小时的对话交流。这是美国总统首次在境外广播电台参与直播节目,也开了外国元首在中国媒体参与直播之先河。

5. 新闻专题触及社会热点。20 世纪 90 年代中期,广播电视节目多元化竞争加剧。受众的实际需求、认知度和喜好程度成为节目形态、样式和节目内容取舍的重要依据。上海广播电视各台大胆进行探索和创新,新闻节目不再固守单一的播报形式,而出现了多样化的趋势。政治理论、经济、法制、体育等各种新闻专题类节目应运而生。

一些新闻专题大胆触及社会热点和敏感问题,剖析重大新闻事件和社会热点问题产生的背景、原因、走向等深层次问题,引发人们的深层思考。1998年2月,上海电视台《时代》专栏制作播出的《人间正道——"发展才是硬道理"纵横谈》理论系列片,以电视手法较为全面地阐述了邓小平理论的基本要点。东视《东方直播室》、有线新闻频道《百姓话题》所讨论的话题往往能引起市民的广泛关注。如对下一代的教育、社会监督、再就业等问题,节目在众说纷纭中引导公众舆论。上视1997年3月推出新闻评论节目《新闻观察》,力求在独家题材、独特视角上下功夫。栏目组采制的"植物人醒了"创造了近年来新闻专栏节目22%的高收视率。2000年12月上视推出的事件调查性专栏《新闻追击》,强调记者的快速介入和现场观察,经常邀请一些新闻事件的当事人讲述事件始末和感受,并邀请有关专家、学者对重大事件和热点问题作背景、趋势分析。"重庆金矿事故追踪"先于中央电视台《焦点访谈》节目播出,产生了很好的社会反响;《死刑在执行前4分钟停止》播出的第二天即被新浪网转载,而后又被全国多家媒体转载。为配合党的十六大宣传,《新闻追击》还制作过10余档特别报道。其中,《政府大院的故事》从干部坐车为切入点,以小见大,透析了干部作风的转变。

上广的《法庭内外》、东广的《东方大律师》、上视的《案件聚焦》、东视的《法律与道德》和有线电视台的《社会方圆》,以及2002年上视新闻综合频道的《庭审纪实》等法制专题节目,坚持以案说法,探究案情真相,剖析法律依据,为城市的法制化建设发挥了独特的作用。

另外,东广的《今日新话题》、有线的《说股论金》、上视体育频道的《唐蒙视点》等,也都聚焦各自所涉领域中的热点问题。

6. 新闻改版扩容增大信息量。1992年10月成立的东方电台在开播时率先推出早晨一小时的直播活排新闻,形成"信息密集,节奏明快,多种体裁、体例并存,群众与专家共同参与,新闻播报与主持相结合"的框架。紧接着上广《990早新闻》,于1993年2月起也由原来的30分钟扩展为1小时。1999年开始,东视的新闻节目每天从140分钟扩容至170分钟。节目内容更加丰富,信息量大大增加。

与此同时,各台都倡导做短新闻,注重新闻的含金量,使单位时间里的新闻条目相应增加。另外,主持人播报新闻的语速也适度加快,使相对时间内的新闻信息量有所增加。东广早新闻的《新闻快讯》每档有50多条纯新闻。

7. 新闻条目编排更加灵活。20世纪90年代以来,上海广播电视主要新闻节目的编排突破了过去"先国内,后本市,再国际"的传统编排模式,而是根据事件的重要性和受众的关注程度来确定编播次序。如1997年东南亚金融危机、2001年美国"9·11"事件等国际重大新闻,都被理所当然地排在首条播出。有时撤下正常播出内容,临时插播重大国际新闻也并不鲜见。

人们关注的1999年重庆綦江县彩虹桥垮塌事故、姚明当选美国NBA状元秀、多年巨瘤被切除、白血病人骨髓配对成功等社会新闻、文体消息也常成为报道热门,有的还进行了追踪报道。

抢时效,滚动播出最新消息,重大新闻随时抢先插播,这在近10年间得到了较好体现。2002年7月起,东方电台《东广早新闻》专设"昨夜今晨"栏目,注重对午夜后发生的新闻事件的报道,加快了信息的更迭。

8. 组织、协调各方力量,参与社会公益活动。近几年来,上海广播电视各台以更加主动的姿态,从社会活动的宣传报道者逐步成为一些社会公益活动的参与者和组织者。这一角色的转变,大大提升了传媒的服务功能。

东广在开台之初,即与上海市慈善基金会联手,开展"792 为您解忧"活动,以后又设立了帮困基金,并每周为一位(群)帮困对象解决具体困难。1998 年,这个栏目还衍生出"网上助学"活动,通过网络使社会热心人与困难学子结成帮学对子。1994 年,上海电台与市总工会联合在《早新闻》开设"帮困热线"。节目播出半个月,共收到社会捐款 1 300 多万元;东视发起组织的《蓝天下的至爱》活动,数年坚持不懈,社会影响很大。

每年夏季,各台主要新闻节目大多会跨媒体联手,开辟"夏令热线"专栏,接受市民投诉,协调有关方面解决实际问题。各台各类专题节目也纷纷通过热线电话开设为民服务活动,内容涉及市民生活的方方面面,如大型求医问药、房地产、"3·15"投诉、法律援助等咨询活动,赢得了广大市民的好评。

二、报道形式

1. 加强新闻直播、重大新闻即时插播。新闻直播是当今广播电视业发展的潮流。进入 20 世纪 90 年代,广播电视新闻加强了直播。(1) 强化了演播室的新闻直播。新闻播报员或主持人在演播室通过电话或电视信号直接与新闻现场的记者、当事人或目击者对接,播发相关新闻,抢得了时效。有时,则与事件发生当地的媒体作连线采访,力求在最短的时间内播发最新的信息,成为一档新闻节目中的一组(段)报道。(2) 增加了对重大新闻事件的现场直播,将广播电视直播设备架设到现场,搭建转播平台,或切换其他媒体的公共信号进行现场直播。如对市人大会议的开幕式的实况转播;对长江三峡截流的实况转播;对中国"申博"成功的现场直播等。

2. "说新闻"说出了"市井味","采编播合一"成为新趋向。这个时期,新闻报道逐步打破原有的报道风格,开始尝试主持人"说新闻"。较早实施的是《东广时事特快》;1998 年 9 月 28 日,上视新闻节目主持人李培红在《上海早晨》新闻节目中第一次以"说新闻"的新形式在电视荧屏亮相,在社会上引起较大反响。2000 年 12 月上视经改版的《新闻晚报》和《夜间新闻》,以及 2002 年 1 月新创办的都市新闻节目《新闻坊》都运用这一形式。"说新闻"比较重视受众收视(听)心理,拉近了新闻与观众的距离,让人感到了一种"市井味"和亲和力。

1994 年 4 月东方电视台《东视新闻》记者姜澜、田明尝试"采、编、播一体"的新闻主持方式。主持人在新闻节目中的地位得到明显提升,较之主持人"说新闻"又进了一步。在主持人开始介入新闻采访的同时,记者也更多地在现场出镜、出声作报道。

3. 媒体与受众互动活跃,单向式传播方式有所突破。这个时期,"我播你听(看)"、有时甚至是"居高临下"的格局有了很大变化。媒体与受众的互动越来越活跃,广播电视节目也因此与市民和社会贴得更近。

1992 年 10 月,东方电台创办了"东方大哥大"(1993 年改为"东方传呼")栏目,将热线电话有选择地接进《东广早新闻》中。节目主持人根据听众来电的内容当即作出应答、评点,提出处理意见,并在下一次节目中作出反馈。同年,东广推出的《东方论坛》则在先前新闻播出后,对一些群众关注的热点问题,通过热线电话,请有关方面资深人士即席评点分析。这种即时互动的新闻形式很受听众欢迎。东方电视台1999年8月改版推出的"热线传呼",即时、即景评点式播报新闻,也广受观众青睐。

4. 设立台外直播室,拉近与市民的距离。进入20世纪90年代,在台外设立直播室屡见不鲜。1993年4月,东方电台在上海南京路的精品商厦开设"橱窗式直播室",每周日下午直播一小时"上海商业信息"、"各类商品投诉"等节目。上海电台也于同年6月在第一百货商店开设了直播室,每周一至周六17:00—18:00、周日12:30—14:00播出"上海经济动态"、"商品信息"等节目。上广交通信息台则于1998年9月在上海交警总队道路交通指挥中心开设了"交警直播室",对全市主要道路车辆通行情况进行直播,疏导、缓解交通阻塞。上海电视台从1998年起,每年在报道全国和上海"两会"期间,都分别在北京和上海的主会场开设现场演播室,提高了新闻报道的时效性。以后,东视、上广、东广也在会场设立了演播室。1998年曼谷亚运会期间,有线电视台提出大胆的创意,在境外搭建演播室,进行"异地制作,协同联播"的全新尝试。每天现场制作、传送一档50分钟的《亚运村纪事》专题节目,并通过卫星在全国20多家有线台播放。2002年11月,为报道中国上海"申博"的新闻,上海文广新闻传媒集团报道组在摩洛哥蒙特卡罗设立了前方演播室,有效提升了新闻报道质量。

5. 集中优势兵力,加强前期策划,开展战役性报道。近几年间,为配合重大的宣传报道任务,上海广播电视各台在周密策划的基础上,集中时间和优势兵力,先后完成了许多战役性报道。

1995年10月,为纪念红军长征胜利六十周年,上海电视台抽调精兵强将,历时一年,拍摄制作了6集大型专题片《长征·世纪丰碑》;1996年4月,中俄哈吉塔五国元首在上海签署《关于在边境地区加强军事领域信任的协定》,上海电视台和央视联手,对这一重要国际性事件作了全方位报道;1997年香港回归前后,上海广播电视各台精心策划、组织了以"迎回归、庆回归、话回归"为主题的宣传报道;1997年10月,第八届全运会在上海举行期间,上海广电各台全力以赴,携手进行全方位报道;1997年持续进行了揭批"法轮功"的宣传;1999年10月为庆祝建国五十周年、1999年12月为庆祝澳门回归祖国、2001年7月纪念建党八十周年,各台都作为战役性任务进行宣传报道。尤其是2001年10月的APEC经济体领导人非正式会议期间,上海广播电视展开的全方位、多角度的战役性报道,充分展示了上海广播电视的综合实力。

三、传输手段

1. 热线电话节目。随着上海电话号码的升位和市民电话普及率的提高,各台相继开设了观(听)众热线电话节目。如上海电台的《市民与社会》、东方电台的《今日新话题》、东视的《东方直播室》、上视的《今晚八点》等。这类节目大致分三个层次:一是主持人和嘉宾通过热线电话同受众平等地交谈,或讨论热点问题,或宣泄自己的情感;二是通过电话,方便市民反映问题,提供信息,为群众排忧解难;三是受众通过电话点播节目,或走进直播室直接发表自己的意见,参与讨论。

除了固定栏目外,各台根据情况在主要新闻节目中专设热线电话,也是很常见的。如各台在新闻节目中开设"夏令热线",很受市民欢迎。

2. 手机新闻报道。利用手机播报新闻,最大的优点是迅速便捷,有时还能省去后期制作的麻烦。

1995年1月17日,日本阪神发生大地震,东视报道部立即组织力量采集信息。由于电话线路和设备已遭破坏,市广电局驻日本关西代表徐鸥即以无线电话接受了《东视新闻》记者的多次采访,并于每晚播出,使上海观众及时了解了中国留日学生在当地的灾后生活情况。

手机报道新闻在广播节目中的运用更加频繁。无论是在上海,或在其他省市,甚至在国外,记者以手机与直播室接通,即时播报新闻。1996年美国亚特兰大奥运会期间,上海电台记者胡敏华就是通过这一手段在《990早新闻》中以第一时间插播了中国游泳运动员乐静宜勇夺金牌的现场报道。这一新闻获得了当年中国广播电视新闻奖、上海新闻奖等多个奖项的一等奖。

3. 语音信箱开拓节目信源。语音信箱的开通,拓宽了信息源,方便了编辑的筛选。1996年底,有线综合台开设了语音信箱,并下设"寻常人家"、"我们的家园"等4个主要栏目的子信箱。推出的第二天,便出乎意料地收到百余条信息。绝大部分围绕前一天晚上《寻常人家》所播放的一个关于"三胞胎家庭陷入困境"的报道。早在这之前,东广《东方传呼》全天开通语音信箱。主持人从中挑选,再经过采访、核实,使节目更具针对性,其他各台也有类似做法。

4. 卫星直播节目。地球同步卫星的发射应用,已形成全球的通信网。它能将地球上的任何两个点(甚至是多个点)连接起来,即时进行现场直播。上海的广电媒体逐渐开始将此应用于采访直播实践。

1993年全国第七届运动会期间,上视、东视采用卫星传送,播出了赛事新闻,并直播了两场球赛。

1993年4月,东视租用国际通信卫星,成功地报道了在新加坡举行的具有历史意义的"汪辜会谈"。

1996年,上海电视媒体正式参与奥运会报道。

1997年在迎接香港回归的日子里,上视、东视派出记者,通过卫星让观众目睹了这一历史瞬间。同年11月长江三峡截流,上视、东视报道组通过卫星及时将三峡工地的壮观场面回传上海。

1997年9月16日,由东视、央视和台湾电视公司、台湾中国时报联合制作的《千里共婵娟——中秋夜·两岸情》中秋特别节目,通过卫星在海峡两岸首开电视节目双向传送之先河。1999年中秋,东视与台湾电视公司再次牵手,举办了卫星双向传送的《明月有情同胞心》节目,表达了祖国大陆人民心系台湾受灾同胞、血浓于水的亲情。节目中,已康复的上海白血病患者张三妹与台湾骨髓捐赠者的荧屏对话,更给人以"两岸咫尺"的感觉。

以"赛事转播为龙头"的上海有线体育频道,不仅通过卫星转播各类赛事,还向各省市有线台传送赛事直播信号和其他相关节目。1999年总量达100多小时。

2000年7月,上海市市长徐匡迪在上视新闻直播室通过卫星连线与陕西省省长程安东就热点话题"西部大开发"进行了成功的对话。

5. 全数字EFP设备和卫星飞行站使电视制播传送更加便捷。EFP即全数字便携式数字转播系统的主要特点是"化整为零,拆装快捷,运输方便"。卫星飞行站则是当今最先进的信息传送设备,机动性好,传递迅捷,受环境因素的制约小。一般情况下,EFP 与卫星飞行站配套,可在水域、高山等电视转播车难以到达的地方进行电视直播。根据节目制作的不同要求,EFP 只要用 16 个运输箱就能组成一套简便的三讯道电视转播系统;若需一套具有特技、慢动作、字幕、通话指挥等超强功能的 6 讯道双向电视直播系统,用 35 个运输箱便可组合而成。

上海电视最早使用卫星飞行站是 1999 年 1 月上视体育部记者赴云南海埂中国足球训练基地,对国家奥运足球队备战奥运会亚洲区预选赛的情况进行现场报道。2000 年 12 月,上海摩托车探险勇士王龙祥为支持北京申奥,单骑穿越塔克拉玛干沙漠。有线体育频道记者用便携式卫星飞行站,每天以"沙漠日记"为题,在《有线体育新闻》中播发跟踪报道。在 2002 年 11 月的全国"九运会"报道中,上视体育频道几乎整频道迁往赛地广州。在 26 天的赛期中,每天除了 16 小时的赛事直播外,还承担了节目收录、新闻和专题的后期制作等。另外,东视在俄罗斯、英国举办的"为中国喝彩",在延安宝塔山举行的"走到一起来",以及上视记者到神农架摄制科学考察纪录片等,都借助了 EFP 和卫星飞行站。

6. 多媒体技术的应用,提高了报道的时效和质量。随着计算机多媒体技术的不断成熟,数字化、网络技术逐步进入上海的广播电视节目制作、编辑和播出系统。

与传统的编辑、制作设备相比,多媒体网络制作系统有其独特的优势:可以实现数字信号的传输和处理,达到多机通讯和全方位、实时的资源共享。系统中的多个工作站可同时使用硬盘塔中的任何内容,成为一个广泛的素材库;检索方便,具有良好的灵活性、无损性。节目编辑过程无须来回倒带,时间线浏览器可直观地找到当前编辑位置或方便地从一个编辑区跳转到另一个段落继续编辑,效率大大提高,而且不存在画面过版损耗问题;运用电脑软件可制作出多种荧屏视图,如通过三维动画模拟出交通事故的现场、太空中行星的运行轨迹等;有多种特技功能,供节目编辑、制作时选择烟火、光晕、运动、模糊、旋涡等不同效果。

1998 年 3 月,上视新闻中心全国"两会"报道组运用与互联网连接的电脑、远程可视电话、数码图像传真、电子邮件等先进的高科技传播工具,及时传输"两会"信息,使上海观众在第一时间收看到全国"两会"的盛况。

7. 计算机管理系统介入新闻制作。上视新闻中心与上海同济大学计算机中心合作研制开发的"上海电视台新闻中心计算机管理系统"于 1992 年 12 月 1 日正式启用,为 12 000 多条新闻片的采、编、播制作过程提供服务,使编辑、记者的选题报片、外出申请、播出、存档,以及资料的检索和遴选等工作流程从原先的手工作业中解放出来,并有效加强了新闻制作管理。1993 年 11 月 18 日,国家广电部、上海有关高校、研究所以及上海广电局的 11 位专家对系统作出鉴定,认为这一系统的成功开发和投入使用,在中国电视新闻行业处于领先地位。

8. 新闻节目在网上同步播发。1998 年前后,上海广电各台相继建立了网站,并与 INTERNET 联网,成为各自面向海内外的又一窗口。

1998 年 5 月 1 日起,上广《990 早新闻》同时上网播出。一些新闻专题节目也常登网直播。东方电台网站从建立起,每天的《东广早新闻》就同时在网上播发。

2002 年 2 月,上海"两会"召开。上视新闻综合频道与文广影视集团信息中心、技术中心和东方网通力合作,对上海市政协会议的开、闭幕式进行了网上直播。同年3月全国"两会"期间,上视网站又开辟"聊天室",请全国人大代表和全国政协委员及上视赴京报道组成员在网上与网民进行交流讨论。

9. 利用航空器进行航摄和广播直播。1992年10月8日,上广交通信息台租用直升机,举办了"空中一小时"特别节目,在空中进行广播直播,并在空中观察辅助指挥地面交通。同时,还从空中视角报道了上海城市建设的崭新成就。这在中国内地尚属首次。1997年4月,有线电视台在青浦水上运动场用直升机航拍,报道第八届全运会帆船比赛的决赛情况,并获得成功。同年10月,上视租用飞艇,从空中拍摄上海的璀璨夜景和第八届全运会开幕式彩排。场内的精彩表演与场外的美丽景色融为一体,航摄的效果完美动人。此后,航摄报道成为上海电视媒体宣传报道中一种经常性的手段。

10. 字幕滚动播报新闻。电视荧屏下方的滚动字幕过去受多种限制,很少使用。20世纪90年代以来,这一传播方式已屡见不鲜。

1993年首届东亚运动会中,上视运用滚动字幕不断播报比赛情况,吸引了更多观众的视线。1994年3月,上视14频道推出股市即时行情,同时在经济节目中用滚动字幕播报各股涨跌幅,受到了广大股民的欢迎。

对一些暂时没有图像资料的重大新闻,往往会在非新闻节目中用滚动字幕及时向观众传递,以争取时效。运用字幕滚动播报新闻最妙的一次是1997年7月1日上视的香港回归特别报道——"零点特写"。新闻中心采用"声画合一、字幕配合"手段制作了12组叠配字幕的画面。如英国米字旗缓缓下降时,配以"无可奈何花落去";在展现上海市民争睹回归盛况时,配上"守夜通观盛典,无限自豪难入眠";当展示媒体紧张工作、套红排印的报纸被送上邮车等场面时,则叠上"为报喜讯先'开花',清晨飞入百姓家";在展现全国各地欢庆回归的场景时,配以"神州大地普天同庆世纪盛典,中华儿女雪洗国耻傲立世界"。这些声画字幕起到了画龙点睛之效。在1999年12月的澳门回归、2001年"9·11"事件以及2002年中国"申博"成功等新闻报道中,都运用了字幕滚动播报的形式。

11. 数字移动电视。上海数字电视地面广播平台经一年的试验,2002年3月正式运作。这年底,全市已有68条公交线路的1 000多辆公交车、旅游车,以及地铁车厢内安装了数字接收设备,从而使画面质量更加稳定,伴音更加清晰。此举拓展了电视的内容产业,并使上海的流动人群也能收看到电视节目。

四、受众参与

1. 时政类参与节目体现政治民主和市民"主人翁"精神。随着社会民主化进程的推进,人们参政议政的热情越来越高,而新闻单位的社会责任意识、舆论导向意识和民主意识也不断加强。这两者的结合,孕育出了一些关注时政、广开言路的广播、电视节目。这些节目,善于捕捉社会热点,提出中心话题,邀请有关方面人士作为嘉宾与主持人共同参与节目。广播采用直播,开通热线电话,嘉宾及主持人与打进电话的听众在空中对话,畅所欲言;电视则以录播为主,嘉宾及主持人与现场观众对话,各抒己见。所涉话题大至国际要闻,小至生活琐事。主持人穿针引线,操控全局。

2. 为市民投诉维权提供法律援助。政治民主的进程必定伴随着法制建设健全的进程,各种参与性维权投诉节目应运而生。此类节目自 20 世纪 90 年代兴起后历久不衰,涉及的层面和投诉的质量也随着法制的不断完善而渐次提高。鉴于房产、装修方面的投诉大幅增多,电台、电视台都开出了相应的节目。东广金融频率的"房产 2 点半"、综合频率"上海潮——房产热线"、上广"听众热线"中的"房地产热线专栏"都热心为投诉者提供法律支持,并进行舆论监督。东视的《东视广角》、上视的《新闻透视》栏目也经常为观众奔走呼号,调解房产纠纷。这些节目的基本信源在受众(市民百姓)这一头,从中也可看到市民法制观念、法律素养和自我维权意识的增强和提高。

3. 回应受众呼声,发挥舆论监督作用。以电话反映问题为主要参与手段的舆论监督类节目,受众的参与性和关注度都比较高,因而能起到下情上传、上情下达的沟通作用。这类节目的出现,反映了媒体新闻观的完善和充实,也反映了新闻单位导向意识、监督意识、群众意识的增强。

4. 咨询服务类节目成为市民生活参谋。近年来,市民对社会生活各方面的咨询要求日益迫切,电台、电视台适时推出许多咨询服务类节目。上广经济频率的《为您服务》栏目是老名牌,集中提供市民日常生活方面的知识,并接受电话咨询。这样类型的节目还有东广的《生活百事通》、《上海潮·市场信息》,上视的《房屋买卖》,东视的《安居乐业》,卫视的《亲亲百家人》,上海有线电视台的《理财好商量》等。法律咨询方面有上广的《法庭内外》、东广的《东方大律师》、东视的《法律与道德》等。求医问药类有上广的《名医坐堂》、《悄悄话》,东广的《健康乐园》、《养生宝典》。文化教育方面有上广的《大学校园》、《作文热线》,东广的《特级教师到你家》、《周日作文》、《家教咨询热线》,东视的《迎着阳光》、上海有线电视台的《体育运动入门》等。

情感抚慰类谈话节目是服务性栏目中的新创,在广播节目中尤为见长。这类节目一般在深夜播出,时段限制较小,双方的交流沟通可以较为充分;加之交流双方互不见面,既便于袒露心迹,又易于保护听众隐私。而这类节目的可贵之处还在于,主持人循循善诱的劝慰和引导能帮助那些处在情感旋涡中难以自拔的人找回自我,重新鼓起生活的勇气。

5. 娱乐竞技类节目崇尚快乐健康。以热线连通你我他,架设娱乐游戏殿堂的节目,10 年来姹紫嫣红、缤纷多彩。东广在开台之初创办的由听众竞猜抢答的《东方大世界》创下了 4 路线同时抢答的广播先例;吸引年轻人参与的《阳光列车》、《相会在午间》让人在游戏中健脑益智;上视在 1994 年 4 月推出由群众参与的《智力大冲浪》、《开心 365》,以及让普通百姓过回"演员瘾"的《生活与表演》、《戏剧大舞台》等栏目曾风靡一时。上视 1997 年 3 月推出的《五星奖大擂台》,吸引了申城男女老少齐上阵,曾创下非黄金时段收视率的新高。东视的《快乐大转盘》、《家庭演播室》等,竞技性和娱乐性俱佳。有线台《看球评球》节目吸引了众多球迷的参与,1998 年世界杯期间,通过 E-mail 上网参与这档节目的人数达 36 万之众。

五、联合报道

1. 局(集团)内兄弟台合作,形成优势互补,拓宽生存空间。上海有线电视台具有频道资源丰富的优势,而上海电台和东方电台在戏剧音乐节目方面有着多年积累的人才和经验。1994 年 10 月和 1995 年 3 月,上海有线电视台先后与东广、上广联手,推出有线音乐频道和有线戏剧频道。

2000年3月全国"两会"期间,上视和东视共5名记者形成一个整体,统一技术装备,统一前期采访,统一传送发稿。11天会期中共发回近60篇报道,其中不乏精彩的独家新闻,堪称兄弟台合作报道重大新闻的成功范例。

广播、电视节目的联姻合作,互动互补,各展所长,不仅能达到报道资源共享,也能较大限度地盘活人力资源。2002年7月,上海体育广播作为上海文广新闻传媒集团的改革试点融入了上视体育频道。此后,体育广播节目在内容的多样化和形式的创新上都作了积极的探索。

2. 跨媒体联合报道,扩大宣传效果,争取立体效应。不同媒体以图像、文字及网络等载体,围绕同一主题,针对同一新闻素材进行同步宣传,能有效扩大报道的影响力,取得宣传上的立体效应。

1993年8月,上海电视台与《劳动报》联手推出历时一个月的系列报道"夜间辛勤工作的人们",热情讴歌这一城市的特殊人群。1996年6月,上视《今日报道》和《文汇报》第1版联手推出《新闻分析》栏目。1997年7—8月,上视新闻中心与《新民晚报》合作,会同公用事业、工商、环卫、供电等部门开设了17条"夏令热线",为市民解决了不少实际问题。

1994年3月,东方电视台和上海《青年报》联合举办《爱满天下——好心人帮助孤儿治残疾》活动。观众通过20频道历时3小时的现场直播,耳闻目睹了焦卫、昔接两个残疾孤儿在上海新华医院接受康复手术的全过程。《青年报》则以图文并茂的特写作了大幅报道,引起社会各界较大反响。

1995年1月,东方电台与《人民日报》华东分社联合举办"792为您解忧"活动,突出以动迁居民、下岗职工、外地贫困大学生、回沪知青及其子女、残疾人、特困老人等作为排忧解难的对象。1月25日,又联合全市煤气、自来水、供电等26个单位,举行大型"为您解忧"现场咨询活动。

为纪念世界反法西斯战争和中国抗日战争胜利50周年,1995年5月,上海电台和《文汇报》联合组织了"抗战故地纪行"系列采访活动。同年12月,上海电台交通信息台又与《文汇报》、市公安局交警总队联合推出"大都市交警新形象"专题讨论。1995年和1999年,上海电台与《人民日报》华东分社联合,先后举办"华东六省一市省市长热线"、"华东省市委领导国企改革系列谈直播报道"。1996年1月,上海电台发起并联合《解放日报》和市政府协作办,举办"东西部手拉手,求发展共繁荣"特别访谈节目,先后邀请晋、陕、宁、甘、黔、川等省(区)领导做嘉宾,通过热线电话就东西部协调发展这一热门话题与广大听众进行交流、探讨。

1996年初,为配合治理交通的有关法规的出台实施,有线信息台、《有线电视报》与上广交通台、《上海交通安全》报等单位联合举办了以"交通法规,生命之友"为主题的交通安全知识有奖竞答活动。

2000年12月30日至2001年1月15日,上视与上广、《新民晚报》、新华社上海分社、东方网、《上海日报》、《今日上海》杂志等7家媒体,展开了行程达3 000多公里的"新世纪高速行"联合报道。报道组采访了苏、浙、沪高速公路沿线25个城市,并一路进行"支持北京申奥"签名活动。

2002年5月18日,文新报业集团、文广新闻传媒集团和东方网一起,按照"多种媒体联手,强大资源联合,精彩内容互动"的宗旨,合办《上海东方体育日报》,日发行量稳定在10万份左右。

第三章　新闻摄影与美术

第一节　新闻摄影

　　新闻摄影作为新闻传播的一种重要手段,历来成为上海各报新闻报道的重要一翼,占据重要地位,发挥出形象语言的独特作用。20 世纪 90 年代以来,特别是世纪之交前后,《解放日报》《文汇报》《新民晚报》等新闻媒体的摄影记者参加了上海乃至全国的一系列重大活动的采访摄影报道,加重了报道的分量,美化了版面,也提升了报纸的文化品位。

　　《解放日报》《文汇报》《新民晚报》等上海新闻媒体的新闻摄影有几个突出变化:

　　首先,随着科学技术发展,摄影记者的摄影装备大量更新,普遍采用数码摄影技术,从 20世纪 90 年代中后期开始先后购置数码相机,至 21 世纪初基本上完成了从传统相机到数码相机的转换,并在报社的局域网中建立了自己的新闻图片库。摄影记者用数码相机采访拍摄,用电脑处理照片并传入图片库,版面编辑在图片库选稿用稿。这样就为新闻图片的远程即时传送创造了条件,大大增强了新闻图片的时效性,改善了图片的清晰度,扩大了图片的影响力。

　　其次,随着"两翼齐飞"、"图文并茂"理念的深入人心,报纸在刊登照片的观念上,发生了很大的变化,版面上照片用得多了、用得大了,摄影专刊出得多了,新闻照片和文字共同构成版面上突出的视觉中心。《解放日报》十分注重第一版照片的质量,把导向正确、新闻性强又有可读性的照片刊登于 1 版显要位置,并先后推出"新闻照片"、"背景故事"、"对比照片"、"十三年的变化"、"摄影特写"等专栏。《文汇报》有的新闻照片还上了头版头条,如 2001 年 5月 21 日以《尘封的照片主人今何在》为主题,在头版头条位置醒目刊登了《欢庆解放的腰鼓》、《首根无缝钢管诞生》等 4 幅照片;2002 年 6 月 10 日的《悉心侍奉老保姆　二十六年如一日》。《新民晚报》的《新民写真》以新闻要素作为首要条件,既讲究新闻质量,又讲究艺术质量,追求二者的完美结合,形象地表现出关于人的新闻、人的故事。《新闻晚报》辟设了以图像为主的新闻摄影报道专栏——《老白新闻》,主要反映百姓喜怒哀乐,透视社会现象,较有特色。如 2002 年 10 月 2 日发表的《大连路隧道工地上的婚礼》反映了国庆节当天大连路隧道工地上,隧道股份公司的 3 对新人举行集体婚礼的动人一幕。刊于 2002 年 10 月 10 日的《彻夜守候 18 度》,真实生动反映了当时卢浦大桥建设者严谨务实的精神风貌。当时,在合龙段钢拱肋朝浦西一端焊接完毕后,根据科学计算,朝浦东一端拱肋焊接气温需达到 18摄氏度才能使螺栓穿进螺孔。为此,建设者们彻夜守候。《劳动报》《青年报》《申江服务导报》《新闻晨报》等的一些精彩新闻照片,都常在各报要闻版面显著位置刊出。

　　最后,新闻摄影作品在华东九报新闻摄影评选、上海和全国新闻奖评选中屡屡获奖。

第二节 美 术

美术(包括新闻漫画、摄影画刊)一直是新闻版面和专刊副刊不可或缺的重要组成部分，对弘扬主旋律，倡导精神文明，推进伦理道德建设，抨击社会弊病和进行舆论监督，发挥了积极作用。基于文化创作的繁荣和报纸对文化美术作品的重视，美术(包括漫画)作品在报纸上刊出的频率显著增加，不仅有老一辈名家的作品，也有大量后起之秀的新作；不仅常见于新闻版面，更在一些专刊副刊和美术专版上刊登。

一、新闻漫画紧扣时代脉搏，思想性、针对性、讽刺性和幽默感有所加强，一些作品获得了各类奖项，受到了社会的广泛好评。如由《文汇报》沈天呈组稿编辑、著名漫画家华君武创作的《哈哈镜里老鼠精》，获得 1999 年度第十届中国新闻奖一等奖；沈天呈创作的《小泉纯一郎狂揍"小泉假一郎"》和《终于拔出来了》，分获 2001 年度第十二届中国新闻奖漫画银奖、铜奖。《解放日报》谢振强、刘作的反映伊拉克战争的《如此理由》获全国新闻漫画奖。《新民晚报》郑辛遥创作的独幅漫画《智慧快餐》专栏，始于 1992 年，每星期日在副刊《夜光杯》上刊出，漫画构思奇特，配以简练的文字说明，表达人生况味，连续刊登逾 10 年，成为画坛中罕见的"马拉松"。《智慧快餐》系列漫画在第八届全国优秀美术作品展览中获奖。沈天呈在《文汇报》"时评点击"版设立"天呈漫画"专栏，固定的位置，固定的尺寸，除节假日，每天一幅，风格独特。

二、《解放日报》的《彩色画刊》、《文汇报》的《文汇画刊》和《新民晚报》的《金阳台》画刊，刊出数量逐年增加，画刊品种愈显多彩，国画、油画、水粉画、雕塑、文物图片、书法作品和新闻漫画轮番亮相，新闻摄影和纪念性画刊紧扣形势，与文字新闻密切呼应。《新民晚报》的《漫画世界》，从 1985 年创刊后，就由国内一批知名漫画家先后任主编和编委，刊登国内外漫画家作品，坚持 10 余年，定期刊出。2000 年起，《漫画世界》成为《新民晚报》的周刊，在全国产生一定影响。《解放日报》不定期推出《漫画之页》专版，著名漫画家华君武、方成、丁聪均有新作发表，各地的读者和漫画作者也经常寄来稿件，《解放日报》出版多期《百姓画廊》，刊登读者创作的漫画作品。新闻摄影画刊的数量逐年增多，平均每年 100 多期。《文汇报》在1997、1998 年间每年推出画刊 20 多期，以后每年刊发六七十期，以至 2002 年全年刊出 94 期，平均约 4 天就有一期画刊问世。

第四章 群 众 工 作

第一节 机 构 设 置

作为直接面向读者、联系群众的窗口，上海各新闻单位对群众工作历来比较重视，大都设有群众工作部门。《解放日报》群众工作部承担处理信访、宣传报道、内部情况、通信联络、开展社会公益活动五大块的任务。《文汇报》、《新民晚报》群众工作部着力处理来信来访(含来电、电子邮件、传真),也参与一部分采访报道工作。20世纪90年代中期,《文汇报》群工部一度与社会政法部合并,1998年,报社党委基于报纸群众工作重要性、特殊性的考虑以及读者的要求,又将群工部单列。20世纪90年代初,上海电台、东方电台、上海电视台、东方电视台均分别设有群工科或信访室,负责群众工作。

第二节　通　联　工　作

《解放日报》一贯重视通联工作,据2002年底统计,已建立由28个通讯员网、338名通讯员组成的通讯员队伍,以及全市各个街道(镇)的171名信息员队伍。报社经常举办通讯员讲座,对通讯员进行新闻业务培训,并积极发挥通讯员阅评队伍的作用,办好《编通往来》刊物,把读者中的骨干力量紧紧地团结在党报的周围。

《文汇报》在总编办公室专设通联编辑,负责与通讯员的联系、编发通讯员刊物《文汇通讯》等;报社各采访部门十分注意与骨干通讯员的沟通,对他们进行业务培训等,提高他们的采访和写作能力,发挥通讯员的积极作用。20世纪90年代中期,报社举办了几期骨干通讯员学习班,组织资深编辑、记者为他们上课,并组织通讯员参加实地采访。文汇新民联合报业集团成立后,由于集团新闻研究所统一编辑内刊《报刊业务探索》,《文汇通讯》停刊,但报社与通讯员的联络没有间断。

《新民晚报》在各行各业建立有一支庞大的通讯员队伍,与各采编业务部门保持密切联系。20世纪90年代中期,编辑部还聘请了一批特约通讯员,总编室编辑出版的内刊《新民业务》、《新民探索》、《新民之友》,不仅为编辑记者,也为广大通讯员提供业务研究与争鸣的阵地。报社还每月给特约通讯员发津贴,并在同等条件下,优先采用他们的稿件。

上海电台建有一支由社会各行各业、各个年龄层次的业余通讯员组成的"广播之友"队伍,经常收集、反馈对广播节目的意见和建议,由群工科摘要刊登在《来自听众》上,供台领导和各部门编辑记者参考。群工科与各节目组的编辑记者不定期到机关、学校、工厂、农村和社区召开听众座谈会,寄发听众调查表,广泛征求意见。

东方电台新闻综合频率的通联工作不仅提高了节目知名度,还为群众办了不少好事、实事。其中,《东方传呼》成为沪上名牌栏目,栏目负责人袁家福被誉为"解忧记者",被评为全国和上海市劳动模范。

1993年,上海电视台成立新闻中心后,加强了通联工作。在原有通讯员的基础上,又发展了60多名市郊特约记者,在册通讯员达到200多名。1994年,上视通联科倡议发起了全国14个沿海开放城市和5个经济特区电视台新闻协作大联播。这个以"开放的海岸线"为总标题的电视大联播,形成了新的网络,开创了跨地区联播新闻系列报道的先例。同年,上视在海南省海口市设立了记者站。1995年4月,新闻中心在《夜间新闻》开设"华夏传讯"小栏目,将各地来稿分类,每天轮流编排一组新闻。1996至1997年,上视收录各地卫星节目的面不断扩大,进一步拓展了国内的新闻节目源。1997年,由45家成员单位组成的华东城市电视台新闻协作研究会创办了每月一期的《电视新闻交流》。1998年9月,上视通联科升格为通联部,原属编辑部的国际新闻组划归通联部。2000年,上视新闻中心的通联工作更趋成熟,融入新闻采编播的正常轨道,先后与苏州、嘉兴、昆山、南通等电视台合作,以光缆进行双向新闻直播,并获得成功。2002年,上海电视台通联部改为对外联络部,全年新闻综合频道的市内通联用稿突破了3 000条,比上一年增加了50%;同时,上视新闻综合频道被中央电视台采用的新闻达1 367条,较上一年增加47%。

东方电视台在筹建时就启动了通联工作。到1993年底,有特约记者35人,通讯员90多人。1996年,在《东视新闻》中采用特约记者、通讯员提供的稿件达2 000多条。以后,东视还和上视轮流主持华东城市电视新闻协作网交流会,丰富了《东视新闻》的播出内容。

上海有线电视台通联工作的主要对象是11个区的有线中心。各区有线中心凭借光缆传送手段,将当天摄录的社区新闻及时向市台传送,形成了《有线新闻》独有的社区新闻联播的特色。1996年4月至7月,有线信息频道推出的《你我话城区》大型系列直播节目,就是与各区有线中心大规模、全方位合作的结果。1997年度,各区有线中心为《有线新闻》提供节目日均达15条。1999年,出自通讯员之手的新闻占《有线新闻》日均用稿量的2/3;全年用稿中被评为A级的达20.5%。有线台还专门编发《通联简报》,通报各区的送稿条目及被采用情况,同时提出近期报道重点和要求。

第三节 信 访 处 理

读者来信来访是媒体了解信息、反映呼声、沟通舆情的重要渠道,上海各新闻媒体都设置专门部门,由专人负责处理。

《解放日报》群工部每年要处理数以万计的来信、数以千计的来电和接待数千人次的来访。对读者提出的问题,报社要求做到件件有回音,事事有着落。不仅耐心细致地做好释疑解惑、说服引导、排忧解难工作,而且积极与有关部门联系,化解矛盾,帮助群众解决实际困难。每周一期的《读者心声》专版,密切联系广大干部群众。《文汇报》专设"读者接待室",每个工作日由信访记者值班接待,对读者的来电、来访认真作好记录,及时作出处置。在20世纪90年代中后期,《新民晚报》群工部每年收到读者来信7万余封,处理来信2.5万余封,接待来访约4 900多人次,在上海新闻界名列前茅。对信访中群众反映的一些问题,上海各报通常以《信访摘编》等形式定期摘登,供市、区领导和有关部门研究参考,酌情解决。

在搞好信访接待的基础上,《解放日报》、《文汇报》、《新民晚报》、《劳动报》等报纸积极反映百姓呼声,把读者关心的问题推上版面。报纸设置"天天热线"栏目是联系和服务读者群众的一项新举措。《新民晚报》最早在1993年就辟设《夏令热线》,热线的话题从开始时因城建方面的历史欠账而带来的断水、断电、断煤气等老百姓最烦恼的事,到近年来的城市交通、小区环境、食品卫生、绿地保护等人民生活水平提高后新出现的问题;与读者联系也从电话、传真、电子邮件,到24小时全天候值班,形成了较好的舆论监督。其他各报也先后辟设热线,收到较好的社会效果。在开设阶段性热线的基础上,根据读者的要求,《解放日报》对报社的热线进行了整合,在群工部开设了全年365天、每天14小时的"新闻热线"。《劳动报》

本着坚持"为工人说话、办事,维护职工合法权益"的办报宗旨和方针,从 1996 年 1 月起,连续开通 4 轮"送温暖倾诉热线"和 4 轮"劳动法投诉热线";2000 年 11 月起,又开设了新闻热线电话,大量需要救助的困难职工获得了帮助。

《文汇报》自 2001 年 10 月起,每天在固定版面刊出一封读者来信及记者调查,力求"民有所呼我有所应,民有所求我有所解,民有所难我有所助,民有所盼我有所办",按照上海市委宣传部领导关于"既要有舆论监督,更要解决群众实际困难"的要求,为老百姓解决了一个又一个问题,形成了一定的品牌效应。对反映读者心声的传统专刊"读者的话",近年来也加以创新和改进,每期刊发一组专题,抓住社会和群众关心的热点问题,让老百姓发表见解和意见。

《新民晚报》的《读者之声》专版,1992 年扩版后,由每周 1 期增为 2 期,从读者来信来访中发现新闻报道线索。《岂有此理　竟有此事》批评性专栏,更是受到读者的欢迎。

上海电台在 1993 年前就专设了群工科,负责处理听众的来信来访,基本做到每信必复。台里组织了一支"听众之友"队伍,定期召开座谈会,听取各方意见,开展听众调研。在此基础上,群工科负责编排《听众信箱》节目,进行收听率调查和内刊编辑工作。1993 年,全年听众来信 27.3 万封;1995 年,全年听众来信 30 多万封。以后,随着市民电话普及率的提高,信函有所减少。

东方电台建台之初,群众工作由办公室副主任兼管。1994 年 10 月起,群众工作由总编室指定专人负责,处理来信的统计、转发、回复、递呈等工作。有关内容还不定期刊登于内刊《东广通讯》上。东广还邀请一些市人大代表和政协委员担任社会督导员,经常对节目和队伍状况作出评议。1996 年 10 月,东广建立了每月一份《听众来信摘编》的月报制度。对于听众反映的节目宣传、队伍建设、媒体形象等方面值得重视的问题,台领导及时作出批示,必要时在台务会上通报、讨论。

上海电视台 1991 年在原信访科的基础上成立了群众工作科,每周设 3 个接待日。1995 年,群工科收到和处理来信 2 568 封,来电 5 711 个,接待来访 1 781 批,其中群访 178 批(次)。对来信来访反映的一些重要问题,经调查研究,会同有关部门共同处理,有的还予以报道。台新闻中心设有 62565666 热线电话,安排 2 名工作人员 24 小时接听观众来电,如有新闻报道价值,则予以采访报道。群工科多次与《观众中来》和《新闻透视》等节目联手接待和处理观众的投诉,举办观众见面会和咨询活动,为市民排忧解难。群工科还办有每月一期的内参资料《信访摘编》,建立了一支近百人的来自各行各业的"电视之友"队伍,经常座谈、交流对电视节目的意见和建议。

1993 年 5 月,东视正式建立信访部门。1996 至 1998 年,东视信访室共收到群众来信9 700 多封,约有 60% 的信件经信访室直接联系予以处理解决;接听群众来电逾万个;接待群众上访共 1 350 多批。不少来信来访所涉问题得到督办,为维护社会安定作出了努力。有的信息在新闻节目中及时播发,引起了有关部门的重视。

上海有线电视台成立后,信访工作由台办公室秘书科负责。初始几年,市民反映网络安装和技术问题的来信占了很大比例;1995 年下半年开始,市民要求中央电视台卫星加密电视在沪联网落地的呼声较高。次年 7 月 1 日起,上海有线电视台便以 2 级加密的形式完整转播央视电影、文艺、体育等频道的节目;1996 年春,有线台推出影视(加密)频道,短短两个月间,承担解密器销售的有线实业公司就受理来电 20 000 多次、用户来函 70 余件,接待来访用户 200 多人次。1999 年 3 月,台总编室开发、设计了一套电脑信访统计管理系统,使信访工作更趋规范。

2002 年 1 月起,电视、广播各台的信访工作先后归并于上海文广新闻传媒集团办公室。集团办公室设 1 名信访主管和 3 名工作人员,统管集团信访工作,定期编刊《来信来访摘编》。"听众之友"、"电视之友"则由集团总编室监听监视组负责,并定期编发《简报》。

第四节　社　会　活　动

为扩大社会影响,上海各报、各台在 20 世纪 90 年代中期以来,开展了一系列社会活动,旨在为民排忧解难,加强与受众的联系,吸引他们参与、关心和支持。

《解放日报》围绕帮助困难群众、为民排忧解难开展了一系列公益活动。从 1997 年开始,每年都开展"手拉手慈善结对助学活动",累计募集助学捐款近 600 万元,结对资助贫困学生 4 000 余人次。"关爱老劳模行动"连续开展 5 届,在报业集团全体员工和社会各界的积极参与下,筹得善款善物两项合计总价 100 余万元,使近千位困难老劳模得到了资助。与上海红十字会共同发起成立的骨髓捐赠志愿者俱乐部做了大量的工作,使上海的骨髓库不断发展壮大。还有大型为民咨询服务活动、"无偿献血区县行"活动、让农村学校拥有"希望书库"的活动,以及通过"手拉手"专版,帮助不少群众解决实际困难等,都在社会上树立了党报的良好形象。

上海新闻工作者经常参加各类有影响的社会活动,采写连续报道,引起社会反响。1993 年 9 月 23 日至 11 月 21 日,《新民晚报》记者强荧志愿参加中英联合探险队,徒步 1 500 公里,穿越号称"死亡之海"的塔克拉玛干沙漠。他战胜高温、寒冷、干渴、驼死人伤等重重困难,通过国际卫星,向报社发回"死亡之海探险手记"专栏稿件 72 篇。走出沙漠后出版《死亡之海 60 天》一书,《闯荡大沙漠》一文被收入上海的中学《语文》教材。在上海美术馆举办探险摄影展,吸引 10 万人次参观。举行强荧探险物品义拍活动,拍卖所得 10 万元捐赠给上海市新闻工作者协会。

《文汇报》、《新民晚报》年年组织大型读者日活动,不仅征询读者对报纸的意见和建议,还为读者提供各种咨询和服务。1997 年,由文汇报社出资,在浙江省龙泉市查田镇援建"文汇希望小学";《文汇报》和浙江教育出版社等从 1997 年起,多次联合举办面向全国中学生的读书读报征文活动。为争取青少年读者,报社还于 2000 年开展"文汇系列夏令营活动",包括绘画、科普、摄影等内容,吸引了相当一批小读者;报社与市科技协会开展的"上海市郊青少年科普教育行动"活动,吸引上海市郊九个区县的中小学生踊跃参与。《新民晚报》开展的一系列社会活动中,影响较大的是爱心助学活动,除 1996 年 9 月援建安徽泾县云岭乡"新民汀潭希望小学"外,还与上海市希望工程办公室、共青团上海市委联手开展规模较大的爱心助学活动。

1998 年夏季,湖南、湖北、江西等省发生严重洪灾之际,《青年报》为援助受灾学生及时上学,8 月 22 日,与上海市文化局联合举办大型赈灾义演的"爱心红丝带"传递活动。在 9 月

1 日灾区孩子开学前倒计时的短暂时间里,500 多条红丝带从成百上千的青年人手中传递,一条小小的红丝带有时签上 10 位捐款年轻人的名字。此次活动募集了大量捐款,帮助众多灾区学生及时回到了课堂。2002 年 6 月,《青年报》开展了"如何做一名人民信得过的青年公务员"问卷调查,策划和组织了 68 位青年公务员联名向上海市和全国青年公务员倡议:为中华民族的伟大复兴,为上海的文明昌盛,在自己的工作岗位上谨守"三诚"——力诚以权谋私、贪污腐化,誓做拒腐反贪、清明廉洁的公务员;力诚推诿扯皮、滥用职权,誓做为民服务、公正执法的公务员;力戒墨守成规、眼高手低,誓做开拓创新、精通业务的公务员。这项活动引起了各系统乃至全国青年公务员的积极响应,并受到中央媒体的高度重视,新华社、《人民日报》、中国国际广播电台、《中国青年报》等都先后予以报道,并被评为上海市级机关系统"双文明"百件好事活动之一。

上海各广播和电视台开展的社会活动,门类广泛,形式多样。

一、推进"常青林"、"市民林"活动。因老年听众郭世英给东方电台《常青树》节目的建议,2000 年 4 月 19 日,由东方电台发起,与市老龄委员会、市绿化委员会和徐汇区有关单位在沪闵路、桂江路口共同主办了"常青树纪念林"绿化植树活动。170 位老人挥锹种树,并以责任人身份义务养护。2001 年 4 月 10 日,东方电台等主办单位又组织百位老人回访"常青树纪念林",并新栽树木 85 棵。那一年,上海电台还会同上海市精神文明建设办公室、上海市绿化委员会办公室、黄浦区政府共同发出"绿化新上海,共造市民林"的倡议,得到了广大市民的热烈响应。至 6 月份,来自市民的募集款共 16 万元。6 月 17 日,以"市民林"命名的绿化带在延安中路绿地揭碑。上海市副市长韩正出席揭碑仪式,向捐款的市民代表颁发了荣誉证书。上海电台 990 千赫现场直播了"市民林"的揭碑仪式。

二、设立基金,捐款结对,援建希望小学。1995 年,上海东方电视台与邓小平家乡四川广安地区广电局签订了"手拉手"友好合作协议,并出资 120 万元在广安筹建"希望小学"。1997 年 9 月 1 日,"广安东方小学"建成,全校共有学生 900 多名,教学楼和运动场占地 1 600 平方米。

1996 年 5 月,上海有线电视台拨款 200 万元,为上海市戏曲学校设立"上海有线电视台戏曲园丁、新苗奖励基金",主要用于奖励对戏曲教育事业作出贡献的人员和勤奋学习、品德高尚、成绩优异的学生。

1997 年 2 月,上海电视台出资 100 万元,设立上海大学"上视影视教育基金"。同年,上海电视台文艺中心《综艺大世界》和上视艺术团、《上海电视》杂志社举办"帮困助学万里行"活动,为甘肃省通渭县的贫困师生捐款 14 万元,并送上衣物等,还认助了 10 多名贫困学生。

1998 年 1 月,东方电台在"792 解忧月"活动中首创"网上助学"项目。当月共收到单位和市民捐款 19 万元,受助学生 150 名。此后至 2001 年,3 年中累计收到捐款超过 100 万元(其中 12 笔捐款由海外华人通过在线支付),先后资助 1 300 多名学生。这一慈善助学活动被誉为"中国第二个希望工程",央视《焦点访谈》节目专门作过采访报道。

上海有线电视台 1998 年 8 月出资 30 万元,在云南省罗平县长底布依族乡援建一所希望小学,取名"上海有视希望小学"。

1998 年 10 月,上海电视台不搞四十周年台庆活动,节约经费 50 万元,在湖南援建了两座希望小学——郭亮希望小学和华西希望小学。

1999年5月,上海电台在台庆五十周年之际,向崇明县港西中心小学捐赠20万元。

2002年9月4日,一项由中共上海市委宣传部和西宁市委主办、上海文广新闻传媒集团承办的"走到一起来"活动,以"西宁放歌"大型文艺演出在青海省西宁广场拉开帷幕。并在西宁援建一座希望小学、为学校捐赠价值20多万元的学习用品等。

三、支援革命老区,建立教育基地,发展广电事业。1996年10月正值中国工农红军长征胜利六十周年,由上海东方电视台全额出资、上海亚明灯泡厂承担技术施工的革命圣地延安宝塔泛光照明工程正式竣工,不仅为延安增添一道景观,也寓意"延安精神永放光芒"。1997年党的十五大召开之际,东方电视台又出资40万元,向遵义会议会址捐建泛光照明工程。同年4月,上海电视台、新民晚报社、上海文化实业公司、云南电视台等单位联合举办了"上海—云南手拉手文化支边活动",上海支边队一行赴云南思茅、丽江、西双版纳等地为当地群众义演,为丽江、思茅两地各援建了卫星电视接收站等文化设施并捐赠了文具、美术片等。上海电视台800多名职工共捐款42 600多元。

1997年7月,东方电台向当年中央红军两万五千里长征的始发地江西省于都县赠送一台全新的1 000瓦调频广播发射机及其配套设备。11月1日,于都县广播电台正式开播。

2000年12月,一座别具风格的长征纪念碑在甘肃省通渭县落成。这是上海电视台出资15万元人民币,与当地政府共同建造的。在高耸的V字形碑体上,镌刻着毛泽东《七律·长征》的手迹。

四、参与主办各类活动,推进城市文明建设。1994年12月下旬,上海电台与上海文化发展基金会共同主办了"海外游子故乡情"活动。由年轻留美音乐家组成的中国名家演奏团先后在上海、北京两地举办了4场音乐会。1994年12月31日,全国人大常委会委员长乔石在北京观看了演出,并亲切接见了乐团指挥和主要演奏人员。

1995年8月,旨在推动上海青少年足球运动普及和发展、总额为660万元的"上海有线电视台青少年足球基金"设立。

1996年12月上海有线电视台四周年台庆之际,向上海再就业工程捐赠100万元,支持设立专项"非正规就业经济责任保险基金"。这一基金设立后,上海首批8家非正规就业劳动组织共吸纳75名下岗人员,主要从事家电维修、净菜配送、清洗保洁、家政服务等各种便民利民服务。

1997年12月27日,上海有线电视台投资20万元,在上海体育场主办"金日杯"有线02队—申花青年足球队友谊赛。以1元入场票价吸引了近6万观众。

2001年8月26日是陈毅的百年诞辰。上海电台会同新四军历史研究会、黄浦区委区政府,于8月18日在外滩陈毅广场举行大型文化纪念活动。

2001年10月28日东方电台在台庆九周年之际,将价值20万元的190套台式音响分别送到全市190个老年福利机构。

五、举办大型义诊、咨询,回馈社会,服务市民。从1994年至1996年,东方电台联络全市各大医院,先后邀请医学专家、教授300多人次,共举办了4次大型义诊和医药咨询活动,吸引了6 000多位市民参与。

东方电视台《名医大会诊》栏目自1998年以来,多次举办医学专家义诊活动。

六、投资组建体育俱乐部,推动竞技运动职业化进程。20世纪90年代中期,上海各电视台纷纷投资组建体育俱乐部,为推动中国竞技运动职业化进程作出贡献。

1995 年 8 月 16 日,由上海有线电视台、上海市足球协会与 02 足球俱乐部共同组建的"上海有线电视 02 足球俱乐部"正式成立。这是中国内地首家新闻单位参与"社会办体育"的尝试。1996 年 2 月 7 日,与上海体育运动学院共同组建的"上海有线排球俱乐部"宣告成立。俱乐部现役运动员均为原上海男女排球队队员。

1996 年 1 月,由东方电视台与市体育竞技学院共同组建的上海东方篮球俱乐部成立。俱乐部下属男女两支球队,其前身为上海市男女篮球队。

1998 年 12 月,上海电视台独家出资 800 万元,组建上视女子足球俱乐部。球员均来自原上海女子足球队。

3 家电视台注重各自俱乐部的队伍建设和技战术的提高,各俱乐部在全国联赛和其他各大赛事中多次夺冠。

七、推进社会慈善事业,开展"蓝天下的至爱活动"。1995 年 1 月 18 日,东视成立两周年之际,推出一台感人至深的"蓝天下的至爱——'95 新年慈善义演"晚会。黄菊、陈铁迪等市领导带头捐款,一批著名艺术家义务献演,晚会的热线电话铃声不断,市民捐款高达 1 350 多万元。此后,东视每年 1 月都与市慈善基金会共同举办"蓝天下的至爱"大型慈善活动,并在形式和内容上不断出新。

2001 年,东视首创 24 小时"蓝天下的至爱——爱心全天大放送"特别节目。全天 3 次高潮分别为:上午 9:00 在上海儿童医学中心直播的孤儿小吴青先天性心脏病缺损修补手术;下午在东视大堂直播的"点亮心愿"慈善捐款名品义拍和晚上直播的大型慈善义演晚会。1995 年 1 月,东广与上海市慈善基金会联合成立"792 为您解忧基金",为上海慈善事业提供了经济基础。上视每年元旦春节期间组织主持人上街为慈善募捐。

第五章 资料管理与信息工作

第一节 资料管理

资料管理,包括报刊与图书管理以及有关的信息服务工作,是报纸工作的重要组成部分。文汇新民联合报业集团、解放日报报业集团成立后,在报刊、图书资料工作方面有长足发展,已基本实现电子化。《解放日报》资料研究室改建为集团资料中心,为解放日报报业集团和系列报刊编辑部门提供资料信息服务。《文汇报》和《新民晚报》的原资料室合并组建为文新报业集团新闻信息中心,全面负责新闻信息资料的搜集、加工、发布和服务工作。

解放日报报业集团资料中心拥有丰富的馆藏资源。经过 50 多年《解放日报》自身资源的日积月累和接管原申报馆、新闻报馆的馆藏,目前主要保存有 1934 年至 1949 年的剪报资料合辑本 1.3 万册,1949 年至 1992 年的剪报资料合辑本 5 万册,新闻资料照片 17 万张,报刊合辑本 2 万余册以及图书资料 3 万余册。

　　1994 年元旦,《解放日报》资料研究室正式告别了"剪刀加糨糊"的传统资料加工方式,成为上海新闻界第一个实现新闻资料管理电脑化的单位。经过近 10 年的努力,资料中心在电子馆藏资源方面,建立了《解放日报》(1993 年起)、《报刊文摘》(1994 年起)、《新闻晨报》(1999 年起)、《新闻晚报》(1999 年起)、《申江服务导报》(1998 年起)、《房地产时报》(2001 年起)、《人才市场报》(2002 年起)、《i 时代报》(2002 年起)、《上海支部生活》(1998 年起)等集团报刊数据库,党政、经济、文教、国际、人物等分类数据库,以及常用专题数据库、热点专题数据库等 59 种全文数据库,累计入库文献 539 万篇,总数据量达 37 亿汉字;《解放日报》版面库(2002 年起)、《解放日报》新闻资料图片库(1998 年起)、人物资料图片库、历史资料图片库等,累计入库资料图片 163 567 张、版面 12 487 个。同时,通过开发利用网络资源、建设虚拟馆藏、与兄弟单位互换数据和数据库等多种方式和途径获取信息资源,已成为馆藏建设的重要工作。

　　文汇新民联合报业集团新闻信息中心藏有图书 6 万余册。到 2002 年底,6 万余册图书的著录和出借工作已全部电子化,并已将电子格式的图书目录和期刊目录并入"文汇新民新闻信息服务网"(文新集团内网)。集团的编辑、记者和其他工作人员通过这一服务网就可以了解信息中心全部图书和期刊的馆藏情况。使用者可根据图书的书名、作者姓名、类别等多条途径检索某本或某类图书,也可根据图书的以上特征进行组合检索,从而大大提高了图书、期刊的检索效率,也提高了图书、期刊的管理水平。新闻信息中心现已将集团所属大多数媒体每天的出版内容数字化,并建立了相对应的数据库,挂入"文汇新民新闻信息服务网"。服务网的报刊数据库有《文汇报》(1993 年起)、《新民晚报》(1995 年起)、《文学报》(1999 年起)、《文汇读书周报》(1996 年起)、《新民体育报》(1999 年至 2002 年)、《上海星期三》(2000 年起)、《新民周刊》(1999 年起)、英文《上海日报》(2002 年起)及《东方体育日报》、《外滩画报》、《上海家庭报》、《今日上海》、《新闻记者》等一些媒体的电子数据库。查阅者可以根据报刊文章的日期、作者、标题、正文、分类、栏目、版次、来源、体裁、报名、期号、版名等各种途径进行全文检索,也可以通过几条途径组合查找。此外,过去的手工剪报,现在已经由电脑操作取代,并建成数据库并入服务网。

　　在强化新闻信息图书资料工作现代化进程中,解放日报报业集团和文汇新民联合报业集团加大了抢救保护及利用宝贵历史资料的力度。1999 年 5 月 28 日,《解放日报》五十周年报庆之际,资料研究室推出了首张《解放日报(1998 年)报纸数据库光盘》。解放日报报业集团还拨巨资制作《解放日报(1949 年～2004 年)报纸数据库光盘》以及《报刊文摘(1980 年～2004 年)报纸数据库光盘》。解放日报社保藏有申报馆的 1.3 万册剪报资料,以及申报馆、新闻报馆的近 3 万张资料照片。这批独特的馆藏在全国绝无仅有,它也是研究中国特别是上海现代史资料宝库。近年来,资料中心正有重点、有计划地对这批历史珍贵资料进行抢救和开发,已有六百多本民国时期的剪报资料和八千多张历史人物照片完成了数字化工作。文汇新民联合报业集团拨巨资制作了《文汇报》和《新民晚报》两张历史悠久的报纸光盘。新闻信息中心担负此项任务,历经 3 年,终于使《文汇报》、《新民晚报》创刊至 1999 年的报纸光盘的制作成功。《文汇报》(1938—1999)图文数据光盘囊括了《文汇报》自 1938 年 1 月 25 日创刊至 1999 年 12 月 31 日的全部图文数据,共收录版面 10.8 万个,文字总量达 7.5 亿字,图片总数达 23 万余幅。《新民晚报》光盘收录了《新民晚报》创刊以来的全部图文数据(包括1946 年 5 月 1 日创刊至 1966 年 7 月 31 日后停刊、1982 年 1 月 1 日复刊至 1999 年 12 月 31 日止的全部数据),收录版面 132 万个,文字总量达 5.1 亿余字,图片总数达 27 万余幅。两报光盘图文并茂,翔实地记录了自 1938 年以来中国历史上重大的政治、经济、文化、生活等事件,具有极高的研究、资料和收藏价值。光盘采用先进的全文检索系统,可通过日期、版次、标题、栏目、作者、专刊、专栏等查询入口进行检索,快捷简便,并建立了原版图像与文本的一一对应关系。光盘通过数据加密加工,可以对文本和原版图像进行打印或区域打印。

广播电视的资料工作,上广、上视都设有资料科和节目科,分类管理音频、视频及报刊图书资料;东视和有线台也设有节目片库,广电局建有上海音像资料馆(成立于 1984 年),1996年资料馆增挂节目中心牌子。2001 年文广影视集团组建后,资料馆节目中心,从局属划归集团,继续负责收集、保存、整理和利用声像资料。

第二节　资料信息

新闻信息服务网是报业集团和众多媒体的内部网,为采编人员提供资料查询服务,主要有背景资料和动态新闻信息两大块。

1995 年,《解放日报》资料部门通过点对点的远程联网方式,试验性地向兄弟新闻单位、政府机关以及企业提供有偿数据库检索服务。互联网的兴起和现代通信技术的高速发展,为新闻信息服务社会化提供了平台。解放日报报业集团成立前后,资料中心先后进行资料网的多次升级改版,推出了《信息快递》、《经济点击》、《焦点关注视点》和《学习论坛》4 个专栏,进一步加强了信息服务的功能,其中《信息快递》专栏收集了北京、上海、广州等地报纸的焦点新闻、独家报道以及其他具有参考价值的信息和新闻线索;《经济点击》专栏汇集了经济运行中的新观点、新现象,问题和对策,以及宏观经济、企业动态信息;《焦点关注》专栏就社会关注的热点、焦点问题,集中各个媒体的相关报道,从不同角度和层面提供信息和观点;《学习论坛》配合形势,推荐有关理论、政策研究、领导讲话、新闻业务和工作研究等方面的学习参考文章。在资料服务方面,先后编制了"党的十六大"、"学习江泽民'七一'讲话"、"上海与国内合作"、"中国申办 2010 年上海世博会"、"科教兴市"、"长江三角洲联动发展"等 20 多个热点专题资料。

文汇新民联合报业集团资料信息部门为向采编人员提供详尽的背景资料,新闻信息服务网开设了四大资料库:《上海之门》、《长三角》、《世博会》和《传媒之窗》。其中《上海之门》汇集上海政治、经济、科技、文化、教育和卫生各方面的资料;《长三角》介绍了长三角 15 大城市的基本情况以及新闻报道;《世博会》收集了世博会的基本信息、上海城市各方面情况以及世博会相关新闻;《传媒之窗》作为了解传媒行业动态的窗口,包含最新动态、领导之声、新闻守则、上海传媒、各地传媒、世界传媒、获奖新闻、报史等信息。动态新闻信息主要体现在 4个"最新",包括《最新头版》、《最新焦点》、《最新文摘》和《最新调查》。中心的编辑从不同视角选摘北京、上海、广东等地主要报纸的新闻报道,供采编人员参考。动态新闻信息还包括《专题点击》——重大、重要新闻事件的报道汇编;《热点链接》——热点新闻专题的网页链接和《信息专递》——经济要情、报刊营运、媒体投资和传媒经济等方面的信息。除以上两大方面的内容外,新闻信息服务网的编辑还将近阶段内发生的热点焦点新闻事件、新闻人物及名人最新演讲的摘录编辑制作成《新闻档案》、《人物档案》和《演讲档案》。为便于采编人员及时了解相关动态信息,及时发现新闻线索,新闻信息服务网还提供《网站指南》和《信息雷达》。《网站指南》共分为新闻系列网站、政府系列网站、财经系列网站、文化系列网站和教卫系列网站5大系列,便于采编人员快速链接到有关领域的网站。《信息雷达》则每天从各主要新闻网站上抓取信息,每15分钟更新一次,内容涵盖时政、体育、财经、科技、国际、文教等各个方面。

第六章　报纸的副刊专刊与广播电视专栏节目

第一节　报纸的副刊专刊

上海各报都设有副刊专刊。报纸版面历经改革和扩充,副刊专刊的重要地位始终不变,而且随着形势的发展,专副刊版面不断有所调整、充实和发展。除一些传统老牌专副刊依然保持了固有的特色和品位外,为适应改革开放和不同阶层的读者新的阅读需求,一些新的专副刊应运而生。经济类专刊呈现强势推出之势,"经济观察"、"经济透视"一类具有解析性的专刊,日益受到经济企业界人士的关注。金融理财、期货证券、国际经贸、房地产、汽车、求职创业、民营企业等专业性专刊异军突起,版面容量大,刊出频率高,读者面颇广。信息通讯、科学探索、教育人才一类科技含量较高、具有前沿意义的专副刊,在众多专副刊中占有的比例有所扩大。而适应社会物质和文化生活日益丰富的态势,诸如卫生保健、生活时尚、文化娱乐、收藏鉴赏、休闲旅游、社区建设一类的专刊,则是从无到有,从少到多,成为各报共同关注经营的一块园地。一些专副刊以周末周刊的形式加以组合,以求加重分量,扩大影响,成为专副刊出版的一种新形式。特别是晚报和一些新创办的都市类报纸的副刊,贴近生活,注重服务,特色鲜明。

一、主要副刊简介

(一)新民晚报·夜光杯

《新民晚报》副刊《夜光杯》,创刊于1946年5月1日,是目前中国报纸历史最悠久的综合性副刊。《夜光杯》办刊方针为"兼容并蓄,雅俗共赏",融思想性、现实性、社会性、文化性、知识性、生活性、趣味性、可读性为一体,体现以下几点特色:一是读者对象从年龄的层次来说,是8岁到80岁;从文化层次来说,从小学到大学,又以中等学历为主;以职业层次来说,无论是党政领导、专家学者,还是普通职工,都能在《夜光杯》的版面上读到他想读的文章。二是题材广、品种多、内容杂、文章短,天南海北,上下古今,世事沧桑,人情冷暖,古文赏析,风物流连,无所不谈,谈必有趣。三是发挥正确舆论导向作用,和风细雨、潜移默化,在与读者平等对话、相互切磋的基础上,共同寻求思想的启悟、生活的真谛。四是贴近时代、贴近生活、贴近群众,凡人写,写凡人。五是网罗名家、广交朋友、培养新人、重视来稿,并经常举办征文活动与读者调查,如举办《十日谈》和《灯花》征文,开展中学生读报调查等。

《夜光杯》的两个版面,在风格上是统一的,但有适当的分工:一个版面,雅中有俗,主要栏目有《世象杂谈》、《十日谈》等;另一个版面,俗中有雅,主要栏目有《灯花》、《七夕会》等。

在 1999 年(第九届)和 2002 年(第十二届)中国新闻奖报纸副刊作品复评暨全国报纸副刊作品年赛评比中,《夜光杯》发表的《千秋万岁　寂寞身后事——送别钱钟书先生》(作者李慎之)、《忆耿飚》(作者赵兰香)分别获得金奖。《十日谈》、《世象杂谈》、《灯花》、《七夕会》先后获得优秀栏目奖。

为了继承林放开创的《未晚谈》传统,繁荣杂文创作,《夜光杯》设立了林放杂文奖,1996年至 2002 年举办了两届。1999 年以来,还先后编辑出版了《夜光杯文粹》(4 卷,1946—1998)以及夜光杯杂文精选、散文精选、随笔精选、小品精选等。

(二) 文汇报·笔会

《笔会》是一个面向全国,以文学为主,兼顾其他艺术门类的文艺副刊。创刊于 1946 年 7 月 1 日。20 世纪 90 年代以来,它贯彻联系实际、贴近生活的方针,继承传统,与时俱进,在内容和形式上不断革新。坚持走名家路线,注重发表名家作品,同时不断发掘新人新作。经过几代作家艺术家的共同努力,以及几代编辑的共同创造,《笔会》形成了自己厚重的传统和高雅的品格,成为文化界的前沿重镇,其作品成为时代变革的忠实记录。

《笔会》注意同全国著名的作家艺术家保持紧密的联系,把名家名作视为台柱。对半个世纪以来一直给《笔会》以很大支持的老名家,采取巩固友谊、加强联系的方法,期待他们作出新贡献。对新时期涌现出来的名家,则经常组稿,使之成长为作者中的主力军。

为了培养新生力量,《笔会》注意从来稿中发现苗子,在版面上推出新人。例如,20 世纪90 年代以来,为扶植杂文新军,共推出 9 个"新杂家专辑",像"冯日乾专辑"、"宋健国专辑"、"安立志专辑"等,提升了作者的知名度,增强了他们的写作信心。

《笔会》的专栏众多,是一大特色。20 世纪 90 年代版面上先后开设了杂文、杂文人物谱、报告文学、传记文学、小说、微型小说、序与跋、新观察、争鸣、书评、初唱集、音乐笔记、唐诗别解、画戏话戏、16 只眼睛、沪港双城记等专栏,从中产生了许多很有质量的文章。

《笔会》倡导争鸣空气,经常发表争鸣文章。20 世纪 90 年代关于第三条道路的争鸣,关于集体无意识的争鸣,关于杂文姓什么的争鸣,关于上海男人的争鸣,关于贪官寿数的争鸣,关于道德能否储蓄的争鸣,关于新闻眼和势利眼的争鸣,关于钱钟书是否应该瞧得起谁的争鸣,都受到读者的关注。

《笔会》开了一扇面向世界的窗口——"译文"栏目,让读者从异国译过来的文字中,了解国外的文学史和当代文学动态。同时还在各种艺术门类的宣传上加大力度,音乐、舞蹈、书法、绘画、雕塑等方面,都常有文章论述。

《笔会》多次举办"笔会文学奖"评选活动,对所发表的各类作品以及当年涌现的文学新人进行评选、发奖,受到广泛瞩目。1996 年以后,每年出版一本《笔会文粹》。

（三）解放日报·朝花

《朝花》是一个有影响力的高品位综合性文艺副刊,1956年9月20日创刊,历时近50年,始终如一地以其使命感、庄重感、书香气,以其不媚俗、高品位,受到广大读者和作者的喜爱。

《朝花》以把握好政治导向和保持一定的品位、格调,以优秀作品鼓舞人的社会责任和历史使命为己任,十分重视做好对读者精神塑造、情操陶冶、文化熏染和心灵净化的工作,努力做到代表先进文化的前进方向,着力宣传、传播代表未来发展方向的健康向上的文化,摈弃一切落后、消极、颓废、愚昧、格调低下、庸俗不堪的东西。

《朝花》有十分鲜明的风格,作为综合性的文化副刊,侧重于文艺文化,又不是纯文艺,取其他综合性报纸副刊之长,融优点于一炉,以"新、广、杂、雅"为办刊方针,强调贴近时代、贴近社会、贴近群众,雅俗共赏。

《朝花》重视名家、培育新人。国内几乎所有的著名作家和艺术家,都在《朝花》上发表过作品。这些年在重视名家作品方面,工作做得更为细致,因而成绩也更为突出。比如,发表在2002年11月25日的丛维熙的《夕阳唱晚》,在第十三届中国新闻奖报纸副刊作品复评暨'2002全国报纸副刊作品年奖中获银奖;并在第十二届上海新闻奖(2002年度)评选中获副刊专项奖。还有不少版面在中国新闻奖报纸副刊和华东地区报纸副刊评选中获得奖项。

《朝花》注意挖掘、培养、推出新作家。这些人暂时还不是名家,但颇具潜能,其中不乏出类拔萃者。

2000年3月22日《朝花》出版5 000期,中宣部新闻局专门印发了题为"《朝花》副刊出到5 000期,坚持高品位"的简报,中宣部部长丁关根在简报上作了"请上海市委宣传部总结《朝花》经验"批示,上海市领导黄菊和龚学平也分别作了批示。同年10月11日,市委宣传部、市新闻工作者协会和解放日报报业集团联合召开《朝花》副刊出版5 000期经验交流会。市委副秘书长、市委宣传部副部长王仲伟代表市委宣传部向《朝花》副刊授予奖牌。为纪念《朝花》创刊5 000期,《解放日报》出版了纪念专辑。

（四）劳动报·文华

《文华》创刊于1992年。以贴近社会、直面人生、干预生活、追随时代为宗旨,刊发过大量的杂文、散文、随笔等文稿。作者既有全国各地的名家大家,又有初涉文坛的新人,发挥了提高报纸文化品位与培养业余作者的作用。

《文华》在中国报纸副刊年赛中曾两次获得一等奖,刊登的文章经常被各种报刊、网站转载,并汇编成《给生命加点咖啡》一书出版。

二、部分专刊简介

（一）文汇报·论苑 学林

《论苑》与《学林》是《文汇报》理论部编辑的理论学术性专刊。它们的前身分别是1978年创办的《理论战线》和1979年1月创办的《学术》。1995年报纸改版时《论苑》与《学林》曾一度合并为《理论学术》版。翌年,又恢复各自独立出版。《论苑》至2002年已刊出1 170多期,《学林》已刊出600余期。《论苑》专版既是社会科学工作者探索新情况、研究新问题的论坛,又是广大群众学习有关理论知识的园地。重点在于宣传党的路线方针政策,分析和探讨社会中出现的重大理论前沿问题,为改革开放、中国特色社会主义和全面建设小康社会营造良好舆论氛围。在长期的办刊过程中,《论苑》坚持把握正确的舆论导向,结合每一时期的重点工作,宣传好党的路线方针政策;针对当前的重大问题、热点问题、学科前沿问题和广大读者关注的话题,展开深入探讨和阐述;积极为上海的建设和发展提供智力支持。众多专家学者应约为《论苑》撰写了一批有广泛影响的理论文章,每年有多篇被《新华文摘》转载。《论苑》发表的多篇文章获各类重要奖项,如赵修义的《社会主义市场经济伦理辩护问题》、奚洁人的《试论当代中国的民族精神——兼论邓小平对建设当代民族精神的理论贡献》、胡伟的《从政治上把握社会主义现代化建设的大局》、曹建明的《金融安全与法制建设》曾分别获中宣部"五个一工程奖"。《论苑》刊发的《邓小平的创新思想及其现实意义》、《谁是最可爱的人——论示范群体》、《论政治在改革开放中的重要作用》、《理论、眼界和胸襟》曾分别获全国报纸理论宣传优秀文章一等奖。《论苑》专刊获上海市委宣传部 2002 年度宣传"七一"讲话优秀理论版面栏目评选一等奖。

《学林》注重学术文化的宣传,贯彻党的"双百"方针,以促进和繁荣哲学社会科学的学术研究为宗旨,是《文汇报》联系广大社会科学学术界的一个园地,为广大新老专家学者提供了展示学术研究成果的平台。德高望重的老专家、老教授,初露头角的后起之秀,都是《学林》的积极作者。专刊上开展过的关于"孔子研究"、"儒学文化"、"中国传统文化与现代化"、"海派文化"、"法律文化"以及关于租界问题、上海建城年代等讨论,体现了专刊贯彻"双百"方针、推动学术研究讨论的特色。

(二)解放日报·新论

《新论》是理论专刊,创刊于 1980 年 10 月 22 日。在《解放日报》诸多专副刊中,其刊龄仅次于《朝花》。上海解放之初,《解放日报》的理论专刊名为《学习》;1956 年,"双百"方针提出,学术理论趋向活跃,定名《新论》的理论专刊诞生。"文革"中《解放日报》的理论专刊名为《理论与实践》。1980 年 10 月,恢复使用 20 世纪 50 年代《新论》的刊名。

《新论》坚持文章要有新意(新观念、新论证、新材料、新角度),坚持理论研究面向实际,着眼于马克思主义的运用、着眼于对实际问题的理论思考、着眼于新的实践和新的发展,探讨新问题,提出新见解;同时以生动活泼的表现形式吸引读者。创刊 20 余年来,已刊出千余期,发挥了应有的作用。

《新论》运用马克思主义、毛泽东思想、邓小平理论、"三个代表"重要思想,剖析新问题,发表新见解,陆续提供了一批有质量、有社会影响的理论文章。不少文章为《人民日报》、《光明日报》、《新华文摘》等报刊转载;有些文章发表当天就被国内外通讯社摘发消息;有些文章引来了海外学者交流切磋的信件。1991 年 6 月刊出李君如的《邓小平的"中国特色社会主义论"》和 1992 年 12 月刊出夏禹龙、李君如的《邓小平的管理思想和领导艺术》两文,接连获得中宣部"五个一工程"入选作品奖。这些文章对于上海的改革开放和现代化建设,对于人们的思想观念的转变、思维方式的更新,都产生了积极的影响。

《新论》创刊以来,在一定程度上成为关注实际问题、关注时代变迁的理论研究者成长的一个起点、成熟的一个台阶。20 世纪的很多年轻学子,在《新论》上发表文章,初露头角,如今不少人已是知名学者教授,如邓伟志、沈铭贤、赵鑫珊、俞吾金等。1983 年《新论》开设"连载"栏目,刊发的文章在两三年中扩充成书,其中由出版社出版 8 本。

（三）文汇报·文艺百家

《文艺百家》是文艺理论专刊，1980年1月在原文艺理论版的基础上创办，积极参与国内重大文学和文艺理论问题的讨论，在新时期文学和文艺理论的复兴中，发挥了积极的作用。

进入21世纪，《文艺百家》在定位和编辑方针上进行了一次较大的梳理和调整。在保持《文艺百家》原有特色的同时，一方面更加关注当前文艺领域的新现象、新问题，力图使文艺理论与当今文艺现实建立起一种更紧密的联系；另一方面进一步拓宽视野，关注点由文学拓展到各个艺术门类，乃至大众文化、文化产业等蕴藏着新鲜活力的新的文化领域。作为新闻版的延伸，《文艺百家》努力强化新闻意识，捕捉热点、发掘热点、引导热点，使其成为追踪文化热点、展现文艺思潮发展变化的窗口。如以文艺话题的形式，推出了"寻求突破的长篇小说"、"电视剧现状忧思录"、"现代社会与文学的想象空间"、"新歌究竟怎么啦"、"什么是中国现代学术经典"等社会文化热点话题，并邀请专家从多种角度展开探讨。新设立的"文化视点"栏目选取社会文化生活中的热门话题，用多边对话的形式，先后就城市广场的雷同化趋向、期刊市场蕴藏的泡沫、书画市场的虚高现象、文艺批评的风度与规则、城市现代化建设的文化内涵、历史文化遗存保护、民俗民间文化热等问题，约请京、沪等地的专家、学者进行探讨，提出了不少当前文化建设中亟待解决的问题和有独创性、有价值的意见。在某些话题的探讨中，采用了特约主持人的形式，邀请全国一流的专家担任主持人，成功地把这些专家的智慧反映在版面上。

《文艺百家》关注文艺领域的前沿话题，努力推动百家争鸣，为各种不同学术、文艺观点的交锋搭建平台，组织并刊发的关于文化研究热、关于"行走文学"、关于文化大散文创作得失、关于怀旧热的争鸣，皆在文化艺术界引起关注和议论。2000年针对贬损鲁迅的思潮组织刊发的文艺评论《重温鲁迅的苦口忠告》获中国新闻奖（报纸副刊类）银奖；2002年在国内媒体中较早提出并分析了反腐作品中存在的问题的《反腐败≠展示腐败》获第十四届华东报纸副刊好作品一等奖。近年刊发的文章多次获中宣部阅评表扬并为国内权威报刊转载。

（四）新民晚报·五色长廊

《五色长廊》是《新民晚报》的一个品牌专刊。1988年扩版前，每周刊出一次，之后，每周调整为出3期，刊发记者追寻社会热点、社会问题、百姓疾苦、人间世态等各具个性的专稿，体现专刊贴近生活、贴近平民、关爱普通民众的姿态与亲和形象，为晚报"短、广、软"风格，增加了"高、深、长"的要素，引人关注。

1998年以后，在《五色长廊》中刊发的以"百姓生活"为主题的系列特稿，口述百姓故事，记录人生轨迹，抒发读者心声，折射历史变化，成为专刊的鲜明亮点。这组以百姓生活为主题的系列采访和社会征文活动，先后包括"凡人新事"、"名人凡事"、"百姓故事"和"百姓故事口述实录"4个专题，每个专题的报道历时逾一年，累计刊发特稿近百篇，社会各界读者和知名人士参加投稿写作的共约千人。每一系列内容各有侧重，均围绕普通百姓的当代生活，"凡人新事"专门写"小"人物，写他们的不为人知的职业和追求；"名人凡事"专门写"大"人物，写他们新奇有趣的世俗爱好和个性特征，平凡中透出不凡。写作真切朴实、有喜有忧，题材广泛新颖，特稿涉及的主人公遍布各行各业，其中还有来自世界各地的"新上海人"。

被中国著名科学家钱三强称为"你是一颗重要的螺丝钉"的中国首颗原子弹制造工人原公浦，用口述实录形式回忆了当年参与制造中国第一颗原子弹的难忘岁月。征文发表后，解放军部队医院继续对他关心和治疗;中央电视台为此还专门制作新闻访谈人物专题节目,播出后反响强烈。另外,《长途话务员的人生故事》、《家教老师和"神童"们》、《一个年轻女球迷的自述》、《"宝岛媳妇宝山妈"》、《我们这对患难夫妻》等"百姓"故事,读者纷纷来电称赞或先后被广播电视、报纸出版等多种媒体跟踪报道。"百姓故事口述实录"特稿按照人生序列,形成了难忘青春、三十而立、中年感悟、金色晚霞等内容板块。这些真实原创的平民故事,再现难忘感人的真情岁月;"原汁原味"特色的平民故事较好体现了"记者应是报纸的主人,百姓应成为版面的主角"的新闻理念。

（五）文汇报·科技文摘

《科技文摘》专刊创刊于1995年1月7日。中共上海市委副书记陈至立应邀担任《科技文摘》特邀顾问并题写了刊名,还为第1期撰写了题为《普及科学技术知识,提高上海市民素质》的代发刊词。

《科技文摘》不仅介绍科技知识,更着重形成一种导向,引导人们追求科学精神和科学的生活方式。创刊两周后,日本发生了阪神大地震,编辑只用了两天就做成"阪神地震为何惨烈"的专版,请专家介绍了何为直下型地震、阪神地震能量有多大等知识。此后,结合国内外的新闻热点,相继推出了日本沙林毒气、埃博拉病毒、疯牛病、多利羊、火星探测、沙尘暴、磁浮列车、神舟号发射成功等新闻性很强的版面,并逐渐形成了《科技文摘》办刊的指导思想,即"科技中的新闻"和"新闻中的科技"。

《科技文摘》注重一流科学家的思想观点和研究动态,经常刊发他们的文章,成为沟通和联系专家与公众之间的一座桥梁。1997年2月27日,英国罗斯林研究所宣布第一头无性繁殖的绵羊"多利"诞生,震惊世界。为此,专刊邀请了中科院院士施履吉,中国工程院院士顾健人、曾溢滔等一批权威科学家,就克隆技术的科学意义发表见解,整理成《"多利"给世界带来了什么?》在3月14日刊出,成为当时国内大众媒体上最迅速权威的报道,对澄清克隆技术方面的误解、准确理解克隆技术的意义起到了有益作用。

《科技文摘》创办以来,介绍了不少新观点、新概念,而且不少都已被社会接受。如1997年10月3日发表的杨福家院士谈知识经济的文章,是报纸上率先介绍这一概念的文章。3天后,上海市市长徐匡迪在一次全市干部会上向大家推荐这篇文章。近年来,由于科学技术的飞速进步,引出了许多新的概念,如知识经济、内容产业、循环经济、EQ(情商)、创意产业、竞争情报、会聚技术等,《科技文摘》及时地将这些与现代科学发展有关的新概念介绍给读者,让大家能及时了解、分析和掌握社会发展动向。不少文章被《新华文摘》、《新华月刊》等权威刊物转载。专刊刊发的文章,每年选编成书,已出版5本,均被评为上海市优秀科普书籍。

（六）解放日报·解放周末

《解放周末》的前身《双休特刊》创刊于1996年1月1日。2000年1月7日起,《双休特刊》改名为《解放周末》,每周五出版。版面整合成8个版,分别为"特别报道"、"大众话题"、"读书"、"健康医疗"、"都市女性"、"法律咨询"、"假日休闲"、"家居装饰"。其中一半版面用彩印。

《解放周末》创办以来,影响力不断提升。创办当年11月23日发表的《草莓,那催人泪下的草莓》,叙写9岁的癌症患者林苗苗弥留之际想吃草莓,为了满足她的最后心愿,许多好心人四处奔走,终于如愿以偿的故事。这篇报道引发的活动获得 1996 年度上海市精神文明"十佳好事"的荣誉。

1997 年 8 月 2 日的《那非同寻常的旅途》,写在内蒙古自治区打工的青年许忠锁不幸受伤,上航员工和市第六人民医院悉心抢救的故事,被评为 1997 年度上海市职工精神文明十佳好事和上海市精神文明十佳好事,在第六届全国省级党报新闻奖评选中获三等奖。

1999 年 1 月 2 日的《他从军天湖走到上海以后》一文,报道一位回头浪子在各方帮助下自强不息的经历,成为教育在押犯人的活教材。市监狱局组织全市 11 个监所犯人读报道,开展大讨论和题为"他为什么能改好?"的征文活动,发挥了"报道一个、稳定一片"的作用。

2001 年 11 月 23 日,长篇报道《在艰辛中,他推开希望之门》受到中宣部常务副部长刘云山的充分肯定,他批示道:"这样的报道,读了令人感动,我们的媒体像这样的宣传太少了","道德建设宣传要多找这样看得见、摸得着的典型。"

2002 年 7 月 26 日和 8 月 2 日,分两期 4 个版,打破常规,大容量连续刊登《怎样活到 100 岁——洪昭光教授谈生活方式与健康》,在读者中引起轰动。为了进一步为读者服务,满足读者的要求,其后又发表了齐国力教授谈《健康活到 100 岁》、《向夏老请教长寿之道》、《解读夫妻癌》等。

(七)解放日报·文博

《文博》创刊于 1996 年,以传承中国文化为宗旨,通过有关鉴赏和认识文物及有关文物的历史性人物的介绍和分析,引导读者提高艺术品位,陶冶性情。

许多中国一流的文博界权威都积极为《文博》撰稿,如文博专家朱家晋,在《文博》发表了他晚年的重要文章《北京的钟楼》等。王世襄、黄苗子也多次发表力作。黄永玉的许多重要文字在《文博》首发。《文博》版还邀请深藏不露的一些收藏鉴赏家开设专栏,如潘亦孚、柴亦江、高阿申等,都是首先在《文博》开设专栏后,才开始出版专著,他们在书画、明清家具、瓷器等各个领域的重要研究成果,开始为读者所了解。

《文博》每 50 期出版一本集子,陆续出版了《收藏历史》之一、之二,主编了文博丛书 6种。此外,又结集专栏的文章近 200 篇出版《文博断想集》一书。

(八)新闻晨报·晨报闲话

2000 年 6 月《新闻闲话》与读者见面,不久更名为《晨报闲话》,每周 5 个话题,是平面媒体上高频率的谈话类栏目。《晨报闲话》力求将新闻热点事件说透,将百姓关注的事情聊透,并把握好导向和格调。

创刊以来,《晨报闲话》做了七八百个话题,内容涉及生活的方方面面,如安居、情感、家庭、教育、老友记、社区生活、理财等,也给读者提供一个难得的有感而发、畅所欲言的平台,E-mail 和 BBS 上每天会收到不少读者来稿。经过几次改版创新,已逐步形成了自身相对稳定的风格,成为与《新闻晨报》历史相当的品牌版面之一。"随机调查"、"我有话要说"等小栏目,版面语言更丰富活泼。而"读者点题",读者不仅可以有话即说,还可以出题目,参与性和互动性更强,吸引了更多读者。

(九)新闻晚报·东方女性周刊

《东方女性周刊》是由上海市妇联和新闻报社合办的周刊,创刊于 2000 年 8 月 15 日,每周六出版,截至 2002 年刊出 120 多期。其定位是"努力做成一份以东方女性新闻为主的综合性周刊",塑造读者的"知心姐妹",同时吸引部分男性读者,形成一批特色版面和相对固定的读者群。

《东方女性周刊》有 8 个版面。头版:从一周发生的新闻中,选择引人关注的女性人物或事件,以能对读者形成吸引力的女性人物为主,用深度访谈形成头版的强势。其他如"国际前沿",以世界各地的女性人物、事件为主要内容;"职场红粉"讲述女性在办公室的趣事、怪事、矛盾事、烦恼事,并邀请专家为白领女性指点迷津;"美文偶寄"以休闲散文为主;"素心闲情"主要女性关注的文化、娱乐话题资讯,等等。

（十）文汇报·环球视窗

《环球视窗》是 2000 年 6 月开设的国际新闻性专刊。除周末外,每天以半个版面做一个专题,加大深度和力度,基本上做到当天事件,次日见报。

几年来,这个专刊形成了自己的品牌和特色,一是借助驻外记者队伍,强调新闻事件的现场感,以求得独家信息和真实客观的效果。如 2002 年日本首相小泉突访朝鲜,《文汇报》驻东京记者抓住了谈判桌上没有"国旗和鲜花"这一现场细节,点明了这次突访的性质。二是多种声音议论热点。围绕新闻热点进行评议,树立国际报道的权威性,同时也为读者提供多维参照体系。为此《环球视窗》在形式上采取了多种活泼形式,一类是专家型,围绕一个主题多角度议论,如中东和平何去何从、六方会谈前景预测等,以"专家论坛"形式进行议论;另一类是本报多名驻外记者连线议论,如美国发生"9·11"恐怖袭击事件 4 个月后,《文汇报》编辑与驻外记者连线、专家与驻外记者连线对此加以议论。三是题材广泛吸引读者。除了当日发生的事件外,《环球视窗》还关注一个阶段的热点和看点。如驻莫斯科记者采访《普京传》的作者;驻巴黎记者采访法国反恐专家,谈拉登的生死之谜;驻纽约记者采访美国最大的枪店;驻外高加索记者采访逼宫后的谢瓦尔德纳泽;驻华盛顿记者采访与白宫相关的 3 个普通女人等。这些文章不仅有可读性,而且往往成为国内媒体中的独家或权威的报道。

（十一）解放日报·热点追踪

《热点追踪》创刊于 2000 年 10 月。它抓住党和政府工作的重点、各级领导的关注点、群众利益的所在点三者的汇聚点,运用典型报道、热点采访和舆论监督等方式,积极、准确、生动地进行采访报道,发挥市委机关报的舆论引导作用。在此基础上,遵循"贴近实际、贴近生活、贴近群众"的原则,坚持正确舆论导向,坚持公正、客观、精确的办报理念,坚持独到的视角、独立思考和独特的观念,在第一时间聚焦国际国内重大事件,见证政经文体突发新闻,反映社会的喜怒哀乐,以鲜活的事实和独具冲击力的版式,奉上读者最关心的新闻。《热点追踪》通常每篇 3 500 字左右,注重照片、图表等新闻手段互补。内容力求报道的深与广、客观与全面。

（十二）青年报·志愿者

创办于 2000 年 12 月 5 日的《志愿者》,是全国报刊第一个报道志愿者的新闻专刊,涉及从希望工程、防治艾滋病到环境保护、扶贫济困诸多公益领域。

《青年报》每周在同一期报纸开辟 3 个《志愿者》版面,集中报道有关志愿者的事件、事迹,刊登助学档案,为贫困学子寻找助学者,为白血病孩子寻求资助,为大学生暑期志愿者服务物色赞助商等。内容贴近读者,体现了社会文明的时代新貌。创办以来,数百名求助者得到志愿者的帮助,捐助的学费和医疗费有数十万元。

(十三)新民晚报·新民时尚

《新民时尚》是《新民晚报》为适应时代潮流于2001年9月推出的大型16版彩色专刊,是一个集新闻、特稿、专刊、副刊于一体的综合性周末刊物。《新民时尚》坚持正确的舆论导向,坚持文化品位,引导高尚、科学、健康的消费生活理念,反映主流时尚,既吸引了一大批青年读者,也增强了中老年读者的新鲜感。

作为报纸的专刊,时效性是《新民时尚》区别于市场时尚类杂志的主要特色之一,除了每一期都尽可能及时地发布读者关心的各类时尚信息、流行元素之外,还十分关心社会上各类时尚热点,以扬弃的态度分析、介绍,倡导高尚美好、科学健康的流行概念和生活方式。如头版刊出的"本周流行风",每周一组"名城信息",及时发布国内外大都市最近流行的时尚资讯,介绍沪上的文化时尚风。

《新民时尚》还设置一些直接表现文化观念的版面和栏目,如"心情",在青年人关心的事物中选择有趣味性、细节化的题目,文风幽默、调侃,力求言者直抒胸臆,闻者颇有同感,以此宣扬健康向上的人生观和睿智快乐的生活观。在版面设置上,不少栏目体现"平民之风",如"家居"版面的"实用谋划",为百姓家的装潢出点子;"健身"版不提倡去健身房消费,而是介绍骑车、跳绳、踢毽子、走楼梯等。"心情"、"健康"版还经常就一个话题展开讨论,增加读者的参与性。作家赵丽宏曾将《新民时尚》与其"生身母亲"——《新民晚报》的关系比作"老树新枝"、"老房新屋",既形象又贴切。

(十四)文汇报·每周讲演

2001年10月,《文汇报》为加强教科卫新闻版的服务性,开设了"高校讲座一览"栏目,用以报道各高校的学术动态及各类讲座的信息。推出后广受关注,有老教授来函称"这个栏目对活跃上海的学术空气,提高上海的学术水平很有帮助,小栏目发挥了大作用"。在此基础上,《文汇报》在2002年1月20日推出了每周一期的"每周讲演"专刊,每期以三分之二的版面,选登各个学科和领域海内外专家学者的精彩讲演,内容涉及教育、科技、人文、经济、艺术、历史、哲学、法律、现代传媒等多个方面,学理浓厚又深入浅出,成为《文汇报》的特色专刊之一。

《每周讲演》受到读者的热烈欢迎。著名健康专家洪昭光教授《健康的钥匙握在你自己手中》在《每周讲演》首发后,读者反响强烈。同济大学项海帆教授《桥梁的美学思考》的讲演刊发后,受到了江泽民的称赞;上海财经大学程恩富教授所作《盗窃者与雷锋:不同经纪人理论的阐释》的讲演,被中共中央政策研究室内刊全文转载。

(十五)解放日报·新财经周刊

2000年,《解放日报》开设《财富周刊》、《新企业周刊》两个专刊。前者以财经为主,后者主要报道民营企业。2002年,《财富周刊》、《证券周刊》和《新企业周刊》整合成每周一期8个版的经济类专刊《新财经周刊》,出版日期改为周六,以争取双休日市场。

《新财经周刊》在版式上大胆采用强视觉冲击形式,第一版大字号标题、6栏宽巨幅彩照,内页则强调整体感、固定版式。在内容安排和版面设置上,强调新闻性、实用性、高低兼顾,错落有致。设置两个言论栏目,其中"关注"由名家署名撰文,对当前宏观经济、热点问题、突出事件、萌芽趋势进行分析判断和预测;第二版《财经风云》以整版主题报道作为整个周刊的主打,力求具有宏观视野、独到见解、精辟分析;《资本市场》和《股海观潮》各有侧重点,进行财经信息的披露和分析;《创业宝典》和《家庭理财》两个版则为个人的创业理财服务,强调实用性、可操作性;《世界经济》瞄准全球财经热点,跟踪报道;《生活时尚》版以《解放日报》主流读者——中青年成功男士为对象,讲究可读性和服务性。

（十六）新民晚报·新民视点

《新民视点》是《新民晚报》从 16 版扩为 32 版后推出的其有史以来首个每日刊出的焦点新闻长稿版,于 2001 年 1 月 1 日正式创刊。此前,曾于 2000 年底进行了 7 次试刊。

《新民视点》每日一整版,从报道内容到采编机制出现新的突破。"对话实录"、"约会人物"、"热线直播"等发现型、调查型新闻栏目,"本周目击"海内外新闻视图栏目和"视点导读"等时事小言论栏目,丰富了报道式样,为《新民晚报》增添了新的阅读亮点。报道机制方面则采用多项创新实践。报社党委重点培养青年记者,特从主要采访部门抽调多名具有培养潜质的青年记者,在特稿部一批经验丰富的资深记者编辑的引领帮助下,以新老互补、采编一体、策划领先的特点,在《新民视点》先后推出一批高质量的稿件,其中塑造不屈的登山精神的《希峰大本营亲历记——雪域搜救北大登山队员现场报道》和反映新世纪上海信访工作新貌的《当她给市委书记写信后》分获第十二届上海新闻奖(2002 年度)二、三等奖。

（十七）新民晚报·新民证券

《新民晚报》于 2000 年 11 月推出《新民证券》专刊,每周六出版,每期 12 版。

《新民晚报》是上海综合性日报中较早推出证券版与行情版的报纸,成为早期投资者获得行情的主要渠道。2000 年,随着股市转热,原来每周六出版的《股市纵横》版面,由每周一期改为每周三期,每周二、四、六,各出一个版。

《新民证券》报道重大证券事件、市场热点、政策解读,内容涵盖股票基金、理财投资各个方面,约请专家分析股市走势、推荐潜力股票。周六是广大股民总结回顾一周走势,谋划下周投资策略的重要时间,《新民证券》为股民"做功课"提供专家观点、信息服务。设有《证券要闻》、《大势分析》、《股海探宝》、《寻找金矿》、《投资理念》、《服务指南》、《个股点评》、《沪深股市行情》等栏目。

为《新民证券》撰稿的专家,均是上海的著名分析师。由于内容比较全面,贴近实际,受到读者的欢迎。这些专家文章以及许多散户的投资心得,由文汇出版社出版了 3 本"股市纵横丛书":《寻找"黑马"》、《捕捉"黑马"》、《驾驭"黑马"》。2001 年开设的"投资者故事"栏目,刊登了很多著名投资者成功和失败的故事,由上海三联书店结集出版《大赢家的真实故事》一书。

（十八）劳动报·品位周刊

《品位周刊》于 2002 年 1 月创刊,是贴近广大青年建设者的现代都市生活类周刊。注重时尚化、个性化、平民化,追求新闻性、文化性、实用性,观点现代、视角多元、风格雅致,涵盖了公共秩序、人际关系、文化现象、思维方式、生活观念、娱乐情趣、价值取向、消费心态和时尚趋势等,尤其是其主题版面很有特色,特写型的大笔勾勒,报告式的个案调查,富有新闻感觉和时代意识。《品位周刊》的文章被编辑成丛书出版。

第二节 广播新闻节目

990 早新闻

早新闻是上海电台开设的重要节目。1980 年 10 月始称《上海新闻和报纸摘要》,后易名为《新闻》、《早新闻》。1993 年 2 月正式定名为《990 早新闻》,采用节目主持人播报形式,节目长度由原来的 30 分钟扩展为 60 分钟,于每天 7:00—8:00 首播。

《990 早新闻》以内容正确,时效性强、信息量大、导向清晰而在听众中树立"权威、准确、密集、迅速"的良好形象,收听率在上海各类广播节目中始终名列前位。

其主要板块有:国内外要闻、本市新闻、报刊摘要、新闻快评、深度报道、听众热线、天气预报等。整档节目由 3 大部分组成,其内容相互关联,层层深入展开。第一部分为约 3 分钟的"提要",扼要介绍各栏目重要、精彩的内容,让听众对当天上海和国内外要闻有一个总体印象;第二部分为节目的核心,约有 25 分钟大容量、高密度的信息;第三部分是对核心内容的展开,有记者的热点追踪、深度报道,有听众参与的热线报道和信息反馈,有为新闻配发的"今日论坛"等。市民关心的"今日气象"在节目的头、中、尾播出。

《990 早新闻》逐步加强编排力度,突出"快、短、活"的特点,以适应现代社会生活的节奏;强化对节目选题、制作、播出的有序管理,在不同阶段推出了一批广受关注和好评的重大报道,如"迈向新世纪的浦东新区国际大联播"、"华东省市长热线直播"、"抗战故地行"、"上海不会忘记他们"、"手拉手——东西部求发展、共繁荣"等。为迎接党的十六大召开,在 2002 年 10 月开辟专栏"消失的与新生的",播出系列节目"实践'三个代表'在上海",或通过两者的比较,或选择典型事例,反映十三届四中全会以来上海的巨变。

《990 早新闻》继每天在上海部分公交车上被转播后,又于 2000 年 4 月 6 日起被复旦、交大、同济、华师大等 37 所高等院校广播站转播。

2002 年 7 月以后,《990 早新闻》与中央电台时政部连线开通"时事直通车",形式活泼,内容丰富,介绍许多背景材料,为广大听众所欢迎。

990 晚间新闻

《990 晚间新闻》是上海电台一档重要的新闻节目,1994 年 11 月在原 15 分钟的《新闻与气象》节目的基础上改版而成,时段扩展为 60 分钟,每天 18:00—19:00 播出。

《990 晚间新闻》由"最新报道"、"新闻综述"、"空中晚报"、"听众热线"、"听众信箱"和"今日气象"等栏目组成。主体部分为"最新报道",主要由记者从当日发生的重大新闻事件现场发回的消息以及国内外重大新闻组成;"新闻综述"则对其中若干新闻事件作进一步分析和评述;"空中晚报"选播上海及全国几十家晚报的消息;"听众热线"和"听众信箱"在时间上交叉播出,为市民架设空中桥梁。

《990 晚间新闻》还有一定比重的社会新闻和文教科技新闻,强调社会性、可听性和服务性,可谓"《990 早新闻》的晚间版"。

市民与社会

上海电台 1992 年 10 月 26 日推出的《市民与社会》,是上海地区第一档由听众参与广播新闻谈话类直播节目,每周一至周五中午 12:10—13:00 在 990 千赫首播;当天 21:10 重播。

节目每次围绕市民关注的一个问题,邀请党政领导、专家学者和社会知名人士担任嘉宾,通过热线电话与市民展开对话交流。节目所涉话题涵盖政治、经济、文化、体育、科技、环保、城建及社会公共事务等诸方面,成为沟通政情民意的空中桥梁。1995 年 2 月和 1999 年 8 月,上海电台与《人民日报》华东版联手在《市民与社会》推出的"华东省市长直播热线"和"华东省市领导国企改革谈"节目,以及 2001 年的"高官谈 APEC 与中国"等系列访谈节目,都受到社会各界广泛关注。至 2002 年,共有 30 多位各省、市、自治区、中央部委领导应邀到《市民与社会》直播室担任嘉宾。

据权威调查,《市民与社会》的收听率位居上海地区广播谈话类节目前列。1999 年获中国新闻名栏目奖。

交通直播网

上海电台交通频率《交通直播网》创办于 1998 年 10 月,是上广与市公安局交巡警总队合办的一个专业交通节目,每天 7:30—9:00、17:00—18:30 播出。《交通直播网》是以交通信息、交通资讯为主干的综合节目,利用现代交通监控和信息传播手段,及时播报路况信息,同时提供适合流动人群收听的新闻、音乐、体育和财经等广播内容。它以新的形态、新的组合、新的角度给城市行路人以新鲜、轻松的听觉感受。节目还利用短信、热线电话、网络等不同媒介与听众全方位互动。

东广早新闻

《东广早新闻》是东方电台的主打新闻节目,建台之初为《东方新闻》,1995 年 1 月 1 日起更名为《东广早新闻》,每天早晨 6:00—9:00 在中波 792 千赫播出。1999 年 2 月起加配调频 104.5 兆赫,用双频播出。在长达 3 小时的大板块中,设有《东广快讯》、《新闻追踪》、《报刊导读》、《东方传呼》、《东方论坛》、《公共服务信息》、《东广体育特快》、《东广金融专递》、《792 为你解忧》、《今日媒体传真》等小栏目;2002 年 7 月增设以时效性见长的《昨夜今晨》栏目。其中 7:00—8:00 为核心段。

7:00—8:00 的核心段通常在"气象"和"新闻提要"后按"要闻"、"上海新闻"、"国内新闻"、"国际新闻"顺序播出 20 分钟的《东广快讯》,而后是 10—15 分钟的《昨夜今晨》和《新闻追踪》。《昨夜今晨》强调这一时段发生的在"第一时间"的现场报道;《新闻追踪》播出东广记者采制的录音报道。《东方传呼》定位于"传递百姓呼声,追踪社会新闻",每天接听 2 至 3 个听众来电。1998 年 5 月起改为全天 24 小时接收听众来电,经录音筛选、核实后播出。1998—2002 年,共接听听众电话近 10 万个,在节目中播出 1 500 多个,反馈率达 99.5% 以上。《东方论坛》针对当天播出的某一新闻事件报道,即时写出快评,600 字左右。《792 为你解忧》每周为一位(群)听众解决一项具体困难;每年一月则为"解忧月",每天播出一篇解忧报道。《公共服务信息》集纳气象、交通、水电、会展、演出、娱乐等服务信息;《东广体育特快》提供国内外最新体育新闻;《东广金融专递》着重回顾昨日沪深股市行情。8:00—8:30 是《东广早新闻》的浓缩版,以要闻、快讯和录音报道为主,其后半小时转播中央人民广播电台《新闻和报纸摘要》节目。

东广时事特快

《东广时事特快》是东方电台于 1993 年 8 月开播的一档新闻类节目,每天 18:00—18:30

播出,由"东广快讯"、"气象交通"、"金融财经"、"今日综述"、"各地晚报摘要"等板块组成。其中"今日综述"由外出采访的东广记者进直播室或通过电话与主持人对话,报道当天最新消息,强调信息的时效性和可听性。

1998年6月起改版,相对减少时政类"硬新闻"的比例,增加各地晚报社会新闻的分量,风格上追求轻松、自然,贴近民众,浓化生活气息;每天至少有两条以上记者即时采访的口头报道,并适时配发点评、议论;经常以与各地电台连线的形式,使新闻的来源广泛、鲜活。同时尝试采用主持人"说新闻"的样式,成为全国广播电台晚间新闻中的先行者。

792 为你解忧

《792 为你解忧》是东方电台一档具有独创意义的新闻特色栏目,以"帮困解忧献爱心"为宗旨,开播于1994年元旦。

栏目最初阶段设定每年1月为"792 为您解忧月"。从元旦起,每天为一位或一群困难群众办一件实事。首个"解忧月"收到6 858封听众来信。经筛选和联络,在社会各方的大力支持下,31位(群)听众得到了帮助,相关的录音报道也在早新闻中播出。

1995年第二次"792 解忧活动"与人民日报华东分社联合举办,受益市民计3 200户,约20 000多人。在当月的全国宣传部长会议上,中共中央政治局委员、书记处书记丁关根对《792 为您解忧》节目作了充分的肯定。同年3月,东方电台与上海慈善基金会共同出资100万元设立了"792 为您解忧基金",并决定除每年1月的"解忧月活动"外,每周资助一位(群)困难群众,受助金额一般为2 000元。在基金设立后的两年中,共送出资助金额约40万元,收到各界捐款50万元。

"792 为您解忧"活动不仅着眼于解决受助群众的燃眉之急,也重视社会爱心的传递。1995年10月25日,中央电视台《焦点访谈》节目对"792 解忧基金"及这一基金资助的"无喉人复声班"作了报道。

"792 为您解忧"活动逐年举行,1996年秋开始,又新推每年2次的"网上助学"活动,并持之以恒。自1997年至2002年,每年10月28日的东方电台台庆纪念日也都成为"792 为您解忧日"。

今日新话题

《今日新话题》是一档新闻评论类直播谈话节目,开设于1992年10月,每周一至周六12:10—13:00在792千赫播出。

节目宗旨为通过对各类社会问题和社会现象的讨论,为广大市民提供一个发表观点、参政议政的空中讲坛。每天选择一个社会热点问题,听众可拨打热线电话,与主持人及有关嘉宾直接对话。话题涉及经济、社会生活、文化、教育、法律等各个领域。应邀走进直播室的嘉宾有市、区、县、局各级领导、专家学者、英雄劳模和普通市民。节目倡导新风、针砭时弊,成为政府和市民直接沟通的桥梁。进入21世纪,每周二增设《人大之窗》、《政协之声》栏目,轮番播出。

《今日新话题》曾多次获重大奖项,其中,"奉献一片爱心"获中国新闻奖一等奖。

三江联播

《三江联播》是东广与香港电台普通话台、广东电台卫星广播共同打造的跨地域财经节目,于1998年4月19日在东广金融频率97.7兆赫开播,每周日13:00—14:00播出。

节目广泛涉及沪、港、粤经济、金融、投资、贸易、社会生活等诸多方面的深层背景,以及三地产经合作的最新动态,成为浦江连接香江、珠江三地财经资讯的重要窗口。

第三节　电视新闻节目

新闻透视

《新闻透视》是上海电视台 1987 年 7 月创办、全国最早的一档电视新闻评论性栏目。创办初期为每周一档 20 分钟的节目,1994 年 6 月改版后每周一至周六播出,每期 5 分钟。2002 年元旦起,改为每天播出。

《新闻透视》以其弘扬正气、针砭时弊的报道宗旨,以快速、敏锐、简洁、泼辣的报道风格,成为上海电视台的一档黄金栏目和上海地区有很大影响力的新闻专题节目。

(一)深入剖析社会热点,聚焦百姓话题,关乎国计民生,一事一议,以小见大,从而强化电视新闻的深度和广度。力求在"新"字上找选题,在"透"字上下功夫,以体现新闻评论节目的权威性和纵深感。创办伊始,就以"纵与横"、"长焦距"、"当代人"、"快节奏"、"社会广角"等不同内涵、各具特色的板块结构和融信息量与思辨性为一体的风格吸引观众。

(二)所报道的内容和所采取的报道形式,对新闻事件具有较强的介入性。栏目记者常常在现场直接表明态度、立场和观点,在批评性报道中这种作用尤为突出,以此来推动事件的发展,促进问题的解决。

《新闻透视》的收视率始终位列上海各家电视台新闻类节目的前茅,1998 年平均收视率曾高达 18.68%。曾多次获得中国新闻奖、中国国际新闻奖、中国广播电视奖、上海新闻奖等各项大奖。

STV 新闻

《STV 新闻》是上海电视台从 1958 年 10 月 1 日开播起最早的一档新闻节目。在历经40 多年的磨砺后,以其权威可靠、信息密集、视野广阔、直击现场、编排精到成为上海媒体中具有权威性、全面性、及时性的信息发布窗口,收视率始终名列前茅。2002 年 1 月 1 日,上海文广新闻传媒集团推行频道专业化后,《STV 新闻》成为上视新闻综合频道的主打新闻栏目。

每天 18:30 在上视一套直播、容量为 30 分钟的《STV 新闻》,全力报道上海的重大活动和热点新闻,解读政策法规,反映社情民意。同时,密切关注国内重大时政和国际风云际会,在对一些具有历史性意义的事件和重大新闻的宣传报道中,发挥了独特的作用。1997 年 2月为悼念邓小平逝世,及时对申城各界群众的连续采访;1999 年 5 月 8 日,对上海各界群众强烈谴责以美国为首的北约轰炸我驻南使馆野蛮行径的迅捷报道;同年"财富论坛·上海年会"的报道和 2001 年 10 月 APEC 会议的报道等,都给观众留下了深刻印象。

1998 年 3 月全国"两会"期间,《STV 新闻》通过卫星传递和国际互联网,同步尝试网络信息、数字图像信息、可视电话新闻等高科技信息手段报道"两会"盛况。

《STV 新闻》还多次与中央电视台合作,成功报道了多项国际重大活动,并向国内外媒体提供了高质量的公共信号,显示了其综合实力。

次日 7:00 直播的《上海早晨》是《STV 新闻》的延伸和补充。在 30 分钟内,除串编昨日重大新闻外,还有"晨间速递"、"交通信息"和"每日生活提醒"等板块。

新闻坊

《新闻坊》是上海电视台于 2002 年 1 月创办的一档有上海特色的"城市社会新闻",以普通市民的视角关注本地的社会新闻,遵循"三贴近"原则,强调上海的地域特色,追求新闻传播样式和包装的海派特色。两位主持人以"唠家常"的形式播报新闻,以软导语串编,以议论点评,拉近了电视新闻与百姓的距离。

《新闻坊》设有如下板块:"城市新闻"播报老百姓关心的新闻事件、动态和最新发布的政策、法规等;"市民呼声"将观众通过电话、电子邮件、来信来访等不同渠道反映的问题、要求和建议加以报道;"投资理财"则每天集中一个财经热点进行探讨议论。2002 年 6 月起,栏目与上海 19 家区县电视台(含中心城区各有线电视中心)合作,整合资源,共创名牌。

《新闻坊》每天一档,18:00—18:30 在新闻综合频道首播,并多次重播。

新闻晚报

2000 年 12 月,上海电视台在经过半年的策划、论证和准备后,对原《要闻简报》和《国际快讯》进行改版,推出一档重组的新栏目《新闻晚报》,每天 21:00 直播,时段为 40 分钟。

《新闻晚报》将通过卫星地面站接收到的各省市新闻进行串编,形成主打板块。主持人以一种较为轻松的"说新闻"的播讲方式叙述当天发生在全国各地的新闻事件;针对老百姓关注的时事热点,深入、全面地加以综述。在语言运用上,把握与观众平等交流的情感分寸,使节目具有较强的贴近性、亲切感和现场感。

《新闻晚报》由多个小板块组成:"要闻浏览"精简汇编本地、国内和国际的时政要闻;"华夏关注"一般以中央电视台"面"上新闻为主,包括及时收集各地新闻改编而成的深度报道;"九州在线"以串编各地的社会新闻为主;"文化视窗"荟萃上海及各地的文化新闻、奇闻轶事和动植物趣闻;"体坛搏击"则串编当天重要的体育新闻。

《新闻晚报》特别讲求播报内容和播报形式的和谐统一,及时对最新发生的事件和进展情况予以报道。

新闻观察

《新闻观察》是上海电视台于 1997 年 3 月推出的一档新闻评论类深度报道节目。每周一期,时幅为 25 分钟。

栏目定位于对社会发展进程中具有时代特征的热点话题加以述评;每期节目针对一个社会热点问题展开,从不同的视角对新闻的幕后背景进行深入调查和深度剖析,并加以理论评述。注重个案的影响力和切入角度的贴近性,融新闻性、故事性、评论性于一体。

节目力求在独家题材、独特视角上下功夫。播出时间虽在晚间 21:00,但仍能保持 14% 的平均收视率。2000 年初,上视在调整版面时,将《新闻观察》放在 8 频道 19:00 黄金时段播出,收视率又上了一个台阶。栏目组采制的"植物人醒了"创造了新闻专栏节目 22% 的高收视率。"孩子被拐以后"的收视率还首次超过了同期播放的电视剧,排名居同一周内上海各电视频道节目收视率榜首。

2002 年 1 月 1 日起,《新闻观察》在上视新闻综合频道每周六 19:00 播出。同年 3 月 2 日播出的"伤熊事件"引起了广大观众的很大愤慨,也唤起了人们爱护动物、领养动物的热情。9月播出的"欠债百万的患难夫妻"一片,成为当时申城市民街谈巷议的热门话题,并获当年上海新闻奖、广电电视奖一等奖。

财经报道/第一财经

《财经报道》是上海电视台1994年创办的经济类新闻节目,同年4月14日在14频道正式播出。除报道国内的经济、金融信息外,还与新鸿基投资股份有限公司合作,每天报道世界外汇、国际期货和B股交易情况。设有"国际财经快讯"、"股市综述"、"期货房产扫描"等板块。

节目推出后,很快建立起了立足上海、辐射全国的财经信息网络。1994年,央视先后播出了20多条由《财经报道》提供的财经动态及新闻深度报道。1998年3月,《财经报道》制作的《上海经济》节目在欧洲东方卫视播出。

2002年1月,上海文广新闻传媒集团推出电视专业频道,上视财经频道全新亮相。充分吸取原上视《财经报道》和有线电视台《财经总汇》精华而形成的财经新闻《第一财经》成为其主干节目,并实行早、中、晚、夜全天滚动播出,成为上海文广传媒集团全力打造的品牌。

《第一财经》电视设有《财经开讲》、《经济观察》、《今日股市》、《头脑风暴》、《财富人生》等栏目;广播频率设有《理财百事通》、《股市大家谈》、《财经60′》、《汇市实战》等栏目。同时,《第一财经》与CNBC亚太集团结成战略合作伙伴,通过卫星播出《第一财经》的《中国财经简讯》节目,传递中国最新金融信息。此后,上海文广新闻传媒集团同广州日报报业集团、北京青年报社联合主办,推出《第一财经日报》。

时事传真

一档专为上海17万聋哑同胞制作的手语新闻《时事传真》于2000年3月26日由上海电视台推出,每周日中午在8频道播出。这是上海地区第一个面向聋哑残疾人的电视新闻节目。

《时事传真》针对聋哑同胞的收视特点,采用播音员语言播报和手语播报相结合的方式,将新闻信息准确地传达给广大聋哑残疾同胞。节目为15分钟,设有《国内要闻》、《国际新闻》、《传真精选》等栏目。2002年1月起在上视新闻综合频道播出。

东视新闻

《东视新闻》是上海东方电视台开播之日推出的主打新闻节目,于1993年1月18日开播,每天18:30在20频道播出。节目一开始便提出"今天大事,先看东视"的口号,以先声夺人的气势和贴近观众的视角,受到观众的青睐。

1995年7月,《东视新闻》改版为《东视新闻60分》,且整体作了较大改版,由3位主持人向观众现场直播。整档节目精选本埠新闻、国内新闻,加强深度报道、背景分析和焦点评论,增加了新闻性,以"内容丰富、形式活泼、可看性强"为其基本特色,成为国内第一档60分钟的综合性直播电视新闻节目。1999年8月,又重新改为30分钟的新闻节目。

2002年,《东视新闻》成为东视新闻娱乐频道的主打新闻栏目,与其整体新闻架构中的《早安上海》、《东视午间新闻》、《东视夜间新闻》等其他新闻节目成为相互衔接的有机组成部分。

节目注重时效性和独家性,如在国内电视台中率先报道了具有历史意义的"汪辜会谈",并围绕这一事件制作的新闻背景、人物介绍、焦点评论等,都被海内外同行评价为"从内容到方式的与国际电视传播接轨"。此外,关于"长征轮火灾"、"千岛湖事件"、"日本阪神大地震"等重大突发事件的报道,都在观众中树起了《东视新闻》的良好形象。

《东视特写》是《东视新闻》中一个选材广泛、视角独特、内容扎实、手法新颖的子栏目,所播出的一些报道,如"盲人五人乐队"、"刻刀下的图画"、"大地走红艺术"等,区别于一般新闻消息的报道特征,对丰富《东视新闻》的版面,调节新闻报道的气氛和节奏,起到了良好作用。

东视广角

《东视广角》于1993年1月25日开播,每周一播出,每期20分钟。1995年7月成为《东视新闻60分钟》的子栏目;1999年8月开始每周一至周五20:00播出,每档为15分钟。2002年1月起在东视新闻娱乐频道播出。

《东视广角》为深度新闻报道栏目,以播出新闻专题类节目为主,围绕有影响的新闻事件和人物进行深度报道,以补充新闻消息类节目未能涉及的层次和方面。节目注重纪实性、时效性,同时带有评论色彩。形式有热点追踪、焦点评论、专家访谈等,强调主持人的亲和力。

《东视广角》善于从普通市民的视角出发,把宏观政策与老百姓的生活联系起来,从小人物的命运中把握社会脉搏,并在追踪新闻热点、突出新闻事件时效性的同时,强调对事件的新闻评论和舆论监督。栏目所讲的故事均为老百姓所关注、所议论的,并力求通过报道引起人们对法理和人性的思考。"讲故事"的叙述方法一般包括4个部分,首先用"说书"般的顺口溜开头,比如"公交车靠站台忽前忽后,乘客无所适从;驾驶员争客源斗智斗勇,安全尽抛脑后",这种方法为观众喜闻乐见;接着叙述故事情节,将观众引入具体情景之中;而后,在情节的发展中自然而然地设置悬念;最后,由主持人进行评论,发表看法和建议。

《东视广角》还开设24小时的新闻热线,重视观众提供的新闻信息,并且在栏目中及时反馈。

媒体大搜索

《媒体大搜索》于2002年元旦开播,是东视新闻娱乐频道一档以搜集各地新闻为主的综合性新闻栏目。每天12:00和17:25播出,时幅为25分钟,分为"视野搜索"、"视觉发现"、"天下神游"和"动物志异"4个板块。节目内容丰富,层面广泛,融知识性、趣味性和可看性于一体,体现博采众长的特色。主持风格轻松诙谐,不失幽默。

2002年下半年,《媒体大搜索》与华东地区部分省市电视台联手,推出一组"我们共同走过"系列报道,体现华东地区的经济联动和共同繁荣。

十点英语新闻

《十点英语新闻》(《News at Ten》)的前身是上海电视台于1986年开播的《英语新闻》。1996年上海电视台外语台成立,《英语新闻》正式更名为《十点英语新闻》,节目长度扩展为30分钟,是全国地方台外语节目中容量最大的一档英语新闻节目。1998年10月上海卫视成立,《十点英语新闻》正式在上海卫视播出。

节目主要面向外国驻华驻沪使领馆和外资商务办事人员,来华旅游、工作的外国朋友,以及上海一些英语爱好者,旨在满足他们对英语新闻信息的需求,并向他们展示中国尤其是上海日新月异的变化。节目内容涵盖上海乃至国内国际的时政要闻、经济动态、文化信息等,每周五还推出5分钟的英语访谈板块。节目以其信息量大、节奏紧凑等风格,在日益增多的收视群体中树起一个日渐成熟的文化品牌。

这档节目还一直承担着向中央电视台英语频道、美国有线电视网、香港星空卫视等电视机构供片的任务。1996年后的六七年间，共向美国CNN有线新闻网供片近300条。

有线体育新闻

1995年5月，作为有线体育频道标志性节目的《有线体育新闻》栏目正式推出，其前身为1994年8月推出的《一周体育新闻》。1996年3月，从录播改为直播，节目信息量大、节奏加快。翌年2月进行改版调整，节目容量从原来的15分钟增加到25分钟，并突出"快速、全面"的特点，及时报道观众关注的体坛热点和重大新闻。1999年3月20日开始，《有线体育新闻》由原来每天一档直播改为每天12:00、19:00、22:00三档直播。原《有线体育新闻》中的《新闻特写》板块独立为每天一档5分钟的体育新闻评论节目《体育特写》。2000年3月，《有线体育新闻》在注重强化体育新闻的"快、新、全"的特色的基础上努力追求节目的本地化。同年8月7日开始，《有线体育新闻》每天21:50通过上海卫视整版播出。2001年1月1日，推出"足球新闻"板块，每天19:00档的节目容量扩为45分钟，进一步强化了体育频道的专业特色。

2001年10月起，《有线体育新闻》停播。

"小小"看新闻

《"小小"看新闻》栏目1995年10月1日由上海有线信息台推出，坚持以儿童的眼光看世界，以适合儿童特点的选材、制作和播报方式，打开了一扇面向少年儿童的新闻窗口，成为电视新闻的又一新品种。

1995年11月24日，中央电视台一套节目《新闻30′》以"全国第一档面向少年儿童的新闻节目在上海推出"为题，报道了《"小小"看新闻》栏目。1996年和1997年，有线信息台先后举办《"小小"看新闻》杯新闻知识大赛和香港知识竞赛，全市近万名小观众踊跃参加。1998年12月，《"小小"看新闻》通过社会公开征集、专家评审及观众投票，正式推出卡通形象"小小"作为栏目标志，并于1999年1月向国家工商部门申请注册成功。

2002年1月上海文广新闻传媒集团电视频道专业化重组之后，《小小看新闻》成为上视新闻综合频道的一档节目。

今日股市

《今日股市》最初由有线财经频道推出。2002年1月成为上视财经频道的重要栏目，旨在倡导"把握趋势，理性投资"，针对市场的参与主体选用券商、机构和散户的观点供投资者参考。节目分为"股市评述"、"市场声音"、"券商机构看市"、"深圳演播室"和"B股时间"5个部分。"股市评述"由主持人和注册分析师对当日市场消息和盘面情况作出评论和分析，帮助股民了解市场变化；"深圳演播室"采用两地主持人互动的形式，评述当天深圳市场的热点问题。

《今日股市》是上海最受欢迎的证券类谈话节目，收视率居有线财经频道首位。

教育新闻

《教育新闻》是上海教育电视台的主打新闻，也是上海最权威、最快速的教育新闻联播。节目对全市教育系统的热点问题作深度报道，全方位分析透视大众关心的教育话题，成为沪上师生和学生家长非常关注的荧屏新闻板块。

每天 19:00 播出,次日 7:00 重播。

第四节　广播电视社教节目

悄悄话

上海广播史上第一个性教育热线直播节目《悄悄话》于 1992 年 10 月在上海电台 990 千赫新闻频率开播。每天在深夜时段 23:10—23:30 播出,节目长度为 20 分钟。

节目紧密依靠上海市性教育研究协会,聘请了 20 多位著名性医学和性心理学专家,为节目策划撰稿,为听众释疑解惑。设有"青春期生理卫生"、"夫妻性生活的和谐"、"性功能心理和生理障碍"、"老年人性生活"等专栏。

国际计划生育联合会秘书长马勒博士认为,《悄悄话》对于创设正确看待性科学的大环境和大气氛,让人们参与节目并从中认识自身,具有积极意义。

节目于 1996 年 8 月 9 日停办。

上海潮

《上海潮》是东广一档经济类板块节目,开播于 1992 年 10 月,每周一至周五上午在 792 千赫直播。最初为 9:00—12:00,1995 年改为 9:00—11:30。频率虽经多次改版,这个节目却始终保留。

《上海潮》的宗旨为:汇集金融、商业、劳务、房产等市场信息,加以剖析和评说,以引导消费。节目融信息、服务于一体,在商贸企业和听众的多层面参与下,全方位反映上海市民的经济生活。节目还设有"热线急诊室"、"消费指南"、"空中房产"、"三十六计"、"生财有道"等子栏目。其中,"热线急诊室"备受市民关注。在 60 分钟时间里,主持人连续接听市民的求购、求修及投诉电话,并当即提供信息服务。对有关商品质量、服务质量或听众在消费中遇到的问题、受到的损害,主持人一般当场连通有关商家和企业的电话,三方在空中交谈、沟通,解决问题;有的则作后续反馈。

东方大律师

《东方大律师》是东方电台的一档名牌栏目,1995 年 4 月开播。原为每周 1 期,自 2001 年 6 月开始扩容为每周 5 期,分别于周一、二、三、五和周日下午在东方电台的主频率 AM792 直播。早期为 90 分钟,后改为 60 分钟。

《东方大律师》突出法律服务和案例讨论,不仅通过热线电话接受听众的法律咨询,还为一些听众解决久拖未决的法律问题,提供法律援助。特别是与上海市司法局、《新民晚报》合作举办的"市井法案"征文暨案例讨论节目更是引起了各方的关注和好评。记录此项活动的《市井法案——来自"东方大律师"的故事》一书,2001 年 10 月由上海人民出版社出版发行。此后,又据此拍摄了电视连续剧《东方大律师》。

2002 年 7 月,《东方大律师》成为东广新闻综合频率的一档节目。

相伴到黎明

《相伴到黎明》是一档谈心类节目,1992 年 10 月开播,每天深夜 0:00—清晨 6:00 在东广 792 千赫直播。节目的核心在于一个"伴"字,旨在为那些由于种种原因无法入眠的听众送去一份关爱、一份真情、一份温馨，让他们在寂寞的长夜之中，有一个可以与之倾诉的朋友。

节目的内容力求亲切、随意、轻松，为听众架起一座心灵沟通的桥梁、打开一扇宣泄情感的窗口。设有"情感专线"、"银色世界"、"午夜音乐"、"凭栏夜读"、"邮政马车"、"回家的路"、"人生故事"等小栏目。其中"情感专线"独具特色，由主持人当场接听听众来电，或侃侃而谈，或娓娓细说，为听众排除积郁和烦忧，从而鼓起生活的勇气和信心，坚定地面对人生的挑战和磨炼。

案件聚焦

创办于1994年4月的《案件聚焦》是上海电视台一档纪实性报道典型案例、以案说法、寓教于案的法制类专栏节目。节目积极关注国家的法制化进程，旨在通过重大案件和典型案例的追踪报道和深入剖析，普及法律知识，进行法制教育，引导市民学法、懂法、遵纪守法。同时，倡导高尚的道德情操，鞭挞各种违法行为和社会丑恶现象，为群众伸张正义。

《案件聚焦》注重以真人、真事、真案为主线，注重从"法"的角度切入案件，视角涉及民事纠纷、知识产权、刑事、经济犯罪及青少年问题等诸多领域。栏目不断拓宽选题的广度和深度，以人文关注的视角去解决案件中的法律焦点，在情与法之间找到平衡点，确保节目播出后的社会效果。尤其是对一些重大案件，如"杨玉霞毁容"案等的深度报道，对健全和宣传法制起到了积极作用。

节目还以"实事求是，敢于碰硬"的工作作风，对一些有法不依、执法不严、违法不究的现象开展有针对性的报道和评析，激起了观众的强烈反应，收视率长期名列前茅。

《案件聚焦》开播时在上视二套节目（14频道）播出；后安排在上视一套（8频道）周二、周四20:10播出，次日重播。

时代

《时代》是上海电视台于1994年创办的一档融理论性、政策性、贴近性和可看性于一体的理论宣传栏目，也是一档在全国范围内首创的电视理论宣传栏目。每周日16:40在8频道播出，每档15分钟。

《时代》于1998年制作播出的《人间正道——"发展才是硬道理"纵横谈》理论系列片，以电视手法阐述了邓小平理论的一些重要观点，讴歌了中国改革开放总设计师的丰功伟绩，形象表述了中国改革开放的巨大成就。系列片荣获中共中央宣传部颁发的"五个一工程奖"，同时获得上海市首届邓小平理论研究优秀成果一等奖。

2002年1月起，《时代》在上视新闻综合频道每周一17:20播出。

纪录片编辑室

《纪录片编辑室》创办于1993年2月，是国内最早以纪录片为播出主体的电视栏目。

栏目关注中国改革开放大背景下当代人的命运，真实记录当代人的生存状态和内心情感，记录现实，还原历史。重视发掘凡人的不平凡和名人的寻常事情，并以深刻的主题和独特的视角折射时代与社会的进步。

《纪录片编辑室》以从容细致的创作态度，制作播出与时俱进、形态多样的作品，如"毛毛告状"、"重逢的日子"、"德兴坊"、"大动迁"、"回到祖先的土地"、"我的潭子湾小学"、"干妈"

等都曾在观众中引起轰动,片中主人公的命运牵动了无数人的心,成为上海电视台的一档名牌栏目,并赢得了国内外一系列重要奖项。

2002 年 1 月,《纪录片编辑室》落户上视纪实频道,每周一晚首播,次日重播;每期片长40 分钟。

东方 110

《东方 110》是东方电视台与市公安局于 1993 年合作开设的一档法制专栏节目,着重报道重大刑事案件和典型案例,普及法律知识,开展法制教育。节目每周两次在黄金时段播出,每期 20 分钟,包括"警方要闻"、"警方调查"、"警方提示"、"警方协查"4 个板块。

节目坚持正面宣传为主的方针,以"普法、引导、沟通、服务"为宗旨,具有及时性、真实性、生动性和题材的独特性、政策的权威性,是媒体宣传法制的一个重要阵地、公安新闻传播的权威窗口,也是公安机关打击现行犯罪的有力助手。一些重要协查通缉令在《东方 110》播出后,都会得到广大市民的积极配合。

《东方 110》在上海和苏浙地区拥有相当数量的观众。据 1999 年 3 月的收视率统计,《东方 110》的收视率为 15% 左右,列上海 13 个频道 40 个上榜节目的第 9 位,被广大市民和公安干警称为"空中蓝盾"。

2002 年 1 月开始,《东方 110》每周一、四 20:30 在东视新闻娱乐频道播出,每档 30 分钟。

寻常人家

《寻常人家》是有线电视综合频道于 1995 年 1 月推出的新栏目,每周六 19:00 首播,片长 20 分钟。

栏目深入社会基层,以质朴的纪实手法,从一个个寻常百姓家庭的甜酸苦辣和喜怒哀乐中折射出人间真情和社会爱心,通过人们在时代更替和命运变幻中的情感理念,发掘出深刻的人生哲理,并着力推崇中华民族的传统美德。

1997 年 3 月,在由观众投票产生的上海有线电视台"十佳栏目"评选中,《寻常人家》以最高得票名列榜首。

1999 年 10 月,上海市档案馆将《寻常人家》栏目的"居委会的故事"、"城里来的种田人"等纪录片收录进音像档案库,并向有关编创人员颁发了收藏证书。

2000 年 1 月,《寻常人家·标本世家》节目被中国黄河电视台传送美国斯科拉卫星电视网播出。

栏目于 2001 年 6 月停办。

唐蒙视点

《唐蒙视点》是东视 33 频道于 2001 年 1 月推出的一档以主持人命名的人物深度访谈类节目,每期长度为 30 分钟,每周日 22:00 播出。2001 年 10 月,整合重组的上海电视台体育频道开播后,节目安排在每周五 21:30 黄金时间播出。2002 年 7 月 15 日开始,每周六21:00 还在上广新闻频率播出。

《唐蒙视点》力求跳开一般竞技体育以胜败论英雄的思路,从人性角度出发,以独特的视角、专业的眼光、中肯的分析和推心置腹的诚意,对国内外体坛焦点人物作深入采访,透视体育界热点事件的背后故事,引发人们的深层思考。

栏目注重前期策划和采访人物的准确定位。2002 年,先后采访了米卢、科萨、朱广沪、姚明、李秋平、徐根宝、宋卫平、国际汽联主席莫斯利、F1 推广人博尼、ATP 总裁迈尔斯等,几乎涵盖了当年中国体坛热点事件的所有重量级人物。

附录一

1997 年至 2002 年"上海十大新闻"评选

"上海十大新闻"评选,包括当年度上海十大新闻以及上海在经济、科技、文化、精神文明建设、法治、国际六个方面的"十大新闻"评选。

从 1990 年起,市委宣传部主管、主办的《上海文化年鉴》编辑部,开始举办"上海十大文化新闻"评选;随后几年,市科委、市精神文明办等有关领导部门分别相继组织开展"十大上海经济新闻"、"十大精神文明建设新闻"、"十大科技新闻"、"十大法治新闻"、"十大环境新闻"等项评选活动。从 1997 年开始,"十大新闻"评选统一由市新闻工作者协会主办。

上海"十大新闻"评选在市委宣传部直接领导下举行。每年年终,首先由市新闻工作者协会同《解放日报》、《文汇报》、《新民晚报》、上海电台、上海电视台、东方电台、东方电视台等新闻单位专家组成的复评委,在全年的新闻中进行初选,然后由各新闻单位领导组成的定评委定评,并经市委宣传部最后审定。评定出的"十大新闻",一般都在下一年初在报纸、电台、电视台和新闻网站上公布。

1997 年至 2002 年"上海十大新闻"

1997 年上海十大新闻

一、1 月 6 日,上海信息交互网率先在全国建成开通,上海 5 大信息网〔中国科技网(上海)、上海教育与科研网、上海科技网、上海公共信息网、上海经济信息网〕正式联通。

二、中国生命科学研究获重大突破,国家科委、中科院和上海市府 1 月 6 日联合发布:中科院上海分院洪国藩研究员等在世界上首次成功构筑高分辨率水稻基因组物理全图,这一成果为最终揭示水稻遗传信息奥秘和农作物育种作出重大贡献。

三、中国汽车工业进入一个全新发展时期,总投资 15.7 亿美元的上海通用汽车有限公司和泛亚汽车技术中心公司 6 月 12 日在沪成立。

四、以"服务他人、奉献社会"为宗旨的上海市志愿协会 7 月 27 日成立,已有 1 万多支服务队、130 万名志愿者活跃在上海各个区县。

五、第八届全国运动会于 10 月 12 至 24 日在上海举行,江泽民、李鹏分别出席开幕式及闭幕式。上海市体育健儿在全运会上荣获总分和金牌总数第一名。

六、浦东国际机场 10 月 15 日全面开工。江泽民为奠基石挥锹培土。机场计划在 1999 年底前建成一期工程并投入试运营。

七、12 月 16 日上午九时半,上海苏州河上最后一个渡口——强家角轮渡拉上了闸门。至此,苏州河上 85 年轮渡历史结束。

八、中共上海市第 7 次代表大会于 12 月 21 日至 25 日召开。大会提出了世纪之交的奋斗目标,选举产生了新一届市委领导机构。

九、1997年,上海人均国内生产总值按目前汇率计算突破了3 000美元。

十、截至12月统计:上海实施再就业工程取得显著成效,已有100万人次的下岗职工重新安置或就业。

1998年上海十大新闻

一、今夏长江流域和嫩江、松花江流域发生特大洪灾,上海人民发扬江泽民同志倡导的万众一心、众志成城,不怕困难、顽强拼搏,坚韧不拔、敢于胜利的伟大抗洪精神,广泛开展抗洪救灾活动,捐款捐物,举行抗洪救灾义演,派出医疗队奔赴灾区防病治病。

二、8月5日本市召开学习邓小平理论工作会议,要求紧紧围绕十五大主题兴起学习邓小平理论新高潮。12月16日本市隆重举行纪念党的十一届三中全会召开20周年座谈会。12月18日至20日,中共上海市委举行七届三次全会,全会审议通过了《中共上海市委关于奋战1999年以两个文明建设的新成绩迎接新世纪的决定》。

三、以中共中央政治局委员、上海市委书记黄菊为团长的上海市代表团先后赴云南、重庆、广东、福建、江苏、浙江等兄弟省市学习考察。12月4日中共上海市委发出《关于学习兄弟省市先进经验增创上海新优势的通知》。

四、美国总统克林顿6月29日至7月2日访问上海时公开重申:美国不支持台湾独立,不支持“一中一台”、“两个中国”,不支持台湾加入任何必须由主权国家才能参加的国际组织。

五、上海进一步扩大对内对外开放。市政府5月份推出包括24条新政策的《关于进一步服务全国扩大对内开放的若干政策意见》;对外开放迈出新步伐,全市吸收合同外资比上年增长9%,浦东引进外资项目和投资额占全市三分之一,其中大项目和外商直接投资明显增多。

六、上海钢铁工业和汽车工业进入新的发展阶段。由宝钢、上海冶金、梅山三家钢铁企业联合组建的上海宝钢集团公司11月17日成立,上海通用汽车公司生产的首辆“新世纪”轿车12月17日胜利下线。

七、10月14日海协会会长汪道涵在上海会见海基会董事长辜振甫,并达成4点共识。这是继1993年4月在新加坡进行汪辜会谈后的第二次会晤。

八、上海城市建设获重大进展。中国第一座现代化大剧院——上海大剧院8月27日落成公演;目前国内第一、世界第三高度的88层高楼金茂大厦8月28日在浦东陆家嘴竣工;沪杭高速公路年底通车。

九、上海新闻出版、广播电视事业取得突破性进展。按照“强强联合”原则组建的文汇新民联合报业集团7月25日成立;上海卫星电视10月1日开播;中华民族历史上第一部系统、全面的文化通志《中华文化通志》11月由上海人民出版社出齐,江泽民同志会见了部分编委和作者,表示祝贺和感谢。

十、上海入夏以来出现20个35℃以上高温日,其中8月15日最高气温达39.4℃,创下申城54年以来的最高纪录。

1999年上海十大新闻

一、以“中国:未来50年”为主题的“’99《财富》全球论坛·上海年会”9月在上海国际会议中心举行,国家主席江泽民在开幕晚宴上发表重要演讲。

二、本市举行各种活动,热烈欢庆新中国成立五十周年和上海解放五十周年,唱响祖国颂、社会主义颂、改革开放颂,营造了隆重热烈、团结奋进、昂扬向上的氛围。

三、上海国内生产总值比 1998 年增长 10.2%,比年初预计目标超出 1.2 个百分点;全年外贸出口 187.9 亿美元,同比增长 17.8%。

四、《上海市进一步推进依法治市工作纲要》8 月颁布;上海市人大常委会 12 月通过有关实施方案。

五、高架道路"申"字结构圆满画上最后一笔——延安高架路中段工程 9 月全线竣工通车。

六、浦东国际机场一期工程 9 月竣工通航,上海成为中国首个拥有两个大型国际机场的城市。

七、"中华商业第一街"——南京路步行街一期工程 9 月建成开街。

八、中国转基因动物研究获重大突破。中国第一头携带人血清白蛋白基因整合的转基因试管公牛"滔滔"2 月在上海奉贤县奉新动物试验场诞生。

九、首届上海国际工业博览会 12 月在上海展览中心举行。

十、20 世纪末全国规模最大的国际性文化艺术活动——首届中国上海国际艺术节 11月 1 日至 12 月 1 日举行。

2000 年上海十大新闻

一、江泽民总书记在上海主持召开江苏、浙江、上海三省市领导参加的党建工作座谈会,全面、深刻阐述"三个代表"重要思想。

二、上海胜利完成"九五"计划,圆满交出"两个文明"建设答卷;市委七届七次全会审议并通过《〈中共上海市委关于制定上海市国民经济和社会发展第十个五年计划的建议〉的决议》。

三、上海积极参与西部大开发,黄菊、徐匡迪等率上海市代表团三度西行,与河南、陕西、宁夏、内蒙古、新疆、甘肃、青海 7 省区党政领导共商合作开发大计,签署 502 个经济技术合作项目,总金额达 298.6 亿元。

四、城镇职工基本医疗保险制度和医药卫生体制改革在本市全面启动。

五、上海经济发展跃上新台阶,全市人均 GDP 突破 4 000 美元;外贸出口超过 250 亿美元,同比增长三分之一。

六、上海工业出现新气象,国有企业亏损面下降至 18.4%,实现国企改革脱困的预定目标;上海港货物吞吐量突破 2 亿吨,成为世界第三大港。

七、市政府 1 号工程——上海信息港主体工程之一的上海电信宽带网改造工程完成,成为目前国内城市中规模最大、技术最先进的宽带信息网络。

八、上海城市建设、河流整治再传捷报,市中心"三横三纵"主干道网络框架全部建成通车;国内第一条城市高架轨道交通线——明珠线投入试运营;苏州河治理一期工程初见成效,干流水域基本消除黑臭;新建延中公共绿地一期工程、世纪公园、虹桥中心公园等一批大型绿化工程,全年市区新增公共绿地 828 公顷。

九、上海新闻事业发展又有新进展,由本市主要新闻媒体联手共建的大型综合性网站东方网建成开通;解放日报报业集团挂牌;原文化局和广播电影电视局"撤二建一",组建成市文化广播电影电视管理局。

十、上海电影制片厂拍摄的反腐倡廉影片《生死抉择》上映后引起强烈社会反响,受到广泛好评;该片荣获第二十届中国电影金鸡奖最佳故事片、最佳剧本和最佳男配角 3 项大奖。

2001 年上海十大新闻

一、中国共产党成立八十周年纪念日来临前夕,中共中央总书记、国家主席、中央军委主席江泽民来到中共一大会址纪念馆,参观了"中国共产党创建历史文物陈列"。

二、中共上海市委召开七届九次全会认真学习江泽民总书记"七一"讲话,要求全市党员干部、人民群众把思想和行动统一到《讲话》精神上来,把《讲话》精神贯彻到改革、发展、稳定的实践中去。中共中央政治局委员、上海市委书记黄菊指出,"七一"重要讲话是中国共产党人面向新世纪的宣言书,是一篇马克思主义的纲领性文件,是在新世纪全面推进党的建设新的伟大工程的科学指南,是实现现阶段党的历史任务和奋斗目标的行动纲领。

三、2001 年亚太经济合作组织第 9 次领导人非正式会议在上海成功举行。国家主席江泽民同与会领导人讨论全球及地区经济形势、人力资源能力建设以及 APEC 的未来发展方向等议题。

四、欧亚大陆新的区域性多边合作组织——"上海合作组织"诞生,中俄哈吉塔乌 6 国元首共同签署《打击恐怖主义、分裂主义和极端主义上海公约》。

五、上海"十五"计划开局良好,GDP 连续 10 年保持两位数增长,外贸出口和吸引外资均创历史新高。

六、2001 年市政府 1 号工程、世界上展示面积最大的科技馆——上海科技馆年底建成向大众开放。

七、新一轮上海城市重大工程建设全面展开,上海环境建设战役全面打响。世界上第一条商业化运营的磁悬浮列车开工建设;高速公路、轨道交通、越江设施建设规模超过近 10 年总量;亚太航空枢纽港建设启动;延中、黄兴、徐家汇等中心城区大型绿地相继建成,城市绿化覆盖率达到 23%。

八、上海再次荣获中宣部精神文明建设"五个一工程"奖"满堂红",并实现了组织工作奖八连冠;东方书报亭成为城市新景观,建设经验在全国得到推广。

九、第五次全国人口普查显示,上海市人口达到 1 674 万人,比第四次全国人口普查公布的人口增 340 万人,其中城镇人口近 9 成;外来流动人口达 387 万,居全国第二。

十、全国第一个青少年大型校外素质教育活动基地"东方绿舟"一期工程在青浦落成;新型高等教育基地松江大学城一期竣工,首批新生入驻;浦东的新上海国际博览中心建成开馆。

2002 年上海十大新闻

一、江泽民对上海提出新要求

11 月 9 日,江泽民同志在参加党的十六大上海代表团讨论时,要求上海发展要有新思路,改革要有新突破,开放要有新局面,各项工作要有新举措。

二、中国成功获得世博会举办权

12月3日,在摩纳哥蒙特卡洛举行的国际展览局第132次大会上,中国获得2010年上海市世界博览会举办权。

三、中共上海市第八次党代会召开

中国共产党上海市第八次代表大会5月24日至28日举行,大会提出今后五年的奋斗目标和主要任务,动员上海全体共产党员和全市人民,高举邓小平理论伟大旗帜,认真贯彻"三个代表"重要思想,为把上海建设成为社会主义现代化国际大都市和国际经济、贸易、金融、航运中心之一而努力奋斗;市委八届一次全会选举产生新一届市委领导机构;市委八届二次全会进一步确定上海未来五年发展新思路。

四、中共上海市委主要领导调整

10月22日,新华社播发中共中央决定:黄菊同志调中央工作。11月15日,在党的十六届一中全会上,黄菊同志当选为中共中央政治局常委。

五、上海GDP连续第11年实现两位数增长

上海经济实现了连续第11年的两位数快速增长,国内生产总值预计比上年增长10.9%,人均国内生产总值突破4 900美元;上海工业增加值同比增长12.7%,利润首次突破500亿元;首次郊区工作会议确立郊区战略新目标,城乡一体化发展进入新阶段。

六、上海磁浮示范运营线通车

12月31日,世界上第一条商业化运营的高速磁浮交通系统——上海磁浮示范运营线通车,中国总理朱镕基、德国总理施罗德共同为开通仪式剪彩。

七、中国科学家在沪揭开水稻"基因天书"

中国科学家在上海完成水稻基因组第4号染色体的精确测序,揭开水稻"基因天书"一页。

八、上海国际文化交流日趋繁盛

中外名家、古今佳作汇聚申城,科学奇才霍金,多利羊之父坎贝尔甫,歌剧之王多明戈,小提琴之神帕尔曼等纷至沓来;晋唐宋元书画国宝展,艺术大师莫奈、达利作品展,世界名剧《悲惨世界》等亮相展演;世界网坛顶级赛事——2002年上海大师杯赛成功举办;上海荣获F1世界锦标赛系列2004—2010年中国大奖赛承办权以及2007年第十二世界夏季特奥会主办权。

九、上海推出的系列改革成效显著

政府行政审批事项精简约40%,经济鉴证类社会中介机构脱钩改制工作基本完成;6月15日,上海开始实行居住证制度,凡具有本科以上学历或者特殊才能的国内外人员,以不改变其户籍或者国籍的形式来本市工作或创业的,可分别申领A、B《居住证》;9月1日起上海实行公民按需申领护照试点。

十、帮困救助送温暖掀热潮

今年上海又出台10多项救助帮困的政策措施,全市城镇享受低保人数有42万,农村低保人数达6万;对8万多协保人员实施了生活补助,对5万多人次大病重病患者实施医疗救助,各级工会组织直接帮助3.4万名特困下岗职工实现了再就业。

附录二：部分广播电视节目表

一、上海电台 新闻综合台 AM990 节目表（1993 年 7 月起实施）

时间/星期	周一	周二	周三	周四	周五	周六	周 日
5：00—5：05	《新闻》						
5：05—5：15	《每周一歌》（一、三、五、日） 《名曲介绍》（二、四、六）						
5：15—5：30	《科学生活》						
5：30—5：40	《环球瞭望》						
5：40—5：50	《报刊文选》						
5：50—6：00	《今日论坛》						
6：00—6：30	《新闻体育与气象》						
6：30—7：00	转播中央电台《新闻和报纸摘要节目》						
7：00—8：00	《早新闻》						
8：00—9：00	重播《早新闻》						《时事经纬》
9：00—11：30 11：00	《都市 990》（其中正点为"新闻"）						《990 有奖大点播》 《DCC 神奇的数码音乐》
11：30—12：00	《空中体坛》						
12：00—12：10	《新闻与气象》						
12：10—13：00	《市民与社会》					《法律咨询》	《名医坐堂》
13：00—13：05	《新闻》						
13：05—14：00	《上海欢乐时空》						
14：00—14：05	《新闻》						《空中大舞台》
14：05—15：00	《戏苑四重奏》						
15：00—15：05	《新闻》						
15：05—15：35	《华夏旋律》						
15：35—16：00	《九曲桥》						
16：00—16：05	《新闻》						
16：05—16：35	《广播连续剧》						
16：35—17：00	《人间万象》						
17：00—17：05	《新闻》						

（续表一）

时间/星期	周一	周二	周三	周四	周五	周六	周　日
17:05—18:00	《快乐少年》（一、三、五）《百灵鸟》（二、四）						《青春·太阳》
18:00—18:15	《新闻与气象》						
18:15—18:30	《音乐专题：绿色音符》						
18:30—19:00	《家园内外》（一、三、五）《听众信箱》（二、四、六）						《空中茶馆》
19:00—19:05	《新闻》						
19:05—20:00	《世界音乐星空》						
20:00—20:30	转播中央电台《全国联播》						
20:30—20:45	《科学与生活》						
20:45—21:00	《空中体坛》						《八音泉》
21:00—21:05	《新闻》						
21:05—22:00	《海上新空气》						
22:00—22:10	《新闻与气象》						
22:10—22:20	《环球瞭望》						《快乐夜上海》
22:20—23:00	《今晚没约会》（一、三、五）《音乐与人生》（二、四、六）						
23:00—23:05	《新闻》						
23:05—23:30	《悄悄话》						
23:30—1:00	《午夜星河》（00—00:05"新闻"）						
1:00—1:10	《报刊文选》						
1:10—1:15	《今日论坛》						
1:15—1:30	《八音泉》						
1:30—2:30	《旋转音乐座》						
2:30—2:55	《人间万象》						
2:55—3:05	《名曲介绍》（一、三、日）《每周一歌》（二、四、六）						
3:05—3:15	《环球瞭望》						
3:15—4:15	《影剧剪辑》、《广播剧场》						
4:15—4:45	《华夏旋律》						
4:45	全天播音结束						

备注：周一 13:00—17:00、周五 1:30—4:45 为停机维修。

二、上海电台新闻频率 AM990、FM93.4 节目时间表(2002 年 7 月 15 日起实施)

时间/星期	周一	周二	周三	周四	周五	周　六	周　日
5:30—5:40	《理论经纬》						
5:40—6:00	《为您服务》						
6:00—6:30	《990 清晨新闻》						
6:30—7:00	转播中央电台《新闻和报纸摘要》						
7:00—8:00	《990 早新闻》						
8:00—9:00	重播《990 早新闻》						
9:00—9:05	《990 新闻快报》					《新奇乐全方位》	《新闻背后的故事》
9:05—10:00	《环球瞭望》					《新奇乐全方位》	《新闻背后的故事》
10:00—10:05	《990 新闻快报》						
10:05—10:30	《990 听众热线》					《百姓故事》	《笑声与歌声》
10:30—11:00	《990 听众热线》					《名人讲堂》	《笑声与歌声》
11:00—11:30	《谈天说地阿富根》					《足彩猜猜猜》	《超级运动节拍》
11:30—12:00	《东方体育午报》					《足彩猜猜猜》	《超级运动节拍》
12:00—12:10	《990 午间新闻》						
12:10—13:00	《市民与社会》					《科技新世界》	《时事大挑战》
13:00—13:05	《990 新闻快报》						
13:05—14:00	《名医坐堂》						
14:00—14:05	《990 新闻快报》					《各地之窗》	《精彩星期天》
14:05—15:00	《小茗时间》					《各地之窗》	《精彩星期天》
15:00—15:05	《990 新闻快报》						
15:05—16:00	《小茗时间》					《温馨家园》	《小茗时间》
16:00—16:05	《990 新闻快报》					《温馨家园》	《小茗时间》
16:05—17:00	《温馨家园》					《温馨家园》	《小茗时间》
17:00—18:00	《今日上海》(Live It Up Shanghai)						
18:00—18:30	《990 晚间新闻》					《990 晚间新闻》	
18:30—19:00	《990 晚间新闻》					《都市采风》	
19:00—20:00	《法庭内外》					重播《科技新世界》	重播《新闻背后故事》
20:00—20:05	《990 新闻快报》						
20:05—20:30	重播《谈天说地阿富根》				重播《百姓故事》		重播《名人讲堂》

（续表一）

时间/星期	周一	周二	周三	周四	周五	周 六	周 日
20:30—21:00	《广播剧场：刑警803》						
21:00—21:30	《空中体坛》					《唐蒙视点》	《球迷俱乐部》
21:30—21:40	《今日体育快评》					《体育名人访谈》	
21:40—22:00	《体育名人堂》						
22:00—22:10	《990夜新闻》						
22:10—22:40	《海上闲话》					重播《百姓故事》	重播《名人讲堂》
22:40—22:50						《音乐》	
22:50—23:00	重播《理论经纬》						
23:00—00:00	《今日上海》(Live It Up Shanghai)						
00:00—00:05	《990新闻快报》						
00:05—01:00	重播《环球瞭望》					重播《新奇乐全方位》	重播《新闻背后的故事》
01:00—01:05	《990新闻快报》					《音乐》	重播《精彩星期天》
01:05—02:00	《音乐》						
02:00—03:00	重播《法庭内外》					重播《名医坐堂》	《音乐》
03:00—04:00	《音乐》					重播《温馨家园》	重播《名医坐堂》
04:00—05:00	重播《温馨家园》						《音乐》
05:00—05:30	《健身音乐与广告》						

备注：周一15:00—17:00、周五1:05—5:00为停机维修。

三、东方电台新闻综合频率 AM792、FM104.5 节目时间表（2000 年 4 月起实施）

时 间	周一	周二	周三	周四	周五	周 六	周 日
6:00	东广早新闻						
8:30	转播中央电台新闻和报纸摘要						
9:00	上海潮					假日导购台	逍遥星期天
10:00							健康百事通
10:30	上海潮·投诉热线						
11:30	东广体育						119 祝您平安
12:00	东广午间新闻						
12:10	今日新话题					滑稽相声	792 网络时空

(续表一)

时 间	周一	周二	周三	周四	周五	周 六	周 日
13:00	792 交通网(一、三、五)					卡拉 OK 循环赛	东方大律师
14:00	东广直播车(二)					中澳商情	明星传真
15:00	常青树					旅游金线	滑稽相声(周日版)
16:00	旅游金线						
16:30							周日作文
17:00	生活百事通(一、三、五)　健康百事通(二、四、六)						智慧之光
18:00	东广时事特快						
18:15	滑稽相声						你的故事我的歌
18:30							
19:00	金话筒之约						
19:30							跨世纪的对话
20:00	流行商情						
21:00	阿拉上海人(一、三、五) 写字楼的故事(二、四、六)					写字楼的故事	蔚蓝夜话
22:30	半个月亮					花好月圆	点戏台
0:00	相伴到黎明(周五无)						

四、上海电视台节目时间表(1993 年 1 月 1 日起实施)

八 频 道

播 出 时 间	节 目 内 容
09:00	早上新闻　　10′00″
09:10	电视系列片　17′50″
09:30	沪剧节目　　120′00″
12:00	英语新闻　　15′00″
12:15	电影　　93′00″
13:48	美术片　3′00″
13:51	垫片
14:00	直播上海大世界吉尼斯首届全国绝技表演暨竞技大赛 180′00″
17:00	科教片　30′30″
17:31	广告

（续表一）

八　频　道	
播　出　时　间	节　目　内　容
17:37	动画世界　33′25″
18:11	诗与画　10′27″
18:22	广告
18:30	新闻报道　28′00″
18:58	广告
19:05	霓虹灯　5′00″
19:10	广告
19:17	美术片　15′00″
19:32	广告
19:37	电视剧　49′00″
20:26	广告
20:34	海外影视　47′00″
21:21	广告

五、上海电视台十四频道节目时间表（1995 年 8 月起实施）

播出时间	周　一	周　二	周　三	周　四	周　五	周　六	周　日
9:00	今日报道						
9:20	健身房						三色桥
9:30	都市放牛						时代立体声世界拳王争霸赛
11:15	第二次世界大战著名战役展播						名人访谈
11:40	打字入门						神圣阳光
12:00	华纳音乐	科技博览	生活广角	案件聚焦	科技博览	生活广角	案件聚焦
12:25	今日报道						
12:45	世界名曲精选						影视剧
13:45	赛事精选	机器检修	赛事精选				
14:05	戏剧片		戏剧片				
14:54	影视剧		影视剧				
17:27	科教片						

（续表一）

播出时间	周　一	周　二	周　三	周　四	周　五	周　六	周　日
18:00	影视剧						上海滩
18:24	童话片						华纳音乐
18:46	视听天地						香港100题
18:57	影视剧					都市放牛	时代立体声
20:00	今日报道						
20:20	赛事精选					名人访谈	
20:40	科技博览	生活广角	案件聚焦	科技博览	生活广角	案件聚焦	西半球风情录
21:00	东方院线	时代	神圣阳光	专题片		神圣阳光	
21:20	专题片					都市放牛	影视剧
21:55	视听天地						
22:00	英语新闻						
22:24	影视剧	都市放牛	都市放牛		影视剧	都市放牛	
23:36		影视剧					英语新闻
00:04	世界名曲精选		影视剧				外国文艺
01:47			世界名曲精选				

六、上海东方电视台33频道节目播出时间表（1996年9月起实施）

播出时间	周　一	周　二	周　三	周　四	周　五	周　六	周　日
09:00	东方弘韵					欢乐蹦蹦跳	青春波
10:17	影视剧					少儿英语	开心乐园
11:38	电视系列片					家庭滑稽录像	上下五千年
12:00	东芝动物园	跨越2 000年	科学24小时			动画片	青树林
12:53	影视剧					830影院	电影
14:53	熊猫俱乐部						科学欢乐城
15:38	三七二十一	机器检修	欢乐蹦蹦跳	开心乐园	小伙伴	儿童电视剧	儿童电视剧
16:08	走向新世纪		东视少儿新闻	迎着阳光	欢乐蹦蹦跳	知心妈妈	

（续表一）

播出时间	周　一	周　二	周　三	周　四	周　五	周　六	周　日
16:33	儿童电视剧	机器检修	动画片		儿童电视剧	'96 上海旅游节青少年知识竞赛	儿童电视剧
17:04	熊猫俱乐部						小伙伴
18:04	环游世界	欢乐蹦蹦跳	开心乐园	上下五千年	三七二十一	海外博览	东方戏剧
18:29	青春波	知心妈妈	迎着阳光	欢乐蹦蹦跳	走向二十一世纪		
19:02	科学 24 小时						东芝动物乐园
19:22	跨越 2 000 年				科学欢乐城		
19:32	法律与道德	电脑号快车	贝贝奇趣大赛	家庭滑稽录像		'96 全国乒乓球锦标赛	
20:00	东视体育						
20:30	影视剧			830 影院			
22:10	东视新闻						

七、上视新闻综合频道节目播出时间表（2002 年 12 月起实施）

播出时间	周　一	周　二	周　三	周　四	周　五	周　六	周　日
7:00	上海早晨						
7:30	新闻坊						三色桥
8:00	智力大冲浪	电视连续剧					
9:30	电视连续剧					电影故事片	
10:15	第四焦点	社会方圆	影视剧	庭审纪实	案件聚焦	第四焦点	新闻观察
11:05	房屋买卖						
12:00	午间新闻						时事传真
12:30	电视连续剧					五星擂台赛	影视剧
13:30	新闻观察	机器检修	新闻追击				纪录片编辑室
14:00	五星擂台赛		好运传家宝	亲亲百家人	新上海假日	影视剧	智力大冲浪有话大家说
15:30	电视连续剧						

（续表一）

播出时间	周 一	周 二	周 三	周 四	周 五	周 六	周 日
17:30	时代	社会方圆	案件聚焦	庭审纪实	案件聚焦	当代军人	联合院线
17:53	小小看新闻						
18:00	新闻坊						
18:30	新闻报道 新闻透视						
19:00	观众中来						
19:10	电视连续剧						智力大冲浪
20:00	社会方圆	案件聚焦	庭审纪实	案件聚焦	第四焦点	电视连续剧	
20:30	新闻追击					纪录片编辑室	
21:00	新闻晚报						
21:30	影视剧						有话大家说
22:30	新闻夜线						
23:10	时代	房屋买卖	都市放牛		影视剧	都市放牛	
23:36	影视剧						英语新闻
00:04	世界名曲精选		影视剧				外国文艺
01:47			世界名曲精选				

八、上海有线信息台节目播出时间表（1995 年 10 月起实施）

播出时间	节 目 内 容	节目长度	备 注
18:00	周一——周六：财经总汇 周日：智慧之光	10′00″	
18:10	"小小"看新闻	10′00″	
18:20	都市生活： 周一：消费者之音 周二：道路交通指南 周三：吃在上海 周四：保健医生 周五：人才与交流 周六：假日旅游 周日：观众信箱	10′00″	
18:30	文化广场	5′00″	
18:35	电视导购：牵线搭桥、展览厅	55′00″	

（续表一）

播出时间	节 目 内 容	节目长度	备　注
19:30	女士一族	30′00″	
20:00	各区有线中心插播社区新闻	30′00″	
20:30	有视新闻	25′00″	
20:55	系列专题片	20′00″	
21:15	电视剧	105′00″	
23:00	结束语		

九、上海有线电视台新闻财经频道周一——周五节目播出时间表（2000 年 4 月 17 日起实施）

播出时间	节 目 内 容	节目长度	备　注
08:10	频道开始语	5′00″	
08:15	听听讲讲 100 句	5′00″	
08:20	电视直销	10′00″	
08:30	一周股市综述（一） 昨日股市（周二—周五）	20′00″	重播前一日节目
08:50	全天股市收盘行情	10′00″	重播前一交易日节目
09:00	早间财经	10′00″	直播
09:10	全天股市收盘行情	20′00″	重播前一交易日节目
09:30	股市行情	135′00″	直播
11:45	电视导购	5′00″	
11:50	电视直销	10′00″	
12:00	午间财经	10′00″	
12:10	住在上海	10′00″	
12:20	"小小"看新闻	10′00″	重播前一天节目
12:30	午间说股	15′00″	
12:45	电视导购	5′00″	
12:50	股市行情	145′00″	周二 15:10 停
15:15	大自然	45′00″	
16:00	时尚家居	15′00″	周二停
16:15	有线财经网 周一：说股论金	15′00″	

（续表一）

播出时间	节 目 内 容	节目长度	备 注
16：15	周三：海外经济见闻 周四：股市调查 周五：投资有道	15′00″	
16：30	科学与发现	45′00″	周二停
17：15	有线财经网 周一：说股论金 周三：海外经济见闻 周四：股市调查 周五：投资有道	15′00″	
17：30	时尚家居	15′00″	
17：45	电视导购	5′00″	
17：50	"小小"看新闻	10′00″	
18：00	财经总汇	30′00″	直播
18：30	大自然	30′00″	
19：00	有线新闻	30′00″	直播
19：30	周一：社会方圆 （周二—周五）有线财经网 周二：理财好商量 周三：海外经济见闻 周四：股市调查 周五：投资有道	15′00″	
19：45	全天股市收盘行情	10′00″	
19：55	听听讲讲 100 句	5′00″	
20：00	市区：各区有线电视中心社区报道； 郊区、宾馆：重播《有线新闻》	30′00″	
20：30	住在上海	10′00″	
20：40	电视导购	5′00″	
20：45	有线财经网 周一：理财好商量 周二：海外经济见闻 周三：股市调查 周四：投资有道 周五：小莉看房产	15′00″	
21：00	今日股市	20′00″	
21：20	全天股市收盘行情	10′00″	录播 19：45

（续表二）

播出时间	节　目　内　容	节目长度	备　注
21:30	财经总汇	30′00″	录播 18:00
22:00	有线新闻	30′00″	
22:30	科学与发现	45′00″	
23:15	财经总汇	30′00″	录播 18:00
23:45	电视直销	10′00″	
23:55	时尚家居	15′00″	
00:10	全天活跃个股排行榜	5′00″	
00:15	全天股市收盘行情	10′00″	重播 19:45
00:25	关机广告	20:00	
00:45	结束语		

十、上海有线电视台新闻财经频道周六—周日节目播出时间表（2000 年 4 月 17 日起实施）

播出时间	节　目　内　容	节目长度	备　注
08:10	频道开始语	5′00″	
08:15	听听讲讲 100 句	5′00″	
08:20	电视直销	10′00″	
08:30	昨日股市（周六） 一周股市综述（周日）	20′00″	重播前一日节目
08:50	全天股市收盘行情	10′00″	均重播周五节目
09:00	时尚家居	15′00″	
09:15	科学与发现	45′00″	
10:00	电视导购	5′00″	
10:05	"小小"看新闻	10′00″	重播前一天
10:15	网络世界	15′00″	
10:30	大自然	45′00″	
11:15	住在上海	10′00″	
11:25	电视直销	10′00″	
11:35	有线财经网 周六：小莉看房产 投资有道 海外经济见闻 周日：杉杉时尚 股市调查 理财好商量	50′00″	

（续表一）

播出时间	节 目 内 容	节目长度	备 注
12:25	听听讲讲100句	5′00″	
12:30	科学与发现	45′00″	
13:15	周六：小莉看房产 周日：法制节目	15′00″	
13:30	影视剧	150′00″	
16:00	时尚家居	15′00″	
16:15	电视导购	5′00″	
16:20	大自然	45′00″	
17:05	网络世界	15′00″	
17:20	住在上海	10′00″	
17:30	时尚家居	15′00″	
17:45	电视导购	5′00″	
17:50	"小小"看新闻	10′00″	
18:00	财经总汇（周六版、周日版）	30′00″	
18:30	大自然	30′00″	
19:00	有线新闻	30′00″	直播
19:30	有线财经网 周六：小莉看房产 周日：杉杉时尚	15′00″	
19:55	听听讲讲100句	5′00″	
20:00	市区：各区有线电视中心社区报道； 郊区、宾馆：重播《有线新闻》	30′00″	
20:30	住在上海	10′00″	
20:40	电视导购	5′00″	
20:45	有线财经网 周六：杉杉时尚 周日：说股论金	15′00″	
21:00	一周股市综述（周六、周日版）	20′00″	
21:20	全天股市收盘行情	10′00″	均重播周五节目
21:30	财经总汇	30′00″	录播18:00
22:00	有线新闻	30′00″	
22:30	科学与发现	45′00″	
23:15	听听讲讲100句	5′00″	
23:20	财经总汇	30′00″	录播18:00

（续表二）

播出时间	节　目　内　容	节目长度	备　注
23:50	电视直销	10′00″	
00:00	时尚家居	15′00″	
00:15	全天股市收盘行情	10′00″	均重播周五节目
00:25	关机广告	20′00″	
00:45	结束语		

说明：底纹部分为首播节目

第七编　机构与管理

进入 20 世纪 90 年代,为适应进一步改革开放的需要,上海新闻管理领导机构逐步加强和完善,并综合运用法律、经济、行政等手段,对导向、总量、布局、结构、质量和效益实行宏观调控。

中共上海市委宣传部是市委主管新闻宣传工作的主要职能部门;上海市人民政府管理新闻宣传工作的行政机构主要有上海市政府新闻办公室、上海市文化影视管理局和上海市新闻出版局。在中宣部和上海市委领导下,市委宣传部协调指导市政府新闻出版行政管理部门分工负责全市新闻宣传工作,归口管理新闻单位的事业发展和队伍建设。

1991 年 6 月 27 日设立中共上海市委对外宣传小组办公室,作为市委宣传部的分管对外宣传的职能处室。1994 年中共上海市委对外宣传小组办公室改称为中共上海市委对外宣传办公室,局级建制,同时作为上海市人民政府新闻办公室,两块牌子、一个机构,这是中共上海市委、上海市人民政府统一管理全市对外宣传的办事机构,由中共上海市委宣传部归口管理;原上海市人民政府新闻处并入上海市人民政府新闻办公室。中共上海市委对外宣传办公室、上海市人民政府新闻办公室内设秘书处、对外宣传处、新闻发布处、事业发展处、研究室、网络新闻管理处 6 个职能处室。

1995 年 8 月原上海市电影局和上海市广播电视局撤二建一,成立上海广播电影电视局,在全国率先实现“影视合流”。2000 年 4 月原上海市文化局和上海广电影视管理局建制撤销,成立上海文广影视管理局,实现“文广合流”。2001 年 4 月组建上海文广影视集团。上海文广影视管理局转变职能,面向全市文广影视单位,实行行业管理。

为确保正确的舆论导向,按照党中央和上海市委的要求,从 20 世纪 80 年代末开始,市委宣传部为建立一个引导及时、运转有序的新闻宏观管理体系,建立并不断完善新闻通气会制度、新闻协调制度、新闻阅评制度和谈话制度等。1996 年 1 月和 10 月根据中宣部的要求,分别成立了新闻阅评小组和新闻协调小组。

为加强和改进党对报纸工作的领导,1997 年、1998 年和 2000 年对上海报业进行了 3 次调整。前两次的调整原则分别为“调整结构,减少重复,提高质量”。2000 年进行的结构调整,主要是将原由各委办局主办的报纸划归党报、报业集团或其他单位主管主办。以加强领导,并有效制止报纸发行上行政强行摊派行为。

宣传报道业务档案管理是新闻管理不可忽略的重要部分。根据中宣部和国家档案局的要求,1990 年市委宣传部和市档案局联合下发了《上海市新闻单位宣传报道档案管理实施细则(试行稿)》,对宣传报道档案管理的机构设置、归档范围、归档要求、档案的保管和保护以及利用和统计等均作出了详细规定。上海各主要新闻单位通过贯彻落实文件精神,健全新闻业务档案管理专门机构,提高对管理人员素质要求,健全管理制度。

第一章 领 导 机 构

第一节 中共上海市委宣传部

一、职责

把握全市的舆论导向,研究贯彻新闻工作方针政策,负责指导全市新闻发布的管理工作;指导协调上海市文化广播影视管理局、市新闻出版局、市政府新闻办、解放日报报业集团、文汇新民联合报业集团、上海文化广播影视集团及下属文广新闻传媒集团和全市各新闻部门和单位特别是主要新闻媒体的工作;代管上海市新闻工作者协会;会同主管部门做好全市新闻专业技术职称的审定工作。

二、领导成员

部长为金炳华(1991年8月—2000年11月)、殷一璀(2000年11月—2002年6月)、王仲伟(1999年12月—2002年6月任副部长,2002年6月起任部长)。

先后任副部长的为龚心瀚、孙刚、刘吉、徐俊西、尹继佐、何添发、周慕尧、贾树枚、方全林、许德明、郝铁川。

第二节 上海市人民政府新闻办公室
（市委对外宣传办公室）

一、主要职责

贯彻执行中共中央、国务院和市委、市政府关于对外宣传、新闻发布和舆论导向工作。

研究拟订本市重大事项、重大活动和重要会议及突发事件的对外宣传方针、计划、口径,督促、检查实施情况。

负责市政府对内对外新闻发布工作;协调市政府各委、办、局新闻发言人的工作。

研究拟订本市对外宣传事业的总体规划;管理对外宣传专项经费和专项基建投资。

会同有关部门指导并协调本市各部门、各区县对外和对港澳台的宣传工作。

会同并协调有关部门做好外国及港澳台记者来沪采访报道方面的工作;审批、管理港澳台记者来沪采访事宜。

联系本市新闻、对外宣传单位,定期通报情况,同时将新闻、对外宣传工作中的重要信息及时报告市委、市政府。

归口管理、统筹协调本市网络新闻宣传工作。

开展对外宣传的调查研究,及时了解港澳台和国际传媒动态,并就舆论导向适时提出相应对策。

内设机构:秘书处、对外宣传处(根据工作需要,可使用"记者联络处"的牌子)、新闻发布处、事业发展处、研究室、网络新闻管理处。

二、领导成员

主任为贾树枚(1993年11月—1997年2月)、王仲伟(1997年2月—2003年1月)。

先后任副主任的为张崇显、徐文龙、谢锦莲、郑辛逸、张慈赟、焦扬。

第三节 上海市文化广播影视管理局

一、主要职责

贯彻执行有关文化艺术、新闻宣传、广播影视工作的方针、政策和法律、法规、规章;结合本市实际,研究起草文化艺术、广播影视管理等工作的地方性法规、规章草案和政策,并组织实施有关法规、规章和政策。

研究制定本市文化艺术、广播影视事业的发展战略,编制有关发展规则。

负责广播电视新闻宣传的管理和广播电视媒体对外宣传的组织协调工作。

负责广播电视媒体、专业艺术团体和影视集团的管理工作,组织协调并指导文化艺术、广播影视的创作与生产。

管理文化广播影视科技工作;指导文化广播影视系统高新技术的科学研究;指导文化广播电视技术资源的开发、应用及有线网络的有关技术管理工作。

负责管理本市群众文化艺术事业、公共图书馆事业和社会文化社团等;指导开展群众性业余文化工作。

依法管理文化娱乐、演出、美术、影视、音像等文化市场。

负责有关行政复议受理和行政诉讼应诉工作。

负责文化艺术、广播影视工作的对外和对港、澳、台地区的合作与交流工作。

研究和推进文化艺术、广播影视内部管理体制和干部人事制度改革;制定人才培养和艺术教育规划,并组织实施。

承办市委、市政府交办的其他事项。

二、领导成员

(1)上海市广播电视局(1995年10月前)

党委书记:贾树枚(1993年11月前);孙刚(1993年11月—1995年4月)

局长：龚学平(1993 年 11 月前)；叶志康(1993 年 11 月—1995 年 8 月)

(2) 上海市广播电影电视局(1995 年 8 月—2000 年 4 月)

党委书记：孙刚(1995 年 8 月—1997 年 3 月)；赵凯(1997 年 3 月—1999 年 12 月)

局长：叶志康(1995 年—2001 年 4 月以后)；

(3) 上海市文化广播影视管理局(2000 年 4 月以后)

党委书记：郭开荣(2000 年 4 月以后)

局长：叶志康(2000 年 4 月—2002 年)；穆端正(2002—　　)

第四节　上海市新闻出版局

一、主要职责

(一) 贯彻执行有关新闻出版和著作权工作的方针、政策和法律、法规、规章；结合本市实际，研究起草新闻出版和著作权管理工作的地方性法规、规章草案和政策，并组织实施有关法规、规章和政策。

(二) 负责制定新闻出版业发展规划，并指导实施；研究并指导新闻出版业的布局调整；制定新闻出版业的改革方案。

(三) 负责审核或审批图书、报纸、期刊、电子出版物的出版、印刷、复制、发行、进出口等单位的设立和变更。

(四) 负责指导并依法审核图书和电子出版物的出版计划和选题；组织审读图书、报纸、期刊、电子出版物等各类出版物。

(五) 依法管理图书报刊、电子出版物和印刷市场；依法查处违法出版、印刷、复制发行活动。

(六) 负责监督管理印刷业。

(七) 负责实施著作权行政管理；依法查处著作权侵权行为。

(八) 归口管理新闻出版和著作权方面的对外及对台、港、澳地区的合作与交流；会同有关部门管理、协调本市出版物的进出口贸易。

(九) 负责有关行政复议受理和行政诉讼应诉工作。

(十) 承办市政府交办的其他事项。

二、内设机构

根据上述主要职责，上海市新闻出版局(上海市版权局)设 11 个职能处(室)，即：

(一) 办公室(党委办公室)

(二) 政策法规处

(三) 出版管理处(发行管理处)

(四) 报刊管理处

(五) 印刷管理处

（六）版权管理处

（七）事业发展处

（八）计划财务处

（九）人事教育处

（十）对外合作处

（十一）组织处（老干部办公室）

按有关规定设置纪检监察机构和机关党委。

三、领导成员

党委书记先后为冯士能（1991 年—1993 年 11 月）、王仲伟（1993 年 11 月—1995 年 3 月，任党委副书记，主持工作）、郭开荣（1995 年 8 月—1998 年 11 月）、钟修身（1998 年 11 月—2005 年 7 月）。

先后任局长的为徐福生（1992 年 1 月—1997 年 3 月）、孙颙（1997 年 3 月—　　）。

第二章　管　　理

第一节　管　理　体　制

中共上海市委宣传部负责指导协调上海市新闻出版局、市文化广播影视管理局、市政府新闻办、解放日报报业集团、文汇新民联合报业集团、上海文化广播影视集团等全市各新闻部门和单位特别是主要新闻媒体的工作。

第二节　管　理　机　制

一、新闻通气会制度

为了使新闻界及时了解市委的工作思路和工作部署，也便于市委及时了解新闻宣传工作动态，进而成为媒体领导增强政治意识、大局意识、责任意识的有效机制，1988 年 7 月 16 日，市委宣传部组织第一次由市委、市府领导同中央新闻单位驻沪机构和上海主要新闻单位负责人新闻座谈会。当时在上海主持工作的江泽民以及朱镕基出席会议。这次座谈会后，市委正式确定这种形式的新闻座谈会基本一季度召开一次，故称新闻界季度座谈会。新闻界季度座谈会至 1996 年 7 月共召开了 21 次。此后，作为定期的新闻界季度座谈会不再召开，但市委主要领导召集的宣传部、中央新闻单位驻沪机构和上海主要新闻单位负责人的座谈会仍不定期举行。

与此同时,市委宣传部建立起本市主要新闻单位负责人参加的双周通气会制度,及时传达中央和市委重要方针和政策,部署重大报道,通报需要在宣传报道中须引起注意的问题;请市委和市政府有关职能部门的领导介绍具体方针政策出台的内容和背景;提供参阅资料、组织参观考察等,帮助并督促新闻单位领导及时了解大局、把握大局。

随着媒体事业的迅速发展,为确保新闻通气会精神得到更好更快的贯彻和落实,新闻通气会范围扩大到电台和电视台的总监、媒体集团新闻办主任及部分集团子报总编辑。另外,还经常组织召开重大报道专题会,确保政令畅通。

随着专业报的发展,从 1991 年 4 月起建立专业报主编通气会制度,一般每月一次,有重要事项随时召开,由市委宣传部新闻出版处负责人主持,有重要内容时分管部长出席讲话,会议主要传达中央和市委有关宣传报道的要求。

二、新闻阅评制度

1996 年,市委宣传部成立新闻阅评小组,聘请 25 名资深编辑记者担任新闻阅评员,由市委宣传部分管副部长任组长。小组成员分别实行一年一聘或一年一换,可以续聘。新闻阅评的任务主要是新闻宏观管理中的事后管理。

阅评的内容主要是 5 个方面:一是导向是否正确;二是是否坚持办报(台)宗旨;三是是否符合有关方针政策;四是作品和节目的品位和格调如何;五是是否遵守宣传纪律。同时要求在重大宣传上不失时机地加强阅评,在把关上下功夫。新闻阅评组除对本市媒体的倾向性问题进行纠偏外,侧重组织重大报道、品牌栏目、新创媒体和栏目的专题阅评,力促新闻报道的精品力作,扩大新闻报道的影响力。在独立运作的同时,与新闻出版处的阅评工作融为一体,除阅评报纸、审看电视、审听广播,还深入媒体进行调研,与媒体保持密切联系,增强了阅评意识的针对性和有效性。

在市委宣传部的主持下,市新闻阅评工作得到各主管局、主要新闻单位、教学研究机构的重视和配合,已逐步形成了一个以部、局职能部门为主,充分发挥新闻单位自我阅评机制的作用,阅评工作由单向的管理职能,开始转向新闻传媒的自身需求,成为新闻研究、教学机构共同关注的课题。

市委宣传部新闻出版处的阅评工作

报纸以《解放日报》、《文汇报》和《新民晚报》为主,兼顾其他有一定影响的报纸;广播电视以新闻为主,注意综艺活动和非黄金时间的谈话、音乐类节目。及时掌握情况,编辑《审读专报》、《阅评意见摘编》、《上海新闻阅评》。

市新闻出版局报刊管理处的阅评工作

以专业报为主,注意批评和纠正有些专业报不恰当地强调市场因素,迎合不良倾向的现象。对违反宣传要求的报刊进行行政处理。编发《报刊审读简报》、《报刊动态》(月刊)。

市广播电影电视局的内部监听监视工作

市广播电影电视局离休干部监听监视小组及时收集监听监视意见,编发《监听监视》。上视 8 频道、14 频道退管会组织退休专家进行监看,编出每半月一期的《监看汇编》。

主要新闻单位内部评报制度

《解放日报》、《文汇报》、《新民晚报》和《青年报》、《劳动报》、《新闻报》等都建立了这项制度。三大报的新闻研究机构的工作视线和重心逐步从以报史为主转为以现实的宣传报道为主。《解放日报》的《办报参考》、《文汇报》的《报纸工作参考》、《新民晚报》的《编前会周报》，都对报纸坚持正确导向和提高质量提出了许多有益的意见。

上海社科院新闻研究所、复旦大学新闻学院等结合理论研究开展阅评

上海社科院新闻研究所结合新闻理论研究开展阅评工作，研究所的一位副所长分管报纸，一位主任记者负责广电，并且不断地将阅评意见传递给新闻单位。复旦新闻学院的领导和教师也结合新闻教学工作，经常对上海的新闻宣传提出意见和建议。

此外，广大读者、观众、听众通过打电话、写信对新闻宣传工作提出表扬和批评，对改进工作很有帮助。

三、新闻协调制度

1996 年 10 月根据中宣部的要求，市委宣传部成立新闻协调小组。新闻协调小组从上海主要新闻单位抽调几名中层干部为成员，由市委宣传部新闻出版处处长任组长。小组成员分别实行一年一聘或一年一换。新闻协调小组除组长以外，其他成员任期一年。新闻协调的任务是新闻宏观管理中的事前管理。

四、谈话制度

宣传管理部门建立与媒体主要负责人、主管单位负责人谈话的制度。在新闻单位发生重大宣传差错的时候，指出发生差错所造成的不良社会反响，分析原因，总结教训，敦促整改，引起对抓好舆论正确导向的高度重视。

五、部、局联合审批报、刊、记者站制度

市委宣传部与市新闻出版局对上海新闻单位的重大事项，坚持联合审批、统一协调的制度。凡是新办报刊、增设记者站、扩版等重要工作，由部、局分管领导碰头协商，交换意见，共同决策，由行政主管部门实施。

六、主要报纸社会效益考核

市委宣传部为科学考核《解放日报》、《文汇报》、《新民晚报》及其所属报刊发挥社会效益的具体情况，制订了详细的考核办法。考核内容为：坚持以邓小平理论为根本指针，全面贯彻党的基本路线，坚持舆论的正确导向，在思想上、政治上、行动上与党中央保持一致，坚持团结、稳定、鼓劲，以正面宣传为主的方针，不发生重大政治性差错，恪守职业道德，抓好队伍建设，宣传报道产生良好社会反响，达到经核定的日平均发行量，做到早报早投，广告发布量不超过经核定的日广告版面数等。考核分宣传内容、发行、广告 3 个指标，每季度进行一次。年终考核情况与主要媒体工资分配总额挂钩。

第三节　新闻信息管理

一、解放日报报业集团新闻资料信息管理

数据库建设

1993年8月,《解放日报》新闻资料现代化管理工作正式起步,成为上海新闻界第一个实现新闻资料管理电脑化的单位。

经过10年建设发展,到2002年底,解放日报报业集团资料中心已拥有2台服务器和35台电脑,馆藏数据库形成一定规模,共建立了59种115个数据库,累计入库文章539万篇,总数据量达37亿汉字。数据库资源主要有《解放日报》、《报刊文摘》、《新闻晨报》、《新闻晚报》、《申江服务导报》等集团系列报刊全文库,党政、经济、国际、人物、文教等分类专题数据库等,以及热点专题库、常用专题库等。

从2000年起,资料中心馆藏建设从全文数据库逐步向多媒体数据库建设方向发展,建立起了《解放日报》版面库、新华社图片库等。至2002年底,累计入库资料图片已有29 762张、版面5 852个。同时,资料中心还将网络资源的开发、虚拟馆藏的扩展链接,作为信息资源补充的主要渠道。

数据管理与服务

1995年,随着解放日报大楼局域网的建成,资料研究室给报社每位记者、编辑的电脑都安装了新闻资料检索终端。

2000年,随着解放日报报业集团的成立,《解放日报》资料研究室改建为集团资料中心,为集团旗下九报三刊的新闻采编部门提供资料服务。自1994年到2002年底,新闻资料检索系统先后5次升级改版。从最初的DOS版发展到资料信息服务网,并具备信息发布功能,检索系统的界面更加直观,用户操作更加方便。

在资料服务方面,资料人员及时主动配合新闻宣传报道,加强专题建设,资料信息网增加信息发布专栏,为采编人员推荐经过精选的参考信息。2002年,经过全新改版的资料信息网全年检索人次比上一年翻番。同年,资料信息网与因特网连通,使得采编人员外出采访时也能查询本集团的新闻资料检索系统。

资料信息的开发利用

1999年5月28日,《解放日报》在五十周年报庆之际,出版了首张报纸全文和版面数据库光盘。2002年,解放日报报业集团启动了《解放日报》(1949—2004)以及《报刊文摘》(1980—2004)光盘的制作工程。

解放日报社保存有申报馆、新闻报馆库藏1934年至1949年的剪报资料合辑本1.3万册,国内、国际的新闻照片2万余张。这批独特的馆藏资源在全国绝无仅有,也是研究中国特别是上海现代史的资料宝库。近年来,资料中心有重点、有计划地对这批历史珍贵资料进行开发利用,已有300多本申报时期的剪报资料和8 000多张历史人物照片完成了数字化工作。

随着知识经济的发展,用户信息需求的开放化和社会化从客观上把新闻信息资料部门的服务推向社会。1999年,《解放日报》资料部门开始通过点对点的远程联网方式,试验性地向兄弟新闻单位、政府宣传部门以及企业提供有偿数据库检索服务。互联网的兴起,为新闻资料信息服务社会化提供了服务的平台。发展信息服务业,开发利用新闻信息资源,实现新闻资料资源社会共享,是新闻资料部门发展的方向。

二、文汇新民联合报业集团新闻资料信息管理

数据库建设

文新报业集团的新闻业务数据库建设主要由集团新闻信息中心承担。集团新闻信息中心是文新联合报业集团成立后由原《文汇报》资料研究部和原《新民晚报》资料室合并重新组建而成的集团直属部门。1992年和1995年两报先后建立报纸全文数据库,为报社采编人员提供电脑单机版的新闻资料查询服务,并分别于1995年和1997年将资料工作全面采用电脑管理,数据库检索从单机版升级为网络版,数据库从单一的本报刊数据库扩展到《人民日报》、《光明日报》、新华社及兄弟报社综合数据库。

文新集团成立后,集团加强了对新闻信息资料工作的投入。软硬件设施一次性投入近百万元人民币。1999年以建立集团新闻信息服务系统为标志,形成了以新闻数据库服务为主的集团内部服务网,检索系统从PC服务器上升级到小型机上,并建立了集团系列报刊数据库、图片数据库、报刊版面数据库等,编辑记者在自己桌面电脑上即可通过浏览器查询到各类新闻资料。

集团同时加大对历史报刊数据的保护和利用,投资建设《文汇报》、《新民晚报》历史数据光盘,自1999年始,历时3年,于2002年底成功完成此项浩大工程。

数据管理与服务

文汇新民联合报业集团新闻信息中心自1993年至2002年已建成30多种,共100多个数据库,开放数据库总条数达318万条目,数据库容量多达30 G。

其中,建有本集团各报刊数据库:《文汇报》(1993—2002)、《新民晚报》(1995—2002)、《文汇读书周报》(1996—2002)、《东方体育报》(1999—2002)、《文学报》(1999—2002)、《上海星期三》(2000—2002)、《新民周刊》(1999—2002)、《新闻记者》(1999—2002)。新华社新闻稿数据库(1995—2002)以及中央和上海主要报刊数据库。

此外,新闻信息中心还建有综合政治库、综合经济库、综合国际库、综合体育库、综合文化库、综合科技库、综合教卫库等综合性新闻资料库和言论、会议、人物等专题库。

资料信息开发利用

文新集团加强历史报刊资料的抢救和保护工作,投入巨资完成《文汇报》(1938—1999)和《新民晚报》(1946—1999)的图文光盘的制作。

《文汇报图文数据光盘》囊括《文汇报》自1938年1月25日创刊至1999年12月31日的全部图文数据,共收录版面10.8万个,总文字量达7.5亿字,总图片数达23万余幅,图文并茂,翔实地记录自1938年以来的重大政治、经济、文化、生活等事件,具有极高的研究、资料和收藏价值。

《新民晚报图文数据光盘》囊括《新民晚报》自1946年5月1日创刊至1999年12月31

日的全部图文数据,共收录版面 12.2 万个,总文字量达 5.1 亿字,总图片数达 27 万余幅,图文并茂,翔实地记录自 1946 年以来的重大政治、经济、文化、生活等事件,具有很高的研究、资料和收藏价值。

两报光盘采用先进的全文检索系统,可通过日期、版次、标题、栏目、作者、专刊专栏等查询入口进入检索,快捷简便,并可打印检索,还可显示与文字相匹配的版面图像。

三、文化广播影视集团新闻资料信息管理

上海电台《990 早新闻》、《市民与社会》、《报刊文选》、《今日论坛》档案存量 3 650 卷;东方电台《东方早新闻》、《东广时事特快》、《正点新闻》存量共 2 042 卷;上海电视台录像档案《新闻报道》、《新闻透视》、《观众中来》、《上海早晨》共 3 650 盒;文字档案(1993 年 1 月—1998 年 12 月)共 312 卷。

上海卫视录像档案 1998 年 2 月至 2002 年 12 月共 1 440 盒;东方电视台录像档案 1993 年 1 月至 2002 年 12 月共 3 650 盒;有线电视台录像档案 1993 年 1 月至 2002 年 12 月新闻 750 小时、体育新闻 2 030 小时、财经新闻 970 小时。

第八编　经　　营

进入 20 世纪 90 年代以来，上海的报业在改革开放中得到快速发展，经济实力大为增强，广播、电视也有突破性提高。其中，经营方面的变化引人注目。

媒体的经营管理，涉及广告、发行（营销）、资本、印务等经营，以及文化产业投资等多个方面。上海媒体的蓬勃发展，促进和推动经营在管理体制和政策层面，以及手段和操作层面，有了不同程度的变革和创新。特别是 1998 年以后，文汇新民联合报业集团、解放日报报业集团、由 14 家新闻单位联合组建的上海东方网股份公司、上海文广影视集团等相继成立。集团的组建使经营管理得到进一步的加强、改进和完善。

经营管理上的变化，主要表现在以下三个方面。

一、领导体制的改变。集团的成立加强了对产业工作的领导，改进了对经营业务的管理，形成了以新闻媒体、印刷出版为主体，以广告为龙头的多领域、多形式的经营开发体系。

二、发行经营的突破。上海主要报刊的发行历来采取"邮政合一"的方式，即完全依靠邮政的发行渠道。改革开放以来，上海一些媒体探索打破"邮发"单一的方式，采取自办和邮发双重渠道的发行形式。有些报纸由于发行范围较集中，根据自身的特点，采取完全自办发行的方式。由于发挥媒体和邮局两方面的优势，使得报纸发行数量增长。

三、资本经营的发展。20 世纪 90 年代以来，上海的主要媒体包括报纸和广电系统走上集团化的道路，为进一步走向资本市场，寻求规模扩张，开辟创收增效的新途径。

集团建立以后，在管理体制、运行机制方面，在集团与媒体管理和经营权限分割上如何做到统分适度，调动更多方面的积极性、创造性，都还有待于继续探索。

第一章　广　告

第一节　报　纸　广　告

广告业是报业经济主要支柱,年净利润的 80％以上来自广告利润。市各媒体各报业集团的广告管理由各自广告中心统一实施。广告中心的管理职能体现在规范、服务、监督、协调等方面,包括统一制订集团广告经营政策,对各报刊广告经营价格和广告公司经营、到款、资源整合等经营全过程进行监控,为各报刊广告经营提供政策信息、经营动态等服务。

报业集团广告经营主要有 3 种形式:一是广告总代理制,即报刊广告由广告商总代理经营。二是广告自营制,即报刊广告由媒体自主经营。三是广告代理与自营结合制。

上海新闻媒体广告经营从 1993 年开始,无论是报纸、杂志,还是广播、电视都不同程度地步入了良性发展的轨道,上海报纸媒体的广告收入,从 1993 年至 2002 年,平均以两位数逐年递增。就报纸来说,《解放日报》《文汇报》几乎同时出现具备商业性副刊雏形的房地产专版,上海报纸商业副刊的诞生比全国同行领先 3 年左右时间。同时,由于 20 世纪 90 年代初期,上海的主要报纸版面一般控制在 8 到 16 版,广告配置占版面约 35％,因此,上海报纸的全年广告总量在 5 亿元上下,经营模式一般为各报社设立广告部,广告来源为上门广告和广告公司代理两种形式,经营手法基本上为坐等广告上门。供需不平衡使得这个时期比较有影响的报纸广告版面供不应求。刚刚摆脱铅排的报纸的广告形态为简陋的手绘或部分电脑初始制作样式。也就是从这个时候起,随着社会主义市场经济的逐步建立,也随着报纸广告表现形式不断创新,报纸广告发布总量也在逐步上升。这种带有浓厚计划经济色彩的广告经营模式和广告发布形态保持了 4 年之久,其间虽有计划经济色彩和市场经济思维的冲突,但是反映在报纸广告经营上没有根本性突破,相对平衡是这个时期的基调。

上海作为有着新闻事业厚重文化传承的城市,在 1993 年至 2002 年的 10 年间,新闻媒体的广告经营仍有不少的创新之举和突破性的实践。1998 年创刊的综合性周报《申江服务导报》,在全国报业率先实行广告总代理模式。虽然其定位和类型不同于综合性大型日报,但人均创利列于全国报业首位的业绩,给这个时期的上海报业带来了新的思考和启示。

这个时期,注重策划、创意独特的广告营销方案也不断涌现,反映了上海报业广告经营的理念和能力的提高。如 2001 年 1 月 1 日,《解放日报》推出 100 个版面的《世纪之版》,当天刊登名牌企业与大型企业广告 30 多个版,到款额超过 500 万元,创广告日营业额历史最高纪录。《新民晚报》在这个阶段因其发行量大和读者到达率高,广告量节节攀升,21 世纪初,年广告营业额近 9 亿元,一度创下上海报纸单体广告总量的纪录。2000 年《解放日报》作为党报也创下年广告总量 2.5 亿的纪录,创下全国党报单体广告总量的纪录。

不同于以往的还有报纸专版的商业运作,为报纸广告作出很大贡献。房地产、汽车、医疗保健美容、消费、保险、教育培训人才等专版,文字内容大都为服务性报道,其广告占版率一般在60%以上,甚至达到了75%,占整个报纸广告总量的40%以上。因此这些专版办得好坏成为报纸经营业绩的晴雨表。在报业发展史上,这个时期的报纸专版形式之多、分工之细、重视程度之高可说是前所未有,服务信息和广告信息已经成为现代社会人们生活的一部分。电视广告画面精彩程度之高、制作手法之新也为电视媒体增色不少。一个时期,电视广告总量超出了报纸,而且差距越来越大。电视影响力及其广告表现形式出新是广告量直线上升的重要因素,与之相比,报纸广告表现形式和印刷质量是影响报纸广告经营的因素之一。

客观地说,上海报业广告经营现状同国内不少省市相比存在着不少差距,就报纸单体广告总量而言,一直没有出现10亿元以上的营业额。1993年至2002年的10年期间,作为上海主流媒体的《解放日报》、《文汇报》、《新民晚报》广告经营见顶回落现象严重,这也是历史上主流媒体广告经营首次下滑,且呈"惯性"态势。

附录一：1997 年至 2002 年上海 5 家新闻媒体广告营业业务额情况

（单位：万元）

	1997 年	1998 年	1999 年	2000 年	2001 年	2002 年
解放日报	14 302	22 221	23 676	25 200	20 272	17 943.00
文汇报	10 500	10 000	8 390	9 952	79 240	5 116.00
新民晚报	61 000	73 436	77 264	80 681		69 446.00
劳动报	2 000	3 020	3 240	265.9	86	2 611.00
青年报	1 018	406	3 800	3 551	2 454	1 396.00

附录二：1997 年至 2002 年上海 38 种专业报纸广告营业额统计

（单位：万元）

序号	报 纸 名 称	1997 年	1998 年	1999 年	2000 年	2001 年	2002 年
1	上海科技报	368	361	322	277	239	480.00
2	每周广播电视	4 800	5 710	4 260	4 904	3 313	36 899.00
3	上海法制报	150	151	140	200	512	372.00
4	文学报	39.3	40	32	42.28	23	23.00
5	生活周刊	1 018	665	/	/	650	499.00
6	国际金融报	/	/	287.29	323.12	765	308.00
7	上海文化报	20	24.5	15.7	/	/	/
8	上海壹周	/	/	/	100	434	1 100.00

（续表一）

序号	报 纸 名 称	1997 年	1998 年	1999 年	2000 年	2001 年	2002 年
9	联合时报	124	153	125	121	136	90.00
10	上海译报	50	15	10	120	80	80.00
11	上海经济报	410	410	/	360	850	1 263.00
12	上海老年报	130	140	167	215	228	230.00
13	上海商报	500	487.5	421.34	416	900	752.00
14	上海星期三	/	/	1 300	1 720	2 123	1 835.00
15	城市导报	570	722	893	814	687	544.00
16	文汇读书周报	81	97	88.9	79.9	106	108.00
17	读者导报	23	27	43	45.6	52	36.73
18	组织人事报	60	100	180	287	210	293.00
19	东方城乡报	420	104	557	540	540	367.00
20	文汇电影时报	30	83	/	/	/	/
21	上海学生英文报	3.5	12	2.15	0.49	1.7	1.86
22	上海大众卫生报	70	75	63	100	98	167.00
23	上海家庭报	128	323.6	317	400	315	315.00
24	新闻报	2 400	3 800	2 400	4 474	12 135	19 402.00
25	上海侨报	200	206	114	74	35	78.00
26	旅游时报	58	50	300	390	39	41.69
27	报刊文摘	303	300	/	/	180	150.00
28	上海英文星报	280	500	230	198.4	110	107.00
29	上海证券报	2 000	2 100	2 900	3 009	2 887	1 600.00
30	上海交通报	597	180	100	70	175	280.00
31	人才市场报	1 600	1 500	2 000	2 700	3 454	3 472.00
32	有线电视	700	800	1 500	1 000	1 124	1 600.00
33	上海金融报	347.4	475.6	592.2	293	430	658.46
34	新民体育报	82	177	550	590	550	600.00
35	人民日报华东新闻版	2 000	2 000	2 500	/	1 900	1 965.10
36	申江服务导报	/	1 500	4 545	8 015	9 345	10 582.00
37	i 时代报社	/	/	/	69	69	258.00
38	新闻午报	/	/	/	95	70	280.00

附录三：广告刊例

一、解放日报报业集团《解放日报》广告价格表（2002）

（单位：元）

版　面	规格 cm×cm	黑　白	套　红	彩　色
一　版	报眼(6.5×17)	35 000	37 000	39 000
	下方报眼(6.5×17)	33 000	35 000	37 000
	通栏(8×35)	80 000	85 000	90 000
二至九版（A级）	通栏(8×35)	34 000	37 000	43 000
	1/4 直版(24×17.5)	51 000	56 000	65 000
	半版(24×35)	100 000	106 000	120 000
	整版(48×35)或(49×35)	200 000	210 000	240 000
十至十二版（B级）	通栏(8×35)	30 000	35 000	40 000
	1/4 直版(24×17.5)	45 000	50 000	60 000
	半版(24×35)	90 000	100 000	110 000
	整版(48×35)或(49×35)	180 000	190 000	220 000
十三及以后版面（C级）	通栏(8×35)	26 000	30 000	34 000
	1/4 直版(24×17.5)	40 000	45 000	54 000
	半版(24×35)	75 000	80 000	100 000
	整版(48×35)或(49×35)	150 000	160 000	200 000

二、解放日报报业集团系列报刊广告价格表（2002）

（单位：元）

媒体名称	版位规格	价　格	日　期	备　注
新闻晨报	整　版	60 000	周三、周五	彩色加 30%
				特殊规格加 50%
				非广告版加 20%
新闻晚报	整　版	70 000	周三、周五	彩色加 30%
				特殊规格加 30%
				非广告版加 20%
申江服务导报	整　版	70 000	周二	加急或指定版位加 20%
房地产时报	D1 版	48 000	周二	
	A8 版	50 000		

（续表一）

媒体名称	版位规格	价 格	日 期	备 注
房地产时报	普通版	44 000		
	豪华版	60 000		
人才市场报	黑 白	30 000	周二、周六	
	彩 色	40 000		
ITIMES(时代)	整 版	50 000		彩色加 10%
				定版位加 20%
				特殊版位加 30%
报刊文摘	报 眼	18 000	周一、周四	
支部生活	内页整版	10 000		
上海学生英文报	整 版	10 000		
新上海人	内页整版	4 000—6 000		

三、文汇新民联合报业集团《文汇报》广告价格表（2002）

（单位：元）

尺 寸(cm)		黑 白	套 红	彩 色
报眼	1 版	30 000	36 000	40 000
二栏 8×8.7	5/6/7/8 版	7 080		
	一般版面	6 000		
半通栏 8×17.5	1 版	40 000	45 000	
	2/3/4 版	15 800	1 900	
	5/6/7/8 版	14 160	16 800	
	一般版面	12 000		
通栏 8×35	1 版(35×24)	31 600	90 000	
	2/3/4 版	108 000	38 000	
	5/6/7/8 版	28 400	33 600	
	一般版面	24 000	28 000	
1/4 横版 12×35	2/3/4 版	50 000	58 000	
	5/6/7/8 版	42 500	47 800	
	一般版面	36 000	42 000	
1/4 直版 12×35	2/3/4 版	50 000	58 000	
	5/6/7/8 版	42 500	47 800	

（续表一）

尺 寸(cm)		黑 白	套 红	彩 色
1/4 直版 12×35	一般版面	36 000	42 000	
双通栏 16×35	2/3/4 版	63 200	75 000	
	5/6/7/8 版	56 800	67 200	
	一般版面	48 000	56 000	
半版 24×35	2/3/4 版		111 000	113 000
	5/6/7/8 版	86 600	97 000	105 000
	一般版面	72 500	82 500	94 000
整版 48×35	2/3/4 版		210 000	216 000
	5/6/7/8 版	173 000	195 000	210 000
	一般版面	145 000	165 000	188 000

四、文汇新民联合报业集团《新民晚报》广告价格表(2002)

（单位：元）

尺寸(cm)	11.5×7.6	23×7.6	11.5×17	23×17	23×34	报 眼
整版广告	17 000	34 000	40 000	72 000	144 000	38 000
A1 版	50 000	100 000				
A16 版	24 000	18 000				
A2－15 版	22 000	44 000				
B1 版(彩色)		60 000				
B2－16 版	21 000	42 000				
彩色版	25 000	50 000	50 000	100 000	200 000	
33－48 版	14 000	28 000	28 000	56 000	112 000	

说明：专栏(4×6)3 500 元　专栏(4×12)7 000 元　招聘(5.8×8)7 000 元；中缝(营业性)160 元/行　中缝(33－48版)110 元/行　私人启事 50 元/行；电影节目 80 元/行；整条中缝 20 000 元　整条中缝(33－48 版)13 000 元　中缝起点价 250 元/行(单做一行)；周四、周五版面广告加收 5%—15%　套红加收 30%；指定版位、指定日期加收 20%；特殊规格加收 20%；15 天刊发(包括更改原订刊发单位)加收 20%。

五、文汇新民联合报业集团所属报刊广告价格

（黑白版 1998—1999 现行基本价格）　　　　　　（单位：元）

媒 体 名 称	版 位 规 格	价 格	刊 期
文汇报	整版	173 000	日报
新民晚报	整版	144 000	日报
新民周刊	内页大 16 开	20 000	周刊

（续表一）

媒 体 名 称	版 位 规 格	价　　格	刊　　　期
新民体育报	对开半版	24 000	周二刊
文汇电影时报	对开半版	30 000	周刊
文汇读书周报	对开半版	10 000	周刊
萌芽	封底 16 开	5 000	月刊
文学报	对开半版	10 000	周刊
漫画世界	封底 16 开	3 000	月刊
新民围棋	封底大 32 开	3 000	月刊
新闻记者	封二 16 开	5 000	月刊

套红：加收 30%；彩色：加收 50%

第二节　广播电视广告

　　1993 年至 2002 年期间，上海广播电视事业飞速发展，广播电视广告经营呈逐年增加的态势。1992 年底至 1993 年初，东广、有线和东视相继成立，与上海电台、上海电视台一起，形成 5 台竞争机制，全局的广告收入逐年递增。1993 年至 1995 年，年均递增近 50%。东方电视台成立第一年，广告创收就达 1.2 亿元；1997 年突破 5 亿元。前 8 年广播电视广告收入呈逐年两位数递增的发展态势。广播电视广告经营所取得的成果，既减少了国家对广播电视的财政拨款，又推动了广播电视事业的繁荣发展。10 年间，上海广播电视系统广告收入 122.2 亿元，其中：广播广告 9.5 亿元，电视广告 112.7 亿元。尤其是 2001 年，文广新闻传媒集团整合各台广告部，统一成立集团广告经营中心后，避免了广告价格、折扣不统一的问题，形成了广播电视广告经营一盘棋的格局，促进了广告创收。

表 8‑1‑1　　　　　**1993 年至 2002 年广播电视媒体总体收入情况**　　　（单位：万元）

年　　份	广　　播	电　　视	合　　计
1993	3 285	30 826	34 111
1994	5 233	44 839	50 072
1995	7 250	66 006	73 256
1996	7 033	93 163	100 196
1997	8 702	112 532	121 234
1998	9 786	124 456	134 242

（续表一）

年 份	广 播	电 视	合 计
1999	10 888	141 273	152 161
2000	13 500	170 360	183 860
2001	14 929	170 980	185 909
2002	14 597	172 746	187 343
总计	95 203	1 127 181	1 222 384

一、广播广告经营

1993 年初,由于东方电台的成立,上海广播广告市场形成新的竞争局面。鉴此,上海电台对内部体制、机制进行改革,制定《关于加强广告管理的规定》。各系列台的广告业务由台广告经营部实行统一管理、统一经营,较好地破解各部门广告承接上的相互冲撞和播出安排上的矛盾。此外,还采取以节目优势带动广告创收,实施"精简频率,精办节目"的改革方案,新推出的 6 套广播节目实行双频联播,使播出节目的收听效果显著改善,带动全台的广告创收。

东方电台 1992 年 10 月建台时设 4 部 1 室,广告部是独立的部门。1994 年,制定了《广告工作管理条例》,并组织广告时段、广告冠名权的竞拍活动;推出频率广告经理负责制,当年广告创收 2 000 万元,同比增长 100%。

为增加全台的广告收入,上海电台曾于 1996 年将部分广告创收指标分解到各部门,并同部门奖金分配挂钩。同时,推出有关医药、保健品的广告专题节目,介绍与其商品相关的知识,业内称之为"软广告"。东方电台推出套装广告,并依托节目组织"房产观光游"、"看国企,识名牌"等多种形式的活动,促进广告的投放量。

1999 年,东广改革奖励制度,整顿广告秩序,推出"奖金累进计算方法",实施团队作战整体经营战略,当年广告收入创历史新纪录。2000 年,上海电台广告经营部大胆试行国际流行的广告代理制。经济频率的广告业务由影剧人传媒有限公司代理;交通频率的广告业务由雅林文化传播有限公司代理。这两个频率的广告业务由社会广告经营公司代理后均取得不俗效益。2001 年,这两个频率的广告收入继续大幅增长,使全台的广告创收突破 8 000 万元。

1994 年至 2001 年,上海电台、东方电台基本保持每年有 10% 以上的稳定增长。

2002 年 7 月 15 日,上海文广新闻传媒集团对广播资源进行优化整合,组建上海电台新闻频率、交通频率、戏剧频率、文艺频率 4 个专业频率;组建东方电台新闻综合频率、金色频率、流行音乐频率、经典音乐频率、财经频率和浦江之声广播频率,各广播频率的广告创收由集团广告经营中心统一管理,分频率经营。

表 8-1-2　　　　1993 年至 2001 年上海两个广播电台广告收入一览　　　　（单位：万元）

	上　海　电　台		东　方　电　台	
	广告收入	同比增长（%）	广告收入	同比增长（%）
1993	2 160		1 000	
1994	3 301	53	2 000	100
1995	3 845	16	4 000	100
1996	4 297	12	3 500	−12.5
1997	4 984	16	4 000	14.3
1998	5 456	9.5	5 274	31.9
1999	6 115	12	6 068	15
2000	7 284	19	7 310	20
2001	8 101	11	8 265	13

二、电视广告经营

1. 上海电视台广告经营

上海电视台是中国内地第一个播发广告的电视台。

1993 年以后，随着国家改革开放的不断深化，上海的电视广告步入了较大发展的时期。其时，上海广电已形成"5 台并列"的局面，上海教育电视台也应运而生。上海电视台在激烈的竞争中，广告业务仍逐年增长。1994 年后，上视推出广告代理业务，积极开发非黄金时段和双休日广告，制定和完善一系列相关制度，加强整体策划，开辟软广告性质的《市场》栏目和"首批著名商标广告联播"，2000 年的广告创收突破 6 亿元。

2001 年，上海文广新闻传媒集团筹建，上海电视台广告部划归集团广告经营中心。

2. 东方电视台广告经营

1993 年，东方电视台的广告创收为 1.23 亿元；2000 年达到 6.3 亿元，每年以 40% 左右的速度递增，为东方电视台的发展注入了活力。

东方电视台广告业务以市场需求为准则，制订较为规范的价目表。在对国外广告市场及广告代理制趋势充分认识的基础上，重点发展与 50 多家国内大型广告公司的业务关系，并遵循"让客户有利可得、利益共享"的基本策略，逐渐形成一支相对稳定的中间商队伍，确保了日常业务的基本来源。同时，加强"目标收视对象"概念，开创"黄金 10 秒"、"3 秒广告"、"双休日广告"、"特别组合广告"等新的承载形式。东视广告部还对一些重点节目作包括广告在内的整体策划，如泰森复出后的一系列拳王赛转播等。

东视广告部注重计算机管理与信息联网，在客户合同、财务决算、播出证明等方面较早实现电脑化管理，并拥有直接与尼尔森收视系统联网的信息系统，从而在监播、收视统计等领域中占据领先位置，对广告市场的变化作出迅捷反应。信息化与智能化还使东视广告部为客户提供更高层次的服务。

1999 年底,东方电视台广告部会同东方电视台广告有限公司,成立节目营销中心、风险广告合作部、媒介广告代理部、衍生产品开发部等部门,在全国媒介单位中率先进行自办栏目推广、衍生产品开发、风险广告合作等多元化经营的尝试。《相约星期六》、《十万个为什么》等自办栏目的营销推广,《阿依达》、《野斑马》等大型演出项目的开发、销售,成为东视创收新的增长点。

2001 年 7 月,上海文广新闻传媒集团广告经营中心成立,东方电视台广告部划归集团广告经营中心。

3. 上海有线电视台广告经营

1992 年底,上海有线电视台的成立开播,以 2 000 万元的贷款作为启动资金,国家没有投入,走的是"自主经营、自负盈亏"的道路。广告是有线电视台经营创收的主要来源。

上海有线电视台于 1993 年 10 月组建广告部。次年,开始尝试广告经营业务。1995 年,有线电视台的广告经营创收便大幅飙升。这主要得益于国家《广告法》的颁布,有线网络覆盖面的迅速扩展,有线台全方位、多侧面地推介各频道节目,以及"广告业务计算机管理系统"的投入使用等因素,加上有线台的广告播发价格相对较低,全年广告创收达到 1.14 亿元(其中包括 100 多万美元的外资广告),同比增长 125％。

1996 年以后,上海有线电视台先后实行广告时段承包;积极开发外省市和境外广告;推出"套装广告"、"组合发标"等较为宽松灵活的业务策略;加强客户联络,彼此建立"风险共担、利益双赢"的关系等有效措施,广告创收继续保持良好势头。

2001 年 7 月 1 日,上海有线电视台正式归并上海电视台。但全年的财务仍以原体制运作和结算。这一年,有线台全年广告创收达 5.49 亿元。

表 8 - 1 - 3　　　　　　　1993 年至 2001 年上海各电视台广告创收　　　　　(单位:万元)

	上 海 电 视 台		东 方 电 视 台		上海有线电视台	
	创收额	同比增长％	创收额	同比增长％	创收额	同比增长％
1993	19 326	/	12 300	/	/	/
1994	25 000	29.4	20 500	67	4 300	/
1995	35 000	40	25 100	22.4	11 400	165
1996	45 000	28.6	35 600	41.8	18 000	57.9
1997	52 156	15.9	50 600	42.1	15 200	—15
1998	53 540	2.7	52 100	2.9	21 000	38.1
1999	58 894	10	60 000	11.5	26 600	26.7
2000	62 400	5.95	63 000	5	40 100	50
2001	归并上海文广新闻传媒集团					

三、上海文广新闻传媒集团广告经营

2001 年 8 月,上海文广新闻传媒集团筹建,原上海电台、东方电台、上海电视台、东方电

视台、有线电视台的广告部经整合,组建成集团广告经营中心,为上海广播电视广告的规模经营创造更加有利的发展条件。

2002年广告经营中心凭借整合后的资源优势和规模经营优势,稳定广告价格和扣率体系,对电视广告实行"统一管理,统一经营";对广播广告实行"集中管理,分散经营",摸索出一套新的广告经营模式。推出的"75折广告扣率"、"单一品牌"、"年度奖励政策"等一系列新的经营策略,得到广告公司、广告客户的理解和认同。为促进各频道与广告客户的沟通与交流,中心与频道(栏目)举行节目推介会;为广告客户度身定做一系列电影、晚会和新闻类节目的套装广告;在分析评估11个电视专业频道的节目表现、广告投放实际情况的基础上,对各频道节目版面、广告时段提出一系列合理化建议。

传媒集团广告经营中心于2002年3月、4月分别在广州、北京、成都设立办事处,以三地为基点,进一步拓展全国传媒广告市场。4月,又注册成立"上海广播电视广告传播有限公司"。同时,在拓展边际广告资源、风险广告合作、衍生产品、大型活动开发上规范和积累经验,参与策划、举办"2002上海国际时装模特大赛"、"多明戈演唱会"、"2002世界男模大赛"等大型活动,开发5234短信项目,为广告客户提供一个新兴媒体和传统媒体互动的平台。同年8月,广告经营中心协助集团组织举办"2002年度中国电视广告年会"。这一年,广告经营中心顺利度过机构整合带来的动荡,逐步显示出资源优势和规模优势。

集团广告经营中心建立和健全各项管理制度,使"中心"的业务管理体系、质量监控成本核算体系和业绩评估体系在实施过程中有机统一。同时,进行广告中心信息化改造,进一步完善技术平台的支持系统,使广告分类、财务分析等汇总、统计功能增强,能即时反映出广告的投放量、播出量和进款量。

第二章　报纸发行及广播电视节目营销

报纸发行和广播电视节目的营销是一种市场销售行为。在市场经济条件下,报纸发行量的高低、市场份额的大小、结构是否合理,直接影响到报纸的社会效益和经济效益。在这10年中,上海的报业已形成了买方市场,供求关系的改变使得报纸正在走向市场平均利润,经营成本增加、利润率逐年降低是一个趋势。报纸消费市场的细分和重组都反映了现阶段市场发展的总体水平和竞争状况,反映了市场对生活类、时尚类报纸的需求在增加。同时也说明报业市场化的程度正在提高。媒体资源拥有相对垄断性,在一定时间、地点媒体的数量有限,通过竞争确立优势的媒体拥有数量大而相对稳定的受众群体,一般都占有很高比例的市场份额。这是竞争促进市场分化的结果。由此,一个显著特点是各新闻单位制定各自的发行(营销)模式,竭力增大各自的发行量和收看(听)率,以扩大市场影响力。

近年来,电视节目跨出地域、走向国际,进行文化交流的面不断扩大,电视节目市场更加活跃。2001年8月的上海文广新闻传媒集团开始运作,2002年9月组建成立了电视节目购销中心,形成电视节目营销统一操作的新格局。

第一节 报 纸 发 行

发行业是报业经济的重要依托。内外结合,多层次、多渠道构建发行网络,为上海报刊的国内外发行提供了有效的保障。至2002年上海报刊发行已形成以上海为中心、辐射国内外诸多重要城市的发行覆盖面,年发行量达164 106万份,平均期发量961.65万份。

积极探索发行工作新机制,以"小中心、大公司"模式进行运作。上海各大传媒集团主要负责方针制定、宏观调控、内部协调等。以发行为主业,开展报业发行经营等相关业务。

上海报刊发行方式分为4种:

一是邮发方式,即充分依托邮局的发行渠道和网络,报邮联手,共同拓展报刊订阅和零售业务。

二是自办发行方式,即通过组建媒体自有发行队伍,自行开展报刊收订和零售业务。

三是自主发行,即充分利用社会发行资源,"以我为主、为我所用",开展多渠道的报刊订阅和零售业务。

四是邮发与自发相结合发行方式,这种发行方式能调动报刊和邮局两方面的积极性,通过发挥各自优势发展读者队伍。

表 8-2-1　　　　　　　　　　1994 年至 2002 年上海市报纸印数情况

年度	种数(种)		平均期印数(万份)			总印数(万份)			总印张(千印张)		
	本期	占全国(%)	本期	年增长率(%)	占全国(%)	本期	年增长率(%)	占全国(%)	本期	年增长率(%)	占全国(%)
1994	87	4.45	1 368.90	−9.13	7.71	186 453	−7.59	6.46	3 043 224	−5.71	9.63
1995	86	4.12	1 357.88	−0.81	7.88	193 295	3.67	7.32	3 415 000	12.22	10.18
1996	87	4.02	1 356.40	−0.11	7.59	189 299	−2.07	6.90	3 695 938	8.23	9.42
1997	87	4.05	1 397.00	2.99	7.65	193 432	2.18	6.73	4 318 636	16.85	9.39
1998	80	3.90	1 440.91	3.14	7.91	197 343	2.02	6.57	4 984 326	15.41	9.23
1999	75	3.68	1 310.99	−9.02	7.04	184 164	−6.68	5.78	4 625 954	−7.19	7.27
2000	72	3.59	1 119.28	−14.62	6.25	167 406	−9.10	5.08	4 449 623	−3.81	5.56
2001	74	3.51	1 042.74	−6.84	5.75	169 393	1.19	4.83	4 765 111	7.09	5.07
2002	72	3.37	961.65	−7.78	5.14	164 106	−3.12	4.46	5 138 793	7.84	4.81

表 8-2-2　　　　　　　　　　1994 年至 2002 年上海市报纸发行情况

年 度	种 数(种)		实际出版期数		定价总金额(万元)	
	本 期	占全国(%)	本 期	年增长率(%)	本 期	年增长率(%)
1994	87	4.45	7 655	18.26	62 217	33.52
1995	86	4.12	8 135	6.27	67 498	8.49

（续表一）

年 度	种 数（种）		实际出版期数		定价总金额（万元）	
	本 期	占全国（%）	本 期	年增长率（%）	本 期	年增长率（%）
1996	87	4.02	8 297	1.99	96 075	42.34
1997	87	4.05	8 286	—0.13	102 326	6.51
1998	80	3.90	8 529	2.93	112 451	9.89
1999	75	3.68	8 786	3.01	118 076	5.00
2000	72	3.59	9 647	9.80	110 218	—6.66
2001	74	3.51	8 954	—7.18	117 817	6.89
2002	72	3.37	9 237	3.16	116 173	—1.40

表 8-2-3　　　　　1997 年至 2002 年上海 5 家报纸（印数）一览　　　　（单位：万份）

	1997 年	1998 年	1999 年	2000 年	2001 年	2002 年
解放日报	18 229	18 146	15 367	14 566	14 950	13 738
文汇报	15 697	17 177	14 076	12 423	10 721	10 901
新民晚报	62 796	61 665	51 136	47 223	44 458	40 428
劳动报	8 050	7 818	7 718	7 635	7 374	7 409
青年报	5 693	6 215	3 936	5 035	3 622	3 486

表 8-2-4　　　　　1997 年至 2002 年上海报纸分类出版数量表

类 别	种数（种）	实际出版期数	期印数（万份）平均	总印数（万份）	总印张数（千印张）
1999 年					
总计	75	8 786	1 311	184 157.74	4 625 954
1. 综合报	29	5 231	598.3	137 327.48	3 787 605
2. 专业报	46	3 555	712.7	46 830.26	838 349
2000 年					
总计	103	9 647	1 134.6	167 742.25	4 457 245
1. 综合报	60	6 046	554.5	129 309.48	3 641 050
2. 专业报	43	3 601	580.1	38 432.77	816 195
2001 年					
总计	101	9 495	1 060.0	169 784.09	4 775 105
1. 综合报	59	5 880	561.9	128 699.79	3 637 940
2. 专业报	42	3 615	498.1	41 084.30	1 137 165

（续表一）

类　别	种数（种）	实际出版期数	期印数（万份）平均	总印数（万份）	总印张数（千印张）
2002 年					
总计	101	9 880	983.0	164 607.72	5 141 825
1. 综合报	60	6 137	554.3	127 200.31	3 940 359
2. 专业报	41	3 743	428.7	37 407.41	1 201 466

第二节　广播、电视节目营销

由于各地广播电台的节目自制率相对较高，除有少量文艺（广播剧）节目在各兄弟台之间互换外，几乎没有节目的交易，上海两个广播电台内部也未设置节目营销的专门机构。

1992 年以来的 10 年间，上海的电视频道越办越多，节目的需求量也日益增加。随着社会主义市场经济的日益成熟，以往"互换互播"、"保本统筹"的模式已不相适应，电视节目的市场化营销成为必然。

与此同时，电视节目跨出地域、走向国际，进行文化交流的面不断扩大，电视节目市场更加活跃。2001 年 8 月上海文广新闻传媒集团成立，次年 9 月组建电视节目营销中心，形成了电视节目营销统一的新格局。

一、广播节目营销

（一）上海电台节目营销

上海电台的制作的各类节目，长期来只有同兄弟电台互相交换而没有买卖。

1992 年，上海电台和西安磁带厂联合在西安举办"《刑警 803》全国订货暨研讨会"，来自全国的 36 家广播电台参加会议，并订购了 3 000 多集《刑警 803》。当时每集售价只有 30元，一共收入 15 万元。此款项数额虽小，但却开了上海广播节目市场营销之先河。

2001 年，上海电台推出新版大型系列广播剧《刑警 803》，各地又有不少广播电台前来购买，售出新老版《刑警 803》近 3 000 集，每集平均售价 60 元，此外，还零星出售少量其他广播剧和电影录音剪辑等广播作品。电台内部尚未形成一套营销机制，节目销售是由各部门自发进行。

（二）东方电台节目营销

2001 年 5 月，东方电台社教理论节目《中国的未来，关键在党——学习江泽民"三个代表"重要思想》，由东广发展公司制作发行，共计销售 CD 片 1 780 盘，赢利 15 000 元。

同年 8 月，首届全国广播节目交流会在哈尔滨开幕，中央电台、各省市电台和广播制作公司共 80 多家单位参展。东方电台提供交易的节目共 26 套、510 集。其中，《东方风云榜》、《绿色家园》、《怀旧金曲》、《感觉在今夜》、《全国广播节目创新擂台赛》以及小说连播《股市中的悲欢离合》、《股海中的红男绿女》等 11 套节目与多家电台签订交换意向，总计 1 538.5 小时,列各台交易榜首。2001 年,东方电台每周向常州"蓝陵之声"电台提供自办音乐节目《潇洒 60 分》碟片一张,对方每月付给制作费 2 000 元,全年收入 24 000 元。

2002 年 10 月,东方电台和四川电台共同主创制作 20 集系列理论专题《只要主义真——献给中国共产党第十六次全国代表大会》,由东广发展公司发行,共销售 32 套,收回约 35 000 元。

二、电视节目营销

(一)上海电视台节目营销

20 世纪 70 年代,由于经费不足,设备落后,上视电视节目的制作量很少。改革开放后,为适应人民群众对电视消费的新的需求,上海电视台与苏、浙、鲁、粤等省市电视台发起了节目互换互播的动议。由台节目科与各方进行节目交换,以弥补节目源的不足。1995 年 4 月,上视成立了电视节目购销中心,其业务活动主要是:购买供台内各频道播映且有全国播映权的电视片,并在二级市场上销售;发行销售本台制作的各种电视片。市广电局审计资料表明,购销中心成立后的第二、第三年,共购入电视剧、专题片 3 189 集。其中,以现金购入 858 集,合同金额 3 473.5 万元,平均每集 4.05 万元;其余均为广告时段交换,根据不同的节目每集可随广告时段分别在 30′—120′不等。在这两年中购得的 3 189 集片子中,全国版权的电视剧 8 部 184 集,耗资 2 104 万元(其中《一帘幽梦》以贴片广告抵扣 200 万元),平均每集 11.4 万元。两年中,销往海外的自制节目的收入外汇折合人民币 165 万元。

(二)东方电视台节目营销

1995 年 6 月起,东视设立专门机构,主管节目营销。主要是选购影视剧,满足两个频道影视剧的播放,提高收视率。1996 年初夏,东视在 20 频道黄金时段实施国产电视剧的精品战略,连续安排播出《走过冬天的女人》、《新龙门客栈》、《儿女情长》和《何须再回首》等国产电视剧。尤其是《儿女情长》的首播,收视率创下上海地区 46% 的最高纪录。

东方电视台在购买剧集的同时,也参与投资拍摄电视剧。从 1994 年 1 月自制完成第一部 20 集电视剧《人生急转弯》后,又投资拍摄《夺子战争》,也得到较好的收视率回报。

1999 年,东视广告部会同东视广告有限公司正式成立东视节目营销中心,进一步扩大与全国电视台的网络联系和节目交流。将东视的品牌栏目加以包装、推广,形成卖点。如综艺栏目《快乐大转盘》、《飞越太平洋》、《相约星期六》等一批精品节目以及电视剧《忠诚》等都受到客户青睐。

此外,东视由广告部和营销中心牵头,对投资演出的《阿依达》、《野斑马》、《大唐贵妃》等大型项目进行衍生产品的开发、销售,作为媒体新的增长点。如制作精美的说明书、埃及士兵模型、面具、望远镜、T 恤衫等,也获得较好的经济效益。

(三)上海有线电视台节目营销

上海有线电视台初创时期播出的节目主要采用无线电视台现成节目串编为主,辅之以自行采购部分影视剧和社会力量制作的栏目。

1993 年底,上海有线网络终端在一年间从 7 万户迅速飙升至 70 万户,自办频道也由 1 个增至 3 个。无论是受众对收看节目的需求,还是有线台对自身发展的要求,都发生了很大的变化。上海有线电视台逐步强化对节目内容的重视和组织力度。1993 年 6 月,上海有线电视台与美国最大的有线体育电视网 ESPN 签订协议,每天从 ESPN 卫星节目中收录、编译 6 小时节目,从而使当年底开播的有线体育频道有了较为丰富的节目来源。

1995 年,上海有线电视台自办频道增至 5 个,其广告收入亦呈跳跃性增长,超过一亿元。有线电视台在原有节目采购体制的基础上,逐步增加资金投入,拓宽购片渠道。其时,上海有线电视台与节目市场进行交易的价格实现大多是以随片广告的方式进行。1997 年开始,有线电视台将以往直接购买制成品的做法,逐渐转变为购买素材串编、个性化定制、合作制作、转播直播等多元方式;引进节目的类型也从以往比较集中的影视剧及相关专题片,拓展为与有线电视频道专业化相对应的影视剧(包括动画片)、影视专题、社教、体育、法制等多方位主题。

为了在电视剧市场的激烈竞争中争取主动,上海有线电视台一改以往被动购片的姿态,积极参与前期投资、合作拍片、合作发行等多种形式,使之有了真正意义上的节目营销。电视连续剧《走出凯旋门》、《无花的夹竹桃》、《银楼》、《半把剪刀》,电影《我也有爸爸》,专题片《共和国之魂》等,在国内各电视节上交易,取得一定的经济效益。

三、传媒集团节目营销

上海文广新闻传媒集团于 2001 年 9 月成立节目营销中心,统管集团所属所有频率、频道的节目购销。

集团节目营销中心的成立,避免了节目价格多头、兄弟台之间互相损害情况。在一年多的时间里,节目营销中心共购买国产电视剧 177 部 4 859 集,金额为 12 978 万元;购买境外电视剧 35 部 723 集,金额 1 324 万元;购买各类专题片 16 部共 1 202 集,金额 148 万元。同时,投资拍摄电视剧 10 部 204 集,发行销售额达 2 832 万元,获净利 1 100 万元。集团投资合拍的《蓝色马蹄莲》、《浮华背后》取得了较高收视率。同时,由节目营销中心发行销售的自制专题片 438 集,签约额为 183 万元及 15 000 美元。投拍的电视电影片《门》入围上海电视节评选;电视连续剧《故事 2001》成为国家广电总局庆贺党的十六大重点推荐剧目之一。

表 8 - 2 - 5 　　　　1999 年至 2002 年上海市电视台和广播电台节目营销情况

年　份	类　　别	自办节目（套）	平均每周（日）播出时间（小时）	其中自办节目	全年制作节目时间（小时）
1999 年	无线电视台	12	928	906	10 510
1999 年	上海电视台	2	257	256	3 618
1999 年	东方电视台	1	130	130	2 401
1999 年	卫星电视台	1	165	158	2 071
1999 年	区县级	8	376	362	2 411
1999 年	无线广播电台	20	294	250	58 730
1999 年	上海电台	6	86	85.5	22 321
1999 年	东方电台	4	74	73.5	22 305
1999 年	区县级	10	134	91	14 104

（续表一）

年　份	类　　别	自办节目（套）	平均每周（日）播出时间（小时）	其中自办节目	全年制作节目时间（小时）
1999 年	有线电视台	6	619	618	4 819
2000 年	无线电视台	13	1 095	1 074	10 383
2000 年	上海电视台	2	268	268	4 037
2000 年	东方电视台	2	262	262	2 664
2000 年	卫星电视台	1	165	158	1 556
2000 年	区县级	8	400	386	2 116
2000 年	无线广播电台	20	297	250	64 903
2000 年	上海电台	6	88	87	24 669
2000 年	东方电台	4	75	72	26 025
2000 年	区县级	10	134	91	14 209
2000 年	有线电视台	6	658	658	7 334
2001 年	电视台	19	1 816	1 794	24 974
2001 年	上海电视台	7	910	910	15 525
2001 年	东方电视台	4	498	497	7 234
2001 年	区县级	8	408	387	2 215
2001 年	广播电台	20	301	255	65 515
2001 年	上海电台	6	90	89	27 367
2001 年	东方电台	4	77	75	24 799
2001 年	区县级	10	134	91	13 340
2002 年	电视台	20	2 066.90	2 042.32	33 190
2002 年	上海电视台	7	948.7	948.7	17 821
2002 年	东方电视台	4	510.5	510.5	9 346
2002 年	上海教育电视台	1	119.9	119.00	2 613
2002 年	区县级	8	488.7	464.12	3 410
2002 年	广播电台	20	305.55	262.30	72 863
2002 年	上海电台	4	75.82	75.32	27 459
2002 年	东方电台	6	94.15	93.15	30 406
2002 年	区县级	10	135.58	93.83	14 998

第三章 产业、物业与投资

目前上海媒体经营领域主要是文化产业。传媒产业本身也是一种文化产业。它与相关文化产业之间互补性很强、联系紧密，因此有利于资源整合。文化娱乐业、广播影视、音像、网络设计和计算机服务、旅游、教育等文化核心行业，以及传统的文学、戏剧、音乐、美术、摄影、舞蹈、电影电视创作，甚至建筑设计以及艺术博物馆、图书馆等文化产业正成为争夺激烈的"前沿阵地"。它们的生存和发展都需要传媒的支持，传媒的文化"版面"也需要这些内容以吸引读者和观众，这就构成了媒体集团在整合这些产业时所处的优势地位。

第一节 报 业 投 资

一、解放日报报业集团产业与投资

解放日报报业集团努力探索积极有效的宏观管理体制和富有活力的微观运行机制。在实施集团化管理中，着力构建新闻业务和经营业务相对独立又密切联系的组织机构，注重强化集团的主体地位，突出《解放日报》的主导作用，同时激发各系列报刊和经营部门（单位）的办报和经营活力，形成高效、有序、科学、合理的管理。

集团对经营管理实行"经营与管理分开"和"统一管理、分类经营"的原则。全集团的经营管理部门被整合为广告、发行、印务和物业后勤4个中心，分别代表集团对相应的业务实施统一管理。

从2001年开始，集团物业后勤中心以效益最大化为抓手，积极探索现代企业法人治理结构，不断调整和完善内部管理监控机制，努力实现资源和运作方式的有机结合。

解放日报物业管理公司成立于1993年底，报业集团成立后，承担集团所有物业的管理工作。公司以"决策科学化、管理规范化、经营专业化"为目标，走"社会化、专业化、经营化"的企业发展道路，取得了明显成果。公司管理的解放日报大厦于1997年获"上海市优秀物业管理大厦"，2001年3月通过SGS英国有限公司ISO9001·2000版国际认证，成为全国首家通过这一标准的新闻单位物业管理公司。在办公设备采购和闲置资产处理等方面，集团物业后勤中心进行市场化运作，取得明显成效。集团下属各经营部门或单位，凡能独立核算的，都从母体中剥离出来，实行独立核算和公司化经营。

解放日报报业集团在发展壮大广告、发行、印刷等报业经济产业的同时，充分利用品牌与资源优势，积极发展其他产业，不断提升非报业收入在集团总收入中所占的比重，培育新的经济增长点。集团从事非报业经济的企业有：解放传媒投资有限公司、解放日报物业管理公司、解放出租汽车公司、解放文化发展有限公司、解放公关策划有限公司等，逐步构建起集团以报业经济产业为主、延伸产业为辅,以多元产业共同发展的综合产业框架。

解放传媒投资有限公司成立于 2002 年 2 月,是集团探索资本运作、开展对外投资业务的载体,当时注册资金为 5 000 万元。公司以集团资产和资源为纽带,整合各种资源和运作方式,在初步尝试售让股份、资金信托的基础上,寻求安全有效的投融资渠道和资本运作方法,积极探索对内部优质资产实施资本运作的途径;公司还不断吸收社会资金,进行多元化经营,逐步在教育、文化等有发展前景的领域进行投资。

解放文化发展有限公司和解放公关策划有限公司是集团新成立的两家企业。前者由原解放实业公司改制而成,主要经营业务为投资拍摄制作电视剧、电视片,并与中央党校合作编辑出版电子出版物《干部视界》,还兼营礼品、纪念品等经销业务。集团以此为切入点,为今后涉足电视媒体业务进行探索,并在此基础上尝试向多媒体领域发展。解放公关策划有限公司是为适应集团对外宣传、举办各类大型活动的需要而组建,公司在依托、整合集团优势资源的基础上,通过组织策划各类活动,对集团形象进行全方位的推广,并承接其他企事业单位的各项公关推广项目。

表 8 - 3 - 1 　1997 年至 2002 年解放日报社和解放日报报业集团报业投资一览表　　（单位：元）

投 资 日 期	项 目 内 容	投 资 额	共同投资单位
1998	申江服务导报	10 000 000	全　　资
1998	东方书报刊服务有限公司	5 000 000	邮 局 等
1999	新　闻　报	14 010 942	全　　资
1999	全日送物流配送有限公司	5 880 000	文 广 等
2000	东方网股份有限公司	30 000 000	文 广 等
2000	中华印刷有限公司	8 400 000	出版集团等
2000	人才市场报	2 002 670	全　　资
2000	时代地铁	3 583 377	全　　资
2000	职场指南	4 262 236	全　　资
2001	房地产时报	1 000 000	全　　资
2002	上海解放传媒投资有限公司	80 000 000	全　　资

表 8 - 3 - 2 　1997 年至 2002 年解放日报社和解放日报报业集团控股、参股企业情况

（单位：万元）

成立日期	公 司 名 称	注册资金（万元）	投　资　方	比例（％）
1997.6	上海新解放广告有限公司	100	解放传媒投资有限公司	30
			复兴信息产业发展有限公司	25
			上海市宣传系统人才交流中心	25
			王沈利	20

（续表一）

成立日期	公司名称	注册资金（万元）	投资方	比例（%）
1998.7	上海解放房地产营销策划有限公司	500	解放传媒投资有限公司	20
			复兴高科技(集团)有限公司	35
			住宅消费服务指导中心	35
			上海普陀区工业总公司	10
2002.4	上海解放传媒投资有限公司	8 000	解放日报报业集团	90
			上海解放广告有限公司	10
2002.11	上海解放公关策划有限公司	100	解放日报报业集团	50
			解放传媒投资有限公司	50

表 8 - 3 - 3　　　　　解放传媒投资公司受集团委托参股、管理企业情况

公司名称	注册资金(万元)	投资方	比例（%）
中国海诚工程科技股份有限公司	13 000	解放传媒投资有限公司等	7.69
上海杏花楼(集团)有限公司	9 000	解放传媒	6.11
上海地铁时代传媒有限公司	2 000	地铁运营有限公司	20
		解放传媒投资有限公司	34.5
		地铁商贸有限公司	7.5
		地铁广告有限公司	7.5
		杨航文化传媒有限公司	12.5
		麦特罗广告传媒有限公司	10.5
		通勤文化传媒有限公司	7.5

二、文汇新民联合报业集团产业与投资

　　文汇新民联合报业集团成立后,推进版面、机构、资产、人员等一系列的重组、调整和改革,通过加强报刊结构调整、优化资源配置等途径,以求扩大规模,提高整体竞争能力和实力。

　　文新报业集团坚持"以报为主,多元发展"的经营思想,积极开拓新的市场,培育新的经济增长点,力求走出一条有中国特色的报业产业的新路子。到 2002 年,集团拥有 10 多个经济实体,涉及印刷、广告、发行、信息咨询、电脑服务、酒店等行业。集团总资产为 32 亿元。集团 250 万份的日均发行量形成了较强的广告吸附力,2001 年集团广告总额达到 8.2 亿元,税前利润 4 亿元。报业经济的非主营收入占总收入的 16.9%。在新的经营管理体制下,强化管理开拓经营,抓住集团重组的有利时机,基本完成了以报为主、多元发展的战略布局。1999 年集团投资 1 000 万元,成为上海东方书报刊服务公司的股东之一;探索新的广告交易

方式,集团投资组建了新世纪广告交易中心;集团投资 1.75 亿元,参与开发经营上海体育城;2000 年,集团投资 1 亿元,参与重组 5 星级宾馆——华亭宾馆;出资 4 200 万元参股上海中华印刷有限公司;出资 912 万元参股投资组建上海全日送物流配送有限公司。

集团重视科学技术的发展,结合新大楼的建设,积极筹划建设面向 21 世纪的现代科技网络管理体系。建立 ATM 为主干的集团网络系统,并以光缆、DDN、ISDN 专线实现局域网与广域网的结合;采用方正采编系统和飞腾拼版系统,建立新的新闻出版系统;建立以现代技术为基础的资料信息服务系统,开发新闻多媒体共享背景信息库,为新闻出版提供及时高效的服务;建立统一高效的卫星通信网络,及时将版面传输到各个代印点;开发集团各种经营管理软件及领导管理软件,为集团提供高效管理手段。从而使集团的新闻出版、经营管理、行政管理以及物业管理建立在一个高水准的技术保障系统之上,提高了集团新闻出版工作的效率、质量和竞争力,提高了整个集团各项管理的效率与水平。

附录:文新报业集团 1998 年至 2002 年重大项目投资一览表

(单位:万元)

投资日期	投资项目	投资金额	共同投资单位
1998.9	上海东方书报刊服务有限公司	1 000	解放日报社、上海邮局
1998.12	沪太印刷厂大台彩印机	9 082	
1999.1	沪太印刷厂扩建	7 044	
1999.6	上海文汇新民进修学院	20	
1999.7	文新大厦	65 187	
1999.9	文新物业管理公司	180	
1999.12	上海旅游联合发展有限公司	950	
2000.2	上海东亚体育文化中心有限公司	17 500	
2000.5	文新投资有限公司	10 300	上海新世纪广告交易中心
2000.5	上海东方网股份有限公司	3 600	
2000.5	上海星期三报	600	
2000.6	上海全日送物流配送有限公司	912	上海邮局、解放日报报业集团
2000.7	上海中华印刷有限公司	4 200	
2000.7	上海华亭宾馆有限公司	1 000	
2001.9	上海精文置业(集团)有限公司	10 000	
2001.10	广东发展银行股份有限公司	6 120	
2001.10	集团计算机网络系统	4 721	
2001.11	上海文新书报刊批销中心	500	
2001.11	文新飞艇广告有限公司	4 500	

（续表一）

投资日期	投　资　项　目	投资金额	共同投资单位
2001.12	商务印刷机	2 104	
2002	青浦金泽印刷项目	2 561	
2002.5	洛川印刷厂高宝 70 型机	3 310	
2002.7	海通证券有限责任公司	30 000	
2002.10	东方证券有限责任公司	20 000	
2002.12	嘉发大厦 20 层	691	

第二节　广播、电视投资与物业

1993 年至 2002 年期间，上海的广播电视事业出现新一轮投资建设高潮，大型工程项目数额、投资总金额和竣工面积均为历史之最，初步奠定并形成了上海广播电视产业化的基础和格局。

东方明珠广播电视塔是在浦东启动的第一个项目。20 世纪 90 年代初，广电局在市政府"给土地，给政策"的基础上，采取"自筹、自借、自还"的办法，组建了上海东方明珠股份有限公司，同年 8 月 8 日，东方明珠股份有限公司挂牌。新中国第一张文化产业股票正式问世，东方明珠从此走上了市场化快速发展的道路。

1994 年 10 月 1 日，经 8 年筹措和 3 年建设，东方明珠广播电视塔工程实现了市委市政府关于"灯亮、登塔、观光"的要求，同年 11 月 18 日正式对外试营业，接待观光旅游。1995 年 5 月 1 日，东方明珠广播电视塔上的广播调频和电视发射系统正式投入使用。

东方明珠广播电视塔建成后被评为上海市十大景观建筑之一，已成为上海城市新的标志性建筑和集观光、餐饮、购物、通讯、娱乐于一体的深受欢迎的旅游景点。江泽民、李鹏、朱镕基、胡锦涛、温家宝等党和国家领导人相继前来视察，各国到沪访问的国家元首、贵宾也登塔俯瞰上海市区景色。对外开放观光的第一年，便接待国内外游客 160 万人次，东方明珠的净资产由 1994 年的 7.4 亿元增加了 3 倍多，达 31.8 亿元，成为上海 3 年大变样的象征。

为了解决上海广播电视各类节目制作、播出和业务办公场地拥挤的矛盾，广电局设法自筹资金，着手兴建了若干大型工程项目。

1995 年 4 月，上海广播电视国际新闻交流中心（广电大厦）正式建成交付使用。新落成的广电大厦装备了从英国引进的 18 通道集中式自动播控系统，将传统的录像机、矩阵切换、FADE 和 MIX 衔接、应急处理以及播控系统各硬件状态的采集，全部归于计算机的控制之下。上海电视台、东方电视台、有线电视台和教育电视台所有频道的节目均通过这套新系统集中播出。

1996 年 10 月，坐落于虹桥路 1376 号的广播大厦落成。广播大厦启用了数字化录播一体的西门子音频工作网络，初步改变了沿袭几十年的磁带录音方式。从 1996 年 11 月 1 日起，上海电台的 7 套节目、东方电台的 3 套节目和浦江之声电台的节目，以及转播中央人民广播电台、国际广播电台的节目,全部启用上海广播大厦新的播控系统。

东视大厦位于浦东东方路 2000 号,1998 年 1 月正式投入使用。东视大厦拥有大小不等的演播室 9 套,新闻直播室 4 套,其中,开放式新闻演播室为国内第一家;节目配音室 7 套,电视导控室及制作机房 7 套,电视编辑机房 34 套,具备每天自制 15 小时以上各类节目和 3 个自办频道的播出能力。同时,能迅速接收国内、国际卫星的电视讯号,其裙楼有容纳千名观众的演播剧场和 60 套标准客房的 3 星级宾馆,是东方电视台各类电视节目制作和播出于一体的智能化综合性办公楼。

1999 年 4 月,位于威海路 298 号的专业性电视制作综合楼上视大厦正式交付使用。大楼建筑面积 57 861 平方米,投资 6.6 亿元人民币,建筑高度 168 米。大厦主要功能有 1 000 平方米多功能演播大厅(包括会议中心),有电视直播、配音、录音、制作、播出等专用工作室,以及新闻中心、文艺中心、社教中心和海外中心业务办公用房。大厦顶部设有供重大紧急事件新闻采访报道用的直升机停机坪。

1998 年 4 月,市广电局投资 4 500 万元人民币在闵行区鲁陈路 3555 号兴建上海广播电视卫星地球站。同年 9 月竣工。这是全国广电系统中规模最大、功能最全、设备最新、业务最忙的地球站之一。1998 年 10 月 1 日,上海卫星电视正式通过广播通信卫星向国内观众和听众播出。东方卫视覆盖了全国 285 个地级以上城市。自 2001 年 12 月 15 日上海卫星节目在日本落地后,又陆续在澳大利亚、澳门落地。

此外,上海大剧院、上海国际会议中心分别于 1998 年、1999 年竣工,投入使用总投资为 22 亿元人民币。上海大剧院和上海国际会议中心投入使用,为广电局带来良好的经济效益和社会效益。国际会议中心自建成投入使用以来,接待过的重大活动有:1999 年 9 月 '99《财富》论坛·上海年会;2000 年 6 月亚太地区城市信息化高级论坛市长圆桌会议;2001 年 10 月亚洲经济论坛即 APEC 会议;2002 年 5 月第三十五届亚洲发展银行年会;2002 年 8 月中俄首脑会晤;2002 年 11 月 ATP 大师杯网球赛新闻发布会等。1999 年荣获"建国五十年来上海建筑经典奖"。

10 年来,上海文化广播影视系统除了上述大型工程外,还陆续投资建设了上海马戏城、艺海大厦、东方明珠游览码头、上海电影外景拍摄基地和上海国际新闻中心等项目。这些工程项目的完工和投入使用,进一步壮大了上海广播电视的实力。

至 2002 年,上海广播电视拥有国际先进的制作播出设备,每天制作播出 11 套电视节目、10 套广播节目,视听覆盖地区总人口约 2 亿。另外还拥有超过 4 700 公里的光纤网络,有线电视终端用户达到 320 万户,实现了市区和乡镇一体化联网。有线宽带双向网改造也取得实质性进展,2002 年 7 月已正式开始商业化运营。

2001 年上海文广系统营销总额 50 亿元,利润近 10 亿元,总资产规模达 146 亿元,比 1991 年增长了 12.6 倍;广告收入 19 亿元,比 1991 年增长了 23.8 倍。

第三节　印刷经营

为适应报业发展的需要,进一步增强报纸印刷的综合竞争力,1995 年解放日报社投资

1.58亿元,新建解放日报印务中心;文汇报社、新民晚报社也分别投以巨资新建金桥印务中心、洛川路印务中心、沪太印务中心和金泽印刷厂。3大印务中心正式投入使用,较为先进的厂房设计和先进设备,走在了全国报业印刷业硬件投资的前列。印务中心自投入使用以来,获得了持续、稳定和健康的发展,经济效益呈连年稳步上升的势头。

报社印务中心的建立,促进经济持续增长、整体规模壮大,技术改造速度加快,进一步促进印务中心综合实力的不断加强。

一、技术。印务中心在完成告别铅与火的报业技术革命之后,技术改造步伐加快,新引进的高速轮转印刷设备自动化程度较高、操作较为便利,有效减轻了印刷工人的劳动强度,并一改车间环境脏、乱的旧貌。环境的改善和设备机械化程度的提高,凸显了以人为本的管理理念。仅1999年3家印务中心共印刷报纸达59亿对开张,为报纸版面的不断升级创造条件。2001年解放日报根据客户对中档印品的需要适时引进了德国罗兰商业印刷机,新推出承印以轻涂纸为主的中档印品,满足了一些报社出豪华版的需要。时效和质量是各报发展成熟后对承印厂及印品提出的主要工作指标,2001年底引进了直接制版(CTP)设备,有效缩短印前制版时间,提高套印准精度,为出早报、出好报争取了时间。从1997年至2002年,解放、文新两大报业集团共投资约5亿元用于技术改造,为各报纸的迅猛发展积蓄印力。

二、制度。新建的印务中心无论在软、硬件方面都处印刷业领先地位,短短的几年发展,各报以做大做强为工作目标,在技术设备上加大投入的同时,对管理的力度也逐渐加大。2001年印务中心率先在同行中导入了ISO9002质量认证体系,获得了国内、国际双重认证。中心借此对管理进行了有效的整合,并建立了一套涉及工艺、质量等环节的较为完善的管理制度,实现了操作规范化、记录数据化和管理科学化,保证每一环节都有作业记录,改变了过去管理环节不清、互相扯皮的弊病,印刷质量在制度的强力支撑下稳步提高,自1999年至2002年连续多年在报纸印刷评比中名列全国前茅,并取得了良好的经济效益和社会效益。

三、机制。报业观念不断更新,使报业经营理念得到了认同,市场意识、竞争意识得到了普及。近年来随着报业改革的深入,设备技术含量的不断提高,对操作人员的专业要求也越来越高。2002年上海主要新闻单位对新进人员实行了人事代理制度,印务中心与具有资质的人力资源公司签约用人,推进中心人事制度的改革。人员的不断引进,提高了职工整体文化素质,技术工人的比例占85%,其中大专以上文化水平占20%。

表8-3-4　　　　　　　　　　1999年至2002年报纸分类出版数量

	类别	期数（期）	每期平均印数（万份）	总印数（册、万份）	总印张数（万印张）
1999年	总计		8 786	1 310.9	184 158	462 595
	综合报		4 399	582.1	134 458	378 760
	专业报		4 387	728.8	49 700	83 835
	解放日报		365	42.1	15 367	64 308
	文汇报		365	38.6	14 076	42 268

（续表一）

	类别		期数（期）	每期平均印数（万份）	总印数（册、万份）	总印张数（万印张）
1999年 新民晚报			365	140.1	51 136	210 746
青年报			295	13.3	3 936	7 873
少年报			362	25.0	9 055	4 528
报刊文摘			104	152.0	15 807	7 990
劳动报			365	21.1	7 718	15 435
每周广播电视报			53	186.4	9 878	20 086
2000年 总计				1 134.61	167 742	445 725
综合报				538	126 185	364 186
专业报				579	41 557	81 539
解放日报			366	40	14 566	67 955
文汇报			366	34	12 423	37 415
新民晚报			366	129	47 223	196 309
青年报			366	14	5 035	10 070
少年报			366	21	7 733	3 867
报刊文摘			103	148	15 232	7 616
劳动报			366	21	7 635	15 270
每周广播电视报			52	140	7 300	14 599
2001年 总计	101			1 060	169 784	476 744
综合报	32			540	125 844	360 921
专业报	69			520	43 940	115 823
解放日报			365	41	14 950	70 916
文汇报			365	29	10 721	31 730
新民晚报			365	122	44 458	181 760
青年报			365	10	3 622	7 243
少年报			365	19	6 866	3 443
报刊文摘			102	130	13 242	6 621
劳动报			365	20	7 374	14 784
每周广播电视报			52	106	5 486	11 093

（续表二）

	类别		期数 （期）	每期平均印数 （万份）	总印数 （册、万份）	总印张数 （万印张）
	总计	101	9 880	983.0	164 607.72	514 182.5
	综合报	60	6 137	544.3	127 200.31	39 035.9
	专业报	41	3 743	428.7	37 407.41	120 146.6
	解放日报	1	365	37.6	13 738.49	65 866.6
	文汇报	1	365	29.9	10 901.07	33 028.6
2002 年	新民晚报	1	365	110.8	40 427.60	196 242.7
	青年报	1	365	9.6	3 485.54	6 971.2
	少年报	1	365	22.1	8 067.70	4 033.9
	报刊文摘	1	104	120.9	12 568.18	6 284.0
	劳动报	1	365	20.3	7 409.41	14 818.9
	每周广播电视报	1	52	76.1	3 958.15	8 056.6

第九编　交流与合作

随着中国改革开放的前进步伐，上海新闻界同国内外同行之间的交流合作日趋频繁，呈现领域宽、地域广、层次高的特点。各媒体在发展的过程中，对从业人员提出了更高的专业要求。了解国外有影响的媒体的发展现状和趋势，借鉴科学的管理和经营方式，成为出访的主要目标。出国访问不限于一般的参观和座谈等浅层次的接触，而是有针对性地多方调研，反复比较，结合实际，着眼于用。有些编辑、记者还在相应的岗位上实地考察当地媒体的运作状况。有些集团则选择业务骨干有计划地分批赴海外短期进修，以期获得更好的成效。《新民晚报》在十几个国家创办海外专版，把上海的经济、文化和城市发展的新貌介绍给海外的读者。广电系统凭借国际线路和卫星传递，与海外媒体合作完成多项重大报道，取得了前所未有的成果。许多媒体在对外交流中不仅"走出去"，也注重"引进来"，相互了解，双向沟通。

与港澳台地区的联系日益紧密。上海媒体与港澳台媒体的记者、编辑和负责人之间常来常往，沟通频繁，交流媒体在发展中的新经验，研讨共同关注的新问题。"首届上海传媒高峰论坛"是一个良好开端。与台湾媒体的交流话题比较广泛，如经济、农业、水利等方面的研讨会就召开过多次。

与国内各地媒体的交流合作在互补性和实效性方面有进一步的发展。双方在办报理念、体制和机制改革、经营运作等方面多有探讨；采编人员的异地交流、采访以及共办各种主题的研讨会时有举行。广电系统与兄弟省市联合制作大型节目，合作密切，发展良好。

第一章　与国际媒体的交流合作

第一节　上海市新闻工作者协会的对外交流

1997 年至 2002 年,上海市新闻工作者协会在组织新闻工作者出国出境访问考察的同时,陆续接待了来自世界各大洲 60 个国家的新闻代表团来访共 213 批、1 082 人次。这些代表团包括各国记者团体、新闻媒体、新闻院校以及新闻研究学者。

上海市新闻工作者协会多次举办有影响的国际信息学术交流活动。如首届上海传媒高峰论坛等。

2002 年 6 月 15 日,上海市新闻工作者协会邀请墨西哥前总统埃切维利亚向上海新闻界作演讲报告,他深情回忆了与毛泽东、周恩来、邓小平等中国领导人的深厚友谊,热情赞扬中国改革取得的重大成就。他还说到自己曾幸运地应江泽民主席邀请,出席了香港回归中国的庆典,他希望将来也能参加中国两岸统一的庆典。演讲结束后,埃切维利亚接受了上海媒体记者的采访,并为《文汇报》、《新民晚报》和英文《上海日报》的读者题词。

第二节　新闻报刊的对外交流合作

一、《解放日报》(解放日报报业集团)

从 1992 年至 2002 年,报纸或报业集团领导成员前往世界 33 个国家进行访问、考察、学习、交流先后达 76 人次。从 1997 年至 2002 年,共接待外国新闻团体 196 批,计 868 人,来自世界各大洲数十个国家和地区。同时,自 1992 年 6 月《解放日报》和澳大利亚《昆士兰信使邮报》建立友好关系开始,还陆续与多家国外报社建立长期的合作交流关系。主要有:

与《福岛民报》的交流合作

1992 年 10 月 2 日,日本《福岛民报》应《解放日报》邀请组成以河田亨(代表取缔役专务)为团长的代表团首次来访,初步达成合作意向。1993 年 4 月,以解放日报社顾问陈念云为团长的代表团赴日本与福岛民报社正式建立友好关系,签署开展人员互访和合作的协议书。决定隔年派代表团互访,并决定在每次互访期间再具体商定开展两地文化交流的具体事项、内容与实施步骤。

1992 年至 2002 年,双方共互访 12 次。两报筹划并实施的主要活动有:1994 年 1 月和 3 月,《中日友好摄影展》分别在福岛和上海举行;1996 年 10 月和 1997 年 4 月,《中日青少年书法展》分别在上海和福岛举行;1998 年 4 月 12 日,《解放日报》协助《福岛民报》在上海曹杨新村举行"中日妈妈合唱团联合演出"活动;1998年11月和1999年4月,主题为"新世纪的梦"中日友好青少年绘画展分别在上海和福岛举行;2000年11月和2001年4月,主题为"人和自然和谐发展"的中日友好青少年摄影展分别在上海和福岛举行;2002年10月和次年年初,《中日友好青少年版画展》先后在上海和福岛举行。

与韩国《釜山日报》的合作交流

1995年3月18日,应解放日报社邀请,釜山日报社原社长郑汉祥率团访问解放日报社,初步达成建立友好关系意向。同年6月19日至27日,《解放日报》总编辑丁锡满率团回访釜山,双方签订合作意向书。1996年9月3日,《解放日报》总编辑秦绍德应邀出席《釜山日报》创刊五十周年纪念活动,并率上海两位经济学家,赴韩国釜山参加由《解放日报》、《釜山日报》、《西日本新闻》三报主办的"东北亚经济发展研讨会";2002年7月,《解放日报》体育记者赴釜山采访世界杯足球赛,得到釜山日报社协助。

与新加坡报业控股有限公司的合作交流

2001年9月,新加坡报业控股有限公司执行副总裁周景锐与解放日报报业集团社长陆炳炎进行商谈,双方一致表示本着"先易后难"的精神,加强合作交流。2002年至2004年,双方每年都互相访问,解放日报报业集团分期分批组织业务骨干赴新加坡考察、培训。

解放日报社还接待多批外国政界高层人士、新闻专家学者来访。其中主要有:1996年10月,越南潘克海少将率领越南人民军报代表团访问解放日报社;1997年5月,英国《泰晤士报》总编辑彼特·斯多德率领高级代表团来解放日报社访问交流;2002年8月28日,英国下议院议会代表造访《解放日报》,了解上海市的能源、交通、住宅、汽车、福利、就业等问题;9月26日,韩国外交通商部发言人访问《解放日报》。

表9-1-1　　1997年至2002年《解放日报》(报业集团)因公出访和接待境外来访统计表

	接 待 人 次	接 待 批 次	出 访 批 次	出 访 人 次
1997	124	32	36	56
1998	140	31	45	51
1999	193	41	42	56
2000	127	26	40	53
2001	141	32	53	89
2002	142	34	57	94
合　计	867	196	273	399

二、文汇新民联合报业集团

1993年4月,举世瞩目的台湾海峡两岸首次历史性会谈在新加坡举行,《解放日报》、《文汇报》、《新民晚报》等各派新闻记者采访聚焦"汪辜会谈"。

1993年7月,《文汇报》总编辑张启承应邀出访韩国,代表《文汇报》与韩国《国际新闻》社签订友好协议,决定从1994年起,由《文汇报》、《国际新闻》社会同中国棋院、韩国棋院联合主办"乐天杯"中韩围棋对抗赛。

1996年11月,《新民晚报》在美国洛杉矶举行在美发行两周年、驻美记者站成立和美国版问世大型庆祝活动。1997年11月,《新民晚报》又在美国洛杉矶举行大型读者座谈会,当地学术界、新闻界、法律界、医疗界和演艺界的知名人士共300多人出席。

文汇新民联合报业集团成立后,原两报的外事工作即合二为一,归集团统一管理。据统计,文新集团成立至2000年,累计因公出国(境)686批1 279人次,平均每年出访98批183人次,涉及国家和地区数10个;境外来访接待30批1 667人次,平均每年接待43批238人次。其中主要的出访活动有:

1999年7月,文新集团副社长丁法章率团赴意大利等国访问,考察欧洲媒体的现状。

2000年8月,《文汇报》副总编辑吴振标率团赴乌克兰访问,并在中国驻乌克兰大使馆的帮助下,《文汇报》与乌克兰《明镜周报》建立了友好互访关系。次年8月,《文汇报》党委书记吴谷平率团应邀赴乌克兰进行第二轮交流活动。

2001年8月,文新集团社长赵凯和《文汇报》总编辑吴振标率团赴法国、德国、意大利访问,并在巴黎召开了《文汇报》驻外记者工作会议,加强与当地媒体的沟通。

第十五届中日围棋天元战于2002年5月下旬在上海举行。这项由《新民晚报》和中国围棋协会、日本棋院、日本新闻三社联合主办的围棋赛事,创办15年来为推动中国围棋运动、增进中日人民的友谊作出了贡献。

2002年6月,文新集团纪委书记张韧率团访问俄罗斯,与莫斯科国立大学新闻系建立友好合作关系。

2002年10月,《文汇报》党委书记、副总编辑吴谷平率团出访菲律宾等国,巡视、考察驻外记者站。并考察当地报纸发展状况。

2002年10月18日,在中国和澳大利亚建交三十周年前夕,《新民晚报》与《星岛日报》签订新闻业务合作协议。由《新民晚报》新办的澳洲专版每天随《星岛日报》澳洲版与澳大利亚华人读者见面。澳洲专版以上海社会新闻和娱乐、体育等新闻为主。专版刊头以上海大剧院为背景,版面编排富有中国传统文化和海派特色。《新民晚报》定期向《星岛日报》提供新闻及副刊文章供对方选用。

文新集团积极拓宽"走出去"的途径。经过多年努力,《新民晚报》陆续创设澳洲版、加拿大版、西班牙版、泰国版、菲律宾版、日本版、巴拿马版、意大利版、荷兰版、韩国版等十多个海外专版。《新民晚报·美国版》已成为全美十大华文媒体之一。

《文汇报》的第一个驻外记者站设在日本东京,并陆续在美国、法国、墨西哥、俄罗斯、乌克兰、德国、吉尔吉斯斯坦、日本、印度、菲律宾、尼泊尔、伊朗和联合国等常驻记者、建立记者站。驻外记者即时跟踪报道发生在世界各地的大事和要闻,见证许多重大国际事件。在他们的职业生涯中,有不少专访各国首脑和政要的经历,更与许多世界级大师和名流结下深厚友谊。如1991年8月,《文汇报》驻墨西哥记者辛芝明访问古巴时,受到卡斯特罗总统的接见。1994年,《文汇报》驻墨西哥记者何淇在总统办公室采访墨西哥总统萨利纳斯。1994年9月,《文汇报》驻华盛顿记者朱幸福、王耀东采访美国前国务卿黑格。1996年5月,《文汇报》驻巴黎记者郑若麟采访法国前总理巴拉迪尔。1997年5月10日,法国总统雅克·希拉克访问中国前夕,在总统府爱丽舍宫接受《文汇报》驻巴黎记者王双泉的采访,并在《希拉克传》一书上为记者签名留念。1997年7月,《文汇报》驻日本记者林小利采访日本前首相竹下登。1997年,《文汇报》驻墨西哥记者何淇采访墨西哥总统的塞迪略。1998年6月,《文汇报》驻华盛顿记者朱幸福在白宫采访美国总统克林顿。2001年5月,《文汇报》驻马尼拉记者朱幸福在马尼拉坎南宫采访菲律宾总统阿罗约;当年10月,朱幸福还在菲律宾退伍军人医院监狱采访了菲律宾前总统埃斯特拉达。2001年6月,《文汇报》驻莫斯科记者姜辛采访俄共总书记久加诺夫。

在频繁"走出去"的同时,"请进来"的交流活动也很活跃。2001年1月8日,新闻集团董事长兼首席执行官鲁伯·默多克及夫人一行参观访问文新报业集团。2002年3月,文新集团接待由美国CNN、美联社、华盛顿邮报等8家新闻机构资深记者、专栏作家、编辑组成的美国记者团来访,并就报业如何适应市场发展的需求、经营如何上规模,及如何看待"新闻自由"等问题进行探讨交流。2002年3月,美国市长和市议会议员组成的美国市长代表团访问文新集团,通过彼此沟通与直面交流,加深了他们对中国新闻界的了解。2002年11月,澳大利亚新闻传媒巨头7网络集团主席等一行来访,相互之间就人员交流、新闻业务往来、技术支持等领域达成合作意向。

表9-1-2 **1998年至2002年文汇新民联合报业集团因公出访和接待境外来访统计表**

	出 访 批 次	出 访 人 次	接 待 批 次	接 待 人 次
1998	95	112	30	175
1999	86	128	31	193
2000	72	113	41	175
2001	106	290	59	223
2002	95	205	52	297
合 计	454	848	213	1 063

第三节 广播电视系统的对外交流合作

一、接待来访

1993年,上海市广播电视局接待了来自世界5大洲44个国家和地区广播电视机构的友好访问、采访、观光等团组共131批、1 347人次。其中,重要的官方代表团有:6月来访的以新闻部长哈莫哥为团长的印度尼西亚新闻代表团;10月来访的以台长潘光为首的"越南之声"代表团、以文化通讯部长卡索科为团长的马里新闻代表团。在5月举行的首届东亚运动会期间,接待了前来采访报道的日本、韩国等8个国家和地区、19家广播电视机构的163名新闻记者。

1994年至2002年,高层和重要代表团来访逐年增多。1994年,美国全美广播公司(ABC)、全国广播公司(NBC)、有线电视新闻网(CNN)、加拿大安大略省电视台(TVO)、法国的欧洲二台等西方主流媒体竞相派团来沪,洽谈业务合作。1995 年,泰国国务部长、印度尼西亚新闻部长和塞浦路斯国务部长等高级代表团先后来访。1996 年,第六十届亚洲——太平洋广播联盟(ABU)行政理事会在上海召开,市广电局作为东道主接待了近 30 位理事及与会代表,国家广电部部长孙家正出席会议并致词。1997—1999 年间,先后来访的部长级代表团有:以董事长格蒂尼亚努为团长的罗马尼亚广播公司代表团,以伊朗声像组织主席阿里·拉里贾尼为团长的伊朗广播电视代表团,印度新闻代表团,阿尔及利亚新闻文化部长代表团,朝鲜广播委员会代表团,以及纳米比亚广播公司总裁、马来西亚新闻部副秘书长、坦桑尼亚总理府国务秘书和缅甸宣传部长等。1998 年,上海市广播电影电视局完成了两项重大接待任务。6 月 30 日,来访的美国总统克林顿和上海市市长徐匡迪作为上海电台《市民与社会》节目嘉宾,通过广播与听众进行了 50 分钟的直接对话。由国家广电总局主办、上海市广电局承办的第三十五届亚洲——太平洋广播联盟(ABU)大会于 10 月 29 日至 11 月 6 日在沪举行。大会接待正式代表、观察员和随行人员共 476 人。他们来自亚太地区和世界范围 38 个国家(地区)的 105 个广播电视机构及有关国际组织。由于大会的精心组织和圆满成功,受到亚广联主席及与会代表的高度称赞,国家广电总局为此颁发了嘉奖令。

1993 年至 2002 年,全局共接待境外来宾 2 062 批、22 417 人次。

二、派遣出访

1993 年,上海市广播电视局共派遣出访团组 144 批、465 人次,出访国家和地区 25 个。出访任务以采访拍片、业务交流、考察访问和学习进修为主。

1994 年,共派出 53 批、168 人次的广播、电视团组赴境外采访和制作节目,报道了第十五届世界杯足球赛等多项国际性重大体育赛事。

1993 年至 2002 年的十年间,共派遣各类出访团组 2 557 批、11 547 人次,出访地点达 40 多个国家和地区。

三、组织活动

1993 年 11 月举办的第四届上海国际广播音乐节规模空前,来宾达 23 个国家和地区的 177 人,并有 44 个国家和地区的 59 家广播电台(公司)的 138 套音乐节目参加展播。上海电台参展的《神州风采》荣获"金编钟"大奖。1994 年 11 月的第五届上海电视节吸引了 39 个国家和地区的 859 位海外宾客。

自 2001 年起,上海国际广播音乐节与"上海之春"音乐节合并为"上海之春国际音乐节",于每年 5 月上旬举办。2002 年开始,上海电视节由隔年举办改为每年 6 月与上海国际电影节同时举办。

1993 年至 2002 年 10 年内,共举办了五届国际电视节和五届国际广播音乐节,总体水平一届胜过一届,国际影响也逐年增大,得到海内外广播电视同行的赞誉。

四、交流合作

跨国联合,打造开放平台,推动对外交流合作。20 世纪 90 年代初以来,上海广播电视坚持"以我为主",凭借国际线路和卫星,与境外媒体对接,加入国际传播的大环境,成功完成了多项重大事件和文艺盛典的报道及直播。

1992 年 11 月 1 日,新建的"东方电台"与美国加利福尼亚州的"美加华语广播电台"连线直播的固定栏目《上海——洛杉矶友情双通道》推出首期节目。栏目每逢周日两地同步直播,基本的话题是:上海与洛杉矶的文化往来、经济交流及风土人情、民间习俗等。这是中国广播史上第一档国际性的两地联办的对外宣传节目,起先由东方电台和洛杉矶华语电台合作,后改与洛城电台合作。

为纪念上海和横滨结为友好城市二十周年,上海电台与日本 NHK 横滨放送局于 1993 年 12 月 4 日联合举办两地双向直播的《一衣带水,空中彩桥》特别节目。双方互派记者和节目主持人易地采编和主持直播节目,这在上海广播史上尚属首次。

1993 年初开播的东方电视台,当年向美国有线新闻网(CNN)等境外电视机构提供了 6 小时 30 分钟的新闻节目。同时,接收对方提供的 98 小时电视节目,其中 80 小时节目被采用。

1995 年 4 月,为庆祝浦东开发开放五周年,上海电台与加拿大国际台、法国欧洲 2 台等 8 家境外电台联手,通过国际线路,用中、英、法、日 4 种语言成功播出"迈向新世纪的浦东新区"国际大联播。这一节目的电波覆盖面遍及亚、欧及大洋洲,覆盖人口超过 10 亿。

1995 年至 1996 年,东方电视台先后与日本东京 NHK 双向直播 3 次《亚洲歌坛》实况传送。

1999 年 12 月 31 日 18 时至 2000 年 1 月 1 日 18 时,由东广与中央电台、香港电台、广东电台发起倡议,联合分布于全球的 35 家华语电台,共同举办了《千年跨越——全球华语电台大联播》节目。中央台、东方台、香港台、广东台和台北、新加坡、多伦多、洛杉矶等地共 8 家电台的主持人担任设在香港中心演播厅的主持人,并连通世界各地华语电台展开空中大联播。

为配合香港回归庆典活动,东方电视台一行 10 人赴美国洛杉矶,摄制、转播 1997 年 7 月 2 日在好莱坞碗形剧场举办的《为中国喝彩——'97 中国之夜大型焰火音乐歌舞晚会》。晚会盛况通过卫星传回北京和上海。此后,又以同类形式,先后在俄罗斯、英国、希腊和南非等国组织了"为中国喝彩"大型音乐歌舞晚会。这一系列演播活动在更广的地域和更高的层面上弘扬和传播了中华优秀文化。

1999 年,为集中展示新中国五十周年特别是改革开放 20 年来的成就,上海电视台和东方电视台先后与坦桑尼亚国家电视台、罗马尼亚海王星电视台、巴西环球电视台、英国无线卫星电视台、加拿大安大略省电视台和城市电视台合作,举办了"中国上海电视周",加强了与上述诸国人民的文化交流,丰富多彩的节目受到了当地观众的欢迎。1998 年元旦和 1999 年元旦,上海电视台与日本、印度、韩国、以色列、美国、意大利等国家的电视台合作,通过卫星、网络,成功举办了《亚洲风》、《五洲风》元旦晚会大联播。

2000 年世纪之交,上海广电传媒与国外同行的合作进一步增多。年初,举办了"上海·悉尼 2000 年的跨越——上海大剧院、悉尼歌剧院经典盛演"卫星传送节目;年中,东上海国际文化影视有限公司与上海市政府新闻办公室共同举办了"世纪之交看上海"电视纪录片拍摄活动,应邀来沪的英、日、法、德、美、新加坡、西班牙以及中国香港、台湾地区等 15 家著名媒体的摄制组对上海经济、社会、文化生活等各个方面进行拍摄报道,并在境外媒体播放,产生了广泛的影响;岁末,世界第三高塔上海东方明珠广播电视塔与世界第一高塔加拿大多伦多电视塔之间,通过两颗国际通讯卫星的接力传送,进行新世纪第一次"电视高塔对话"。

2001 年,上海电视台和东方电视台先后与新西兰电视台、韩国文化放送(MBC)、日本朝日电视台、纽约中文电视台、澳大利亚 7 网络和卫星电视、凤凰卫视欧洲台、加拿大城市电视台以及新加坡优频道等机构合作,举办"上海电视周"等节目展播活动;为配合 APEC 会议在上海召开,同时派出 5 个摄制组分赴 13 个国家拍摄专题片;5 月,又组织上海大剧院与法国巴黎香榭丽舍大剧院合作,成功举办卫星双向音乐盛典的演出。

2001 年 5 月 27 日北京时间 20:30(巴黎时间 14:30),上海电视台与法国电视台联手,运用高科技电视传播手段,凭借跨越大洋的"泛美 4 号"卫星连线,在上海大剧院和巴黎香榭丽舍大剧院将一台荟萃中法两国音乐艺术水准的盛典《上海·巴黎——2001 的跨越》展现在世人面前。

2002 年,上海电视台与日本 STV - JAPAN 株式会社签订上海卫视节目落地日本的合同,并于同年 1 月 1 日起正式播出。这是中国省级电视台中第一家在日本落地的卫星频道。11 月,新闻传媒集团派出联合报道组,在摩纳哥实况报道上海获得 2010 年世博会举办权的投票过程。

表 9 - 1 - 3　　　　1995 年至 2002 年广播电视接待境外来宾和派遣出境访问一览

年　　份	接 待 批 次	接 待 人 次	出 访 批 次	出 访 人 次
1995	140	956	185	510
1996	118	1 652	284	790
1997	132	1 306	273	944
1998	374	3 648	217	680
1999	88	3 710	197	562
2000	552	5 640	283	1 455
2001	161	1 582	312	1 872
2002	143	1 481	344	2 476
合　　计	1 708	19 975	2 095	9 289

第二章　　与港澳台媒体的交流合作

第一节　上海市新闻工作者协会与港澳台媒体的交流

一、组织上海媒体与港澳台媒体互访

1997 年 2 月 27 日,应台湾《中国时报》邀请,市记协组织上海新闻界采访团一行 12 人,

赴台湾进行 10 天参观访问。这是上海首次组织新闻采访团赴台。

1997 年 6 月 24 日,应《澳门日报》邀请,市记协组织 28 名记者赴澳门考察。这是上海新闻界与澳门新闻界同行的首次交流。

1999 年 3 月 1 日,应台湾 TVBS 无线卫星电视台的邀请,市记协组织上海新闻采访团一行 10 人,赴台湾参观访问。这次参访的主要目的是考察台湾电子媒体的状况和今后发展的趋势,探讨两地电台、电视台合作交流的项目和业务。

1999 年 7 月 13 日,香港新闻高级记者访问团一行来上海交流访问。上海市记协举办了沪港两地新闻界交流座谈会。

二、首届上海传媒高峰论坛

上海市新闻工作者协会、上海市新闻学会和复旦大学新闻学院于 2002 年 12 月 5 日在上海国际会议中心联合举办首届上海传媒高峰论坛。全国新闻宣传系统有关领导、专家赵启正、邵华泽、王晨、马胜荣、罗明等应邀出席并作演讲。中共上海市委副书记殷一璀参加开幕式,市委常委、宣传部长王仲伟致开幕词。论坛围绕"中国入世与传媒经营创新"这一主题,上海各主要媒体如《解放日报》的《媒体明天更美好》、《文汇报》的《媒体要抓住机遇做大做强》、《新民晚报》的《媒体:如何面向未来》和上视新闻频道的《上海传媒应付入世要求发展》等相关报道,与论坛形成互动,从不同角度深化了主题。美国前国务卿基辛格博士以"中国的变化和传媒的作用"为题给论坛发来了书面演讲稿。中央新闻单位和香港《文汇报》、《大公报》、《香港商报》均以整版篇幅作了全方位的报道。

第二节　新闻报刊与港澳台媒体的交流合作

一、《解放日报》(解放日报报业集团)

从 1992 年开始,《解放日报》及日后组建的解放日报报业集团,同台、港、澳地区新闻界的合作交流,呈现出前所未有的态势。

1992 年 6 月,台湾《侨报协会》访问团一行做客解放日报社。这是 1949 年以来,台湾新闻界同行首次组团来解放日报社交流访问。从此,《解放日报》与台湾新闻界之间,几乎每年都互有往来,尤其同台湾的联合报系和中国时报系签订了合作交流的协议。1994 年 1 月间,香港大公报社副社长兼总编辑曾德成率团专程到解放日报社交流访问;同年 3 月 24 日,解放日报社与香港星岛有限公司签订《合作意向书》,双方同意《解放日报》特别为《星岛日报》读者专门编辑一份《解放日报·中国经济版》,内容以刊载国内尤其是上海的经济信息为主,兼及有关投资、税务、法律等领域的问题解答,对开 4 版,每周 1 期,发行由《星岛日报》附送。当年 6 月 24 日,中央外宣办正式批复,同意《解放日报·中国经济版》通过《星岛日报》在世界各地的发行网向外发送。这一《合作意向书》,于 1995 年 4 月 3 日,正式在香港付诸实践,陈至立、张浚生等领导出席了《解放日报·中国经济版》的首发仪式。解放日报社与香港星岛日报社之间的这一合作形式坚持数年。《解放日报·中国经济版》于 1998 年 10 月 26 日停刊。

与台湾《中国时报》的交流合作

1998 年 9 月,《解放日报》总编辑秦绍德应台湾《中国时报》邀请,率团考察台湾报业。双方达成 3 项合作意向:(1)组织两报采编、经营人员短期互访,进行采访、经营、印务等交流。(2)组织沪台两地企业团体人员的技术交流活动。(3)沟通文化艺术信息,合办一些有利两岸交往的展示活动。根据这一意向,2000 年 11 月 21 日至 12 月 1 日,应台湾《中国时报》邀请,以解放日报报业集团社长贾树枚为团长的上海新闻、农业、水利代表团一行 12 人,赴台考察访问,并与《中国时报》联合举办《两岸水资源与现代农业研讨会》。2001 年 5 月,双方在上海联合举办《魔幻·达利》大展。

与台湾《联合报》之间的交流合作

《联合报》总编辑项国宁,早在 1983 年就访问《解放日报》,并于 1984 年邀请《解放日报》总编辑丁锡满访台,这是地方党报代表团第一次进入台湾。此后双方开始频繁交往。

1997 年 3 月,《解放日报》副总编辑吴谷平率上海新闻代表团参访台湾,与《联合报》总编辑项国宁商谈双方合作意向。

1998 年至 2001 年,《解放日报》总编辑秦绍德、解放日报报业集团社长贾树枚、陆炳炎,先后率团参访台湾《联合报》。

2002 年 11 月解放日报报业集团社长陆炳炎在上海接待来访的台湾《联合报》发行人王效兰、《联合报》社长王文衫,双方达成解放日报报业集团陆续派经营管理人员参访台湾媒体等具体合作意向。

二、文汇新民联合报业集团

《文汇报》、《新民晚报》以及由两报联合组建的报业集团,在 1992 年至 2002 年的 10 年当中,同台港澳地区同行之间的交流和合作,逐步加强。这期间的主要交流活动,除《文汇报》向澳门派有常驻记者外,1992 年 3 月至 7 月,《新民晚报》与台湾《讲义》杂志联合举办《我们只有一个中国》征文征画活动,这是海峡两岸报刊第一次进行文化交流合作活动。

1992 年 7 月 1 日,《新民晚报》与台北《中时晚报》在上海签订"新闻合作协议书",《新民晚报》总编辑丁法章与《中时晚报》总编辑林国卿分别代表两报在协议书上签字。这是地方性综合日报第一次新闻合作。"新闻合作协议书"包括互供信息、协助采访、委托采访、合作开展新闻业务与报业管理方面的交流,举办与新闻有关的联谊活动。

应台湾中国时报社《中时晚报》的邀请,《新民晚报》总编辑丁法章率团于 1993 年 6 月 5 日至 6 月 20 日赴台进行为期两周的考察访问。在台期间,代表团与《中时晚报》共同修订两报新闻合作协议书,丁法章还与台湾新闻学会以及 15 家新闻媒体的主要负责人进行座谈交流。

1994 年 7 月,《文汇报》与台湾《中国时报》联合主办《琉璃工房杨惠姗现代琉璃艺术展》,在上海美术馆展出。

由《新民晚报》与《人民日报海外版》、香港《文汇报》等京沪港 11 家新闻单位举办的《"迎九七"青少年香港知识竞赛》,有近 10 万海内外青少年参加,这在全国属首次。这次活动从 1996 年 2 月 28 日竞赛试题在《新民晚报》、《人民日报海外版》、《光明日报》、《中国教育报》和香港《文汇报》5 家报纸刊出，到 1996 年 5 月 28 日在上海举行隆重的颁奖晚会，历时 3 个月。"迎九七"青少年香港知识竞赛最后有境外组 9 人、境内组 10 人获得金奖。境内组的 10 位金奖获得者还赴香港观光。

1998 年 1 月，《文汇报》总编辑石俊升率团赴台湾，参加由《文汇报》与台湾《中国时报》联合举办的"两岸经贸交流与沪港台经济关系"学术研讨会，增加海峡两岸的交流。

2001 年 12 月至 2002 年 1 月，《新民晚报》、中国新闻社和台湾《中国时报》等沪台两地 10 多家媒体联合举办"上海周末"摄影活动，这是迄今在沪规模最大的海峡两岸新闻媒体交流采访活动之一。

2002 年 5 月，《文汇报》总编辑吴振标随中华全国新闻工作者协会组团赴台访问，进一步增强两地的交流。

2002 年 6 月，文新集团总经理顾行伟率团赴香港参加《大公报》百年庆典活动，并举行广告招商会。

2002 年 6 月，应台湾东森媒体科技集团的邀请，由文新集团组团，派遣以《上海日报》副总编辑施月华为团长的一行 6 人赴台湾访问考察，并采写"经营媒体、整合资源——台湾东森媒体科技集团考察报告"。

2002 年 10 月，文新集团社长赵凯、《新民晚报》总编辑金福安、市委宣传部秘书长尹明华率团赴香港访问，并签订《新民晚报》与《星岛日报》新闻业务合作协议。10 月 19 日起，《新民晚报·星岛日报澳洲专版》在澳大利亚正式发行。

第三节　广播电视系统与港澳台媒体的交流合作

与香港的合作交流。1992 年底，广电局刘继汉、陈乾年等一行 4 人考察了香港广播电视的情况，并撰写考察报告《香港广播电视近况一瞥》。对上海地区开展有序的广播电视竞争有所借鉴。1993 年，上海电台国际部与香港新城广播电台合办英语节目；上广外语教学组与香港"空中英语教室"制作公司合办英语教学节目。上广广告部与香港先锋中国电子有限公司合办"先锋卡拉 OK 竞赛"。7 月 18 日，东方电台和香港电台联手，在上海体育馆举办两场"东方之光——为宋庆龄基金会集资演唱会"。演唱会所得 50 万元善款交宋庆龄基金会，用于上海儿童福利事业。上海东方电视台与香港无线电视台建立新闻交换关系，《东视新闻》中的"港台专线"每天播出港、澳、台新闻，成为观众的收视热点之一。

1998 年 4 月，东方电台金融频率联合香港电台、广东电台，共同主办的经济、金融类栏目《三江联播》，于每周日下午播出。节目以三地相近的经济背景和经济利益为纽带，拓展了听众面并增强节目影响。在节目创办四周年之际，三台又在沪联合举办"2002 上海中国财经高层论坛"等纪念活动。

1999 年，为配合澳门回归庆典，上海电视台在澳门举办"上海电视周"，展映了电视剧《真情难舍》等。

与台湾同行的合作交流。1993 年 1 月春节期间，上海电视台播出与台湾"中视公司"和香港亚洲电视台联合录制的《大家恭喜》春节文艺晚会节目，由 3 家电视台各派一位节目主持人联合主持。

1997年,上海电视台副台长张少峰一行3人应台湾永真电视制作公司邀请赴台考察台湾电视节目市场;同年9月16日中秋之夜,上海东方电视台、中央电视台和台湾电视公司、台湾中国时报联合制作的《千里共婵娟——中秋夜,两岸情》中秋特别节目,通过卫星双向传送,在上海外滩和台北歌剧院音乐厅同时播出。这是海峡两岸首次通过卫星双向传送节目,引起两岸观众热烈反响。

1998年,上海广电系统先后接待7批台湾代表团。他们分别来自台湾电视公司、年代影视公司、中广公司和台湾无线卫星电视台等。当年,广电系统共派出9批、25人次赴台访问,洽谈业务合作。

1999年,上海东方电视台和台湾电视公司再度合作,联合制作"海上共明月"中秋文艺晚会,慰问受到大地震灾害的台湾同胞,传达祖国人民的深情厚谊。

2000年10月,"2000海峡两岸广播事业交流研讨会"在上海华亭宾馆举行。这次研讨会由中央人民广播电台、台湾"中国广播公司"联合主办,东方电台承办,获得成功。对推动两岸的广播交流起了积极的促进作用。东广与台湾大众电台坚持多年开展主持人互访互学、主持节目等活动。

第三章　与中央及兄弟省市新闻界的交流合作

第一节　《解放日报》(解放日报报业集团)与中央及各地媒体的交流合作

《解放日报》及以其为主体组建的报业集团,从1992年开始,在与包括中央和地方新闻界国内同行的合作交流中,呈现出全新的态势。据统计,在1992年6月和7月间的一个半月中,《解放日报》先后接待从人民日报到省市级报社的访问团14批。当年,国内同行来访主要内容为了解浦东开发动态和交流报纸扩版的经验。在2002年中,报业集团接待国内新闻同行访问团的数量,上升到38批之多。与此同时,解放日报也经常派人分赴大江南北,悉心学习同行的新鲜经验。在20世纪末,主要前往京津地区和广东地区,学习组建报业集团的成功经验;2001年6月间,陆炳炎率领解放日报报业集团学习考察团,先后至广州和北京考察报业,重点调研报业集团改革发展的思路和经验。

这个时期,解放日报报业集团同国内外同行的交流合作,呈现如下几个特点。

一是合作交流对象广泛。计有新闻出版总署、《人民日报》、新华社、《经济日报》、《中国青年报》等中央新闻单位,以及20多家省市机关报,还包括《烟台日报》、《无锡日报》、《苏州日报》、《台州日报》等都有密切联系。就地区而言,北至《黑龙江日报》,南到《海南日报》,西至《新疆日报》,都有交流项目。

二是交流题材深入。如 2002 年 4 月,《大众日报》总编辑朱宜学率领大众日报报业集团考察团前来,考察交流办报理念、机制以及采编和经营运作等问题。同年 8 月间,《安徽日报》总编辑陈强来访,专题交流资金运营和管理内容。《北京青年报》等前来交流报纸排版、布局、美术设计等业务问题。

三是注重交流合作的互补实效。从 1991 年开始,《解放日报》和《青海日报》签订合作意向书,每年互派记者进行异地采访,这一活动持续了多年,不但锻炼了队伍,也为沟通东南沿海同大西北的信息交流架设了平台。1993 年 2 月和 2000 年 5 月,解放日报社又分别同新疆日报社和海南日报社达成了互派人员进行异地采访和交流的意向,促进省市同行间的信息交流和互相学习。

四是交流合作注重取得建设性效果。这一建设性效果,主要通过积极参与或承办全国性新闻研讨和评估活动获得。如 1996 年 3 月间,解放日报社和国务院新闻办公室联合举办了第一届中国国际新闻奖的评定活动,首届中国国际新闻奖在沪颁奖,扩大了上海新闻媒体在国内的影响。同年 6 月间,《解放日报》和北大方正集团、浦东 VISHT 卫星公司合作开发远程卫星播放系统,经过几个月试运行,在北京、苏州、无锡、崇明正式开通,使《解放日报》每个版面传输时间由原来的 30 分钟缩短至 5 分钟左右。1998 年 5 月间,《解放日报》同中国新闻史学会、上海社科院新闻研究所和复旦大学新闻学院联合主办"中国新闻史学会换届暨 98 新闻史学会研讨会",来自全国十几个省市的数十名新闻史专家、学者云集申城,各抒己见,促进上海同全国各地新闻史专家的合作交流。2001 年 2 月间,由国家新闻出版总署主办,中国报业协会和解放日报报业集团协办的"报业集团建设发展座谈会"在沪举行,全国 16 家报业集团领导聚会上海,共同研讨、交流报业集团建设中的新课题和拓展战略,为中国报业集团的健康发展,起到开阔思路、相互启发、取长补短的积极效应。

第二节　文汇新民联合报业集团与中央和各地媒体的交流合作

在 1992 年至 2002 年这 10 年间,文汇新民联合报业集团所属的《文汇报》、《新民晚报》积极开展了与中央新闻传媒和兄弟省市媒体的交流合作活动,收到丰富宣传报道,开阔工作视野、增进相互了解和友谊的成效。

《文汇报》与《大众日报》、《安徽日报》、《新华日报》、《浙江日报》、《江西日报》、《福建日报》、《四川日报》、《陕西日报》、《辽宁日报》、《河北日报》、《湖北日报》、《湖南日报》、《河南日报》、《吉林日报》、《黑龙江日报》、《杭州日报》、《大连日报》、《宁波日报》、《绍兴日报》等全国 20 多家报社开展协作。委托推荐《文汇报》特约记者的工作,在 20 世纪 90 年代以后继续坚持。通过特约记者这一纽带,不仅为《文汇报》提供大量当地新闻,也推进《文汇报》与各报的联系交流。特约记者所在单位广州《南风窗》杂志社,1993 年至 1994 年还受《文汇报》委托,协议代理《文汇报》广州办事处事务,负责采访发行工作。

1996 年 11 月《文汇报》与北京《新闻出版报》协作,共同倡议:"全国千市县新华书店阅报栏(架)样板工程",首先在湖北省得到响应并实施。

1998年春,《新民晚报》和新华社国内部联合倡议创建"新华社全国晚报协作会",得到各地晚报的热烈响应。1998年4月6日至9日,首届新华社全国晚报协会(后改为"新华社全国晚报都市报协作会")在上海举行,来自各地52家晚报的64名代表就改进和加强国内新闻的宣传报道工作进行热烈的交流和研讨,并决定今后每年召开一次协作年会。会议推选新华社国内部主任李尚志为会长,《新民晚报》总编辑丁法章为名誉会长。

1999年10月,文汇新民联合报业集团向新疆阿克苏报社无偿赠送价值13万余元的电脑设备,帮助《阿克苏报》改善办报条件。

进入21世纪90年代,一年一度的华东九报(《大众日报》、《安徽日报》、《新华日报》、《浙江日报》、《江西日报》、《福建日报》、《解放日报》、《文汇报》、《新民晚报》)总编辑协作会议及组织人事工作研讨会,继续举行。2000年10月,在沪举行的第十九次协作会议,由文汇新民联合报业集团主办,《新民晚报》承办,协作会交流了世纪之交新闻宣传和报业发展的新经验,探讨传统媒体应对新挑战,寻求新发展的方略。九报每年联合举行头条新闻或短新闻或现场新闻等各类主题鲜明的新闻大赛,并举行评奖交流。1994年10月,还举行了华东地区报纸编校质量奖评选。

2000年6月,应《拉萨晚报》邀请,《新民晚报》总编辑丁法章率团参加其创刊十五周年活动,无偿提供一批电脑设备、图书资料,并提供培训条件。在此之前,与《阿克苏日报》、《伊犁晚报》也建立了对口支援关系。

2001年至2002年,文汇新闻联合报业集团下属的《上海星期三》,先后与扬州、台州、温州、苏州、汉阳等当地新闻媒体及新疆《生活晚报》、福建《石狮日报》、广西《广西市场报》、杭州《当代企业世界》、《湖州日报》签订协议,输出品牌。

2002年11月至12月,《新民晚报》及海外新闻部的负责人先后同新华社国际部、中国国际广播电台新闻中心的负责人进行磋商,决定在国际新闻的供稿、编辑和广告方面进行合作,在2003年春起为《新民晚报》推出每周一期的国际新闻专刊。

第三节　上海广播电视界与中央及各地媒体的交流合作

一、与中央新闻界的交流合作

1995年1月,东方电台与《人民日报》华东分社联合举办"792为您解忧"现场咨询服务活动,邀请煤气、自来水、供电等26个与市民日常生活相关的部门,为市民解忧。

1995年2月,上海电台与人民日报社华东分社联合举办"华东六省一市省市长热线"宣传活动。1999年8月,上海电台与人民日报社华东分社围绕国企改革与发展问题,两度联手推出"99华东省市委领导国企改革系列谈直播报道"。

1996年3月29日,东方电台联合中央人民广播电台和京、粤、川、江、鄂及香港等十几家电台,现场直播第三届《东方风云榜》十大金曲颁奖晚会。同时,中央电视台、东方电视台及上海有线电视音乐台进行录播。这是一次国内规模空前的广播、电视大联合。次日,东方电台与中央电台、中央电视台、《人民日报》华东分社联合举行"中国当代创作歌曲研讨会"。

1996年4月26日,中俄哈吉塔5国元首在上海签署《关于在边境地区加强军事领域信任的协定》。上视与央视合作,成功地向全球作现场直播。美国CNN、英国路透社等世界著名传媒均完整采用"上海合作组织"5国领导人签字仪式的直播公共信号。

1999年9月27日晚,上海电台与中央人民广播电台联手,由上海电台节目主持人王涛和中央电台主持人雷阳(女)将国家主席江泽民在'99《财富》全球论坛上海年会欢迎酒会上的讲话向全国作现场直播。

1999年12月31日,由中央人民广播电台、东方电台、广东人民广播电台、香港电台中文台、台湾中国广播公司、新加坡广播机构、美国美加广播网、加拿大中文电台8家电台发起,全球35家华语广播电台首次联手推出"跨越千年——全球华语电台大联播"。开播仪式在香港电台演播厅举行。联播的核心时段是1999年12月31日23:30至2000年1月1日0:30的1小时。这一小时节目由8家电台主持人共同主持,把千年交替时刻的欢声笑语通过电波传递到全球每个角落。

2001年9月24日,东方电台与中国国际广播电台、上海东方电视台、上海市文明办联合主办"我和APEC"上海市民双语大赛决赛。10月17日至21日,在APEC年会宣传报道中,东方电台与中央电台、中国国际广播电台合作播出4档双语节目。

二、与兄弟省市新闻界的交流合作

国内媒体联动和同行联手,可丰富节目资源,扩大受众范围和自身影响,降低传播成本,提高信息传播效率,取得"双赢"、"多赢"效应。近年,广播电视台之间的节目合作比较多,尤其是重大节庆之时,各省市异地联播、直播已成为经常化的运作。

1993年7月,东方电台7位主持人应邀前往江苏省常州市,和常州经济广播电台的主持人联合主持《共涌开放潮》、《沪常风景线》、《'93话住房》等节目。节目同时在上海和常州两地同步联播。

1995年10月1日,上海电台同湖北人民广播电台、四川人民广播电台联手推出国庆特别节目《腾飞的长江》,在3家电台的主频率同时直播。上海市市长徐匡迪、湖北省省长蒋祝平和四川省省长肖秧在节目中接受记者、主持人的直播采访。

比合作形式更重要的是合作的广度、深度,亦即合作节目的质量。由上海电台发起,与解放日报社、市政府协作办,于1996年1月18日至2月12日在上海电台《市民与社会》联合举办"东西部手拉手,求发展共繁荣"特别访谈节目。先后与西部兄弟省电台合作,邀请晋、陕、宁、甘、青、贵、川7省(区)领导做嘉宾,就"东西部协调发展"这一话题与广大听众进行交流探讨。

1996年春节,东方电视台与中央电视台、陕西电视台联合举办的《'96春节联欢晚会》,开创了3地卫星直播春节晚会的先河。东视还与北京台合作,首创在北京八达岭长城上通过卫星直播气势磅礴的《永恒的长城——长城演唱会》。

1996年,东方电视台与北京电视台、广东电视台体育部合作推出长度为50分钟的《中国体育报道》,更加注重体育新闻的全国性、时效性和贴近性,避免了各派记者采访而带来的人力、物力、财力的浪费。

为纪念八一南昌起义、秋收起义和井冈山革命根据地创建七十周年,1996年7月上海有线电视台会同江西有线电视台共同策划,在沪赣两地广播电视局(厅)指导下,联手江西省党史资料征集委员会等单位,筹拍理论、文献大型纪录片《共和国之魂》。此部作品创作摄制历时一整年,采访了老一辈革命家宋任穷、江华、李德生、肖克、叶飞、王恩茂、杨成武、江渭清等130多位老同志,其中70多位老同志,有的是开国元勋、有的是革命先烈家属及其后代。这部十集大型理论、文献纪录片昭示,井冈山是中国革命的摇篮,井冈山精神超越时空,永远是中国人民追求自由、解放、进步、幸福的宝贵财富。1998年,此部作品荣获中宣部分布发的全国第七届"五个一工程奖"。

1997年3月,上海有线电视台倡议并与全国22家省市有线电视台通力合作,共同联办《假日旅游》节目。各台将当地的人文景观、名胜古迹和自然风光拍成片子,在各地有线台交换播出,既促进各地的旅游业,又丰富荧屏节目。

1997年10月八运会期间,由上海广电局牵头,与央视、广东、北京等多家电视台联手,共同转播八运会的各项赛事,取得了大协作的好成绩。与此同时,上海有线电视台牵头与北京、广东、武汉、重庆等14个省级有线台联手制作的八运特别节目《相会在上海》,以每天4档栏目的形式滚动播出,并在每天21:00通过卫星向14个城市实时传送,显示"八运盛会,八方参与"的鲜明特色。

2001年7月1日建党八十周年之际,上海电视台联合赣、陕、冀3省电视台联合制作"七一"特别报道,将"一大"会址、井冈山、瑞金、延安、西柏坡等革命圣地串在一起,浓墨重彩地描绘了中国共产党从胜利走向胜利的光辉历程。

1998年6月开始,上海有线电视台《有线新闻·国内报道》节目与南京、武汉、重庆有线电视台联合开办。这是"共饮一江水"的4家城市有线台实施优势互补战略的有益尝试。

2000年5月至6月,东方电台推出系列专题《倾听西部的声音》,先后与西部9个省、市、自治区电台进行两地对播。川、陕、黔、新疆等省市主要领导在节目中接受采访,畅谈开发西部的规划蓝图与雄心壮志。

2000年8月14日至10月23日,上海电台与陕、甘、青、宁、新、川、滇等10家西部省级电台,联合推出《东西部手拉手——上海与西部10家省级电台早新闻联播》,历时两个多月,介绍西部的天然资源和建设成就,报道西部与上海的合作项目和成果。

2001年,上海电台发起与中共党史上重要事件发生地的8家省级电台,共同制作播出《胜利之路》特别节目,从5月7日至6月25日,每逢周一在沪、京、浙、赣、贵、陕、冀、粤8家省市电台早新闻节目中播出一辑,每辑约20分钟。

在广播电视同质媒体间的合作的基础上,异质媒介的合作也不断在尝试和实践。比如,电视、广播、报纸、杂志、网络等的联动传播和资源共享。东方电台《东方大律师》节目与《新民晚报》联合推出"市井法案"征文活动就是一个成功的例子。报纸前一天刊登故事案例,留下悬念和疑问;隔天广播节目接受听众来电咨询、讨论,以此来讲解、普及法律知识,可谓有声有色,真正做到了优势互补。以后,又据此拍摄放映了电视连续剧,取得了良好的社会效应。《东广早新闻》中的"报刊导读"、东方卫视早间《看东方》中的《早报早知道》都是电视读报节目。这些节目将平面媒体的新闻资讯变为声像节目,是对新闻信息资源的有效整合与充分利用。

传统媒体与网络的联动也日见"亲密"。首先是纸质媒体与网络联姻。2002年,全市上网的报纸达到 50％以上,各大报纸电子版的开通,方便广大网民在网上浏览各报信息。同时,网络因自身采访权受到限制,新闻来源有限,便广泛地从各家报纸上选择资讯。网络与报纸的联动增加了新闻传播的广度和范围,增强了新闻合力。

第十编
新闻团体与教育、研究

20世纪80年代初,上海市新闻工作者协会恢复活动,上海市新闻学会宣告成立。不久,上海新闻界相继组建了15个社会团体,其中专业团体9个,学术团体5个,行业团体1个。随着政府对社会团体管理的要求逐步规范化,新闻团体有较大调整。1996年上海市新闻学会与市记协合并,实行"两块牌子,一套班子"的领导体制。1985年5月、1987年1月先后成立的上海市女记者联谊会、上海市企业报新闻工作者协会并入市记协,成立了女记者工作委员会和企业报工作委员会。1985年至1989年期间成立的青年、体育、法制、科技4个记者协会和新闻资料学会,在2000年前后,已陆续停止活动。据2002年底统计,经上海市社团局登记注册的新闻团体共有8个,即一、专业团体:市记协、上海老新闻工作者协会、上海市有线电视协会;二、学术团体:上海市新闻学会、上海新闻摄影学会、上海市广播电视学会、上海市企业报研究会;三、行业团体:上海市报纸行业协会。

　　1993年至2002年,上海新闻传媒业处于跨越发展时期,与此相联系,新闻教育与新闻研究也得到长足发展。

　　在新闻教育方面,上海在这10年间出现历史上从未有过的发展局面。复旦大学新闻学院建成一个拥有本科生、硕士生、博士生、博士后4个层次的新闻传播教育体系。上海其他高校的新闻传播教育也有较大的发展。较早建立的有上海体育学院新闻系。上海外国语大学于1993年成立新闻传播学院,设有国际新闻学(后改组为新闻学)、传播学、广播电视新闻学等本科生专业,1998年起招收新闻学专业硕士研究生。上海大学于1995年设立影视艺术技术学院,设有新闻学、传播学、广告学、广播电视艺术学等本科生及硕士生专业,2002年与法国里尔高等新闻学院、里尔科技大学签约并经上海市教委批准开设媒介管理专业硕士生班。2000年,上海财经大学建立经济新闻系。2002年,上海交通大学媒体与设计学院、同济大学传播与艺术学院等组建,设有本科生、硕士生两个层次的新闻传播教学专业。

　　在新闻传播学研究方面,文汇新民联合报业集团、解放日报报业集团相继设立新闻研究所(室),上海文广新闻传媒集团设立发展研究部。文汇新民联合报业集团新闻研究所编辑出版《报刊业务探索》等内部业务刊物。解放日报报业集团新闻研究室主编有《办报参考》、《动态与提法》内部业务刊物等。上海社会科学院新闻研究所于2001年初同该院信息研究所、图书馆实行一体化运作,改建为现代传媒研究中心。

　　市记协、市新闻学会积极提倡并开展新闻学术研讨,有效地促进上海市新闻学术研究活动的展开。上海市社科院新闻研究所也举办过多个新闻学术研讨会。

　　此外,公开出版发行的各类新闻传播学论著众多,内容涵盖新闻理论、新闻史、新闻业务、媒介管理、媒介高新技术以及传播学、广播电视学、网站建设等各个领域。

第一章　新　闻　团　体

第一节　新闻专业团体

一、上海市新闻工作者协会

上海市新闻工作者协会(以下简称上海市记协)是全市新闻工作者组成的人民团体,是党和政府联系新闻界的桥梁和纽带,是中华全国新闻工作者协会的团体会员。其主要任务是:团结全市新闻工作者,贯彻执行党和国家关于新闻工作的方针政策,加强队伍建设,维护记者权益,推进新闻改革,开展新闻学术研究,扩大对内对外交流,努力促进上海新闻事业的发展和繁荣。从1996年起,出版会刊《上海新闻界》,到2002年底,共出版57期(包括增刊)。

1996年9月25日第四届起,上海市新闻学会并入上海市新闻工作者协会,实行"两块牌子,一套班子"的领导体制。

20世纪90年代以来,市记协在贯彻执行党的关于新闻工作的方针政策,加强队伍建设,维护记者权益,推进新闻改革,开展学术研讨,扩大对内对外交流等方面,开展了多方面的工作。2000年11月市委宣传部发出《关于开展马克思主义新闻观教育的通知》后,市记协制订具体落实方案,并召开两次学习座谈会。会上的发言稿分别刊登在上海《解放日报》、《文汇报》、《新民晚报》上,有些文章还被《人民日报》等中央报刊转载。2001年2月,市记协还组织《解放日报》和上海电视台参加由全国记协召开的学习马克思主义新闻观座谈会,与全国新闻单位交流体会。2002年初,市委宣传部发出《关于开展"发扬好作风、多出好作品"教育实践活动的通知》,市记协根据《通知》要求,组织两次大型座谈会,有100多人参加,18位同志的发言刊登于《上海新闻界》,以推动教育实践活动的深入开展。同时,市记协结合各项重大政治活动,组织学习活动,提高新闻从业人员的政治责任感和政治辨别力。1997年2月召开缅怀邓小平丰功伟绩座谈会;1998年12月举行"上海新闻界纪念党的十一届三中全会召开二十周年座谈会",总结20年来上海新闻媒体宣传改革开放的显著成绩和丰富经验;1999年7月,结合谴责北约轰炸我驻南使馆的行径,在全市新闻界组织开展《坚持马克思主义新闻观,认清西方"新闻自由"本质》的理论学习活动,对西方所谓"新闻自由"的本质进行有深度、有说服力的评析。

从1997年起,进一步组织开展新闻业务研讨交流活动。市记协与市新闻学会及有关新闻单位合作,先后举行如何进一步提高重大题材宣传报道质量的采访业务研讨会;如何搞好节庆宣传的研讨会;"入世"对中国传媒业影响的座谈会,如何把握正确舆论导向,发挥新闻舆论监督功能的"东方传呼"节目研讨会;《解放日报》副刊《朝花》出版5 000期的经验交流会等。2002年举办首届上海传媒高峰论坛,40多位国内外主流媒体的知名高层人士,以"中国入世"与"传媒经营创新"为主题进行交流探讨,受到国际新闻界的关注。

市记协按照市委宣传部的意见,从2000年开始,对每年的"上海十大新闻"评选工作实行规范化管理。凡上海经济、文化、科技、精神文明建设等方面的"十大新闻"评选,由市记协牵头,与《解放日报》《文汇报》《新民晚报》、上海电台、东方电台、上海电视台、东方电视台等主要新闻媒体合办。国际"十大新闻"由上述单位会同市外宣办、市国际关系学会合评。通过规范评选程序和办法,使"十大新闻"的评选更加具有权威性、严肃性,增强了社会影响力。

上海新闻评奖活动,包括全市性评奖和参加全国性评奖。1991年起,由市记协和新闻学会具体组织每年评选的"上海好新闻奖"改称"上海新闻奖"继续进行,至2002年已评12届。从1983年起,先后开展全国和上海的优秀新闻工作者、范长江新闻奖、韬奋新闻奖参评与评选。

1998年以来,市记协和市新闻学会着眼于"重点培养,带动全面",有选择地举办优秀记者个人新闻作品研讨会。(详见第二节"新闻学会")。

经中华全国新闻工作者协会申请和国务院批复同意,从2000年起,每年的11月8日确定为中国记者节。市记协从这年开始举办上海新闻界庆祝中国记者节活动,每年庆祝活动都有新的特色。庆祝首届中国记者节时,中共中央政治局委员、上海市委书记黄菊等市四套班子的领导出席庆祝活动,并会见历年来获得荣誉称号的优秀新闻工作者代表以及新闻界的新老领导;20名新从业的青年记者进行职业宣誓。同时举行联欢晚会等。

此后的记者节都根据本年度宣传要求和工作重点,提炼主题,形成主调,通过记者节活动发扬成绩,表彰先进,鼓舞士气。在形式上也力求生动活泼,体现节日气氛。

在近10年间,经市委宣传部批准,市社团管理局登记注册,市记协企业报工作委员会、市记协女记者工作委员会先后于1999年8月26日、2000年11月6日成立,为推进上海新闻事业和企业宣传工作、妇女事业的发展发挥应有的积极作用。

根据市委宣传部领导的意见,2002年市新闻工作者协会成立新闻纠纷投诉核查中心,并且制定《上海市记协新闻纠纷投诉核查工作实施办法》,明确工作范围、设定基本程序、提出工作要求和方法。这个"中心"的主要任务是对投诉的有关问题,在有关单位的支持下,核查双方的事实,并提出处理建议。这个"中心"在促进职业道德建设,纠正违纪和维护记者合法权益等方面,发挥了较好的作用。

2002年3月28日,经市委宣传部批准,由市新闻工作者协会、上海市新闻学会和文汇新民联合报业集团主办的上海人才培训基地成立。全市企业报、区县报、专业报、大学校报的从业人员近2 000人,各大媒体的通讯员也有300人左右,做好这部分新闻从业人员的培训和提高工作,直接关系到上海新闻队伍整体素质和专业水平的提高。近些年来,市记协还与兄弟省市宣传部门和记协合作举办十几期培训班,为兄弟省市的记者、编辑、经营管理人员到上海进行短期学习、交流搭建平台。

这段时期,市记协先后4次换届。第四届(1996)选举丁锡满为主席,记协副主席张启承(兼任市新闻学会会长)、秦绍德、石俊升、丁法章、赵凯、沈世纬、钟修身、金闽珠为副主席,秘书长先后由顾许胜、卑赢担任。2001年第五届改选,选举贾树枚为记协主席,记协副主席丁法章兼任上海市新闻学会会长,尹明华(兼秘书长)、叶志康、石俊升、朱咏雷、邬鸣飞、陆炳炎、宋超、吴振标、金福安、赵凯、曹焕荣、穆端正为副主席(以姓氏笔画为序)。卑赢担任常务副秘书长,负责日常工作。

二、上海老新闻工作者协会

上海老新闻工作者协会 1987 年 5 月 27 日成立后,先后进行过 2 次换届选举。1998 年 10 月 24 日选举产生第二届理事会。2002 年 10 月 28 日,协会第三届理事会产生,4 年来按照"协会章程"规定的宗旨和任务,坚持"为会员服务",有针对性地开展各项工作和组织丰富多彩的活动。

广大会员虽然已离退休,但长期从事新闻工作所养成的关心政治、关心国家大事、关心社会进步的品格没有改变,为此协会组织会员学习党的方针政策,帮助大家看清形势,明确方向,跟上时代的步伐。每年都组织几次大型时事政治方面的报告会,每次报告都有几百名会员参加。

协会会员中大多数人有着丰富的经历,离退休后常常会回首往事,把精彩的片断整理出来以示后人。为此协会编辑出版老新闻工作者回忆录《我们的脚印》,至 2002 年已编印 4 辑,共收录 390 篇文章,达 134 万多字。

与此同时,协会还响应中华全国新闻工作者协会在内蒙古科尔沁地区建造"中国记者林"的倡议,组织会员捐款造林,先后有 437 人参与,捐种树苗 3 878 棵,树款 17 565 元。

由于会员居住分散,不少会员年事已高,组织活动以就近、方便为宜,分片开展活动是老记协的基本活动方式。经常开展活动的达 14 个区片。各片组织参观、短途旅游、保健讲座、时事漫谈、祝寿会等,形式多样,丰富多彩。活动多的片每年达 7—8 次,甚至 10 多次。会员们都很珍惜这些活动,有些行走不便的由家人陪同也要参加。各片活动之所以能经常开展,关键是老记协拥有一支以片召集人、热心人为主的骨干队伍。他们不仅有着较强的组织能力,更可贵的是他们的无私奉献精神。

协会出版有会刊《新闻老战士》,每月出版一期。至 2002 年止有 228 位会员在刊物上亮相,占会员总数的五分之一。会员们反映,看了会刊就像与老朋友见了面。《新闻老战士》成了会员们相互沟通信息、交流情况、介绍经验、增进友谊的桥梁,同时,也积极推动各片活动的开展。2001 年还出过两期增刊。

协会成立初期会员为 554 人,到 2002 年底,总数为 1 246 名。第一届会长为夏其言,副会长刘庆泗、陈迟、李中原、杨琪华、丁柯、胡塞、高宇,熊辉任秘书长;第一、二届协会名誉会长陈沂,舒文;吴建曾任协会顾问。第二届会长为孙刚,副会长居欣如(女)、敬元勋、任荣魁、刘继汉、毛秀宝(女)、吕冬发(兼秘书长);第三届会长孙刚,副会长居欣如(女)、敬元勋、任荣魁、刘继汉、吕冬发(兼秘书长)、陈文炳、盛重庆、沈世纬。

三、上海市有线电视协会

上海市有线电视协会于 1990 年 2 月成立,是上海市委宣传部和上海市广播电视局领导下的,由市有线电视单位及其从业成员组成的专业性社会团体,具有市属社会团体法人资格证书、独立法人资格代码和统计证书。最初的会员单位有闵行有线电视台,上海石化、宝钢、梅山、上海炼油厂等大型国有企业的有线电视台,上海高等院校电教中心,各农场和宾馆(饭店)有线电视站。1993 年,会员单位发展到 88 家。从 1994 年起,又吸收了一批区有线电视中心和街道有线电视站,以及有线电视工程施工单位入会,反映出当时有线电视从企业向社区发展的特点。

上海市有线电视协会以"配合政府,联系会员,服务社会,促进发展"为宗旨,围绕党的宣传工作,配合全市广电新闻宣传、事业建设和行业管理,学习、贯彻有线电视法规,加强会员间的联系和合作,组织宣传业务讲座和培训,交流、探讨有线电视业务,开展新闻专题节目评比,向社会和会员单位提供咨询服务和技术服务,探索有线电视行业的发展规律,促进上海有线电视事业的健康发展。

上海市有线电视协会实行换届选举制,经选举产生的历任会长为王根发、徐敏、胡运筹、周澍钢;历届名誉会长为:刘冰、龚学平、叶志康、梁晓庄、胡运筹。

协会每年举行一次年会,就组织建设、行业法规的贯彻落实、有线电视网络技术,以及节目等工作展开交流讨论。

第二节　新闻学术团体

一、上海市新闻学会

上海市新闻学会成立于 1982 年 8 月,1996 年 9 月,按照市委宣传部的决定,市新闻学会与市新闻工作者协会合并,实行"两块牌子,一套班子"的领导体制,新闻学会在记协主席、副主席统一领导下开展工作。

举办上海新闻论文奖评选和新闻学术年会。1998 年 2 月 6 日,召开了 1997 年度上海市新闻学术年会和首届上海新闻论文奖颁奖大会,主题是"讲求引导艺术,提高宣传水平",目的是回顾上海新闻界近五年来新闻理论研究的成果,倡导并推动上海新闻业务人员以邓小平理论和江泽民关于新闻工作的一系列重要讲话为指针,重视新闻实践的经验总结,积极开展新闻理论学术研究,推动新闻实践。1999 年,举行了第二届上海新闻论文奖的评选,参评作品为 1997 年 7 月至 1999 年 6 月期间公开发表的新闻论文,主题是"推进新闻事业,迎接21 世纪"。第三届上海新闻论文奖评选开始与中国新闻论文奖评选相对应,并同步进行,两年评一次,参评的作品为 1999 年 7 月至 2001 年 6 月在报刊上发表的新闻论文。2002 年 1月 11 日,举行了上海市第三届新闻学术年会,并向获得 2001 年度上海新闻论文奖的作者颁奖。

参与组织业务经验交流和优秀记者新闻作品研讨活动。1997 年 4 月 10 日,市记协与新闻学会联合举行社会主义精神文明建设宣传报道研讨会,联系新闻实践,从策划采访、评论、专题报道、组织问题讨论等各个方面,围绕新的特色、新的创造、新的进展进行交流。研讨会共收到 11 个新闻单位的 14 篇论文。同年 11 月 13 日,举行采编业务研讨会,总结交流重大事件报道的经验体会。1999 年 3 月 30 日召开新闻界老同志参加的"如何搞好节庆宣传"的研讨会,为"双迎双庆"报道出点子、想办法。2000 年 5 月 24 日,召开了以"入世与我国传媒业"为题的研讨会,探讨中国"入世"后的新闻宣传报道工作。从 1998 年起,优秀记者新闻作品的研讨活动每年都与有关新闻单位联合举行,先后召开了"孙泽敏新闻作品研讨会"、"唐宁新闻作品研讨会"、"江小青广播新闻作品研讨会"、"李蓉新闻作品研讨会"等。

从 1997 年起,参与主办每年的"上海十大新闻"评选。组织选编《上海新闻作品选》(1992—1996)出版。市新闻学会还参与主办《新闻记者》杂志。

市新闻学会成立时为个人会员,具有副高级新闻专业职称的新闻从业人员方可入会。学会成立后期间有 3 次换届:1996 年 9 月 25 日,第三届换届,选举市记协副主席张启承兼任市新闻学会会长,沈世纬、赵凯、余建华、吴振标、孙洪康、陈桂兰、黄冬元为副会长,陈进鹏任秘书长。2001 年 12 月 12 日第四届换届,选举市记协副主席丁法章兼任市新闻学会会长,孙洪康、李尚智、吴由之、吴芝麟、余建华、陈乾年、胡劲军、黄芝晓、黎洪伟为副会长,恽甫铭任秘书长。

二、上海市广播电视学会

上海市广播电视学会是具有独立法人资格的一级学会,是上海市广播电视界的学术团体。其宗旨为:组织学术研究,学术交流,促进上海市广播电视的发展。学会下设广播学、电视学、广播电视技术、广播电视管理学、广播电视史学、广播电视国际关系学等 9 个专业委员会。

根据广电部关于"每年一度的广播电视优秀节目评选统一归各省市广播电视学会主办"的通知精神,近 10 年来,每年组织上海市广播电视新闻、社教节目,广播文艺,播音主持等各奖项的评比,并从中择优推荐参与上海新闻奖、中国广播奖、中国新闻奖的评选。上海广电学会还先后发起、参与主办了"蔚兰信箱节目研讨会"、"节目主持人研讨会"、"陈醇播音工作 40 年学术研讨会"、"叶惠贤主持艺术研讨会"、"上海电视台纪录片研讨会"、"从东广看 90 年代中国广播研讨会"、"第四届上海国际广播音乐节——音乐广播业务研讨会"、"97 区县广播电视宣传研讨会"、"刘文国电视综艺编导艺术研讨会"、"儿童影视作品观摩研讨会"、"孙泽敏作品研讨会"、"江小青作品研讨会"、"陈乾年广播电视理论作品研讨会"等数十次学术活动。先后 4 次出版《学术论文集》,连续 10 个年度出版《上海广播电视奖获奖作品选》。电视学研究会于 1992 年出版了《新闻透视轨迹》一书。1992 年 4 月 30 日,应会员要求创办的首期《会员之家》出版,至 1999 年底共出版近 60 期。

上海市广播电视学会于 1994 年成立第二届理事会,会长叶志康。副会长:王忻济、刘冰、李晓庚、时敏、陈文炳、陈圣来、赵凯、胡运筹、盛重庆、穆端正。2000 年底选举产生了第三届理事会,叶志康连续担任会长。朱咏雷、张少峰、李尚智、陈乾年、周澍钢、胡劲军、梁晓庄为副会长。按照中广学会 2002 年底工作会议精神,学会明确以理论研究、节目评估(含各类评奖)、社团管理、咨询开发 4 个平台为工作框架,提出"以理论研究为中心,以社团管理和节目评估为重点,拓展咨询开发"的工作思路,恢复出版学会内部刊物,更名为《学术研究动态》;恢复并新建"播音与主持"、"学术研究"两个专业委员会。

上海市广播电视学会到 2002 年底拥有会员 990 人。

三、上海市新闻摄影学会

成立于 1985 年 12 月 16 日的上海市新闻摄影学会,是由上海市社会科学联合会领导下的新闻摄影专业性学术团体,以团结全市新闻摄影记者和摄影通讯员,开展学术研究活动,提高新闻摄影理论和业务水平;发挥新闻摄影的战斗作用,促进上海新闻摄影事业的发展,更好地为社会主义服务为宗旨。曾先后承办 5 届全国优秀新闻摄影作品评选,举办华东六省一市新闻摄影优秀作品评选,上海市老新闻摄影记者(新闻工龄 30 年以上)作品展览,世界 30 年新闻摄影优秀获奖作品展览,组织《今日上海》新闻摄影展,并配合有关史料部门,征集、提供历史珍贵照片,如毛泽东和其他国家领导人在上海活动的照片,以及《潘汉年在上海》一书中的珍贵照片。学会选送作品参加全国评选,先后入选 98 件,获金牌 3 枚、银牌 3 枚、铜牌 2 枚。每年都选送优秀新闻摄影作品参加全国、上海以及世界新闻摄影评选。1996 年,学会举办了徐大刚《历史瞬间》摄影展,展出他从 20 世纪 50 年代以来拍摄的中国三代党和国家领导人的活动照片,产生很好社会影响。其摄影展览作品汇编成书,于 1997 年出版。2001 年 1 月 24 日,上海市新闻摄影学会与《文汇报》等单位联合举办“上海优秀摄影作品回顾展”,展出近 300 幅题材广泛、风格各异的优秀新闻图片。4 月 2 日,市新闻摄影学会与市记者协会共同举办第十一届中国新闻奖摄影作品和第九届上海新闻奖的评选工作,评出 25 幅新闻摄影作品参选全国第十一届新闻摄影作品奖。2002 年 11 月,市新闻摄影学会与市记者协会在庆祝中国记者节时,联合举办了“上海市优秀新闻摄影作品展”,参展的作品是 1978 年到 2002 年间,上海各媒体记者、通讯员和新闻摄影爱好者,反映上海改革开放、现代化建设、市民生活以及对内对外交流、国内外风土人情等题材的优秀新闻摄影作品。学会主席为徐大刚,副主席为赵立群、杨溥涛,1998 年 9 月增补俞新宝、徐裕根、刘开明、张刘仁、陈海汶为副主席,办公室主任毕品富(驻会负责日常工作)。

第三节　行业团体

上海市报纸行业协会

上海市报纸行业协会(简称报业协会)是由上海市新闻出版局批准主管、上海市社团管理局核准登记的上海报业界的行业组织。它成立于 1994 年 4 月,到 2002 年底,有会员单位 46 家,特邀会员单位 9 家,共计 55 家,占全市报社总数的 60％以上,会员单位总收入占全市报社总收入 98％以上。

上海市报业协会的主要任务是,发挥报社与政府之间的桥梁和纽带作用,在报业经济领域内沟通,加强各会员单位之间的联系和协作,探讨经营管理的共同问题,加强行业自律,诚信经营,维护行业和从业人员的合法权益,发挥“行业代表”作用,促进技术进步,提高效益、效率,努力为会员单位服务。

根据协会章程规定的要求,报业协会每年都有计划地开展一些活动,主要是:通过政府委托,开展行业统计。做好行业统计,对会员单位年终结算的年营业收入、利润、发行量和印张等主要数据进行统计,为报业发展提供依据。

围绕推动技术进步,开展服务活动。1998 年 10 月,报业协会和上海市印刷协会、解放日报印务中心共同举办 '98 上海彩色报纸印刷技术交流研讨会。介绍彩报技术,交流印报经验。

推介先进经验,为打造品牌服务。协会了解和探索上海报业中涌现的改革与创新经验,及时地进行宣传推介。《申江服务导报》在广告经营中首创"广告总代理制",当年就见成效;《上海星期三》创造出品牌输出的经验,引起同行的关注,协会与市新闻出版局联合召开交流会,介绍相关经验。

开展表彰先进、宣传先进活动。在报业经营管理岗位上有成百上千的同志为报社事业勤奋工作默默奉献。近几年,报业协会每两年组织宣传先进评选先进活动。从 1999 年到 2002 年,共有 35 位(次)荣获上海市报业经营管理先进工作者(生产者)称号,其中 9 名荣获全国报业经营管理先进工作者(生产者)称号。

推动报业理论研究,提倡钻研业务风气。2001 年,报业协会开展了报业经营管理方面的优秀论文评选活动。各单位推荐论文 26 篇,后经评选评出优秀论文 14 篇,其中推荐给中国报协论文 5 篇,经评定,上海获得中国创新奖、优秀论文奖共 5 篇,二等奖 2 篇,三等奖 1 篇。在全国获奖的篇数、项目、人数中,上海名列前茅。

加强行业自律,诚信经营。在规范广告、发行、印刷经营中,报业协会与 40 多家会员单位合作,共同签订"上海市报业自律公约",后来又在发行收订中签订发行自律规定,承诺不送礼,不参与不正当竞争。

交流经验,加强联谊。组织会员单位走出去学习考察,请进来接待兄弟省市报社来沪传经送宝。报业协会每年组织"走出去"1—2 次,接待"请进来"的兄弟省市报社代表约 4—5 批。

2000 年 6 月,报业协会换届选举产生第二届报业协会常务理事会,会长冯士能,副会长黄京尧、顾行伟、沈宪华、吴由之、李智平,秘书长孙一兵。另聘任副秘书长吉建纲、方咏南、葛镇庆、崔燮钧、陈伟新。

第二章　新　闻　教　育

第一节　复旦大学新闻学院

1988 年,经教育部批准,复旦大学新闻系扩建为新闻学院,于 6 月 10 日成立,为国内高校最先建立的新闻学院,徐震担任首任院长。新闻学院下设新闻系、新闻研究所以及国际新闻、广播电视、新闻摄影三个专业。1993 年,设立传播学硕士点,1994 年 9 月,建立广告学本科生专业。陈桂兰任常务副院长、主持日常工作,1996 年任院长。1995 年 4 月 8 日,建立新闻学院董事会,并设立"中国复旦新闻教育发展基金",借助社会力量,加快发展新闻教育。1996年,新闻与传播学被列为国家"211工程"重点学科建设项目。1998年,设立传播学博士点。1999年3月,新闻传播学(含新闻学、传播学专业)博士后流动站成立,为国内高校新闻院系中最早建立的博士后流动站。同年5月,在原有的电子排版实验室的基础上建立电子采编实验室,由24台计算机组成一个局域网,可实现网上信息采集、写稿、编稿、排版到输出报纸大样的电子化。建立电子采编实验室,为国内高校新闻教学之首创。是年,龚学平担任新闻学院名誉院长。2000年,新闻传播学博士点成为国内首批具有一级授予权的博士点。同年,由新闻学院代管的文化与传播研究中心改建为信息与传播研究中心,并于2001年被教育部批准为国家文科重点科研基地。2001年,广播电视专业、广告专业扩建为广播电视系、广告系,新建广播电视艺术学硕士点,传播学专业被教育部评为国家重点学科,黄芝晓担任院长。同年12月,中共上海市委宣传部与复旦大学签订协议,共建新闻学院,成立由市委宣传部领导、上海市各大媒体负责人及复旦大学有关院系负责人组成的院务委员会,王仲伟担任院务委员会主任。2002年,建立传播学专业招收本科生,同时成立传播系。

据2002年12月统计,学院共有41名教师。其年龄结构为:35岁以下的8人,占19.5%;35—54岁的24人,占58%;55—65岁的9人,占21.5%。学历结构为:博士14人,占34%;硕士16人,占39%;学士以下11人,占27%。职称结构:教授(正高)13人,占34%;副教授(副高)18人,占44%;中级职称以下的10人,占24%。专业分布情况:新闻学18人,占44%;广播电视8人,占19.5%;广告学7人,占17%;传播学8人,占19.5%。

75年来,新闻学院(系)培养了近万名新闻传播专业人才,遍布全国和世界各地,有许多毕业生成为中国新闻传播业的骨干力量,其中不少毕业生担任了新闻传媒机构、新闻教育机构、新闻科研机构、党政部门的领导职务,为中国的社会发展特别是新闻传播业的发展作出了积极贡献。目前,新闻学院已发展为拥有本科生、硕士生、博士生、博士后4个层次的新闻传播学教育体系。在本科生层次,设有新闻学、广播电视新闻学、广告学、传播学4个本科专业,在读本科生600多人;在硕士生层次,设有新闻学、传播学、广播电视新闻学、广播电视艺术学、广告学、公共关系学、编辑出版、媒介管理学8个专业,在读硕士研究生约250人;在博士生层次,设有新闻学、传播学、广播电视新闻学、媒介管理学4个专业,在读博士研究生80人;在站博士后研究人员有20多人。为激发研究生的学术兴趣和促进学术交流,院研究生团学联自2001年起开始举办"复旦大学新闻学院研究生学术年会",2002年起每年举办"全国新闻传播学科研究生学术年会",在国内新闻传播学界反应良好。

新闻学院科研成果丰硕,在全国一直保持领先地位。20世纪80年代末以来,先后承担70多个国家、省部级和国内国际合作项目,研究成果有40多项获得国家、省部级奖励。还出版了《新闻学概论》、《马克思主义新闻思想教程》、《中国新闻事业史》、《中国新闻事业发展史》、《中国新闻图史》、《当代西方新闻媒体》、《比较新闻学》、《中国新闻传播学说史》、《20世纪传播学经典文本》、《传播学史》、《文化·传播·社会》(译丛)、《西方新闻传播学经典》(译丛)、《新闻心理学》、《新闻采访写作》、《广播电视新闻学》、《中国现当代新闻传播业务史导论》、《中国新闻编辑史》、《西方新闻事业概论》、《传播学的起源、研究与应用》、《大众传播模式论》、《大众传播社会学》、《传播学原理》、《现代大众传播学》、《现代日本大众传播史》等一系列论著、译著以及研究生、本科生核心教材,约 130 余部。

新闻学院对外联系广泛、密切,不仅与国内许多新闻单位和新闻院校建立了紧密的协作关系,还与海外及港澳台地区的报社、大学或新闻传播研究机构建立直接联系。十多年来,已与美国、英国、法国、俄罗斯、日本、澳大利亚、加拿大、瑞典、韩国、新加坡、泰国、马来西亚等近 20 个国家,以及台湾、香港和澳门地区的有关机构建立了学术联系,接待了数十个外国新闻访问团,接受了数百名境外留学生和访问学者。学院还举办国际学术研讨会,并经常派遣教师出国和赴台、港、澳地区讲学访问、进修,参加国际学术会议,同时定期选派优秀学生赴美国和香港地区的有关新闻机构实习,以利于开阔视野、增进了解。

新闻学院下设新闻系、广播电视系、广告系、传播系以及新闻研究所、视觉文化研究中心、教育部重点研究基地——信息与传播研究中心等研究机构。此外还有实验室、资料室等教学辅助机构。

新闻系设有新闻学专业,在长期的发展过程中积累了独特的教学、科研经验,取得为国内外同行瞩目的丰富成果,并建立了广泛的学术联系,并始终保持全国一流水平。在本科生层次,其培养目标是为报社、通讯社等新闻媒介培养记者、编辑、管理人才以及新闻教学和研究人才,要求学生了解马克思主义新闻学基本原理和新闻宣传的政策法令,熟悉中外新闻事业的历史和现状,懂得并掌握新闻采访、写作、编辑、评论、摄影等各方面基本知识和基本技能,有较高的文字表达水平,能比较熟练地掌握一门外语,会使用计算机等现代信息处理设备。同时还培养硕士或博士研究生,培养新闻学高级人才。

广播电视系设有广播电视新闻学专业,在本科生层次旨在培养有较高政治思想觉悟、较高广播电视新闻业务能力与实际操作能力的专门人才,要求掌握马克思主义新闻学基本原理和新闻宣传政策,熟悉中外广播电视的历史和现状,掌握广播电视新闻采访、写作、编辑、摄影、录音、口播等专业知识和基本技能,具有较广泛的知识,较高的文学修养,较强的社会活动能力,并能熟练地掌握一门外语,还要求学生体魄健壮、反应敏捷、口才出众、举止大方。专业设有广播电视实验室,有完备的摄影、录像、图像编辑、录音、配音、演播等设备、器械和场所。在研究生层次,除培养广播电视新闻高级人才外,还设有广播电视艺术学专业,培养广播电视艺术高级人才。

广告系设有广告学专业,主要培养广告策划与管理的专门人才,要求学生熟悉国内外广告事业的历史、现状和发展趋势,懂得并掌握广告策划和管理的业务知识和基本技能,具有较为广博的知识和较强的公共能力,能熟练掌握一门外语,懂得电脑操作与广告设计。同时还培养广告学硕士或博士研究生,培养广告学高级人才。

传播系设有传播学专业,培养研究生先于培养本科生,主要培养适应新媒体发展的采编及管理人才,要求掌握马克思主义新闻学基本原理和新闻传播政策,具有新闻学、传播学知识背景,熟悉媒体运作和了解网络媒体应用技能,掌握社会经济市场商务信息分析原则与方法,能从事网络媒体采编业务,市场与商务信息分析、数据管理。

资料室建于 1955 年,经过 50 年的收集和整理,收藏了极为丰富的报刊资料,其中解放前中文期报刊的收藏数量已达 3 800 多种。藏有《民钟》自 1922 年创刊号始的大部分原件、《时务报》创刊号、韩国人在中国创办的中文期刊《汉城周报》第 16 期等当今世界罕见的珍贵报刊资料。还藏有现当代新闻传播类图书 25 000 余册,外文图书 2 250 余册(英、俄、日),中文期刊7 000册,新闻传播类期刊110种(新闻传播核心期刊为主),外文期刊30余种。藏有解放后出版的中央级主要报纸和部分省市报纸70余种。目前,资料室已与复旦大学图书馆合作,扩建成复旦大学图书馆报刊分馆。

第二节　其他大专院校新闻传播学院、系(部分)

一、上海外国语大学新闻传播学院

1993年,上海外国语大学新闻传播学院正式组建,设新闻学和传播学两个系。新闻系的前身是1983年英语系创建的该校第一个复合型专业——国际新闻专业,1997年后改建为新闻学专业。传播系则始于1986年,在教育技术中心的基础上组建而成,设有教育技术学和广告学专业。1998年,新闻学和教育技术学两个专业获得了硕士学位授予权。2001年,学院还新增了广播电视新闻学专业。学院有新闻学、教育技术学、广告学和广播电视新闻学4个本科专业。

新闻传播学院在进行专业建设的同时,还不断致力于师资队伍的建设。学院拥有一支长期从事国际新闻、传播学、教育技术学和英语教学的学科带头人队伍。学院教师撰写专著、辞书和教材20多部,发表论文近200篇,在大众传播社会学、新闻英语文体学、教育技术学基本理论、企业绩效技术研究和英语教学研究上处于国内领先地位。

在教学实践中,新闻传播学院从社会主义市场经济对人才的需求出发,对各专业正确定位,扬长避短,努力培养英语基础厚实、专业口径较宽、具有鲜明特色的复合型人才。在英语教学上,与英语专业本科生同教材、同要求、同试卷,用英语开设部分专业课程;在专业教学上,削枝强干,以外向型新闻传播、广告和教育技术人才的关键能力为重点,展开训练,注重实践,培养学生独立解决问题的工作能力。国际新闻专业为京沪各大新闻单位和驻外办事处提供了大批优秀人才,其中许多人在新闻界已有所建树;教育传播专业的宽口径培养模式增强了毕业生的就业竞争力,许多人已成为大众传媒机构、广告行业、传播企业和政府部门的业务骨干,业绩出色。

二、同济大学传播与艺术学院

同济大学传播与艺术学院是根据中国经济与信息产业的快速发展和该校建设综合性现代化大学的目标,于2002年5月由经济与管理学院的广告学专业与文法学院的广播电视编导专业组建而成,其中广告学专业已经有8年的办学经验,是国内最早创办的同类专业之一。

学院目前有广告学、广播电视编导、广播电视新闻学、动画、摄影和艺术设计学6个本科学士学位点、一个广告设计专业方向和传播学、文艺学两个硕士点组成。学院还设有支撑传媒与设计两大学科群发展的媒体艺术和技术中心、设计艺术研究中心、创新思维研究中心、影视媒体艺术研究中心;中央电视台、中国教育电视台、上海电视台、上海电影制片厂等是学生的实习场所,以此形成教学、研究、实践三者并重的教学模式。

学院聘用国内外有教学经验的专家为特聘教授、学术带头人,保证师资队伍基本素质的国际化。学院有教职员工 40 人,其中正教授 4 人(其中 1 人为德国特聘教授)、副教授 8 人(其中硕士生指导教师 8 人)、讲师 16 人。学院与德国、美国、日本、奥地利、瑞士、北欧等以及中国的香港、台湾地区高校和研究机构有着广泛的合作。

学院还聘请了一批国内外一流的设计大师专家学者为顾问、名誉教授、客座教授。承担有关"北京 2008 奥运形象设计与传播研究"、"创新型设计艺术人才培养模式研究"、"设计艺术类专业人才培养发展战略"等多项国家级研究项目。

三、上海大学影视艺术技术学院

上海大学影视艺术技术学院建立 1995 年,设新闻传播、影视艺术系、影视工程系、广告学系、电视制作部和影视实验中心,共有教职员工 150 人,其中专任教师 107 人。共有教授(研究员)20 人、副教授 25 人,具有硕士学位以上的教师 63 人(其中博士学位 24 人)。博士生导师 5 人。

学院设全日制本科专业 5 个:广播电视编导、影视艺术技术、广播电视新闻学、新闻学、广告学。本科专业方向 3 个:动画、创意设计、会展策划与经营。在校本科生 1 700 余人;成人教育有广播电视编导等本科、专升本专业 7 个,在校生 1 000 余人。

学院设有 5 个硕士专业:广播电视艺术学、传播学、电影学、新闻学、艺术学。在校硕士生 230 人。2002 年与法国里尔高等新闻学院、里尔科技大学签约并经上海市教委批准,开设媒介管理硕士班。另外,学院现有上海市教委重点学科"广播电视艺术学"。重点研究领域主要包括影视理论、影视编导、影视文化与传播等。

学院以艺术技术为特色,以传播理论与传媒产业、影视理论与创作、数字设计与展示为研究重点,从学术研究、人才培养、队伍建设 3 个方面全面推进学科建设。

学院积极开展国际交流活动,已与北美洲、欧洲、澳洲和中国港澳地区的近 20 所院校建立了合作关系。

学院的教学硬件投入达 2 000 多万元,建立多媒体制作、数字影视艺术设计、高清电视制作、卫星电视、音频制作、电视摄像、电视制作、三维动画设计、数字电视测量、摄影、广告创意制作、网络排版等实验室和电视演播室、录音棚等。

四、上海交通大学媒体与设计学院

上海交通大学媒体与设计学院成立于 2002 年 9 月,在原有的人文学院传播系、艺术设计系和建筑工程与力学院工业设计系基础上合并组成。学院下设新闻与传播、电影电视、设计、美术 4 个系,现有设计艺术学、广播电视艺术学、传播学 3 个全日制硕士点;工业设计工程硕士、传媒 EMBA(与管理学院共建)、数字媒体艺术与技术工程硕士(与软件学院共建)3 个专业硕士学位方向;以及一个数字影视技术应用的二级学科博士点。现有教师 19 名。学历结构为:博士 11 人,占 58%;硕士 4 人,占 21%;本科 4 人,占 21%。职称结构:教授 3 人,占 16%;副教授 8 人,占 42%;讲师以下 8 人,占 42%。

学院确立"文理相互渗透,学术、技术与艺术融合,数字化、国际化、产学研一体化"的指导原则。创新特色在于依托上海交大先进的高清数字技术平台,以数字媒体为突破口,构建新型的媒体与艺术设计学科新格局。学院还积极对接文化产业市场，把交大在数字影视技术、计算机软件领域中的优势延伸到文化艺术作品的创作中去。致力于培养新一代既懂文化艺术表现形式，又懂现代传媒技术的应用型文科职业人才。

学院院长由中央电视台前台长杨伟光教授担任。奥斯卡终身评委卢燕女士、中国电影家协会主席吴贻弓等著名专家、学者担任学院顾问。

五、上海体育学院新闻系

上海体育学院体育新闻专业试办于 1985 年。1994 年，经国家教委、国家体委批准，同意在全国体育院校中创办最早的上海体育学院正式设置新闻学专业，同时下达当年招生指标 30 人。新闻学专业在上海体院正式设置后，学院在师资力量、教学设备、图书资料等方面逐步加大投入，当作体育院校中的一个特色专业予以扶持，设有新闻教研室、广播电视教研室、对外汉语教学教研室 3 个教研室，招生人数也逐年递增，在校本科学生430 名。

上海体育学院于 1994 年设立体育新闻系，据 2002 年 12 月统计，有教师 12 名。学历结构为：博士 1 人，占 8%；硕士 6 人，占 50%；本科以下 5 人，占 42%。职称结构：教授 2 人，占 17%；副教授 3 人，占 25%；讲师以下的 7 人，占 58%。专业分布情况：新闻 5 人，占42%；中文 4 人，占 33%；其他 3 人，占 25%。

此外，上海还有一些高校分别建立新闻传播类学科。如 1999 年上海震旦职业学院设立新闻传播专业；2000 年上海财经大学经济新闻系成立；2000 年上海建桥学院设立新闻传播专业；2001 年上海杉达学院设立新闻传播专业。

第三章　新闻研究机构与研讨活动

第一节　复旦大学新闻学院新闻研究所

复旦大学新闻学院新闻研究所前身系复旦大学新闻系新闻学研究室，创办于 1930 年，是在黄天鹏教授捐献大批新闻书刊与报刊资料基础上成立的。

1988 年新闻学院成立后，改"室"为"所"，即负责新闻史、新闻学理论的科研工作；协助并参与新闻学院举办多种学术活动。

研究室、研究所主要研究成果及获奖作品有：李龙牧著《中国新闻事业史稿》，获 1988年国家教委优秀教材一等奖；徐培汀、裘正义著《中国新闻传播学说史》，获 1995 年国家教委社科研究成果二等奖。

第二节　上海社会科学院新闻研究所

上海社会科学院新闻与传播研究所成立于 1985 年 2 月。主要任务是开展马克思主义新闻理论、新闻事业管理研究、新闻事业发展研究,整理和研究上海新闻史、报业史等。有高级研究人员 3 名,新闻学博士 2 名、新闻学硕士 1 名,并设有新闻学硕士点 1 个。

1990 年以来,新闻研究所的主要成果有:

(1) 著作和文集:《上海新闻史》(马光仁主编,获 '98 上海哲学社科优秀著作一等奖),《被告席上的记者——新闻侵权论》(魏永征著),《新加坡华人报业与中国》(吴庆棠著),《新闻媒介的个性与风格》(吴庆棠著),《申报的兴衰》(宋军著),《中国新闻传播法纲要》(魏永征著),《抗战时期上海新闻史论集》,《新闻纠纷与法律责任研讨会论文集》,《上海当代新闻史》(马光仁著)。

(2) 学术论文、文章:共撰写各种新闻论文、文章二百余万字,其中获得市级优秀成果奖的有:《马克思主义新闻学在中国的实践与发展》(作者马光仁)获 '94 上海市哲学社会科学优秀成果三等奖;《讲究宣传艺术,提高引导水平》(作者黄冬元)获上海市首届新闻论文奖一等奖(1997),并入选《中国当代社科论文集》;《试论报纸广告对新闻的负面影响》(作者贾亦凡),获上海首届新闻论文奖二等奖和上海市哲学社会科学优秀成果三等奖。

(3) 举办多次有影响的大型学术讨论会:1991 年至 1998 年,新闻所同中国法制研究中心以及《南通日报》、《宜兴日报》、《马鞍山日报》联合举办了三次全国性的“新闻纠纷和法律责任学术讨论会”;1998 年 5 月同复旦大学新闻学院、《解放日报》在上海召开了“中国新闻史学研讨会”;1998 年 9 月,同上海广电局、上海市广电学会联合召开“面向 21 世纪广播电视管理研讨会”。

(4) 新闻所研究人员从 1990 年起参加市委宣传部、市新闻出版局阅评工作,撰写阅评文章 20 余万字。

(5) 与海外新闻媒体进行学术交流。新闻所科研人员多次出国讲学、进修和出席有关学术研讨会等。

2001 年初,社科院信息所、新闻所、图书馆一体化运作之后,成立现代传媒研究中心,进一步加强对新时期现代传媒现状与实践的研究。

第三节　解放日报新闻研究室

解放日报新闻研究室(含解放日报报史办公室)成立于 1986 年,为解放日报社的新闻业务研究机构,历任负责人有史东、丁凤麟、张文昌。

研究室的工作主要依托《解放日报》的历史、现状和未来三个方面,开展应用性课题研究,为报社新闻事业的改革发展发挥参谋、服务功能。

1. 对报史的研究。多年来广泛搜集报史资料,陆续编印出 7 册《报史资料》,还有《上海解放日报五十年大事记》等。

2. 对现状的研究。认真研究新闻宣传的动态和走向,通过多种形式为报社决策部门和从业人员提供参考。从 1992 年 5 月起,创办 4 开 4 版、双周刊的《办报参考》,及时提供国内外新闻界的动态、信息和新观点,至 1999 年共编印 158 期。对国内报刊进行扫描,不定期编发《动态与提法》,专供编委会成员及时把握宣传动向。负责联系由总编辑礼聘的阅评小组,对当日的《解放日报》予以逐日书面评析。根据需要,对上海地区主要报纸的新闻宣传进行比较研究,提出专题报告;曾在报社内组织迎接解放日报创刊五十周年新闻业务论文竞赛,从中编选出《解放日报业务论文选》,1999 年 5 月由上海人民出版社出版。

3. 对未来的探讨。主要针对如何改革报业现状进行内部研究和筹划。为了保证正确的舆论导向,促进新闻业务的提高,曾协助起草了新的评报制度,建立起多种形式的评报机制;为了促进报业更积极走向“明天”,还为起草关于组建以党报为龙头的现代报业集团的构想,搜集整理了国外报业集团的相关资料,以提供立论的佐证。

2000 年解放日报报业集团成立后,解放日报新闻研究室的工作相应停顿,原有在编人员投入挂靠于解放日报总编办公室的新闻阅评工作。

第四节　文汇新民联合报业集团新闻研究所

1998 年 11 月原文汇报新闻研究所(报史研究室)和原新民晚报新闻研究室的基础上合并组建为文汇新民联合报业集团新闻研究所。2002 年前历任所长为丁法章、吕怡然。

新闻研究所的主要任务是:及时总结集团所办报刊的经验;有计划有步骤地开展对新闻理论、新闻实践和新闻史的研究;通过办定期编辑出版内部刊物《报刊业务探讨》、举行业务研讨活动、开办采编业务讲座、推出新闻丛书等方式,为集团从业人员提供服务;对国内外各类媒体进行比较研究,获取重要信息,为集团所属报刊领导提供参考意见;为社会服务,如举办通讯员作品研讨会等;走出去、请进来,与国内外学术团体进行业务交流。

新闻研究所在加强新闻业务的交流和总结方面做了多方面工作。2002 年起,受全国晚报新闻工作者协会委托,编纂出版《新中国晚报五十年鉴》,参与编写《中国晚报学》等。

第五节　文广新闻传媒集团发展研究部

上海文广新闻传媒集团发展研究部成立于 2001 年 10 月。主要从事集团发展战略规划、传媒娱乐产业项目孵化和相关产业的开发;广播电视受众研究、节目形态研究和开发,以及现代传媒集团管理模式等研究,是一个融课题研发与项目运作于一体的复合型机构。发展研究部以集团内容产业开发为主线、具体项目运作为龙头,实行矩阵化管理,是集团产业发展的重要职能机构。部门编制成员 14 人。

传媒集团发展研究部成立以来,相继研发、实施了户外移动电视、宽带网络电视、电视整频道输出,以及集团内容品牌资源开发等项目的研发。同时负责编制《上海文广影视集团五年发展规划》、《上海文广新闻传媒集团五年发展规划》和《上海文广影视集团内容产业开发规划》等产业发展规划。发展研究部还参与了集团与环球唱片、韩国 CJ 家庭购物株式会社和美国维亚康姆集团等海外传媒机构的重大合作项目方案的制订、论证和多次洽谈。

由集团发展研究部主导研究的课题，如"海外电视频道进入中国的影响评估"；"制作和播出体制改革的研究判断"；"儿童节目市场调研"；"网络游戏产业调研"和"海外传媒集团组织架构"等，获得了各方面的重视和好评。

发展研究部还成立了节目研发中心，负责对全集团的新节目形态研发和经营状态进行发展规划、情报收集和样式研发。目前，发展研究部与国内国际、行业内外保持着全方位接触与交流，充分掌握有关广电媒体发展的最新动态，随时向集团决策层提供信息、建议和决策认证。

第四章　新闻专业论著

在新闻学理论方面，主要有 5 类。一是有关新闻学与传播学一般理论的教材，二是具有开拓意义的有关新闻传播心理问题的论著；三是新闻界人士对工作经验进行理论思考并据此撰写的专著；四是有关运用西方传播学原理研究中国现实传播问题的理论著作；五是有关传播学理论与方法的学术研究专著。

在新闻史方面，可分为 5 类。一是有关新闻史的研究作品，二是有关上海新闻史和上海报人的研究著作；三是老新闻工作者撰写的集体或个人的回忆录；四是上海的报史史料汇编或大事记；五是新闻史的教材。

在新闻实务研究方面，主要有采编业务、媒介管理、新媒介技术、新闻法规与伦理专著、教材等。有的是经验之作，有的是编著者心得。

广播电视方面的专著大多出自广电业界人士之手，涉及节目主持人的语言艺术、广播评论的功能选题等。还有的研讨市场经济与广播电视的管理等方面论著。

关于网络及新媒介技术的专著与教材，有的论述当代电子传媒技术，有的阐述网络传播中的一些新的课题，并对网络新闻的特征、类型等，以及管理等环节作了系统的论述。

在新闻法规和新闻伦理方面，一些专著和教材阐述了新闻传播法，以及舆论监督与新闻纠纷、职业道德等方面的作品。

在新闻学与传播学综合研究方面，有关著作论述百年中国理论新闻学的发展历程，以及中国新闻史各个时期的研究特点，并对于新闻传播的理论与实践的若干问题进行分析。

第一节　新闻学理论及其他综合性著作

自 1993 年以来，上海或外地出版社出版的上海市新闻从业人员和新闻教育工作者撰写的新闻学理论及其他综合性著作主要有：

《宣传心理学》，秦绍德著，福建人民出版社 1993 年 5 月第 1 版。作者运用心理学与宣传学的理论，对宣传进行深刻反思，并通过具体实例，阐述宣传心理学的特征、作用和基本原理。

《新闻学概论（修订本）》，李良荣著，福建人民出版社 1995 年 8 月第 1 版。本书着重介绍新闻学的基本知识、基本概念、基本观点。第一部分讲新闻学的基本原理；第二部分讲中国新闻工作者的基本原则；第三部分讲新闻学基本原理和中国新闻工作基本原则在实践中的运用。

《西方新闻事业概论》，李良荣著，复旦大学出版社 1997 年 10 月第 1 版，系统地评介了西方各国（尤其是美国）新闻学的基本理论、新闻业务、新闻业务经营管理以及新闻媒体的最新发展，为"新闻学高级教程丛书"之一。

《新闻心理学》，张骏德、刘海贵著，复旦大学出版社 1997 年 11 月第 1 版。"新闻学高级教程丛书"。本书主要探讨新闻工作与新闻传播过程中受传双方心理特点，感应规律及其各自的心理机制与心理活动规律。

《我当晚报老总》，丁法章著，复旦大学出版社 1999 年 1 月第 1 版。书中记录作者的新闻人生、办报生涯，重点展示了《新民晚报》在改革开放年代继承开拓和奋力进取的风貌。

《社会主义新闻学初探》，沈世纬著，新华出版社 1999 年 7 月第 1 版。书中汇集的几十篇文章，是作者多年来对社会主义新闻学的一些研究成果。作者通过自身的新闻实践，阐述有中国特色的社会主义新闻学的一些基本观点。

《新闻学导论》，李良荣著，高等教育出版社 1999 年 10 月第 1 版，为"面向 21 世纪课程教材"。此书介绍新闻学的基本知识、基本概念、基本观点。内容包括新闻活动、新闻定义、新闻与信息、新闻与宣传、新闻与舆论、新闻事业产生及发展规律、新闻媒介的受众、媒介经营与管理、大众传媒与政治、社会、文化等。

《薪继火传——复旦大学新闻传播论文集（1929—1999）》，陈桂兰主编，复旦大学出版社 1999 年 11 月第 1 版。复旦大学新闻学院（前身新闻系）创立已 70 年。本书荟萃学院各个时期教师教学和实践的结晶。

《新闻工作者必读》，金炳华主编，文汇出版社 2000 年 11 月第 1 版。本书精选了马克思、恩格斯、列宁、毛泽东、邓小平、江泽民关于新闻工作的经典论述，汇编各类法律法规中有关新闻工作的条文和中央有关新闻宣传方面的重要文件，以及新闻理论、新闻业务、新闻事业的基本原则。

《新闻学概论》，李良荣著，复旦大学出版社 2001 年 3 月第 1 版，为"新闻与传播学系列教材"。作者就新闻与信息、宣传、舆论、大众传播与社会、新闻媒介的受众、新闻自由与社会控制、新闻媒介的运作体制与管理模式、中国的新闻改革等问题进行阐述。

《新闻媒介与社会》，张国良主编，上海人民出版社 2001 年 3 月第 1 版。阐述了什么是媒介、媒介理论、媒介产业、媒介与舆论、媒介与法制、媒介与日常生活、媒介与国家发展、媒介与国际传播等内容。

《中国晚报学》，束纫秋、丁法章主编，上海辞书出版社 2001 年 9 月第 1 版。全书对中国晚报，特别是对社会主义晚报的性质、任务、特点及其运作规律作了全面阐释，对新时期晚报工作的基本经验和面临的挑战作了高度概括和理性思考。

《20世纪中国新闻学与传播学——理论新闻卷》,童兵、林涵著,复旦大学出版社2001年10月第1版,为"新闻出版总署'十五'国家重点规划图书"。作者论述了20世纪百年中国理论新闻学的发展历程,分析了中国新闻学在20世纪初所面临的时代背景与学科背景等。

《20世纪新闻学与传播学——宣传学和舆论学卷》,何扬鸣、张健康著,复旦大学出版社2002年4月第1版,为"新闻出版总署'十五'国家重点规划图书"。作者对中国宣传学和舆论学史上的大量文献资料进行科学聚焦和系统分析,对中国宣传学和舆论学的成果作了全面的介绍和论述,提出了一些新的观点和结论。

《比较新闻传播学》,童兵著,中国人民大学出版社2002年5月第1版,为"新闻传播学文库"丛书,是教育部人文社会科学研究"九五"博士基金研究项目。通过对不同国家、地区的新闻传播现象、新闻传播事业及其规律进行系统的比较研究,解释新闻传播学的规律。比较新闻传播学同其母学科新闻传播学相比,突出它的方法论意义。

《新时期中国新闻传播评述》,姚福申著,复旦大学出版社2002年1月第1版,为"复旦版新闻业务丛书"。编者将已公开发表的有关新时期新闻传播方面的新观点、新思想的论文或书籍,通过有序编排而成。其中有对新闻相关理论研究总结,有对社会主义新闻事业运作规律的探索,有对传播学和西方新闻理论的介绍与研究。

《当代世界新闻事业》,李良荣著,中国人民大学出版社2002年1月第1版。系"21世纪新闻传播学系列教材"。本书内容包括世界新闻媒体产生、发展的历史,当今世界新闻媒体的工具、发展趋势,各地区新闻媒体的主要特点等。

《马克思主义新闻经典教程》,童兵著,复旦大学出版社2002年11月第1版,为"新闻与传播学系列教材·新世纪版"。作者论述了马克思主义新闻思想和我党三代领导核心新闻思想的发展,并结合所处的时代背景评述经典论著,介绍这些新闻经典著作的写作时代、主要内容和重要的观点。

第二节　新闻史著作

自1993年以来,上海市各大出版社出版或外地出版社出版的上海市新闻从业人员和新闻教育工作者撰写的新闻史著作主要有:

《从风雨中走来——文汇报回忆录》,文汇报报史研究室编,文汇报出版社1993年1月第1版。本书有60篇回忆文章,内容大体可分为4个方面:记述《文汇报》的创刊、被迫停刊、创办香港《文汇报》、大陆解放后复刊及改为教师报前后的历程;采编生活杂忆;专刊副刊的创办与特色;忆故人。

《解放日报新闻日报报史资料(2)》,解放日报报史办公室编,1993年3月第1版。本辑有王维等人的14篇回忆录,有6篇资料及1949年至1951年的大事记;还有邹凡扬等人对新闻日报的回忆。

《上海近代报刊史论》,秦绍德著,复旦大学出版社1993年7月第1版。作者以近代上海的政治、经济、文化发展为背景系统阐述、分析上海近代报刊的发轫、变革和盛衰的历程,对于探寻近代中国报刊产生、发展的轨迹，对研究上海乃至中国的新闻事业具有一定的价值。

《中国新闻传播学说史》，徐培汀、裘正义著，重庆出版社1994年3月第1版。本书概括介绍了先秦直到中华人民共和国成立前夕的2 000多年里各个不同历史时期新闻传播现象，以及近代以来新闻事业的研究状况和研究成果，共计3编、19章、80节、269个论题、34万多字。

《上海新闻改革15年》，魏永征、黄铭兴、丁凤麟、张丽珍著，上海社会科学院出版社1994年版。本书从上海新闻改革的翔实史料出发，从8个方面阐述了上海15年来新闻改革的历程。（1）上海新闻事业的发展及其结构的变化；（2）全面发挥新闻媒介的多种功能；（3）新闻报道的革新；（4）新闻产业的发展；（5）与社会横向联系的扩大；（6）新闻队伍建设和内部体制改革；（7）加强党对新闻工作的领导和国家对新闻业的管理；（8）在新闻改革中进行理论探索。

《在曲折中行进——文汇报回忆录》，文汇报报史研究室编，文汇出版社1995年10月第1版。本书有91篇文章，除小部分（约14篇）是反映《文汇报》解放前的情况外，其他文章都是着重记述《文汇报》自1949年至"文化大革命"前这一时期的不平凡历程。

《笔耕风云——文汇报离休干部回忆文集》，文汇出版社1995年11月第1版。本书的作者都是新闻界的老前辈，他们为党的新闻事业、为《文汇报》的发展作出了自己的贡献，本书是他们各自的回忆文章。

《申报的兴衰》，宋军著，上海社会科学院出版社1996年2月第1版。《申报》是中国近代最为悠久的报纸，记载中国近一个多世纪的朝代更迭和风云变幻。本书作者希望在近现代报纸的产生发展上提供有参考价值的内容，其中主要是那些"秀才"主笔们在社会思潮演变中的思想矛盾和冲突。

《奇才奇闻奇案——恽逸群传》，顾雪雍著，上海人民出版社1996年8月第1版。本书展示中国现代名记者、名政论家恽逸群数十年的新闻生涯积累的丰富经验和他的品质。

《上海新闻史》，马光仁主编，复旦大学出版社1996年11月第1版。作者以上海新闻事业发展的历史为脉络，全面客观地论述上海新闻事业发展状况。对以往研究中的空缺、难点、禁区等都有所涉及，并有所突破。

《解放日报新闻日报报史资料（3）》，解放日报报史办公室编，1997年1月第1版。本辑内容有1952年至1957年的大事记（征求意见稿）、解放日报资料工作情况和新闻日报资料等。

《文汇报史略》，文汇报报史研究室编，文汇出版社1997年12月第1版。本书记叙了《文汇报》1949年6月至1966年5月共17年的历程。实事求是地反映文汇报风风雨雨、多次反复的前因后果。

《中国新闻事业史新编》，丁淦林主编，四川人民出版社1998年2月第1版。

《解放日报新闻日报报史资料（4）》，解放日报报史办公室编，1998年4月第1版。本辑收录的是解放日报大事记（1958—1966）。

《徐铸成回忆录》，徐铸成著，北京生活·读书·新知三联出版社1998年4月第1版。本书作者采用编年体回忆，回忆这位海内外著名的记者、编辑和评论家辛勤笔耕64年的新闻工作经历。作者分别在《大公报》和《文汇报》工作几十年。

《劲草——冯英子自传》,冯英子著,华东师范大学出版社 1999 年 3 月第 1 版。本书作者做过 10 家报纸的总编辑,本书写他的成长历程。

《中国近代新闻法制史论》,黄瑚著,复旦大学出版社 1999 年 8 月第 1 版。本书系国内出版的第一部系统阐述中国近代新闻法制演变历程的专著。

《赵超构传》,张林岚著,文汇出版社 1999 年 8 月第 1 版。本书叙述老报人赵超构(林放)的生平。赵超构创办新中国第一张晚报《新民晚报》并取得成功。60 年间赵超构笔耕不止,在新民晚报上开辟"未晚谈"专栏,写下新闻性杂文万余篇。

《上海广播电视志》,上海广播电视志编辑委员会编,上海社会科学院出版社 1999 年 11 月第 1 版。作为"上海市专志系列丛刊"之一,本书是记述上海广播电视历史和现状的专业志。上限始于 1923 年,下限到 1993 年。

《华东新闻学院纪念文集》,华东新闻学院纪念文集编委会编,上海社会科学院出版社 1999 年 12 月第 1 版。此书为华东新闻学院的校友撰写的纪念文集,包括校史篇、尊师篇、桃李篇、伏枥篇、诗词篇等内容。

《新中国晚报五十年鉴》,丁法章主编,文汇出版社 2000 年 9 月第 1 版。全书以大量翔实的资料、图片反映了新中国晚报从 1949 年到 1999 年的发展轨迹,总结了晚报工作的基本经验和客观规律。

《张友鸾纪念文集》,本书编辑组,文汇出版社 2000 年 10 月第 1 版。本书收录了纪念张友鸾文章 39 篇,以及张友鸾先生的年谱和生平逸事等。

《上海新闻志》,上海新闻志编纂委员会编,上海社科院出版社 2000 年 12 月第 1 版。本书记述上海新闻事业 150 年的历史。有大事记,并分别介绍了报纸、新闻期刊、通讯社、业务、新闻事件、新闻团体、专业人员、新闻教育与研究、机构、管理与经营、人物等。

《中国新闻事业发展史》,黄瑚著,复旦大学出版社 2001 年 3 月第 1 版,为"新闻与传播系列教材·(新世纪版)"。全书分有 12 章,主要有中国新闻事业的诞生与初步发展;中国民族报业的兴起与第一次国人办报高潮;清末新闻法制与第二次国人办报高潮;自由新闻体制与新闻事业的职业化;社会主义新闻事业的建立与发展;社会主义新闻工作在探索中前进。

《文汇报六十年大事记》,文汇新民联合报业集团新闻研究所编,2001 年 5 月第 1 版。本书反映《文汇报》从 1938 年 1 月创刊以来风风雨雨曲折前进 60 年的大事记。

《上海当代新闻史》,马光仁主编,复旦大学出版社 2001 年 10 月第 1 版。本书论述上海解放后 50 年新闻事业发展变化的历史过程,对上海各个时期的重要报刊、广播电视、通讯社、新闻教育、队伍建设、新闻人物、新闻法制、重要事件、学术思想、经营管理等方面的内容进行阐述。

《20 世纪中国新闻学与传播学——新闻史学卷》,徐培汀著,复旦大学出版社 2001 年 10 月第 1 版,为"新闻出版总署'十五'国家重点规划图书"。此书论述了中国新闻史各个时期的研究特点、代表性著作、代表性的新闻史研究学者以及他们的成就、贡献和影响。探讨涵盖整个新闻学与传播学,反映百年来中国新闻史研究发展的演变过程。

《中国新闻图史》,丁淦林主编,黄瑚、周伟明副主编,南方日报出版社 2002 年 1 月第 1 版。本书是一本图文并茂的中国新闻事业史,书中图片量大,文字表达准确,被选用的部分照片具有重要史料价值,未曾公开发表。

《我与大公报》,大公报 100 周年报庆丛书编委会编,复旦大学出版社 2002 年 5 月第 1 版,为"大公报 100 周年报庆丛书"。全书汇集了百篇大公报同人、作者、读者和报史研究者的回忆文章。书中有对人物、事件的回忆,展示大公报的历史作用和新闻报道的建树。

《中国现当代新闻业务史导论》,刘海贵主编,复旦大学出版社 2002 年 8 月第 1 版,为"新闻传播学研究生核心课程系列教材"丛书。书中论述现当代各个时期新闻业务的发展特点、规律及其走向,其中包括新闻采访、写作、编辑、评论等内容。

《中国新闻事业史》,丁淦林主编,高等教育出版社 2002 年 8 月第 1 版,为"普通高等教育'九五'国家级重点教材"。书中阐述中国新闻事业产生、发展与变化的过程,从历史角度来考察中国新闻事业在中国社会发展中的地位、作用和发展规律。

第三节 新闻业务、媒介管理、新媒介技术 以及伦理研究著作

自 1993 年以来,上海市各大出版社出版或外地出版社出版的上海市新闻从业人员和新闻教育工作者撰写的新闻业务、媒介管理、新媒介技术以及新闻法与伦理研究著作主要有:

一、新闻业务著作

《高级新闻写作》,周胜林著,复旦大学出版社 1993 年 10 月第 1 版。1997 年 10 月重版。本书阐述面对新世纪新闻采访的特点和规律,新闻写作的发展趋势及名记者采写经验和技巧等。新增如何开发信息资源、新闻侵权与记者的自我保护、中外名记者成材之道等内容。

《都市热线》,新民晚报经济记者集体采写,丁法章作序,上海远东出版社 1995 年 12 月第 1 版。全书分"热线实践篇"和"热线思考篇",对经济生活报道、城建报道、科技报道、节庆报道、批评报道的主要特色及可操作性作了探索。

《新闻采写编评》,叶春华、连金禾著,复旦大学出版社 1996 年 3 月第 1 版。此书为综合性的新闻业务教材,将新闻采访、写作、编辑和评论 4 项基本业务有机地结合在一起,既有中国新闻业务实践传统经验的概括总结,又有改革开放以来新经验的探讨阐析。

《记者随笔》,全一毛著,文汇出版社 1995 年 10 月第 1 版。本书内容涉及采访写作、新闻评论、记者修养、新闻改革等诸多方面,是作者近五十年新闻工作实践的经验总结。

《一个记者的手记》,张煦棠著,上海三联书店 1996 年 5 月第 1 版。全书收集了作者多年来对新闻业务方面的研究和经验体会,其中包括新闻学课程讲稿、提纲;对新闻工作有感而发的散论和工作手记等。

《当代办报策略与新闻采写艺术》,周胜林著,复旦大学出版社 1996 年 12 月第 1 版。本书密切结合新闻工作实践,阐述市场经济条件下的报业竞争、报业集团的建立、办报策略,以及新时期新闻采访和新闻写作等问题。

《新闻评论学》,丁法章主编,复旦大学出版社 1997 年 1 月第 2 版。主要论述新闻评论学的原理与原则,介绍新闻评论的写作知识,简述中国近代报刊评论发展的概况。

《当代新闻采访》,刘海贵著,复旦大学出版社 1997 年 7 月第 1 版,为"新闻学基础教材丛书"。此书是一部有关新闻采访学的新编教材,讲授新闻采访的知识、方法、条件,阐述当代新闻采访的发展趋势和应变手段,以及新闻采访的内容延伸、学科体系的演进等。

《当代新闻写作》,尹德刚、周胜林著,复旦大学出版社 1997 年 12 月第 1 版。本书是新闻工作和新闻写作教学用书,既有理论阐述,又有可操作性。介绍"深度报道"和"大特写"、"解释性新闻报道",以及通讯的发展趋向等。

《知名记者新闻业务讲稿》,刘海贵主编,复旦大学出版社 1998 年 11 月第 1 版,为"复旦版新闻业务丛书"之一,是由一批在新闻工作第一线的知名记者编写的新闻教材。全书涵盖新闻工作中的主要业务领域——采、写、编、摄影、通联,以及深度报道、大特写等。

《报纸版面创意艺术与电脑编辑》,桑金兰著,复旦大学出版社 1999 年 1 月第 1 版。本书阐述当代报纸版面创意艺术和实际操作设计,以及对中外报纸优秀版面的评析和透视还有中国 5 大报总编经验谈。

《当代新闻编辑》,张子让著,复旦大学出版社 1999 年 1 月第 1 版。本书就当代新闻编辑工作的特征,新闻工作的基本原理、知识、技能等问题进行论述。内容涵盖新闻编辑流程的各个环节,并附有大量的图例和练习。

《解放日报业务论文选》,纪念解放日报创刊五十周年丛书编纂委员会编,上海人民出版社 1999 年 5 月第 1 版,为迎接《解放日报》创刊五十周年而作。《解放日报》的一些采编人员联系自己的实践将感性认识上升到理性思考,撰写了一批有特点的新闻业务论文的集纳。

《"探索"——新民晚报研究文集》,"新民晚报创刊七十周年丛书"编辑委员会编,文汇出版社 1999 年 7 月第 1 版。全书分 4 个部分:(1) 有关领导和社会贤达对《新民晚报》的关怀和指示;(2) 解放后 17 年探索办社会主义晚报的初步实践;(3) 赵超构新闻思想的学习研究;(4) 1982 年《新民晚报》复刊后的成功运作。

《赵超构文集》(6 卷),"新民晚报创刊七十周年丛书"编辑委员会编,文汇出版社 1999 年 8 月第 1 版。全书共 250 万字,选录了 1934 年 4 月至 1992 年初赵超构发表的各类时评、政论、杂文、随笔及《我们怎样办晚报》等报告、讲话和发言,体现了赵超构的新闻思想以及办报主张、观点、方法、技巧,是新闻界的宝贵财富。文集还附录《赵超构生平简谱》。

《新民晚报报人作品选》,"新民晚报创刊七十周年丛书"编辑委员会编,文汇出版社 1999 年 9 月第 1 版。收录的作品体裁分为消息、通讯、论议(包含言论、杂文等)、散文、摄影、美术 6 个部分,从不同侧面折射报纸特色风格。作品前附有作者自己撰写的小传。

《夜光杯文粹》(4 卷),《新民晚报》副刊部编,文汇出版社 1999 年 8 月第 1 版。全书按年代分卷,既有文学作品,也有知识性专栏;既有名家作品,也有读者来稿,展现出综合性副刊《夜光杯》贴近生活、贴近读者、兼收并蓄、雅俗共赏的传统风格。

《新民晚报书画珍藏集》,"新民晚报创刊七十周年丛书"编辑委员会编,文汇出版社 1999 年 9 月第 1 版。

《五色夜上海——〈新民晚报〉特稿精选》,孙洪康主编,金福安作序,文汇出版社 2000 年 10 月第 1 版。这是继复旦出版社 1996 年出版《五色梦华录》之后,又一本辑录《新民晚报》深度报道焦点新闻版《五色长廊》的特稿选本。

《20 世纪中国新闻与传播学——应用新闻学卷》,单波著,复旦大学出版社 2001 年 10 月第 1 版，为"新闻出版总署'十五'国家重点规划图书"。本书分为 6 章：引论；新闻观念启蒙时代的办报思想；走向新闻本位时代；大众化与新闻观念并存的时代；非市场化时代；市场化与信息化时代。以代表性的人物和新闻现象为"点"，折射出特定时代的新闻观念发展的"面相"。

《夜光常满杯》，严建平著，王蒙作序，《文新名编辑名记者丛书》之一，文汇出版社 2002 年 1 月第 1 版。全书由"世象杂谈"、"编余随笔"、"人物剪影"、"往事琐忆"、"行旅印痕"、"论苑漫步"、"细读生活"、"二战例话"、"书简絮语"等组成。

《笔耕岁月——副刊编辑杂忆》，陈诏著，上海书店出版社 2002 年 3 月第 1 版。本书为两部分：自序篇和师友篇。自序篇记述作者的副刊编辑工作的经历和体会；师友篇记叙作者与作家、学者、艺术家们的交流与感受。

《新闻采访教程》，刘海贵著，复旦大学出版社 2002 年 3 月第 1 版，为"新闻与传播学系列教材——新世纪版"。论述新闻采访的特点、性质、任务。介绍新闻采访在实施和运作过程中的策略和应变手段，对当今的连续报道、深度报道、批评性报道、预测性报道、精确报道等话题也作了阐述。

《新闻评论教程》，丁法章著，复旦大学出版社 2002 年 7 月第 1 版，为"新闻与传播学系列教材——新世纪版"。书中论述新闻评论学的科学原理、评论写作的基本程序和常用技法，概括了新闻评论在新时期的发展轨迹，提炼出最新研究成果。对广播电视新闻评论、网络新闻评论的发展前景进行阐释。

《新闻编辑》，许正林著，上海大学出版社 2002 年 12 月第 1 版，为"明天新闻学丛书"。本书从传播学、新闻学、文字学、信息学的交叉点理解与论述新闻编辑的理论与原理，用系统理论构建和编辑所需的知识库，书中吸收了许多新近的研究成果，包括新闻编辑工作在新时期的变化，新媒体的新闻编辑内容等。

二、媒介管理与新媒介技术著作

《中国报业现状与趋势》，上海市报协、广东省报协、复旦大学新闻学院主编，上海百家出版社 1996 年 12 月第 1 版。本书所收录的 45 篇论文涉及报业经营的各个方面，具有很强的现实针对性。

《当代传媒新技术》，张文俊著，复旦大学出版社 1998 年 9 月第 1 版，为"影视艺术技术丛书"。本书论述当代电子传媒技术，包括数字电视、数字视音频广播技术和节目制作技术、多媒体技术和虚拟技术以及相关的计算机信息处理与网络技术。

《网络传播概论》，张海鹰、滕谦著，复旦大学出版社 2001 年 5 月第 1 版，为"新闻与传播系列教材——新世纪版"。书中阐述网络时代传播环境，网络传播在当代社会的发展趋势、优势及带来的冲击，网络媒体的挑战和发展，以及传统媒体的回应和生存。

《时空隧道：网络时代话传播》，叶琼丰著，复旦大学出版社 2001 年 8 月第 1 版。"网络传播辅助教材丛书"。本书展现网络时代的信息特点、新闻传播的演进、网络空间的强大舆论功能及宣传手法的改进、传统媒体的应对策略、对未来媒体生活的忧思等。

《互联网媒体与网络新闻业务》，廖卫民、赵民著，复旦大学出版社 2001 年 11 月第 1 版，为"新闻业务丛书"。书中介绍因特网基本知识和实用操作技术、因特网与传统新闻业务、网络媒体业务,包括网上交流、网上报刊与广播电视业务、新闻网站的设计与广告等领域的知识。

《市场精灵：网络传播与广告》,卢小雁著,复旦大学出版社 2001 年 12 月第 1 版。本书以广告学、营销学和传播学理论为指导,从网络传播和营销角度分析电子商务与网络广告、网络营销与广告策略的关系,并就如何利用公共策略为网络广告服务,如何进行广告市场调研以及网络广告的设计制作等作了阐述。

《媒体等同：人们该如何对待真人实景一样对待电脑、电视和新媒体》,(美) 李维斯·纳斯(著)、卢大川(译),复旦大学出版社 2001 年 12 月第 1 版。本书分为 7 部分,23 章。分别介绍媒体等同、媒体与举止、媒体与人格、媒体与情感、媒体和社会作用、媒体的形式、场景变化、潜意识图像等内容。

《大追寻——美国媒体前沿报告》,刘勇著,上海远东出版社 2002 年 11 月第 1 版。反映作者在访美期间与多达 40 多位美国媒介机构、投资基金、媒介经纪组织内的思想精英进行面对面的交流对话,包括在全美传媒巨头人物。

《网络文化论纲》,孟建、祁林著,新华出版社 2002 年 12 月第 1 版,为"E 时代精神网络媒体新论丛书"。书中论述网络社会与网络文化、网络传播形态、网络行为与网络主体、网络社区、网络自由与网络民主、网络文化精神辨析、网络文化的前瞻。

《网络新闻实用技巧》,徐世平著,文汇出版社 2002 年版。本书对网络新闻的特征、类型、编辑、创作、互动,以及页面语言、管理等环节,作了系统的论述和总结。作者结合东方网的业务实践,借鉴传统媒体的经验,总结出网络新闻的采访、编辑、内容整合、配置、标题制作等技巧。

三、新闻法规与新闻伦理著作

《新闻职业道德教程》,陈桂兰主编,复旦大学出版社 1997 年 12 月第 1 版。本书内容有道德与职业道德;新闻事业与新闻职业道德;新闻职业道德品质的培养与提高;真实、客观、全面、公正;中外记者道德风范;外国新闻职业道德综述;中国台港澳地区职业道德概观。并有 7 个附录。

《新闻法规与新闻职业道德》,黄瑚著,四川人民出版社 1998 年 3 月第 1 版。本书系国内第一本有关新闻法规与新闻职业道德的教材。

《舆论监督与新闻纠纷》,王强华、魏永征著,复旦大学出版社 2000 年 4 月第 1 版。本书分为上下两编。上编"舆论监督与新闻纠纷"对中国舆论监督的历史、现状和存在的问题、舆论监督的定义、地位与作用等内容进行论述。下编"在言论自由和人格权的天平上——大众传播媒介侵权纠纷个案选评",从大量已结案的新闻媒介案例中选录 60 余例进行分析和评论。

《新闻伦理学》,黄瑚著,新华出版社 2001 年 12 月第 1 版,为"新闻新学科高级教材"。全书阐述了新闻职业道德的理论,包括新闻职业道德的基本含义、特征和社会作用,新闻工作的职业特征及其他新闻职业道德的关系;阐述了新闻职业道德规范理论,包括新闻道德基本原则、基本内容、特点、结构以及产生和发展的历史过程。

《向传媒讨说法：媒介侵权法律问题》,魏永征著,福建人民出版社 2001 年版。本书分 5 个部分讨论了侵权行为和媒介侵权法、媒介侵害名誉权、媒介侵害隐私权、媒介侵权的责任和救济、寻求言论自由和人格的平衡等问题。

第四节　广播电视学著作

《民主之声——直播室里的官民对话录》，陈文炳、陈接章著，上海人民出版社 1994 年 9 月第 1 版。《市民与社会》是上海地区第一个直播的新闻类谈话节目。内容有幕后报告、报海拾贝、热门话题。

《绿叶飘起来——上海教育电视台周年巡礼》，张德明主编，复旦大学出版社 1995 年 2 月第 1 版。本书的内容有寄语绿叶台、成长足迹、理论探索、实践体会等。

《节目主持人艺术》，陆澄照著，上海教育出版社 1995 年 6 月第 1 版。本书是作者从事节目主持工作的心得之谈，内容有话说节目主持人、节目主持人的特征、节目主持人的审美标准、主持人的策划艺术等。

《节目主持人语言艺术》，曹可凡、王群著，上海人民出版社 1997 年 1 月第 1 版。本书分为：节目主持人语言的技能、语言的潜质、语言的类型和运用、风格等。

《广播评论——功能、选题与语言艺术》，仲富兰著，复旦大学出版社 1997 年 11 月第 1 版。内容有现代广播与新闻评论；广播电视的功能定位；广播评论的内涵和外延；广播评论的选题与立论；谋篇布局与情理交融等。

《电视社会学研究》，汪天云著，上海三联书店 1998 年 10 月第 1 版。本书分别就“电视社会学的体系构建”，“电视的历史轨迹”，“电视的生产、消费和传播”等进行了论述。

《广播沉思录》，陈圣来著，上海人民出版社 1999 年 4 月第 1 版。此书是作者长期从事广播实践积累的经验总结，其中有对广播业务的认识、体会，有对电台管理乃至广播走向的思路谋略，既有操作方法，又有宏观思路。

《用事实说——中国电视焦点节目透视》，袁正明、梁建增编，上海人民出版社 2000 年 10 月第 1 版。本书收集来自国内几家有影响的电视访谈栏目或评论类节目的编导和节目主持人，介绍有关他们在制作节目时的体会，即“用事实说话”。他们分别是中央电视台《焦点访谈》、上海电视台《新闻透视》、江苏电视台《大写真》、河北电视台《新闻广角》、成都电视台《今晚 8:00》。

《广播电视新闻范文评析》，孟建、祁林著，新华出版社 2001 年 1 月第 1 版。本书精选优秀广播电视新闻范文，并由专家对写作技巧、特点社会影响和社会意义逐篇进行评析。

《目击纪录片编辑室》，上海电视台编，上海东方出版中心 2001 年 1 月第 1 版。本书选录《毛毛告状》、《大动迁》、《德兴坊》、《半个世纪的乡恋》、《忠贞》等 14 篇精彩解说词以及编导们所撰写的札记和采访内幕等。

《节目主持人艺术》，陆澄著，上海世纪出版集团 2000 年 7 月第 1 版。本书讲述主持人的渊源、正名、素质和审美标准；主持人策划、采访、编辑、主持和表达艺术等。

《电视纪录片：艺术、手法与中外观照》，石屹著，上海复旦大学出版社 2000 年 10 月第 1 版。“21 世纪广播电视业务前瞻丛书”。本书既有中国纪录片创作历程的文化、理论梳理，又有代表中国电视纪录片主流文化的全国 20 余位老中青电视纪录片创作者代表作品的特色分析,以及 21 世纪电视纪录片发展前瞻。

《当代广播电视新闻学》,张骏德著,复旦大学出版社 2001 年 3 月第 1 版。本书阐述了广播电视新闻事业的产生、发展的特殊规律,广播电视新闻传播的特殊规律与工作原则,以及广播电视新闻工作重大理论和实践问题。

《在媒介与大众之间:电视文化论》,陈龙著,上海学林出版社 2001 年 12 月第 1 版。内容有电视文化的内涵及其普遍联系、西方的电视文化研究、当代电视文化理论与思潮、电视文化的内在特性等。

《市场经济与广播电视管理》,赵凯、赵腓罗著,复旦大学出版社 2002 年 2 月第 1 版。本书以当前中国广播电视发展与管理中所面临的一些迫切问题为切入口,结合中国广播电视正反两方面经验,论述中国广播电视发展与管理的一些新思路、新观点。

《电视文化论》,陈龙著,学林出版社 2002 年 3 月第 1 版。本书试图揭示电视文化传播的方方面面,力求使读者明了自己与电视及其文化的关系,电视给我们带来了什么,又如何影响我们,我们在解读中又如何反作用于电视文化的内涵等。

《当代广播电视概论》,陆晔、赵民著,复旦大学出版社 2002 年 4 月第 1 版,为"21 世纪广播电视业务前瞻丛书"。书中论述广播电视传播观念与传播功能的新发展、广播电视节目的栏目化、板块化与节目意识、广播电视新闻性节目的主导性等。

《谈话节目主持艺术》,王群、曹可凡著,上海社会科学院出版社 2002 年 6 月第 1 版,为"国家社会科学基金项目全国艺术科学规划重点研究课题"。内容有谈话的内部结构、组成系统、交流形态、谈话节目的两大功能、谈话节目主持人的听知素养等 10 个方面。

《跋涉与求索——陈乾年广播电视论文集》,陈乾年著,上海社会科学院出版社 2002 年 10 月第 1 版。"上海广播电视学会丛书"之一。本书是作者所撰写的论文,分别有思考篇、视野篇、研讨篇、评析篇以及附录新闻作品、广播快评等内容。

第五节 传播学著作

《大众媒介与中国乡村发展》,裴正义著,群言出版社 1993 年 3 月第 1 版。本书分为发展与传播、理论领域与历史潮流、有关中国乡村发展传播的 3 次研究,以及中国乡村发展传播之评价与展望。

《社会传播学》,宋林飞著,上海人民出版社 1994 年 12 月第 1 版。本书分为传播特性、传播的发展阶段、人际传播、组织传播、大众传播、传播效果等。

《传播学原理》,张国良、裴正义、潘玉鹏著,复旦大学出版社 1995 年 12 月第 1 版。本书论述传播学的基本原理,对传播和大众传播的一般规律,包括传播学的含义、传播的结构与模式、功能等作了考察。

《大众传播社会学》,张咏华著,上海外语教育出版社 1998 年 1 月第 1 版。本书阐述大众传播社会学的历史与现状、主要理论视角与研究方法等。书中大量取材于新近出版的英文原著以及传媒理论实践的最新发展情况。

《现代大众传播学》,张国良著,四川人民出版社 1998 年 5 月第 1 版,为"高等学校新闻传播专业基础课程教材"丛书。内容有：什么是传播、传播学的沿革、传播的结构和功能、大众传播的发生和发展等。

《大众传播学的定量研究方法》，戴元光、苗正民著，上海交通大学出版社 2000 年 5 月第 1 版，为"明天传播学丛书"。介绍大众传播学的定量研究方法。主要内容包括：定量研究的基础理论、课题与设计、实地调查、内容分析、控制实验、个案研究、抽样设计与实施、问卷设计与可行性分析、描述性统计分析等。

《传媒道德论》，戴元光著，上海大学出版社 2000 年 7 月第 1 版。本书从宏观上考察传播道德问题，分别讨论资产阶级的道德观、马克思主义的自由观、传播侵权、传播的社会批评、客观性报道、中国社会主义传播道德建设的思路等问题。

《传播学通论》，戴元光、金冠军著，上海交通大学出版社 2000 年 8 月第 1 版。本书从传播学的产生和确立谈起，阐述传播原理、传播类型、传播的自由与控制、传播的结构与模式等问题。

《战后美国传播学的理论发展：经验主义和批判学派的视域及其比较》，殷晓蓉著，复旦大学出版社 2000 年 11 月第 1 版。"上海市社会科学博士文库"。本书揭示战后美国传播学理论发展的一般脉络，比较和分析经验主义与批判学派这两大学派的冲突、矛盾和各自的理论得失，以及在某些问题上的融合趋势，阐明有关理论和问题本身的生成、进展、演变及其对于当今时代的现实意义。

《20 世纪中国新闻与传播学丛书——传播学卷》，戴元光著，复旦大学出版社 2001 年 10 月第 1 版，为"新闻出版总署'十五'国家重点规划图书"。作者从中国人对传播的认识针对传播学理论的探索作了系统的扫描，重点勾勒 20 世纪的 100 年来中国传播学者在自己追索的领域操持不苟的学术精神，反映了他们的学术成果。

《数字家园：网络传播与文化》，江潜著，复旦大学出版社 2001 年 12 月第 1 版，为"网络传播辅助教材丛书"。论述网络传播对文化时空的改变，进而形成新的文化格局，同时，在经济全球化进程中，必将造成文化的冲突与融合等问题。

《超越传媒——揭开媒介影响受众的面纱》，童清艳著，2002 年 1 月第 1 版。"新闻与传播理论丛书"。本书作者从现代认知心理学的核心概念——认知结构入手，探讨人们于现代传媒中获取知识（或信息）方式和途径，以及在这一过程中传媒受众认知结构所表现出的诸特征，从而揭示受众在接触传媒过程中，看到什么？听到什么？怎么看？怎么听？这些都与受众的认知结构密切相关。

《大众传播与大众文化》，潘知常、林玮著，上海人民出版社 2002 年 3 月第 1 版。本书论述了大众传媒的特征、作用以及大众传播与大众文化之间的相互关系，相互作用。

《传播学史——一种传记式的方法》，（美）E·M·罗杰斯著，殷晓蓉译，上海译文出版社 2002 年 3 月第 1 版。书中阐述传播学作为一门学科的生存过程，传播研究如何富有意义地影响社会学、政治学和心理学等学科。

《中国传播学：反思与前瞻——首届中国传播学论文集》，张国良、黄芝晓主编，复旦大学出版社 2002 年 6 月第 1 版。本文集收集了 20 篇文章，分为两部分内容：探讨中国传播学的学科建设；应对全球化、网络化的时代趋势。

《媒介分析：传播技术神话的解读》，张咏华著，复旦大学出版社 2002 年 12 月第 1 版。

本书综合国外著名的传播学者英尼斯、麦克卢汉、威廉斯、梅罗维茨、贝尼格等人的媒介理论,阐述一系列重要命题,并对中国的媒介研究现状和媒介发展现状作了深入的调查分析,提出了颇有见地的观点。

第十一编　专业队伍

1993 年至 2002 年是上海新闻队伍变化显著的 10 年,在年龄结构、文化和专业知识结构以及人才来源方面均呈现新的特点。随着一批批大专院校毕业生加入新闻队伍,具有大学专科、本科以上学历的从业人员大幅增加,新闻媒体人员的文化素质、学历层次明显提高;各级管理部门和各媒体都抓紧人才培训、培养,具有正高、副高以上职称的专业技术人才越来越多,新闻队伍的专业水平不断提高;随着 20 世纪 60 年代进入新闻媒体的老同志退休,一批三四十岁的优秀年轻干部走上各级领导岗位,给新闻队伍增加了新的活力,保持了骨干力量的稳定性和领导工作的连续性。各大院校适应新闻事业发展,积极兴办新闻传播专业,为新闻媒体不断输送专业知识人才,使新闻队伍的人才结构逐步趋向合理。

　　各新闻媒体发扬党的新闻工作优良传统,加强新闻队伍教育,加大人力资源管理的改革力度,新闻队伍建设逐步向科学化、规范化、制度化方面发展,全国和上海范长江、韬奋奖获得者、劳动模范等高素质人才和优秀新闻作品的不断涌现,较好地适应了新闻工作的新要求,推动了新闻事业的发展。

　　面对国际国内媒体竞争日趋激烈,上海新闻队伍的专业结构尚需优化。据 2000 年底统计,上海新闻媒体人员中,具有新闻和中文专业的占 53%,法律、经济管理等专业的占 38%,理工科只占 9%。总体上,复合型人才稀缺。

第一章　队伍状况

第一节　上海新闻单位新闻专业队伍状况

一、解放日报报业集团

解放日报报业集团至 2002 年底新闻采编人员 661 人。随着媒体竞争的日益激烈,解放日报报业集团加大了新闻队伍建设的力度,基本形成了适应集团事业发展需要的新闻人才梯队。

（一）来源及结构

集团每年从北京、上海等省市的著名高校招聘一定数量的优秀应届大学毕业生,充实到新闻采编队伍中,逐步改善并优化新闻队伍结构。同时,为提高新闻队伍的"含金量",集团每年从其他媒体、著名高校以及社会其他机构引进一定数量的高精尖人才。

集团新闻队伍结构状况为:

1. 年龄结构

30 岁以下 266 人,31—35 岁 109 人,36—40 岁为 69 人,41—45 岁为 43 人,46—50 岁为 55 人,50 岁以上 119 人。

2. 学历结构

大专 159 人,大学本科 397 人,硕士以上 90 人。

3. 职称结构

高级记者、高级编辑 28 人,主任记者、主任编辑 157 人,记者、编辑 237 人,助理记者、助理编辑 200 余人。

4. 专业结构

新闻专业 289 人,中文专业 180 人,其他专业 177 人。

（二）特点和发展趋势

集团基本形成一支总量适宜、结构合理的新闻采编队伍。采编人员中,30 岁以下的占 40%。尤其在都市类报纸中,这部分人已成为报社一线采访、编辑部门的生力军。《申江服务导报》采编人员的平均年龄为 34 岁,其中 30 岁以下的占 45%;新闻报社采编人员的平均年龄为 30 岁,其中 30 岁以下的占 60%。

集团采编人员中,大学本科以上学历 487 人,占 74%,其中绝大部分毕业于国内著名高校。

在大学毕业生的录用工作中,集团坚持多学科挑选,从经济、法律、管理以及数学、物理等专业录用一批优秀大学生,改变了以往新闻队伍中新闻专业和中文专业"一统天下"的局面,尽力做到"杂交出优势",为培养专家型编辑记者打下了专业基础。与此同时,女性编辑记者所占的比例越来越大。35 岁以下的采编人员中,女性占了 56%,而 35 岁以上采编人员中,女性只占 24%。另外,年轻记者、编辑的流动与前几年相比较为频繁,呈现择业多样化的趋势。

（三）人才培养措施

集团采取一系列培养措施,从人才培训和岗位锻炼入手,力求培养出一支在上海新闻界乃至全国新闻界都具有一定知名度的新闻人才队伍,培养出一批名记者、名编辑、名评论员。

1. 加大培训力度,改进培训方法,提高针对性,为人才成长提供外部动力

在具体做法上做到"点面结合",既有针对全体采编人员的培训项目和内容,又有针对个别采编人员、不同条线采编人员的专业化培训。

针对全体采编人员的培训项目和内容,以提高队伍的思想政治素质为主。如举办全体编辑记者参加的"三个代表"重要思想培训班、"三项教育和行风评议"培训班,采用轮训的方法分期分批脱产培训。通过专题学习、个人自学、小组讨论、大会交流等方式,增强了党性,提高了理论素养。

集团从采编岗位职业资格培训入手,提高整个队伍的新闻专业素质。凡是副高职称以下的记者、编辑,都必须参加有关工作质量、新闻宣传纪律、新闻工作作风等方面的培训。在加强全员培训的同时,集团还根据新闻人才的业务特点和培养方向,精心设计培训项目,加大对高、精、尖人才的培训力度。同时选派业务骨干参加出国培训,提升新闻人才的综合实力。此外,集团每年还选派业务骨干参加由市委组织部举办的"上海市管理干部中长期出国培训班",推荐人员参加培训。

举办英语培训班,培训更多的能运用英语进行采访的新闻人才。集团从 2002 年开始,与上海外国语大学合作,举办了 3 期英语培训班。

针对不同条线的编辑、记者,通过不定期举办一系列讲座,扩大知识面,提高其业务能力和素养。同时,鼓励他们积极参加专业培训,集团对其培训费用予以适当资助。

2. 创新人才培养的工作机制,鼓励岗位练兵,岗位成才,为人才成长提供舞台

集团坚持"培训"与"使用"相结合,在日常的新闻实践中,通过创新人才培养机制,使新闻队伍在工作中得到培养和提高。

重大新闻报道实行项目负责制。人员采取柔性组合,抽调有关部门的记者、编辑参加,打破部门、条线界限,使一批年轻的同志有机会参与重大新闻报道,同资深记者、编辑合作,提高宏观思考、宏观把握能力。

为了给更多的业务骨干提供锻炼机会,集团各报实行了主任（主编）助理制度。主任助理不定行政级别,有一定的任期,在部主任领导下工作,完成部主任委派的某项工作或某一方面的工作。通过设立主任助理,增强了年轻记者、编辑的宏观思考和组织协调能力。第一批主任助理大部分走上了处级干部的领导岗位。

鼓励记者下基层,实行挂职锻炼,不仅提高了新闻业务水平,也提高了调研策划、组织协调等管理能力。

为培养复合型的新闻人才,解放日报社对新进大学生实行轮岗培训。新进大学生必须

在两年内参加为期半年的轮岗,其中去新闻编辑部 3 个月,群工部 2 个月,日班检查校对 1 个月。通过轮岗,增强了青年记者、编辑的政治意识、责任意识和大局意识,同时提高了业务能力,成长为既能采写,又能组稿排版的多技能新闻人才。

二、文汇新民联合报业集团

文汇新民联合报业集团党委树立"人才资源是第一资源"的观念,重视新闻人才队伍的建设,通过加大人才引进、培养和使用的力度,使集团拥有了一支数量充足、素质良好、业务水平高的新闻采编队伍。至 2002 年底集团有新闻采编人员 1 100 多人。这支新闻采编队伍中涌现出了一批在全国和上海新闻界有一定知名度的记者、编辑,有 20 多人次获得过全国韬奋新闻奖、全国百佳新闻工作者、全国先进女职工标兵、上海市劳动模范、上海韬奋新闻奖、上海范长江新闻奖、上海十佳新闻工作者等称号。

（一）新闻队伍结构

1. 年龄结构

在新闻采编人员中,30 岁以下 539 人,占 48.7％;31—35 岁 148 人,占 13.4％;36—40 岁 92 人,占 8.3％;41—45 岁 74 人,占 6.7％;46—50 岁 102 人,占 9.2％;50 岁以上 152 人,占 13.7％。

2. 学历结构

大专 228 人,占 20.6％;大学本科 710 人,占 64.1％;研究生 131 人,占 11.8％。

3. 职称结构

高级记者、高级编辑 25 人,占 2.3％;主任记者、主任编辑 126 人,占 11.4％;记者、编辑 366 人,占 33.1％;助理记者、助理编辑 186 人,占 16.8％。

（二）新闻队伍的特点

在采编人员中,30 岁以下 539 人,约占采编人员总数的一半。尤其是在近几年新创办的报刊中,这部分人已成为报社一线采访、编辑部门的生力军,其中绝大部分毕业于国内著名高校。

采编人员中,中级以上职称 517 人,占 46.7％。

在大学生录用中,集团坚持多学科挑选,从经济、法律、管理以及数学、物理等专业录用一批优秀大学生。《文汇报》2001 年以来新进采编人员 31 人,其中 28 名为应届大学毕业生,3 名为引进人才。新闻类专业 18 名,占 58.1％,非新闻类专业 13 名,占 41.9％。《新民晚报》2001 年以来新进采编人员 27 人,其中 21 名为应届大学毕业生,6 名为引进人才。新闻类专业 17 名,占 62.9％,非新闻类专业 10 名,占 37.1％。

（三）人才培养措施

1998 年下半年文汇新民联合报业集团成立不久,集团党委即十分重视人才工作。考虑到集团组建以后一部分经营管理部门的员工需要安置分流,可能会造成部分人才的流失,集团党委提出了"做好深入细致的思想工作,确保人才不流失"的意见,要求各级党组织和领导干部深入一线深入基层亲自做工作,确保人才数量不减,人才队伍不散。1999 年初,集团党委在反复讨论、征求意见的基础上,起草下发了《关于文新集团人才培养的五年规划》,对人才的概念、范围、数量,培养的方法、措施等做了进一步明确。集团及有关报社还通过积极健全完善新闻考评制度,在不断提高新闻宣传质量的过程中,打造一支高素质的新闻人才队伍,努力做到留住人才、温暖人心、激励先进、形成氛围。

三、市级广播电视系统及文广新闻传媒集团

1993 年时,上海市广播电视局系统共有职工 3 142 人。其中,编辑记者 559 人,播音员、主持人 116 人。至 2002 年底,上海文广新闻传媒集团有职工 1 419 人,从事新闻专业工作的编辑、记者 862 人,播音员、主持人 163 人,占职工总数的 72%。

(一)人才来源

挑选优秀应届大学毕业生。10 年中,先后有 491 名应届大学生被吸纳进来(其中上广 41 名,东广 42 名,上视 187 名,东视 121 名,卫视 3 人,以及包括 2002 年文广传媒集团接纳的 97 名)。他们之中不乏来自名牌大学者,有的是硕士毕业生、博士毕业生,使队伍的学历、年龄结构有所改善。然而 90 年代中期有几年,因编制所限,特别是东广、东视,招收大学生相对较少,甚至停滞,造成人才青黄不接。

向社会招聘人才。广播电视工作人员,特别是播音员、主持人往往被列入特殊人才。在上海地区因为语言条件等因素,往往不容易找到理想人才,故以到北方地区招聘录用人员为多。有些高素质人才也要从其他地区、其他单位引进。据不完全统计,1993 年以来,各台从外单位引进人才 211 人(其中上广 37 人,东广 59 人,上视 66 人,东视 44 人,卫视 5 人;2002 年,文广传媒集团引进 13 人)。其中有不少人已成为广电事业的骨干,在社会上也有一定的影响。

此外,广电系统还吸收留学归国人员充实新闻队伍。

(二)传媒集团新闻队伍的分析

上海文广新闻传媒集团于 2001 年 8 月开始运作。据 2003 年初统计,集团所属的广播、电视、职能部门(不含文艺院团等,技术中心亦未归并)在编人数为 1 869 人,其中男性员工 1 090 人,占 58%;女性员工 779 人,占 42%。中共党员 871 人,占 47%。

1. 人员结构

(1)年龄结构

1 869 名在编人员中,25 岁以下 254 人,占 13.6%;26—40 岁 754 人,占 40.1%;41—50 岁 552 人,占 29.6%;51—59 岁 304 人,占 16.4%;60 岁以上 5 人,占 0.27%。

(2)学历状况

在 1 869 人中有博士 5 人,占 0.27%;硕士 91 人,占 4.87%;本科 838 人,占 44.8%;大专 572 人,占 30.6%;高中以下 363 人,占 19.42%。

(3)职称分布

在 1 869 人中,有正高职称的 26 人,占 1.39%;副高职称 206 人,占 11.02%;中级职称 641 人,占 34.3%;初级职称 530 人,占 28.36%;其他 466 人,占 24.93%。

2. 群体分析

新闻记者、编辑群体共 116 人

(1)年龄结构:

25 岁以下 37 人,占 31.9%;26—40 岁 64 人,占 55.2%;41—50 岁 10 人,占 8.6%;51—59 岁 5 人,占 4.3%。

（2）学历结构

硕士 8 人，占 6.8％；大学本科 91 人，占 78.4％；大专学历 16 人，占 13.8％；高中以下 1 人，占 0.86％。

（3）学科背景

新闻学 60 人，播音主持 5 人，文史哲 29 人，外语 6 人，艺术、节目制作 8 人，法学 1 人，经营管理 2 人，工程技术 4 人，其他专业 1 人。

制片人、监制群体共 125 人

（1）年龄结构

25 岁以下 1 人，占 0.8％；26—40 岁 78 人，占 62.4％；41—50 岁 25 人，占 20％；51—60 岁 21 人，占 16.8％。

（2）学历结构

硕士以上 2 人，占 5.6％；大学本科 84 人，占 67.2％；大专 28 人，占 22.4％；高中以下 6 人，占 4.8％。

（3）学科背景

新闻学 23 人，播音主持 2 人，文史哲 54 人，艺术、节目制作 12 人，外语 10 人，法学 4 人，经营管理 8 人，工程技术 8 人，其他 4 人。

管理群体 280 人

（1）年龄结构

25 岁以下 9 人，占 3.1％；26—40 岁 125 人，占 44.7％；41—50 岁 105 人，占 37.5％；51—60 岁 41 人，占 14.7％。

（2）学历结构

硕士 28 人，占 10％；大学本科 132 人，占 47.14％；大专 97 人，占 34.64％；高中以下 23 人，占 8.21％。

（3）学科背景

新闻学 54 人，播音主持 8 人，文史哲 73 人，艺术、节目制作 28 人，外语 6 人，法学 4 人，经营管理 66 人，工程技术 23 人，其他 18 人。

（三）人事制度改革

在局内或台内进行"公平竞争，择优聘用"，是深化人事制度改革，选拔干部，培养新闻人才行之有效的办法。此事溯源于 1989 年上广经济台通过"干部竞聘、群众选举、局党委批准"的做法来竞聘经济台台长（正处）。1992 年，东方电台、东方电视台相继成立。当时的台领导班子就是在全局范围内竞聘，经批准后，由台长（正处）领衔组建的。这对广电新闻事业有很大推动。从 1993 年开始，各台基本上都以这一原则来聘用干部。例如，东广在全台范围内竞聘金融部、老少部、广告部主任；上视 1993 年竞聘农村部负责人，1998 年在全局范围内竞聘体育部主任，1999 年竞聘《财经报道》栏目制片人等。这样做，对整合资源、培养新闻人才起到了积极的作用。

文广新闻传媒集团筹建后，进行一系列干部人事制度改革。

1. 除集团领导成员以外，全部实行干部公开选拔、竞聘上岗

集团提供竞聘的干部岗位 116 个，有 132 人竞聘。通过竞聘演讲、评委打分、群众评议、

组织考察、党委任命或报批,有 30 人被新任或提拔为总监、主编、主任一级中层干部;有 5 人退出中层领导岗位;还有一批人员走上部主任、监制等岗位。据统计,电视频道干部的平均年龄从 43.3 岁下降了 0.5 岁,为 42.8 岁;广播频率干部平均年龄下降了 5 岁,为 39.7 岁。集团一些频率、频道、职能部门领导班子大学本科以上的占 52.3%,比改革前上升了 2.4%。

2. 全员实行双向选择、竞争上岗

电视 11 个频道参加双向选择的 960 人,竞聘上岗的 920 人,落聘 40 人。职能干部和广播频率有 610 人参加,竞聘上岗 580 人,落聘 30 人。

落聘的 70 人中,内退 37 人;经培训重新上岗 19 人;待聘 7 人,其他(包括自谋出路等)5 人。

3. 分配制度改革

全集团把个人工资收入(基本工资、工龄工资、职务津贴、职称津贴等)按一定比例划出,与工效结合起来,再行分配。原工资仍挂在档案里,以便在退休时兑现。

广播频率改革力度比电视频道更大些。总监、主编的分配还与频率创收任务完成得好坏结合起来。年初,他们划出部分风险抵押款项,到年底考核。超额完成的,按事先约定的比例嘉奖;持平的,退还风险抵押款项,没有更多的奖励;完不成任务的,则收取风险抵押款项。

经营人员与创收的指标挂起钩来,增强了创收的责任感。

各频率、频道的分配还尽可能向第一线倾斜。把收听(视)率的高低、节目安全播出、节目质量综合起来考虑。在同一个频率(道)中,年轻同志业绩突出与一般的,奖金分配可相差好几倍。

(四)人员培训

文广新闻传媒集团制订人才培训和发展规划,在人员培训上逐步形成制度。

1. 岗前培训

大学毕业生被集团录用后,首先要经过两个月的军训和岗前教育,使他们明白自己应有的社会职责、职业道德和工作作风,讲传统、讲要求、讲发展、守纪律。

按照国家广电总局的要求,新来的主持人、播音员必须持有上岗证,事先都得培训、考核、达标。

2. 岗位教育和培训

利用"空中课堂"、"东广夜校"、"青年论坛"、"百科进修学校"等多种形式,开展包括"学片学人活动"等在内的业务学习和教育,结合好作品的分析,交流心得体会,发表创新思路,为广电事业的发展出谋划策。

采用"请进来、走出去"的方式,结合各部门创建精神文明单位活动,开展多项教育,使员工汲取新的营养,扩大视野,并落实到本职工作中来。

3. 员工进修

上海文广新闻传媒,集团成立之后,干部员工的培训已从原先的学历教育推进到继续教育、终身教育。选派一些有发展前途的干部、员工参加 MBA 或 EMBA 以及研究生教育,使队伍整体水准有所提高。

4. 与海内外教学机构联合办学或到海外深造,借此提高素质,也为事业留人、感情留人创造了一定的条件

传媒集团与上大、法国里尔企业管理学院联合办班,集团还分两批将业务骨干送到国外

深造。据不完全统计,10 年间,上海广电系统出国或到境外进修学习的达 67 人次。

四、劳动报社

劳动报社有采编人员 116 人,年龄最大的 59 岁,最小的 22 岁,平均年龄 42.35 岁;其中硕士 1 人,研究生学历 5 人,本科生 5 人,专科生 49 人,专科以上占了总数的 91.3％;高级职称 2 人,中级职称 75 人,初级职称 35 人,中级以上占 68.1％。报社新闻队伍人员主要来自各大院校的适合采编需求的专业应届毕业生,也有从事新闻工作十几年的其他报刊人员。为了打造一支高素质的新闻人才队伍,报社采取了一系列的人才培训措施。应届毕业生首先要到夜班部实习半年,熟悉了解出报的整个流程,打好扎实的基本功;然后推到新闻的第一线,基本上都分到要闻部跑条线,并有专职的资深记者传帮带,使报社不断涌现出优秀的采编人才。报社经过十几年的发展,从最初的采编人员主要来自基层企业员工,到目前已基本形成了一支经过专业培训、年龄结构合理、适合本报采编要求的新闻采编队伍。

五、青年报社

青年报社新闻从业人员队伍有几个特点:

男女比例合理,年龄结构趋于优化。到 2002 年底,报社总人数为 176 人,男女比例为 6∶4。30 岁以下人员占总人数的 62％,31—40 岁的占 21％,41—50 岁的占 13％,50 岁以上只占总数的 4％。

学历层次较高,专业技术人员增多。大学本科以上学历的员工占总人数的 70％,比 1997 年增加 5 个百分点。专业技术人员占总人数的比例也从 1997 年的 66％上升到 2002 年的 74％。有高、中、初级职称的人按 8％、30％、62％的比例合理分配。

人员流动较快。1998 年至 2001 年间,引进 92 人,输出 66 人,净增 26 人。社龄不满 5 年的新员工占总人数的 30％。

六、上海各专业报、行业报、企业报

截至 2002 年 10 月,上海的专业报、行业报、企业报共 44 种。

专业报、行业报、企业报队伍结构分析

编制情况:截至 2002 年上半年,专业报、行业报共有从业人员 1 056 人,平均每家报社 31 人;其中编外人员 159 人,占总人数的 15.06％,平均每报 5 人。

报社人员岗位分布(含编外人员):专业报、行业报共有采编人员 600 人,占人员总数的 56.82％,平均每报为 17.6 人;经营人员 223 人,占总数的 21.12％,平均每报 6.6 人;其他人员 233 人,占人员总数的 22.06％,平均每报 6.9 人。

采编人员年龄层次(含编外人员):600 名采编人员中,35 岁以下的 216 人,占 36％;35—55 岁的 341 人,占 56.8％;55 岁以上 43 人,占 7.17％。采编人员平均年龄 40.03 岁。

学历情况(含编外人员):采编人员中,研究生学历 42 人,占 3.98％;大学学历 363 人,占 34.38％;大专学历 425 人,占 40.25％;高中及高中以下人员 226 人,占 21.4％。

职称状况(含编外人员):副高级以上 86 人,占 8.14％;中级职称 359 人,占 34％;初级职称 275 人,占 26.05%;无职称 336 人,占 31.82%。

专业报、行业报队伍状况分析

专业报行业报的效益、待遇较低,人才流失的情况比较普遍。专业报行业报大多为周报、周二报等,新闻性不强,其报道的内容又比较专业。且专业报、行业报的新闻采编人员学过新闻专业的也不多,素质参差不齐。截至 2002 年上半年,上海 10 家企业报共有从业人员 210 人;其中编外人员 27 人。企业报在编人员 174 人,满编率为 82.9%。

由于企业报有其特定的服务对象和服务功能,其人才管理模式有别于一般的新闻报纸。在历史上,企业报曾经为一些综合类的大报输送过不少人才。针对上述情况,主办单位主要采取以下措施,加强队伍建设。

一是改革用人制度,引入竞争机制,建立优秀人才脱颖而出的机制。

二是加大人力资本的开发力度,构建学习型组织,加强各方面的学习,促进专业水平的提高。如通过外派进修更新知识;邀请行业内外的权威人士前来讲学;与科研机构或高等院校合作进行课题研究;委托国际著名咨询公司提供发展规划和管理创新方案等。

三是完善分配制度,探索建立收入与贡献挂钩的激励机制。一方面要按照"多劳多得"的原则,建立起真正的能力工资制,每个人根据自己的能力和贡献获取相应的报酬;另一方面尝试建立人力资本利润分享制,使那部分保持核心竞争力的知识型员工参与利润分配。

表 11-1-1　　　2002 年 10 月上海市专业报、行业报从业人员状况

	专业、行业报	企业报	总　计
总人数	1 056	210	1 266
在编数	897	182	1 079
编制数	1 005	174	1 179
编外人数	159	27	186
采编人员	600	145	745
经营人员	223	15	238
其他人员	233	50	283
研究生学历	42	8	50
大学学历	363	61	424
大专学历	425	96	521
高中以下学历	226	45	271
高级职称	86	22	108
中级职称	359	80	439
初级职称	275	66	341
无职称	336	42	378

第二章　新闻专业技术职务评定

上海新闻专业技术职务的评定和聘任工作于 1985 年着手试点,至 20 世纪 90 年代全面展开,作为上海新闻单位的一项正常工作。从 2000 年开始,根据市人事局《上海市实施专业技术职称(资格)评定与专业技术职务聘任相分离的暂行办法》等有关文件精神,上海市新闻单位技术职务实行分类分级管理。与以往职称工作不同的主要有以下几点:

(1) 新闻高级职称由以往的"评定"改为"审定"。

(2) 新闻中级以下职称"只聘不评"。

(3) 新闻高级职称实行"评聘分开",即"申报权在个人,审定权在社会,使用权在单位"。高审委只负责审定申报对象的职称任职资格。职称任职资格与待遇不挂钩,但可以用于各种学术性活动或应聘相应的岗位和资格。

第一节　评　审　机　构

从 1985 年起,在中共上海市委宣传部的领导下,组织了上海市新闻职称改革领导小组,负责新闻专业技术职称评定工作和聘任工作的规划、管理。下设办公室,具体负责日常工作。

上海新闻系统组建了三级新闻职务评审组织,逐级负责进行评审工作。

上海市新闻高级专业技术职务任职资格评审委员会(简称高评委),负责评审全市新闻单位的高级职务和主任职务的任职资格。广电系统播音员、主持人正高(播音指导)、副高(主任播音员)职称由广电部(总局)的专家组评审。

解放日报社、文汇报社、新民晚报社、上海市广电局分别设新闻中级专业技术职务任职资格评审委员会,负责本单位和所属单位的新闻中级职务任职资格的评审工作。

设上海市新闻中级专业技术职务任职资格评审委员会,负责全市处级以下新闻单位和符合条件的企业报新闻专业人员中中级职务任职资格的评审工作。

助理级职务任职资格,由各新闻单位组织新闻专业技术职务任职资格评审委员会(或小组)评审。

高级、主任级新闻专业职务任职资格评审组织,由上海新闻界具有高级职务任职资格的专家、新闻单位行政业务领导、新闻管理部门领导人员、资深的编辑、记者等有影响的人士组成,并聘请若干新闻界人士组成学科专家小组,对送审人员进行初审。

根据上海市人事局关于《上海市实施专业技术职称(资格)评定与专业技术职务聘任相分离的暂行办法》等文件精神,中共上海市委宣传部于 2001 年 9 月组建上海市新闻高级专业技术职务任职资格审定委员会。

高审委专家库成员任期为 3 年,每年抽取正副主任 3 人,委员 12 人,组成执行高审委。

第二节 评审等级

上海新闻专业技术职务分设 4 个等级:高级记者、高级编辑、播音指导(下称高级职务);主任记者、主任编辑、主任播音员(下称主任级职务);记者、编辑、一级播音员(下称中级职务);助理记者、助理编辑、二级或三级播音员(下称助理级职务)。不同行政级别的新闻单位,设置不同的新闻专业职务档次。处级新闻单位一般不设高级职务;处级以下新闻单位不设高级职务和主任职务。但评定和聘任工作仍坚持实事求是的原则,联合时报社、文学报社、上海科技报社、上海商报社、上海画报社等处级新闻单位,确有个别新闻专业人员符合高级职务任职条件和标准,经过新闻高级职务评审组织的评审,仍予评定和聘任高级职务。

第三节 评审标准

上海各级新闻专业技术职务评审组织,以中央有关部门制定的《新闻专业人员职务试行条例》作为评审工作的准绳,既坚持学历和新闻工作年资条件,又全面衡量新闻专业人员的学识水平、专业能力和新闻工作业绩,坚持全国统一的评审标准,按照评审程序,发扬民主,公正、公平、公开进行评审。

申报评审助理级职务,必须具有大学本科学历,以后到达规定任职年限才可以申报晋升。

大专毕业者,任记者、编辑专业技术职务 7 年以上,可申报主任记者(编辑)。任主任记者(编辑)5 年以上可申报高级职称。

新闻工作业绩是新闻专业人员学识水平,采、编、写专业能力的具体体现,故各级评审组织将新闻工作业绩作为考核的重点。新闻业绩包括新闻作品、新闻评论、专业著作或版面、标题、改稿、摄影等。对申请副高以上的人员,尤其对论文有要求。据此,对论文的发表、字数、引文出处等都有具体的规定。

对具有真才实学,在新闻业务上作出突出贡献的中青年,予以破格评定相应的专业职务;为使不具备规定学历而在新闻业务上作出显著成绩的新闻专业人员不致埋没,市新闻职称改革领导小组特制订了破格评定的新闻专业人员控制在评审总人数的 7%—8% 以内的规定。

此外,近年来对申报人员又增加了外语和计算机操作测试项目的考评。

第四节 职称评定(名单)

高级记者、高级编辑

1992—1995 年间上海市新闻高级专业技术职务任职资格评审委员会评定具有高级记

者、高级编辑任职资格的有：

解放日报社：

居欣如　余建华　贾安坤　樊天益　陈听涛　王日翔　金福安　黄京尧　狄建荣

文汇报社：

史中兴　吴培恭　敬元勋　周嘉俊　石俊升　吴振标　张焕培　刘文峰　施宣圆
茅廉涛

新民晚报社：丁法章　李森华　任荣魁　周宪法　孙洪康

上海科技报社：毛秀宝

文学报社：曹文渊

上海画报社：安　肇

评定下列新闻专业人员具有高级记者、高级编辑任职资格，因在评审期间办理退休手续，按规定不占名额的 3 人：

解放日报社：梁廉棨

文汇报社：何　倩

联合时报社：闵孝思

1995 年度上海市新闻高级专业技术职务任职资格评审委员会评定具有高级记者、高级编辑任职资格的有：

中共上海市委宣传部：贾树枚

解放日报社：丁凤麟　孙乐英　李尚智　吴谷平　宋　超

文汇报社：吕子明　俞松年　姚诗煌　章成钧　潘益大

新民晚报社：朱家生　张攻非

上海市广播电视局：陈乾年

上海电台：尹明华　高秀英（播音指导）

东方电台：陈圣来

上海电视台：张　弛

上海东方电视台：穆端正

青年报社：李智平

新闻报社：俞远明

文学报社：郦国义

人民日报华东分社：吴芝麟（委托代评）

上海社会科学院新闻研究所（由其他系列转入新闻系列）：

魏永征（研究员）　郭志坤（委托代评）

1996 年度上海市新闻高级专业技术职务任职资格评审委员会评定具有高级记者、高级编辑任职资格的有：

解放日报社：陈振平

新民晚报社：李　坚

上海电视台：董阳圃

1998—1999 年间上海市新闻高级专业技术职务任职资格评审委员会评定确认的高级

记者、高级编辑有：

解放日报社：

谈小薇　陈大维　张致远　贺宛男　陈忠彪　张安朴　胡廷楣

文汇报、新民晚报社（文汇新民联合报业集团）：

孙扶民　朱幸福　何　淇　郑若麟　林小利　周锦尉　慈桂航　顾　龙　王双泉

杨岩松　强　荧　潘新华　夏震霏　卢宝康　褚钰泉　罗达成　白子超　裘正义

新闻报社：忻才良

上海电台：仲富兰　袁　晖　王幼涛　罗佳陵　邱洁宇

东方电台：高志仁　王历来　周瑞康

上海电视台：盛重庆　孙泽敏

上海有线电视台：唐书林

上海卫视中心：汤渭达

上海家庭报社：陈小红

2001年上海市新闻系列高级专业技术职务任职资格评审委员会审定确认具有高级记者、高级编辑任职资格的有：

解放日报报业集团：徐　炯　夏定先　李文祺

文汇新民联合报业集团：

徐春发　翁思再　唐　宁　何建华　沈吉庆　潘玉鹏　李安瑜　王明国

上海文广影视集团：贺锡廉　冯　乔　陈　梁　马学鸿　金希章

文广影视管理局：王少云

2001—2002年度上海市新闻系列高级专业技术职务任职资格评审委员会审定具有高级记者、高级编辑任职资格的有：

文广新闻传媒集团：许志伟　裴　高　李蓓蓓（方舟，播音指导）

主任记者、主任编辑

1992—1995年上海市新闻高级专业技术职务任职资格评审委员会审议评定具有主任记者、主任编辑任职资格的人员（不包括1995年底评为高级职称的）：

解放日报社：

徐成滋　汤　娟　王关栋　徐世麒　向明生　章智明　毛用雄　李启刚　王佐军

沈国芳　薛佩毅　司徒伟智　陈忠彪　张文昌　俞新宝　张致远　张安朴　高慎盈

凌　河　陈振平　熊　能　胡廷楣　查志华　谈小薇　楼灿文　王仁礼　郭天中

张伟光　张彭鑫　庄玉兴　徐松华　沈克乔　李文祺　季振邦　任贯群　吴为忠

许菊芬　薛春年　徐仲达　程康萱　蒋梦丹　马名骅　董　强　时赛珠

文汇报社：

黄健同　王鹤富　水渭亭　朱志鹏　于沛华　徐国英　张冠华　徐裕根　朱幸福

林小利　何　淇　郑若麟　王双泉　徐春发　孙中连　周锦尉　罗达成　徐伟敏

李益然　慈桂航　王宝娣　应延安　叶又红　姚慧玲　田永昌　马　申　于明山

戎思平　杨岩松　卢宝康　包明廉　秦恒骥　陈可雄　孙政清　蔡子云　陈秋生

沈　定　沈天呈　袁夏良　王捷南　沈吉庆　肖关鸿

新民晚报社：

顾　龙　卢　方　李　坚　施　捷　徐世平　白子超　罗炳光　李　新　曾元沧
徐克仁　潘新华　习慧泽　林伟平　苏应奎　虞继光　何建华　蒋家风　尹学尧
钱勤发　彭正勇　严建平　俞亮鑫　曹正文

上海电台：

王幼涛　马学鸿　季傅耀　肖楚章　余　铮　俞　达　张叔侯　黄铭兴　张光霞
杨咏佩　邱洁宇　许志伟　罗佳陵　袁　晖　姜碧苗　贺锡廉　庄大伟　陈足智
周勤高　王曼华　姚树坤　沈琪秀　魏新安(主任播音员)

李素芬(主任播音员)　刘文仪(主任播音员)　卢　智(主任播音员)

东方电台：

王历来　周瑞康　郎佩英　郑丽娟　侯桂兰(主任播音员)

上海电视台：

庄维崧　殷申卿　颜迪明　俞荣山　赵书敬　张炳元　孙泽敏　林罗华　汪求实
邬志豪　奚源昌　汤炯铭　余永锦　梁玉清

东方电视台：孙洪霞　卑根源　金希章　李耀民

有线电视台：周瑞轩　唐书林

闵行广电局：林漠猷

新闻报社：忻才良　陈子琚　蒋定国　陶象卿

劳动报社：张德宝

青年报社：李安瑜　陈保平　徐世雄

联合时报社：程　群

上海科技报社：王雪英

上海商报社：沈全梅

组织人事报社：桂悦仁

上海工业经济报社：徐冰冠

体育导报社：沈恒淑

上海郊区报社：朱　焙　姜聚光

上海法制报社：李炳侯

建筑时报社：金义铠

上海画报社：唐载清

上海社会科学院新闻研究所：吴庆棠

中共上海市委宣传部：陆　路　朱大建　焦　扬

由其他专业职务系列转入新闻系列,确认具有主任记者、主任编辑任职资格的：

文汇报社：陈建远

新民晚报社：曹志林

上海旅游时报社：陈贤德

评定下列新闻专业人员具有主任记者、主任编辑任职资格,因在评审期间办理离退休手续,按规定不占名额的：

解放日报社：洪广文　汪伟群

文汇报社：沈国祥　高文海

新民晚报社：赵在谟　孙式正

新闻报社：赵有余

上海画报社：宋佩权　杨比沪

上海科技报社：郁　群

体育导报社：张其正

原商情报社：程永敏

1995 年上海市新闻高级专业技术职务任职资格评审委员会审议评定具有主任记者、主任编辑任职资格的：

解放日报社：

王利国　朱民权　陈发春　陈世梁　邱丹凤　陆廷鹤　陆汉度　吴永进　胡　微
倪安和　倪来娣　赵元三　徐志铨　徐　炯　徐琪忠　徐茂昌　夏定先　贾宝良
董释伦

文汇报社：

万润龙　田玲翠　孙东海　朱光明　朱大路　朱菊坤　刘绪源　陈志强　陆幸生
汪　澜　季四元　周学忠　洪崇恩　倪同军　徐海清　徐生民　钱维华　蒋树芝
雍启昌　谭建忠　臧志成　周勇闯

新民晚报社：

王金海　王明国　孙卫星　吕怡然　何锦新　姚冬梅　姜丕基　唐　宁　强　茨
上海市文化广播影视局：王少云

上海电台：

张德留　李慧英　金　宪　董家基　刘福全　顾筱兰　杨树华　左安龙　王惠群
金毓禔　沈德贞

东方电台：李　平　许兴汉

上海电视台：

吴基民　王小平　冯正治　秦　海　王一敏　蒋建平　周忍伟　裴　高　王国荣
冯　乔　李美娣　王　霞　李金中　顾妙昌　毛勤芳　高　瑾

东方电视台：

陈　梁　姜　澜　陈雪虎　张文龙　翟志荣　郑　健
有线电视台：王根发　胡运筹　沈渊培　陈　文
上海卫视中心：翟东升
上海音像资料馆：陈湘云
青年报社：马和宁　王祖光　张梅君　吴纪椿　黄汉民
新闻报社：刘世俊　沈伯强　居思基　殷正明　薛耀先
文学报社：侯敏华
上海法制报社：林惠成
上海家庭报社：陈小红

城市导报社：汪长纬

《宣传通讯》：任卫国

市府新闻办公室：费肖燕

人民日报华东分社：张蔚飞

由其他系列转入新闻系列,经评审确认具有主任记者、主任编辑任职资格的9人。

解放日报社：单富年

文汇报社：张民权

新闻报社：马增奇

联合时报社：梁汉森

上海社会科学院新闻研究所：

赵腓罗 马光仁(副研究员) 黄冬元 张家骏 姜聚光

由中央部、委系统评定具有主任记者、主任编辑职务任职资格的：

劳动报社：顾行伟

上海铁道报社：张铁民 周为民 周明发 胡 健

三航报社：沈金虎

1996年上海市新闻高级专业技术职务任职资格评审委员会评定确认的主任记者、主任编辑有：

解放日报社：吴德宝 盛晓虹 胡国强 程继尧

新民晚报社：翁思再 杨建国 姚 敏 潘玉鹏

上海电台：何光瑜 陆先明 胡敏华 顾陆丰

闵行电台：张迪修

社会科学报社：舒汉峰

上海科技报社：张申芬

上海金融报社：李定安

嘉定报：赵 杰

黄浦时报：卫永成

1998—1999年上海市新闻高级专业技术职务任职资格评审委员会评定确认的主任记者、主任编辑有：

解放日报社：

王富荣 桑晋泉 郑 宪 何洛先 裘 新 徐锦江 凌 风 江济申 丁仁耀
陈秀爱 陆 黛 臧利春 乐 缨 郑正恕 张国伟 尼银良 徐蓓蓓 许云倩
周智强 郑菁深 吴堦林 卓敏浩 朱鸿召

文汇报、新民晚报社(含文新报业集团)：

史煦光 叶志明 朱国秋 金 丹 周建军 徐启新 唐宇华 谢海阳 李葵南
宋 铮 朱国顺 张智颖 张晓然 贺小纲 唐 敏 裘正义 潘家新 鞠 敏
陈 惟 张立行 汪一新 郑裕利 宋皓亮 王亦军 夏晓阳 冯雪峰 张惠升
葛爱平 周玉明 全岳春 黄建新 田金星 吴迎欢 贾亦凡 吴元栋 张晓春
夏连荣 余吉君

上海电台：

乐建强　刘瑞珍　肖美瑾　朱　玫　张一吟　范嘉春　沈梅华　周保工　陈　璐（主任播音员）　刘忠平（主任播音员）

东方电台：

徐　威　李蓓蓓（主任播音员）　马红雯（主任播音员）

上海电视台：

朱咏雷　江　宁　张奇能　庞建华　袁念琪　钟晓阳　倪既新　陈　海　姜　迅　柳　退　方颂先　李锐奇

王　蔚　王　豫　杨旭峰（主任播音员）　邱国方（主任播音员）

东方电视台：

朱慰慈　徐　荐　杨晓明　陶丽娟　黄　平　田安莉　嵇　炯　朱　建　唐　萍

有线电视台：张争鸣　蒋俊新　朱尊准（主任播音员）

上海文化广播影视局：沈　莉

上海教育电视台：饶　钢

奉贤广电局：陈明虎　刘友杰

金山广电局：张聿强

宝山广电局：曹龙根

新闻报社：孙财元　严祖佑　韩自力

劳动报社：王秋德　王诗富

青年报社：朱秋萍　李世雷　汪乐春　周安通　姚明强　吕朝明

联合时报社：潘　真　顾定海

组织人事报社：蔡鸿德

上海法制报社：陆沪生　戴围城

上海科技报社：金培奇　马成中

上海商报社：孙宏康　陆志丰

上海侨报社：张　敏　薛露曦

上海金融报社：陶顺良

上海经济报社：王继耀

城市导报社：王震国

上海汽车报：翁建国

中学生知识报社：陈　刚

少年报社：庞寅珊

人才市场报社：陈明石

上海画报社：邓兴立

上海市委宣传部：胡劲军

2000年度上海市新闻系列高级技术职务任职资格审定委员会审定确认具有主任记者、主任编辑任职资格的有：

解放日报报业集团：

李　蓉　姜小玲　傅贤伟　许国萍　杨燕青　缪毅容　刘　斌　周继红　黄　琼
汪敏华　马晓青　唐秦梅　乔　恪　王玲英　丰蔚佳　王雪瑛　单　良　徐　芳
荣牧民　陈云发

文汇新民联合报业集团：

马美菱　郑　蔚　杭凌冰　邱德青　姚阿民　顾鹏程　汤世芬　丁晓林　阎小娴
季四元　浦建平　王　彬　姜秉新　李晓琳　潘向黎　季桂保　王　勇　吴跃龙
王卫新　谢继瑾　刘伟馨　李天扬　何　斌　胡　欣　江世亮

上海市文广局：陆云鹏

上海市文广影视集团：

冀宇平　费雯丽　袁家福　张亚敏　崔丽娟　朱　光　朱　涛

奉贤广电局：张巧巧

上海法治报社：张薇薇

上海科技报社：阮莉珠

东方航空报社：叶荣臻

少年日报社：徐建华

东方城乡报：奚晓文

宝钢日报社：张文良

市委宣传部：徐建平

2001—2002年上海市新闻系列高级技术职务任职资格审定委员会审定确认具有主任记者、主任编辑任职资格的：

解放日报报业集团：端木晔波　叶　蓉　唐蓓茗

文汇新民联合报业集团：

邵　宁　高　晨　林明杰　王耀东　杨继桢　冯扬天　陈启伟　刘　亮　赵　庆

文广新闻传媒集团：

金维一　肖林云　吴　琳　朱晓茜　蒋慰慧　陈　琪　彭　柯　许　慎　刘敬东
唐丽君

上海法治报社：徐庆镇　王霄岩

组织人事报社：钟海珍

上海中学生报社：赵国荣

少年日报社：姜东雷

上海市新闻高级专业技术职务任职资格评审委员会1996年执行委员名单：

主　任　贾树枚

委　员　秦绍德　余建华　丁锡满　石俊升　吴振标　张启承　丁法章　李森华
　　　　孙洪康　李晓庚　赵　凯　张少峰　戎雪芬　李尚智

上海市新闻高级专业技术职务任职资格评审委员会1998年执行委员名单：

主　任　贾树枚

副主任　赵　凯　陈振平

委　员　尹明华　李尚智　石俊升　丁法章　吴振标　李森华　刘景锜　陈圣来

　　　　沈世纬　吴长生　陈桂兰　丁锡满

上海市新闻高级专业技术职务任职资格评审委员会1999年执行委员名单：

主　任　贾树枚

副主任　穆端正　陈振平

委　员　尹明华　赵　凯　余建华　丁法章　石俊升　茅廉涛　金福安　李尚智
　　　　陈圣来　沈世纬　李智平　丁锡满

上海市新闻高级专业技术职务任职资格审定委员会2000年执行委员名单：

主　任　尹明华

副主任　赵　凯　宋　超

委　员　贾树枚　吴振标　金福安　穆端正　李尚智　陈乾年　李智平　邬鸣飞
　　　　曹焕荣　张国良　丁锡满

上海市新闻高级专业技术职务任职资格审定委员会2001—2002年执行委员名单：

主　任　宋　超

副主任　赵　凯　穆端正

委　员　贾树枚　尹明华　吴谷平　金福安　李森华　李尚智　陈振平　邬鸣飞
　　　　曹焕荣　黄芝晓

第三章　新闻作品评奖

第一节　新闻作品和新闻论文

一、参评"中国新闻奖"

　　"中国新闻奖"是由中宣部、中国记协设立的全国新闻作品最高奖，从1990年开始，每年为一届。

　　"中国新闻奖"由上海记协推选。程序为：市记协向全市具有国内统一刊号的报纸、新闻性期刊，经国家批准的电台、电视台、新闻网站，发通知征集参评作品。评选项目包括：新闻作品(含报纸和广电的消息、通讯、言论)、新闻摄影、新闻漫画、报纸版面、副刊作品、新闻访谈、现场直播、新闻节目编排、新闻名专栏。市记协按照以上9个项目，分别成立专项复评和定评委。各项目的复评委由上海市主要新闻单位负责相关项目的副总编辑、有关专家、市委宣传部和市记协的有关负责人组成；定评委由市委宣传部、市记协领导、上海市三大新闻集团和主要新闻单位的领导同志组成。经过复评会议和定评会议的评议和投票表决，按照中国记协分配给上海的数额择优报送。

二、评选"上海新闻奖"

"上海新闻奖"是由中共上海市委宣传部、上海市新闻工作者协会设立的上海新闻作品最高奖，从 1991 年开始每年为一届。

上海记协向全市具有国内统一刊号的报纸、新闻性期刊，经国家批准的电台、电视台、新闻网站，新华社上海分社和人民日报社华东分社颁发评选通知，广泛征集参评作品。评选项目的设置也参照"中国新闻奖"。经过复评会议和定评会议的评议和投票表决，评选出"上海新闻奖"。经过复评会议和定评会议的评议和投票表决，评选出"上海新闻奖"一、二、三等奖。按照一般惯例，每年评出一等奖 16 件、二等奖 32 件、三等奖 44 件。

"中国新闻奖"和"上海新闻奖"获奖作品，在当年 11 月 8 日上海新闻界纪念"中国记者节"大会上予以表彰和奖励。

三、评选"上海新闻论文奖"

"上海新闻论文奖"是为提高上海新闻学术水平、指导新闻工作实践而设立，评选活动由市委宣传部批准，上海市新闻工作者协会、上海市新闻学会主办，每年一届。上海记协向全市具有国内统一刊号的报纸、新闻性期刊，经国家批准的电台、电视台、新闻网站，新华社上海分社和人民日报华东分社颁发评选通知，广泛征集参评作品。参评作品为新闻从业人员上一年度中在公开出版的报刊、书籍发表过的新闻论文。论文题材包括：新闻采访、新闻事业、新闻教育、新闻史料、集团运作、经营管理等。市记协成立"上海新闻论文奖"复评委和定评委。复评委由市记协有关负责人、新闻学会正副会长、新闻院校专家、新闻管理部门负责人组成；定评发由市记协、市新闻学会、三大新闻集团、主要新闻单位、新闻院校的领导同志组成。

每年的"上海新闻论文奖"评选，分三个步骤进行：

① 经过复评会议和定评会议的评议和投票表决，按照中国记协分配给上海的数额，择优报送参加"中国新闻奖"论文评选。

② 经过复评会议和定评会议的评议和投票表决，按照"上海新闻奖"的分配数额，择优报送参加"上海新闻奖"论文评选区。

③ 经过复评会议和定评会议的评选和投票表决，评出"上海新闻论文奖"获奖作品。按照惯例，每年评出"上海新闻论文奖"一等奖 3 件、二等奖 6 件、三等奖 9 件。

市记协每两年举行一届"上海市新闻学术年会"，会上集中交流两年来上海新闻学术研讨成果及开展情况，表彰、奖励两年来共评出的"上海新闻论文奖"获奖作品。

四、中国新闻奖上海获奖作品（1993—2002）

表 11‐3‐1　　　　　　第四届中国新闻奖获奖作品（1993 年度）

体　裁	新 闻 单 位	题　　目	作　者	编　辑
一　等　奖				
通讯	新民晚报	中国质量的一座丰碑	孙洪康　杨　俊	俞隋英等

（续表一）

体裁	新 闻 单 位	题　　目	作　者	编　辑
	上海电视台	邓小平同志和上海各界人士共度新春佳节	翟东升　郭大康　陈　海	
二　等　奖				
评论	解放日报	不能搞有偿新闻	丁锡满	
三　等　奖				
通讯	文汇报	让下岗纺织工第二次就业	徐国英	

表 11-3-2　　　　　第五届中国新闻奖获奖作品（1994 年度）

体裁	新 闻 单 位	题　　目	作　者	编　辑
一　等　奖				
	上海电台	海外游子故乡情	王曼华　周　导	
	东方电视台	外滩：悄然崛起的上海金融街	温　天	
二　等　奖				
消息	解放日报	陆家嘴金贸区一派沸腾	樊天益　李　蓉	
消息	文汇报	上海出现第一位"洋菜农"	于沛华	
通讯	解放日报	上海国有工业仍居主导地位	裘　新　戎鲤城	夏定先
漫画	文汇报	申城今朝更好看	沈天呈	
	东方电台	792 为您解忧	袁家福	
	上海电视台	6 000 万元亏损为何无人知晓	高韵斐　金　璞　庞建华　王国荣	
三　等　奖				
通讯	新民晚报	提前拨通 21 世纪的号码	朱国顺　强　荧	张惠升等
	上海电视台	56 个民族申城"合家欢"	吴　琳　徐晓毅	

表 11-3-3　　　　　第六届中国新闻奖获奖作品（1995 年度）

体裁	新 闻 单 位	题　　目	作　者	编　辑
二　等　奖				
消息	解放日报	上海家化公司好气魄 1 200 万元买回美加净	裘　新　何洛先	余建华　宋　超
	上海电台	徐匡迪市长谈上海要有"海纳百川"的气度	左安龙　袁　晖　董增连　李芩霞	
	上海电视台	江总书记千里牵红线 国资跨地经营有新路	姜　迅　吴　琳　金　璞	

(续表一)

体裁	新闻单位	题目	作者	编辑
	东方电视台	无声的世界 欢乐的空间	恽友江 池 驰	
三 等 奖				
	上海电台	上海异型铆钉厂为老工人雷永祥塑像	赵文龙	

表 11-3-4 　　　　　　第七届中国新闻奖获奖作品(1996年度)

体裁	新闻单位	题目	作者	编辑
一 等 奖				
	东方电台	爱心创造奇迹	江小青 周 炜	
二 等 奖				
版面	解放日报	1996年4月27日第一版		吴谷平 张文昌 乔 恪
漫画	新民晚报	大写一个申字	徐克仁	
	上海电台	乐静宜勇夺金牌	胡敏华	
三 等 奖				
言论	文汇报	引导好生活方式的价值取向	潘益大	潘益大
通讯	解放日报	集体企业收购国有企业治愈色织三厂"失血"顽症	李 蓉	宋 超
	上海电视台	穿越时空的崇高	吴 琳 张 峰 徐 攸	
	上海电视台	刘京海与成功教育	冯 乔 周卫平	
	东方电视台	十年沉睡生产线 走向市场出效益	田 明	

表 11-3-5 　　　　　　第八届中国新闻奖获奖作品(1997年度)

体裁	新闻单位	题目	作者	编辑
二 等 奖				
消息	解放日报	中华铅笔写出大文章	黄 强	宋 超
	上海电台	苏州河上最后一个摆渡口关闭	周显东 范嘉春	
三 等 奖				
消息	文汇报	扫马路也需市场化	王 鹰	要闻部

（续表一）

体裁	新闻单位	题　目	作　者	编　辑
	上海电视台	中国基因抢夺战	陆　晔　陆天旗 蒋金轮　沈文琪	

表 11－3－6　　　　　第九届中国新闻奖获奖作品（1998 年度）

体裁	新闻单位	题　目	作　者	编　辑
一　等　奖				
通讯	解放日报	困难之中显本色	端木晔波	宋　超　黄　强
二　等　奖				
	上海电台	艾滋病离我们有多远	周显东　周保工 陈乾年　罗佳陵 袁　晖	
	上海电台	邀请美国总统作嘉宾	左安龙　徐　蕾 赵　凯　叶志康 任大文　陈乾年 尹明华	
	东方电视台	一次成功的迫降	陈　梁　姜　澜 程兆民　汤　捷 赵华生	
三　等　奖				
版面	解放日报	1998 年 8 月 9 日第一版版面		陈振平　张文昌 秦　川　陈忠彪 许青天　王欣之

表 11－3－7　　　　　第十届中国新闻奖获奖作品（1999 年度）

体裁	新闻单位	题　目	作　者	编　辑
一　等　奖				
漫画	文汇报	哈哈镜里的老鼠精	华君武	沈天呈
二　等　奖				
通讯	解放日报	构筑面向世界的讲坛	李　蓉　陈发春	宋　超
消息	文汇报	语言应当如何发展	邢晓芳	徐春发　乐　迪
	上海卫视中心	4·15 韩航空难调查	劳春燕　王　斌 徐玮海	
三　等　奖				
言论	解放日报	何物"千禧年"	凌　河	

（续表一）

体裁	新闻单位	题目	作者	编辑
版面	解放日报	1999 年 5 月 27 日第一版		赵　凯　陈振平 陈忠彪
	东方电台	网上助学,爱心无限	张　穗	

表 11 - 3 - 8　　第十一届中国新闻奖获奖作品目录（2000 年度）

体裁	新闻单位	题目	作者	编辑
二　等　奖				
版面	文汇报	2000 年 10 月 26 日第一版		陈启伟　徐　俊
三　等　奖				
评论	解放日报	敢问路在何方	凌　河	宋　超
系列报道	新民晚报	"紧急寻找"系列报道	曹　奕	沈吉庆　李天扬
消息	新民晚报	神奇,但不要神化	李　坚	张坚明
消息	新闻晨报	老板,你丢失的岂止是钱物 老太,你显示的分明是良知	王高翔　丁志平	顾　伟　金乐敏 秦　川
	东方电视台	杨妈妈的"恩格尔"系数	吴霄峰　郑　健	

表 11 - 3 - 9　　第十二届中国新闻奖获奖作品目录（2001 年度）

体裁	新闻单位	题目	作者	编辑
一　等　奖				
通讯	解放日报	上海的辉煌,祖国的辉煌	李　蓉　陈春艳	宋　超　余建华
	中央电台 上海电台 东方电台	"上海五国"元首第六次会晤	刘　磊　徐　蕾	
	上海电视台	从后排到前排: 15 米走了 15 年	黄　峥　崔　艳 徐　攸	
二　等　奖				
	东方电视台	一个女儿眼中的船老大	谭一丁　徐　杰	
三　等　奖				
	上海电台	中国年,中国旗	周显东	

　　2001 年 8 月 23 日,第二届中国新闻名专栏奖揭晓,上海有两个专栏获奖:《新民晚报》《岂有此理　竟有此事》和上海电视台《新闻透视》。

表 11－3－10　　　　　第十三届中国新闻奖获奖作品目录（2002 年度）

体裁	新闻单位	题　目	作　者	编　辑
一　等　奖				
通讯	解放日报	壮丽的发展诗篇——从数字看上海巨变	李　蓉	宋　超　余建华
二　等　奖				
消息	文汇报	百万奖励赠给下岗工友	郑　蔚	强　荧
消息	新闻晨报	三千的哥寻找一截断指	黄继抗　罗剑华	金乐敏　顾　伟
	上海电视台	会飞翔的列车	李姬芸　邬志豪　虞　晓	
	上海电视台	欠债百万的患难夫妻	左益诚　蒋金轮　陈　琪	
三　等　奖				
通讯	新民晚报	守望生命——一个护士和一个病人十五年的情谊	施　捷	
通讯	解放日报	肖叔，你不该走！	金耀先	蒋梦丹　王仁礼
版面	解放日报	2002 年 12 月 4 日第一版		陈振平　徐蓓蓓　朱爱军
摄影	解放日报	申博成功了	周红钢	薛石英
	东方电台	上海奇迹——上海磁浮示范运营线通车侧记	陶秋石　陈金宝	
	上海电台	2002 年 7 月 15 日《990 早新闻》	任大文　范嘉春　高凤新	

五、上海新闻奖获奖作品（1994—2002）

表 11－3－11　　　　　1994 年度上海新闻奖一等奖获奖作品

体裁	单　位	题　目	字　数	作　者	编　辑
	上海电台	海外游子故乡情		王曼华　周　导	
	东方电台	792 为您解忧		袁家福	
	上海电视台	56 个民族申城"合家欢"		吴　琳　徐晓毅	
	东方电视台	外滩：悄然崛起的上海金融街		温　天	
	上海电视台	大动迁		章焜华等	
	东方电视台	外滩：悄然崛起的上海金融街		温　天	

表 11－3－12　　　　　　　　　　　1995 年度上海新闻奖一等奖获奖作品

体裁	单　位	题　目	字　数	作　者	编　辑
	上海电台	徐匡迪市长谈上海要有"海纳百川"的气度		左安龙　袁　晖　董增连　李苓霞	
	东方电台	苏寿南的故事		许兴汉　周朝丰　尚　红	
	上海电视台	江总书记千里牵红线　国资跨地经营有新路		姜　迅　吴　琳　金　璞	
	上海电视台	世纪彩虹		柳　遐　余永锦　龚　卫　张远成　王浩泉	
	东方电视台	无声的世界　欢乐的空间		恽友江　池　驰	

表 11－3－13　　　　　　　　　　　1996 年度上海新闻奖一等奖获奖作品

体裁	单　位	题　目	字　数	作　者	编　辑
	上海电台	乐静宜勇夺金牌		胡敏华	
	东方电台	爱心创造奇迹		江小青　周　炜	
	上海电视台	穿越时空的崇高		吴　琳　张　峰　徐　攸	
	东方电视台	十年沉睡生产线　走向市场创效益		田　明	
	东方电视台	浦东邮票"行俏"市长咨询会		姜　澜	
	上海电视台	刘京海与成功教育		冯　乔　周卫平	

表 11－3－14　　　　　　　　　　　1997 年度上海新闻奖一等奖获奖作品

体裁	单　位	题　目	字　数	作　者	编　辑
通讯	新华社上海分社	在伟人开辟的航道上——邓小平建设有中国特色社会主义理论和上海的改革开放	4 900	沈世纬　陈雅妮　陈毛弟	
通讯	新民晚报	"亲和之旅"——江泽民主席访美侧记	1 160	胡劲军	
消息	文汇报	扫马路也需市场化	1 230	王　鹰	
评论	解放日报	"聚会"之风	1 400	司马心	
版面	解放日报	香港今回祖国怀抱		吴谷平　陈振平　秦　川　高国营	

（续表一）

体裁	单　位	题　目	字　数	作　者	编　辑
消息	新闻报	宝钢债信能力　全球同行最高	340	尹学舜	
通讯	解放日报	向世界第一高度冲刺——记中科院院士、上海瑞金医院血液学研究所所长陈竺	8 780	郑　宪　张自强	
	上海电台	苏州河上最后一个摆渡口关闭		周显东　范嘉春	
	东方电台	《东广早新闻》(1997.8.19)			
	东方电视台	失去的金牌创造的是精神		叶　岚　赵叔荣	
	上海电视台	上海方舟		陆天旗　周德毅　李　鹏　蒋金轮	
	上海电视台	七次难忘的农历新年——追思敬爱的小平同志		吴　琳	
	上海电视台	为了明天——上海再就业工程纪实		吴复民　陈季冰　裘　新　汪求实　李　蓉　习慧泽	
	上海电视台	中国基因抢夺战		陆　晔　陆天旗　蒋金轮　沈文琪	

表 11-3-15　　　　第八届上海新闻奖获奖作品目录

体裁	单　位	题　目	字　数	作　者	编　辑
特别奖(1998年度)					
	上海电台	邀请美国总统做嘉宾		左安龙　徐　蕾　赵　凯　叶志康　任大文　陈乾年　尹明华	
一　等　奖					
通讯	解放日报	困难之中显本色	2 945	端木晔波	宋　超　黄　强
通讯	文汇报	团结一心　克险制胜	3 000	郑　蔚	
消息	新民晚报	《南京的真实》真实何在	1 084	杨展业	吴联庆
通讯	新华社上海分社	喜看上海拆围墙	2 900	沈世纬　陈雅妮	陈　芸

（续表一）

体裁	单　位	题　目	字　数	作　者	编　辑
言论	文汇报	学各地之长、创上海之新	2 000	潘益大	
版面	解放日报	1998 年 8 月 9 日第一版版面			陈振平　张文昌 秦　川　陈忠标 许青天　王欣之
	东方电台	这样的"围墙"该不该破		王建敏	
	上海电台	艾滋病离我们有多远		周显东　周保工 陈乾年　罗佳陵 袁　晖	
	东方电视台	一次成功的迫降		陈　梁　姜　澜 程兆民　汤　捷 赵华生	
	上海电视台	上海张家宅 1978—1998		刘　玮　刘敬东 浦胜旗　张沪新	

表 11-3-16　　　　　　　　　第九届上海新闻奖获奖作品目录

体裁	单　位	题　目	字　数	作　者	编　辑
一等奖（1999 年度）					
通讯	新华社上海分社	两个文明铸就新上海的辉煌	3 700	沈世纬　陈雅妮 姜　微	吴锦才
消息	解放日报	构筑面向世界的讲坛	2 900	李　蓉　陈发春	宋　超
消息	解放日报	上海轻工三赴义乌觅商机	847	端木晔波	宋　超　夏定先
消息	文汇报	语言应当如何发展	800	邢晓芳	徐春发　乐　迪
消息	新民晚报	"超市艺术展"不伦不类	752	杨展业	叶　晶
	东方电台	要想争雄世界，必先逐鹿中国		陶秋实	
	上海电视台	我的潭子湾小学		冯　乔　陈　杰	
	东方电视台	十八罗汉头像回归祖国大陆		崔士新　葛凤章 王　跃	
	上海卫视中心	4·15 韩航空难调查		劳春燕　王　斌 徐玮海	

表 11-3-17　　　　　　　　　第十届上海新闻奖获奖作品目录

体裁	单　位	题　目	字　数	作　者	编　辑
特别奖（2000 年度）					
通讯	新华社上海分社	春潮激荡黄浦江	3 500	沈世纬　陈雅妮	吴锦才　陈　芸

（续表一）

体裁	单　位	题　目	字　数	作　者	编　辑
	上海电视台	东进序曲		蒋为民　刘　玮 裴　高　蒋金轮	
一　等　奖					
评论	解放日报	敢问路在何方	1 900	凌　河	宋　超
通讯	解放日报	走出去　海阔天空	2 400	端木晔波	宋　超　余建华
通讯	文汇报	本报解救被拐妇女行动		顾佳赟　吴学霆	王捷南　季四元
消息	文汇报	久违了　节日又闻织机声	800	郑　蔚	谭建忠
通讯	新民晚报	"紧急寻找"系列报道		曹　奕	沈吉庆　李天扬
消息	新闻报	老板，你丢失的岂止是钱物 老太，你显示的分明是良知	900	王高翔　丁志平	顾　伟　金乐敏
	东方电台	大都市里的民工党支部		张　穗	
	上海电台	毛毛访谈录		路　军　邱洁宇 乐建强	
	东方电视台	杨妈妈的"恩格尔系数"		吴霄峰　郑　健	
	上海电视台	当初出国热今日归国潮		黄　铮　黄燕峰	

表 11-3-18　　　　　第十一届上海新闻奖获奖作品目录

体裁	单　位	题　目	字　数	作　者	编　辑
特别奖（2001 年度）					
通讯	新华社上海分社	新时期的"执政力学"——上海各级党组织增强创造力、凝聚力和战斗力	4 280	邬鸣飞　历正宏	
	上海电视台	APEC 会议特别报道		姜　澜　倪晓明 姜　迅　周正卫 王立俊　许　敏 葛乾巽	
一　等　奖					
通讯	解放日报	感悟幸福——查文红先进事迹系列报道之一	2 900	熊　能　盛晓虹 诸　巍　尤纯洁	宋　超
消息	文汇报	专家质疑人畜细胞融合	1 000	张咏晴　于明山	姚诗煌　王捷南
通讯	解放日报	上海的辉煌，祖国的辉煌	2 980	李　蓉　陈春艳	宋　超　余建华
言论	解放日报	起跑要有好速度——2001 年元旦献辞	2 000	凌　河	宋　超

（续表一）

体裁	单　　位	题　　目	字　数	作　者	编　辑
消息	新民晚报	雷峰塔地宫之门打开　徐苹芳再次作乐观估计	620	林明杰	吴联庆
	东方电台	美国遭遇恐怖袭击		陈金宝　陶秋石 陈乾年　陈　梁	
	上海电台	中国年,中国旗		周显东	
	上海电视台	"9.11"《晚间新闻》版面		姜　澜　倪晓明 姜　迅　郭伟敏	
	东方电视台	新疆兄弟紧急求援　上海各界伸出援手		陆　伟　张骅华 朱　勇　孔庆国	
	上海电视台	从后排到前排:15 米走了 15 年		黄　峥　徐　攸 崔　艳	

表 11－3－19　　　　　　第十二届上海新闻奖获奖作品目录

体裁	新闻单位	题　　目	字　数	作　者	编　辑
特别奖(2002 年度)					
社论	人民日报社华东分社	为世界增添异彩——热烈祝贺我国获得 2010 上海世博会举办权	2000	刘士安　龚　雯	曹焕荣　施明慎
一　等　奖					
通讯	解放日报	肖叔,你不该走!	1 000	金耀先	蒋梦丹　王仁礼
通讯	解放日报	壮丽的发展诗篇——从数字看上海发展	3 000	李　蓉	宋　超　余建华
通讯	文汇报	与科学伟人"对话"——走近霍金	1 500	万润龙	季四元　陆伟强
消息	文汇报	百万奖励赠给下岗工友	1 000	郑　蔚	强　荧
消息	新民晚报	水稻"基因天书"揭开一角	900	张　弘	李天扬
通讯	新华社上海分社	今天上海人怎样看病买药?——上海医疗保险制度改革纪实	3 700	陈雅妮　仇　逸	朱志德
	东方电台	上海奇迹——上海磁浮示范运营线通车侧记		陶秋实	
	上海电台	李老伯的房屋模型		徐　蕾	
	东方电视台	申博喜获成功 申城欢乐无眠		潘鹏声　沈　莹 何小兰　黄　铮 李舒云　夏　磊 吴朝阳　方佶敏	

（续表一）

体裁	新闻单位	题　目	字数	作　者	编　辑
	上海电视台	欠债百万的患难夫妻		左益虓　蒋金轮　陈晓军	

六、中国新闻论文奖获奖作品（1997—2003）

表 11 - 3 - 20　　　　　第八届中国新闻论文奖获奖作品目录（1997）

报　送　单　位	论　文　篇　目	作　者
一　等　奖		
新民晚报	对新时期晚报工作的思考	丁法章

表 11 - 3 - 21　　　　　第九届中国新闻论文奖获奖作品目录（1999）

报　送　单　位	论　文　篇　目	作　者
一　等　奖		
市广电局	对上海广播电视事业发展思路和管理模式的探索	赵　凯
二　等　奖		
解放日报	现代报纸设计的几个特点	陈振平
新华社上海分社	掌握理论武器指导新闻实践	沈世纬
复旦大学新闻学院	试论中国广播电视业的法制化管理	陈桂兰　张骏德
复旦大学新闻学院	面向 21 世纪的上海市民与媒体文化	张国良

上海 6 篇论文全国获奖

全国记协举办的"新中国新闻事业五十年"百篇优秀论文评比中，上海报送的有《两重性两满意》（丁锡满）、《对上海广播电视事业发展思路和管理模式的探索》（赵凯）、《国有企业改革——经济报道的重大课题》（余建华）、《强强联合组建报业集团的有益探索》（丁法章）、《试析经济体制改革与报业经济改革的互动》（陈桂兰）、《十五年来新闻改革的回顾与展望》（李良荣）。

表 11 - 3 - 22　　　　　第十届中国新闻论文奖获奖作品目录（2001）

报　送　单　位	论　文　篇　目	作　者
一　等　奖		
新华社上海分社	马克思主义新闻理论在当代的新发展	沈世纬
解放日报	着眼于增强党报的核心竞争力	宋　超
二　等　奖		
文汇新民联合报业集团	党报如何迎接新世纪的挑战	赵　凯
中国晚报协会	乘势而上，壮大自身——对新世纪我国晚报报业的展望	丁法章

表 11-3-23　　　　　　第十一届中国新闻论文奖获奖作品目录(2003)

报 送 单 位	论 文 篇 目	作 者
金奖、中国新闻奖二等奖		
东方电台	电视比较下的广播	陈　梁

七、上海新闻论文奖获奖作品(1997—2003)

表 11-3-24　　　　　　第一届上海新闻论文奖获奖篇目(1997)

报 送 单 位	论 文 篇 目	作 者
市广电局	广播电视应有自己的新闻定义	赵　凯
新华社上海分社	试论社会主义市场经济条件下新闻观念更新问题	沈世纬
解放日报	国有企业改革——经济报道的重大课题	余建华
复旦大学新闻学院	论媒介生态——我国报业可持续发展战略的若干制约因素	裘正义
上海社科新闻研究所	讲究宣传艺术　提高引导水平	黄冬元

表 11-3-25　　　　　　第二届上海新闻论文奖获奖篇目(1999)

报 送 单 位	论 文 篇 目	作 者
一　等　奖		
市广电局	对上海广播电视事业发展思路和管理模式的探索	赵　凯
新华社上海分社	掌握理论武器指导新闻实践	沈世纬
解放日报	现代报纸设计的几个特点	陈振平
文汇报	党性原则　实事求是　舆论导向	周锦尉
有线电视台	有线电视在多元竞争中的选择	陈　文

表 11-3-26　　　　　　第三届上海新闻论文奖获奖篇目(2001)

报 送 单 位	论 文 篇 目	作 者
一　等　奖		
新华社上海分社	马克思主义新闻理论在当代的新发展	沈世纬
解放日报	着眼于增强党报的核心竞争力	宋　超
文汇新民联合报业集团	党报如何迎接新世纪的挑战	赵　凯
新民晚报	地方保护主义下的新闻宣传探微	李森华
文汇新民联合报业集团	在新世纪的交接点上	丁法章

（续表一）

报送单位	论文篇目	作者
东方电台	广播人，你在忙什么	陈乾年
东方电视台	从议程设置到舆论控制	李勇

表 11-3-27　　　　第四届上海新闻论文奖获奖篇目(2003)

报送单位	论文篇目	作者
一等奖		
新华社上海分社	论江泽民新闻思想	沈世纬
解放日报报业集团	创新集团动作机制强化集团主体地位——解放日报报业集团的实践与思考	陆炳炎
上海市记协 文汇新民联合报业集团	"三个代表"重要思想是做好新闻宣传工作的行动指南	丁法章 刘鹏
文汇新民联合报业集团	新闻传播中的"以人为本"刍议	吕怡然
东方电台	从点状结构逐步向网状结构转变——关于我国广播电视集团发展的若干思考	陈乾年

第二节　广播电视

表 11-3-28　　　　1993 年至 2002 年广电系统作品获奖情况表

类别	题目	所获奖项	得奖年月	获奖者
一等奖	"我为东亚运作贡献"街头大讨论	上海广电奖	1993	东方电台 高志仁 章茜
一等奖	宝钢征集新广告语	中国广电奖	1994	上海电台 马崇飞
一等奖	建设具有中国特色的现代化企业集团——东方国际集团引出的思考	中国广电奖	1994	东方电台 尹明华等
一等奖	6 000 万元亏损为何无人知晓	中国电视奖	1994	上海电视台 高韵斐 金璞 庞建华 王国荣
一等奖	火警声声向文化	中国电视奖	1994	东方电视台 姜澜

（续表一）

类　别	题　目	所获奖项	得奖年月	获奖者
二等奖	外滩：悄然崛起的上海金融街	中国电视奖	1994	东方电视台 温　天
二等奖	培育劳动力市场刻不容缓	中国电视奖	1994	上海电视台 姜　迅 周　峻
二等奖	东视新闻（1994.10.2 编排）	中国电视奖	1994	东方电视台
三等奖	56 个民族申城"合家欢"	中国电视奖	1994	上海电视台 吴　琳 徐晓毅
三等奖	"老板"打工与企业精神	中国电视奖	1994	上海电视台
一等奖	大动迁	上海广电奖	1994	上海电视台 章焜华等
一等奖	外滩：悄然崛起的上海金融街	上海广电奖	1994	东方电视台 温　天
一等奖	上海异型铆钉厂为老工人雷永祥塑像	中国广电奖	1995	上海电台 赵文龙
一等奖	徐匡迪市长谈上海要有"海纳百川"的气度	中国广电奖	1995	上海电台 左安龙　袁　晖 董增连　李苓霞
一等奖	《990 早新闻》（1995.11.5）	中国广电奖	1995	上海电台
一等奖	小朋友听音乐画图画	中国广电奖	1995	上海电台 郭琪琪　张友珊 梅　梅
一等奖	《东视新闻》（1995.8.15）	中国广电奖	1995	东方电视台
一等奖	《生活与健康》（419 期）	中国广电奖	1995	东方电视台
二等奖	李铁映谈住房质量	中国广电奖	1995	东方电台 袁家福
二等奖	"三上三下"的警示	中国广电奖	1995	东方电台 陈接章
二等奖	建立健康的生活方式　注意癌症的早期发现	中国广电奖	1995	上海电台 金毓褆　贺锡廉
二等奖	重阳敬老献爱心	中国广电奖	1995	上海电台
二等奖	在一条不能抢发的新闻背后	中国广电奖	1995	东方电视台 姜　澜

（续表二）

类　别	题　目	所获奖项	得奖年月	获奖者
二等奖	江总书记千里牵红线　国资跨地经营有新路	中国广电奖	1995	上海电视台 姜　迅　吴　琳 金　璞
三等奖	农民卖起商标菜	中国广电奖	1995	闵行电视台 张国平　薛南平
三等奖	苏寿南的故事	中国广电奖	1995	东方电台 许兴汉　周朝丰 尚　红
三等奖	特级教师到你家——语文	中国广电奖	1995	东方电台
三等奖	世纪宝鼎，永志昌盛	中国广电奖	1995	浦江之声电台
三等奖	服装销售的"诱惑"与"陷阱"	中国广电奖	1995	上海电视台
三等奖	不能让见义勇为的英雄寒心	中国广电奖	1995	上海电视台
三等奖	分房组长	中国广电奖	1995	上海电视台 杜来珍　金　狄
三等奖	从"情网"坠入"法网"的女人	中国广电奖	1995	上海电视台 金英新
三等奖	最后的证言者	中国广电奖	1995	东方电视台 张瑞发　吴全富
三等奖	血肉长城	中国广电奖	1995	东方电视台 贾光华　蒋　蔚 慧等
一等奖	徐匡迪市长谈上海要有"海纳百川"的气度	上海广电奖	1995	上海电台 左安龙　袁　晖 董增连　李苓霞
一等奖	再铸辉煌——老牌产品的创新发展	上海广电奖	1995	东方电台 金　瑜　于　磊 杨跃杰
一等奖	江总书记千里牵红线　国资跨地经营有新路	上海广电奖	1995	上海电视台 姜　迅　吴　琳 金　璞
一等奖	最后的证言者	上海广电奖	1995	东方电视台 张瑞发　吴全富
二等奖	电视观众的情感	第四届全国广播电视学术论文奖	1995	上海电视台 金维一

（续表三）

类　别	题　目	所获奖项	得奖年月	获奖者
二等奖	上海广播电视的发展及未来	第四届全国广播电视学术论文奖	1995	上海市广电局 陈乾年
三等奖	广播电视应有自己的新闻定义	第四届全国广播电视学术论文奖	1995	上海市广电局 赵　凯
三等奖	对发展海外华语电视的思考	第四届全国广播电视学术论文奖	1995	上海电视台 时　敏
一等奖	拉宾遇刺身亡	首届上海国际新闻奖	1995	上海电台
一等奖	美国前国务卿基辛格专访	首届上海国际新闻奖	1995	上海电视台
一等奖	日本关西地震灾区中国留学生系列报道	首届上海国际新闻奖	1995	东方电视台
一等奖	乐静宜勇夺金牌	中国广电奖	1996	上海电台 胡敏华
一等奖	下岗厂长的新选择	中国广播奖	1996	上海电台 周　亮
一等奖	浓雾锁申城　电波寄深情	中国广电奖	1996	上海电台 金向民　龚卫敏 徐　廉　秦来来
一等奖	岁月如歌——沂蒙的歌声和心声	中国广电奖	1996	东方电台 金　亚　弘明
一等奖	穿越时空的崇高	中国广电奖	1996	上海电视台 吴　琳　张　峰 徐　攸
一等奖	刘京海与成功教育	中国广电奖	1996	上海电视台 冯　乔　周卫平
一等奖	万宝全书（三十期）	中国广电奖	1996	东方电视台 章以廉　周军等
二等奖	爱心创造奇迹	中国广电奖	1996	东方电台 江小青　周　炜
二等奖	《990早新闻》(1996.11.14)	中国广电奖	1996	上海电台

（续表四）

类　别	题　　目	所获奖项	得奖年月	获奖者
二等奖	浦东邮票"行俏"市长咨询会	中国广电奖	1996	东方电视台 姜　澜
二等奖	十年沉睡生产线　走向市场出效益	中国广电奖	1996	东方电视台 田　明
二等奖	中俄哈吉塔五国元首在沪签订军事信任条约	中国广电奖	1996	上海电视台 新闻中心
二等奖	吃早餐,上海人不再徘徊	中国广电奖	1996	上海电视台
二等奖	心　愿	中国广电奖	1996	上海有线电视台 张伟杰　叶　蕾
三等奖	从徐虎喊打假说起	中国广电奖	1996	东方电台 陈圣来
三等奖	"友情助姐妹再就业指南"特别节目	中国广电奖	1996	上海电台 李慧英　沈德贞 刘文仪　赵慧莉
三等奖	徐虎情系报修箱	中国广电奖	1996	东方电视台 崔士新
三等奖	从"漫画"看中国	中国广电奖	1996	上海电视台 金唯一　吴忠伟
三等奖	黄土高坡一校长	中国广电奖	1996	东方电视台 张瑞发　金建忠
三等奖	伟大的航程	中国广电奖	1996	上海电视台 朱贤亮　朱　恒 周鸿恩
特别奖	乐静宜勇夺金牌	上海广电奖	1996	上海电台 胡敏华
特别奖	中俄哈吉塔五国元首在沪签署军事信任条约	上海广电奖	1996	上海电视台 新闻中心
特别奖	长征！世纪丰碑	上海广电奖	1996	上海电视台 应启明　黎瑞刚 蒋为民　王　寅
一等奖	下岗厂长的新选择	上海广电奖	1996	上海电台 周　亮
一等奖	爱心创造奇迹	上海广电奖	1996	东方电台 江小青　周　炜

（续表五）

类　别	题　目	所获奖项	得奖年月	获奖者
一等奖	浓雾锁申城　电波寄深情	上海广电奖	1996	上海电台 金向民　龚卫敏 徐　廉　秦来来
一等奖	从"漫画"看中国	上海广电奖	1996	上海电视台 金唯一　吴忠伟
一等奖	十年沉睡生产线　走向市场出效益	上海广电奖	1996	东方电视台 田　明
一等奖	刘京海与成功教育	上海广电奖	1996	上海电视台 冯　乔　周卫平
二等奖	我的心拥有一片故土——记美籍华人陈香梅女士	中国广播奖	1996	上广"浦江之声"台 潘守鉴
二等奖	炸弹爆炸震撼亚特兰大奥运会	第二届中国国际新闻类	1996	东方电视台（与北京电视台合作）
三等奖	美国应继续延长中国最惠国待遇	第二届中国国际新闻奖	1996	上海电视台
鼓励奖	曼德拉宣布南非将与台湾"断交"	第二届中国国际新闻奖	1996	东方电台
一等奖	炸弹爆炸震撼亚特兰大奥运会	上海国际新闻奖	1996	东方电视台（与北京电视台合作）
一等奖	苏州河上最后一个摆渡口关闭	中国广电奖	1997	上海电台 周显东　范嘉春
一等奖	治一治上海街头"黑色"广告	中国广电奖	1997	东方电台
一等奖	《990 早新闻》(1997.5.9)	中国广电奖	1997	上海电台
一等奖	一面五星红旗的故事	中国广电奖	1997	《每周广播电视》 应点点
二等奖	掌声,献给第 23 名	中国广电奖	1997	上海电台 张　骅
二等奖	福利院老人过年不愿回家	中国广电奖	1997	东方电台 边国宾
二等奖	上海出现新一轮留学生回国热潮	中国广电奖	1997	上海电台 徐　蕾
二等奖	走向市场的经营者	中国广电奖	1997	东方电台 刘　莉

（续表六）

类 别	题 目	所获奖项	得奖年月	获 奖 者
二等奖	铸造一个强国梦——访上海科技精英丁文江	中国广电奖	1997	东方电台 林 岚
二等奖	太平山上的五星红旗	中国广电奖	1997	东方电台 晓 林 沈 蕾
二等奖	走马塘遭水淹之后	中国广电奖	1997	东方电视台
二等奖	石化养"机"，吴县下"蛋"的启示	中国广电奖	1997	东方电视台 温 天 田 明
二等奖	托管"老子"模式	中国广电奖	1997	上海电视台 马仁武 王 军
二等奖	中国基因抢夺战	中国广电奖	1997	上海电视台 陆 晔 陆天旗 蒋金轮 沈文琪
二等奖	两代院士的追求——记两院院士陈竺、王振义	中国广电奖	1997	东方电视台 杨凤栖 樊 辛
二等奖	科学智慧8分钟——巧用事物的缺点	中国广电奖	1997	东方电视台 陆 琪 金希章 陆文惠
二等奖	我们的月球	中国广电奖	1997	东方电视台
三等奖	关心全民生活 创建理想家园	中国广电奖	1997	上海电台 陈明芳 韩 青 陆 颖
三等奖	生命礼赞	中国广电奖	1997	上海电台 陆 澄 梅雪林 何 歌
三等奖	失去的金牌，创造的是精神	中国广电奖	1997	东方电视台 叶 岚 赵叔荣
三等奖	让我们告别污染	中国广电奖	1997	上海电视台
三等奖	香港回归特别节目(1997.7.1)	中国广电奖	1997	上海电视台
三等奖	沪郊人造景点结构调整迫在眉睫	中国广电奖	1997	上海电视台 钟雅妹 浦胜旗
三等奖	上海，一百万再就业	中国广电奖	1997	上海电视台 刘 强 黄迎庆
三等奖	忠 贞	中国广电奖	1997	上海电视台 宋继昌 李 晓

（续表七）

类　别	题　目	所获奖项	得奖年月	获奖者
三等奖	将军世纪行	中国广电奖	1997	东方电视台 陈位其　卑根源 金希章　朱咏雷
三等奖	《中华成语趣谈》第一集	中国广电奖	1997	上海电视台
三等奖	《科技博览》(1997.3.18)	中国广电奖	1997	上海电视台
特别奖	《东广早新闻》(1997.8.19)	上海广电奖	1997	东方电台
特别奖	七次难忘的农历新年——追思敬爱的小平同志	上海广电奖	1997	上海电视台 吴　琳
特别奖	将军世纪行	上海广电奖	1997	东方电视台 陈位其　卑根源 金希章　朱咏雷
一等奖	上海出现新一轮留学生回国热潮	上海广电奖	1997	上海电台 徐　蕾
一等奖	太平山上的五星红旗	上海广电奖	1997	东方电台 晓　林　沈　蕾
一等奖	为了明天——上海再就业工程纪实	上海广电奖	1997	上海电视台 吴复民　陈季冰 裘　新　汪求实 李　蓉　习慧泽
一等奖	忠　贞	上海广电奖	1997	上海电视台 宋继昌　李　晓
二等奖	面向21世纪构筑世界新格局	中国国际新闻奖	1997	上海电视台 新闻中心
一等奖	广播电视应有自己的新闻定义	首届上海新闻论文奖	1997	赵　凯
一等奖	为自谋出路再就业出把力	中国广电奖	1998	东方电台 费闻丽　来　洁
一等奖	一次成功的迫降	中国广电奖	1998	东方电视台 陈　梁　姜　澜 程兆民　汤　捷 赵华生
一等奖	小毛头唱首《卖报歌》	中国广电奖	1998	《每周广播电视》 应点点
二等奖	半个世纪的情怀	中国广电奖	1998	上海电台 陈　唯　朱　玫 潘守鉴

（续表八）

类 别	题 目	所获奖项	得奖年月	获 奖 者
二等奖	第一笔红利发放时	中国广电奖	1998	上海电视台 钟雅妹
二等奖	毛泽东与上海	中国广电奖	1998	上海电视台 朱贤亮 王小龙 戴文华 孙 侃 张成华
三等奖	改革开放话今昔——从 20 年前的报纸看改革开放带来的变化	中国广电奖 播音主持类	1998	东方电台 贺亚君 毛维静
三等奖	2 000 多家公司被强制入网说明什么	中国广电奖	1998	上海电台 路 军 周 导 潘 斌
三等奖	电脑问不倒系列之三：说说螳螂	中国广电奖	1998	上海电台 郭琪琪 张友珊
三等奖	刘少奇在上海	中国广电奖	1998	东方电台 来 洁 陶秋实
三等奖	二十年大跨越	中国广电奖	1998	东方电台 高 天 林 岚 李 欣 章 茜 孙克仁 尤纪泰 陈接章
三等奖	环卫产业化之思考	中国广电奖	1998	上海电视台 周 峻
三等奖	京剧小子	中国广电奖	1998	东方电视台 王树林 李建胜
三等奖	东视新闻 60 分(1998.12.17)	中国广电奖	1998	东方电视台
特别奖	回到祖先的土地	上海广电奖	1998	上海电视台 章焜华 吴海鹰 龚 卫 倪 瑾
一等奖	邀请美国总统做嘉宾	上海广电奖	1998	上海电台 左安龙 徐 蕾 赵 凯 叶志康 任大文 陈乾年 尹明华
一等奖	为自谋出路再就业出把力	上海广电奖	1998	东方电台 费闻丽 来 洁

（续表九）

类　别	题　　目	所获奖项	得奖年月	获　奖　者
一等奖	二十年大跨越	上海广电奖	1998	东方电台 高　天　林　岚 李　欣　章　茜 孙克仁　尤纪泰 陈接章
一等奖	一次成功的迫降	上海广电奖	1998	东方电视台 陈　梁　姜　澜 程兆民
一等奖	人间正道——"发展才是硬道理"纵横谈	上海广电奖	1998	上海电视台 朱贤亮　柴建潮 王小龙
一等奖	上海——中美经济合作的热土	上海广电奖 播音主持类	1998	上海电视台 刘　剑
二等奖	艾滋病离我们有多远	中国第九届国际新闻奖	1998	上海电台 周显东　周保工 陈乾年　罗佳陵 袁　晖
一等奖	邀请美国总统做嘉宾	第四届上海国际新闻奖	1998	上海电台 左安龙　徐　蕾 赵　凯　叶志康 任大文　陈乾年 尹明华
一等奖	电视综合评估指数原理及其运用	第六届全国广电学术论文	1998	上海电视台 孙泽民　葛　昀
一等奖	寻常人家	上海广电奖栏目类		上海有线电视台
一等奖	太阳船	上海广电奖栏目类		上海有线电视台
一等奖	要想争雄世界，必先逐鹿中国	中国广电奖	1999	东方电台 陶秋实
一等奖	交流凝结同胞情——谢晋、李行影展侧记	中国广电奖	1999	浦江之声电台
一等奖	消费信贷在上海悄然兴起	中国广电奖	1999	上海电视台
一等奖	一张老照片	中国广电奖	1999	上海电视台 胡　钊　李建胜 侯建民

（续表十）

类　别	题　　目	所获奖项	得奖年月	获奖者
一等奖	财富对话	中国广电奖	1999	上海电视台 陈　晔　黄　晨 陆蔚蔚　崔　文
二等奖	创新机制——企业发展的灵魂	中国广电奖	1999	上海电台 陈乾年　周　亮 殷济蓉　潘　斌 周保工
二等奖	网上助学，爱心无限	中国广电奖	1999	东方电台 张　穗
二等奖	基辛格在上海重申一个中国原则	中国广电奖	1999	浦江之声电台
二等奖	库岛上的希望	中国广电奖	1999	上海电视台 陈　琪　刘　伟 沈文琪　周德毅
二等奖	《城际特快》1999.8.8	中国广电奖	1999	东方电视台 程兆民　李　勇 周　云
二等奖	我们热爱和平	中国广电奖	1999	《每周广播电视》
三等奖	网络广播，气象无限	中国广电奖	1999	东方电台 孟　诚　韩　清 张　鸣
三等奖	假借民意救不了李登辉——台湾知名人士抨击"两国论"	中国广电奖	1999	浦江之声电台
三等奖	十八罗汉头像回归祖国大陆	中国广电奖	1999	东方电视台 崔士新　葛凤章 王　跃
三等奖	我们没什么可担心的	中国广电奖	1999	东方电视台
三等奖	《东视新闻》1999.8.18.	中国新闻奖	1999	东方电视台
一等奖	要想争雄世界必先逐鹿中国	上海广电奖	1999	东方电台 陶秋实
一等奖	创新机制——企业发展的灵魂	上海广电奖	1999	上海电台 陈乾年　周　亮 殷济蓉　潘　斌 周保工
一等奖	为生命喝彩	上海广电奖	1999	东方电台 晓　林　张　穗
一等奖	难忘一刻——在慕尼黑指挥演奏中国军歌	上海广电奖	1999	上海电台 沈梅华

（续表十一）

类　别	题　　目	所获奖项	得奖年月	获奖者
一等奖	十八罗汉头像回归祖国大陆	上海广电奖	1999	东方电视台 崔士新　葛凤章 王　跃
一等奖	我的潭子湾小学	上海广电奖	1999	上海电视台 冯　乔　陈　杰
一等奖	《东广早新闻》(1999.12.21)	上海广电奖播音主持类	1999	东方电台
一等奖	九段沙——上海最后的处女地	上海广电奖播音主持类	1999	上海电视台 刘　剑　蒋为民
三等奖	美英对伊拉克动武	中国国际新闻奖新闻编排类	1999	东方电台
三等奖	人权幌子的背后	中国国际新闻奖	1999	王　蔚　周德毅
三等奖	杨妈妈的"恩格尔"系数	中国新闻奖	2000	东方电视台 吴霄峰　郑　健
二等奖	大都市里的民工党支部	中国广电奖	2000	东方电台 张　穗
二等奖	东西部手拉手——甘肃篇	中国广电奖	2000	上海电台 王幼涛　乐建强
二等奖	投身西部开发　知识奉献祖国	中国广电奖	2000	上海电台 萧楚章
二等奖	范菲菲系列报道	中国广电奖	2000	东方电视台 叶　岚　白　李 徐达平
二等奖	杨妈妈的"恩格尔"系数	中国广电奖	2000	东方电视台 吴霄峰　郑　健
二等奖	东视新闻(2000.12.30)	中国广电奖	2000	东方电视台 袁　雷　郓友江 陈建明
三等奖	上海汽车工业开始放眼世界	中国广电奖	2000	东方电台 何　晓
三等奖	构筑空中桥梁 沟通政情民意	中国广电奖	2000	上海电台 路　军
三等奖	心愿	中国广电奖	2000	东方电台 李　珂
三等奖	与共和国大使对话	中国广电奖	2000	东方电台 章　茜

（续表十二）

类　别	题　目	所获奖项	得奖年月	获奖者
三等奖	大路不走，走小路	中国广电奖	2000	上海电台
三等奖	当初出国热，今日归国潮	中国广电奖	2000	上海电视台 黄　铮　黄燕峰
三等奖	上海一商品房开发项目被环保一票否决	中国广电奖	2000	东方电视台 崔士新　徐达平
三等奖	博物馆与现代人	中国广电奖	2000	东方电视台
三等奖	一个叫做家的地方	中国广电奖	2000	上海电视台 王小龙　王　锋
三等奖	新中国大使——使美风云	中国广电奖	2000	上海电视台 汪求实　余永锦 章焜华
特别奖	一个叫做家的地方	上海广电奖	2000	上海电视台 王小龙　王　锋
一等奖	大都市里的民工党支部	上海广电奖	2000	东方电台 张　穗
一等奖	毛毛访谈录	上海广电奖	2000	上海电台 路　军　邱洁宇 乐建强
一等奖	心　愿	上海广电奖	2000	东方电台 李　珂
一等奖	杨妈妈的"恩格尔系数"	上海广电奖 电视新闻类	2000	东方电视台 吴霄峰　郑　健
一等奖	新中国大使——使美风云	上海广电奖	2000	上海电视台 汪求实　余永锦 章焜华
一等奖	浦东十年	上海广电奖	2000	东方电视台 翟志荣　叶孝慎 成　玲　沙　琳
一等奖	《夜间新闻》	上海广电奖	2000	上海电视台 欧阳夏丹
一等奖	东视新闻（2000.12.31）	上海广电奖	2000	东方电视台
一等奖	联合国千年首脑会议今晚召开	第六届上海国际新闻奖	2000	上视新闻中心
一等奖	"上海五国"元首第六次会晤	中国广电奖	2001	中央电台 上海电台 东方电台 刘　磊　徐　蕾

（续表十三）

类别	题目	所获奖项	得奖年月	获奖者
一等奖	新疆兄弟紧急求援 上海各界伸出援手	中国广电奖	2001	东方电视台 陆 伟 张骅华 朱 勇 孔庆国
一等奖	中国的未来,关键在党	中国广电奖	2001	东方电台 高志仁 萧 雨 林 岚 史美俊
一等奖	李琴和她的热线	中国广电奖	2001	东方电台 李 珂
一等奖	新闻报道(9.30)	中国广电奖播音与主持类	2001	上海电台
二等奖	苏州河上赛龙舟	中国广电奖	2001	上海电台
二等奖	转变观念,迎接挑战	中国广电奖	2001	上海电台 路 军 冀宇平
二等奖	查老师的砀山情	中国广电奖	2001	上海电台 徐 蕾
二等奖	董建华说：能在自己国家参加 APEC 会议感到非常自豪	中国广电奖	2001	上海电台
二等奖	我看好上海——访台湾"儒商"陈彬先生	中国广电奖	2001	上海电台
二等奖	母子心事	中国广电奖	2001	东方电台 李 珂 叶 波 陶 颖
二等奖	账本背后的故事	中国广电奖	2001	东方电台 金 亚 干 城
二等奖	反倾销之战	中国广电奖	2001	上海电视台 陆天旗 李惠平 蒋金轮 陈思吉
二等奖	于老师	中国广电奖	2001	东方电视台 蒋蔚慧 柯丁丁
二等奖	如此司机	中国广电奖	2001	上海电视台 金颖滢 李立明 李 荣
二等奖	宽带新生活	中国广电奖	2001	东方电视台 李燮智 胥 阳 巩晓亮

（续表十四）

类　别	题　目	所获奖项	得奖年月	获奖者
二等奖	"9.11"《晚间新闻》版面	中国广电奖	2001	上海电视台
二等奖	经典晚会台前幕后	中国广电奖	2001	《上海电视》杂志 朱　鳗
三等奖	美国遭遇恐怖袭击	中国广电奖	2001	东方电台 陈金宝　陶秋实 陈乾年　陈　梁
三等奖	中国年,中国旗	中国广电奖	2001	上海电台 周显东
三等奖	蒋如意喜获廉租房	中国广电奖	2001	上海电台 陈明芳　花　怡 范立人
三等奖	曙光——上海1921	中国广电奖	2001	上海电视台 朱贤亮　彭培军 陈忆黎
三等奖	挑战——WTO与上海便利店	中国广电奖	2001	东方电视台 贾光华　柯丁丁
三等奖	詹姆斯的启示	中国广电奖 播音与主持类	2001	东方电台
三等奖	与牛群对话	中国广电奖 播音与主持类	2001	上海电视台
三等奖	亮眼睛	中国广电奖	2001	《每周广播电视》 崔丽娟
名专栏奖	新闻透视	中国新闻名专栏奖	2001	上海电视台
特别奖	"9.11"《晚间新闻》编排	上海广电奖	2001	上海电视台 姜　澜　倪晓明 姜　迅　郭伟敏
特别奖	上海世博申办宣传片	上海广电奖	2001	东方电视台 赵建华　秦　敏 李建胜　丁建新
一等奖	美国遭遇恐怖袭击 广播新闻编排	上海广电奖	2001	东方电台 陈金宝　陶秋石 陈乾年　陈　梁
一等奖	中国年,中国旗	上海广电奖	2001	上海电台 周显东

（续表十五）

类　别	题　　目	所获奖项	得奖年月	获奖者
一等奖	母子心事	上海广电奖	2001	东方电台 李　珂　叶　波 陶　颖
一等奖	蒋如意喜获廉租房	上海广电奖	2001	上海电台 陈明芳　花　怡 范立人
一等奖	新疆兄弟紧急求援　上海各界伸出援手	上海广电奖	2001	东方电视台 陆　伟　张骅华 朱　勇　孔庆国
一等奖	从后排到前排：15米走了15年	上海广电奖	2001	上海电视台 黄　峥　崔　艳 徐　攸
一等奖	今宵如此美丽——APEC大型景观表演	上海广电奖	2001	东方电视台 刘文国　唐　萍
一等奖	曙光——上海1921（3集）	上海广电奖	2001	上海电视台 朱贤亮　彭培军 陈忆黎
一等奖	9月30日《新闻报道》	上海广电奖 播音与主持类	2001	上海电视台
一等奖	与牛群对话	上海广电奖 播音与主持类	2001	上海电视台
一等奖	“龙套”里跑出新天地	上海广电奖	2001	《每周广播电视》 陈　文
二等奖	中国入世目击记	第七届中国国际新闻奖	2001	上海卫视 上视新闻综合频道 崔　艳　黄　峥 徐　攸
三等奖	中国入世一锤定音	第七届中国国际新闻奖	2001	东方电台 陶秋石　来　洁 毛维静　陈金宝
一等奖	中国入世目击记	第七届上海国际新闻奖	2001	上海卫视 崔　艳 上视新闻 综合频道 黄　峥　徐　攸
一等奖	上海奇迹——上海磁浮示范运营线侧记	中国广电奖	2002	东方电台 陶秋实

（续表十六）

类　别	题　目	所获奖项	得奖年月	获奖者
一等奖	990 早新闻	中国广电奖	2002	上海电台
一等奖	申博喜获成功　申城欢乐无眠	中国广电奖	2002	东方电视台 潘鹏声　沈　莹 何小兰　黄　铮 李舒云　夏　磊 吴朝阳　方佶敏
一等奖	"老外"当上了居委委员	中国广电奖	2002	上海电视台
一等奖	建立大型中华鲟保护区抢救珍贵种群	中国广电奖	2002	上海卫视
一等奖	看我家电视"变脸"	中国广电奖	2002	《上海电视》周刊 简　平
二等奖	庆祝中国申办 2010 年上海世博会成功联合直播特别节目	中国广电奖	2002	上海电台 东方电台 陈乾年　袁　晖 向　彤　尚　红等
二等奖	脑死亡和器官移植应加快立法步伐	中国广电奖	2002	东方电台 陆　敏
二等奖	上海人说上海巨变	中国广电奖	2002	上海电台 陈　霞　陆励行 袁　晖　周　亮 龚宇平
二等奖	《雷锋精神与公民道德建设》系列专题之《走近雷锋》	中国广电奖	2002	东方电台 萧　雨　张　培 陈乾年　陈　梁 史美俊
二等奖	清清河水梦	中国广电奖	2002	东方电台 李　珂　王和敏
三等奖	上海获得联合国"城市可持续发展突出贡献奖"	中国广电奖	2002	东方电台 杨叶超　汪永晨
三等奖	高温下的上海	中国广电奖	2002	东方电台 陈金宝　来　洁 周　炜　赵　旻
三等奖	只要主义真——小康社会（7）	中国广电奖	2002	东方电台 张丹宁　史美俊 高　天　马红雯
三等奖	养鸡大户吴福才帮助"三峡移民"走上致富路	中国广电奖	2002	南汇电视台 胡海平

（续表十七）

类　别	题　　目	所获奖项	得奖年月	获奖者
三等奖	社会保障：社会稳定的"减震器"	中国广电奖	2002	上海电视台 霍　云
三等奖	欠债百万的患难夫妻	中国广电奖	2002	上海电视台 左益娓　蒋金轮 陈晓军
三等奖	申博成功特别报道	中国广电奖	2002	东方电视台 陶丽娟　余浩峰 崔士新　吴霄峰
三等奖	2002 国庆特别节目："国庆·上海"	中国广电奖	2002	上海电视台 集体创作
三等奖	一篇报道和一首歌的故事	中国广电奖	2002	上海电视台 朱　宏　彭培军 龚　卫
三等奖	都市之魂	中国广电奖	2002	上海电视台 朱贤亮　朱海平 叶　蕾　张伟强
三等奖	丁肇中：兴趣·发现·诺贝尔奖	中国广电奖	2002	上海卫视 劳春燕　唐　俊 李　刚
三等奖	友谊交响曲——纪念中日邦交正常化 30 周年特别节目	中国广电奖	2002	上海卫视
三等奖	热点遭遇冷门——名家纵谈诺贝尔文学奖	中国广电奖	2002	《每周广播电视》 刘江涛
三等奖	快是一种速度,快是一种精神	中国广电奖	2002	《每周广播电视》 朱　江
一等奖	上海奇迹——上海磁浮示范运营线侧记	上海广电奖	2002	东方电台 陶秋实
一等奖	直击"暗访"	上海广电奖	2002	上海电台 徐　廉　王　蕾
一等奖	只要主义真	上海广电奖	2002	东方电台 张丹宁　史美俊 高　天　马红雯
一等奖	李老伯的房屋模型	上海广电奖	2002	上海电台 徐　蕾
一等奖	欠债百万的患难夫妻	上海广电奖	2002	上海电视台 左益娓　蒋金轮 陈晓军

（续表十八）

类　别	题　目	所获奖项	得奖年月	获奖者
一等奖	曹登虎：上海在变，我的生活也在变	上海广电奖	2002	东方电视台 李舒云　汤　捷
一等奖	一篇报道和一首歌的故事	上海广电奖	2002	上海电视台 朱　宏　彭培军 龚　卫
一等奖	都市之魂	上海广电奖	2002	上海电视台 朱贤亮　朱海平 叶　蕾　张伟强
一等奖	990 早新闻	上海广电奖 播音主持类	2002	上海电台
一等奖	媒体大搜索	上海广电奖 播音主持类	2002	东方电视台
一等奖	上海早晨	上海广电奖 播音主持类	2002	上海电视台
一等奖	快是一种速度，快是一种精神	上海广电奖	2002	《每周广播电视》 朱　江

备注：入表范围为 1994—2002 年"上海广电奖"和"中国广电奖"。

第三节　全国、上海新闻奖（人物）

"中国长江韬奋奖"是经中共中央宣传部批准、由中国记协设立的全国新闻工作者最高奖，2006 年以前（包括 2006 年）为两年一届，之后为每年一届。

"长江韬奋奖"分为长江和韬奋两个系列。长江系列：参评对象为从事专职新闻工作 10 年以上的新闻记者、新闻播音员、新闻节目主持人；韬奋系列：参评对象为从事专职新闻工作 10 年以上的新闻编辑、新闻评论员、校对、新闻节目制片人。

评选程序为：上海记协向全市具有国内统一刊号的报纸、新闻性期刊，经国家批准的电台、电视台、新闻网站颁发评选通知，广泛推荐参评候选人。市记协成立"长江韬奋奖"评委会，评委会由市委宣传部和市记协领导同志、市新闻出版管理部门负责人、三大新闻集团和主要新闻单位领导组成。经过评议和投票表决，按照中国记协分配给上海的数额择优报送参评候选人。

"上海长江韬奋奖"评选活动

"上海长江韬奋奖"是经市委宣传部批准、由上海记协主办的上海新闻工作者最高奖。参照全国记协的做法，"上海长江韬奋奖"也从 2006 年以前（包括 2006 年）为两年一届，之后为每年一届。"上海长江韬奋奖"也分为长江和韬奋两个系列。

　　评选程序为：上海记协向全市具有国内统一刊号的报纸、新闻性期刊,经国家批准的电台、电视台、新闻网站颁发评选通知,广泛推荐参评候选人。通过"长江韬奋奖"评委会的评议和投票表决,评出"上海长江韬奋奖"获得者。按照一般惯例,每届评出"上海长江韬奋奖"获得者 10 名,其中：长江系列 5 名;韬奋系列 5 名。

　　"中国长江韬奋奖"和"上海长江韬奋奖"获奖者一起,在当年 11 月 8 日上海新闻界纪念"中国记者节"大会上接受表彰和奖励。

全国范长江新闻奖

　　1. 首届(1991 年)

　　上海获奖者：俞新宝

　　上海获提名奖：孙洪康、吴复民

　　2. 第二届(1993 年)

　　上海获奖者：邬志豪

　　上海获提名奖：俞亮鑫、袁　晖

　　3. 第三届(1997 年)

　　上海获奖者：宋　超

　　上海获提名奖：江小青

全国韬奋新闻奖

　　1. 首届(1993 年)

　　上海获奖者：金福安

　　上海获提名奖：尹明华、吕子明

　　2. 第二届(1995 年)

　　上海获奖者：张攻非

　　上海获提名奖：沈世纬

　　3. 第三届(1997 年)

　　上海获提名奖：王明国

　　4. 第四届(2000 年)

　　上海获奖者：周锦尉

全国百佳新闻工作者

　　1. 首届(1994 年)

　　上海获奖者：凌　河、强　荧、章焜华、徐国英

　　2. 第二届(1996 年)

　　上海获奖者：裘　新、曹家骧、左安龙、孙泽敏

　　3. 第三届全国百佳新闻工作者停评

从 2000 年起全国记协举办的第四届"全国范长江新闻奖"、"全国韬奋新闻奖"评选活

动,从落选者中评出 100 名,为第四届"全国百佳新闻工作者"。

4.第四届(2000 年)

上海获奖者:唐　宁、姜　澜、乐建强

5.第五届(2002 年)

上海获奖者:江小青、戴　骅

上海范长江新闻奖

(2000 年起举办。参照全国记协将韬奋奖、范长江奖合并计届的做法,上海"范长江新闻奖"也从第三届开始,无第一、二届)

1.第三届(2000 年)

获奖者:李文祺、郑　宪、强　荧、崔益军、王曼华、朱咏雷、周显东、杨展业、陈　伟、汪一新

2.第四届(2002 年)

获奖者:李　蓉、熊　能、唐　宁、崔士新、吴　琳、路　军、雍　和、章　茜、缪毅容、马　申

上海韬奋新闻奖

1.首届(1993 年)

获奖者:尹明华、吕子明、曹正文、刘文峰、刘辛培、严建平、陈政森、王文黎、江倩凤、黄修纪

获提名奖:王其国、郭隆隆、许志伟、王金耀、张复兴、崔钦伟、李墨龙、劳有林、金文备、张铁民

2.第二届(1995 年)

获奖者:许志伟、陈忠彪、徐海清、翟东升、彭建华、王明国、陈　梁、顾行伟、徐坚忠、王治平

获提名奖:倪家荣、李爱华、王震国、李智刚、董文俊、黄　平、李德铭、王　元、周　虎、杨晓鸿、李　明、桂悦仁

3.第三届(1998 年)

获奖者:陈振平、陈启伟、郏国义、李智平、林罗华

4.第四届(2000 年)

获奖者:朱贤亮、余浩峰、黄　平、张秋生、徐　炯、查志华、夏定先、李　新、戴文妍、贾亦凡

5.第五届(2002 年)

获奖者:王仁礼、罗达成、姜　迅、袁　雷、陈金宝、范嘉春、毛用雄、沈天呈、潘新华、姜建军

上海十佳新闻工作者

(2000 年起举办。参照全国记协将韬奋奖、范长江奖、百佳新闻工作者奖合并计届的做

法,上海十佳新闻工作者也从第三届开始,无第一、二届。)

1.第三届(2000 年)

获奖者:李　蓉、潘益大、杭凌冰、章　茜、雷国芬、陈正宝、滕俊杰、金希章、薛佩毅、郑　蔚

2.第四届(2002 年)

获奖者:钱勤发、田玲翠、倪晓明、田　明、王祖光、何洛先、董　强、毕志光、应点点、端木晔波

表 11－3－29 全国和上海市劳动模范(集体)、先进和优秀新闻工作者(集体)一览表

获　得　者	年　度	授　予　称　号
解放日报　夜班编辑部	1993	上海市模范集体
新民晚报　群工部	1993	上海市模范集体
解放日报　夜班编辑部编辑组	1995	上海市模范集体
文汇报　社会政法部	1995	上海市模范集体
新民晚报　新闻编辑部	1995	上海市模范集体
解放日报　夜班编辑部	1997	上海市模范集体
新民晚报　政法教卫部	1997	上海市模范集体
申江服务导报	1998	上海市模范集体
文汇报　国际部	1998	上海市模范集体
新闻晨报	2001	上海市模范集体
上海日报　编辑发稿中心	2001	上海市模范集体
解放日报　金福安	1993	上海市劳动模范
文汇报　石俊升	1993	上海市劳动模范
解放日报　宋　超	1995	上海市劳动模范
文汇报　卢宝康	1995	上海市劳动模范
新民晚报　姚冬梅	1995	上海市劳动模范
解放日报　陈振平	1997	上海市劳动模范
文汇报　姚诗煌	1997	上海市劳动模范
解放日报　陈忠彪	1998	上海市劳动模范
文汇报　郑　蔚	1998	上海市劳动模范
新民晚报　鞠　敏	1998	上海市劳动模范
解放日报　董　强	2001	上海市劳动模范
文汇报　范　兵	2001	上海市劳动模范
新民晚报　季　颖	2001	上海市劳动模范

（续表一）

获 得 者	年 度	授 予 称 号
上海人民广播电台 早新闻报道集体	1993	上海市模范集体
上海电视台 国际部纪录片组	1993	上海市模范集体
上海电视台 《戏剧大舞台》节目组	1995	上海市模范集体
上海电视台 新闻中心	1997	上海市模范集体
东方明珠娱乐 总公司行政部	1997	上海市模范集体
东方广播电台 新闻部"792 为您解忧" 节目组	1998—2000	上海市模范集体
上海市广电局 钱文亮	1993	上海市劳动模范
东方广播电台 李蓓蓓（方舟）	1993	上海市劳动模范
东方广播电台 李蓓蓓（方舟）	1994	全国先进工作者
上海人民广播电台 刘文仪	1995	上海市劳动模范
东方广播电台 袁家福	1995	上海市劳动模范
上海电视台美影厂 林文肖	1995	上海市劳动模范
东方电视台 唐 蒙	1997	上海市劳动模范
上海影视集团 张健民	1997	上海市劳动模范
市广电局技术中心 徐秀文	1997	上海市劳动模范
东方电视台 沈明昌	1998—2000	上海市劳动模范

第十二编　人　　物

本编分为两章,第一章为"人物传略",收录13人;第二章为"人物简介",收录284人。

第一章 人物传略

陆炳麟（1924—1993）

笔名冰临。籍贯浙江湖州。少时读过初中，1949 年 6 月进新闻日报社，先后任校对、编辑。1960 年起任《解放日报》要闻版编辑组长，1963 年任夜班编辑部副主任、主任，1982 年任副总编辑，后兼任《上海学生英文报》（Shanghai Students' Post）副主编。长期从事夜班新闻编辑工作，所拟标题曾两获全国好新闻标题奖。著有《新闻概论》、《新闻新探》等。1960 年被评为上海市文教先进工作者。1984 年被评为上海市优秀新闻工作者和全国一级优秀新闻工作者。1985 年被评为上海市劳动模范。1987 年评定为高级编辑。1992 年获国务院特殊津贴。曾任上海市新闻学会副会长、上海市哲学社会科学联合会理事、全国新闻学会理事。

胡塞（1924—1995）

籍贯河南开封。大学文化程度。1946 年参加革命，先后任上海《联合晚报》特派记者、南京《中国日报》采访部主任。1948 年底参加浙东游击队，任金肖支队纵队司令部秘书、科长。1949 年 6 月上海解放后任解放日报记者、编辑。1958 年到青海工作，先后任青海日报编辑、青海省建筑工程局秘书。"文化大革命中"下放青海省委专案办公室五七农场劳动。1980 年 4 月回到上海，后任《世界经济导报》副总编辑，在版面安排、报道内容、通讯联络、采编风格等方面倾注了心血。1988 年评定为高级编辑。曾任上海市老新闻工作者协会副会长。

高肖笑（1932—1998）

女。籍贯浙江温州。1953 年于复旦大学新闻系毕业后，进入解放日报社工作。1998 年评定为高级记者。她在长达 45 年的新闻生涯中，在《解放日报》发表了各种新闻报道，有些被新华社、《人民日报》等媒体转载，通讯《垃圾桶寻秘记》获 1988 年度上海好新闻奖一等奖。1965 年受到周恩来总理的接见。1982 年度、1984 年度被评为上海市"三八红旗手"。1988 年获得首届"上海市十佳记者"称号。曾任香港大公报驻上海办事处主任、大公报高级记者。上海市第六届政协委员。

刘文峰（1934—1998）

原名刘际饶，笔名季饶。籍贯浙江平阳（今苍南）。1956 年 9 月考入哈尔滨外国语学院（肄业一年）。1962 年 8 月，复旦大学新闻系毕业后进文汇报社，历任记者、编辑、第一版责任编辑。在编排、制作的版面中，有多个版面分获上海市和全国好版面奖。发表数十篇新闻编辑学探索、研究论文,著有新闻编辑学专著《编辑散论与编辑技巧》、《编辑学》(合著)等。1993 年获上海韬奋新闻奖。1994 年评定为高级编辑。

曹仲英(1908—1999)

籍贯四川江北。1927 年 1 月至 5 月到刘伯承任川军各路总指挥的指挥部工作,任宣传主任、川南日报社社长。1927、1931、1932 年曾任《重庆快报》、南京《新民报》、重庆《新民报》主笔、总编辑,四川成都西方夜报社社长兼总编辑。抗日战争初期曾任上述各报特派员,参加两次鄂北会战和多地战地采访;1946 年至 1948 年间先后任南京、重庆、北平《新民报》总编辑。解放后调上海《新民报·晚刊》(后为《新民晚报》)工作。

刘时平(1915—1999)

原名刘光兴、刘秀南。笔名胡笛。籍贯内蒙古临河。1936 年投身中国共产党领导的民族解放斗争。1938 年 5 月起先在《临河日报》任编辑,后在北平《益事报》任记者、采访部主任,兼上海《联合晚报》驻北平特派记者。1946 年 7 月 11 日李公朴在昆明遭国民党特务暗杀后,他冒着危险从昆明乘飞机到上海,向《文汇报》编辑部提供情况,该报即以"本报加急专电"在第二天发表。1949 年北平和平解放后,任《人民日报》记者,后调任《北平解放报》采通组副组长。1949 年上海解放后,任《解放日报》编委兼采访部主任、编辑部主任。1951 年在复旦大学新闻系、沪江大学、民治新闻专科学校兼职讲学。1952 年调任《人民日报》地方记者组副组长,云南记者站、首都记者组首席记者。1979 年曾任中国社会科学院研究生院新闻系副主任。1987 年评定为高级记者。1994 年获国务院表彰为有突出贡献的专家学者而享受国务院特殊津贴。著有《为正义而战的朝鲜》、《我就是记者》二书。

柯灵(1909—2000)

原名高季琳。籍贯浙江绍兴。1930 年任上海《时事周报》编辑。1933 年起,先后任《晨报》记者兼《社会服务》版编辑,主办《大美晚报》周刊《文化街》,主编《明星》半月刊,任《大晚报》特约记者。1937 年任《救亡日报》编委和《民族呼声》周刊主编。《文汇报》创刊后,主编副刊《世纪风》,后进入《大美报》主编副刊《茶话》、《浅草》,任《大美晚报》要闻版编辑兼编《正言报》副刊《草原》。太平洋战争爆发后,主编《万象》杂志。抗日战争胜利后,任《文汇报》主笔兼副刊主任。创办并主编《周报》,兼编《新民报·晚刊》副刊《十字街头》。1948 年去香港,参与《文汇报》在香港复刊的筹备工作,并任副总编辑兼副刊主任。1949 年上海解放后,任上海文汇报社副社长,一度任总编辑。1957 年后,转向电影和文学创作,著有《不夜城》、《煮字生涯》、《柯灵六十年杂文选》等。

储大泓(1927—2000)

籍贯江苏宜兴。1948 年参加革命,曾任南京《首都晚报》副刊编辑。1949 年在上海任新华书店华东总分店人民书报供应社秘书课长。1951 年起先后任《解放日报》编辑,理论组、文艺组、宣传组负责人。1978 年任《解放日报》副总编辑。1985 年任上海市文学艺术界联合会党组副书记、文学报社社长。上海市政协第七届委员。1988 年评定为高级编辑。1992 年获国务院特殊津贴。著有《读〈中国小说史略〉札记》、《历代咏史诗选注》、文集《晚晴幽草》等。

王根发（1943—2000）

籍贯上海。1970 年毕业于复旦大学新闻系。1984 年起任上海电视台秘书科科长、台长助理兼办公室主任、副台长兼总编室主任，《上海电视》杂志主编。参与创办《海外影视》、《荧屏纵横》、《卡西欧家庭演唱大奖赛》等优秀栏目。1993 年 5 月任上海东方电视台党总支书记。1995 年 10 月任上海有线电视台党总支书记，1996 年 9 月起任党委书记。1996 年评定为主任编辑。

刘冰（1927—2001）

原名刘绥怀。籍贯安徽安庆。1943 年 12 月起任皖江地区《大江报》、华中《新华日报》记者。1947 年 5 月起任山东《大众日报》、济南《新民主报》记者。1949 年 5 月起任《解放日报》记者、工业组组长。1950 年 3 月起任上海电台编辑部副主任、文艺部主任。1978 年 4 月起任上海广播事业局副局长兼上海电视台台长。1990 年起，参与主持筹建上海有线电视台。1989 年评定为高级编辑。曾任上海市新闻工作者协会副主席、上海市新闻学会副会长、上海市广播电视学会副会长。

秦加林（1919—2002）

籍贯浙江鄞县。1936 年参加革命。1944 年开始从事新闻工作，先后在《盐阜大众报》、《盐阜日报》、《苏北日报》、《新华日报》(华中版)、《苏南日报》工作，历任副总编辑、总编辑、副社长。1951 年任上海劳动报社社长，一度兼任总编辑。1954 年调外交部工作，任新闻司司长。

陈沂（1912—2002）

籍贯贵州遵义人。原名余立平。1929 年参加革命。曾任山东大众日报社社长，新华社山东总分社社长，中共中央山东分局、山东军区、八路军一一五师宣传部长，1955 年被授予少将军衔。"文化大革命"结束后，任中共上海市委副书记兼宣传部长。后任上海老新闻工作者协会名誉会长。《文学报》的创办人。著作主要有《五十年一瞬间》、《严峻的考验》、《文艺杂谈》、《白山黑水》、《归来集》等，曾主编《志愿军一日》、《星火燎原》、《辽沈决战》、《当代中国的上海》、《第四野战军征战纪实》等书。

夏其言（1914—2002）

原名夏继演，曾用名季炎。籍贯浙江舟山。抗日战争初期，在中共地下组织领导下，从事抗日救亡工作。1945 年冬，进《时事新报》任记者、特派记者，翌年任《文汇报》记者。同年冬，负责中共上海地下组织主办的《评论报》编辑出版工作。上海解放后，历任《解放日报》经理、编委、副总编辑、党委副书记兼副总编辑、顾问。1988 年评定为高级记者。曾任上海新闻工作者协会常务副主席，上海老年报社社长、顾问，上海老新闻工作者协会会长。1993 年获国务院特殊津贴。

1947年后对上海电力公司(后更名杨树浦发电厂)工人罢工、上海各界公祭昆明"12·1"惨案遇难的于再等烈士大会并游行示威等,均及时采写通讯并连续报道,发表在《时事新报》上,揭露国民党当局反民主行径。公祭于再等烈士及游行示威报道,曾由上海中共"一大"党史纪念馆作为党史资料陈列。在《时事新报》本市版《上海闲话》专栏中,常常写数百字的杂感文章,抨击国民党当局。曾对沈钧儒、黄炎培、陶行知等民主人士专访,反映人民要求民主、反对独裁的呼声。1946年美国水兵打死人力车工人臧大咬子惨案发生后,上海各界发起"美军撤出中国周"活动。曾在《文汇报》发表通讯,以一群人力车工人亲身经历控诉驻沪美军暴行。在任中共地下文委领导的第二线刊物《评论报》副主编时,常发表"内幕新闻"之类的文章,无情挞伐当时一些政客的嘴脸。著有《唐纳与我》等。

第二章 人 物 简 介

杜绍文(1909—)

籍贯广东澄海。又名杜绍彬。1927年考入复旦大学新闻专业。1931年起任复旦大学新闻系助教,同年9月任镇江《苏报》记者兼副刊编辑,后任杭州《民国日报》国际新闻版编辑兼资料室主任,以及杭州《东南日报》主笔。抗日战争爆发后,主编浙江战时新闻学会会刊《战时记者》。1941年任湖南《国民日报》总编辑、社长。抗战胜利后,任上海《前线日报》主笔、《东南日报》总编辑。曾受聘至复旦大学新闻系任教。1952年起,任《文汇报》资料研究室主任等职。(2003年去世)

胡道静(1913—)

籍贯安徽泾县。1932年进柳亚子主持的上海通志馆,撰有《上海的日报》、《上海新闻事业之史的发展》、《上海图书馆史》等。1937年起,先后在《通报》、《中美日报》、《密勒氏评论报》、金华《东南日报》等报任记者、编辑、撰稿人,在《正言报》任总编辑。曾获"抗战胜利勋章"。1958年进中华书局上海编辑所任编辑。1978年起任上海人民出版社编审。1981年被国际科学史研究院选为通讯院士。著有《梦溪笔谈校证》、《中国古代的类书》、《农书与农史论集》等。(2003年1月去世)

冯英子(1915—)

原名冯轶。籍贯江苏昆山。1932年进《昆山民报》、《新昆山报》当记者,后任苏州《早报》记者兼《大光明报》,苏州《明报》战地记者兼上海《大晚报》记者,《大公报》战地记者。1938年任中国青年新闻记者协会干事、国际新闻社记者。后任湖南邵阳《力报》主编、采访主任,桂林《力报》总编辑,《正中日报》评论部长,吉安《前方日报》总编辑,沅陵《力报》副社长兼总编辑,《中国晨报》副社长兼总编辑。1945 年 8 月 21 日在湖南芷江采访日本向中国无条件投降的受降仪式。1945 年后任南京《中国日报》总编辑,《新中华日报》总经理,苏州《大江日报》社长。1949 年任香港《周末报》副社长兼总编辑、香港《文汇报》代总编辑。1953 年任上海《新闻日报》编委兼编辑部主任。1960 年调任《新民晚报》副总编辑,后任评论员。曾任上海辞书出版社编审、大地文化社社长、《当代中国上海卷》副主编。著有《苏杭散记》、《长江行》、《移山集》、《冯英子杂文选》等。《当代杂文选萃——冯英子卷》被评为全国优秀杂文集。1989 年获全国晚报杂文大赛一等奖、二等奖。1987 年评定为高级记者。1992 年获国务院特殊津贴。1977 年起任上海市政协委员,上海市政协第七届常委。1993 年 4 月离休。(2009 年 8 月去世)

王维(1919—)

原名王茂柏。籍贯浙江临海。1938 年 2 月投身抗日斗争,次年秋起在中共地下组织领导下从事抗日救亡工作。1940 年创办油印报《反扫荡》,次年起历任浙西《民族日报》助理编辑、新四军《前进报》编辑、第六师新闻组组长。1944 年起任新华社苏北分社记者、报道科长、支社社长、分社代社长。1947 年秋起任《新华日报》华中版副总编辑、江淮日报社社长兼总编辑、皖北日报社社长兼总编辑、政务院治淮委员会政治部副主任。1952 年秋起任中共中央华东局宣传部报刊处副处长、新中国第一部宪法起草委员会办公室编辑组副组长、第一届全国人民代表大会秘书处编辑组组长。1954 年 12 月任上海解放日报社副总编辑、第二总编辑。1965 年 11 月任中共上海市委宣传部副部长。粉碎“四人帮”后,任中共上海市出版局委员会副书记兼副局长。1978 年 2 月重返解放日报社,先后任党委书记兼总编辑、顾问。1958 年起先后任中华全国新闻工作者协会上海分会副主席、主席,中华全国新闻工作者协会,中国韬奋基金会副会长。1953 年起受聘复旦大学新闻系兼职教授。1987 年评定为高级编辑。1992 年获国务院特殊津贴。著有《把心扑在新闻上》等。

束纫秋(1919—)

笔名越薪、易火、言微、荆中棘。籍贯江苏丹阳。1939 年投身革命。1957 年从中共上海市委宣传部调新民晚报社,历任副总编辑、总编辑。1972 年调上海人民出版社辞海编辑所(后改为上海辞书出版社)。随后任市新闻出版局副局长兼辞书出版社社长、总编辑、《辞海》副主编。1982 年《新民晚报》复刊后,任新民晚报社党组书记、总编辑,中国晚报工作者协会副会长、学术委员会主任、顾问、名誉会长,上海市新闻工作者协会副主席。1987 年评定为高级编辑。1992 年获国务院特殊津贴。中篇小说《投机家》、《遇鬼记》收入上海社会科学院文学研究所编的《上海“孤岛”文学作品选》。著有小说集《蹄下小景》,杂文集《一笑之余》、《悚然失敬》、《做晚报的一只眼睛》。2001 年主编出版《中国晚报学》。(2009 年 3 月去世)

任嘉尧(1919—)

又名任家耀。籍贯江苏吴江。1941 年上海光华大学毕业。1938 年 1 月参与《文汇报》创办。1941 年 12 月至 1942 年 7 月任重庆《大公报》编辑部助理编辑,1945 年 12 月至 1947 年 5 月任上海文汇报经理部秘书,1948 年 9 月至 1949 年 5 月任香港《文汇报》编辑部各地通讯版编辑。在香港《文汇报》工作期间,频繁报道解放战争动态,向港澳同胞和海外侨胞宣传中国人民解放战争的真实形势,并协助潘汉年组织一批民主进步人士北上参加新政协的工作。后回上海文汇报工作。1980 年参与《世界经济导报》创刊工作。1988 年评定为高级编辑。(2016 年 10 月去世)

徐中尼(1920—)

籍贯江苏奉贤(今属上海市)。1940 年毕业于上海民治新闻专科学校。1941 年参加革命,先后参加创办苏北《如西报》、《江潮报》,任记者、编辑、总编辑及新华通讯社苏中三支社副社长。抗日战争胜利后,任苏皖边区《江海导报》总编辑,后任《新华日报》华中版副总编辑。1949 年上海解放后,先后任新华社华东总分社、上海分社财经组长、工业组长及编委等,1958 年调新华社总社任国内部工业组长。1979 年任新华社上海分社党组成员、顾问。曾任上海市新闻学会副会长、顾问,新华社新闻研究所调研员,《大江南北》杂志主编。1988 年评定为高级记者。著有《新闻写作讲座》、《需要认真研究新闻的普遍规律》等。

陆灏(1920—)

原名许彬章,又名洛灏、许干。籍贯江苏无锡。1937 年 3 月参加沈钧儒、邹韬奋等"七君子"领导的救国会,投身抗日救亡运动。1943 年起任晋察冀日报特派记者、编辑。1948 年后任人民日报记者、人民日报驻莫斯科记者。1957 年 10 月调至复旦大学新闻系任写作教研组主任,主编出版《中国报刊文集》、《中国通讯报告选(上册)》、《中国报刊评论选》。1958 年 10 月起任文汇报社副总编辑。1972 年任解放日报社党委委员、总编办公室主任。"文化大革命"后,回文汇报社先后任副总编辑、党委副书记兼副总编辑、顾问。1987 年评定为高级记者。1992 年获国务院特殊津贴。著有《建设鞍山的人们》(有外文出版社英译本)、《长江桥头》、《让我们和时间赛跑》和《陆灏新闻作品选》。曾任上海市新闻工作者协会副主席。被聘为杭州大学新闻系名誉主任,复旦大学、武汉大学新闻系兼职教授。(2003 年 9 月去世)

唐海(1920—)

原名唐盛宽。籍贯浙江宁波。1940 年起先后任桂林、香港国新社记者,衡阳《大刚报》、成都《华西晚报》记者。抗战胜利后,任上海《文汇报》记者、上海《新民报·晚刊》采访部副主任,兼南京《大刚报》上海办事处主任。1947 年 5 月参加《文汇报》在香港复刊筹办工作,任采访主任。1949 年后,历任上海《文汇报》采访主任、编委、副总编辑。"文革"结束后,任《文汇报》副总编辑,上海市新闻学会顾问。1988 年评定为高级记者。1952 年至 1956 年先后当选上海市各界人民代表和上海市人民代表。著有《十八天的战争——香港沦陷记》、《臧大咬子传》、《毋忘过去》、《难忘的"号外"》和与人合著《朝鲜纪行》、合译《史迪威日记》。(2004 年 11 月去世)

高汾(1920—)

女。籍贯江苏江阴。1937 年高中毕业,进中共地下党领导的《救亡日报》任记者。翌年 7 月参加中国共产党。抗日战争胜利后任重庆《新民报》、《香港文艺通讯社》记者。上海解放后，任《大公报》驻北平首席记者。1978年先后在《财贸战线》、《经济日报》任副刊编辑。1986年后被聘为《新民晚报》驻京特派记者。1991年，任《新民晚报》驻京特约记者。抗日战争时期，代表作有《昆仑关之战片断》、《震撼世界的一日》等。1993年获国务院特殊津贴。（2013年11月去世）

陆平（1920—）

籍贯湖南永兴。大专文化程度。1947年参加南京地下党工作。1948年10月，在中共南京市委书记陈修良领导下，策反国民党陆军97师（首都警卫师）起义。渡江战役前陆军97师举行起义，护送起义部队主要将领家属辗转上海和香港。南京解放后，任中共南京市委统战部、南京市政协秘书、副科长、科长、副处长。1955年到上海，任文汇报记者、编辑。"文化大革命中"下放上海新闻出版干校劳动。1975年到上海机械学院教育处工作。1980年9月任《世界经济导报》副总编辑。1988年评定为高级编辑。（2015年1月去世）

郑伯亚（1921—）

籍贯江苏如皋。1942年高中毕业后，先后在新四军苏中根据地《江潮报》、《苏中报》和新华社任编辑、记者。在解放战争中，曾全程采访报道苏中七战七捷等新闻通讯，创作有反映抗日斗争题材的小说《头难》。1949年起，先后在两淮、苏州、北京、上海等地新华社工作，担任过支社、分社副社长。1988年评定为高级记者。1984年采写的《改革要有这样的品格——记上海交通大学党委书记邓旭初》，获新华社优秀新闻作品奖。1986年和1997年两次获中华全国新闻工作者协会荣誉证书。

丁柯（1921—）

籍贯上海。1934年至1937年，就读于中华职教社职业学校。1938年在皖南参加新四军。1942年任新四军一师四分区《江海报》随军记者。1943年创办并任新四军浙东纵队《战斗报》总编辑。1946年任华东野战军第一纵队《前锋报》总编辑、新华社前线分社一支社社长。1948年任中共济南市委的《新民主报》研究室主任。1949年5月，随新闻大队南下上海，先后任《解放日报》编辑部新闻编辑室主任、编委。1956年任市委办公厅党刊编辑室主任，主编上海《支部生活》、《党的工作》。1980年任《解放日报》总编室主任。1981起年任《民主与法制》总编辑。1990年任上海市老新闻工作者协会副会长。

刘庆泗（1922—）

籍贯山东滨县（今滨州市）。1939年参加八路军。1943年起任鲁中军区《前卫报》战地记者。解放战争时期，先后任解放军26军《战旗报》记者，新华支社记者、采通主任、副社长。1948年1月，新华通讯总社以"优秀记者刘庆泗"为题在全国播发其事迹。获得华东军区、第三野战军二级人民英雄称号。解放后，任华东军区（后为南京军区）新闻科、宣传科科长。1977年6月起，历任文汇报党委副书记、副总编辑、顾问，上海老新闻工作者协会副会长。1988年评定为高级记者。1993年获国务院特殊津贴。先后获上海市老有所为精英奖，被评为上海市离休干部先进个人，全国老有所为奉献奖及全国离休干部先进个人。所写前线通讯《功劳炮》解放后被收入中学语文课本。著有《战地采访录》、《昨天和今天》。

杨瑛(1922—)

原名盛静文。女。籍贯浙江嘉兴。1941年参加新四军,1944年从事新闻工作,先后在苏中区《新报》、淮阴《新华日报》华中版任编辑、编辑组长,后进新华社工作,历任苏中分社、华中总分社编辑、记者,苏南分社报道科副科长,上海分社记者、采编主任、副社长,1978年至1983年任分社社长、党组书记,后退居二线任顾问。1988年评定为高级记者。曾任复旦大学新闻系、上海科技大学新闻与人文科学系兼职教授。曾任上海市新闻工作者协会副主席、上海市女记者联谊会名誉理事长。

张林岚(1922—)

原名张世椁,笔名一张、马蓝、东阳马主、墨雨、芳洲。籍贯浙江浦江。抗日战争初期加入中华民族解放先锋队,任县宣传部长,主编《吼声》周刊。西北大学肄业。1941年起长期在西安《青年日报》、《华北新闻》,重庆、上海《新民报》工作,历任编辑、记者、编辑主任、主笔、编委。1982年《新民晚报》复刊,任副总编辑,兼《漫画世界》常务副主编。上海市第七届政协委员、上海市新闻学会副会长、2000年版《上海新闻志》副主编。1987年评定为高级记者。1993年获国务院特殊津贴。作品有长诗《灰色马》、《积雪的山林》等,散文集《梦里的童年》,杂文随笔集《月下小品》等;传记文学《赵超构传》获中国传记文学学会优秀传记文学奖。(2017年12月去世)

徐开垒(1922—)

笔名余羽、徐翊、立翊。籍贯浙江宁波。1949年7月参加革命。1949年9月在华东新闻学院学习结业后进文汇报社,历任编辑、记者、副刊《笔会》主编、文艺部副主任。1987年评定为高级编辑。曾任上海市第六、七届政协委员,上海市作家协会第四、五届理事、散文杂文报告文学创作委员会主任。1986年,开始采访写作《巴金传》,并于6年后完成。著有《在文汇报写稿70年》、《徐开垒散文选》等。(2012年1月去世)

张默(1922—)

女。籍贯江苏常州。1938年12月参加革命并加入中国共产党,1950年到解放日报社工作,历任政治组记者、副组长,政法文教部副主任。1978年借调至中共中央宣传部政治研究室任研究员。1982年回解放日报社,任编委兼北京办事处主任。上海市1982年度优秀新闻工作者。1988年评定为高级记者。1963年整理周恩来总理在上海科委的讲话,周恩来亲自帮助其修改稿子。(2012年12月去世)

邹凡扬(1923—)

籍贯上海。16岁参加地下党领导的"学生抗日救亡协会",1939年10月加入中国共产党。1946年接受党组织命令进入上海新闻界,先后担任上海光大通讯社、《新夜报》记者,中联通讯社总编辑、《新闻观察》杂志主编,曾3次采访蒋介石。1949年5月25日凌晨,按照中共地下组织指令,先期接管国民党上海电台,撰写播出了上海解放的消息,播出解放军入城布告(即约法三章)。新中国成立后任《新闻日报》副总编辑、上海电台副总编辑。"文革"后历任上海电台台长,上海市广播电视局党委书记、局长。1987 年评定为高级编辑。中共上海市第五次代表大会代表,第八届上海市人大代表,第六、七届上海市政协常委。1995 年离休。(2015 年 6 月去世)

宋军(1923—)

原名宋世斌。籍贯浙江余姚。1941 年到苏中抗日根据地参加新闻工作。抗日战争时期,先后在《江海报》《南通报》《苏中报》任记者。解放战争时期,历任新华通讯社华中总分社记者、淮南分社副社长、解放军前线分社记者组长。中华人民共和国成立后,曾任上海华东新闻学院辅导主任、《解放日报》编委兼经济部、文学艺术部主任,并主编《朝花》。1981 年任中共上海市委宣传部新闻出版处处长、上海社会科学院新闻研究所所长。曾任上海市新闻工作者协会副主席。1988 年评定为高级记者。

陈念云(1924—)

原名陈燿祖。籍贯上海川沙。1950 年毕业于上海民治新闻专科学校。1951 年起先后任新闻日报记者,解放日报记者、财经组组长、政法文教组组长、农商部副主任、文艺部主任、评论部主任、编委、副总编辑。1983 年起任解放日报社党委书记、总编辑、顾问。1987 年决策并主持《解放日报》的扩版与改版——将报纸版面从日出一大张 4 版扩改为两大张 8 版。同时,力推党报的改革创新和实践,倡导社会新闻,在全国率先将社会新闻刊登头版。1955 年获上海市文化界先进工作者称号。中共十二大代表,上海市第五届政协委员、第七届政协常委,上海新闻工作者协会副主席。1987 年评定为高级记者。1992 年获国务院特殊津贴。著有《新闻工作散论》《报苑耕耘五十秋》等。(2011 年 8 月去世)

夏华乙(1924—)

籍贯浙江鄞县。1949 年在华东新闻学院讲习班结业,进解放日报社,历任记者、编辑,工交财贸部副主任、主任,编委等职。1984—1993 年兼任《上海经济信息报》主编、《上海改革》杂志主编。1979 年起,连续三次被评为上海市劳动模范。1987 年评定为高级记者,并被增补为全国新闻高级专业职务资格评审委员会委员。1992 年获国务院特殊津贴。

马达(1925—)

籍贯安徽安庆。1941 年 2 月参加革命,1942 年起历任苏中《滨海报》《苏中报》特派记者,《群众报》《人民报》通联科长、通讯部主任,新华社华中二支社副社长、《人民报》总编辑、华中《新华日报》地方版主编。1949 年起任《苏南日报》副总编辑、《工人生活报》编委会书记。解放后,历任上海劳动报社社长兼总编辑、《解放》杂志评论员、中共上海市委副秘书长、解放日报党委书记兼总编辑。1978—1994 年任文汇报社党委书记、总编辑,顾问。曾任中华全国新闻工作者协会常务理事,上海市新闻学会会长,中国新闻学会联合会副会长,复旦大学新闻学院、南京大学新闻传播学系兼职教授。1987 年评定为高级编辑。1992 年获国务

院特殊津贴。著有《报苑耕耘》。（2011 年 9 月去世）

陈迟（1926—）

籍贯江西九江。1948 年秋在上海参加革命。1945 年开始新闻工作，解放前先后在江西和上海的 6 家报社任编辑、记者，在其中两家报社任编辑主任。1947 年在中国新闻专科学校研究科学习。1949 年上海解放前夕曾任中共地下组织领导的《上海人民报》记者。上海解放之日参加解放日报社工作，历任解放日报社、新闻日报社、新华通讯社上海分社（当时兼人民日报记者站）编辑、记者、组长、编委。1977 年重返解放日报社，先后任责任编辑、《经济》专刊主编、评论员、部主任、副总编辑、顾问。曾任上海老新闻工作者协会常务副会长、上海市新闻工作者协会理事。第九届上海市人大代表。曾兼任上海科技大学新闻与人文科学系系主任，上海大学影视学院客座教授。1987 年评定为高级编辑。1993 年获国务院特殊津贴。著有诗、文、通讯报告集《少年子弟江湖老》、《老紫藤的心事》等。（2015 年 9 月去世）

吴承惠（1926—）

笔名秦绿枝。籍贯江苏镇江。1946 年起任《世界晨报》记者。1949 年后在《亦报》、《新民晚报》历任记者、编辑、副刊部《夜光杯》主编、编委。1978 年至 1981 年任上海文艺出版社出版的《艺术世界》主编。曾任上海市新闻学会常务理事、上海大众文学会副会长。第七届全国人大代表。1987 年评定为高级编辑。在《新民晚报》副刊辟有"休息时断想"、"不拘小记"小品专栏。1984 年被评为上海市优秀新闻工作者。著有《平凡的断想》、《人生看戏》、《海派商人黄楚九》等。

张煦棠（1927—）

籍贯浙江诸暨。1949 年 7 月参加革命。杭州新闻学校毕业后，到解放军 24 军《火线报》任见习记者、通联干事。1954 年到文汇报社，历任编辑、记者、新闻部主任、总编办第二主任、总编辑助理、编委、副总编辑、顾问。兼任《文汇经济信息报》主编、中国经济信息报刊协会副会长、上海企业报研究会名誉会长。1990 年 6 月至 1994 年 1 月，任《新闻报》总编辑。1987 年评定为高级记者。1993 年获国务院特殊津贴。1994 年获上海市老有所为精英奖。《上海市区文化向郊区辐射》获上海好新闻奖一等奖。著有《怎样写新闻通讯》、《一个记者的足迹》、《一个记者的手记》，主编出版《经济新闻论文集》。

徐家柱（1928—）

籍贯浙江宁波。1952 年 8 月毕业于上海圣约翰大学新闻系，同年到北京参加中共中央宣传部宣传干部训练班学习至 1953 年 5 月，调入新华社，历任新华社辽宁分社和新华社上海分社记者，上海分社经济组副组长、工业组组长。1992 年评定为高级记者。1978 年 5 月至 12 月，被总社抽调，参加组织、编辑有关"实践是检验真理的唯一标准"大讨论的系列稿件。1978 年 3 月 5 日发表由陈云签发的《伟大的上海工人武装起义中的周恩来同志》。1986 年 6 月担任赴奥地利中国记者组组长。

周珂（1929—）

笔名奚丰淑、俞晴。女。籍贯浙江慈溪。1948年参加革命。1952年复旦大学新闻系毕业后，先后任上海市人民政府新闻处记者、政法文教科副科长，市委宣传部报刊广播处副科长，新民晚报社编委兼政治组组长、采访部主任、副总编辑。1979年任上海电台副台长，倡议和创立全国广播系统中第一个新闻评论节目。1981年后任新民晚报社副总编辑、评论员。策划创立的"蔷薇花下"批评性社会新闻专栏，被评为上海和全国好新闻专栏一等奖。1988年评定为高级记者。参与编撰《中国晚报学》。（2016年2月去世）

徐学明（1929—）

籍贯江苏苏州。1947年参加革命。1948年因工作需要并根据中共地下组织的指令，提前从上海暨南大学外文系本科肄业。1949年进入华东新闻学院学习和工作。1951年2月起任民治新闻专科学校班主任。1952年调至劳动报社，先后任记者、编辑、工业组长、编委。1961年起，历任解放日报工交财贸部副主任、采访部主任、工交财贸部主任、编委、副总编辑。1985年任上海社会科学院新闻研究所副所长。1986年任上海市新闻学会副会长。1988年评定为高级编辑。1992—1996年任上海老年报总编辑。

柴之豪（1930—）

籍贯上海。1948年上海民治新闻专科学校毕业。1949年6月起，先后在解放日报社任校检员、校检组长、总编办公室干事、文艺部记者。1968年至1974年，参加上海市赴吉林延边州、江西抚州上山下乡长期学习慰问团，后到同济大学政宣组工作。1977年至1994年任中共上海市委宣传部新闻出版处干事、副处长、处长、巡视员。

周永康（1930—）

籍贯上海。1952年8月毕业于上海圣约翰大学文学院新闻系。1953年9月起任新华社上海分社记者，1986年评定为高级记者。在20世纪五六十年代，参加私营工商业社会主义改造、大炼钢铁、技术革命、全国学上海等重大主题的新闻宣传报道。1978年后持续十年负责宝钢工程的宣传报道。参与新华社总社《半月谈》杂志的创刊工作；曾在海南省海口市创办《环球经济导报》，任报社社长。1983年被评为上海市优秀新闻工作者。著有《笔上春秋》。

毛秀宝（1930—）

女。籍贯上海。1953年于复旦大学新闻系毕业，任《解放日报》记者。1978年调至《上海科技报》任记者，1984年起先后任副总编辑、总编辑。1992年7月评定为高级记者。1982年和1984年两次荣获上海市"三八红旗手"称号，被评为1982年度上海市优秀新闻工作者，1991年度全国优秀新闻工作者。曾任上海市新闻学会、上海市新闻工作者协会、上海老新闻工作者协会理事、上海市女记者联谊会理事长。《访美归来话"超导"》获上海市好新闻作品一等奖、全国好新闻作品二等奖。（2014年1月去世）

叶世涛（1931—）

籍贯江苏吴县。早年就读于上海圣约翰大学新闻系，1952年高校院系调整转入复旦大学新闻系，1953年毕业分配到新华社上海分社，历任记者组组长、采编室主任、党组成员。1986年12月评定为高级记者。代表性论文有《吃透"两头"是记者工作的基础》、《对外宣传要吃透"三头"》等。曾担任新华社新闻研究所特约研究员、中国新闻学院（二部）兼职教授、上海市新闻工作者协会理事。1986年获中华全国新闻工作者协会荣誉证书。1991年被评为上海市优秀新闻工作者。

钟锡知（1931—）

籍贯浙江杭州。1950年2月浙江大学外文系肄业，同年12月进文汇报社，历任政治经济组、评论组、文艺部、新闻部负责人及文汇报广州办事处主任。1988年评定为高级记者。1984年6月发表的报告文学《中国"基因"——洪国藩在剑桥》获全国科学新闻奖一等奖。1978年8月，发现小说《伤痕》稿件并推荐报社领导审定发表，在全国引起强烈反响。著有《钟锡知新闻作品集》、《论通讯特写》等。（2006年12月去世）

闵孝思（1931—）

籍贯江苏南汇（现属上海市）。1953年7月毕业于复旦大学新闻系。1951年4月起任上海市政府新闻处新闻发布记者。1954年4月任中共上海市委宣传部新闻出版处干事。1979年1月任《文汇报》要闻部主任。1981年7月任上海电台副台长。1984年1月起任《上海工人报》（1985年1月更名为《劳动报》）总编辑。1986年1月任《上海政协报》（一年后更名为《联合时报》）总编辑。1988年发起组织全国政协报研究会，任理事长。1992年被聘为《上海老年报》副总编辑。1998年被聘为《远东经济画报》副主编。1992年至1995年间评定为高级记者（编辑）。

梁廉荣（1931—）

籍贯浙江临海。1955年复旦大学新闻系毕业，到《新闻日报》工作。1962年调文汇报社，先后任记者、编辑、《周末》专刊主编。1984年至《解放日报》任工交财贸部副主任。1985年9月借调至香港经济导报社任编委、中国部主任，并兼任《解放日报》驻港特派记者。在港期间，主持《经济导报》专刊中国经济部的组稿和编审工作，撰写300多篇中国经济述评和50多篇通讯、访问记。1992年评定为高级记者。

陈听涛（1931—）

籍贯上海浦东。1949年6月参加革命工作。1956年起先后任《新闻日报》副刊编辑、要闻版编辑、本市版编辑、农商组副组长。1960年起任《解放日报》国际版编辑，1966年任评论组组长，1984年底起任党群政法部主任。1992年评定为高级编辑。

金维新（1932—）

籍贯浙江兰溪。1956 年复旦大学新闻系毕业,留校任教。1965 年调至解放日报社,历任评论员、采访部领导成员、理论宣传部主任兼《新论》主编。1987 年评定为高级编辑。曾任上海市政协第八届委员、文史资料专门委员会副主任。编著、合著《反腐败论析》《历史悬案百题》等近 20 本,撰写哲学、新闻学、经济学、历史学等方面的论文 20 多篇。连续获得 1991 年度、1992 年度全国“五个一工程”作品奖。

夏道陵（1932—）

籍贯江苏泰州。1953 年 7 月毕业于复旦大学新闻系。1953 年 9 月起历任新华社摄影部记者、编辑,新华社伦敦分社记者,新华社上海分社摄影室记者、主任。1987 年评定为高级记者。1957 年成为中国摄影家协会会员,1962 年加入中国摄影家协会上海分会,任常务理事、副主席。2000 年 2 月受荷兰世界新闻摄影基金会的邀请,赴阿姆斯特丹参加第四十三届世界新闻摄影大奖赛任评委。摄影作品《活广告》获 1982 年全国好新闻奖。论文《新闻摄影的瞬间抓取》1991 年发表于新加坡学术刊物《PHOTO ART》。

张启承（1932—）

籍贯浙江绍兴。1953 年上海财经学院财政金融系毕业,后进中国人民大学马列主义研究班进修。1965 年底进文汇报社,历任理论部编辑、理论部主任、总编办第一主任、编委,1983 年起任副总编辑、常务副总编辑,1989 年至 1995 年任党委书记、总编辑。1979 年评为上海市劳动模范。1987 年评定为高级编辑。1992 年获国务院特殊津贴。中共上海市第六次代表大会代表,上海市第十届人大常委会委员,曾任上海市新闻工作者协会副主席、上海市新闻学会会长。著有《新时期党员的党性修养》《孙中山社会科学思想研究》(合著)、《情缘文汇》。

任荣魁（1932—）

籍贯山东肥城。1947 年 4 月参加革命。1950 年 5 月至 1952 年在济南华东大学艺术系学习。1952 年 3 月,到上海电影厂艺术处工作。1960 年任《上海电影》《大众电影》杂志编辑部主任。1966 年 2 月,调西藏日报社工作,曾任副总编辑。1981 年 3 月,参加《新民晚报》复刊筹备工作,1982 年任副总编辑。1992 年评定为高级编辑。著有《平凡的断想》等。(2014 年 6 月去世)

丁淦林（1932—）

籍贯江西南昌。1955 年 7 月毕业于复旦大学新闻系,毕业后留校任教,1988 年任教授,1990 为博士生导师,1990 年 9 月至 1993 年 12 月任复旦大学新闻学院院长。1997 年至 2002 年任国务院学位委员会学科评议组成员;1998 年至 2003 年任国家教育部人文社会科学研究专家咨询委员会委员;1990 年至 2001 年任中华全国新闻工作者协会理事、特邀理事;1992 年任中国新闻史学会常务理事、副会长、顾问;1990 年任中国教育协会副会长、特邀理事。主持多项国家级、省部级重大课题研究。1992 年获国务院特殊津贴。1997 年被授予复旦大学首席教授称号。撰写、编著作品有《邹韬奋年谱》《简明中国新闻史》《中国新闻事业史教学大纲》《中国新闻事业史》《中国新闻图史》《聚焦与扫描：20 世纪新闻学与传播学研究回顾》等。（2011 年 9 月去世）

张平（1932—）

籍贯浙江奉化。1952 年加入志愿军抗美援朝，从事战地摄影采访工作，1955 年随部队回国。1958 年转业到新华总社，分配在上海分社工作，任摄影组副组长、组长。1992 年评定为高级记者。代表作有《蚂蚁啃骨头威力大》《小小一环连全国》《放下钢帅架子为轻工业服务》《金鱼缸里的宝石花》《奇异的金属》《抓斗大王包起帆》等。

陆谷苇（1932—）

籍贯江苏泰兴。1953 年 8 月毕业于复旦大学新闻系，9 月进解放日报社任记者。1978 年 12 月起任中国新闻社上海分社记者。1986 年获中华全国优秀新闻工作者称号。著有《难忘的六天》（与人合著）、《一个小老头，名字叫巴金》《文坛漫步》《艺树剪影》《名人采访录》《记巴金》等。1992 年评定为高级记者。

安肇（1932—）

籍贯河北定州。1955 年中国人民大学贸易系国内贸易专科毕业。20 世纪 60 年代初转入新闻出版界。1981 年任上海画报社副社长，后任《上海画报》主编、《时代新产品画报》总编辑、《画报研究》主编。1997 年任《远东经济画报》总编辑。1991 年 3 月起任中国画报协会（原中国画报联谊会）副会长兼秘书长。1992 年评定为高级记者。

樊天益（1932—）

籍贯上海。1954 年复旦大学新闻系毕业后进解放日报社，历任记者、工交财贸部副主任（主持工作），并任与《星岛日报》在香港联合出版发行的《解放日报·中国经济版》副主任。1983 年撰写的《安徽可建成"华东鲁尔"》获第五届全国好新闻奖。曾任上海市政协第七届委员、第八届常委。1992 年评定为高级记者。

白国良（1932—）

生于印尼，1950 年回国。1957 年复旦大学新闻系毕业后，分配在中国新闻社任记者。1973 年调至新华通讯社上海分社。1991 年评定为高级记者。1987 年至 1990 年，连续 4 年获新华社上海分社年度先进个人奖、先进生产者奖、工作优秀奖。1989、1990 年两次获新华社优秀信息记者一等奖，1991 年度获报道创新奖。采写的《上海外汇价格大幅度下跌》（4 篇系列报道）、《3·24 上海火车事故》（连续报道）、《美元价格下跌后的上海外汇市场》《上海浦东开发进入启动阶段》《中国将颁布 B 种股票管理办法》分获当年新华总社一等好稿奖。《人民币汇率下调的首场外汇交易——上海外汇调剂中心即景》获 1990 年全国现场短新闻三等奖。著有《毛里求斯简史》。

王忻济（1932—）

籍贯江苏吴县。上海南洋无线电学校无线电专业毕业。1951 年 6 月参加上海电台工作。历任电台技术部播送科技术员、技训班教员。1958 年 4 月参加筹建上海电视台，历任上海电视台技术组组长、技术部主任。1979 年 10 月应联邦德国艾伯特基金会邀请赴德国进修 1 年。1983 年 9 月任上海市广播电视局副局长，1989 年兼任局总工程师。1995 年 7 月退休。曾任上海市电子学会第三、四、五届副理事长，中国录音师协会副理事长，上海市广播电视学会副会长。

居欣如（1933—）

笔名沈诚、子梅。女。籍贯浙江海宁。1953 年毕业于复旦大学新闻系。在新闻系任教二十余年。1959 年评定为讲师，担任新闻理论教研室副主任。"文革"后调至中共上海市委宣传部报刊处。1983 年任解放日报副总编辑。著有《一得集》、《晚霞集》。1992 年评定为高级编辑。1993 年获国务院特殊津贴。曾任全国报纸理论宣传研究会副会长。1998 年起任上海市老新闻工作者协会副会长。

史中兴（1933—）

籍贯安徽全椒。1949 年 1 月参加革命。1958 年复旦大学新闻系毕业。1977 年 3 月调至文汇报社，历任评论员、文艺部主任、总编辑助理、副总编辑，兼任《文汇电影时报》主编。1992 年评定为高级编辑。1993 年获国务院特殊津贴。著作有《贺绿汀传》、《用心弦弹奏的乐章》、《碎瓯拾片》、《暂憩园》等 13 部。上海市政协第八届委员、市政协文化委员会副主任。1992 年 2 月至 1995 年 12 月，受聘为上海大学文学院兼职研究员。

吴培恭（1933—）

籍贯上海。1956 年 6 月复旦大学新闻系毕业后，师从陈望道研究语法修辞。1957 年 3 月调文汇报社，历任记者、教卫部副主任、国内记者部副主任、总编办主任、经济科技部主任。曾参与组织上海市"人民教师"、"优秀护士"的评选活动，参与筹划"怎样开创教育事业新局面"等问题讨论，以及"强化市场观念　促进机制转换"为主题的报道。1992 年评定为高级记者。著有《人物报道写作》、《新闻改革与创新》等。（2017 年 7 月去世）

刘延州（1933—）

籍贯吉林。1950 年任吉林广播电台记者。1959 年毕业于中国人民大学新闻系，进新华社国际部，后调文汇报社。1964 年至 1968 年，1974 年至 1980 年，1983 年至 1988 年，三次作为文汇报特派记者常驻日本。1988 年评定为高级记者。1992 年获国务院特殊津贴。著有《探索日本》。译著有《日本人的心理》。

敬元勋（1934—）

笔名林勃、敬源迅等。籍贯安徽和县（今马鞍山市）。1958 年 7 月毕业于复旦大学新闻系,同年9月赴江西大学新闻系任教,任系务委员会委员、新闻写作教研组副组长。1965年11月调解放日报社,任记者、编辑、评论员。1984年7月任上海市人民政府新闻处副处长、处长。1989年7月至1995年10月任文汇报副总编辑。曾任上海老新闻工作者协会副会长。1992年评定为高级记者。著有《易碎集》、《夕照集》。

张焕培(1934—)

籍贯江苏宜兴。1959年北京外国语学院英语系毕业。1982年调入文汇报驻北京办事处,从事新闻采访和新闻编辑工作。1985年任国际部驻外记者,先后任驻尼泊尔和联合国总部记者。1994年评定为高级记者。

丁锡满(1934—)

笔名萧丁。籍贯浙江天台。1958年毕业于复旦大学新闻系,进解放日报社历任国际版编辑、文艺部副主任。1983年至1988年任中共上海市委宣传部副部长,1985年兼任上海市文化局代局长。1988年任解放日报常务副总编辑,1989年至1995年任总编辑。1991年至1996年任中华全国新闻工作者协会副主席。1996年至2001年任上海市新闻工作者协会主席。1988年评定为高级记者。1992年获国务院特殊津贴。1991年获中国新闻摄影学会"总编辑慧眼奖"。1994年《不能搞有偿新闻》获中国新闻奖二等奖。著有散文集《迷眼的乱花》、《醉人的红叶》,诗集《刺手的玫瑰》。(2015年12月去世)

周嘉俊(1934—)

籍贯浙江镇海。1956年进劳动报社,任记者、《工人文艺》专刊主编。1962年调文汇报社,历任《笔会》编辑、文艺组负责人、《文汇月刊》主编、《文汇报》扩大版主编、《笔会》主编。1991年评为上海市优秀新闻工作者。1992年评定为高级记者,同年获国务院特殊津贴。著有《山风》、《初航》、《下马部长》等12部。《永远是黎明》、《步鑫生现象反思》、《南通霓》、《独特的旋律》分获全国优秀报告文学、短篇小说奖。

苏瑞常(1934—)

籍贯广东广宁。1964年毕业于中国人民大学哲学系。1968年起历任《文汇报》理论组、工业组、政治经济科技部、新闻部记者。1985年2月起先后任新民晚报社党组副书记、党委副书记、编委,曾兼群众工作部主任。1988年12月评定为主任记者。

何倩(1935—)

女。籍贯上海。1958年7月毕业于复旦大学新闻系,毕业后任江西日报社记者。1960年5月调文汇报社任记者。在40余年的新闻工作中,积累了丰富的新闻采写经验,尤擅长人物专访,专访对象大多是学术界、文化界、教育界的知名人物,曾经采访过巴金、王元化、任继愈等。1994年评定为高级记者。著有《陋室翻书录》、《识荆记》等。

曾文渊（1935—）

籍贯福建惠安。1956 年 8 月毕业于厦门大学中文系。历任《文艺月报》、《上海文学》理论编辑，中国作协上海分会文学研究所研究人员，上海社会科学院文学所助理研究员、副研究员。高校文科统编教材《文学的基本原理》（国家教材一等奖）主要编写修订者之一，参与《辞海（试行本）》文艺理论和中国现代文学条目的审定和修改。1981 年参与《文学报》创刊筹备工作，历任评论部负责人、副总编辑。1992 年评定为高级编辑。中国作家协会会员，中国社会主义文艺学会理事，中国小说学会理事，中国丁玲研究会理事，中国赵树理研究会理事，上海大学文学院客座教授。著有评论集《小说风云》、《文坛风景》、散文集《文苑旧事》及百余篇评论、杂文。（2003 年 1 月去世）

郑重（1936—）

籍贯安徽宿县。1961 年复旦大学新闻系毕业，1962 年 10 月进文汇报社，历任记者、文艺部负责人和《独家采访》专刊主编。1987 年评定为高级记者。1993 年获国务院特殊津贴。著有《时代风云录》、《在卫星起飞的地方——酒泉卫星发射场散记》、《寻找中国金字塔——有关中国文明起源的探讨》、《杭人唐云》、《陈中伟》、《通向大脑奥秘之路——张香桐传》等。

肖关根（1936—）

籍贯上海。1961 年于华东师范大学历史系毕业后，转入同校世界近代史研究班，1965 年 3 月毕业后，进人民日报社。1978 年调驻上海记者站。1992 年被评为高级记者，任上海记者站站长。人民日报华东分社成立后，兼任分社上海新闻采访部主任。《活水带来生机——上海交大管理改革见闻之一》获全国好新闻二等奖。1990 年 6 月评为中共中央直属机关优秀党员。1994 年获国务院特殊津贴。

孙乐英（1936—）

籍贯安徽寿县（今属长丰县）。1959 年上海社会科学院法律系毕业，到上海社会科学院工作。1961 年 9 月至 1965 年 8 月在中共中央华东局、中共上海市委政治研究室、市委办公厅等单位从事调研和文件起草工作。1978 年调任《解放日报》评论员。1992 年任《支部生活》副主任、副主编。1996 年至 1999 年任《党课教材》杂志主编。1986 年获上海市人民政府记功奖励。1996 年评定为高级编辑。

孙刚（1936—）

籍贯山东陵县。1964 年毕业于南京工学院自动控制系。1983 年任上海市机电二局党委副书记。1985 年起任中共上海市委宣传部副部长兼纪检组组长。1993 年起任上海市广播电视局党委书记、上海市广播电影电视局党委书记。1997 年 8 月起任东上海国际文化影视有限公司董事长。1988 年评定为高级政工师。中共十三大代表，中共上海市第五次代表大会代表，中共上海市五届、六届纪委委员，市政协第六、七、八届委员、常委，市政协文化委员会主任。曾任上海老新闻工作者协会会长。

狄建荣(1936—)

籍贯江苏无锡。1964年毕业于中国人民大学新闻系,同年入解放日报社工作。1986年任解放日报社驻北京办事处副主任,1987年任主任,1991年任解放日报编委兼北京办事处主任。1994年评定为高级记者。报道《北京绝食学生无一死亡》获上海好新闻二等奖。《跨世纪领导干部的摇篮——记中共中央党校的教学改革》获新世纪优秀学术成果一等奖。特写《因特网现身说法,考克斯报告露馅》、《赵启正妙语答记者,智批考克斯种族歧视》,被收入赵启正所著《向世界说明中国》一书。

钟祥瑞(1936—)

籍贯浙江平湖。1965年10月起任空四军宣教处新闻干事。1976年3月转业到文汇报社,先后任要闻部夜班编辑、政法部记者、党委宣传科干事、副科长、党委办公室副主任、主任。1986年1月起任文汇报党委副书记兼秘书长,1995年8月为副局级巡视员。(2006年7月去世)

张治平(1936—)

籍贯辽宁沈阳。1962年中国人民大学新闻系毕业。1975年4月至1979年5月任新华社常驻加拿大记者。1982年11月至1988年10月任文汇报常驻联合国(纽约)记者。1990年1月任中国记协国际部副主任兼记者俱乐部主任。1993年10月任光明日报国际部高级记者。1994年4月国务院新闻办二局局长。1997年7月任《深圳特区报》顾问,协助创办《深圳日报》(英文版)。2001年3月至9月任解放军报英文网站专家组成员。合作采写的通讯《记总理出席纽约市长午宴》获1984年全国好新闻奖一等奖。著有《我看那方土》、《纽约》、《张治平国际评论选》等。

张高鹏(1936—)

籍贯甘肃甘谷。通过职工工业大学学习获大专同等学历,1960年调入新华社甘肃分社,1994年评定为高级编辑,曾任上海市记协理事。先后在新华社甘肃分社、福建分社、浙江分社、西藏分社和上海分社任记者、业务组长、采编主任和信息组长等职。主要新闻作品有《外向型经济与改革——张高鹏调查报告选》、《新华社信息系统理论研究》(张高鹏、方金根共同主编)。

朱家生(1936—)

籍贯上海嘉定。1960年复旦大学新闻系毕业,进新民晚报社任记者。1974年入复旦大学任教。1982年调回新民晚报社,历任记者、经济生活部副主任、总编办公室主任、新闻研究室主任。曾任上海市新闻工作者协会副秘书长。参与中国晚报工作者协会学术委员会主编的《中国晚报学》,为编辑执行小组成员。1995年评定为高级记者。

陈文炳（1937—）

籍贯浙江镇海。1961 年毕业于上海社会科学院计划统计系，1961 年至 1963 年就读于华东局理论干部班（研究生）。1976 年起任上海市广播事业局组织科科长、组织处负责人、副局长。1989 年 2 月至 1998 年 5 月任上海电台台长。1998 年 7 月任上海电视艺术家协会常务副主席。1987 年 12 月评定为高级经济师。1994 年 11 月被聘任上海交通大学兼职教授。主持举办三届上海国际广播音乐节；1991 年 9 月在全国首创交通广播信息台，被列为市府实事；参与编制的《拉宾遇刺身亡》获全国国际新闻奖三等奖、全国广播新闻奖一等奖。1996 年主编《走近省市长》一书。上海市政协第八、九届委员。

柳中央（1937—）

籍贯上海。1963 年 2 月毕业于新华社外语培训班西班牙语专业。同年 3 月分配到新华社摄影部任图片编译，1964 年 6 月任新华社摄影部摄影记者，历任新华社古巴哈瓦那分社、墨西哥分社、秘鲁利马分社摄影记者。1990 年 8 月至 2000 年 1 月任新华社上海分社摄影采访室副主任。1995 年评定为高级记者。代表作品《美味斋五分钟快餐》、《江泽民总书记慰问灾区》、《龙阳路立交桥》、《吴邦国在一大会址》、《上海街头个体水果摊》等，被收入《上海摄影艺术作品选》。

贾安坤（1937—）

籍贯江苏南京。1960 年 4 月毕业于上海社会科学院（复旦大学）法律系，进解放日报社任记者。1979 年至 1982 年，任《解放日报》农村部副主任兼《解放日报》市郊版主编。1983 年至 1985 年底，任《解放日报》编委。1985 年底至 1991 年 5 月，任《解放日报》总编辑助理，主持夜班编辑出版工作。撰发的《徐文彩该不该戴大红花》发表一个月内，全国各地给作者反映冤假错案、要求平反的信件近千封。1993 年 4 月至 1994 年下半年任上海市新闻出版局副局长，建立"报刊审读制度"，创办《报刊审读简报》，恢复出版《上海报刊动态》。1994 年 11 月至 1999 年下半年，任人民日报社华东分社秘书长（正局级）。1992 年评定为高级编辑。著有《与农村干部谈工作方法》、《必要的沟通》、《夜班甘苦录》等。（2009 年 1 月去世）

张仲修（1937—）

籍贯江苏海门。1960 年东北工学院毕业，留校任教。1962 年到农机部上海内燃机研究所工作，任所技术秘书、第六研究室负责人。1972 年调上海市机电一局科技组，先后任工程师、科技处副处长。1981 年 10 月至 1983 年 1 月被上海市科学研究所聘为兼职研究员。1984 年 8 月调上海市科协工作，先后任上海科技报社社长、总编辑。1989 年 1 月，评定为高级工程师。1992 年 5 月调任解放日报党委副书记。后任党委副书记兼纪委书记。著作有《企业改革回顾与展望》。

丁凤麟（1938—）

籍贯江苏阜宁。1965 年 3 月毕业于华东师范大学中国近代史专业研究生班，到中共中央华东局宣传部工作。1971 年入解放日报社,历任理论部编辑、总编办副主任、新闻研究室副主任。1995 年评定为高级编辑。兼任中国新闻史学会理事、中国记协新闻学术委员会新闻媒体研究协作委员、《新闻大学》编委会委员等。自写和参与编写书籍十多部,主编《解放日报五十年大事记》和《解放日报业务论文选》等,所编作品《现代报纸设计的几个特点》获第九届中国新闻奖新闻论文二等奖。

冯士能(1938—)

籍贯浙江宁波。1960 年 4 月上海社会科学院财政信贷系本科毕业。1960 年 4 月从事新闻工作后,历任《解放》杂志编辑,解放日报科教部记者、副主任、编委、党委副书记兼副总编辑。1989 年 10 月至 1993 年 11 月任上海市新闻出版局党委代理书记、党委书记。1993 年 12 月起,任解放日报党委书记兼副总编辑。1994 年起任中国报业协会副主席、上海报业协会会长,上海大学影视学院客座教授。曾任上海市第九届政协委员、教科文卫体委员会副主任,上海市新闻工作者协会常务理事。1994 年获国务院特殊津贴。

胡运筹(1938—)

籍贯浙江镇海。曾用名胡胜利。1964 年 7 月毕业于复旦大学历史系。1978 年 4 月入上海市广播事业局。1991 年 4 月负责筹建上海有线电视台。1992 年 12 月任上海有线电视台台长兼党总支部书记、总编辑、党委副书记。1991 年被评为国家广播电影电视部先进工作者。1992、1994 年两度获上海市重点工程实事立功竞赛“记功”荣誉证书。1996 年 1 月评定为主任编辑。曾任上海广播电视学会副会长,上海有线电视协会会长。

李德铭(1939—)

籍贯上海。1961 年 7 月毕业于中国人民大学新闻系。1961 年起任中央广播事业局国际台编辑、记者,参与开辟对非洲广播业务,负责对北美英语广播业务。1973 年调入文汇报社任编辑。1974 年任上海电台编辑、记者、新闻部主任、副台长兼副总编辑及文艺台台长。1992 年至 1999 年任上海市政协办公厅副主任兼《联合时报》总编辑。1992 年评定为高级记者。

章焜华(1939—)

籍贯福建龙岩。1963 年北京广播学院毕业,先后任上海电台新闻部记者、上海电视台电视编导。曾任《纪录片编辑室》主编。纪录片《大动迁》获上海广电优秀作品一等奖、中国电视纪录片学术奖长篇特等奖。纪录片《半个世纪的乡恋》获第二届华语电视最佳纪录片金龙奖、中国电视纪录片学术奖特别荣誉奖。纪录片《魂归何处》获 1996 年上海国际电视节最佳纪录片评委奖。纪录片《回到祖先的土地》获上海广电优秀作品特别奖、第 35 届“亚广联”(ABU)纪录片大奖、中国外宣“彩虹奖”一等奖。1994 年评定为高级编辑。1996 年享受国务院特殊津贴。1995 年获首届“全国百佳新闻工作者”称号。

雷德昌(1939—)

籍贯陕西蓝田。1962年毕业于陕西师范大学历史系。1962年9月参加工作。1988年5月任上海市委宣传部纪检组长兼干部处处长。1994年7月任上海电台党委书记。1998年调任上海电视台党委书记。2000年任上海电视台女子足球俱乐部董事长。1995年1月评定为副研究员(上海社会科学院历史研究所)。发表出版及合著的主要著述有:《现代能力导向》、《实事求是是毛泽东思想的灵魂》、《中共党史参考资料》、《中国共产党抗日战争大事记》、《第二次中日战争纪事》、《上海社会科学院组织史资料》等。(2003年11月去世)

周宪法(1939—)

籍贯江苏建湖。1981年进新民晚报社,历任新闻编辑、新闻编辑部主任、副总编辑,兼任《新民围棋》主编、《新民体育报》主编。上海市作家协会会员。著有散文《蓝白集》、《红白集》、《黑白集》。1994年评定为高级编辑。2000年获国务院特殊津贴。

周瑞金(1939—)

籍贯浙江平阳。1962年毕业于复旦大学新闻系,至解放日报社历任记者、编辑、评论员。1979年起历任评论部副主任、主任、编委、总编辑助理、副总编辑。1989年任党委书记兼副总编辑。1991年主持撰写署名"皇甫平"的《改革开放要有新思路》等系列评论。1992年当选第六届中共上海市委委员。1993年任《人民日报》副总编辑,兼华东分社社长。1994年主持撰写署名"任仲平"的《上下一心打好今年改革攻坚战》评论,获中宣部嘉奖。在《解放日报》和《人民日报》撰写与编辑的评论,有4篇获得中国新闻奖一等奖。著有《编辑学》(合作)、《宁做痛苦的清醒者》、《新闻改革新论》等。1987年评定为高级编辑。1992年获国务院特殊津贴。曾任复旦大学新闻学院、上海科技大学新闻与人文科学系、北京广播学院兼职教授。1998年授任中国社会科学院研究生院博士生导师。

梁星宝(1939—)

又名梁星。籍贯上海市。1964年毕业于复旦大学新闻系。毕业后分配到新华社吉林分社,历任记者、采编主任、党组成员等职。1984年调任新华社江西分社社长、党组书记。1993年任新华社山东分社社长、党组书记。1997年任新华社上海分社副社长(正局级)。1992年评定为高级记者。在职期间,曾先后被选为江西省记协副主席和山东省记协副主席。其作品《救活鸳鸯换回外汇》获新华社好新闻一等奖,并入选《中国优秀新闻作品选》;1991年主编出版《记者论记者》。

练性乾(1939—)

籍贯浙江温州。1962年复旦大学新闻系毕业。1969年12月至1971年8月任新华社开罗分社记者。1974年11月至1979年6月任新华社达累斯萨拉姆分社记者。1983年11月至1985年11月,任文汇报驻美记者。1986年10月任《海外文摘》杂志副主编兼文汇报记者。曾采访1982年新德里亚运会,1986年汉城亚运会,1984年洛杉矶奥运会和1988年汉城奥运会。1990 年任北京第十一届亚运会新闻中心副主任。1990 年获全国优秀新闻工作者称号。1991 年评定为编审。1994 年获国务院特殊津贴。合作采写的通讯《记总理出席纽约市长午宴》获 1984 年全国好新闻奖一等奖。著有《可爱的美国佬》、《我读南怀瑾》，编著《南怀瑾谈历史与人生》。

陈毛弟（1940—）

籍贯上海。1965 年复旦大学新闻系毕业，进新华社上海分社工作，先后任记者、分社政治新闻采访部主任、中国证券报上海记者站站长、《开放》月刊顾问等。长期从事时政、政法类新闻采访报道，采写的数十篇调研和参考报道，得到党中央、国务院主要领导批示。20 世纪八九十年代采写的邓小平七次考察上海的重要报道，在国内外产生深远影响。合作采写的通讯《在伟人开辟的航道上——邓小平建设有中国特色社会主义理论和上海的改革开放》获第七届上海新闻奖一等奖。通讯《一个老共产党员的上交礼品清单》被上海市政府作为对外事干部的典型教材，《共产党员的追求》被收入由上海人民出版社出版的《闪光的足迹》一书。1993 年评定为高级记者。

石俊升（1940—）

籍贯天津武清。1964 年 7 月毕业于上海师范学院中文系。1978 年进入文汇报社，先后任教卫部副主任、要闻部主任、副总编辑。1995 年 8 月起任总编辑。1998 年 6 月任党委书记、总编辑。1994 年评定为高级编辑。1993 年度上海市劳动模范。1995 年获国务院特殊津贴。1998 年 1 月当选为上海市第十一届人大常委会委员。曾任上海市新闻工作者协会副主席。著有《岁月留痕》、《长短集》。

张少峰（1940—）

籍贯上海。1964 年毕业于复旦大学新闻系。同年 9 月起任新华社上海分社记者、外宣组组长，新华社内蒙古分社采编主任。1987 年 3 月起任上海电视台电视剧制作中心副主任。1992 年 3 月起任上海电视台副台长，兼任总编室主任、14 频道总监。1997 年 12 月任上海市广播电影电视局副局级巡视员。1994 年评定为高级编辑。曾任上海广播电视学会副会长兼秘书长。

张刘仁（1940—）

籍贯浙江海宁。1964 年毕业于上海体育学院体育系，同年 8 月分配到新华社总社摄影部任摄影记者。1991 年起任新华社上海分社新闻摄影采访室主任，1996 年 3 月评定为高级记者。照片《青岛海滨》、《崂山》入选 1980 年出版的《中国风光》。

丁法章（1940—）

籍贯江苏盐城。1966 年毕业于复旦大学新闻系。次年起任江西《赣中报》、《江西日报》记者、言论组副组长。1973 年 9 月起在复旦大学新闻系任教。1983 年 11 月任上海《青年报》总编辑。1988 年 2 月任《新民晚报》党组副书记、副总编辑，次年任党组书记（1991 年为党委书记）、总编辑。1998年6月任文汇新民联合报业集团党委副书记、副社长。1992年评定为高级编辑，同年获国务院特殊津贴。中共上海市第六、七次代表大会代表。上海市政协第八、九届常委兼文史资料委员会常务副主任，上海市新闻工作者协会副主席兼市新闻学会会长，中华全国新闻工作者协会常务理事，中国晚报工作者协会常务副会长兼学术委员会主任，复旦大学、中国人民大学等兼职教授、研究员。《对新时期晚报工作的思考》、《乘势而上 壮大自身》获中国新闻奖论文一、二等奖。著有《新闻评论学》、《我当晚报老总》、《新闻评论教程》等，主编《新中国晚报五十年鉴》等。

桑洪臣（1940—）

籍贯山东。1965年北京外国语学院毕业。1980年起先后任《光明日报》驻北欧首席记者和《文汇报》驻德黑兰首席记者。1987年应邀参加伦敦汤姆森国际高级记者培训班。2000年评定为高级记者。参与撰写《1989年中国人物年鉴》和《1990年中国人物年鉴》。

龚心瀚（1940—）

籍贯浙江萧山。1964年于复旦大学新闻系毕业后，入解放日报社，历任华东新闻部编辑、评论员，国际版编辑，第一版责任编辑，农村新闻部记者、编辑，《解放日报》市郊版编辑部负责人，《支部生活》杂志编辑部负责人。1983年任中共上海市委宣传部副部长，兼任上海市新闻高级专业技术职务任职资格评审委员会主任委员。1993年任中共中央宣传部副部长。1988年评定为高级编辑。复旦大学、上海科学技术大学兼职教授。

贾树枚（1941—）

籍贯山东博兴。1964年毕业于复旦大学新闻系。1978年9月任《光明日报》记者。1983年8月任《文摘报》主编。1984年3月任《文汇报》党委副书记、副总编辑。1987年5月任上海市新闻出版局副局长。1992年1月任上海市广播电视局党委书记。1993年11月任中共上海市委宣传部副部长兼市委对外宣传办公室主任、市政府新闻办公室主任。1998年12月兼《解放日报》党委书记、副总编辑。2000年1月兼《解放日报》总编辑。2000年6月任解放日报报业集团党委书记、社长。2001年12月任上海市新闻工作者协会主席。上海市第十、十一、十二届人民代表大会代表，第十一、十二届人大常委会委员、教科文卫委员会委员，中华全国新闻工作者协会副主席。1995年评定为高级编辑。编著有《上海新闻丛书》、《上海新闻志》、《上海新闻作品选》等。

沈世纬（1941—）

籍贯上海宝山。1965年复旦大学新闻系毕业，在新华社山西分社任农村、文教记者。1973年3月任山西分社副社长，后任浙江分社党组副书记、副社长。1983年任上海分社党组副书记、副社长，1988年任党组书记、社长。1992年评定为高级记者。著有《新闻理论与新闻改革》等。曾兼任新华社特约研究员、上海市新闻工作者协会副主席、上海市新闻学会副会长等。1992年获国务院特殊津贴。1995年获全国韬奋新闻奖提名奖。

李森华（1941—）

籍贯广东潮州。1965年毕业于复旦大学新闻系。1965年至1989年历任上海电台新闻部主任、副总编辑、总编辑、台长。1989年8月调任《新民晚报》副总编辑。1994年4月起兼任《新民体育报》主编。1995年10月至1998年12月，兼任《新闻记者》杂志社社长。1992年评定为高级编辑。撰写的《新闻自由漫论》、《"贪官高升"假析》、《地方保护主义下的新闻宣传探微》分获1999年度上海新闻论文奖二等奖、2000年度上海新闻奖二等奖和2000年度上海新闻论文奖一等奖。著有《花花世界——国际打油诗集》。

罗佳陵（1941—）

籍贯浙江上虞。1962年毕业于上海师范学院中文系。1992年起任上海电台总编室副主任、主任。2000年2月被评为高级编辑。论文《深化广播改革的三个问题》1998年获首届上海新闻论文奖三等奖。

郭礼华（1941—）

籍贯上海。1964年7月毕业于中国人民大学新闻系，同年9月分配到新华社北京分社任记者，1969年12月至1974年12月在新华社西藏分社任记者。1975年1月至1982年8月在新华社上海分社任记者。1982年9月至1983年7月到中央党校学习。1983年8月至2004年12月回新华社上海分社任记者，历任政治文教采访组组长、文教采访室主任。1995年评定为高级记者。

施宣圆（1941—）

籍贯福建晋江。1965年9月复旦大学历史系毕业后，分配到文汇报任记者、编辑。1986年任《学林》专刊主编。1994年评定为高级编辑。新闻《"红楼"究竟何人续"梦"》获上海好新闻奖二等奖。开辟的《中国文化之谜》和《学者与专著》栏目被评为全国好新闻作品栏目二等奖和1988年上海市好新闻作品栏目。编著《中国文化之谜》四辑、《千古之谜——中国文化500疑案》（获第五届全国图书"金钥匙"奖一等奖）以及《中国文化辞典》、《文汇学林名家访谈》等十多种。（2016年7月去世）

刘景锜（1941—）

籍贯江苏武进。1963年毕业于北京广播学院。同年进上海电视台，历任记者、编辑、纪录片编导、国际部主任、海外中心主任、外语台总监、上海电视台副总编辑。编导、策划、制作纪录片近百部。创办全国第一个以纪录片命名的栏目《纪录片编辑室》。曾获全国纪录片十年成就奖、杰出人物奖。1994年评定为高级编辑。上海市政协第七、八、九届委员。中国电视纪录片学术委员会常务副会长。

吴圣苓（1941—）

籍贯浙江。1964年毕业于复旦大学新闻系。历任青浦县委宣传部副部长，复旦大学新闻学院党总支书记、副院长,复旦大学党委宣传部部长。2001年1月任上海教育报刊总社党委书记、社长。

魏永征(1941—)

籍贯浙江宁波。1964年毕业于复旦大学新闻系。1987年12月至1998年12月,任《新闻记者》杂志常务副主编、主编。1985年起,历任上海社会科学院新闻研究所助理研究员、副研究员、研究员。2001年起任香港树仁大学新闻与传播系教授。著有《被告席上的记者——新闻侵权论》、《中国新闻传播法纲要》、《新闻传播法教程》等。

乔其干(1941—)

籍贯江苏东海。1965年3月转业到上海电台政治处,1982年3月起任上海市广播事业局保卫科副科长、科长。1986年1月起先后任上海市广播电视局纪委专职委员、办公室副主任、纪委副书记兼监察室主任。1995年11月任上海市广播电影电视局组织人事处处长,1997年12月任上海市广播电影电视局纪委书记。

盛重庆(1941—)

籍贯江苏镇江。1966年毕业于复旦大学新闻系。1967年起先后在安徽《芜湖日报》和贵州省贵阳电线厂宣传科工作。1978年入江苏南通人民广播电台,1985年任南通市广播电视局局长。1988年任上海市广播电视局办公室主任、党委委员。1991年12月任上海电视台台长兼总编辑。1998年评定为高级编辑。上海市政协第八、九届委员。曾兼任中国电视艺术家协会副主席、上海电视艺术家协会副主席、上海市广播电视学会副会长、上海大学客座教授等职。

俞松年(1942—)

籍贯浙江鄞县。1965年毕业于上海师范学院中文系。1967年进文汇报社,历任理论部、群众工作部负责人、总编辑办公室主任和上海市新闻学会秘书长等。1998年起,任文汇新民联合报业集团新闻信息中心主任。1995年评定为高级记者。新闻论文《新闻信息与报纸宣传断想》获1987年度上海市社会科学优秀学术成果奖。《进中南海讲课的人》获全国第五届"中华大地之光"征文报告文学特等奖。著有《迩言集——俞松年新闻作品集》等。

郭开荣(1942—)

籍贯浙江海宁。1992年7月任上海市精神文明建设活动委员会办公室主任,1995年8月任上海市新闻出版局党委书记,1998年11月任上海市文化局党委书记,2000年4月任上海市文化广播影视管理局党委书记。

张骏德(1942—)

籍贯上海嘉定。1964年7月毕业于复旦大学新闻系,留校任教。1977年1月至1978年12月支援湘潭大学新闻教育。1993年4月评为教授,1996年5月评为博士生导师。历任新闻系采访写作教研室主任、广播电视专业主任、广播电视新闻系主任、复旦大学信息与传播研究中心副主任（教育部文科重点研究基地）等。著作《现代广播电视新闻学》被评为1997年度上海市高校优秀教材；论文《论采访中的心理感应规律》获第七届中国新闻奖优秀论文二等奖。主编合编与专著有《新闻采访与写作》、《新闻采访原理与技法》、《新闻写作创新与技法》、《摄影基础知识与技能》等。

金正扬（1942—）

籍贯江苏盐城。1967年毕业于上海师范学院中文系。1975年起在《教育实践》杂志任记者、编辑，1977年调入上海教育杂志社，历任副主编、副社长、副总编辑。后任上海教育报刊总社副社长，编委会常务副主任。作品曾荣获全国教育新闻一等奖、全国优秀图书奖、华东地区教育报刊编辑一等奖、上海市优秀科普作品佳作奖等多种奖项。1996年评定为编审。

夏震霏（1942—）

籍贯上海。1965年毕业于复旦大学新闻系，同年进文汇报社，历任江苏记者站负责人、要闻部副主任、社会政法部副主任、文汇新民联合报业集团新闻研究所常务副所长。2000年评定为高级记者。著有《夏震霏新闻作品选》。评论《"不白说"与"还想说"》，获全国人大常委会办公厅颁发的好新闻奖。主要策划和执笔的《社情民意此中来》，获上海和全国政协好新闻奖。

吴复民（1942—）

女。籍贯上海。1964年毕业于复旦大学新闻系，同年进新华通讯社上海分社，先后任工业记者、工业采访室主任，多次评为上海市"三八红旗手"、上海市劳动模范、上海宣传系统先进工作者。1984、1991年两次获全国优秀新闻工作者称号。1984年获新华社社长通令嘉奖，1994年获新华社首届十佳记者称号。1991年因报道工作出色，获全国纺织系统特殊荣誉奖。1992年获全国首届范长江新闻奖提名奖。1986年评定为高级记者。1992年获国务院特殊津贴。

屠耀麟（1942—）

籍贯浙江湖州。1966年毕业于上海第二工业大学，大专学历。1985年6月入上海电视台，任《大舞台》栏目编导。1992年12月调东方电视台任节目部文艺编导。2002年1月任东视文艺频道《老娘舅》栏目制片人。作品《东方妙韵——江浙沪评弹大会书》曾获第十届全国电视文艺"星光奖"一等奖；作品海派情景喜剧《老娘舅》曾获第十三届全国电视剧"飞天奖"优秀短剧奖；2000年获"上海十佳电视艺术工作者"称号。2002年评定为一级文学编辑。

龚学平（1942—）

籍贯江苏南京。1967年毕业于复旦大学新闻系。1975年从部队转业至上海电视台，历任编辑、新闻部副主任。1983年起任上海市广播电视局副局长兼电视台台长、总编辑。

1985 年任中共上海市委宣传部副部长。同年,任上海市广播电视局党委书记、局长兼电视台台长。1992 年任上海市人民政府副秘书长、副市长。1997 年起任中共上海市委副书记、上海市人大常委会副主任。1988 年评定为高级编辑。担任华东师范大学、复旦大学兼职教授等。中共十三大、十四大、十六大代表,中共上海市第五、六、七、八次代表大会代表。第五、六届中共上海市委委员,第七、八届中共上海市委常委。

张攻非(1942—)

籍贯湖北澧县。1962 年入伍。1965 年入上海戏剧学院戏剧文学系学习。1981 年进新民晚报社,历任新闻编辑部编辑、主任,专刊部、国内新闻部主任,体育部主任兼《新民体育报》主编、《新民围棋》主编,经理部经理,《新民晚报》编委。曾策划纺织女工转岗“空嫂”的报道、“慈善热线”等活动。1991 年被评为上海市优秀新闻工作者。1995 年获全国韬奋新闻奖。1995 年评定为高级编辑。上海市政协第八、九届委员。

童兵(1942—)

籍贯浙江绍兴。1968 年 12 月毕业于复旦大学新闻系,进入《锦铁消息报》社任记者、编辑。1978 年 10 月在中国人民大学新闻系读研究生,1981 年 6 月毕业并获硕士学位,留校任教,于 1988 年获博士学位。2001 年 11 月,调入复旦大学新闻学院任教授,国务院学位委员会第五届学科评议组新闻学科召集人,人事部博士后管委会专家组成员,复旦大学新闻传播学博士后流动站站长。1991 年被国务院学位委员会、国家教委评为“做出杰出贡献的中国博士学位获得者”,1993 年获国务院特殊津贴。著有《1989 马克思主义新闻思想史稿》、《主体与喉舌》、《新闻传播学原理》、《中西新闻比较论纲》、《理论新闻传播学导论》等。

吴振标(1943—)

籍贯江苏启东。1984 年中共中央党校毕业。1968 年 6 月进入文汇报社任记者、评论员。1978 年任理论编辑,1980 年任评论员、评论组组长。1985 年 5 月任文汇报总编辑助理兼评论部主任。1986 年 11 月任文汇报副总编辑兼文汇出版社总编辑,1993 年兼任文汇出版社社长。2001 年 4 月任文汇报总编辑。1994 年评定为高级编辑。1998 年获国务院特殊津贴。2001 年 12 月起任上海市新闻工作者协会副主席。上海市政协第十届委员会委员,教科文卫体专委会副主任。著有《科学社会主义》、《关于劳动的哲学思考》、《随思录》、《弱水一瓢》等。

施月华(1943—)

女。籍贯浙江萧山。1964 年毕业于中国人民解放军外国语学院英语系。1993 年任上海市广播电视局组织处调研员(在上海电台协助工作)。1994 年任上海市广播电视局音像资料馆党总支书记。1998 年任上海东方电视台党委书记。2000 年任《上海日报》党总支书记兼副总编辑。1993 年评定为副译审,1996 年评定为副研究馆员。上海市新闻工作者协会理事,上海市新闻工作者协会女记者工作委员会副主任。

张韧（1943—）

女。籍贯江苏镇江。安徽省直业余大学毕业，高级经济师。1962年考入上海戏剧学院导演系，后自愿务农，落户安徽肥西县。1970年任《安徽日报》言论部记者、编辑，报社党委委员。1990年创办《安徽市场报》，任第一任社长。1995年任新民晚报社党委副书记、纪委书记。曾任上海市报协副会长，全国报协常务理事。1998年任文汇新民联合报业集团纪委书记、监察室主任兼综合党委书记。共青团全国第九次代表大会代表，获"安徽省青年标兵"称号。安徽省第三届人大代表、安徽省第三次党代会代表。安徽省第四、五届政协委员。全国妇女第九次代表大会代表，获全国"女职工之友"称号。上海市第八次党代会代表。

郭在精（1943—）

籍贯湖北武汉。1965年于复旦大学中文系毕业后，入解放军前线广播电台工作。1972年1月入上海电台新闻部。1973年任上海市广播事业局党委秘书。1976年起任上海电台文学科科长、文学节目监制。1994年评定为高级编辑。上海作家协会理事。文学专题《如日如星，光照人间》获中国广播电视学会专题一等奖。结集出版《秋水与火焰》、《青山对绝响》等专著。

董阳圃（1943—）

籍贯浙江鄞县。1968年毕业于复旦大学新闻系。毕业后在部队任十年新闻干事。1980年10月起任上海电视台新闻部专栏主编、体育部副主任。1984年参与创办全国第一个以反映市民呼声为主的《观众中来》栏目。1995年11月任上海市广播电影电视局总编室副主任。2000年6月调上海电视台工作。1996年评定为高级编辑。

金国祥（1943—）

籍贯江苏苏州。1961年8月在西安军事电信工程学院雷达导航系学习。1992年9月从部队转业到上海广播电视局，历任局长助理、副局长，兼技术中心主任、党委书记。曾组织完成首届东亚运动会和第八届全国运动会广播电视实况转播的技术保障。第九届上海市人大代表。

任大文（1943—）

籍贯安徽全椒。1965年6月起从事部队专职新闻工作，1993年9月由部队师职干部、大校军衔转业至上海市广播电视局，1994年4月任局办公室主任；1995年10月任上海市广播电影电视局党政办主任、机关党委书记；1998年6月任上海电台党委书记、局党委委员；2001年8月任上海文广新闻传媒集团党委副书记。参与制作上海电台《邀请美国总统作嘉宾》节目获1999年上海新闻奖特别奖；2002年7月15日《990早新闻》获第十三届中国新闻奖和2002年度中国广播电视新闻奖节目编排一等奖。1995年1月评定为高级政工师。

任广耀(1943—)

籍贯上海。1967年毕业于复旦大学新闻系。1970年起,任湖北兴山广播站记者、中共宜昌地委新闻干事。1996年5月任上海体育学院新闻系新闻教研室主任、系部主任。1996年1月被评定为教授,2000年1月任体育人文社会学硕士生导师。1998年起任中国新闻教育学会理事,东方电台特聘督导员、专家监评员。复旦大学研究生院新闻传播专业硕士生、博士生毕业论文评审组成员。《体育新闻侵权的法律思考》获全国"体育法制建设理论研讨会"优秀论文奖。论文《新闻学〈体育新闻方向〉专业创办和发展之研究》入选全国"第二届两岸传播媒体迈向21世纪学术研讨会"。论文《试论体育新闻宣传的舆论导向》入选"第六届全国体育科学大会"。

余建华(1943—)

籍贯浙江慈溪。1966年复旦大学新闻系毕业。1967年进人民日报社任国际部编辑,1970年任总编室夜班编辑。1980年进解放日报社任记者、编辑,1984年起任科教部负责人、主任。1986年任副总编辑。1998年兼任新闻报党委书记、总编辑。1999年任解放日报党委委员、副总编辑。1994年评定为高级编辑。1997年获国务院特殊津贴。所撰《国有企业报道要搞活》获上海新闻论文奖一等奖、全国新闻论文奖三等奖。著有《时间与人生》、《纪律趣谈》等。

罗达成(1943—)

籍贯江苏兴化。1962年毕业于上海市建设中学。历任《文汇报》、《笔会》编辑,《文汇月刊》副主编,《文汇报》周末版主编、特刊部主任。2000年评定为高级编辑。2002年获第四届上海韬奋新闻奖。著有《中国的旋风》等报告文学集。作品《杭州市001号》获上海市首届报告文学奖一等奖,《"十连霸"的悔恨》获中国首届体育报告文学奖一等奖,《一个成功者和他的影子》获全国第四届优秀报告文学奖。

钟修身(1943—)

籍贯浙江舟山。1968年12月毕业于复旦大学新闻系。1991年1月起,调至中共上海市委宣传部,先后任新闻出版处处长、市委宣传部秘书长。1997年2月任文汇报社党委书记兼副总编辑。1998年6月起,任文汇新民联合报业集团党委副书记。1999年1月起,任上海市新闻出版局党委书记。中共上海市第八次党代会代表,上海市政协第九届委员、第十届常委兼文史资料委员会主任。先后担任上海市新闻工作者协会副主席、常务理事,上海市出版工作者协会理事。

马学鸿(1943—)

籍贯江苏淮阴。1967年7月于复旦大学中文系毕业后,入人民日报社任国内部新闻编辑、记者。1984年初入上海电台,任文艺部文学编辑,编制《文学爱好者》等节目。1997年起任新闻中心副主任,专职党支部书记。1996年担任责任编辑所编辑的《天使在人间》,被评为上海广播电视三等奖；1997年所编辑的《用心服务，服务到心》一文，被评为上海"五一"新闻奖三等奖；2001年与同事合作采访的《特殊红娘》，被评为"上海市五一新闻奖"一等奖。2002年评定为高级编辑。（2011年5月去世）

金福安（1944—）

籍贯上海。1966年7月毕业于复旦大学中文系，次年进解放日报社，历任记者、编辑。1991年起任夜班编辑部主任、编委、总编辑助理。1993年3月起任副总编辑。1998年6月起任新民晚报党委书记兼总编辑。1994年评定为高级编辑。1991、1993年两度获上海市劳动模范称号。1992年获国务院特殊津贴。1993年获全国首届韬奋新闻奖。上海市政协第十届委员会委员。（2010年10月去世）

曹永安（1944—）

籍贯湖北应山。1962年高中毕业后参军，1972年任铁道部兰州机车厂宣传部新闻干事。1978年5月起任新华社甘肃分社记者。1986年任新华社甘肃分社政文采访室主任。1991年1月调新华社上海分社任对外记者、对外采访室副主任。1992年任新华社浦东支社社长。1994年1月调《上海证券报》任副总编辑。1993年评定为高级记者。主要作品有：《读公报说说心里话》、《县委书记韩正卿的家》获《人民日报》好新闻二等奖等。

于宁（1944—）

籍贯山东牟平。1968年12月毕业于北京大学哲学系，到内蒙古阿巴嘎旗插队劳动锻炼。1970年10月在内蒙古阿巴嘎旗党委宣传部任新闻干事。1978年9月入中国社会科学院研究生院新闻系学习，1981年毕业，获文学硕士学位。1981年10月入人民日报社，历任评论部编辑、副主任、主任。1998年5月任人民日报社副总编辑。2000年4月兼任人民日报社华东分社社长。《论孔繁森的时代意义》获第六届中国新闻奖一等奖。1992年评定为高级编辑。1994年获国务院特殊津贴，同年获第二届范长江新闻奖。著有《怎样写新闻评论》（与人合写）、《评论员札记》、《跨世纪之路》、《大好时光忙些啥》。

陈乾年（1944—）

籍贯浙江宁波。1987年毕业于北京广播学院新闻采编专业，大专学历。1965年起在部队从事新闻工作，后进入上海电台，历任采访组副组长、对外科科长、信息部主任、经济台台长等。1992年调上海广播电视局任研究室、总编室副主任、主任，局编委会成员。1998年起任上海电台副台长、副总编辑，2000年4月起任上海市文化广播影视管理局副局级巡视员，东方电台常务副台长、总编辑、党委副书记，上海文广新闻传媒集团副总裁。采访制作的《本市成功进行一次大规模控制爆破》获首届全国优秀广播节目一等奖、第四届全国好新闻一等奖。1995年评定为高级编辑。曾任中国广电学会学术委员会委员、专家组成员，上海市新闻学会副会长，上海市广电学会常务副会长。

王幼涛（1944—）

籍贯浙江绍兴。1968年毕业于上海师范学院中文系。1981年进上海电台。曾任上海电台总编室主任、新闻台总监、台副总编辑，上海文广新闻传媒集团总编室监听监视组组长。在新闻台任《990早新闻》节目监制期间，《990早新闻》节目组获国家广电部先进集体、上海市劳动模范先进集体称号。2000年2月评定为高级编辑。

黄京尧（1944—）

籍贯浙江余姚。1975年5月进解放日报社，历任理论部编辑、副主任、第二主任。1991年12月任解放日报编委兼理论部主任。1995年2月任总编辑助理兼理论部主任。1995年8月任党委委员、副总编辑。2000年6月任解放日报报业集团党委委员、总经理。1988、1990年获上海市劳动模范称号。1990年获全国"五一"劳动奖章。1994年评定为高级编辑。

忻才良（1944—）

籍贯浙江宁波。1966年毕业于上海师范学院中文系。1979年调青年报社，历任编委、总编办公室主任。1984年春调劳动报社任副总编辑、总编辑，市记协、新闻学会常务理事。1985年参与创办上海市企业报协会，先后任会长、顾问。1988年秋调任上海经济时报社总编辑。1990年任新闻报社副总编辑。2000年评定为高级记者。著有《火红的战旗——硬骨头六连英雄谱》、《报端春温》、《宠辱不惊》。（2015年7月去世）

陆炳炎（1944—）

籍贯江苏江阴。1968年9月起，进入中科院昆明地理物理研究所，任见习研究员。后在云南省科委、省科技局、昆明地质大队、省教育局任职。1982年12月，西北大学地质专业硕士研究生班毕业后，到云南省教育厅工作，历任高教一处处长、副厅长、省教委副主任、党组成员。后调华东师范大学工作，任党委副书记、书记。2000年6月，任解放日报报业集团党委副书记、副社长，解放日报党委书记。2001年4月，任解放日报报业集团党委书记、社长。1997年获国务院特殊津贴。（2009年3月去世）

叶志康（1944—）

籍贯浙江绍兴。1966年毕业于上海戏剧学院表演系。1991年4月起任上海市广播电视局局长助理、局党委委员、副局长、局长。1995年8月任上海市广播电影电视局局长、党委副书记。2000年4月任上海市文化广播影视管理局局长、党委副书记。2001年任上海文化广播影视集团党委书记、总裁。1999年评定为一级导演。第十一、十二届上海市人民代表大会代表。兼任中国记协副主席、上海市记协副主席、上海市广播电视学会会长。

尤纪泰（1944—）

籍贯江苏扬州。1986年毕业于南京大学中国语言文学系，大专学历。1990年10月任解放军"海峡之声"广播电台总编辑。1992年8月转业至上海电台任副台长。1993年11月,参与策划、承办第四届上海国际广播音乐节,并任组委会副秘书长和开幕式晚会总指挥。1994年8月起任东方电台党总支书记、党委书记。1997年评定为高级政工师。2002年5月被选为中共上海市第八次代表大会代表。

余雪莉(1944—)

女。籍贯浙江鄞县。1969年7月毕业于上海戏剧学院戏剧文学系。1973年1月入上海电台,任文学科副科长等职。参与抢救传统曲艺和地方剧种的工作,录制了一批不同风格流派的著名评弹艺术家的优秀节目。1998年9月评定为艺术系列一级编辑。

张佩珛(1944—)

女。籍贯浙江定海。1968年毕业于上海戏剧学院戏剧文学系。1972年分配至上海电视台任文艺编导。1986年起历任上海电视台综合文艺科科长、文艺节目中心副主任。1995年获"全国戏曲电视剧最佳导演"称号;1997年获宝钢高雅艺术奖——普及工作奖。1998年被评为"当代百名优秀文艺家";2002年分获第二届"上海十佳电视工作者"和第三届"全国百佳电视艺术工作者"称号。其指导的"'95中国民族风"获第九届全国电视文艺"星光奖"特别奖;其执导的《金龙与蜉蝣》、《司马相如》等戏曲电视剧,屡获全国电视剧"飞天奖"一、二等奖及中国电视金鹰奖。1998年2月评定为一级导演。1999年享受国务院特殊津贴。

汤渭达(1944—)

籍贯浙江上虞。1987年毕业于北京广播学院新闻系,大专学历。1969年4月起任上海电视台记者、编辑、编辑组长、经济组副组长、经济新闻科科长、新闻部副主任、对外部主任等职。1988年6月起任上海电视台二台副台长、国际部主任。1993年1月起先后任东上海国际文化影视有限公司执行董事、常务副总经理。1998年8月起历任上海广播电视卫星中心副主任、党总支副书记,上海卫星电视中心常务副主任、党总支书记。2000年评定为高级编辑。1995年参与组织的中美合拍的《当代中国》获全国外宣节目"金桥奖"特别奖,获美国全国电视"泰勒奖"铜奖。

潘益大(1944—)

籍贯浙江东阳。1967年9月毕业于上海师范学院中文系。1977年6月进文汇报社,历任教卫部副主任,评论部副主任、主任,评论委员会委员。1995年评定为高级编辑。2000年获"上海十佳新闻工作者"称号。《引导好生活方式的价值取向》获中国新闻奖三等奖、上海新闻奖一等奖;《学各地之长　创上海之新》获上海新闻奖一等奖。编发的评论《学科学、破邪说》获1999年上海新闻奖一等奖。参与组织策划的"面向新世纪的上海人精神"全市大讨论,获2000年上海市精神文明奖。

姚诗煌(1944—)

籍贯浙江绍兴。1994年华东师大哲学系管理哲学专业在职研究生班肄业。1979年1

月进文汇报社,历任新闻部副主任、评论部副主任、经济科技部主任、科技部主任、总编辑助理。1995 年评定为高级记者。1992 年获国务院特殊津贴。1997 年评为上海市劳动模范。2002 年被中宣部、国家科技部、中国科协授予"全国科普工作先进工作者"称号。上海市第八、九、十届政协委员。采写的《焊神的奉献》获首届中国新闻奖通讯二等奖、上海新闻奖一等奖。著有《科学与美》、《科学智慧》等。

何淇(1944—)

籍贯山东邹平。曾在外交学院分院、北京外国语学院学习和进修西班牙语。1980 年在光明日报外事办任记者。1982 年起至 1985 年任上海《文汇报》首任驻墨西哥记者。1991 年底至 1998 年初,2001 年起任《文汇报》驻墨西哥记者站首席记者。与人合著有《墨西哥国立自治大学》和《嗨,墨西哥》。2000 年评定为高级记者。

褚钰泉(1944—)

籍贯浙江南浔。1966 年复旦大学中文系毕业,1967 年起在文汇报社工作,任文艺部记者、编辑,主编《文艺百家》等。1985 年参与创办《文汇读书周报》,后主持该报工作 16 年。其间曾组织主办十余届"文汇书展"。离开《文汇读书周报》后,主编《悦读》杂志。2000 年评定为高级记者。(2016 年 1 月去世)

吕子明(1944—)

籍贯江苏海安。1965 年获海军飞行学院飞行专业文凭。1965 年进文汇报社,历任要闻部主任、总编辑助理、副总编辑。主持编辑的 1983 年 3 月 2 日、1986 年 3 月 26 日、2000 年10 月 26 日的第一版版面获全国好新闻奖,1984 年 2 月 10 日第一版获上海好新闻一等奖。主持制作的标题《秦皇安眠两千载,项羽不是掘墓人》、《了却思乡一片痴情,离去声声呼唤统一》获全国好新闻标题奖。1993 年获首届"全国韬奋新闻奖"提名奖和首届"上海韬奋新闻奖"。1995 年评定为高级编辑。1998 年获国务院特殊津贴。

赵凯(1944—)

籍贯江苏无锡。1967 年复旦大学新闻系毕业进青海日报社,历任记者、编辑,编报室主任、经济部主任。1991 年 6 月起任上海电台副台长、东方电台党总支书记。1995 年 8 月任上海市广播电影电视局副局长。1997 年 3 月任上海市广播电影电视局党委书记。1998 年12 月任《解放日报》党委副书记、总编辑。2000 年 1 月任文汇新民联合报业集团党委书记、社长。1994 年评定为高级编辑。2000 年获国务院特殊津贴。论文《对上海广播电影电视事业发展思路和管理模式的探索》获中国新闻奖一等奖。中共上海市委第七届委员会候补委员、委员。上海市第十二届人大常委会委员、教科文卫委员会委员。曾任上海市新闻工作者协会副主席、上海市新闻学会副会长、中国新闻教育学会副会长等。

白子超(1944—)

籍贯北京。1969 年毕业于北京农业机械化学院。1981 年进新民晚报社,历任体育版编辑、《新民体育报》副主编、新闻研究室副主任、文汇新民联合报业集团新闻研究所副所长。曾获全国好新闻标题奖,中国新闻奖二等奖(作品编辑),所拟标题、所编版面还多次获上海市好新闻奖一等奖、三等奖。撰写的《编辑中心制刍议》(合写)、《赵超构办报思想的意义及影响》分获 2000 年度上海新闻论文奖二等奖。负责编辑《赵超构文集》,参与主编《新中国晚报五十年鉴》等。2000 年评定为高级编辑。

孙扶民(1945—)

籍贯河北献县。曾在外交学院分院、北京外国语学院及马德里大学西班牙语专业学习与进修。1980 年至 1989 年任《光明日报》文艺部记者、主任记者。1992 年至 1998 年,2001 年至 2002 年,任《文汇报》驻墨西哥记者。2000 年评定为高级记者。作为主笔为"世界著名学府"系列丛书执笔编写了《墨西哥国立自治大学》一书。

李保顺(1945—)

籍贯江苏丹阳。1986 年毕业于空军政治学院政治工作专业,大专学历。1988 年 2 月起任上海市广播电视局办公室副主任、主任,局党委副书记、纪委书记。1995 年 8 月任上海市广播电影电视局党委副书记、纪委书记。2000 年 4 月任上海市文化广播影视管理局党委副书记。2001 年 4 月任上海文化广播影视集团党委副书记。1994 年评定为高级政工师。

吴谷平(1945—)

籍贯浙江鄞县。1967 年毕业于复旦大学新闻系。1970 年在湖南岳阳化工厂任新闻干事。1981 年 4 月调入湖南日报社任工商部记者,历任工商部副主任、主任,编委兼总编室主任。1991 年 9 月进解放日报社任夜班编辑。1993 年任副总编辑。1998 年 12 月兼任新闻报社党委书记、总编辑。2000 年奉调筹建东方网,任东方网股份有限公司董事长、党委书记。2001 年 4 月任文汇新民联合报业集团党委委员、文汇报社党委书记兼副总编辑,后兼任集团系列报刊党委书记。1995 年评定为高级编辑。1997 年获中国新闻奖报纸版面银奖。

茅廉涛(1945—)

籍贯浙江余姚。1969 年毕业于复旦大学新闻系。1971 起历任《南京日报》编辑、评论组副组长、南京《周末》主编。1983 年调文汇报社,历任理论部编辑、《论苑》主编、总编办公室主任、国内记者部主任、编委、总编辑助理等职,1993 年 6 月起任副总编辑。1994 年评定为高级记者。著有《拓宽自己的世界》、《笔耕印记》等。撰写的新闻论文《谋划·选择·组合》获上海市新闻论文奖二等奖,编辑的《包起帆的"金牌"究竟属于谁》获中国新闻奖二等奖。

王历来(1945—)

笔名辛昶。籍贯浙江新昌。1968 年毕业于复旦大学中文系。1981 年 8 月入上海电台,历任文艺部戏曲科副科长、科长,文学部戏曲组责任编辑。1992 年 8 月起,历任东方电台总编室主任、台长助理兼副总编辑。撰写和制作的广播戏曲故事《雾中人》获全国戏曲广播节目展评一等奖;策划组织为白血病患儿奉献爱心的直播广播专题获 1992 年中国新闻奖一等奖。2000 年评定为高级编辑。

季进成(1945—)

籍贯江苏淮安。1968 年毕业于上海外国语学院阿拉伯语专业。1971 年 1 月任新华社总社编译。1975 年调至新华社上海分社工作,历任对外组、农村组、工业组、经济采访室记者和新华网上海频道编辑室编辑。1999 年评定为高级记者。1996 年初,参加中央采访团与《中国建设报》记者联合采写的长篇通讯《平凡岗位上温暖千万家——记全国劳动模范水电维修工徐虎》,被全国二十多家省市报刊采用,获 1997 年度中国新闻奖特等奖、上海新闻奖一等奖。

陈大维(1945—)

籍贯上海嘉定。1968 年复旦大学新闻系毕业后,至青海省军区独立师农场劳动锻炼。1970 年 3 月到青海日报社工作,任编辑、记者。1982 年获复旦大学新闻系硕士学位。1982 年进中国新闻社上海分社,先后任记者、社长。1994 年起任中新社美国分社社长。1997 年进解放日报社,任国际部主任。1999 年初任编委、总编辑助理。2000 年 6 月任副总编辑。2000 年评定为高级记者。

高志仁(1945—)

笔名高天。籍贯江苏启东。1967 年毕业于空军气象学院本科。1994 年 11 月入东方电台,历任编辑、综合部副主任。2002 年 7 月任东广新闻综合频率专题部监制。论文《广播直播谈话节目为何长盛不衰》获 1999 年全国广播电视论文奖二等奖、金笔奖。1999 年评定为高级编辑。

陈佩英(1946—)

笔名小辰。女。籍贯江苏无锡。1985 年毕业于上海电视大学中国文学专业,大专学历。1964 年 9 月入上海电视台,是上海第一代专职电视播音员,也是上海电视台最早的节目主持人。1994 年创办《智力大冲浪》节目。1996 年被评为上海十佳电视艺术家。1997 年获首届"德艺双馨电视工作者"称号。1998 年被评为第三届全国优秀电视制片人、全国百佳电视工作者。2000 年享受国务院特殊津贴。1998 年 9 月评定为一级导演。

金闽珠(1946—)

女。籍贯浙江镇海。1998 年毕业于中央党校函授学院。1964 年入上海电台任播音员,曾任上海电视台党委书记兼台长、市播音专业高级评审委员会副主任,兼任上海市新闻工作者协会副主席、上海市妇联第九届执行委员。1998 年 5 月任上海市广播电影电视局党委委员、副局长。1999 年 12 月调任中共上海市委统战部副部长。1989 年评为全国优秀党务工作者。中共上海市第六次代表大会代表,上海市第九届人民代表大会代表,上海市第九、十届政协常委。

李良荣（1946—）

籍贯宁波北仑。1968 年 7 月毕业于复旦大学新闻系，1982 年 7 月复旦大学新闻系研究生毕业，获文学硕士学位。1978 年 9 月在江西省吉安地委宣传部任新闻干事。1982 年 9 月起在复旦大学新闻系（现为新闻学院）任教，1983 年任讲师、1986 年任副教授、1992 年起任教授。1994 年起任博士生导师。1986 年至 1992 年任复旦大学新闻学院副院长。所著《新闻学概论》被全国 85 所高校新闻传播学专业选为必修教材。

黄芝晓（1946—）

籍贯浙江慈溪。1968 年 8 月毕业于复旦大学新闻系。1979 年 3 月历任《福建日报》记者、编辑、总编辑助理兼总编室主任、编委委员。1989 年 6 月任《福建日报》副总编辑、福建省新闻学会副会长、福建省公关协会副会长。1992 年评定为高级编辑。1997 年获国务院特殊津贴。2000 年 12 月调入复旦大学，任复旦大学新闻学院院长、教授，上海市新闻学会副会长、中国新闻教育学会副会长。参与主编《二十世纪中国社会科学·新闻学卷》、《市场经济模式概览》等，著有《现代新闻编辑学》。

梁晓庄（1946—）

籍贯广东顺德。1969 年毕业于上海师范学院中文系。1972 年入安徽日报编辑部工作。1980 年入安徽电视台，评定为主任编辑，1987 年任常务副台长。1992 年任安徽省广播电视厅党组成员、省纪委驻广电厅纪检组组长。1995 年任安徽省广电厅副厅长。2000 年 1 月任上海市广播电影电视局副局长。同年，任上海市文化影视管理局党委委员、副局长。曾兼任上海市广播电视学会副会长。

李坚（1946—）

籍贯上海。1979 年毕业于天津南开大学历史系。1981 年进入新民晚报社，历任文化新闻版编辑，文化新闻部记者、副主任、主任。《神奇，但不要神化》获中国新闻奖三等奖。曾翻译出版前苏联报告文学《切尔诺贝利》等。著有《文化是流动的》。1997 年评定为高级记者。

冯亦珍（1947—）

女。籍贯浙江慈溪。1984 年就读中央党校哲学专业，参加 1986 年复旦大学马列专业自学考试，1995 年上海师范大学英语大专学习一年，大专学历。1975 年 3 月参加新华社通讯员学习班，后转为记者。1997 年评定为高级记者。先后有 40 多篇内参得到中央领导的批示。

王少云（1947—）

籍贯浙江慈溪。1992 年 10 月毕业于英国威尔士大学新闻研究中心，曾在美国 CNN 总部进修，硕士学位。1974 年 1 月入上海电台任新闻编辑。1988 年 10 月起任上海电视台英语新闻科科长、国际部副主任、新闻中心编辑部副主任。1996 年 1 月起任上海市广播电影电视局总编室副主任、上海市文化广播影视管理局总编室副主任。2002 年评定为高级编辑。中国广播电视学会产业发展研究会理事。

秦绍德（1947—）

籍贯上海。1970 年毕业于复旦大学新闻系，1982 年毕业于复旦大学新闻系研究生班，获文学硕士学位，1991 年获法学博士学位。1995 年评定为教授。1995 年 8 月任解放日报社党委副书记、总编辑。1999 年 1 月起任复旦大学党委书记。历任中共十五大代表，中共第十六届中央纪律检查委员会委员，中共上海市第七、八届委员会委员。曾任中华全国新闻工作者协会副主席。长期从事中国新闻史等新闻学研究。曾参加、主持国家社科重大项目"中国地区比较新闻史"和参与撰述《中国新闻事业史》、《新闻学大辞典》、《大百科全书（新闻卷）》等著作。著有《上海近代报刊史论》（获 1986—1993 年上海哲学社会科学著作二等奖）、《宣传心理学》等。

蒋琪芳（1947—）

女，籍贯江苏无锡。1986 年毕业于上海电视大学医学专业，大专学历。1992 年 12 月起任上海有线电视台副台长、党委副书记、党委书记。2001 年 4 月任上海文化广播影视集团党委副书记。1984、1986 年两次获上海市"三八红旗手"称号。1999 年评定为高级政工师。

谈小薇（1947—）

女。籍贯江苏江阴。1974 年 3 月进解放日报社。1986 年黄浦区业余大学中文系毕业。1984 年起至 2001 年，历任《解放日报》党群政法部副主任、主任、编委。2000 年评定为高级记者。通讯《总书记在上海人民中间》被《人民日报》头版转载，被评为上海市好新闻一等奖。1979 年以来，多次参加党代会、人代会和政协会议等报道。1993 年和 1998 年，先后采访了"汪辜会谈"和"汪辜会晤"。

孙洪康（1947—）

籍贯江苏启东。1982 年复旦大学新闻系毕业后进新民晚报社任记者。1994 年评定为高级记者。1984 年 1 月起历任新民晚报编委、总编辑助理、副总编辑；上海市新闻学会副会长、市记协常务理事。通讯《中国质量的一座丰碑——来自杨浦大桥的报告》（合写，执笔）获中国新闻奖一等奖。主持采写报道《战地重访》获上海新闻奖一等奖、中国晚报新闻奖特等奖、中国新闻奖三等奖。新闻特写《面对新世纪充满信心》获中国晚报新闻奖特等奖。著有《掀开都市帷幕的一角》、《人间传真》等。1990 年被评为全国优秀新闻工作者。1991 年获全国首届范长江新闻奖提名奖。1992 年获国务院特殊津贴。

范惠凤（1947—）

曾用名范蓉。女。籍贯上海崇明。1986 年毕业于上海教育学院中文系（自学考试），大专学历。1968 年 8 月入上海电台，历任播音员、节目主持人。1998 年的播音作品《扔掉算命棍，勤劳造乾坤》获全国广播电视优秀播音作品一等奖。1996 年《也谈播音员和节目主持人的对象感问题》、1998年《试谈播音创作主、客体的融合》获第九届全国优秀播音论文评比一等奖。1998年评定为播音指导。

张安朴（1947—）

籍贯上海嘉定。1986年黄浦区业余大学中文系毕业。1979年起历任《解放日报》美术编辑、摄影美术部主持工作副主任，1992年被评为市优秀新闻工作者，2000年评定为高级编辑。中国美术家协会会员、上海市美术家协会理事，创作出版数百件宣传画和大量报刊美术作品。1983年和1991年两次获全国宣传画一等奖，作品被中国美术馆和上海美术馆收藏。曾设计发行多套邮票，其中上海浦东一套被评为全国最佳邮票。1986年获上海文学艺术奖美术一等奖。2002年获上海市美术作品银奖。

陈伟新（1947—）

籍贯浙江宁波。1987年毕业于上海教育学院中文系。1997年任少年报社社长，2001年任上海教育报刊总社党委委员、副社长、总编辑，评定为编审。中国内地第一份少年儿童的日报——《少年日报》的创办者之一。曾任中国少儿报刊协会副会长、上海报业协会副秘书长、世界头脑奥林匹克协会主席团成员等。著（专著、译著）有《狮身人面石像的消瘦》、《沿着未知的道路漫游》、《头脑奥林匹克竞赛的训练和赛题》、《创造力的挑战》、《愉快学习》等。

陈忠彪（1947—）

籍贯浙江镇海。1986年黄浦区业余大学中文系毕业。1966年7月进解放日报社任记者、编辑。1986年7月起，任《解放日报》中班编辑组长兼解放日报二版责任编辑。1991年12月起历任夜班编辑部领导成员、副主任。2001年8月任夜班编辑部主任。2000年评定为高级编辑。1995年获第二届上海韬奋奖。2000年被评为上海市劳动模范。2005年被评为全国劳动模范。组织编辑的1996年4月26日、1998年8月9日《解放日报》第一版版面分获第七、九届中国新闻奖报纸版面二等奖。

顾家靖（1947—）

籍贯浙江海盐。1982年毕业于复旦大学哲学系。1995年8月起任文汇报社党委副书记、纪委书记，文汇新民联合报业集团工会主席。担任执行副主编的著作有《科学社会主义十讲》、《科学技术是第一生产力十讲》等。著作有《难忘岁月》。1989年初，与上海《支部生活》记者合作的《江泽民答本刊记者问》，荣获全国党刊教育研究会优秀论文一等奖。

唐书林（1947—）

籍贯江苏苏州。上海教育学院中文系本科学历。1982年起任上海电视台记者、编辑、新闻专栏科副科长。1992年起任台总编室副主任、上海市广播电影电视局总编室副主任。1995年任上海有线电视台副台长。2000年起任每周广播电视报社主编、党总支部书记等职。1992年获国家语委"全国语言文字工作先进工作者"称号。2001年获中国广播电视学会"全国百优广播电视理论工作者"称号。2000年评定为高级编辑。兼任上海市社会科学界联合会委员、市新闻学会理事、上海广播电视学会常务理事等。

李正华（1947—）

籍贯上海松江。1971年调入新华社上海分社，历任工业采访室副主任，经济采访部主任。2001年任新华社上海分社副总经理。1996年评定为高级记者。作品《上海打出中华牌》（合作）获1992年全国好新闻一等奖。

陈雅妮（1948—）

女。籍贯湖南攸县。1978年8月起历任新华社湖南分社、新华社上海分社记者，1993年6月任新华社上海分社副总编辑、常务副总编辑、党组成员。1993年评定为高级记者。采写的新闻作品多次获奖，其中《在伟人开辟的航道上——邓小平理论与上海的改革开放》获《大地之光》全国优秀新闻作品一等奖；《金涛拍岸——上海地铁和国际资本的故事》获《人民文学》创刊45周年优秀报告文学奖；《宝钢，世纪之谜》获《人民文学》"中国脊梁"优秀报告文学奖。有5篇新闻论文分获《中国记者》、新华社新闻研究所、上海新闻论文奖一、二等奖。2001年获国务院特殊津贴。编辑出版新华社上海分社新闻作品选《多彩的年轮》；个人作品集《上海十五年》。

邱洁宇（1948—）

女。籍贯广东南雄。1987年毕业于北京广播学院新闻采编专业，大专学历。1981年3月入上海电台新闻部工作。1985年起历任新闻部主任、新闻教育台副台长。1994年10月任上海电台副台长、副总编辑。2002年1月任上海文广新闻传媒集团总裁助理。2000年评定为高级编辑。全国广播文艺研究会副会长、上海市记协理事。

孙重亮（1948—）

籍贯浙江镇海。1966年10月毕业于上海戏曲学校。1990年7月毕业于空军政治学院，大专学历。1982年12月从广州空军文工团转业入上海电视台，历任电视剧部副主任、演员剧团副团长、译制部主任、台党委副书记兼纪委书记兼电视剧制作中心主任、副台长兼文艺中心主任。1998年7月评定为一级导演。

周锦尉（1948—）

籍贯浙江镇海。华东师大法政系法学硕士。1977年进文汇报社，历任理论部主任、《文汇报》驻京记者。中共上海市第六次代表大会代表。2000年评定为高级编辑。2001年调上海市委宣传部任副局级巡视员。多次获全国和上海市的新闻、理论奖项。2000年9月获全国第四届韬奋新闻奖。撰写、主编、合著《中国的问题关键在于党》、《改革潮追踪》等著作40多本。曾参与中宣部组织的《邓小平理论学习纲要》、《"三个代表"重要思想学习纲要》等的编写工作。

贺锡廉（1948—）

籍贯湖北大梧。毕业于华东师范大学中文系（本科自学考试）。1984 年 4 月入上海电台，历任科技节目组组长、市场经济频率总监、台经济部总监、台总编室主任等职。2002 年 7 月任上海文化广播影视集团《广播电视研究》杂志执行副主编。其作品曾获中国广播电视学会奖一等奖、全国科普广播奖一等奖、上海广播电视奖一等奖。著有《试论广播电视》（论文集）等。2002 年评定为高级编辑。

郑可壮（1948—）

籍贯浙江宁波。1985 年毕业于华东师范大学中文系，大专学历。1981 年 3 月入《每周广播电视》报，负责第一版文字编辑，后任该报副主编。1988 年 2 月入上海电视台文艺部任编导。1992 年入上海东方电视台，参与创办娱乐性栏目《快乐大转盘》，后从事大型晚会的策划和编导。1995 年至 1997 年曾兼任上海电视艺术家协会秘书长。2002 年评定为一级导演。

胡廷楣（1948—）

籍贯浙江萧山。1982 年毕业于华东师范大学中文系本科函授班。1984 年夏入解放日报社，曾任科教部、体育部记者。1998 年冬，筹备创办新闻报，历任新闻报晚刊副主编、新闻中心副主任、新闻晚报副主编。2000 年 1 月评定为高级记者。《面对 20 岁的人生》（合写）获上海好新闻一等奖。著有《黑白之道》（1993）、《境界》（1998）、《行走的记忆》。上海市作家协会会员。

翁思再（1948—）

籍贯江苏吴县。1984 年华东师范大学中文系毕业。自 1983 年起历任《新民晚报》记者、编辑、文艺部负责人、驻北京记者站站长、特稿部副主任，《文汇电影时报》副主编，文汇新民联合报业集团文化发展中心顾问，上海戏剧家协会理事。新闻作品《第九届梅花奖评比"戏中有戏"》获全国晚报好新闻奖一等奖，《不幸从空中坠落——昨日韩国货机失事现场目击记》（合作）获上海新闻奖二等奖。论文《试论读者逆反心理》入选北京大学主编的《精神文明宝典》。2000 年评定为高级记者。

王富荣（1948—）

籍贯江苏宜兴。1982 年毕业于华东师大中文系。1992 年起历任新华社香港分社文艺处处长、《文汇报》副总编辑、《解放日报》副总编辑。上海市记协和市作协理事。著有《艺术思维之鸟》。参与策划、组织、编辑《笔会》五十年大型文集《走过半个世纪》。参与编辑《笔会》和《朝花》丛书以及《申江服务导报》时尚系列丛书。（2012 年 12 月去世）

郦国义（1948—）

籍贯浙江绍兴。1981 年 12 月复旦大学中文系毕业，1982 年进文汇报社，先后任记者、文艺部副主任,策划创刊《文汇读书周报》,兼任主编。1986年6月后,任文学报社副总编辑、总编辑。2001年起任新民周刊社长。文艺时评《高尔基为何反对上演陀思妥耶夫斯基作品》,由新华社加编者按转发,二十多家省报转载。言论作品两次获上海好新闻二等奖。曾在复旦大学等高校开设《文艺新闻学》课程。著有《文坛风铃》(柯灵作序)。1995年评定为高级编辑。曾获上海市优秀新闻工作者称号。

李安瑜(1948—)

女。籍贯浙江镇海。1982年于复旦大学历史系毕业,进青年报社,任副刊"百科知识"版编辑、科教部记者。1985年起历任编委兼副刊部主任、新闻部主任、青年读物编辑部主任,创办上海首家向社会开放的"青年心理咨询站"。1991年任副总编辑。1995年进新民晚报社,曾任专刊部主任。2002年评定为高级记者。著有《新科学之父》、《中国历代皇后全书》等。

潘玉鹏(1948—)

籍贯广东中山人。1982年毕业于复旦大学新闻系,留校任教,曾任国际新闻教研室副主任。1988年7月至1989年2月到美国英文报纸《查尔斯顿报》进修,任该报专栏作者。1996年3月进新民晚报社,1997年3月起负责驻美记者站工作,编辑出版《新民晚报·美国版》。1999年2月任文汇新民联合报业集团新闻研究所副所长。2002年评定为高级编辑。著译(含合作)《传播学原理》等。

沈吉庆(1948—)

籍贯江苏启东。1969年参军,曾任海军某部新闻报道员、报道组长。1980年进文汇报社任记者。通讯《"模式"还是多些好》获上海好新闻一等奖,报社以"新闻报道工作杰出特等功"予以嘉奖。1995年主持《文汇报》社会政法部工作。1998年底调《新民晚报》,任政法教卫部主任。2002年评定为高级记者。著有《丝路三千里》等。

李瑞祥(1949—)

籍贯福建晋江。1995年毕业于中央党校函授学院经济管理专业。1993年10月进上海有线电视台,历任党总支副书记、党委副书记。2000年4月任东方电台党委书记;2001年10月起任上海文广新闻传媒集团纪委书记。第七届上海市人大代表。1996年评为上海市优秀党务工作者。

张德宝(1949—)

籍贯浙江宁波。1973年起担任《文汇报》记者、新闻部主任、总编辑助理。1987年担任《解放日报》国内新闻部主任。1990年担任劳动报社总编辑。1993年起调任香港商报社副总编辑。通讯《生活中的乔厂长》获上海好新闻奖一等奖。1981年评为上海市劳动模范。

张慈赟(1949—)

籍贯上海。1983 年至 1984 年在美国斯坦福大学攻读新闻专业,获硕士学位。1980 年起在人民日报社参加英文《中国日报》筹备和创办工作,后在《中国日报》任记者、编辑、国际部主任、编委委员兼评论部主任、副总编辑、常务副总编辑。1991 年参加英文《北京周末报》创办工作,任第一任总编辑。1992 年参加《上海英文星报》创办工作,任第一任总编辑。1996 年调任上海市人民政府新闻办公室副主任。1997 年起兼《今日上海》杂志主编,2002年起兼任《上海滩》杂志主编。1999 年参加英文《上海日报》创办工作,任总编辑。1992 年评定为高级编辑。同年获国务院特殊津贴。著作和译著有《中国成语故事》(英)、《聊斋志异》(英)、《中美关系 1945—1949》(英)等。

张致远(1949—)

籍贯上海。1986 年黄浦区业余大学中文系毕业。1973 年起先后任《解放日报》记者、国内新闻部副主任。2001 年起任解放日报报业集团人才市场报社社长。2000 年评定为高级记者。《101 厂改革》系列报道和《上海火箭九年送九颗卫星上天》获上海市好新闻一等奖。发表有《论报纸编辑部体制改革》、《怎样报道持续发展的突发新闻》等论文。1991 年被评为上海市优秀新闻工作者。

崔文玉(1949—)

籍贯河北雄县。1975 年 7 月毕业于南京大学政治系。1975 年 8 月入人民日报社,任理论部编辑。1987 年 1 月任报社房产基建处处长。1988 年 2 月任报社行政管理局副局长。1992 年 2 月任报社综合经营办公室副主任。1993 年 5 月任报社事业发展局副局长。1994年 11 月任人民日报社华东分社副社长兼总经理。

陈美凤(1949—)

女。籍贯上海。1975 年 6 月调入新华社吉林分社,任记者、政文采访室主任。1997 年 4月调新华社上海分社,曾在《上海证券报》总编室工作。1999 年评定为高级记者。长篇通讯《生命的最后历程——记地质矿床学家张秋生》,获全国首届科技新闻奖一等奖。《我国教育史上的一件大事》获中国教育好新闻奖。主编书籍《璀璨的山城》。

周解蓉(1949—)

女。籍贯江苏无锡。1975 年毕业于复旦大学新闻系,同年留校任教。1982 年 1 月调入新华社上海分社,主要担任外事报道,其间到中国新闻学院英语专业学习一年。2000 年评定为高级记者。1998 年 6 月,采写的《克林顿总统公开重申对台湾"三不"原则》,被海内外媒体广泛采用,被评为新华社社级好稿,获第九届中国新闻奖二等奖。

梁汉森(1949—)

籍贯广东中山。1976 年 8 月毕业于吉林大学中文系。1979 年 1 月至 1994 年 1 月,历任吉林人民广播电台编辑记者,副台长、台长。1994 年 8 月,任上海市政协《联合时报》副总编辑,1999 年任《联合时报》总编辑。2002 年任副巡视员。与人合作采写的专稿《"二人转"誉满北京城》、系列报道《让社会充满爱》、消息《我省最后一个无电屯通电》分获 1985、1988 年度全国优秀广播节目评选三等奖、1992 中国广播奖一等奖。

程士安(1949—)

女,籍贯上海。1982 年 1 月毕业于复旦大学新闻系,随后留校任教。现任复旦大学新闻学院广告学系主任、教授(博士生导师),主持广告学系工作。与人合作参与修订的著作有《新闻评论》等。

王明国(1949—)

籍贯浙江宁波。1981 年进新民晚报社,曾任群工部主任,2002 年评定为高级编辑。曾任上海市新闻工作者协会第四届理事会理事。先后获上海韬奋新闻奖、中国韬奋新闻奖提名奖。负责组织的新闻报道《"百佳超市"拎包事件》(7 篇)获全国晚报好新闻特等奖;先后编辑的"岂有此理　竟有此事"、"不妨一议"获中国新闻名专栏奖。《"新闻群众工作学"简论》获中国新闻论文奖三等奖。《从〈每周评论〉看陈独秀的新闻观》获上海新闻论文奖三等奖。著有《走进万家灯火》。

张德明(1949—)

籍贯上海。1976 年毕业于复旦大学中文系。1993 年 2 月任复旦大学出版社社长兼副总编辑。1994 年负责筹建上海教育电视台,任台长,使 26 频道成为上海知名的"绿叶台"。2000 年 1 月兼任上海远程教育集团主任、上海电视大学校长。1995 年评定为教授。著有《报告文学的艺术》,主编《永远的绿叶情》等。1994 年起任中国教育电视协会副会长,上海市新闻工作者协会常务理事。

赵兰英(1950—)

女。籍贯上海。1975 年毕业于复旦大学中文系,同年 8 月起任新华社上海分社记者,1993 年评定为高级记者。《一笔曾当百万师,手不停椽至死去》、《一个睿智真诚可敬的人》、《城市衣襟上的鲜花》等 20 多篇新闻稿获中国新闻奖和上海新闻奖。主要著作有:《一个记者笔下的文化人》、《文化咏叹》、《感觉巴金》等。

牟根源(1950—)

籍贯江苏南通。1989 年毕业于空军政治学院行政管理专业,大专学历。1981 年 3 月入上海电视台,历任新闻部主任、台党委副书记兼纪委书记、上视一台副台长等职。1995 年 10 月起历任东方电视台党委书记、台长兼上海科教电影制片厂厂长、总编辑。2001 年 8 月任上海文广新闻传媒集团党委副书记。论文《电视宣传工作的灵魂》获 1995 年上海市邓小平理论研究和宣传优秀成果三等奖。1998 年《将军世纪行》获中国电视新闻奖三等奖。1994 年评定为主任编辑。

夏定先(1950—)

籍贯上海。1983 年复旦大学分校中文系毕业,到民航上海管理局政治部宣传处任新闻干事。1984 年考入《解放日报》,历任一版编辑、二版责任编辑、一版责任编辑。1995 年起历任工交基建财贸部副主任、经济部主任。2002 年评定为高级编辑。2000 年获上海市第三届韬奋新闻奖。制作的标题"红牌:豚草俏入本市街头天边恣意生长"等获上海好新闻一等奖。因组织策划和编辑《上海国有工业仍居主导地位》获中国新闻奖二等奖、上海新闻奖一等奖。"首届东亚运开幕式"版面设计获上海新闻奖二等奖。

顾龙(1950—)

籍贯浙江湖州。1982 年毕业于黑龙江大学中文系。1983 年 6 月调入新民晚报社经济部当记者,1985 年 5 月为报社编委,历任经济部、新闻编辑部、政法教卫部主任。1994 年 4 月任美国新民国际有限公司常务理事、总经理。2000 年评定为高级记者。组织采写的通讯《中国的实力　上海的创举》获 2002 年度中国晚报新闻奖特稿奖。合作撰写的《领导人着装"一级机密"今揭晓——"2001 中国装"》获 2001 年度上海新闻奖二等奖。曾任中国晚报科学编辑记者学会常务副会长、上海科技传播学会副会长。

刘军(1950—)

籍贯江苏盐城。1977 年 9 月毕业于复旦大学新闻系,同年分配到新华社上海分社任记者。2001 年评定为高级记者。新闻作品《春暖燕归来——记上海市一批优秀留学回国人员》获上海市首届教育好新闻一等奖;《春风暖流催奋发——上海万名贫困大学生在沪学习纪实》获全国教育好新闻二等奖。主要新闻论文有《精心推敲新闻标题》、《研究一点读者心理》等。

刘海贵(1950—)

籍贯上海。1989 年 12 月获复旦大学新闻系法学硕士学位。1991 年起历任新闻系新闻学专业主任、副系主任、党总支委员,新闻学院副院长、院学术委员会副主任。1997 年晋升教授,2000 年任博士生导师。1990 年获上海市优秀新闻工作者称号,1995 年获上海市育才奖。著译有《当代新闻采访》、《新闻传播精品导读》、《中国现当代新闻业务史导论》等。

刘文国(1950—)

籍贯上海。1977 年毕业于上海戏剧学院表演系。同年入上海电视台,历任综合文艺科科长,文化专题部、文艺部主任,文艺总导演。1992 年 8 月任东方电视台副台长。2002 年 1 月任上海文广新闻传媒集团副总裁。1995 年获上海"十佳电视艺术家"称号;1998 年获上海市"德艺双馨文艺家"和"中国百佳电视艺术工作者"称号。1996 年评定为国家一级导演。兼任上海电视艺术家协会副主席,中国电视艺术家协会理事。

谢金虎（1950—）

籍贯上海。1978 年 9 月任中共哈尔滨市委政研室新华社专职通讯员。1981 年 5 月起，调入新华社黑龙江分社，历任记者、工业财贸组组长兼哈尔滨记者站站长。1992 年 10 月调新华社上海分社。曾任新华社浦东支社社长，并为《上海证券报》创始人之一。1998 年评定为高级记者。与人合作著译有《短新闻选萃》、《散文式新闻选萃》等。

林小利（1950—）

籍贯北京。1976 年毕业于河北大学外文系。1983 年调入文汇报社，历任新闻部记者、驻北京办事处记者。两次任文汇报驻东京记者站特派记者。2000 年评定为高级记者。译著有《艰辛、成就与乐趣》、《日本企业经营的秘密》、《日本通商产业政策史》、《日本的金融政策》等。

张蔚飞（1950—）

籍贯上海崇明。1986 年 7 月毕业于上海黄浦区业余大学中文专业。1981 年 12 月从部队转业进解放日报社任摄影记者。1988 年 12 月任《解放日报》摄影美术组长，1991 年 12 月任摄影美术部负责人。1994 年 11 月调人民日报社华东分社任摄影主管，1997 年 11 月任分社总编室主任。2002 年 10 月任分社图片网络中心主任，2002 年任中国新闻摄影学会副秘书长、学术委员会副主任。2002 年评定为高级编辑。作品《稀客光顾大商场》获 1992 年度中国新闻奖新闻摄影复评金牌奖。2002 年获首届中国新闻图片编辑“金烛奖”。

宋超（1950—）

籍贯上海崇明。1976 年毕业于华东师大中文系。1979 年至《解放日报》工作，任记者，农村部副主任、党支部书记，农村部主任，工交基建财贸部主任，《解放日报》编委，总编辑助理。1998 年 3 月任《解放日报》副总编辑，2000 年 3 月任《解放日报》常务副总编辑，同年任解放日报报业集团党委副书记、副社长，《解放日报》党委副书记（2001 年任党委书记）、总编辑。为 1995 年度上海市劳动模范，中共上海市第八次代表大会代表，第十届、十一届市人大代表，中共十六大代表。1995 年评定为高级记者。1999 年获国务院特殊津贴。《着力增强党报核心竞争力》获中国新闻论文奖一等奖，《困难面前方显本色》、《上海的辉煌、祖国的辉煌》获中国新闻奖一等奖；《“上海 50”拖拉机病卧田头》、《为了明天——上海再就业工程纪实》获上海好新闻一等奖。1998 年获第三届中国范长江新闻奖。

俞远明（1950—）

籍贯上海。1973 年进解放日报社，历任夜班编辑、夜班编辑组长、群工部主任、工交部主任，编委、副总编辑。1994 年起任《新闻报》总编辑。1995 年评定为高级编辑。2000 年起任《上海经济报》总编辑。2000 年获“工商管理硕士”学位。策划、编撰出版图书有《网路工兵》丛书第一至第十二册（约 300 万字）。

潘新华(1950—)

笔名鲍青公。籍贯浙江鄞县。1982 年华东师范大学中文函授本科毕业。1981 年进新民晚报社任记者。1985 年起任经济部副主任、主任，浦东记者站站长，特稿部主任。作品获上海好新闻奖一等奖、1992 年全国晚报新闻特写一等奖。《传媒：面对 WTO，面向 21 世纪》获上海新闻论文奖三等奖。合著《雏鹰》、《都市热线》等。1999 年评定为高级记者。2002 年获上海韬奋新闻奖。

张持坚(1951—)

籍贯上海。1984 年 3 月毕业于哈尔滨广播电视大学汉语专业。先在黑龙江生产建设兵团报社任编辑，1979 年 10 月调新华社黑龙江分社，历任记者、采编室主任、分社副社长。1995 年 1 月调新华社上海分社浦东支社任记者。1996 年 7 月任新华社上海分社政治采访室主任。1999 年 6 月调《上海证券报》任副总编辑，2000 年 3 月任总编辑。1984 年被评为全国优秀新闻工作者。1994 年评定为高级记者。

张学全(1951—)

籍贯江西宜春。1977 年 8 月毕业于复旦大学新闻系，同年分配到新华社上海分社任记者。1996 年评定为高级记者。1997 年起历任新华社上海分社政文采访部主任、上海分社编委。新闻作品《高扬第一生产力的旗帜——记上海市高层领导与高新技术产业》获 1995 年度上海好新闻一等奖。

李尚智(1951—)

籍贯江苏苏州。1993 年中共中央党校党政管理专业毕业。1974 年 10 月进解放日报社，历任记者、要闻版编辑、夜班编辑组副组长，党群政法部副主任、主任，上海《支部生活》杂志主编，解放日报编委、总编辑助理。1996 年 1 月起，历任中共上海市委宣传部新闻出版处处长、副巡视员。1998 年 7 月任上海人民广播电台台长、总编辑。2001 年 8 月任上海文广新闻传媒集团副总裁。1985 年赴老山前线战地采访，获上海市政府记大功奖励和上海宣传系统先进工作者称号。1994 年获上海市精神文明建设活动优秀组织者称号。1995 年评定为高级编辑。合作采写的消息《百万上海市民争睹日环食》获 1988 年度上海好新闻一等奖。策划组织的《上海五国元首第六次会晤现场直播》节目获 2001 年度中国新闻奖一等奖。组织创作的《嫁给了公家人》等广播剧获中宣部"五个一工程"奖。著有《一个犯罪学家的传奇》。

章成钧(1951—)

籍贯安徽枞阳。1973 年 8 月毕业于复旦大学新闻系。同年进文汇报社，曾任记者、教卫部主任、经济部主任、新闻策划部主任，《新闻午报》总编辑、文汇新民联合报业集团新闻研究所所长。1995 年评定为高级记者。1982 年被评为上海市优秀新闻工作者。1987 年被评为上海市劳动模范。《王沪宁破格晋升副教授》被评为全国好新闻奖二等奖、上海市好新闻一等奖。著有《大漠丰碑——章成钧报刊作品选》。

庄大伟(1951—)

籍贯浙江镇海。1985年毕业于上海电视大学中文专业,大专学历。1984年2月入上海电台,历任少儿科科长,少儿部主任,音乐部主任。2002年6月任东方电台财经频率/浦江之声电台党总支书记。1999年被评为艺术系列一级编辑。著有《庄大伟少儿广播论文选》等个人专著92本,计1 200多万字。1997年获国务院授予的"全国优秀儿童工作者"称号。中国作家协会会员、上海作家协会理事。

毛勤芳(1951—)

女。籍贯浙江宁波。1976年8月毕业于复旦大学中国文学专业,大专学历。同年入上海电视台,历任文艺部导演、制片人。2000年12月起任上海电视台文艺节目中心晚会一组制片人。曾参与策划、编导文艺晚会及大型节目数百台,多年执导元旦直播晚会。2000年4月评定为一级导演。

金希章(1951—)

籍贯浙江宁波。1977年毕业于上海戏剧学院戏剧文学系。1977年入上海电视台,曾任经济社教部专栏科科长。1978年参与创办上海荧屏第一个电视科普专栏《科技之窗》。其间创作的《仿生建筑》是第一个获奖的上海电视科教节目。1992年10月起先后任东方电视台总编室主任、节目中心主任。2002年1月任东视文艺频道副主编。2000年获上海"十佳新闻工作者"称号。2001年获全国"百优广电理论工作者"称号。2002年评定为高级编辑。

吕网大(1951—)

籍贯江苏江阴。1978年8月毕业于法国巴黎大学。1975年8月任人民日报社国际部编辑。1981年5月任该报上海记者站记者。1989年4月任该报法国记者站记者。1993年4月任该报上海记者站记者。1995年1月任该报华东分社记者、采访部负责人、总编室主任。1986年被评为中共中央直属机关优秀党员、人民日报社先进工作者。2002年评定为高级记者。

朱幸福(1951—)

籍贯上海。1974年毕业于复旦大学外语系。1981年在中华全国新闻工作者协会任亚洲事务主管。1983年调入文汇报社任记者。先后任《文汇报》驻马尼拉和华盛顿首席记者。2000年评定为高级记者。著有(含合著)《今日菲律宾》、《目击美国这八年》、《风云诡谲的菲岛政坛》。

杨岩松(1951—)

女。籍贯湖北枝江。1974年华中师范大学外语系毕业后,留学加拿大多伦多大学。曾先后在国家旅游局和中国驻尼泊尔大使馆文化新闻处工作。1981年任文汇报社教卫部记者,后在《文汇报》驻菲律宾记者站工作。1991年至1996年任《文汇报》驻华盛顿记者。2000

年评定为高级记者。著有(含合著)《目击美国这8年》、《白宫风云荡政坛》。

李志勇(1952—)

籍贯江苏吴江。1982年1月毕业于复旦大学中文系,毕业后分配到新华社对外部任记者、编辑。1985年4月调入新华社上海分社任记者。1990年11月被任命为新华社西藏分社副社长。1998年6月任新华社江苏分社社长。曾任江苏省新闻工作者协会副主席、上海市新闻工作者协会副主席。1993年评定为高级记者。多篇新闻报道作品获新华社、上海、西藏、江苏好新闻奖。

徐春发(1952—)

籍贯上海。1974年5月毕业于复旦大学中文系。同年进文汇报社,历任记者、文艺部副主任、主任,笔会副刊部主任等职。2002年评定为高级记者。《舒巧对张艺谋说不》、《纯文学作品为何知音少》获上海市好新闻二等奖。与人合作的《中外合拍古典名著未必明智》,获全国好新闻一等奖、上海市好新闻一等奖。《当前报纸副刊改革和发展问题初探》获上海市新闻论文奖二等奖。著有《柯灵传》。

穆端正(1952—)

籍贯江苏无锡。1985年毕业于北京广播学院新闻学专业,大专学历。1973年6月入上海电视台,历任新闻部主任、海外编辑室主任,负责创办在美国旧金山播出的华声电视台。1992年8月负责筹建上海东方电视台,任台长、总编辑。1996年11月兼上海科教电影制片厂厂长。1998年5月任上海市广播影视局副局长、副总编辑。同年组建上海卫视,兼任上海卫视主任、总编辑。2000年4月任上海市文化广播影视局副局长、副总编辑,次年兼任东方网站主任。2002年3月任上海市文化广播影视管理局局长、党委副书记、上海东方网站主任。1996年评定为高级编辑。兼任上海电视艺术家协会主席、上海市新闻工作者协会副主席。(2017年1月去世)

吴芝麟(1952—)

籍贯浙江海宁。1986年毕业于上海教育学院中文系。1973年入解放日报社工作,历任文艺部记者、编辑,《朝花》主编,文艺部负责人,1983年底任《解放日报》编委兼文艺部主任,1994年调任人民日报社华东分社副总编辑,1998年调文汇报社任副总编辑。1995年评定为高级编辑。曾任上海市新闻工作者协会常务理事,上海市新闻学会副会长,上海作家协会理事,中国作协会员。1985年10月,合作采写的连续报道《呼唤与回答——巴金与无锡"十个寻找理想的孩子"》,被评为上海好新闻一等奖;1990年1月,主持采写《大雪锁江交通中断四五小时,军民携手安全疏运十万乘客》获上海好新闻一等奖、全国好新闻二等奖。著有报告文学集《巴金和寻找理想的孩子》(合作)、《记者眼中的世界》等。

陈圣来(1952—)

籍贯浙江余姚。1980年毕业于上海师范大学中文系,2002年3月获美国纽约理工学院工商管理硕士学位。1981年4月入上海电台,历任文学科编辑、《舞台内外》专栏主编、文艺部副主任、文艺台副台长兼文学戏剧部主任、文艺台台长。1992年8月负责组建东方电台,任台长、总编辑。策划开办全天候24小时直播的广播频率,以及音乐台、卫星金融台、儿童台和有线音乐台等"东广系列台"。2000年3月任上海国际艺术节中心总裁。1996年评定为高级编辑。2000年获中国广播电视学会主持人研究会颁发的"杰出贡献奖"。

葛明铭(1952—)

籍贯江苏仪征。1985年毕业于上海教育学院中文系。1983年12月入上海电台,2002年6月任上海电台戏剧/文艺频率主编。2000年4月评定为一级文学编辑。1987年主创广播系列小品《滑稽王小毛》。1991年被中华全国新闻工作者协会授予"全国优秀新闻工作者"称号,2002年被授予"中国十佳广播曲艺编辑"称号。

孙泽敏(1952—)

浙江余姚。1985年毕业于华东师范大学中文系。1983年入上海电视台,历任记者、编辑、新闻编播科副科长、新闻部副主任、台总编室主任等职。负责创办深度报道栏目《新闻透视》。主创作品《彩虹从浦江升起》获中国新闻奖一等奖。1997年获"全国百佳新闻工作者"称号。2000年评定为高级编辑。

陈文(1952—)

女。籍贯浙江宁波。1982年毕业于上海师范大学艺术系。1984年1月入上海电视台。1994年起历任上海电视台14频道总监助理、上海有线电视台总编室主任、影视频道总监、上海电视台电视剧频道主编。1994年创办《案件聚焦》节目。1999年所著论文《有线电视在多元竞争中的选择》分别获第六届全国广播电视学术论文一等奖、第二届上海新闻论文奖一等奖。1989年获全国"三八红旗手"称号。2001年9月评定为艺术系列一级编辑。

顾勇华(1952—)

籍贯江苏南通。1982年7月毕业于中国社会科学院研究生院新闻系。1994年10月入人民日报社华东分社任记者,2000年4月任分社副总编辑。2000年评定为高级记者。著有《新程序消息写作学》、《新闻评论学与习》等。

袁晖(1952—)

籍贯安徽五河。1985年毕业于华东师范大学中文系。1984年1月入上海电台,历任采访科长、新闻部副主任、新闻台副总监、新闻中心主任、新闻部主任、新闻频率总监等职。2000年2月评定为高级记者。1994年获第二届全国范长江新闻奖提名奖。1996年直播节目《上海要有海纳百川的气度》、1998年述评《艾滋病距离我们还有多远》获中国新闻奖二等奖、上海新闻奖一等奖;1993年连续报道《徐虎的报修箱》获上海新闻奖一等奖;1996年系列报道《上海不会忘记他们》、1999年短消息《宝钢取消年度产量和超产奖》获中国广播电视一等奖;2001年连续报道《东西部手拉手》获上海广播电视一等奖。论文有《新闻立台的理念和运作》等。兼任上海广播电视学会常务理事。

孙洪洋(1952—)

籍贯上海。1977年考入复旦大学新闻系,1982年留系任教。1985年进新华社上海分社任记者。1989年起任新华社上海分社财贸组负责人、经济采访室副主任。1998年评定为高级记者。著有《中国股市1993年后发展战略研究》、《中国高储蓄问题调查》等。论文有《研究读者心理学》、《论新闻价值》等。

慈桂航(1952—)

籍贯天津蓟县。1974年毕业于北京大学东方语言文学系。曾赴美国世界新闻学院和纽约市立学院大众传播系进修。1974年起任新华社国际部编辑、驻德黑兰分社记者。1983年调入文汇报社,历任北京办事处记者,驻加德满都、新德里和华盛顿首席记者。1998年评定为高级记者。报道《李文和遭起诉被逮捕 美华裔表愤慨讨公道》获第五届上海国际新闻奖三等奖。

卢宝康(1953—)

籍贯江苏镇江。1982年毕业于复旦大学国际政治系。同年8月进文汇报社,历任要闻部编辑,国际新闻版主编,国际新闻部副主任、主任。1991年至1992年在英国威尔士大学卡迪夫学院新闻研究中心进修,获新闻硕士学位。1995年被评为上海市劳动模范。1995年至2000年任"海外瞭望"国际副刊主编。2000年评定为高级编辑。

凌志军(1953—)

籍贯广东潮阳。1986年8月毕业于中国社会科学院研究生院新闻系,法学硕士。1978年6月入新华通讯社北京分社任记者。1986年8月入人民日报社,任农村部编辑、记者、副组长。1994年10月任华东分社华东新闻采编部主任。2002年评定为高级编辑。

曹焕荣(1953—)

籍贯江苏南通。1983年9月毕业于中国社会科学院研究生院新闻系,法学硕士。1973年3月至1975年9月在黑龙江生产建设兵团《兵团战士报》任见习编辑。1978年9月至1980年9月在北京广播学院新闻系任助教。1983年9月入人民日报社,任科教部编辑、主编。1989年2月任总编室主编、组长。1993年4月任总编室副主任(副局级)。1994年11月任人民日报社华东分社总编室主任兼社长助理。1995年11月任华东分社副总编辑。1999年5月任华东分社副社长、总编辑。1997年评定为高级记者。曾任上海市新闻工作者协会副主席。

陈保平(1953—)

籍贯浙江建德。1982年毕业于华东师范大学中文系。同年进上海青年报社,历任副刊部、新闻部、特稿部主任,副总编辑。1994年,调任上海三联书店总经理、总编辑。1997年兼上海韬奋纪念馆馆长、《书城》杂志主编。1998 年评定为编审。1999 年 6 月,调入上海文艺出版总社,任党委书记、副社长、上海文艺出版社总编辑。2002 年 1 月创办《上海壹周》,任主编;同年 11 月,创办《外滩画报》,兼任社长。《论青年报刊的传播功能与教育功能之关系》获全国青年报刊论文一等奖。著有《精神故乡》(合作)、《中国七问》(合作)、《城市指南的概念与报刊的创办思路》等。

朱大建(1953—)

籍贯江苏常熟。1982 年 2 月复旦大学新闻系毕业后至中共上海市委宣传部任新闻干事,1985 年任上海《宣传通讯》半月刊副主编,1988 年任主编。1995 年任新民晚报社副总编辑。1991 年被评为上海市优秀新闻工作者。著有报告文学集《时代风采录》、《上海滩新"大亨"》,杂文散文随笔集《心弦之歌》。中篇报告文学《鲲鹏展翅》获 1990—1991 年度全国优秀报告文学奖。上海作家协会理事,中国作家协会会员。

张国良(1953—)

籍贯江苏丹徒。1976 年毕业于复旦大学新闻系,1991 年 1 月毕业于复旦大学历史系(硕博连读,与日本早稻田大学联合培养),获博士学位。1998 年 3 月,任复旦大学新闻学院副院长。2000 年 12 月,任复旦信息与传播研究中心(教育部文科重点研究基地)主任。2002 年发起成立中国新闻教育学会传播学研究分会,被选为首任会长。2001 年获国务院特殊津贴。《面向 21 世纪的上海市民与媒介文化》获中国新闻奖优秀论文二等奖。著有《社会转型与媒介生态实证研究》、《传播学原理》(主编)、《现代日本大众传播史》、《日本新闻事业史》(译著)、《大众传播社会学》(译著)等。

陈小红(1953—)

曾用名陈晓红、陈若丹。女。籍贯上海松江。1977 年毕业于复旦大学新闻系,1996 年复旦大学新闻系硕士研究生毕业。2000 年评定为高级编辑。1994 年起历任《上海家庭报》总编辑、社长、主编兼党支部书记。曾任中华全国新闻工作者协会人口分会副秘书长、全国人口家庭专业报刊委员会副主任委员、上海市新闻工作者协会副秘书长等。

刘建(1953—)

籍贯山东滨州。毕业于山西大学政教系、中共中央党校经济管理专业。1995 年从部队转业任上海市精神文明建设活动办公室主任。2000 年任上海市文化广播影视管理局副局长。曾获"全军优秀党务工作者"、"上海市精神文明建设优秀组织者"、"上海市心系职工好领导"称号。

孟建(1954—)

籍贯山东东平。1982 年 1 月毕业于南京师范大学中文系。1988 年任南京大学新闻传播系副系主任。2001 年任复旦大学新闻学院广播电视系副主任。1997 年评定为教授、博导。曾主持多项国家和省部级项目。2000 年起,任中国高校影视学会副会长。2000 年获国务院特殊津贴。出版专著、编著、参编 20 余部著作,发表论文 80 余篇。

尹明华(1954—)

籍贯江苏高邮。2002 年下半年入中欧国际工商管理学院读研究生。1984 年进上海电台,历任早新闻编辑,新闻编辑科副科长、科长。1992 年任东方电台副台长兼新闻部主任。1994 年任上海电台副台长。1998 年起任市委宣传部新闻处处长、秘书长。1996 年评定为高级编辑。先后获首届中国韬奋新闻奖提名、首届上海韬奋新闻奖、"上海十佳青年编辑"称号等。著有报告文学集《旋涡里的太阳》、《特殊热线》,新闻评论集《空谷回音》、《思想的碎片》,新闻论文集《全新的体验》,国外考察散文集《美国新观察》等。

郑若麟(1955—)

籍贯广东。1983 年毕业于北京国际关系学院法国语言文学系。1984 年进中国青年报社任编辑、记者。1987 年进上海文汇报社任国际部编辑。1990 年至 1997 年任《文汇报》常驻法国及欧洲记者。2000 年再度任常驻法国记者。2000 年评定为高级记者。《战火映红巴格达上空》获中国新闻奖通讯二等奖、《欧华加强关系乃历史必然》获国务院新闻办主办的第一届中国国际新闻奖二等奖。

瞿新华(1955—)

籍贯江苏太仓。1995 年毕业于上海大学文学院,大专学历。1983 年 6 月入上海电台,从事广播剧工作。1993 年 6 月入上海东方电视台,从事影视剧的编剧和制片人工作。上海名牌栏目剧《刑警 803》的开篇编剧和创始人之一,多次荣获全国"五个一工程"奖优秀作品奖。2000 年获上海市"十佳优秀电视艺术工作者"和全国"百佳优秀电视艺术工作者"称号;2002 年被授予"全国电视十佳制片人"称号。2002 年评定为一级编剧。

顾行伟(1955—)

籍贯江苏丹阳。2002 年获澳门国际公开大学工商管理硕士学位。1987 年起历任《上海时装报》总编辑,劳动报社党委书记兼总编辑,文汇报社副总编辑,文汇新民联合报业集团总经理。1995 年评定为主任编辑。中国作协会员,上海作协理事。获中国报业协会第一、二届年会先进个人称号。《论中国报业的十大关系》获中国报协优秀论文奖。著有《星期天我们在巴黎》、《晚秋偶赋》、《古瓷灯语》、《藏瓷说艺》等。

黄瑚(1955—)

籍贯江苏海门。1983 年复旦大学新闻系毕业,1986、1998 年复旦大学新闻学院硕士研究生、博士研究生毕业,获博士学位。1986 年 7 月起,留校任教。2000 年任教授、博士生导师。兼任教育部高等学校新闻传播学类专业教学指导委员会副主任、中国记协特邀理事、中国新闻史学会副会长、上海市记协常务理事等。撰写的《调查新闻职业道德现状,四家新闻院系提出报告》获第七届中国新闻奖论文奖三等奖。著有《新闻法规与新闻职业道德》、《中国近代新闻法制史论》、《中国新闻事业发展史》和《新闻伦理学》等。

王仲伟（1955—）

籍贯浙江鄞县。1993 年 11 月，任市新闻出版局党委副书记（主持工作）。1995 年 8 月，任文汇报社党委书记、副总编辑，1997 年 2 月起任上海市委副秘书长、市委对外宣传办公室（市政府新闻办）主任，文汇新民联合报业集团党委书记、社长，市委宣传部副部长兼任东方新闻网站党委书记。2002 年 5 月起，任中共上海市委常委、市委宣传部部长。

李智平（1956—）

籍贯浙江绍兴。1982 年毕业于华东师大中文系。1993—1995 年复旦大学新闻传播研究生班进修；2000—2001 年德国欧洲研究生院学习，获工商管理硕士学位。1984 年 1 月任青年报社副总编辑；1995 年主持创办《生活周刊》，任主编；1988 年 1 月起任青年报社社长、总编辑、党委书记。2001 年 3 月任东方新闻网站副主任，2002 年起任东方网股份有限公司董事长兼总裁。1995 年评定为高级编辑。编著有《新青年手册》、《走向不惑之路》等。论文《政治家办报，产业化经营》收入中国人民大学出版社的《产业化：青年报刊的前景和挑战》、《〈新闻战线〉40 年文萃集·理论卷》及 1997 年《中国新闻年鉴》。曾任全国记协理事。1988 年参与创建中国青年报刊协会任副会长兼报纸委员会主任。上海市政协第八、九届委员。第九届全国青联常委。

陈振平（1956—）

籍贯江苏灌云。1983 年毕业于暨南大学新闻系，1993 年毕业于英国威尔士大学卡迪夫学院新闻研究中心，获硕士学位。1983 年入解放日报社，历任要闻版编辑、国际版编辑。1995 年起任夜班编辑部主任。1999 年起任副总编辑。1997 年评定为高级编辑。所编辑的作品《大雾锁江交通中断四五小时，军民携手安全疏运十万乘客》曾获首届中国新闻奖消息二等奖、1999 年 5 月 27 日《解放日报》第一版获第十届中国新闻奖报纸版面三等奖。《现代报纸设计的几个特点》获第九届中国新闻论文奖二等奖。1997 年被评为上海市劳动模范。1998 年获上海韬奋新闻奖。2002 年获国务院特殊津贴。

邬鸣飞（1956—）

籍贯上海南汇。1977 年毕业于复旦大学新闻系，同年入职新华社上海分社从事记者工作。1987 年任分社采编室（总编室）副主任，1990 年任采编室主任，1998 年任分社副社长。2001 年 7 月起任上海分社社长、党组书记，兼任上海证券报社社长。1995 年评定为高级记者。多次获新华社、国家部委、上海市及全国性大型运动会好新闻一、二、三等奖。著有《上海的春天》。

唐宁（1956—）

女。籍贯广东新会。1980 年上海戏剧学院毕业到新民晚报社任记者。曾获上海市"三八红旗手"、"全国总工会优秀女职工标兵"、"上海市十大杰出女职工"称号。2000 年评为全国百佳新闻工作者，2002 年获上海长江新闻奖。2002 年评定为高级记者。2001 年起任市新闻工作者协会女记者工作委员会主任。《与死神搏斗的指挥员》、《不幸从空中坠落——昨日韩国货机失事现场目击记》（合作）、《特稿中的人物和故事》分获上海新闻奖二等奖（两篇）、上海新闻论文奖二等奖。著有《生逢其时——新民晚报复刊 16 年纪实》、《喜欢上海的理由（唐宁通讯随笔选）》等。

王双泉（1956—）

籍贯北京。1974 年毕业于北京外国语学校法语专业。后赴瑞士日内瓦大学进修法国语言与文学及国际政治。1983 年调入文汇报社，任驻巴黎记者。2000 年评定为高级记者。作品多次获中国国际新闻奖、上海国际新闻奖等奖项。

孙健（1957—）

籍贯江苏海安。1980 年 1 月毕业于南京大学外文系。1980 年 2 月入人民日报社，任国际部记者。1981 年 11 月任驻江苏记者站记者。1992 年 2 月任驻委内瑞拉记者。1993 年 6 月任驻江苏记者站记者，并主持创办《人民日报》子报《江南时报》。1997 年 5 月任人民日报社华东分社专题部负责人。2000 年 3 月任华东分社专题报道部主任。2002 年 6 月任华东分社副总编辑。

严卫民（1957—）

籍贯海南文昌。1982 年 8 月复旦大学中文系毕业后，进新华社《瞭望》杂志社。1986 年调新华社上海分社任政治采访室记者。1992 年任新华社《开放》月刊杂志社副总编辑，1996 年任总编辑。1999 年评定为高级编辑。主要新闻作品有：《上海的新高度》、《胸怀与城门一起敞开》、《上海的"广东现象"》、《南京路变"长"了》等。

冯乔（1957—）

籍贯上海。1982 年毕业于华东师范大学中文系。1984 年 2 月入上海电视台，先后任新闻部、对外报道部、国际部编辑。1996 年 1 月任海外中心主任编辑。2001 年 12 月任上视纪实频道编辑。2002 年评定为高级编辑。1996 年编导的《刘京海与成功教育》获中国广播电视奖、上海新闻奖、上海广播电视奖一等奖；1999 年编导的《我的潭子湾小学》获中国电视彩虹奖、上海新闻奖、上海广播电视奖一等奖。

强荧（1957—）

籍贯上海。1995 年 9 月，复旦大学新闻学院在职研究生。1999 年评定为高级记者。1980 年起先后在《劳动报》、《新民晚报》、《文汇报》任记者、部主任。中共上海市第八次党代会代表。上海市文化领域领军人才。1993 年穿越塔克拉玛干沙漠，发表 79 篇"死亡之海探险手记"；1994 年，将探险中拍摄的照片拍卖所得 10 万元捐赠给上海市记协，资助有困难的新闻记者。1998 年获首届"全国百佳新闻工作者"称号；1998 年获"中国报刊之星称号"。《战地重访》系列报道（合作）获第五届中国新闻奖三等奖、全国晚报新闻奖特等奖、上海新闻奖一等奖。2001 年获上海长江新闻奖。著有《最后的征服》、《死亡之海六十天》。

何建华（1957—）

籍贯江苏南通。1982 年毕业于复旦大学新闻系。1993 年 8 月调入新民晚报社,任特稿部记者、经济部副主任。2000 年 4 月调入上海市委宣传部,任新闻出版处副处长、处长、副巡视员。2002 年评定为高级记者。参与采写的系列报道《战地重访》获 1994 年度上海新闻奖一等奖。著有《社会大换乘》、《大地的警醒》等。

周澍钢（1958—）

籍贯江苏连云港市。1986 年毕业于中国人民大学,获法学学士。2002 年 5 月获中欧国际工商学院工商管理硕士学位。曾赴美国弗吉尼亚大学沃顿商学院进修。1998 年 6 月起任上海有线电视台党委副书记、常务副台长、台长。2001 年 4 月任上海文化广播影视集团党委委员、副总裁,兼任上海市广电学会副会长。

徐世平（1959—）

笔名申公无忌、万古球、余心至。籍贯浙江余姚。1982 年 7 月于中国人民大学新闻系毕业,进新民晚报社,历任体育部记者、副主任,《新民体育报》常务副总编辑,《新民晚报》评论部副主任、主任等。2000 年起参与筹备东方新闻网站,历任东方网股份有限公司副董事长、总编辑,东方新闻网站副主任等。上海市政协第八届委员。上海交通大学高级工商管理硕士。率先报道 1988 年汉城奥运会约翰逊服用兴奋剂百米夺魁事件。其新闻作品于 1987、1988、1989 年被评为上海市好新闻一等奖,1987、1988、1992 年被评为全国晚报好新闻一等奖,1988 年被评为全国好新闻一等奖。1988 年被评为上海市"十大青年精英"和上海市"十佳记者"。著有小说、散文集和新闻作品集《脚印》等。

王玮（1960—）

籍贯浙江嘉兴。1982 年于上海交通大学电子工程系毕业后,入上海电视台,历任发射科副科长,发射部副主任、主任。1998 年 4 月任上海市广播影视局局长助理、技术中心党委书记。1999 年 6 月任上海市广播影视局副局长。2000 年 4 月任上海市文化广播影视管理局副局长。2001 年 4 月任上海文化广播影视集团副总裁。1997 年评定为高级工程师。

张明（1962—）

籍贯上海。1987 年 6 月毕业于复旦大学新闻系,同年 8 月进入新华社上海分社摄影采访部任记者。1999 年起任新华社上海分社摄影部主任。2001 年评定为高级记者。曾为美国总统克林顿、英国首相布莱尔、法国总统希拉克等近 100 位国家元首和政府首脑拍摄礼品相册。主要新闻论文和著作有《浅论新闻摄影记者的"功底"》、《再谈新闻摄影抓拍》等。

李泓冰（1963—）

女。籍贯江苏启东。1988 年 8 月毕业于中国社会科学院研究生院新闻系,法学硕士。同年 8 月入人民日报社,任教科文部编辑、记者。走访黄河自源头至入海口、采访丝绸之路全程、深入西藏阿里地区月余,首开网上全程图文直播大江大河报道先例。1994 年 11 月任人民日报社华东分社华东部主编。1998 年 12 月任分社专刊部副主任。2001 年 3 月任专刊部主任。2002 年评定为高级编辑。

陆晔(1963—)

女。籍贯江苏海门。1994 年 7 月在复旦大学获法学(新闻学)博士学位,留校任教。电视评论《中国基因抢夺战》获 1998 年上海新闻奖一等奖,同年获中国广播电视奖社会教育类二等奖和中国新闻奖三等奖;电视专题《我们这个时代的英雄》获 1998 年"上海市五一新闻奖"一等奖。著有《电视时代：中国电视新闻传播》和教材《当代广播电视概论》等。

宗明(1963—)

女。籍贯江苏宜兴。1993 年中央党校本科学历,1999 年澳大利亚 Latrobe 大学 MBA 学位。2001 年 7 月任上海电视台党委书记,2002 年 10 月任上海文广新闻传媒集团党委书记。在频道、频率专业化和传媒集团化的改革过程中,探索双向选择、竞聘上岗,以岗定薪、优绩优酬,预算管理、绩效考核等举措,深化人事和薪酬制度改革。1988 年获"上海市新长征突击手"称号,2000 年获"上海市巾帼建功先进工作者"称号。

严文斌(1963—)

籍贯湖南南县。1988 年从中国社会科学院研究生院新闻系毕业后,入新华社,历任记者、编辑,对外部英文编辑室、经济编辑室、发稿中心副主任,国内新闻采编中心主任,对外部编委。1998 年评定为高级编辑。2001 年 6 月,调任新华社上海分社党组成员、副社长。曾获中国对外报道最高奖——夏庇若新闻一等奖。主要新闻代表作有《论地方新闻的对外报道》、《从香港回归报道看国际新闻走向》等。

陈梁(1964—)

籍贯四川金堂。1988 年毕业于复旦大学新闻系,文学硕士。同年入职上海电视台,历任新闻部副科长、科长。1992 年 7 月参与筹建上海东方电视台,历任报道部主任、新闻中心主任、副台长。2000 年 5 月任东方电台副台长,新闻综合/金色频率总监。2002 年评定为高级编辑。作品《来自浦东的报道》、《一次成功的迫降》获中国电视新闻奖一等奖,《东广早新闻(9·11 特别报道)》获上海新闻奖一等奖。1995 年获上海韬奋新闻奖。

李蓓蓓(1964—)

播音名方舟。女。籍贯河南汤阴。1987 年毕业于北京广播学院播音系,同年入上海电台任播音员。1992 年 10 月调东方电台,任音乐节目主持人。2000 年 12 月任东广音乐部副主任。2002 年 9 月评定为播音指导。1994 年获首届全国广播电视十佳节目主持人"金话筒奖"。同年获"上海市劳动模范"称号。1995 年获"全国先进工作者"称号。2002 年 6 月任上海交通频率副主编。中国共产党上海市第七次代表大会代表、上海市政协第十、十一届委员。

朱咏雷（1964—）

籍贯江苏苏州。1985年毕业于复旦大学新闻系，同年7月入上海电视台任新闻部记者。1992年9月参与筹建东方电视台，历任报道部副主任、编委、总编室主任、副台长，创办《东视新闻》系列栏目。1997年7月起历任上海市广播电影电视局局长助理，上海电视台党委副书记、常务副台长、台长、总编辑，上海卫星电视中心主任。2001年4月起任上海文化广播影视集团副总裁。2001年8月至2002年10月任上海文广新闻传媒集团党委书记、总裁。担任主要作者的电视新闻系列报道《复旦大学领导与学生协商对话形成制度》获1986年全国好新闻奖一等奖、1986年全国优秀电视新闻奖一等奖，电视新闻《谢百三的课为何受欢迎？》获1988年全国优秀电视新闻奖一等奖。1989年获"上海市新长征突击手"称号并获"五四奖章"，1991年被评为全国优秀新闻工作者。1998年6月评定为主任编辑。2000年获上海范长江新闻奖。

徐炯（1964—）

籍贯江苏江阴。1989年7月毕业于复旦大学新闻学院，获硕士学位。同年8月进新闻报社任记者。1992年5月进解放日报社任记者，1997年9月任总编办公室副主任。1998年4月任《申江服务导报》副主编，次年3月任主编。2002年评定为高级记者。获2000年度上海韬奋新闻奖。

裘正义（1964—）

籍贯浙江杭州。1985、1988年先后在复旦大学新闻学院读硕士、博士研究生，获法学博士学位。1990年留校任教，先后任复旦大学新闻学院副教授、院长助理、副院长。1996年调入新民晚报社，任新闻编辑部副主任。1998年曾先后担任《新民周刊》常务副主编、文汇新民联合报业集团新闻研究所常务副所长。2000年评定为高级编辑。《论媒介生态——我国报业可持续发展战略的若干制约因素》获上海市新闻论文奖一等奖。著有《中国新闻学说史》、《传播学导论》、《宣传学概论》等。

刘士安（1965—）

籍贯江苏靖江。1986年7月毕业于复旦大学新闻系。同年8月进人民日报社，任总编室一版编辑。1989年3月任驻上海记者。独立或合作采写的《大江东去·上海篇》、《怎样认识"龙头"浦东》、《上海人在变》等，在报社和上海市有关评奖中获一、二等奖。1995年1月任人民日报社华东分社总编室主编。2000年3月任分社总编室主任。2002年6月任分社副总编辑。

黎洪伟（1965—）

籍贯江西武宁。1988年7月毕业于上海大学文学院社会学系。2000年12月任青年报社社长、常务副书记。2002年兼任青年报社总编辑。上海市新闻工作者协会常务理事、上海市新闻学会副会长。

裘新（1965—）

籍贯浙江绍兴。1988 年 7 月复旦大学新闻学院毕业，进入解放日报社。2002 年 7 月获复旦大学新闻学专业文学硕士学位。历任《解放日报》工交财贸部记者、副主任，《申江服务导报》主编，《新闻报》副总编辑、常务副总编辑等；2000 年 6 月任《解放日报》副总编辑，《新闻报》常务副总编辑；同年 12 月任《解放日报》副总编辑，《新闻报》党委书记、总编辑；2001 年 6 月任解放日报报业集团党委委员。2000 年 1 月评定为主任记者。曾获"全国百佳新闻工作者"、"上海文化新人"称号。《总设计师与浦东开发》获上海新闻奖一等奖，《上海家化 1200 万买回美加净》获中国新闻奖二等奖。

胡劲军（1967—）

籍贯浙江宁波。1990 年毕业于复旦大学新闻学院。同年 7 月进解放日报社，历任助理记者、编辑、评论员。1995 年 5 月任中共上海市委宣传部新闻出版处副处长，1996 年 8 月任《新民晚报》驻美国记者站记者。1998 年 4 月任中共上海市委宣传部宣传处副处长。1999 年 4 月任上海卫星电视中心党总支书记、副主任、副总编辑。2000 年 4 月任上海东方电视台台长、党委副书记，2001 年 8 月兼任上海文广新闻传媒集团党委副书记、执行副总裁。2002 年 9 月任文汇新民联合报业集团党委副书记、副社长。《"亲和力之旅"——江泽民主席访美侧记》获 1997 年度上海新闻奖一等奖。

黎瑞刚（1969—）

籍贯广东中山。1994 年毕业于复旦大学新闻学院，文学硕士，美国哥伦比亚大学访问学者。1994 年 7 月入上海电视台，历任专题和纪录片编导、新闻中心编辑部副主任、制片人。1998 年 5 月任上海市广播电影电视局总编室副主任。2001 年 4 月任上海市文化广播影视集团党委委员、总裁助理。2002 年 7 月兼上海电视台台长。同年 10 月任上海文广新闻传媒集团总裁、党委副书记。参与创作、拍摄的纪录片《长征·世纪丰碑》1996 年获上海广播电视政府奖特等奖。2000 年评定为主任编辑。上海市政协第十届委员。1998 年获"上海文化新人"和"上海市新长征突击手"称号。兼任上海市广播电视学会副会长、中国电视艺术家协会常务理事等。

附录　文件辑存(1992—2002)

上海市新闻出版局关于禁止用新闻形式进行企业形象广告宣传的通知

[1995－05－09]

本市各报:

近来,本市一些报纸上出现了一些冠以"企业形象"、"企业形象策划"、"专版"、"专刊"、"企业专访"等版名或栏目名的广告。这些广告是以几千字的一篇篇完整的文章介绍一些企业的经营规划、管理经验、质量意识、精神文明建设等,类似典型报道。这些广告文章的标题往往采用新闻标题制作方法,有主题、副题、肩题等,有的采用:《×××××侧记》、《×××××纪事》、《来自××××的报告》、《访××××××》等形式的标题,带有明显的新闻的形式。更甚者,在文章中出现"本报讯"、"采访札记"、"答记者问"等典型的新闻形式,这些报纸将广告作如上处理,混淆了广告与新闻的区别,对读者易造成误导,这种做法既不符合《报纸管理暂行规定》中"严禁以新闻形式刊登广告,收取费用"的规定,也不符合《广告法》"广告应当具有可识别性,能够使消费者辨明其为广告"和"大众传播媒介不得以新闻报道形式发布广告"的规定,市委宣传部与市监察局《关于本市新闻工作者必须遵守宣传纪律和廉洁从业的规定》中也有"新闻单位不得刊发各种形式的有偿新闻"的明确规定。

为了制止上述一些报纸故意模糊广告与新闻的区别,搞有偿新闻的做法,特通知如下:

一、专门刊登广告的版面或栏目,不得仅用"企业形象"、"企业形象策划"、"专版"、"专刊"等概念不清的词语作为名称,必须在这些名称的前或后有"广告"二字,使之具有可识别性,使读者不致产生误解。

二、严格禁止在广告的标题中出现"访"、"记"、"报告"、"专访"、"访谈录"、"侧记"及其他可能使读者把广告误为新闻的字眼。严格禁止在广告中使用"本报讯"、"采访札记"、"答记者问"等欺骗读者的词句。

三、各报应严格遵守《报纸管理暂行规定》中不得以任何新闻形式从事广告宣传的规定,刊登任何形式的广告均用明显的广告形式刊出或在广告的明显位置注明"广告"字样。

四、对继续以新闻形式发布广告,或既无明显的广告形式、又不明确地标明广告的,将按有偿新闻处理,没收报社的非法所得;对直接参与广告活动(如拉广告、从事广告策划、设计、写作)的记者编辑,将收缴其记者证。

关于加强新闻队伍职业道德建设、禁止有偿新闻的规定

在党中央和市委的领导下，上海广大新闻工作者坚持以邓小平建设有中国特色社会主义理论和党的基本路线为指导，努力宣传党和政府的各项方针政策，报道新闻，传播信息，反映人民群众的愿望和要求，动员和引导全市广大干部群众投身振兴和发展上海的宏伟大业，发挥了积极的作用，为上海的两个文明建设作出了重要贡献。

新闻工作者作为精神文明建设的宣传者、舆论引导者，应当站在全社会精神文明建设的前列。《中共中央关于加强社会主义精神文明建设若干重要问题的决议》明确指出，要"建立健全规章制度，加强队伍的教育和管理"、"严格禁止有偿新闻"。目前，有些新闻工作者中存在的违反职业道德准则、搞有偿新闻的现象，在社会上造成不良影响，严重损害了党的新闻事业的声誉，阻碍了新闻事业的健康发展。为了贯彻中宣部、广播电影电视部、新闻出版署、中国记协联合召开的全国新闻系统加强职业道德建设、禁止有偿新闻电视电话会议精神，根据会议公布的《关于禁止有偿新闻的若干规定》和全国记协制定的《中国新闻工作者职业道德准则》，结合本市的实际情况，对 1993 年 8 月公布实行的《上海市关于加强新闻队伍职业道德建设禁止"有偿新闻"的规定》，作出如下重申和修订：

第一条　新闻工作者必须坚持为人民服务、为社会主义服务的方向，坚持新闻工作的党性原则，坚持正确的舆论导向，服从服务于全党和全国工作的大局，遵守国家宪法、法律、法规，遵守宣传纪律，保持和发扬艰苦奋斗、廉洁自律的优良传统，坚决禁止各种形式的有偿新闻。

第二条　新闻工作者采集、编辑、发表新闻，不得以任何形式或名义收取费用，为个人或小团体牟取非法利益；不得以任何形式和名义向采访报道对象索要钱物，或接受采访报道对象提供的礼金（包括劳务费、误餐费、交通费等）、有价证券、信用卡等；要自觉抵制以重奖等办法吸引新闻工作者前往采访报道的变相钱稿交易行为。

第三条　新闻工作者不得以任何名义向采访报道对象借用、试用车辆、住房、家用电器、通讯工具等物品；不得利用职务之便，接受采访报道对象提供的装修住房、制作家具、商品优惠等服务，或要求采访报道对象报销各种应由个人支付的款项。

第四条　新闻工作者参加新闻发布会和企业开张、产品上市以及其他庆典活动，不得索要和接受各种形式的礼金。在采访活动中，遇到采访报道对象发给钱物，应予谢绝。确实难以拒收或因特殊原因收受的钱物，应主动、及时地上交本单位纪检监察部门，由纪检监察部门根据有关规定处置，不得转为小团体所有而使其"合法化"。

第五条　新闻工作者不得擅自组团进行采访报道活动或为单位、个人召集各种新闻发布会、情况介绍会等；不得擅自接受采访报道对象的旅游、休养和出国访问、考察等邀请。应邀赴外地采访，应由单位领导统一安排。

第六条　新闻工作者在采访活动中应注重维护自身形象，廉洁从业，不得向采访报道对象提出工作之外个人生活方面的不合理要求。

第七条　新闻工作者不得利用报道、版面或节目作交易，应自觉抵制各种"人情稿"、"关

系稿"、"广告性新闻"。在履行舆论监督职能时,要坚持从大局出发,坚持客观公正的原则,严禁以"公开曝光"、"编发内参"等方式要挟他人,以达到个人或小团体的目的。

第八条　新闻采、编、播等人员不得从事经营性活动(包括参与推销产品、参与技术成果转让等)。新闻采、编、播等人员转入本单位所属经济实体担任职务的,应中止编辑记者身份。不得利用职务之便,为亲属、朋友开办的企业或其他经营性机构作宣传以谋取利益。

第九条　新闻工作者不得在其他企事业单位兼职以获取报酬;未经本单位领导批准,不得受聘担任其他新闻单位的兼职、特约记者(编辑、主持人)或特约撰稿人。

第十条　新闻单位的负责人和从事金融、期货报道的采、编、播人员不得参与证券、期货交易。新闻工作者不得利用职务之便,为亲属、朋友参与证券期货交易、房地产经营和各种收藏品买卖等提供方便;不得利用报道、版面和节目,传播虚假、失实或带个人倾向性的消息,扰乱证券市场、房地产市场和各种收藏品市场的有序运作和健康发展。

第十一条　新闻单位应严格区分新闻报道与广告的界限,新闻报道不得收取任何费用,不得以新闻报道的形式为企业或产品做广告。收取费用的版面、专栏和节目,必须有明确的广告标识,以示与其他非广告类信息的区别。发布市场信息的非广告类版面、专栏和节目,必须坚持真实、准确的原则,重点应放在介绍市场动态、指导群众消费等方面。新闻采、编、播人员不得从事广告经营活动。

第十二条　新闻单位应严格区分新闻报道与赞助的界限,不得利用采访和发表新闻报道拉赞助。各种赞助费,或因举办"征文"、"竞赛"等活动和制作"专题节目"等获得的经费,应纳入本单位财务统一管理,合理使用,定期审计。在得到赞助或协办的栏目、节目中,只可刊播赞助或协办单位的名称,不得以文字、语言、图像等形式宣传赞助或协办单位的形象或产品。以刊播新闻报道为主的版面、节目中的赞助广告应严格控制数量,其余版面、节目中的赞助广告也应作总量控制。

第十三条　新闻单位的广告、经营、行政人员视具体情况,执行上述有关条款的规定。

第十四条　凡违反本规定者要严肃处理,视情节轻重给予批评教育直至取消采、编、播人员资格或开除公职的行政处分,同时没收或取消其违规所得的钱物和其他利益,触犯法律的由司法部门依法惩处。

第十五条　对上述违纪行为的处理,按照干部管理权限和处分程序进行。

第十六条　新闻单位对严格遵守职业道德的各项规定、自觉抵制各种不正之风的先进集体和个人,对谢绝各种钱物或主动上交所收钱物的有关人员,应予以表彰。

第十七条　新闻工作者遵守职业道德有关规定的情况,应作为其参加新闻评奖、业务晋级、职务晋升等的重要考核内容。

第十八条　新闻单位要对所属工作人员经常进行职业道德教育和法制、纪律教育,要根据本单位实际制定切实可行的实施细则并严格执行。各级党政领导及纪检监察部门,要加强对职业道德建设的领导和监督检查。

中共上海市委宣传部　　上海市广播电影电视局

上海市新闻出版局　　上海市新闻工作者协会

(1997 年 4 月 11 日)

上海市高级人民法院关于新闻记者旁听或
采访公开审理案件的规定（试行）

为了保证本市各级法院全面落实公开审判制度，认真进行新闻舆论的监督，促进司法公正，确保新闻记者参加公开审理的案件庭审旁听或采访活动规范有序地进行，使法院案件审判达到法律效果、社会效果的统一，现将新闻记者旁听或采访公开审理案件的有关事项规定如下：

一、新闻记者要求参加庭审旁听或采访的案件应是依法公开审理的案件。

二、本市各级法院依法公开审理的案件庭审，允许新闻记者凭记者证参加旁听。外国记者要求旁听或采访的，应通过高级法院外事接待办公室按有关外事管理的规定办理，港、澳、台记者要求旁听的，参照执行。

三、参加庭审旁听的记者应在开庭10分钟进入法庭，并按规定接受安全检查。

四、记者在庭审旁听时应遵守法庭规则。记者旁听时可以记录，要求在法庭摄影、摄像录音，需先征得审判长同意。

五、案件庭审中，记者不得采访诉讼参与人。未审结的案件，记者不得采访承办法官。

六、记者要求采访被羁押的刑事案件被告人，应向所在法院的法宣主管部门提出要求，经同意后方可进行。

七、记者对庭审案件的报道应实事求是，客观公正。对未审结的案件报道不得对审判结果进行评论。

八、本规定自1999年3月1日起执行。

一九九九年二月四日

上海市著作权管理若干规定

（2000年1月3日上海市人民政府发布）

第一条　（目的和依据）

为了加强著作权管理，保护著作权人和作品使用者、传播者的合法权益，鼓励有益于社会主义精神文明、物质文明建设的作品的创作和传播，促进本市对外科技、经济、文化合作与交流，根据《中华人民共和国著作权法》、《中华人民共和国著作权法实施条例》和其他有关法律、法规，结合本市实际情况，制定本规定。

第二条　（适用范围）

本市行政区域内著作权以及与著作权有关权益的行使及其管理，适用本规定。

第三条　（主管和协管部门）

上海市版权局（以下简称市版权局）是本市著作权管理的行政主管部门，负责本规定的具体实施。

各级工商、新闻出版、广播电影电视、文化、公安、海关、科学技术、教育、技术监督、对外经济贸易、测绘等行政管理部门按照各自职责,做好著作权管理工作。

第四条 （版权保护协会）

上海版权保护协会是依法维护著作权人和作品使用者、传播者的合法权益的社会团体法人,在市版权局的指导和监督下,按照其章程开展著作权业务培训与学术交流,提供著作权业务咨询。

第五条 （著作权转让）

著作权中的财产权可以部分转让,也可以全部转让。转让著作权中的财产权的,转让人与受让人应当订立书面合同。

第六条 （无主著作权的行使）

享有著作权的法人或者其他组织终止后,无法人或者其他组织承受其权利义务的,作品的使用权和获得报酬权在法定保护期内,由市版权局代表国家行使。

享有著作权的公民死亡后,其著作权无人继承又无人受遗赠的,作品的使用权和获得报酬权在法定保护期内,由下列组织代为行使:

（一）作者生前是集体经济组织成员的,由所在集体经济组织行使;

（二）作者生前是非集体经济组织成员的,由市版权局代表国家行使。

市版权局按照本条第一款、第二款规定代为行使作品的使用权和获得报酬权的,应当提前发布公告,并将作品使用报酬上交国库。

第七条 （法定许可使用作品的报酬支付）

报社、杂志社、广播电台、电视台、录音制品制作者和表演者使用他人已发表的作品,按照《中华人民共和国著作权法》规定可以不经著作权人许可,但需要支付报酬的,使用人应当按照国家规定的付酬标准,在使用前或者自使用作品之日起 30 日内向著作权人支付报酬,著作权人姓名或者地址不详的,可以通过下列组织转付:

（一）使用音乐作品的报酬,由中国音乐著作权协会驻上海办事机构转付;

（二）使用其他作品的报酬,由市版权局指定的机构转付。

举办营业性组台演出的,应当由演出组织者代为支付报酬。

上海版权保护协会应当提供报酬支付的咨询服务。

第八条 （商业经营活动使用作品的报酬支付）

在商业经营活动中,通过技术设备使用他人作品的,经营者应当通过国家著作权集体管理组织,并依据其制定的付酬标准,向著作权人支付报酬。具体实施方案,由市版权局根据国家有关规定提出,报市人民政府批准后执行。

第九条 （作品登记申请与受理）

本市实行作品自愿登记制度。除计算机软件作品以外,其他作品的著作权人向市版权局或者其指定的登记机构(以下统称作品登记机构)申请作品登记的,应当提供下列材料:

（一）作品原件或者作品的出版物等复制件;

（二）公民的身份证明,或者法人、其他组织的批准设立、登记注册证明;

（三）法律、法规和规章规定的其他材料。

作品登记机构应当自收到前款规定材料之日起 30 日内进行核查。对超过著作权法定保护期的作品和依法禁止出版、传播的作品,作品登记机构不予登记;对准予登记的作品,由作品登记机构发给申请人作品登记证。

如无相反证明,作品登记证可以作为著作权人主张权利的证明。

作品登记机构应当对自愿登记的著作权人及其作品予以公告。

第十条 (作品登记的撤销)

作品登记机构发现有下列情形之一的,应当撤销作品登记,收回作品登记证:

(一)作品登记资料与司法判决、仲裁裁决或者事实情况不相符的;

(二)已登记的作品超过著作权法定保护期的;

(三)申请人申请撤销原作品登记的。

第十一条 (作品登记资料的查询)

作品登记机构应当妥善保管作品登记资料,并向公众提供作品登记资料查询服务。查询服务的具体管理办法,由市版权局另行规定。

第十二条 (著作权质押合同的登记与生效)

以著作权中的财产权出质的,出质人与质权人应当订立书面合同,并向市版权局办理质押合同登记。质押合同登记的程序和内容,按照国家版权局有关管理规定办理。著作权质押合同自登记之日起生效。

第十三条 (音像制品、电子出版物的使用)

未经音像制品和电子出版物制作者授权,任何组织和个人不得将音像制品和电子出版物复制、发行。

音像出版单位和电子出版单位出版时声明供家庭专用的音像制品和电子出版物,不得用于营业性播放。

第十四条 (境外作品出版合同的登记)

图书和电子出版物出版单位出版外国或者香港特别行政区、澳门特别行政区、台湾地区著作权人的图书和电子出版物,应当与著作权人订立出版合同,并向市版权局办理出版合同登记。

第十五条 (境外作品复制合同的登记)

音像制品和电子出版物复制单位接受委托,复制外国或者香港特别行政区、澳门特别行政区、台湾地区的组织和个人制作的音像制品和电子出版物,应当与复制委托人订立委托复制合同,并在复制的15日前向市版权局办理委托复制合同登记。

第十六条 (出版、复制和播放合同的登记程序)

市版权局应当自收到根据本规定第十四、十五条规定应当登记的合同之日起15日内,对合同的有关著作权内容进行核实。经核实未发现有侵犯著作权内容的,予以登记;发现有侵犯著作权内容的,不予登记,并书面告知合同登记办理人。

市版权局可以委托有关版权保护组织办理合同登记手续。

第十七条 (举办境外著作权贸易活动的备案)

举办外国或者香港特别行政区、澳门特别行政区、台湾地区组织或者个人的作品著作权贸易活动的,举办者应当在著作权贸易活动日的15日前报市版权局备案。

第十八条 (应用解释部门)

市版权局可以对本规定的具体应用问题进行解释。

第十九条 （施行日期）

本规定自 2000 年 3 月 1 日起施行。

关于加强上海新闻评奖项目管理的通知

中共上海市委宣传部(2000 年 8 月 8 日)

本市新闻单位、区县委办宣传部(处)：

为进一步贯彻落实《中共中央办公厅、国务院办公厅关于加强全国性文艺新闻出版评奖管理工作的通知》(中办发[1996]28 号)精神，加强对上海全市性新闻评奖工作的管理，切实提高新闻评奖的科学性和权威性，发挥新闻评奖的正确导向和示范作用，对应常设全国性新闻评奖项目的审批结果，上海全市性新闻评奖确定为以下 12 项：

1. 上海新闻奖
2. 上海国际新闻奖
3. 上海广播电视新闻奖
4. 上海范长江新闻奖
5. 上海韬奋新闻奖
6. 上海残疾人事业好新闻奖
7. 上海科技新闻奖
8. 上海人大好新闻奖
9. 上海政协好新闻奖
10. 上海社会治安综合治理好新闻奖
11. 上海对外宣传"银鸽奖"
12. 上海"五一"新闻奖

有资格举办全市性新闻评奖的单位有：中共上海市委宣传部、上海新闻工作者协会、上海文化广播影视管理局、上海新闻出版局、市政府新闻办公室。其他部门和单位认为确有必要举办的，须按评奖内容与可主办全市性新闻评奖的有关部门或单位联合申报、举办，并报市委宣传部批准。举办一次性全市性评奖，须由可主办全市性评奖的部门和单位在三个月前申报立项，未经批准不得举办。

主办全市性评奖的部门、单位要制定评选办法，对评奖宗旨、范围、标准和评选机构的组成、评选程序，奖项设置、奖金来源、奖励形式等事项作出明确规定，并对评奖结果负责。

凡未经批准立项的新闻评奖不得举办，新闻单位不得参与和报道；新闻职称的聘、审对未经批准立项的新闻奖项不予承认。

关于开展马克思主义新闻观教育的通知

中共上海市委宣传部（2002 年 11 月 22 日）

各新闻单位：

根据市委、市委宣传部领导意见，今冬明春在本市新闻从业人员和辅助人员中开展马克思主义新闻观教育。通过集中一段时间学习马克思主义新闻观的基本原理和观点，帮助新闻采编一线人员树立马克思主义新闻观，结合新闻工作实际，在思想上分清是非，澄清模糊认识，加深对党的新闻方针政策的理解，提高正确把握舆论导向的自觉性，提高执行党的新闻纪律的自觉性，提高努力改进新闻宣传工作、增强新闻宣传工作实效的自觉性，进一步确立政治意识、大局意识、责任意识、阵地意识。

通过这次专题教育，要帮助新闻从业人员正确认识宣传引导和信息传递的关系；正面宣传和舆论监督的关系；坚持弘扬主旋律和提倡多样性的关系，使新闻从业人员以马克思主义理论水平为核心的政治素质得到提高，努力实现对新闻队伍职业道德建设的要求。

为了搞好学习教育活动，需要注意抓好四个环节：一是分析情况，制定计划。要分析新闻从业人员中马克思主义新闻观教育与确立的情况，分析新闻从业人员在宣传执行党的各项方针政策、职业道德、采访作风和新闻实践等方面的情况，找准新闻队伍中存在的主要问题特别是思想认识上的问题，要注意分析典型事例。二是集中学习，提高认识。要以市委宣传部主编的《新闻工作者必读》为基本内容，普遍组织学习；可以通过讲座和报告会形式，帮助新闻从业人员掌握马克思主义新闻观的基本理论、基本观点，澄清思想上的模糊认识。三是互助交流，组织讲评。要交流思想认识和新闻实践，对一段时间来宣传贯彻党的方针政策、遵守职业道德和工作作风等情况作讲评，特别要结合典型事例进行讲评。四是考核小结，建立制度。要总结通过教育活动所取得的思想认识上的成果，制定经常性的教育培训制度。

通过集中教育活动，各级组织要提出要求，围绕迎接建党 80 周年等一系列重大报道任务，组织采编人员深入实际、深入生活、深入群众，多出精品，用实际行动提高新闻宣传质量，鼓励新闻从业人员投身新世纪的伟大实践。

明年下半年，将对新闻从业人员开展马克思主义新闻观教育以及在实践中的表现作专门总结，组织讲评，交流经验，表扬先进，巩固成果。

新闻出版局要依靠各系统报刊主管主办单位党组织，抓好社会面上各报刊新闻从业人员的马克思主义新闻观教育。专业报社人员较少，在组织方式上可以集中搞些辅导，以利互相交流，增进学习效果。

这次马克思主义新闻观教育活动由各单位党组织负责实施。希望把这次教育活动作为重要任务抓好，从而更好地提高新闻宣传质量，抓好新闻队伍建设，为"十五"计划开局之年起好步，迎接建党 80 周年，打下良好思想基础。

特此通知。

关于进一步规范本市政府系统新闻发布管理工作的通知

上海市人民政府办公厅(2001年3月29日)

沪府办发〔2001〕18号

各区、县人民政府,市政府各委、办、局:

为进一步规范本市政府系统新闻发布管理工作,确保政府新闻发布的准确性,特作如下通知:

一、凡属市政府决策范围内,涉及全局性、政策性和敏感性的重大事项,尤其是与广大人民群众切身利益密切相关的事项和重大改革措施的出台,需以市政府名义召开新闻发布会的,必须报市政府新闻办,由市政府新闻办提出意见或方案后,报市政府主要领导审批。未经市政府审批同意或授权,市政府各部门一律不得自行发布。

二、凡以市政府名义举办或由市政府组织承办的会议和活动,需对外发布信息的,应经市政府新闻办审核或由市政府新闻办统一提供新闻稿。

三、凡属市政府各部门职责范围内的事项需作新闻报道的稿件,一般由市政府各部门主要领导签发。

四、有关新闻媒体记者及在市政府各部门的通讯员要提高政策性,加强准确性,严格规范性,切实按规定程序报审稿件。在编发重要政务信息稿件时,新闻单位有关人员要仔细审核稿件是否按规定程序办理,对违反规定的,一律不得采用。

五、市政府新闻办要加强对本市政府系统新闻发布和新闻报道工作的管理和把关;同时,要进一步转变管理职能、工作方式和工作作风,切实发挥政务信息主渠道的作用,通过召开新闻通气会等多种形式,及时与新闻单位沟通信息,不断提高政府工作的透明度,积极、稳妥、有效地推进政务公开。

上海市高级人民法院法庭纪律规定

新闻记者和外国人旁听和采访的要求(节选)

(2001年9月12日上海市高级人民法院审判委员会第53次会议通过)

第四章 新闻记者和外国人旁听和采访的要求

第十七条 公开审理的案件,新闻记者需对审判活动进行采访或者记录、录音、录像、摄影、新闻报道、转播庭审实况的,由审判长或独任审判员报告所在庭领导,庭领导同意的,需报告本院法宣部门或者办公室,由法宣部门或者办公室决定并统一安排。

第十八条 新闻记者只能采访和报道人民法院依法可以公开审判的案件,不公开审理以及涉及国家机密、商业秘密、个人隐私的案件不能报道审理情况,但可报道审判结果。

第十九条 外国人和无国籍人持有效证件要求旁听,参照中国公民旁听的规定办理。

第二十条 外国记者及港、澳、台记者,要求旁听公开审判的案件的,应向市政府外事办公室提出,由市政府外事办公室与市高级人民法院联系后答复。是否允许旁听,由院长或分管院长决定。

第二十一条　来访的外国司法代表团要求参加旁听的,须经院长或分管副院长同意后,由市高级法院办公室统一安排。

上海市政府办公厅关于进一步规范本市政府系统新闻发布管理工作的通知

上海市政府办公厅

2001 - 03 - 29

沪府办发〔2001〕18 号

各区、县人民政府,市政府各委、办、局:

为进一步规范本市政府系统新闻发布管理工作,确保政府新闻发布的准确性,特作如下通知:

一、凡属市政府决策范围内,涉及全局性、政策性和敏感性的重大事项,尤其是与广大人民群众切身利益密切相关的事项和重大改革措施的出台,需以市政府名义召开新闻发布会的,必须报市政府新闻办,由市政府新闻办提出意见或方案后,报市政府主要领导审批。未经市政府审批同意或授权,市政府各部门一律不得自行发布。

二、凡以市政府名义举办或由市政府组织承办的会议和活动,需对外发布信息的,应经市政府新闻办审核或由市政府新闻办统一提供新闻稿。

三、凡属市政府各部门职责范围内的事项需作新闻报道的稿件,一般由市政府各部门主要领导签发。

四、有关新闻媒体记者及在市政府各部门的通讯员要提高政策性,加强准确性,严格规范性,切实按规定程序报审稿件。在编发重要政务信息稿件时,新闻单位有关人员要仔细审核稿件是否按规定程序办理,对违反规定的,一律不得采用。

五、市政府新闻办要加强对本市政府系统新闻发布和新闻报道工作的管理和把关;同时,要进一步转变管理职能、工作方式和工作作风,切实发挥政务信息主渠道的作用,通过召开新闻通气会等多种形式,及时与新闻单位沟通信息,不断提高政府工作的透明度,积极、稳妥、有效地推进政务公开。

关于开展"发扬好作风、多出好作品"教育实践活动的通知

中共上海市委宣传部(2002 年 3 月 19 日)

本市各新闻单位:

自去年中央作出关于加强党的作风建设的决定后,本市新闻单位各级党组织按照市委宣传部的要求,在组织党员学习中央决定的基础上,以多种方式开展了作风建设的教育活动

并努力推动多出好作品。为了进一步在新闻从业人员中以作风建设为切入推动新闻实践的创新和新闻质量的提高,市委宣传部要求,各新闻单位党组织在年内集中一段时间,认真组织开展以"发扬好作风、多出好作品"为主题的教育实践活动,现将有关要求通知如下:

(一)开展主题教育实践活动的指导思想和目的。

开展"发扬好作风、多出好作品"为主题的教育实践活动要以江泽民同志"三个代表"重要思想为指导,认真贯彻党中央关于加强作风建设决定的精神,以党员新闻从业人员为重点,结合系统处以上干部开展的"牢记宗旨、廉洁从政、取信于民"的党风廉政主题教育,密切联系新闻实践中所反映出的新闻队伍在作风建设中存在的问题,从学习教育入手,充分运用正、反两方面的典型事例,着重从基本理论,思想认识和作风养成、制度建设等多方面帮助广大新闻从业人员提高觉悟,增强以好作风推动出好作品的自觉性,努力在新闻从业人员中培育起体现党的优良传统和时代精神的好作风,推动新闻实践的创新和新闻报道质量的提高,进一步在全社会树立起党的新闻工作者的良好形象,以崭新的精神风貌和优异的新闻实践成就迎接党的十六大的召开。

(二)教育实践活动的基本要求和主要内容。

按照上述指导思想和目的,通过教育实践活动我们要注重培育新闻从业人员发扬我党实事求是、求真务实的作风,反对弄虚作假和片面性;发扬我党密切联系群众深入实际的作风,克服脱离实际和浮夸飘浮的现象;发扬我党理论联系实际的作风,克服不讲针对性、无的放矢的现象;发扬我党勇于批评与自我批评的作风,克服舆论监督不力和对自身要求不严的现象;发扬我党廉洁为民的作风,抵制以稿谋私等违背新闻职业道德的现象。总之,要通过教育实践活动有针对性地推动新闻从业人员作风建设的进步,为整个队伍素质的提高奠定重要的基础。

为此,整个教育实践活动要抓住四个环节:一是学习培训。要组织新闻从业人员按照"三个代表"的重要思想认真学习党的十五届六中全会的决定和关于党的作风建设的一系列重要文件,努力从思想上提高对作风建设重要性的认识,从理论上深刻认识坚持党的新闻工作的正确方向,发展党的新闻事业与加强作风建设的内在的本质的联系,澄清在作风建设问题上的一些模糊认识与错误观点。二是典型教育。要组织新闻从业人员结合回顾单位和自身多年来的新闻实践,运用正、反两方面的典型事例进一步认识发扬党所倡导的优良作风,对推动新闻实践的创新和新闻质量提高的重要性,认识各种不良作风对新闻实践的创新与新闻质量提高的危害性,从而进一步增强发扬好作风、多出好作品的自觉性。三是实践创新。要在集中学习教育的同时推动以好作风出好作品的实践活动,要围绕迎接市第八次党代会和党的十六大召开等重大新闻报道任务,加强统筹策划和组织协调,推动新闻从业人员以良好的精神风貌投身新闻实践,努力创出一批体现好作风具有高质量的好作品。四是社会评议。要适时组织社会各界人士对新闻界从业人员进行行风评议,通过评议进一步帮助大家认清在作风建设上应当发扬的优点和需要克服的不足,拟定切实措施推动作风建设的新进步,创出新闻从业人员在整个社会上的新形象。

(三)加强领导,注重实效。

各新闻单位党组织要对开展教育实践活动切实负起领导的责任。要开展调查研究,找准本单位新闻从业人员中新闻从业队伍作风建设的主要问题,注重发现和挖掘体现党的优良传统和时代精神的先进典型,注意抓住具有教育警示意义的反面典型,有组织有计划地展开教育实践活动。要紧紧围绕推动新闻实践创新和新闻质量提高这一要求,注重从思想认识,作风养成和制度建设等各个环节,努力在新闻从业人员中培育符合党的优良传统和时代精神,能够有利于推动新闻实践的创新和新闻质量提高的好作风,努力在新闻从业人员中大兴学习科学理论和新知识之风,深入实际、调查研究之风,精益求精、努力创新之风,廉洁奉公、严守纪律之风,团结协作、开拓进取之风。

为了帮助各单位搞好教育实践活动,宣传部将组织学习党的作风建设文件的讲座,编发反映新闻从业人员中作风建设正、反两方面典型的材料,组织有关作风建设的专题学习交流座谈,组织社会各界人士对新闻行业行风的评议,并在第三届记者节时表彰一批作风优良、作品优秀的先进典型。

宣传系统处级以上领导班子和领导干部从政行为的若干规定

中共上海市委宣传部(2002 年 8 月 19 日)

为了更好地贯彻执行党的路线、方针和政策,严肃党的政治纪律、宣传纪律、组织纪律、经济工作纪律和群众工作纪律,根据中央和市委的有关规定,结合宣传系统的实际,经部长办公会议研究决定,宣传系统处级以上领导班子和领导干部在全面贯彻执行党风廉政各项规定的同时,尤其要重申和执行如下规定:

1. 必须严格遵守党的政治纪律、宣传纪律。坚决执行中央和市委的各项指示和要求,自觉地与党中央在政治上、思想上保持高度的一致,确保政令畅通。严格遵守职业道德规范,坚决禁止各种形式的有偿新闻、"买卖书号"和利用职务便利谋取利益的行为。

2. 必须认真落实党风廉政建设责任制。对违反责任制规定的行为,尤其是对群体性、长期性、恶性的腐败问题以及造成重大经济损失和重大事故的问题,必须进行责任追究。

3. 必须坚持实行"三重一大"问题(即重大决策、重要工程项目、重要干部任免和大额度资金)和沪委宣(2002)194 号文件规定的重大事项领导班子集体讨论的制度,防止个人说了算。

4. 必须认真执行《党政领导干部选拔任用工作条例》。干部任用必须经领导班子集体讨论,并不断扩大干部群众的"知情权、参与权、选择权、监督权"。事业单位的干部岗位以及各类经营性岗位一律实行聘任制,健全竞聘岗位公示、本人意向、业绩考核、答辩记录、资格确认、上岗目标确认等环节的工作程序。

5. 必须坚持执行领导班子重大问题报告制度。在认真执行沪委宣(2002)192 号文件的同时,以下问题必须报告:一是领导班子成员收入年度报告制度,每年年初由各级领导班子按干部管理权限,进行领导班子成员上年度收入情况和本年度收入预算报告;二是年薪制实施情况专项报告制度,除局级干部和非经营性岗位暂不实行年薪制外,每年年终由各级领导班子按干部管理权限,报告本年度实施年薪制的岗位指标、年薪额度、实施方案等,经批准后方能实施,同时要报告上年度实际实施情况;三是为干部、职工购买补充养老商业保险的单位,必须事先按照干部管理权限进行请示,内容包括购买方案、险种、保险条例、经费来源、决策程序和批准人等,须经批准后方能实施,涉及局级干部的必须报经市委宣传部批准。

6. 必须严格执行领导干部因公出国(境)审批、经费开支预算和核销制度。未经组织批准的,一律按照因私出国(境)处理;未办理经费开支预算和核销手续的,所发生的费用均由本人自理。严格杜绝因公走因私渠道、公费走旅游渠道。不得以任何名义携带子女出访。

7. 必须坚决执行物品比价采购制度、工程项目和业务制作公开招投标制度。大宗物品采购和重要项目招投标必须经公共采购和招标公司渠道进行。

8. 必须实现对外合作、参股、转制、重组、承包中的效益进步法,防止国有资产流失。涉及资本运作的方案,必须经专业机构评估,公开竞标、领导班子集体讨论,并设立风险防范机制,报上级主管部门核准,同时记录在案。

9. 必须依法实行审计制度。各单位要按计划进行年度审计和专项审计;领导干部离任(指任期届满或者任期内办理调任、免职、辞职、退休等事项)须由上级主管单位对其实行经济责任审计;建立审计结果回复制度,把审计结果与干部的考核和使用结合起来,确保国有资产的保值增值;对于指使或强令财会人员做假账、设立账外账的必须严肃查处;审计中发现的问题必须限期整改。

10. 必须实行会计委派制度和财务会计人员上岗资质审核制度。要加强对委派会计人员的选拔任(聘)用、重大事项报告、业务进修、考核奖惩、定期轮岗等后续管理。所有财会工作人员都必须持会计证上岗,并由上级主管部门审核资质。

11. 必须严格执行行政性收费和罚没收入"收支两条线"管理的规定。严格行政事业性收费项目、罚没款项及标准,做到亮证收费和罚款,全面实行罚缴分离和事业性收费票款分离;行政事业性收费和罚没收入要指定专门账号,收入与支出脱钩;每半年向上级主管部门报告一次收缴汇总清单。

领导干部必须严格履行依法纳税的义务;有纳税义务的单位必须依法履行缴税和代扣、代缴税款的义务。

12. 必须健全统计报表的审核制度,坚决杜绝弄虚作假。各类统计报表须由本单位领导人或者统计负责人审核、签署或者盖章后上报,保障统计资料的准确性和及时性。有关财务统计报表,须由财会负责人审核、签名并盖章。单位负责人必须保证统计报表的真实和完整。

13. 必须严格赞助款和赞助物品的管理。赞助款(包括广告性赞助)必须纳入主办单位的收入,按照国家现行财务制度的规定统一管理,专款专用,不得用于吃喝、赠送礼品和私分,并接受文化、工商、税务、审计等部门的监督和检查;赞助物品必须建立明细清单,健全使用审批程序,不得由个人无偿占用。

14. 必须坚决实行政务公开、厂务公开以及与各单位相适应的公开制度,增强领导干部的自律意识和接受干部、群众监督的意识,推进民主化管理进程。

15. 必须坚决信访举报核查的直接谈话制度。领导干部有接受组织审查和教育的义务,并不断增强自觉接受群众监督的意识。同时,谈话中应允许被谈话人说明和解释,以维护其合法权益。

16. 必须严格执行《关于领导干部报告个人重大事项的规定》和《处级以上领导干部收

入申报制度》。其中,领导干部配偶、子女出国(境)读书、就业等,必须在事先及时申报,申报内容包括出国(境)的目的地、事由、费用来源、批准部门等;领导干部参与监制、评稿、顾问等工作的收入,以及下属单位提供的各类费用,一律上交组织登记备案,酌情处理;不允许领导干部利用职务或者工作上便利,将应由其本人或者亲属个人支付的费用,到下属单位或者其他单位报销。

本规定自颁发之日起执行、企业单位参照执行。

本规定按单位隶属关系和干部管理权限,由各级党委和纪委负责监督检查。违反本规定者,依据有关条规,视情节轻重,给予批评教育或相应的党纪、政纪处分,直至移送司法追究。

本规定由市纪委驻市委宣传部纪检组负责解释。

编 后 记

《上海新闻志(1993—2002)》终于出版了。这本接续了《上海新闻志》(2000年版)和《上海广播电视志》(1999年版)的志书,自酝酿、筹划、启动、编纂、修订、验收以至付梓的全过程,迄今已延续了十多个春秋。

修志工作本身就是一个承前启后的过程。在中共上海市委宣传部领导、上海市地方志办公室指导和上海新闻单位支持下,全面系统地记述上海近现代150年新闻事业产生、发展、经验和教训的历史记录——《上海新闻志》和《上海广播电视志》,分别于2000年12月与1999年11月由上海社会科学院出版社出版,填补了上海新闻出版、广播电视事业和新闻学研究中的空白。进入21世纪以后,中共上海市委宣传部领导同志提出设想,在上述两志出版后,续编上海新闻业的史志,可尝试采用报业和广播电视两部分合编的形式,断限为十年,编纂《上海新闻志(1993—2002)》。

按照市委宣传部的意见,时任上海市新闻工作者协会主席的贾树枚牵头,筹建编纂班子,由宋超、贾树枚任主编,缪国琴、丁法章、石俊升、张启承、陈乾年任副主编,俞松年任编委办公室主任。自2005年起,编纂组开展了紧张的工作,在相关领导机构和各新闻单位的密切协作下,至2007年下半年基本完稿,送交上海市地方志办公室初审后,根据评审意见进入修订阶段。

2013年8月,按照上海市志编纂工作的统一部署,《上海市志(1978—2010)·新闻出版分志·报业卷》编纂启动。参加这项工作的人员接到的第一个任务,就是审核、修订《上海新闻志(1993—2002)》的文稿,既承前启后地为这部志书的终审定稿尽力,也为编纂报业卷秣马厉兵。在此后的两年多时间,这些由资深新闻工作者组成的编纂组成员逐渐熟悉志书的编纂规则,开始进入角色,全身心地工作。可谓"事非经过不知难",大家在实践中备尝修志工作的甜酸苦辣。修订过程中,虽然对本志的框架结构、编章设置、条目编排等均未做大的调整和改动,但下大气力主要从下列几个方面进行了细致的修订:对全志52万余文字通篇读校,按照志书规范修正某些表述,对语言文字进行纠错、修饰与润色;总述部分的叙述有所精简或补充;大事记部分内容有所增删,重点是弥补重要事件的遗漏,纠正某些事实叙述的偏差;对"人物编"中全部284人的传略和简介逐一重新审核、校正,所列人物有所增减;图片部分的图照有所调整,主要减少和平衡领导人的画面,增加一线编辑记者的照片。同时更新了一些画质不佳的图照;删除"补记"部分;调整、补充参与本志修订人员的名单。

2015年12月,修订文本送交上海市地方志办公室验收。办公室于2016年3月14日印发验收意见认为:验收稿较为全面、客观、系统地记述了断限内上海新闻事业的发展历史;时代特色和地方特点突出;符合宪法和保密、档案等相关法律、法规规定;观点正确,资料翔实,文风朴实;体例基本完备,结构较为合理,行文比较规范。验收稿符合中国地方志指导小组《地方志书质量规定》要求,验收程序符合《上海市实施〈地方志工作条例〉办法》及《上海市地方志书评审验收办法》规定,同意通过验收,并提出若干修改建议。上海市新闻工作者协会的领导对验收修改建议做了认真研究,要求编纂人员对整部文稿做了进一步梳理,再次修改润色,于2018年6月交付出版。

新闻为历史的建档,同时也书写新闻的历史。参与后期修订《上海新闻志(1993—2002)》的资深新闻工作者经过"练兵"后继续编纂《上海市志(1978—2010)·新闻出版分志·报业卷》,大家对自己能有机会亲自为改革开放年代的上海新闻业修志而倍感荣幸,也深知修志之艰辛需要执着守望、辛勤耕耘的精神,并从中体味和感悟"修志问道,以启未来"的真谛。这也可以说是另一重精神和文化上的收获吧!

2018 年 6 月

图书在版编目(CIP)数据

上海新闻志:1993~2002/《上海新闻志(1993~
2002)》编纂委员会编. —上海:上海人民出版社,
2018
ISBN 978 - 7 - 208 - 15145 - 1
Ⅰ.①上… Ⅱ.①上… Ⅲ.①新闻事业史-上海-
1993 - 2002 Ⅳ.①G219.275.1
中国版本图书馆 CIP 数据核字(2018)第 089237 号

责任编辑 　王　吟
封面设计 　夏　芳

上海新闻志(1993—2002)
《上海新闻志(1993—2002)》编纂委员会　编

出　　版　上海人民出版社
　　　　　　(200001　上海福建中路 193 号)
发　　行　上海人民出版社发行中心
印　　刷　上海中华商务联合印刷有限公司
开　　本　787×1092　1/16
印　　张　32.5
插　　页　17
字　　数　749,000
版　　次　2018 年 10 月第 1 版
印　　次　2018 年 10 月第 1 次印刷
ISBN 978-7-208-15145-1/G·1894
定　　价　188.00 元